© Palanque Denis/hemis.fr

Le Routard

Islande
2021/22

Cofondateurs : Philippe GLOAGUEN et Michel DUVAL

Directeur de collection et auteur
Philippe GLOAGUEN

Secrétaire général
Gavin's CLEMENTE-RUIZ

Rédacteurs en chef
Amanda KERAVEL (France)
Benoît LUCCHINI (Étranger)

Directrice administrative
Bénédicte GLOAGUEN

Conseiller à la rédaction
Pierre JOSSE

Responsable voyages
Carole BORDES

Direction éditoriale
Élise ERNEST

Rédaction
Isabelle AL SUBAIHI
Emmanuelle BAUQUIS
Mathilde de BOISGROLLIER
Thierry BROUARD
Marie BURIN des ROZIERS
Diane CAPRON
Véronique de CHARDON
Laura CHARLIER
Florence CHARMETANT
Fiona DEBRABANDER
Anne-Caroline DUMAS
Éléonore FRIESS
Géraldine LEMAUF-BEAUVOIS
Olivier PAGE
Alain PALLIER
Anne POINSOT
André PONCELET

hachette

TABLE DES MATIÈRES

PRÉAMBULE

- La rédaction du *Routard* 8
- Introduction 11
- Nos coups de cœur 12
- Itinéraires conseillés 26
- Interview #experienceroutard 33
- Les questions qu'on se pose avant le départ 34

COMMENT Y ALLER ? 36

- En avion 36
- Les organismes de voyages 36
- En bateau 44

ISLANDE UTILE 46

- ABC de l'Islande 46
- Avant le départ 46
- Argent, banques, change 49
- Achats 51
- Budget 51
- Climat 54
- Dangers et enquiquinements 54
- Électricité 55
- Fêtes et jours fériés 55
- Hébergement 56
- Langue 60
- Livres de route 62
- Poste 65
- Santé 65
- Téléphone et Internet 66
- Transports 67
- Urgences 76

REYKJAVÍK ET LA PÉNINSULE DE REYKJANES 77

- Reykjavík 77

LA PÉNINSULE DE REYKJANES 104

- Hafnarfjörđur 105
- Grindavík 107
- Le Blue Lagoon (Bláa Lóniđ) 108
- Keflavík 110

LE SUD 115

LE « CERCLE D'OR » *(GOLDEN CIRCLE)* 115

- Þingvellir 117
- Laugarvatn 120
- Geysir 122
- Gullfoss 124

DE GULLFOSS À SELFOSS LE LONG DE LA RIVIERE HVÍTÁ 124

LA CÔTE SUD 128

- Hveragerđi 129
- Selfoss 132
- Eyrarbakki 134
- Hella 136
- Le volcan Hekla 138
- Le Landmannalaugar 140
- Hvolsvöllur 143
- Les îles Vestmann (Vestmannaeyjar) 147
- Þórsmörk 154
- Skógar 156
- Vík 160
- Kirkjubæjarklaustur (Klaustur) 166
- Le parc national du Vatnajökull et Skaftafell 170
- La route de Skaftafell à Höfn 173
- Höfn 176

LES FJORDS DE L'EST 182

- Djúpivogur 182
- Stöđvarfjörđur 185
- Fáskrúđsfjörđur 186
- Reyđarfjörđur 188
- Seyđisfjörđur 191
- Egilsstađir 195
- Le lac Lögurinn 199

LE NORD 203

- Parc national du Vatnajökull – secteur de Jökulsárgljúfur 203
- Húsavík 208
- La région du lac Mývatn 215
- Gođafoss 223
- Akureyri 223
- Sur la route de Dalvík 234
- Dalvík 236
- Siglufjörđur 239
- Hofsós 242
- Hólar 243
- Sauđárkrókur 244
- Varmahlíđ 247
- La péninsule de Vatnsnes 250

LES HAUTES TERRES 255

- La piste d'Askja 255
- La piste de Kjölur 258

LES FJORDS DU NORD-OUEST 264

LE STRANDIR 265

- Hólmavík 265
- Drangsnes 269
- Djúpavík 270

ÍSAFJARÐARDJÚP ... 272

- Ísafjörður ... 273
- Bolungarvík ... 278
- Suðureyri ... 279
- Flateyri ... 279
- Þingeyri ... 281

LA PÉNINSULE DU SUD-OUEST ... 283

- Bíldudalur ... 283
- Tálknafjörður ... 284
- Patreksfjörður ... 285
- Les falaises de Látrabjarg ... 286
- Brjánslækur ... 289
- Flatey ... 291

LA PÉNINSULE DE SNÆFELLSNES ... 293

LA CÔTE NORD DE LA PÉNINSULE ... 294

- Stykkishólmur ... 294
- Grundarfjörður ... 299
- Ólafsvík ... 301
- Le parc national de Snæfellsjökull ... 303

LA CÔTE SUD DE LA PÉNINSULE ... 305

- Hellnar ... 305
- Arnarstapi ... 305
- Búðir ... 306
- Lýsuhóll ... 307
- Sur la route de Borgarnes ... 308

SUR LA ROUTE DE REYKJAVÍK ... 308

- Borgarnes ... 308

HOMMES, CULTURE, ENVIRONNEMENT ... 313

- Aurores boréales ... 313
- Boissons ... 313
- Cinéma ... 314
- Cuisine ... 316
- Curieux, non ? ... 318
- Économie ... 318
- Environnement ... 321
- Faune ... 323
- Géographie ... 325
- Géologie et géothermie ... 326
- Histoire ... 329
- Médias ... 334
- Personnages ... 335
- Population ... 336
- Religion et croyances ... 336
- Sites inscrits au Patrimoine mondial de l'Unesco ... 337
- Sports et loisirs ... 338
- Trekking – Randonnées ... 340

Index général ... 347

Liste des cartes et des plans ... 351

UNE PANDÉMIE INOUÏE !

Depuis toujours, ***Le Routard* se plaît à dénicher hôteliers et restaurateurs** qui accueillent nos lecteurs avec sourire et professionnalisme. Malgré toute notre vigilance, certains d'entre eux auront malheureusement fermé quand ce livre sortira. De même, les horaires et modalités d'accueil de certains sites et musées auront été momentanément modifiés. Cette terrible **pandémie de Coronavirus** a, on le sait, des conséquences importantes pour tous les professionnels du tourisme. **Nous sommes de tout cœur avec eux !**

Important : dernière minute

Entre deux parutions du *Routard,* des événements fortuits (conditions sanitaines, catastrophes naturelles mais aussi formalités, taux de change, conditions d'accès aux sites, fermetures inopinées, etc.) peuvent modifier vos projets de voyage. Pour éviter les déconvenues, nous vous recommandons de consulter la rubrique « Guide » par pays de notre site • **routard.com** • et plus particulièrement les dernières ***Actus voyageurs.***

Chevaux islandais

Cercle polaire arctique
OCÉAN GLACIAL ARCTIQUE
Détroit du Danemark
Hornstrandir
Bolungarvík
Ísafjörður
Vigur
Drangajökull
925
Suðureyri
Flateyri
LES FJORDS DU NORD-OUEST p. 264
Skagafjörður
Þingeyri
Djúpavík
Hofsós
Chutes de Dynjandi
920
Tálknafjörður
Bíldudalur
Hólmavík
Drangsnes
Sauðárkrókur
Patreksfjörður
Grímsey
Blönduós
Hólar
Hnjótur
Glaumbær
Látrabjarg
Brjánslækur
Péninsule de Vatnsnes
Varmahlíð
Rauðisandur
Bjarkalundur
711
1
Flatey
Reykhólar
Víðimýrarkirkja
Hvammstangi
60
la piste de Kjölur
Blöndulón
Laugar
Stykkishólmur
Ólafsvík
Búðardalur
Staðarskáli
35
Hellissandur
Grundarfjörður
Parc national de Snæfellsjökull
1 446
Búðir
Lýsuhóll
LA PÉNINSULE DE SNÆFELLSNES p. 293
Kjölur
Hveravellir
Arnarstapi
Hellnar
Hraunfossar
Húsafell
Lóndrangar
Reykholt
Langjökull
550
Borgarnes
50
F 508
Kaldidalur
Hvítárvatn
Kerlingarfjöll
Faxaflói
Borgarfj.
Parc national de Þingvellir
Akranes
1
Hvalfjörður
Geysir
Gullfoss
Mosfellsbaer
Laugarvatn
REYKJAVÍK
36
Hafnarfjörður
1
26
Garður
Þingvallavatn
F 208
Keflavík
1
F 225
Sandgerði
41
Hveragerði
26
Hekla
39
1 491
425
Blue Lagoon
Selfoss
1
Hella
Mýrdalsjökull
Eldey
Grindavík
Eyrarbakki
REYKJAVÍK & LA PÉNINSULE DE REYKJANES p. 77
Hvolsvöllur
Þórsmörk
F 249
Seljalandsfoss
Skógar
Îles Vestmann
Heimaey
Reynisfjara
Surtsey
Dyrhólaey
50 km
Sites inscrits au Patrimoine mondial de l'Unesco
les incontournables

NORD
Grímsey
Pistilfjörður
Kópasker
85
Öxarfjörður
Skjálfandi
Þórshöfn
Bakkaflói
Siglufjörður
Ólafsfjörður
Hrísey
Grenivík
Dalvík
Laufás
Eyjafjörður
Húsavík
Ásbyrgi
864
P. N. de
Jökulsárgljúfur
Dettifoss
LES FJORDS
DE L'EST
p. 182
845
87
Krafla
818
862
Vopnafjörður
Akureyri
Goðafoss
1
Reykjahlíð
Grímsstaðir
Mývatn
La région du
lac Mývatn
LE NORD
p. 203
la piste d'Askja
Îles Féroé
Seyðisfjörður
Skalanes
Mjóifjörður
901
Egilsstaðir
F 821
842
Dyngjufjöll
F 905
Lac Lögurinn
F 752
F 88
Hengifoss
et Litlanesfoss
Reyðarfjörður
Laugafell
F 910
1 510
Askja
910
Fáskrúðsfjörður
Stöðvarfjörður
LES HAUTES TERRES
p. 255
Hálslón
Hofsjökull
Djúpivogur
F 26
Parc national
du Vatnajökull
Lónsöræfi
Stafafell
Grímsvötn
1 719
Höfn
26
Vestrahorn
Stokksnes
Þórisvatn
LE SUD
p. 115
Jökulsárlón
Lakagígar
Skaftafell
Hvannadalshnjúkur
2 110
Fjallsárlón
Landmannalaugar
Hof
Eldgjá
F 208
Fjaðrárgljúfur
Cap Ingólfshöfði
Kirkjubæjarklaustur
Þakgil
Vík
OCÉAN
ATLANTIQUE
Groenland
(DANEMARK)
OCÉAN
GLACIAL ARCTIQUE
ISLANDE
Îles Féroé
OCÉAN
ATLANTIQUE
NORVÈGE
ROYAUME-UNI
SUÈDE

L'ISLANDE

LA RÉDACTION DU ROUTARD

(sans oublier nos 50 enquêteurs, aussi sur le terrain)

Jean-Sébastien, Olivier, Mathilde, Thierry, Alain, Gavin's, Éléonore, Anne-Caroline, André, Laura, Florence, Véronique, Isabelle, Géraldine, Fiona, Amanda, Benoît, Emmanuelle, Bénédicte, Philippe, Carole, Diane, Anne, Marie.

La saga du *Routard* : en 1971, 2 étudiants, Philippe et Michel, avaient une furieuse envie de découvrir le monde. De retour du Népal germe l'idée d'un guide différent qui regrouperait tuyaux malins et itinéraires sympa, destiné aux jeunes fauchés en quête de liberté. 1973. Après 19 refus d'éditeurs et la faillite de leur 1re maison d'édition, l'aventure commence vraiment avec Hachette. Aujourd'hui, le *Routard*, c'est plus d'une cinquantaine d'enquêteurs impliqués et sincères. Ils parcourent le monde toute l'année dans l'anonymat et s'acharnent à restituer leurs coups de cœur avec passion.

Merci à tous les routards qui sont solidaires de nos convictions : liberté et indépendance d'esprit ; découverte et partage ; sincérité, tolérance et respect des autres.

NOS SPÉCIALISTES ISLANDE

Éléonore Friess : que trouve-t-on systématiquement dans son sac ? Outre le classique bazar inutile, un calepin et un stylo 4 couleurs (*old school* mais pratique !) pour tout noter. Journaliste de formation, elle vadrouille à la recherche de rencontres joyeuses, de beaux panoramas, de fêtes inoubliables ou simplement d'un bon petit plat (accompagné d'un p'tit verre, c'est encore mieux !).

Romain Meynier : il n'était pas si mal, dans son Sud, entre rivières et cigales. Pourtant, à 22 ans, après des études de journalisme, il s'est dit que l'herbe était plus verte ailleurs. Il est allé le vérifier, le long des pistes brûlantes en terre inconnue. L'herbe était jaune. Et c'est bien mieux comme ça, inattendu. Tout à découvrir, et autant à raconter.

Isabelle Al Subaihi : une émigration outre-Manche à l'âge de 4 mois, forcément, ça laisse des traces : un goût prononcé pour l'exotisme ! Depuis, elle cherche à transmettre sa passion du voyage. Ce qu'elle aime partager : un bon plat, des éclats de rire, l'émotion d'un paysage qui bouleverse. Et surtout une vision décalée grâce à des rencontres surprenantes.

UN GRAND MERCI À NOS AMI(E)S SUR PLACE ET EN FRANCE

Pour cette nouvelle édition, nous remercions particulièrement :

- **Romain Prime,** dont l'esprit d'aventure et la conduite hors pair nous emmènent toujours plus loin, en Islande et ailleurs… Promis, la prochaine fois, on passera des gués !
- **Gallien Rieusset,** pour sa maîtrise du chassé sur les pistes.

Pictogrammes du Routard

Établissements

- Hôtel, auberge, chambre d'hôtes
- Camping
- Restaurant
- Terrasse
- Pizzeria
- Boulangerie, sandwicherie
- Pâtisserie
- Glacier
- Café, salon de thé
- Café, bar
- Bar musical
- Club, boîte de nuit
- Salle de spectacle
- Boutique, magasin, marché

Infos pratiques

- Office de tourisme
- Poste
- Hôpital, urgences
- Adapté aux personnes handicapées

Sites

- Présente un intérêt touristique
- Point de vue
- Plage
- Spot de surf
- Site de plongée
- Recommandé pour les enfants
- Inscrit au Patrimoine mondial de l'Unesco
- Pas de côté

Transports

- Aéroport
- Gare ferroviaire
- Gare routière, arrêt de bus
- Station de métro
- Station de tramway
- Parking
- Taxi
- Taxi collectif
- Bateau
- Bateau fluvial
- Piste cyclable, parcours à vélo

« OSONS LE PAS DE CÔTÉ »

Le surtourisme ? Tous concernés. Et pourtant, à l'écart des grands flux touristiques, il existe plein de pépites méconnues, souvent oubliées des circuits trop encombrés. Ici un site ignoré ; là un quartier secret ; plus loin un village caché au charme discret, avec un troquet d'une autre époque. Il existe une infinité de lieux peinards que l'on a envie de mettre en avant avec ce pictogramme. Un vagabondage enfin calme favorisé aussi par les **visites aux heures creuses**. Vive le *slow trip* !

#osonslepasdecote

Le *Routard* est imprimé sur un papier issu de forêts gérées.

I.S.B.N. 978-2-01-712950-9

Paysage de Varmahlið

« Il n'y a pas de mauvais temps,
juste de mauvais vêtements. »
Proverbe nordique

Un voyage en Islande, terre des extrêmes et des contrastes, à la limite du cercle polaire, voilà l'occasion d'une fabuleuse leçon de géologie. **Volcans, glaciers, champs de lave, chutes d'eau, zones géothermiques, bains naturels et plages de sable noir** composent des paysages sauvages qui, selon le ciel et l'éclairage, évoquent le début ou la fin du monde. Avec ses sols craquelés, soulevés, fumants, bouleversés, laissant apparaître par endroits les entrailles de la Terre, l'Islande était considérée autrefois comme la porte des Enfers… Son nom anglais, *Iceland,* « Pays de glace », laisse plutôt supposer l'inverse. Mais vous serez surpris de voir que le climat n'y est pas si extrême que dans l'imaginaire collectif.
Aujourd'hui, plus de 2 millions de touristes foulent chaque année cette île dont la découverte ne laisse jamais indifférent. Car, à l'image de son relief et de ses couleurs tranchées et crues, l'Islande ne peut inspirer que des sentiments entiers. Tant d'occasions, pour le routard amoureux de nature et de grands espaces, de s'émerveiller au fil de son séjour : randonner dans des paysages lunaires, marcher sur un glacier, observer les baleines à bosse, rester bouche bée sous une aurore boréale…
En un mot, voilà une **destination unique** (et l'on pèse nos mots) où chaque jour offre son lot de merveilles à contempler, à des années-lumière de ce que l'on connaît.

Maisons islandaises avec des toits en herbe

NOS COUPS DE CŒUR

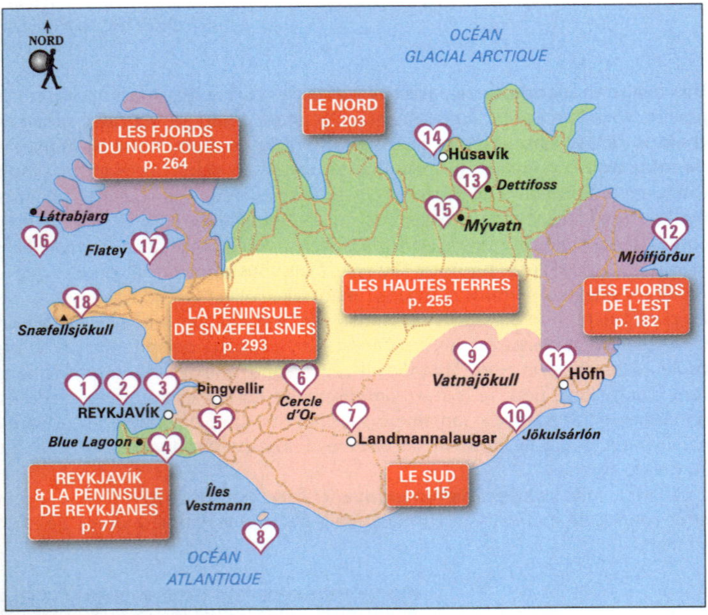

1 **S'offrir le meilleur point de vue sur Reykjavík depuis le clocher de la Hallgrímskirkja.**

Devenue le symbole de la ville, cette église en forme de fusée se repère de loin. Œuvre de Guðjón Samúelsson (1887-1950), sa silhouette s'inspire des paysages islandais, notamment des orgues basaltiques. De là-haut, le regard embrasse les maisons multicolores de cette capitale à taille humaine. *p. 100*

Bon à savoir : entrée libre dans l'église, mais accès au clocher payant.

2 S'offrir une spectaculaire introduction aux merveilles de la nature islandaise en visitant le Perlan à Reykjavík.

Installé dans un ancien réservoir géothermique dominant la ville (superbe panorama), le Perlan réunit en un même espace un fascinant planétarium pour plonger dans la magie des aurores boréales, et une série d'expositions interactives sur la sismologie, les volcans, la faune locale, etc. On peut même circuler dans les entrailles d'un glacier, reconstitué avec 350 tonnes de glace (quand même !). *p. 101*

Bon à savoir : *du musée, un sentier mène en 20 mn à la plage thermale de Nauthólsvík.*

3 Le week-end, assister aux concerts et soirées enfiévrés **des bars de Reykjavík.**

Reykjavík est une capitale créative, qui cultive une forme de *dolce vita* nordique. En fin de semaine, la ville déborde d'énergie et se couche tard. Les noctambules et les amateurs de musique feront la tournée des bars, où il y aura sûrement un bon petit concert au programme. *p. 92*

Bon à savoir : *programmation de la semaine sur le site • grapevine.is •*

4 Se baigner dans les eaux turquoise **et sulfureuses du Blue Lagoon.**

Cher et archi-touristique certes, mais presque un incontournable. Les bains chauds en plein air font partie intégrante de la culture islandaise. Au Blue Lagoon, on se baigne dans une eau laiteuse à 35-40 °C au milieu d'un désert de lave surnaturel. De nombreuses sources chaudes dans toute l'île permettent de renouveler l'expérience dans un cadre plus intime, par exemple le *Laugarvatn Fontana,* dans le Sud, ou le *Mývatn Nature Baths,* dans le Nord. *p. 108*

Bon à savoir : *privilégier les créneaux du matin ou du soir après 20h pour éviter la foule. Résa indispensable : • bluelagoon.is •*

5 Visiter « l'hémicycle » de Þingvellir, où siégeait le 1er parlement au monde, autour de l'an 1000.

Inscrit au Patrimoine mondial de l'Unesco, le parc national de Þingvellir mérite le détour pour son impressionnante faille tectonique à ciel ouvert, lieu de rencontre des plaques américaine et eurasienne. C'est dans cet hémicycle naturel que se retrouvaient, dès 930, les chefs des différents clans de l'île. Un site qui vaut autant pour sa beauté que pour son importance historique. p. 117

Bon à savoir : *le parc est sillonné de sentiers de randonnée. Carte à télécharger sur • thingvellir.is •*

6 En prendre plein les mirettes, et plein les oreilles, lors d'un tour du Cercle d'Or.

Outre la faille de Þingvellir, ne pas manquer, à quelques dizaines de kilomètres de là, les incroyables chutes de Gullfoss, parmi les plus belles et tumultueuses du pays. Un peu plus loin se trouve le fameux Geysir, geyser qui donna son nom à tous les autres. Ses voisins immédiats assurent le spectacle, dont le Strokkur qui projette ses eaux toutes les 5-10 mn… jusqu'à 30 m de haut ! p. 115

Bon à savoir : *il s'agit du circuit le plus touristique d'Islande, vous n'y serez jamais seul !*

7 **Randonner dans le Landmannalaugar, l'un des sites volcaniques les plus grandioses d'Islande.**

Ici, les couleurs déclinent leur nuancier du noir cendré au jaune soufre, en passant par le vert éclatant de l'herbe. Bien qu'isolé, il s'agit du plus célèbre rendez-vous pour les randonneurs en Islande. Classé par *National Geographic* comme l'un des plus beaux treks du monde, le trek du Laugavegur vous fera traverser ces paysages stupéfiants pendant 4 à 5 jours. Des sentiers permettent aussi de découvrir le site sur la journée. *p. 142*

Bon à savoir : *en été, réserver sa place en refuge très à l'avance auprès de* Ferðafélag Íslands *(• fi.is •) ou emporter sa tente.*

© Hagenmuller Jean-François/hemis.fr

8 Naviguer jusqu'aux îles Vestmann et grimper sur l'Eldfell pour s'offrir le plus beau des panoramas.

Cet archipel, situé à une dizaine de kilomètres des côtes, est composé d'un chapelet d'îles et d'îlots issus d'une succession d'éruptions sous-marines. Les 2 plus grandes îles sont Heimaey (13,4 km^2), la seule habitée, et Surtsey (1,4 km^2). Cette dernière est classée au Patrimoine mondial par l'Unesco depuis 2008. *p. 147, 153*

Bon à savoir : *liaisons en 35 mn depuis le port de Landeyjahöfn, au sud-est de Hvolsvöllur. Infos : • herjolfur.is •*

9 **Sillonner les chemins de randonnées du parc national du Vatnajökull, lové au pied du plus grand glacier islandais.**

Bienvenue dans le plus grand parc national d'Europe, classé au Patrimoine mondial de l'Unesco. Glaciers, volcans, cascades, plateaux montagneux, on découvre ici un véritable concentré d'Islande. De la balade tranquille avec des enfants à la rando costaud de 10 h (et plus si affinités), on peut goupiller son itinéraire en fonction de son niveau et du temps disponible. *p. 172*

Bon à savoir : arrêt chaudement recommandé au Skaftafell Visitor Centre *où l'on vous conseillera sur les sentiers selon vos envies et votre niveau.*

10 S'émerveiller et frissonner au lac de Jökulsárlón, parsemé d'icebergs.
Ce lac formé par le reflux d'une des langues glaciaires du Vatnajökull est une pure merveille. Un paysage polaire. C'est aussi le seul endroit d'Islande où l'on peut voir des icebergs rejoindre la mer. En fin de journée, avec la lumière rasante qui embrase la glace de lueurs bleues, le spectacle est envoûtant ! Les réalisateurs ne s'y sont pas trompés : de nombreux films ont été tournés ici, notamment 2 opus de James Bond. *p. 174*

11 Savourer de délicieuses langoustines à Höfn, dans le sud-est du pays.
Höfn est le principal port du pays pour la pêche à la langoust(in)e. C'est le lieu idéal pour goûter au *humar*, comme on dit ici, et pour lequel on en pince… à toutes les sauces ! *p. 178*
Bon à savoir : *un festival célèbre ce crustacé chaque dernier week-end de juin ; attention, à ce moment-là, les hébergements sont complets.*

12 **Découvrir le fjord de Mjóifjörður, désolé et inquiétant sous un ciel menaçant, bucolique et enchanteur sous le soleil.**

À l'est d'Egilsstaðir, Mjóifjörður est le plus beau fjord de la région. On y accède par une piste grisante… en croisant les doigts pour ne pas rencontrer un autre véhicule ! Paysage magnifique, digne du *Seigneur des anneaux,* surtout lorsque le soleil sublime les cascades et les pierriers qui dévalent la pente vers la mer. *p. 190*

13 **Admirer la chute d'eau de Dettifoss, la plus puissante d'Europe, dévalant dans un canyon vertigineux.**

Au cœur des gorges de la Jökulsá et du parc national de Jökulsárgljúfur, la chute de Dettifoss se déverse de 45 m de hauteur et sur 100 m de large ; le débit moyen de la cascade frôle les 200 m^3/seconde. Du petit chemin qui la surplombe, on en prend plein les yeux… et les oreilles ! *p. 206*

Bon à savoir : *ne pas hésiter à remonter la rivière pour admirer d'autres chutes, moins spectaculaires mais tout aussi magnifiques.*

14 Embarquer sur un vieux gréement de pêche et filer observer la valse des baleines à bosse, dans la région de Húsavík.

La ville arbore fièrement le titre de Capitale européenne de l'observation des baleines. Ces belles des mers naviguent dans les eaux froides de mai à octobre, et la meilleure saison pour les observer s'étend de juin à août. Le cétacé le plus visible est la baleine à bosse, mais on peut aussi croiser des rorquals communs, des marsouins et, beaucoup plus rarement, la célèbre baleine bleue. *p. 214*

***Bon à savoir :** la mer est moins agitée, et les cétacés aussi nombreux, à Akureyri, à env 95 km au sud-ouest de Húsavík.*

© Nature in Stock/hemis.fr

15 Découvrir des phénomènes géologiques surprenants dans la région du lac Mývatn.

Le lac Mývatn, c'est une nature sauvage d'où surgissent de toutes parts des petits chefs-d'œuvre : ici un volcan endormi, là des marmites de boue qui glougloutent, là-bas un lagon dormant dans le noir… Dans un espace très limité, cette région tient du miracle géologique, minéral et naturel. *p. 220*

***Bon à savoir :** en été, réserver son hébergement bien à l'avance car il s'agit d'un des sites les plus visités du pays. Infos : • visitmyvatn.is •*

© Gerault Gregory/hemis.fr

16 **Observer les macareux moines, notamment sur le rebord des falaises de Látrabjarg.**

Situées au point le plus à l'ouest d'Europe, les falaises de Látrabjarg, culminant à 441 m d'altitude, s'étendent sur 14 km et abritent tant de nids d'oiseaux que ça en fait l'une des plus importantes concentrations d'avifaune au monde ! L'endroit rêvé pour rapporter quelques merveilleux clichés de macareux, que l'on peut approcher ici de près. *p. 286*

***Bon à savoir :** les macareux sont présents sur l'île seulement pendant leur période de reproduction, entre mi-avril et mi-août.*

17 **Embarquer vers la petite île de Flatey, et y passer quelques heures en toute simplicité.**

Très peu peuplée (5 habitants en hiver !), cette île balayée par les vents enchantera les amoureux de calme et de nature. On y passe volontiers un moment pour observer les oiseaux, se balader dans le modeste village aux maisons colorées, découvrir les fresques de l'église et la 1re bibliothèque fondée en Islande. Une belle escapade, hors du temps. *p. 291*

***Bon à savoir :** le ferry reliant Brjánslækur et Stykkishólmur assure 2 liaisons/j. en été. On peut donc arriver par le 1er ferry de la journée et repartir par le 2d. Infos et résas : • seatours.is •*

(18) **Arpenter les sentiers du Snæfellsjökull, le volcan choisi par Jules Verne comme point de départ de son *Voyage au centre de la Terre*.**
Tout au bout de la péninsule de Snæfellsnes, dont l'extrémité est classée parc national, se dresse le majestueux Snæfellsjökull (1 446 m), sorte de Fujiyama islandais que l'on voit de très loin. Il est possible d'approcher le glacier ou même d'en faire l'ascension, notamment au départ de la piste 570 qui longe son flanc est. *p. 303*

(19) **Admirer un des phénomènes les plus étranges du cosmos en s'extasiant, à juste titre, devant une aurore boréale.**
De septembre à début avril environ, le ciel des nuits islandaises explose littéralement sous l'effet de fines pluies de poussière d'étoiles. Ces particules se consument en entrant dans l'atmosphère, traçant dans le firmament d'incroyables courbes lumineuses vertes, jaunes, rouges… Seules conditions requises pour les observer : un ciel nocturne dégagé et… pas mal de patience !
Bon à savoir : *le site de la météo nationale indique les probabilités d'admirer ce phénomène* • *en.vedur.is* •

Grotte de Grjótagjá

ITINÉRAIRES CONSEILLÉS

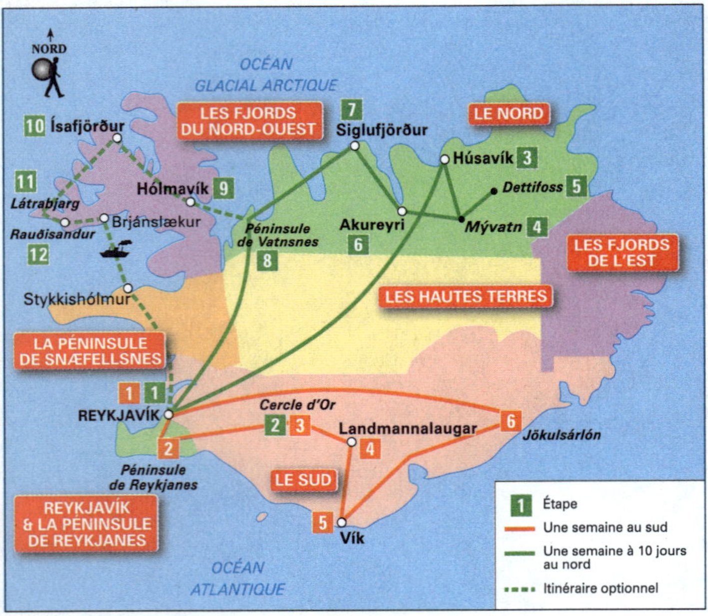

Ces itinéraires ont été imaginés avec une location de voiture. Il sera compliqué de cocher toutes ces étapes pour les voyageurs en bus.

Une semaine au sud

Il s'agit du circuit le plus classique et donc aussi des sites les plus fréquentés.

Reykjavík (1) et la **péninsule de Reykjanes (2)** avec l'incontournable Blue Lagoon : 2 jours.

Le Cercle d'Or (3) avec le site de l'hémicycle à Þingvellir, Geysir et les chutes de Gullfoss : 1 jour.

Le Landmannalaugar (4), dans le Sud : 2 jours. Il faut prendre le temps de randonner pour vraiment apprécier le site. Les plus courageux peuvent entreprendre le magnifique trek Landmannalaugar-Þórsmörk (compter au moins 4 jours).

La côte sud par la route 1 : 2 jours. Somptueux paysages, notamment dans les environs de **Vík (5)** et au lac **Jökulsárlón (6),** un site très touristique mais superbe, dans lequel une langue de l'immense glacier Vatnajökull déverse ses icebergs. C'est le secteur le plus fréquenté de l'île.

Une semaine à 10 jours au nord

Moins fréquenté que le sud, le nord de l'Islande offre des paysages tout aussi grandioses. L'hébergement y est aussi moins cher en pleine saison. Une bonne alternative.

Reykjavík (1) et le **Cercle d'Or (2)** : 2 jours. Voir l'itinéraire « Une semaine au sud ».

Puis prendre un vol domestique vers Akureyri ou opter pour la voiture (environ 6h) direction **Húsavík (3),** capitale européenne de l'observation des baleines à bosse. Réserver une excursion et ne pas manquer sur place le superbe musée de la Baleine : 1 jour.

La région du lac Mývatn (4) : 1 ou 2 jours. Un concentré de paysages islandais. Halte quasi obligatoire aux superbes Mývatn Nature Bath.

De Hùsavík ou Mývatn, un petit détour s'impose vers la célèbre chute de **Dettifoss (5).**

Escale ensuite à **Akureyri (6)** : plus grande ville du nord, elle compte quelques bonnes adresses. Idéal pour un retour en douceur à la civilisation.

Puis filer jusqu'au joli port de **Siglufjörður (7)** et son passionnant musée du Hareng (si !) : 1 jour, avant de partir à la découverte de la **péninsule de Vatnsnes (8),** qui accueille les plus importantes colonies de phoques du pays.

Ceux qui ont le temps poursuivront vers les fjords du nord-ouest (au moins 2 ou 3 jours.) Là, étape possible dans le Strandir, autour d'**Hólmavík (9),** microrégion quasi inhabitée, bout du monde au pays des bouts du monde. On poursuit vers **Ísafjörður (10),** bon point de chute pour explorer le nord de la région.

Parmi ces paysages sauvages ponctués de villages bordant les fjords, on passe forcément par les incontournables falaises de **Látrabjarg (11),** avec leurs colonies de macareux et par l'extraordinaire **plage de Rauðisandur (12).** Retour vers Reykjavík par la route (5-6h) ou en ferry (2h30 de traversée de Brjánslækur à Stykkishólmur. De là environ 2h de route jusqu'à Reykjavík).

Reykjavík

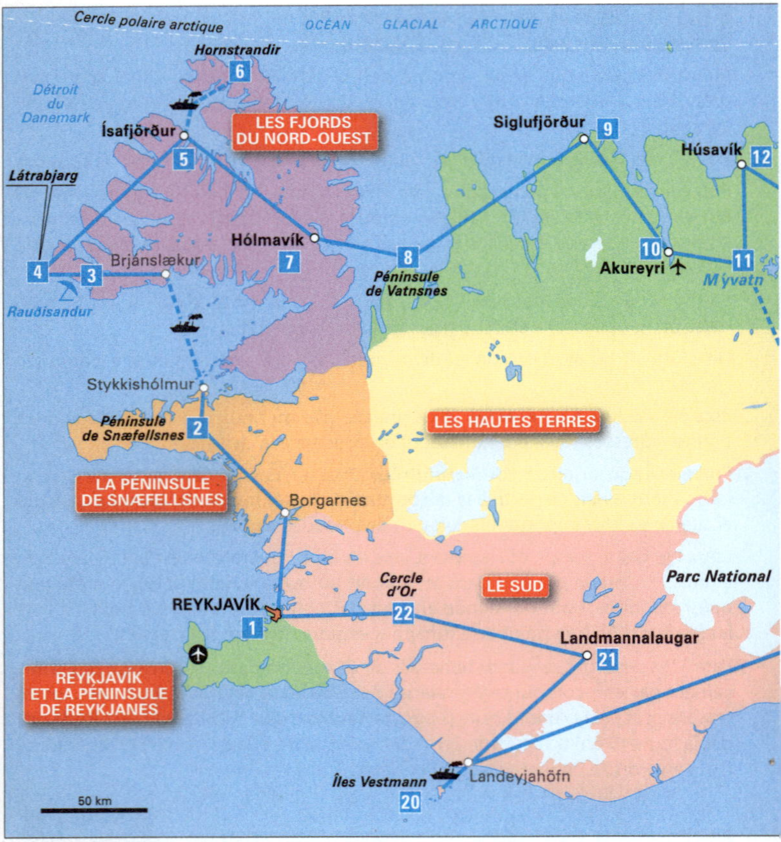

2 à 3 semaines autour de l'île

Là, vous êtes (au moins) parti pour le **tour de l'île par la route circulaire 1** (environ 1 340 km) avec, ici et là, des petites (et grandes) digressions sur la côte ou à l'intérieur du pays… Certains bouclent le tour de l'île en 2 semaines, mais pas le temps de traîner !

Reykjavík (1) : 1 jour pour découvrir la ville, les environs et s'approvisionner.

La péninsule de Snæfellsnes (2) : 1 ou 2 jours. Randos dans le parc national de Snæfellsjökull, voire ascension avec un guide sur le glacier éponyme pour les aventuriers.

Les fjords du Nord-Ouest : 2 ou 3 jours. On les rejoint de préférence en ferry. Étapes recommandées à la **plage de Rauðisandur (3),** et aux **falaises de Látrabjarg (4),** meilleur spot d'Islande pour voir des macareux. On poursuit vers **Ísafjörður (5),** bon point de chute pour explorer le nord de la région. Pour les amateurs de vie

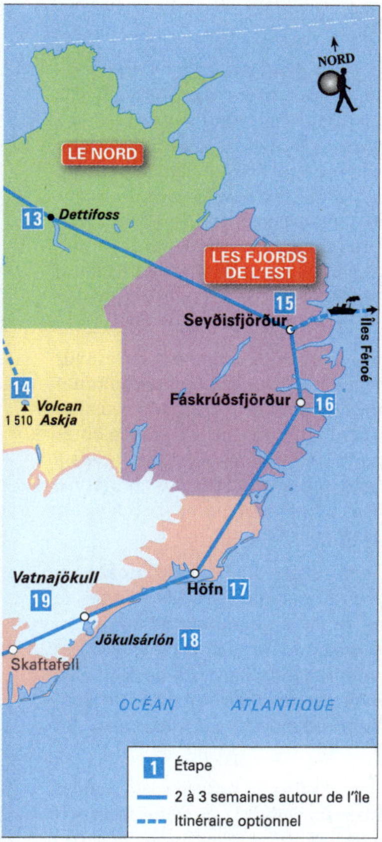

sauvage, c'est aussi le point de départ vers l'extraordinaire péninsule du **Hornstrandir (6),** vierge de toute population.

En poursuivant vers l'est, étape possible dans le Strandir, autour d'**Hólmavík (7),** microrégion quasi inhabitée.

Puis direction le nord du pays, que l'on aborde par la **péninsule de Vatnsnes (8),** point de rassemblement des colonies de phoques. Filer ensuite jusqu'au joli port de **Siglufjörður (9)** et son passionnant musée du Hareng (si !) : 1 ou 2 jours.

Akureyri (10) : 1 jour pour reprendre contact avec la « civilisation » et se réapprovisionner. Et pourquoi pas s'offrir une sortie d'observation des baleines.

Le lac Mývatn (11) : 1 ou 2 jours, voire davantage si on envisage de randonner. Si ce n'est pas déjà fait à Akureyri, on peut partir pour **Húsavík** (**12** ; 1 jour), capitale européenne de l'observation des baleines à bosse. Sur place, visiter le superbe musée de la Baleine. De Hùsavík ou Mývatn, un petit détour s'impose vers la célèbre chute de **Dettifoss (13).**

Les hautes terres : 1 jour. Une excursion organisée au **volcan Askja (14)** est à planifier depuis Mývatn pour les amateurs de bout du monde.

Ensuite, on file à l'assaut des fjords de l'Est (2 jours), avec **Seyðisfjörður (15),** mignon port de pêche aux maisons colorées, d'où l'on peut embarquer pour les îles Féroé (Danemark). L'itinéraire se poursuit avec le village de **Fáskrúðsfjörður (16),** riche des souvenirs des pêcheurs français, et par une étape à **Höfn (17),** où l'on dégustera une bonne langouste, spécialité du coin.

Puis, cap sur la côte sud : arrêt obligatoire au **lac Jökulsárlón (18),** l'un des plus beaux sites du sud, avant de s'attaquer aux randos du parc national du **Vatnajökull (19)** englobant le plus grand glacier d'Islande et classé au Patrimoine mondial de l'Unesco en 2019 (1 ou 2 jours).

Les îles Vestmann (20) : 2 jours. On adore cet archipel réputé pour sa beauté !

Pour la suite de l'itinéraire, on retrouve le **Landmannalaugar (21)** pour 1 ou 2 jours et le **Cercle d'Or (22)** pour un jour avant de revenir à Reykjavík. Pour ces dernières étapes, se reporter à l'itinéraire « Une semaine au sud ».

Lors d'un séjour de 2 à 3 semaines, la visite de la péninsule de Reykjanes n'est pas indispensable.

SI VOUS ÊTES PLUTÔT...

Amateur de spectacles aquatiques et de baignade : l'île regorge de magnifiques chutes d'eau : **Gullfoss** (Cercle d'Or), **Svartifoss** (parc de Skaftafell), **Dettifoss** et **Godafoss** (dans le Nord), **Dynjandi** (fjords du Nord-Ouest), **Hraunfossar** (près de Borgarnes), **Seljalandfoss** et **Skógafoss** (côte sud) pour ne parler que des plus importantes ou jolies. Et rien ne vaut un bain dans les piscines naturelles et bains à l'eau sulfureuse comme le très célèbre **Blue Lagoon** ou, moins fréquentés, le **Gamla Laugin (Secret Lagoon)** près du Cercle d'Or, les **Laugarvatn Fontana** (côte sud) ou les **Mývatn Nature Baths** (au nord). On trouve aussi un peu partout des *hot tubs,* sorte de jacuzzis (sans bulles) naturels ou aménagés, où l'on peut se glisser dans une eau chaude (environ 40 °C) en pleine nature. Et chaque ville possède sa piscine, où les Islandais viennent barboter après le bureau.

Sportif et féru de treks : classé par *National Geographic* comme l'un des plus beaux du monde, le **trek du Laugavegur** traverse la **région du Landmannalaugar,** pendant 4-5 jours, jusqu'à Þórsmörk. De là, on peut poursuivre jusqu'à Skógar sur le **trek du Fimmvörðuháls.** Ce sont 2 des randos les plus célèbres du pays. Chaque ville, chaque région, compte un nombre infini de sentiers à parcourir (de la balade facile de quelques heures, à la rando de plusieurs jours), à condition de ne pas craindre d'avoir les pieds humides et glacés ! Le mieux est de s'adresser aux offices de tourisme pour faire son choix.

Passionné de volcans et de glaciers : une visite aux volcans **Hekla** ou **Askja** s'impose, tout comme, à l'extrémité de la péninsule de Snæfellsnes, le **Snæfellsjökull,** à la fois volcan et glacier, et le site du **Landmannalaugar,** un des plus grandioses. Côté glaciers, vous n'aurez que l'embarras du choix : par exemple, le **Vatnajökull** (le plus vaste), le **Mýrdalsjökull** (au sud de l'île) ou le **Langjökull.** Si vous y passez, on recommande vivement la visite du **LAVA Center à Hvolsvöllur** (côte sud), une chouette introduction pour mieux saisir les paysages islandais.

Amateur de tourisme animalier : direction le nord, pour observer les baleines à bosse et petits rorquals au départ de **Húsavík, Dalvík,** ou même **Akureyri** (des sorties sont aussi proposées depuis Reykjavík, Hólmavík et la péninsule du Snæfellsnes). La meilleure saison pour les observer s'étend de mai à octobre. On peut approcher des colonies de phoques dans la **péninsule de Vatnsnes,** les **fjords du Nord-Ouest** et la **péninsule du Snæfellsnes,** et partir en quête du renard arctique, à la limite du cercle polaire, vers le **Hornstrandir.** Pour les passionnés d'ornithologie, les fjords du Nord-Ouest ou la côte sud offriront de superbes occasions de contempler par milliers macareux et guillemots (**falaises de Látrabjarg et de Dyrhólaey,** ainsi qu'aux **îles Vestmann**). Quant au **lac Mývatn,** il concentre à lui seul une quinzaine d'espèces de canards. Meilleure période pour l'observation des oiseaux : de mi-mai à mi-juin, et de mi-avril à mi-août pour les macareux.

Plutôt culture : du fascinant **Perlan de Reykjavík** à la modeste église au toit de tourbe en passant par les expositions consacrées aux métiers anciens, on trouve **des musées dans presque chaque village d'Islande** ! La plupart sont thématiques et explorent souvent des pans de la vie d'autrefois (la pêche notamment). Avouons-le, ils se ressemblent tous un peu, pas besoin de les écumer jusqu'au dernier ! Les amateurs d'histoire ne manqueront pas non plus une visite de **« l'hémicycle » de Þingvellir,** où siégeait le 1er parlement en Europe.

Trek sur le site de Landmannalaugar

Chute d'eau de Goðafoss

Interview #experienceroutard

Par la rédaction du *Routard*

Votre meilleur souvenir de voyage ?

Se relaxer dans les bains naturels de Mývatn après une longue journée de travail. Non, les rédacteurs du *Routard* ne se la coulent pas douce aux 4 coins du globe ! Alors, quand le planning le permet, quel plaisir de se plonger dans une eau turquoise chauffée à 35-40 °C. Le soir, quand le soleil décline, c'est un moment magique.

Une rencontre étonnante ?

Celle avec la faune locale ! Quoi de plus surprenant que de se retrouver nez à bec avec un macareux ? Cet étonnant oiseau a colonisé les superbes falaises de Látrabjarg, extrémité ouest de l'Europe. Leur ballet entre mer et poussins, poissons au bec, est fascinant. Pas farouches, on peut les approcher à moins d'un mètre... Bon à savoir : le macareux est présent sur l'île pendant sa période de reproduction, entre mi-avril et mi-août.

Une série à regarder avant de partir ?

Winter is coming, ça vous parle ? L'intrigue pour savoir qui accédera au Trône de fer à la fin des 8 saisons de *Game of Thrones* vous promet de belles nuits blanches (si ce n'est pas déjà fait), mais c'est avant tout pour les paysages qu'on vous conseille cette orgie télévisuelle ! Par exemple, Myrdalsjökull et Vatnajökull, 2 calottes glaciaires, ont servi de décors pour représenter l'extrême nord de Westeros, là où errent les marcheurs blancs. La Porte sanglante et le val d'Arryn ont été imaginés et filmés dans le parc national de Þingvellir. Et bien d'autres encore... Des agences organisent même des séjours sur le thème de la série.

Quelle lecture pendant le voyage ?

Élémentaire mon cher Watson : des polars ! Arnaldur Indriðason a popularisé le polar islandais à travers ses histoires très noires mettant en scène Erlendur, policier détective hors pair, héros fatigué, sinistre, désespéré et solitaire. Citons aussi Árni Þórarinsson, l'autre maître du polar islandais, à la plume tout aussi désabusée qu'Indriðason, mais trempée, elle, dans un humour volontiers noir et grinçant. Et s'ils sont les rois de l'intrigue, la reine du genre s'appelle Yrsa Sigurdardóttir. On a dévoré ses romans, addictifs et glaçants !

Une spécialité locale à goûter absolument ?

Le *hverabrauð* (pour la prononciation, on donne notre langue au chat !). C'est un pain noir au vague goût de réglisse et un peu sucré. Sa particularité réside dans son mode de fabrication. La pâte à pain est conditionnée dans une brique de lait ou une boîte et enterrée dans les zones géothermiques pendant 24h, pour cuire grâce à la chaleur du sol. Les Islandais le dégustent souvent avec une fine tranche d'omble chevalier (sorte de truite) fumé, ou simplement toasté et tartiné de beurre, un petit bonheur gustatif nourrissant.

LES QUESTIONS QU'ON SE POSE AVANT LE DÉPART

➢ Quels sont les documents nécessaires ?

Passeport ou carte d'identité en cours de validité suffisent pour les ressortissants de l'Union européenne et les Suisses puisque l'Islande est membre de l'espace Schengen. Les ressortissants canadiens doivent présenter un passeport valide au moins 3 mois après la date de retour. Durée maximale du séjour : 3 mois.
Un mineur français non accompagné d'un titulaire de l'autorité parentale doit posséder une autorisation de sortie du territoire (téléchargeable sur ● *service-public.fr* ●).
Début 2021, tous les voyageurs devaient subir un test PCR à leur arrivée à l'aéroport, ainsi qu'un autre 5 jours plus tard. Et observer une quarantaine entre ces 2 tests. Peuvent être exemptés de tests et de quarantaine les passagers présentant un certificat de vaccination contre le Covid-19 ou un justificatif d'infection antérieure. ***Attention, les conditions d'exemption sont strictes, bien se renseigner sur tous les justificatifs à fournir sur ● landlaeknir.is ● Consulter absolument le site ● covid.is ● pour suivre l'évolution de cette réglementation.***

➢ Quelle est la meilleure saison ?

Entre juin et août, c'est la combinaison idéale entre nuits très courtes, donc lumière du jour prolongée, et douceur des températures. C'est aussi la très haute saison touristique, avec les prix et la foule qui vont avec. Si l'on en a la possibilité, favoriser un séjour de fin mai à fin juin pour éviter les vacances scolaires d'été. Évidemment, découvrir l'Islande sous la neige est tentant. Mais, outre les routes inaccessibles (dès septembre pour certaines), en plein hiver, le soleil ne montre son nez que 3 à 5h par jour ! Et beaucoup d'adresses sont fermées en cette saison... Côté températures, la moyenne tourne autour de + 12 °C en été, et le thermomètre oscille entre - 5 et + 5 °C en hiver.

➢ Quel budget prévoir ?

Le coût de la vie est très très élevé en Islande, prévoir un budget conséquent ! On peut toutefois loger à moindre coût en dortoir, en camping (le plus économique) ou dans son propre van. Les *guesthouses* proposent pour la plupart des *sleeping bag accomodations* : on vient avec son propre sac de couchage et on partage des chambres avec salle de bains commune. Compter environ 40-50 € pour un lit en dortoir et environ 100-150 € pour une chambre double dans un hôtel classique. Côté repas, le pique-nique est l'option la plus économique. Viennent ensuite les cafés et boulangeries, où l'on grignote pour pas trop cher (moins de 15 €). Sinon, compter environ 15-30 € le plat au resto, voire plus dans nos adresses chics.

➢ Quel est le décalage horaire ?

1 ou 2h en moins par rapport à la France, la Belgique ou la Suisse selon la saison. Quand il est midi sur le continent, il est 11h à Reykjavík en hiver, 10h en été.

➢ Quel est le temps de vol ?

Depuis Paris, Bruxelles ou Zürich, compter environ 3h15-3h50. Depuis Montréal, environ 5h.

➢ Côté santé, quelles précautions prendre ?

Avoir une carte européenne d'assurance maladie (reconnue par l'Islande) et des vêtements adaptés au climat, sinon c'est le coup de froid assuré ! Aucune vaccination n'est exigée.

➢ Peut-on y aller avec des enfants ?

Les grands espaces et les phénomènes naturels exceptionnels devraient autant les fasciner que leurs parents ! Sans parler des animaux, comme les phoques ou les macareux, faciles à observer. Côté budget, tous les sites (piscines, musées, sortie d'observation des baleines...) offrent des réducs pour les enfants, voire des gratuités, souvent pour les moins de 7 ans.

➢ Comment se déplacer dans le pays ?

En été, le réseau des bus couvre les principales destinations touristiques du pays. De mi-septembre à mai, seule la compagnie publique *Strætó* fonctionne. La meilleure solution, bien que chère, consiste à louer une voiture ou un van aménagé, voire un 4x4 pour accéder aux pistes qui mènent aux coins reculés de l'île.

➢ Quel est le taux de change ? Comment payer sur place ?

La monnaie locale est la couronne islandaise (ISK). Début 2021, le taux de change moyen était de 1 € = environ 150 ISK, soit 100 ISK = 0,65 €. Tous les commerces acceptent la carte bleue. Prévoyez du liquide pour les petits hébergements (camping, *guesthouses*...).

➢ Quelles langues parle-t-on ?

L'islandais, une langue germanique issue du norrois. Cependant, tout le monde parle plus ou moins l'anglais et, parfois, un peu l'allemand.

➢ Y a-t-il des problèmes de sécurité ?

Non, l'Islande est classée pays le plus sûr du monde ! Les seules vraies agressions recensées sont celles... des oiseaux marins qui défendent leur nid !

➢ Quand et où observer une aurore boréale ?

Plutôt de septembre à début avril, mais elles peuvent apparaître dès la fin août. Le ciel dégagé et la nuit noire du plein hiver favorisent vos chances d'observer ce phénomène lumineux. Évitez les zones urbaines, car les éclairages de ville perturbent l'observation du ciel. Le site météo national indique aussi les prévisions pour les aurores boréales : ● *en.vedur.is* ●

➢ Quand et où observer les baleines ?

De mai à octobre, on les observe surtout dans la région de Húsavík (considérée comme capitale européenne de la baleine). Dans une moindre mesure, elles sont aussi visibles près de Reykjavík et dans l'ouest. La vedette est la baleine à bosse, mais on peut aussi observer des rorquals communs, des marsouins, des cachalots et, beaucoup plus rarement, la célèbre baleine bleue.

COMMENT Y ALLER ?

EN AVION

▲ ICELANDAIR

– Infos et résas : ☎ 01-44-51-60-51. • icelandair.fr •

Icelandair, la compagnie aérienne islandaise, propose env 3 vols directs/j. Paris-Reykjavík en hte saison au départ de Roissy-Charles-de-Gaulle. En basse saison, compter 1-2 vols/j. Durée moyenne de vol : 3h30. Des forfaits week-end ou semaine de 3 ou 4 nuits à Reykjavík sont également disponibles.

▲ ATLANTIC AIRWAYS

– Infos et résas : • atlanticairways.com •

Assure 3 vols/sem entre Paris-CDG et Vagar (îles Féroé) l'été, et 2 vols/sem à partir de fin sept.

Comment aller à Roissy et à Orly ?

Toutes les infos sur notre site *• routard.com •* à l'adresse suivante : *• bit.ly/aeroports-routard •*

Conservez dans votre bagage cabine vos médicaments, vos divers chargeurs et appareils ainsi que vos objets de valeur (clés et bijoux). Et, on ne sait jamais, ajoutez-y de quoi vous changer si vos bagages n'arrivaient pas à bon port avec vous.

LES ORGANISMES DE VOYAGES

Ne pas croire que les vols à tarif réduit sont tous au même prix pour une même destination à une même époque : loin de là. De plus, une agence bon marché ne l'est pas forcément toute l'année (elle peut n'être compétitive qu'à certaines dates bien précises). Donc, contactez tous les organismes et jugez vous-même.

Les organismes cités sont classés par ordre alphabétique, pour éviter les jalousies et les grincements de dents.

En France

▲ ALTIPLANO VOYAGE

– Annecy (Metz-Tessy) : Park Nord, Les Pléiades N° 35, 74370. ☎ 04-57-09-80-01. • islande@altiplano-voyage.com • Lun-ven 9h-13h, 14h-18h.

Voyagez comme vous l'imaginez ! Grâce à une expertise de plus de 20 ans, Altiplano Voyage est en mesure de concocter tout type de programme, du plus classique au plus original, selon la formule de votre choix (locations de voitures, excursions organisées, navigations...). Écoute et convivialité sont les atouts de cette agence à taille humaine.

▲ CERCLE DES VOYAGES

– Paris : 4, rue Gomboust (angle 31, av. de l'Opéra), 75001. ☎ 01-40-15-15-19. • cercledesvacances.com • Lun-ven 9h-20h, sam 10h-18h30.

Le vrai voyage sur mesure, à destination de l'Islande et de la Scandinavie. Cercle des Vacances propose des voyages sur mesure en Islande, des plus simples aux plus élaborés, découverte ou aventure, pour tous les types de budget, pour les individuels comme pour les groupes, grâce à des conseillers connaissant parfaitement la destination. Au programme : circuits accompagnés, autotours, croisières, séjours et week-end. Les petits plus qui font la différence : baignade dans les sources chaudes, observation des baleines, exploration des champs de lave.

▲ COMPTOIR DES VOYAGES

• comptoir.fr • Lun-sam 9h30-18h30.

– Bordeaux : 26, cours du Chapeau-Rouge, 33800. ☎ 05-35-54-31-40.

JUSQU'À 3
VOLS DIRECTS
PAR SEMAINE AU
DÉPART DE PARIS
VERS LES ÎLES FÉROÉ
Pour en savoir plus et réserver
votre voyage rendez-vous sur
www.atlanticairways.com
ÎLES FÉROÉ
Volez sur nos
avions de dernière
génération
PARIS

– Lille : 76, rue Nationale, 59160. ☎ 03-28-04-68-20. Ⓜ Rihour.
– Lyon : 10, quai Tilsitt, 69002. ☎ 04-72-44-13-40.
– Marseille : 12, rue Breteuil, 13001. ☎ 04-84-25-21-80.
– Paris : 2-18, rue Saint-Victor, 75005. ☎ 01-53-10-30-15.
– Nice : 62, rue Giofreddo, 06000. ☎ 04-97-03-64-80.
– Toulouse : 43, rue Peyrolières, 31000. ☎ 05-62-30-15-00.

En plus de 30 ans, Comptoir des Voyages s'est imposé comme la référence incontournable du voyage sur mesure en immersion, avec plus de 90 destinations sur les 5 continents. Ses conseillers-spécialistes construisent des voyages uniques en s'adaptant à votre budget, vos goûts et vos envies. Pour favoriser les rencontres et l'immersion dans la vie locale, ils privilégient des hébergements typiques et des expériences authentiques. Sur place, des *Greeters* francophones partagent avec vous conseils et bonnes adresses le temps d'un café. Sur votre smartphone, l'application mobile *Luciole* vous informe sur le déroulé de votre voyage et vous guide grâce à un GPS hors connexion. Comptoir des Voyages est membre d'Agir pour un tourisme responsable depuis 2009, labellisation ATR renouvelée par Écocert Environnement en 2019.

▲ DESTINATION ISLANDE

Infos et résas : • destination-islande.com •

Contactez Destination Islande, une agence locale de confiance, pour organiser votre voyage sur mesure. Leurs conseillers, fins connaisseurs du terrain et de la réalité du pays, vous accompagnent dans la préparation de votre voyage, en couple, en famille ou en groupe d'amis. Vous avez ainsi accès à un service personnalisé en bénéficiant d'un prix accessible. Membre de *bynativ,* la communauté des agences de voyages locales, Destination Islande vous propose un maximum de garanties et de services : règlement de votre voyage en ligne (sécurisée), possibilité de souscrire à une assurance et de bénéficier de garanties solides en cas d'imprévu. De quoi voyager de façon authentique et en toute tranquillité !

▲ NOMADE AVENTURE

• nomade-aventure.com • Lun-sam 9h30-18h30.
– Paris : 40, rue de la Montagne-Sainte-Geneviève, 75005. ☎ 01-46-33-71-71.
– Lyon : 10, quai Tilsitt, 69002.
– Marseille : 12, rue Breteuil, 13001.
– Toulouse : 43, rue Peyrolières, 31000.

Nomade Aventure propose des circuits inédits partout dans le monde à réaliser en famille, entre amis, avec ou sans guide. Également la possibilité d'organiser, hors de groupes constitués, un séjour libre en toute autonomie. Spécialiste de l'aventure avec plus de 400 itinéraires (de niveau tranquille, dynamique, sportif ou sportif +) qui vont à la rencontre des pays et de leurs habitants, Nomade Aventure donne la priorité aux expériences authentiques à pied, à cheval, en bateau ou en 4x4.

NORDISKA

• nordiska-voyages.com •

Marque phare du tour-opérateur Salaün Holidays, Nordiska est le spécialiste des pays du Grand Nord, que ce soit en circuit, croisière, autotour ou voyage à la carte. Grâce à une équipe de guides-accompagnateurs formés et expérimentés 100 % francophones, Nordiska propose de faire découvrir tous les trésors et les richesses de la Scandinavie : une culture authentique et des paysages à couper le souffle !

▲ NORTOURS

– Paris : 5, rue Thorel, 75002 Paris. ☎ 01-71-18-30-35. • nortours.fr •

Depuis plus de 25 ans, Nortours s'est imposé comme un acteur reconnu sur ses destinations du Grand Nord. Du circuit accompagné francophone (avec découverte des sites incontournables de l'Islande) au voyage individuel personnalisé, les conseillers-voyage de Nortours, experts de l'Islande, répondent à toutes vos attentes grâce à une connaissance inégalée du terrain. Nortours propose une gamme complète de produits : vols, circuits accompagnés, hébergements, location de voitures, location de camping-cars, location de chalets, autotours, séjours insolites...

▲ ROOTS TRAVEL

– Paris : 17, rue de l'Arsenal, 75004. ☎ 01-42-74-07-07. • rootstravel.com • Lun-ven 10h-13h, 14h-18h ; sam sur rdv.

Roots Travel est un spécialiste des circuits individuels sur mesure en autotour libre, ainsi que des séjours à Reykjavík. Réservation des vols, hôtels, fermes et *guesthouses,* location de voitures et de 4x4, d'excursions à la journée. Possibilité de forfait en combiné Reykjavík-New York.

▲ ROUTE DES VOYAGES (LA)

• laroutedesvoyages.com • Agences ouv lun-ven 9h-19h (18h ven), rdv conseillé.

– Angers : 6, rue Corneille, 49000. ☎ 02-41-43-26-65.

– Annecy : 4 bis, av. d'Aléry, 74000. ☎ 04-50-45-60-20.

– Bordeaux : 19, rue des Frères-Bonie, 33000. ☎ 05-56-90-11-20.

– Lorient : 42, av. de la Perrière, 56100. 📱 06-15-48-82-69. Sur rdv lun-mer.

– Lyon : 59, rue Franklin, 69002. ☎ 04-78-42-53-58.

– Paris : 10, rue Choron, 75009. ☎ 01-55-31-98-80.

– Toulouse : 9, rue Saint-Antoine-du-T, 31000. ☎ 05-62-27-00-68.

25 ans d'expérience de voyages sur mesure sur les 5 continents ! Cette équipe de voyageurs passionnés a développé un vrai savoir-faire du voyage personnalisé : écoute, conseils, voyages de repérage réguliers et des correspondants sur place soigneusement sélectionnés, avec qui elle travaille en direct. Son engagement à promouvoir un tourisme responsable se traduit par des possibilités de séjours solidaires à insérer dans les itinéraires de découverte individuelle. Elle a aussi créé un programme de compensation solidaire qui permet de financer des projets de développement locaux.

▲ TERRE SCANDINAVE

– Paris : 28, bd de la Bastille, 75012. ☎ 01-44-32-12-82. • terre-voyages.com/voyage-islande • Lun-ven 9h-18h30, sam 10h-18h.

Spécialiste des pays nordiques, Terre Scandinave propose une découverte atypique de la Norvège, la Suède, la Finlande, le Danemark ou l'Islande, de leur nature préservée, de leur peuple fier et chaleureux. Découvrez les célèbres fjords de Norvège, respirez dans les forêts immenses de la Suède, flânez dans Stockholm, parcourez la Laponie pendant la saison d'hiver, visitez Helsinki ou Copenhague, partez à la découverte de l'Islande, pays des volcans, des glaciers et des geysers. L'équipe spécialisée vous fera découvrir le charme des pays scandinaves grâce à une offre originale et unique de voyages sur mesure.

▲ TERRES D'AVENTURE

☎ 0825-700-825 (prix d'appel + 0,15 €/mn). • terdav.com •

– Paris : 30, rue Saint-Augustin, 75002. Lun-sam 9h30-19h. ☎ 01-70-82-90-00.

– Agences également à Bordeaux, Grenoble, Lille, Lyon, Marseille, Nantes, Rennes, Rouen, Strasbourg et Toulouse.

Depuis 1976, Terres d'Aventure, spécialiste du voyage à pied, propose aux voyageurs passionnés de marche et de rencontres des randonnées hors des sentiers battus, à la découverte des grands espaces de la planète. Voyages à pied, à cheval, à raquettes, en bateau... Des aventures sont proposées sur tous les continents, en petits groupes ou en individuel encadrés par des professionnels expérimentés. Les hébergements dépendent des sites explorés : camps d'altitude, bivouacs, refuges ou petits hôtels. Les voyages sont conçus par niveaux de difficulté : de la simple balade en plaine à l'expédition sportive, en passant par la course en haute montagne.
Certaines de leurs agences sont de véritables *Cités des Voyageurs* dédiées au voyage. Consultez le programme des manifestations sur leur site internet.

▲ VOYAGEURS DU MONDE – VOYAGEURS EN EUROPE DU NORD

• voyageursdumonde.fr •

– Paris : La Cité des Voyageurs, 55, rue Sainte-Anne, 75002. ☎ 01-42-86-17-60. Lun-sam 9h30-19h. Avec une librairie spécialisée sur les voyages.

– Également des agences à Bordeaux, Grenoble, Lille, Lyon, Marseille,

COMPTOIR
DES VOYAGES
Michaël, notre Greeter à Reykjavik
Et si on ne parlait pas seulement de viking et de volcan ?

Montpellier, Nantes, Nice, Rennes, Rouen, Strasbourg et Toulouse.
Parce que chaque voyageur est différent, que chacun a ses rêves et ses idées pour les réaliser, Voyageurs du Monde conçoit, depuis plus de 30 ans, des projets sur mesure. Les séjours proposés sur 120 destinations sont des suggestions élaborées par leurs 180 conseillers voyageurs. Spécialistes par pays et même par régions, ils vous aideront à personnaliser les voyages présentés à travers une trentaine de brochures d'un nouveau type et sur le site internet où vous pourrez également découvrir les hébergements exclusifs et consulter votre espace personnalisé. Au cours de votre séjour, vous bénéficiez des services personnalisés Voyageurs du Monde, dont la possibilité de modifier à tout moment votre voyage, l'assistance d'un concierge local, la mise en place de rencontres et de visites privées et l'accès à votre carnet de voyage via une application iPhone et Android.
Voyageurs du Monde est membre de l'association ATR (Agir pour un tourisme responsable) et bénéficie de la certification Tourisme responsable AFAQ AFNOR.

Voir aussi au sein de chaque ville les agences locales que nous avons sélectionnées.

En Belgique

▲ CONNECTIONS

Infos et résas : ☎ 070-23-33-13. • connections.be •
Fort d'une expérience de plus de 20 ans dans le domaine du voyage, Connections dispose d'un réseau de 30 *travel shops* dont un à l'aéroport international de Bruxelles. Connections propose des vols dans le monde entier à des tarifs avantageux et des voyages destinés aux voyageurs désireux de découvrir la planète de façon autonome. Connections propose une gamme complète de produits : vols, hébergements, locations de voitures, autotours, vacances sportives, excursions, etc.

▲ CONTINENTS INSOLITES

– Bruxelles : rue César-Franck, 44A, B-1050. ☎ 02-218-24-84. • continents-insolites.com • Lun-ven 10h-18h, sam 10h-16h30 sur rdv.
Continents Insolites, organisateur de voyages lointains sans intermédiaire, propose une gamme étendue de formules de voyages détaillée dans leur brochure gratuite sur demande.
– *Voyages découverte taillés sur mesure :* à partir de 2 personnes. Un grand choix d'hébergements soigneusement sélectionnés : du petit hôtel simple à l'établissement luxueux et de charme.
– *Circuits découverte en minigroupes :* de la grande expédition au circuit accessible à tous. Des circuits à dates fixes dans plus de 60 pays en petits groupes francophones de 7 à 12 personnes. Avant chaque départ, une réunion est organisée. Voyages encadrés par des guides francophones, spécialistes des régions visitées.

▲ TERRES D'AVENTURE

– Bruxelles : chaussée de Charleroi, 23, 1060. ☎ 02-543-95-60. • terdav.com • Lun-sam 10h-19h.
Voir le texte dans la partie « En France ».

▲ VOYAGEURS DU MONDE

– Bruxelles : chaussée de Charleroi, 23, 1060. ☎ 02-543-95-50.
Le spécialiste du voyage en individuel sur mesure. • voyageursdumonde.com •
Voir le texte dans la partie « En France ».

En Suisse

▲ ROUTE DES VOYAGES (LA)

☎ 022-552-34-46. • geneve@route-voyages.com • laroutedesvoyages.com •
Voir le texte dans la partie « En France ».

▲ TERRES D'AVENTURE

– Genève : rue de la Rôtisserie, 19, 1204. ☎ 022-518-05-13. • terdav.com • Lun-ven 10h-19h, sam 9h30-18h30.
Voir le texte dans la partie « En France ».

▲ VOYAGEURS DU MONDE

• voyageursdumonde.ch •
– Genève : rue de la Rôtisserie, 19, 1204. ☎ 022-514-12-10. Lun-ven

9h30-19h, sam 9h30-18h30.
– Lausanne : rue du Bourg, 6, 1003 (2e étage). Lun-ven 9h-18h30, sur rdv le sam.
Voir le texte dans la partie « En France ».

Au Québec

▲ EXPÉDITIONS MONDE
Infos et résas : • expeditionsmonde.com •
Expéditions Monde est à l'avant-garde du voyage d'aventure, de découverte, de trekking, de vélo et d'alpinisme sur tous les continents. Les voyages en petits groupes facilitent les déplacements dans les régions les plus reculées et favorisent l'interaction avec les peuples locaux pour vivre une expérience authentique. Expéditions Monde offre aussi la possibilité de voyager en Europe à pied ou à vélo en liberté.

EN BATEAU

Oui, c'est possible ! Et même mieux que possible : génial ! Toute l'année, le ferry *MS Norröna,* de la compagnie *Smyril Line,* part du port danois de Hirtshals (nord du Jutland) pour rejoindre ***Seyðisfjörður,*** sur la côte est de l'Islande, après une escale intermédiaire aux ***îles Féroé,*** une dépendance danoise de toute beauté – où l'on passe volontiers quelques jours en chemin.

SMYRIL LINE
☎ 298-34-59-00. • smyrilline.com •
Les rotations régulières ont lieu toute l'année, à raison d'une traversée/sem en basse saison (fin août-début juin). Départ de Hirtshals (Danemark) le sam à 16h, arrivée à Tórshavn (îles Féroé) lun à 7h30, avant de repartir le même jour à 14h pour l'Islande, avec une arrivée à Seyðisfjörður le mar à 9h. En hte saison (début juin-fin août), 2 connexions/sem vers les îles Féroé : départ de Hirtshals (Danemark) le mar à 11h30 et le sam à 15h30 ; arrivée le lendemain soir à Tórshavn (îles Féroé). Côté tarifs, bien sûr, ce n'est pas donné. Heureusement il y a des réductions pour les familles et des tarifs inférieurs pour une simple couchette dans une cabine partagée. Finalement, ça ne vous reviendra pas vraiment moins cher que de prendre l'avion et de louer un 4x4 sur place, mais quel voyage ! N'oubliez pas de réserver suffisamment à l'avance : les places partent vite. À noter que la *Smyril Line* propose aussi différents types de forfaits incluant l'hébergement aux Féroé ou en Islande. Et attention, si vous choisissez une promotion qui ne comprend pas les repas à bord, mieux vaut prévoir des provisions au risque de vider votre portefeuille.

ISLANDE UTILE

ABC de l'Islande

- ***Superficie :*** 103 000 km².
- ***Population :*** 364 000 hab. (2019).
- ***Densité :*** env 3,6 hab./km² (contre 123/km² en France) !
- ***Âge moyen :*** 37 ans.
- ***Espérance de vie :*** 84 ans pour les femmes et 81 ans pour les hommes.
- ***Monnaie :*** couronne islandaise (ISK), ***króna,*** divisée en 100 *aurars.*
- ***PIB/hab. :*** env 60 000 $ en 2019 (env 42 000 $ en France).
- ***Religion :*** luthérienne à 70 %.
- ***Régime :*** république parlementaire.
- ***Président :*** M. Guðni Thorlacius Jóhannesson (réélu pour 4 ans en 2020).
- ***Heures d'ensoleillement au solstice d'été :*** 21h et 8 mn !
- ***Heures d'ensoleillement au solstice d'hiver :*** 4h et 7 mn (dur, dur !).
- ***Indice de développement humain*** *(espérance de vie, éducation, niveau de vie)* **:** 0,938. Rang mondial : 6ᵉ sur 189 pays.

AVANT LE DÉPART

Adresses utiles

En France

Office de tourisme d'Islande : *pas de bureau ouvert au public. Uniquement un site internet : • fr.visiticeland.com •* Tout un tas de thèmes abordés : visiter, se divertir, guide pratique… Bref, un site exhaustif.

Voir aussi *• routard.com •* Le site de voyage nº 1, avec plus de 800 000 membres et plusieurs millions d'internautes chaque mois. Pour s'inspirer et s'organiser, près de 300 guides destinations actualisés, avec les infos pratiques, les incontournables et les dernières actus, ainsi que les reportages terrain et idées week-end de la rédaction. Partagez vos expériences avec la communauté de voyageurs : forums de discussion avec avis et bons plans, carnets de route et photos de voyage. Enfin, vous trouverez tout pour vos vols, hébergements, voitures et activités, sans oublier notre sélection de bons plans, pour réserver votre voyage au meilleur prix.

■ ***Ambassade d'Islande :*** *52, av. Victor-Hugo, 75116 Paris. ☎ 01-44-17-32-85. Lun-ven 9h30-15h30.*

En Belgique

■ ***Ambassade d'Islande :*** *rue Archimède, 17, Bruxelles 1000. ☎ 02-238-50-00. Lun-ven 9h30-16h.*

En Suisse

■ ***Consulat général d'Islande :*** *rue du Mont-de-Sion, 8, 1206 Genève. ☎ 41-22-703-56-56.*

Au Canada

■ ***Embassy of Iceland :*** *360 Albert St, Suite 710, Ottawa, Ontario, K1R 7X7. ☎ (613) 482-1944. Lun-ven 9h-16h.*

Formalités d'entrée

Pensez à scanner passeport, carte de paiement, billet d'avion et *vouchers* d'hôtel. Ensuite, adressez-les-vous par e-mail ou enregistrez-les dans *Google Drive*. En cas de perte ou de vol, rien de plus facile pour les récupérer en ligne. Les démarches administratives seront bien plus rapides.

– ***Passeport ou carte d'identité*** valide sur toute la durée du séjour pour un séjour inférieur à 3 mois pour les ressortissants de l'Union européenne et les Suisses ; le passeport valide au moins 3 mois après la date retour pour les ressortissants canadiens (durée maximale du séjour : 3 mois). ***Attention,*** les cartes d'identité françaises délivrées à des personnes majeures entre le 1er janvier 2004 et le 31 décembre 2013 sont encore valables 5 ans après la date de fin de validité indiquée au verso. En revanche, aucune modification matérielle n'en attestera. Pour éviter tout désagrément, on vous conseille plutôt de voyager avec votre passeport ou de télécharger l'attestation du ministère des Affaires étrangères expliquant cette règle : ● *diplomatie.gouv.fr* ●
En 2001, sans faire partie de l'Union européenne, l'Islande a adhéré à la convention de Schengen sur la libre circulation des personnes. Il n'y a donc pas de contrôle aux frontières pour les ressortissants de l'Union.
– Les ***mineurs*** doivent être munis de leur propre pièce d'identité. De plus, les mineurs non accompagnés devront présenter une ***autorisation de sortie du territoire.*** Le formulaire est gratuit et téléchargeable sur ● *service-public.fr* ●
– ***ATTENTION :*** début 2021, tous les voyageurs devaient subir un test PCR à leur arrivée à l'aéroport, ainsi qu'un autre 5 jours plus tard. Et observer une quarantaine entre ces 2 tests. Peuvent être exemptés de tests et de quarantaine les passagers présentant un certificat de vaccination contre le Covid-19 ou un justificatif d'infection antérieure. ***Attention, les conditions d'exemption sont strictes, bien se renseigner sur tous les justificatifs à fournir sur ● landlaeknir.is ● Consulter absolument le site ● covid.is ● pour suivre l'évolution de cette réglementation.***
– ***Aucune vaccination exigée.***
– ***Quelques règles d'importation :*** l'Islande étant un pays très cher, de nombreux voyageurs remplissent leurs valises de nourriture pour limiter les frais sur place. Bonne idée ! Mais quelques produits sont à proscrire de vos valises. Il est interdit d'importer de la viande crue et ses dérivés (charcuterie...) ainsi que des produits laitiers crus ou des œufs. Concernant l'alcool et les cigarettes, vous avez le droit d'importer hors taxe 2 l de vin par personne (ou 1 l de vin et 1 l de spiritueux, ou 1 l de vin et 6 l de bière, ou encore 1 l de spiritueux et 6 l de bière) et 1 cartouche de cigarettes ou 250 g de tabac. L'âge minimum légal pour importer de l'alcool en Islande est de 20 ans, 18 ans pour les cigarettes.
– Désinfection obligatoire du matériel de pêche et d'équitation, avant de venir (certificat d'un vétérinaire demandé) ou à l'arrivée (payant). Certains équipements d'équitation sont strictement interdits (cravaches, harnais...).

Assurances voyage

■ ***Routard Assurance par AVI International :*** *Le Colisée Gardens, 10, av. de l'Arche, CS 70126, 92419 Courbevoie Cedex. ☎ 01-44-63-51-00. ● avi-international.com ● Ⓜ La Défense.* Enrichie année après année par les retours des lecteurs, Routard Assurance est devenue une assurance voyage incontournable. Tout est compris : frais médicaux, assistance rapatriement, bagages, responsabilité civile...

Vous avez besoin d'un médecin, d'un conseil médical ou d'une prise en charge dans un hôpital ? Appelez simplement le plateau AVI Assistance disponible 24h/24, leur réseau est l'un des plus complets actuellement. Vous avez eu des frais de santé en voyage ? Envoyez les factures à votre retour, AVI vous rembourse sous 1 semaine. Avant votre départ, n'hésitez pas à les appeler pour des conseils personnalisés.
Et téléchargez l'appli mobile pour garder le contact avec l'assistance 24h/24 et disposer de l'un des meilleurs réseaux médicaux à travers le monde.

■ ***AVA :*** *25, rue de Maubeuge, 75009 Paris.* ☎ *01-53-20-44-20.* • *ava.fr* • Ⓜ *Cadet.* Un autre courtier fiable pour ceux qui souhaitent s'assurer en cas de décès-invalidité-accident lors d'un voyage à l'étranger, mais surtout pour bénéficier d'une assistance rapatriement, perte de bagages et annulation. Attention, franchises pour leurs contrats d'assurance voyage.

■ ***Pixel Assur :*** *18, rue des Plantes, BP 35, 78601 Maisons-Laffitte.* ☎ *01-39-62-28-63.* • *pixel-assur.com* • *RER A : Maisons-Laffitte.* Assurance de matériel photo et vidéo tous risques (casse, vol, immersion) dans le monde entier. Devis en ligne basé sur le prix d'achat de votre matériel. Avantage : garantie à l'année.

Carte d'assurance maladie

Pour un séjour temporaire en Islande, pensez à vous procurer la ***carte européenne d'assurance maladie (CEAM).*** Il vous suffit d'appeler votre centre de Sécurité sociale (ou, plus rapide, de vous connecter à votre compte • *amelie.fr* •) qui vous l'enverra sous une quinzaine de jours. Cette carte fonctionne avec tous les pays membres de l'Union européenne ainsi qu'en Islande, au Liechtenstein, en Norvège et en Suisse. C'est une carte plastifiée bleue du même format que la carte vitale. Elle est valable 2 ans, gratuite et personnelle (chaque membre de la famille doit avoir la sienne, y compris les enfants).

ARGENT, BANQUES, CHANGE

Monnaie

L'unité monétaire de l'Islande est la couronne islandaise, abrégée ISK.

Important : la couronne islandaise fluctue régulièrement. Nous avons donc pris le parti de ne pas convertir en euros les prix indiqués dans ce guide. Informez-vous sur le taux de change avant votre départ... **Prenez en compte cette instabilité monétaire au moment de la préparation du voyage et prévoyez une certaine marge avec les prix annoncés dans le guide.**

Début 2021, le ***taux de change moyen*** était aux environs de ***150 ISK pour 1 €, soit 100 ISK pour 0,65 €.***
Certains hôteliers ou prestataires choisissent désormais d'indiquer leurs prix en euros. La devise européenne est de plus en plus acceptée (à Reykjavík en tout cas) ; en revanche, on risque de vous rendre la monnaie en couronnes islandaises, à un taux rarement à votre avantage.

Argent liquide

Euros, francs suisses et dollars canadiens s'échangent sans difficulté dans les banques (ouvertes du lundi au vendredi de 9h à 16h environ) et les bureaux de change (parfois ouverts le samedi). Pas de commission, mais le taux peut varier

un peu (pas inutile de comparer). Cela dit, ***on trouve partout des distributeurs automatiques*** acceptant les cartes internationales de paiement, jusque dans les petites villes. Bref, aucun problème pour se procurer de l'argent liquide. Afin d'éviter les frais lors de chaque paiement ou retrait en dehors de la zone euro, certaines banques offrent la gratuité des retraits dans leurs propres distributeurs (DAB) dans le monde entier (comme HSBC, pour ses clients) ou dans les banques avec qui elles ont un accord selon les pays (se renseigner avant le départ). Les néo-banques comme *Max, My French Bank, Revolut* ou *N26* proposent des cartes gratuites qui ne facturent aucune commission pour les paiements et retraits. Les banques en ligne *Boursorama* et *Fortuneo* proposent elles aussi ce type de cartes gratuites (carte *Ultim* et carte *Fosfo*) permettant à la fois de payer en devises et d'en retirer sans frais. Renseignements sur le site internet de chaque banque.
Mais sachez que, même si vous avez fait le nécessaire auprès de votre banque française pour ne pas payer de frais bancaires, les banques locales vous facturent ***une commission ou un pourcentage à chaque retrait.*** Évitez absolument les distributeurs d'aéroport, qui ont les commissions les plus élevées.
Mieux vaut donc retirer une grosse somme en une fois plutôt que de multiplier les retraits (et donc les frais !). En moyenne, compter 300-500 ISK de commission par retrait.
Enfin, pensez à changer en euros l'argent restant avant de quitter le pays, car la couronne islandaise est difficilement convertible au retour.

Cartes de paiement

On peut payer à peu près partout avec sa carte bancaire. Même les *guesthouses,* où on loge chez l'habitant, possèdent le plus souvent un terminal. Tout comme les retraits au distributeur, les règlements par carte s'accompagnent d'une commission qui varie en fonction de la somme réglée : plus le montant est petit, plus cela renchérit le taux de change.
Prévoir donc plutôt du liquide pour les petits frais et garder la carte pour les grosses dépenses.
Quand vous partez à l'étranger, pensez à relever le plafond de retrait aux distributeurs et celui des paiements par carte, quitte à le faire rebaisser à votre retour. Cette opération est possible en téléphonant à votre banque ou bien via votre appli bancaire.

Perte ou vol de cartes de paiement

Avant de partir, notez donc bien le numéro d'opposition propre à votre banque (il figure souvent au dos des tickets de retrait, sur votre contrat, ou à côté des distributeurs de billets), ainsi que le numéro à 16 chiffres de votre carte. Bien entendu, conservez ces informations en lieu sûr et séparément de votre carte.
Par ailleurs, l'assistance médicale se limite aux 90 premiers jours du voyage et l'assistance véhicule aux cartes haut de gamme (renseignez-vous auprès de votre banque). Et surtout, n'oubliez pas aussi de VÉRIFIER LA DATE D'EXPIRATION DE VOTRE CARTE DE PAIEMENT avant votre départ !
Voir également plus loin la rubrique « Urgences ».

Petite mesure de précaution : si vous retirez de l'argent dans un distributeur, utilisez de préférence les distributeurs attenants à une agence bancaire. En cas de pépin avec votre carte (carte avalée, erreurs de code secret...), vous aurez un interlocuteur dans l'agence pendant les heures ouvrables.

Besoin urgent d'argent liquide

– Vous pouvez être dépanné en quelques minutes grâce au système ***Western Union Money Transfer*** présent dans les bureaux de poste. L'argent vous est

transféré en moins de 1 heure. La commission, assez élevée, est payée par l'expéditeur. Possibilité d'effectuer un transfert auprès d'un des bureaux *Western Union* ou, plus rapide, en ligne, 24h/24 par carte de paiement (*Visa* ou *MasterCard*).
Même principe avec d'autres organismes de transfert d'argent liquide comme ***MoneyGram, PayTop*** ou ***Azimo.*** Transfert en ligne sécurisé, en moins de 1 heure. Dans tous les cas, se munir d'une pièce d'identité. Toutefois, en cas de perte ou vol de papiers, certains organismes permettent de convenir d'une question-réponse type pour pouvoir récupérer votre argent. Chacun de ces organismes possède aussi des applications disponibles sur téléphone portable. Consulter les sites internet pour connaître les pays concernés, les conditions tarifaires (frais, commission) et trouver le correspondant local le plus proche :
• westernunion.com • moneygram.fr • paytop.com • azimo.com/fr •

ACHATS

– En Islande, le tricot est un sport national. Vous en connaissez beaucoup, vous, des pays où l'on trouve aiguilles à tricoter et pelotes de laine dans les stations-service ?! L'incontournable ***pull islandais,*** ou *lopapeysa,* est extrêmement chaud, très épais, mais cher et, surtout... il gratte ! Les amateur(trice)s de tricot trouveront tout le matériel sur place, ainsi que des modèles.
Outre les pulls, il existe aussi un vaste choix de ***gants, moufles, mitaines, bonnets, chaussettes de laine*** et autres ponchos ou couvertures, certains très classiques, d'autres vraiment originaux. Sachez tout de même qu'une bonne partie de la production est aujourd'hui automatisée.
– Comme dans tous les pays nordiques, les ***objets de décoration*** en verre, bois, céramique ou lave sont vendus dans les boutiques souvenirs.
– Plusieurs entreprises locales de ***cosmétiques*** proposent des produits dont la composition inclut des minéraux islandais, comme *Purity Herbs* (*• purityherbs.is •*) et *Villimey* (*• villimey.is •*).
– Côté gastronomie, pas grand-chose à rapporter, si ce n'est du poisson séché (ne l'ouvrez pas avant de le sortir de la valise, au risque de tout imbiber d'effluves de retour de pêche !) ou des poissons marinés.
– On vous fait grâce des trolls *made in China,* poupées costumées, mugs cheval (voire pire), magnets griffés Islande, bonnets macareux et coiffes à cornes de Viking.
– ***Horaires :*** les magasins sont ouverts en semaine de 9-10h à 18h et le samedi de 10h à 13h-16h. Les horaires des supermarchés (on en trouve dans tous les villages) varient pas mal selon la taille de la ville et selon la chaîne. *Bónus* est ouvert tous les jours. Les autres ferment souvent le dimanche dans les villages, mais peuvent rester ouverts jusqu'à 22h ou 23h tous les jours dans les lieux les plus fréquentés (en été, en tout cas). Sinon, le week-end, on peut se ravitailler dans les stations-service.

BUDGET

Cette édition 2021/22 ayant été réalisée pendant l'épidémie de Covid, les prix relevés ne reflétaient pas la réalité du terrain et restaient très incertains. C'est pourquoi nous vous indiquons des fourchettes de prix dans lesquelles piocher selon votre budget, plutôt que des prix fixes, qui seraient forcément erronés lors de votre voyage sur place.

L'Islande figure parmi les pays les plus chers au monde ! Il est très difficile d'anticiper l'évolution des prix d'une année sur l'autre. Afin d'éviter les

mauvaises surprises, préparez bien votre voyage et surtout votre budget, en vérifiant le prix des chambres, transports et excursions sur Internet juste avant votre départ. Car, même si nous faisons le maximum pour actualiser les tarifs, nous ne pouvons pas anticiper les fluctuations de la monnaie !
Les postes les plus lourds dans votre budget seront l'hébergement (sauf si vous campez) et les transports. Pour la nourriture, tout dépend de si vous prenez vos repas au resto ou si vous remplissez plutôt votre coffre au supermarché en profitant des cuisines souvent mises à disposition dans les hébergements.

Hébergement

Dans ce guide, nous indiquons les fourchettes de prix par personne si l'hébergement se fait en dortoir (ou en chambre privée avec son sac de couchage, assez courant dans les guesthouses), pour 2 personnes s'il s'agit d'une chambre double. Le petit déjeuner (un buffet à volonté) n'est jamais compris pour une nuit en dortoir, mais l'est souvent dans le 2d cas (nous le précisons alors dans le texte).
Important aussi : ***nous indiquons les prix pour la haute saison,*** c'est-à-dire, grosso modo, en juillet-août. En juin et septembre, les tarifs sont souvent un peu plus bas, mais pas toujours (certains hébergements, n'ouvrant que de juin à début septembre), tandis qu'en hiver les réductions varient entre 10 et 50 %.
– ***Bon marché :*** 4 000-8 000 ISK (env 27-53 €) par personne avec sac de couchage, en dortoir ou en chambre privée rudimentaire, dans les auberges de jeunesse, refuges ou même certaines *guesthouses* et fermes. Pour les campings, le prix varie entre 1 300 et 2 500 ISK par personne, mais est souvent dégressif au-delà du 2e ou 3e jour. La plupart du temps, les enfants ne paient pas jusqu'à 12-14 ans, et même parfois jusqu'à 17-18 ans.
– ***Prix moyens :*** 14 000-20 000 ISK (env 93-133 €) pour 2 personnes. C'est ce qu'on paie, en auberge de jeunesse, dans une *guesthouse* ou un petit hôtel un peu isolé, en fonction de l'importance touristique du lieu, pour une chambre double sans fioritures, généralement avec salle de bains partagée (parfois privée), mais avec les draps inclus.
– ***Chic :*** 20 000-30 000 ISK (env 133-200 €) pour 2 personnes. Dans cette catégorie, la salle de bains est presque toujours privée et le petit déj inclus, sauf dans quelques endroits particulièrement chers comme Reykjavík, la région du lac Mývatn ou la côte sud.
– ***Très chic :*** plus de 30 000 ISK (plus de 200 €). C'est le prix qu'il vous faudra payer pour une vraie impression de « chic » avec des chambres à la déco soignée...
– Dans les auberges de jeunesse et certaines *guesthouses,* les draps peuvent être loués sur place. Cela dit, à environ 1 500 ISK/personne, on a vite fait de faire des économies en apportant les siens... Idem pour la serviette, en général louée autour de 500-700 ISK.

Restauration

Entre 2 000-2 500 ISK (env 13-17 €), vous aurez droit à un petit déjeuner à volonté qui vous permettra (peut-être) de tenir jusqu'au dîner (les Islandais dînent dès 18h). Au déjeuner, beaucoup de visiteurs se rabattent sur un pique-nique, avec les provisions achetées au supermarché (si vous avez un véhicule, faites le plein de courses avant de quitter les agglomérations). Pour le dîner, les *guesthouses* disposent souvent d'une cuisine à disposition de leurs hôtes.
Dans ce guide ***les fourchettes de prix indiquées s'entendent pour un plat principal dans un café ou un resto,*** que ce soit un burger-frites, une pizza ou un plat de poisson ou de viande plus travaillé, la *fast food* et les plats plus soignés se côtoyant souvent au menu. D'ailleurs, on peut très bien, dans un même resto, manger « chic » si on lorgne du côté des plats sophistiqués ou plutôt « bon marché » si on s'en tient à un *fish & chips* ou à un plat de pâtes.

Quelques restos proposent aussi un menu avantageux au déjeuner (généralement en semaine), qui comprend une soupe ou une entrée, un plat, un dessert et le café, demandez alors le ***lunch special.*** Pour les petits appétits, la ***formule « soupe et pain »,*** proposée dans de nombreux cafés et boulangeries, permet de se nourrir à moindres frais (environ 2 000-2 500 ISK). Et le ***hot dog*** qu'on trouve dans les petits kiosques des grandes villes comme dans les cafét' des stations-service reste le moins cher des en-cas. Évidemment, ***le supermarché reste l'option la plus économique.*** Repérez les enseignes ***Bónus,*** des supermarchés *discount* aux prix compétitifs.

- ***Bon marché :*** jusqu'à 2 500 ISK (env 17 €). Le plus souvent, il s'agira d'un plat style burger, pizza, salade, sandwich... pris dans un café, une cafétéria, une station-service, voire dans un petit resto.
- ***Prix moyens :*** de 2 500 à 4 000 ISK (env 17-27 €). Là, vous aurez droit à un plat plus fin (avec viande ou poisson), que ce soit dans un resto, un café ou un bar-resto.
- ***Chic :*** 4 000-6 000 ISK (env 27-40 €) le plat, plutôt le soir, dans un bon resto... ou simplement dans une zone très touristique au déjeuner.
- ***Très chic :*** plus de 6 000 ISK (plus de 40 €) le plat. Dans les adresses vraiment chics, l'addition peut grimper vite, surtout avec un dessert et une boisson (laissez tomber la bouteille de vin, toujours hors de prix !).

Visites

Une entrée de musée coûte dans la plupart des cas ***entre 1 000 et 2 000 ISK.*** Un certain nombre de « petits » musées de villages se révèlent finalement plutôt chers, du moins si on les compare aux « grands » musées des villes. Heureusement, la majorité des musées sont ***gratuits pour les moins de 16-17 ans,*** à défaut au moins de 12 ans, et offrent généralement des réductions pour les étudiants (avoir sa carte). Les enfants de moins de 6 ans ne payent pratiquement jamais (visites de musées, excursions d'observation des baleines...).
Cela dit, en Islande, les plus beaux spectacles et tableaux sont dans la nature et, le gros avantage de ce pays, c'est que l'accès aux sites, si magnifiques soient-ils, reste gratuit (parcs nationaux inclus). Mais ***le parking est souvent payant,*** compter environ 750 ISK par véhicule pour la journée.

Transports

Si vous voyagez en bus, pensez à vous renseigner sur les différents *passports* (voir la rubrique « Transports »), chers mais en général plus économiques que les billets au coup par coup (environ 10-15 % d'économie si vous utilisez la totalité des trajets).
Concernant l'essence et le diesel, leurs prix sont un peu plus élevés qu'en France. Voir aussi « Carburants » dans la rubrique « Transports ».

Remboursement de la TVA

Si vous faites vos achats dans les magasins portant l'inscription « *Tax Free* », vous pourrez vous faire rembourser la TVA locale (en général 24 %) avant de quitter le pays. Excluant services (location de voitures, hébergements, etc.) et produits consommables, ce dispositif s'applique surtout, en pratique, aux achats de souvenirs et vêtements. Conditions : avoir dépensé un minimum de 6 000 ISK dans un même point de vente. N'oubliez pas de demander dans lesdits magasins le *Tax Refund Cheque,* que vous pourrez vous faire rembourser à l'aéroport de Keflavík (auprès de la *Arion Bank,* avant d'enregistrer vos bagages), dans la monnaie de votre choix, en présentant reçu et objets concernés. Si vous repartez en bateau de Seyðisfjörður, vous trouverez un bureau dans le terminal des ferries. Là, un virement sur votre compte bancaire sera effectué dans les semaines suivantes (en euros).

CLIMAT

Contrairement aux idées reçues, il ne fait jamais très froid en Islande : la température moyenne en été est de 12 °C, avec parfois des pointes à 20 °C ! La nuit, bien sûr, il fait plus frais et il peut même parfois neiger en août, en altitude ou à l'intérieur de l'île. L'hiver, le mercure peut descendre à - 15 °C mais la température moyenne à Reykjavík en janvier est de 0,5 °C, et le thermomètre oscille le plus souvent entre - 5 et 5 °C. Toutefois, que cela ne vous incite pas à vous découvrir, la pluie et le vent sont très présents et volontiers traîtres... « Si vous n'aimez pas le temps qu'il fait, attendez quelques minutes »... le dicton s'applique parfaitement à l'instabilité du climat islandais !

Vous pouvez consulter les prévisions météo sur le site • en.vedur.is • Très bien fait, avec version anglaise, il donne aussi les probabilités de voir une aurore boréale (voir « Aurores boréales » dans le chapitre « Hommes, culture, environnement ») ou, moins drôle, les risques de séismes et d'avalanches...

Sinon, sachez que les côtes nord et est s'avèrent plus ensoleillées que les côtes sud et ouest... alors, si vous êtes surpris par un déluge à Vík ou dans les îles Vestmann (ça peut durer une semaine d'affilée), filez vite vers Egilsstaðir ou Akureyri. Vous y trouverez (peut-être !) du beau temps, mais, en été, ne vous attendez pas aux tropiques non plus.

VIVE LE BON AIR FRAIS !

Voici une habitude surprenante : les bébés font souvent leur sieste dehors, dans les poussettes. Y compris en hiver ! Bien emmitouflés, c'est un excellent moyen de renforcer leur système immunitaire ! Toutefois, quand la température descend en-dessous de - 5 °C, il est déconseillé de les sortir plus de... 3h !

Quand partir ?

À moins de vouloir visiter l'île sous la neige ou admirer les aurores boréales (visibles surtout entre septembre et début avril, quand il fait nuit), on conseille aux randonneurs avides de découvrir les paysages uniques d'Islande de ***s'y rendre entre juin et août.*** Sachez tout de même qu'en juin, comme en septembre, la plupart des pistes intérieures ne sont pas encore ouvertes ou sont déjà fermées, tout comme un certain nombre de refuges (voire d'hébergements en général, certains fermant dès la fin août dans les zones les plus reculées). L'inconvénient : c'est aussi à cette période que la saison touristique bat son plein et que les prix sont très élevés. Pour éviter les foules et bénéficier de tarifs plus bas, on pourra venir entre fin mai et fin juin ou la 1re quinzaine de septembre, périodes assez ensoleillées.

DANGERS ET ENQUIQUINEMENTS

En 2020, le *Global Peace Index,* classait encore l'Islande comme ***le pays le plus sûr du monde !*** Que dire de plus ? Excepté les quelques débordements dus à l'alcool le week-end ou lors des fêtes et rassemblements, les plus grands dangers en Islande sont surtout liés aux conditions de circulation sur certaines pistes et au manque d'aptitude des touristes à conduire dessus. Autre sujet de préoccupation, les

GARDIENS DE LA PAIX

L'Islande ne compte pas d'armée, et seulement 600 policiers, dont quelques dizaines seulement sont armés (mais jamais dans la rue, sauf pour des événements exceptionnels). De toute son histoire, la police n'a fait feu qu'une seule fois, en 2013, sur un forcené qui tiraient sur les agents au fusil de chasse. L'homme a été tué. La police s'est excusée.

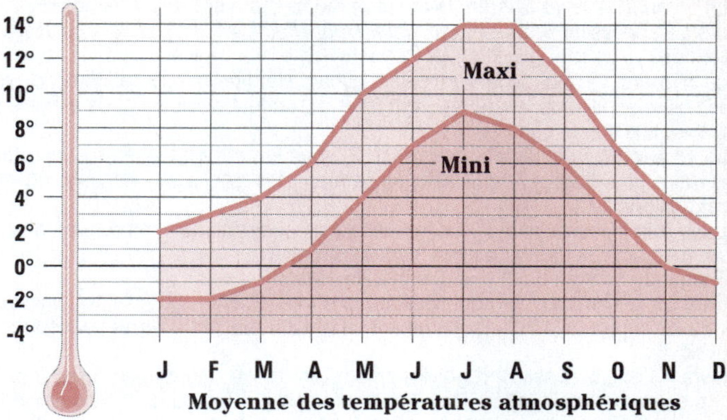

Moyenne des températures atmosphériques

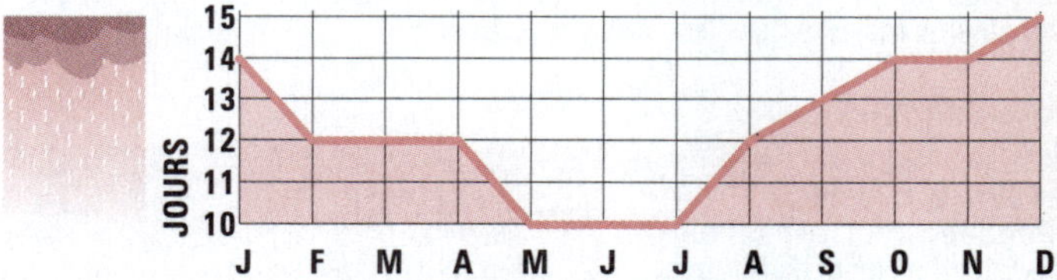

Nombre de jours de pluie

ISLANDE (Reykjavík)

déchaînements de Dame Nature (éruptions volcaniques, secousses telluriques, inondations, etc.), qui font l'objet d'une surveillance étroite de la part des autorités. Attention aussi au vent qui peut être très violent. Tenez bien votre portière de voiture en l'ouvrant.
Voir aussi le site • *safetravel.is* • Passage de rivière, conduite, tenue adéquate, conditions météo... Ce site répertorie plein de conseils pratiques pour aborder le pays en toute sécurité. Une mine d'infos à ne pas délaisser.

ÉLECTRICITÉ

En Islande, ce sont des prises européennes (courant à 220 volts), pas d'adaptateur nécessaire (sauf pour les routards canadiens).

FÊTES ET JOURS FÉRIÉS

Fêtes et manifestations

– Le ***1er vendredi après le 19 janvier*** : ancien festival sacrificiel rendant hommage aux dieux païens, ***Thorrablot*** est l'occasion d'un grand festin traditionnel. Au menu : agneau fumé, testicules et tête de mouton, panse de brebis farcie de boudin, requin fermenté et autres joyeusetés – plus une dose non négligeable d'alcools forts pour faire glisser le tout.

– Le ***1er ou 2e w-e de février*** : les rues et monuments de Reykjavík se parent de leurs plus belles lumières lors du *Winter Lights Festival* : • *winterlightsfestival.is* • Féerique !
– Le ***1er mars*** : le Jour de la bière célèbre chaque année la légalisation de la vente de la bière en Islande (en 1989). Pour fêter ça, un festival national de la Bière est organisé à la même période.
– Le ***1er w-e de juin*** : la fête de la Mer. Si vous le pouvez, tâchez de vous trouver dans un village côtier. Festivités autour des pêcheurs, balades en mer, compétitions...
– Le ***21 juin*** : le solstice d'été *(Jónsmessa)* est l'occasion de nombreuses fêtes. Et quel spectacle de profiter du jour... en pleine nuit !
– ***Gay pride :*** autour du 2e w-e d'août à Reykjavík.
– ***Fête de la Culture :*** mi-août. Beaucoup d'événements culturels, tous gratuits, et qui durent toute la nuit. Évidemment, la plupart des activités se concentrent à Reykjavík.
– Durant ***l'été,*** le week-end généralement, on trouve des petites ***fêtes locales*** dans de nombreux villages. L'ambiance change du tout au tout dans ces bourgades plutôt assoupies en temps normal. Les lieux sont envahis par les familles, bande de potes, petits groupes de musiciens, motards... On vous indique les événements majeurs dans les villes concernées.

Jours fériés

Attention, la plupart des commerces sont alors fermés.
– ***Pâques :*** tout est fermé du Jeudi saint au lundi de Pâques.
– La ***fête de l'Été*** : le 3e jeudi du mois... d'avril. Déjà dans les têtes, l'été est encore bien loin en pratique !
– Le ***1er mai.***
– Le ***jeudi de l'Ascension.***
– Le ***lundi de Pentecôte.***
– Le ***17 juin*** : fête nationale. Anniversaire de la naissance de la république d'Islande en 1944.
– Le ***1er lundi (selon les années) du mois d'août*** : la fête des commerçants *(Verslunarmannahelgi),* un peu l'équivalent du 1er mai, mais uniquement pour les commerçants.
– ***Noël :*** visiter Reykjavík à Noël est peut-être exotique, mais pas forcément très gai, car tout est fermé du 24 après-midi au 26 décembre inclus (même si, développement du tourisme oblige, certains commerces restent désormais ouverts à cette période).
– Le ***31 décembre (après-midi)*** et le ***Nouvel An.***

LES TROLLS DE NOËL

Les Islandais ont 13 Pères Noël, ou plutôt des lutins héritiers des trolls ; on les appelle Jolasveinar. *Ces êtres disgracieux vivent dans les montagnes et vont en ville chacun leur tour à partir du 12 décembre jusqu'à la veille de Noël porter des cadeaux aux enfants. Ils ont chacun un nom, une personnalité, un rôle et un jour précis dans les préparatifs de Noël. Et le 24 décembre au soir, on se retrouve en famille pour déguster le repas traditionnel.*

HÉBERGEMENT

Cette édition 2021/22 ayant été réalisée pendant l'épidémie de Covid, les prix relevés ne reflétaient pas la réalité du terrain et restaient très incertains. C'est pourquoi nous vous indiquons des fourchettes de prix dans lesquelles piocher selon votre budget, plutôt que des prix fixes, qui seraient forcément erronés lors de votre voyage sur place.

Si vous partez en juillet-août, il est fortement recommandé de réserver vos hébergements à l'avance, surtout à Reykjavík, dans le Sud, autour du lac Mývatn et à Akureyri. Dans ces zones, certains hébergements sont réservés ***plus de 6 mois à l'avance.*** Pas de place pour l'improvisation à cette période ! Autrement, il peut être sage de prendre une petite tente ou un sac de couchage, en dépannage...
Sachez que le sac de couchage est IMPÉRATIF pour ceux qui veulent voyager économiquement. On peut l'utiliser un peu partout (auberges de jeunesse, *guesthouses,* ou dans les « fermes ») à la place des draps, et bénéficier ainsi de tarifs moins élevés (de - 20 à - 30 %). Cette forme d'hébergement s'appelle, en anglais, ***sleeping bag accommodation.*** Nous l'indiquons pour les établissements cités dans ce guide qui acceptent les voyageurs avec sac de couchage. Cette formule est parfois possible toute l'année, mais, bien souvent, dans les zones les plus touristiques où les hôtels et *guesthouses* sont pleins en été, elle n'est disponible qu'en basse saison, ou selon disponibilités.

Campings

Le meilleur moyen de réduire son budget ! On trouve des ***campings municipaux et privés*** partout, y compris dans les coins les plus reculés, pour environ 1 300-2 500 ISK/personne. Dans les villages, ils sont la plupart du temps situés à côté de la piscine municipale (où on ira prendre sa douche - payante - si le camping n'en est pas équipé). ***Le camping sauvage est interdit*** dans les zones naturelles protégées et les terrains privés, mais vous pouvez toujours demander son autorisation au propriétaire du terrain (la ferme d'à côté en général). Le camping reste toléré sur les terres non cultivées, à distance des habitations, pour peu qu'aucun panneau n'indique le contraire. Cette législation concerne les voyageurs en tente. ***Les vans et autres camping-cars sont obligés de stationner dans un camping.***
Côté ***équipement,*** on trouve presque toujours au moins un minibloc équipé de w-c et de 2 éviers pour faire la vaisselle. Certains campings disposent aussi d'une salle commune ou d'un abri pour manger (parfois chauffés), et d'un coin cuisine - plus ou moins rudimentaire - avec des plaques électriques. Bien souvent, on a aussi accès à une machine à laver et un sèche-linge (payant). Tous les campings ne comptent pas de douche (dans ce cas, direction la piscine). Quand ils en ont, elles sont parfois payantes (à pièces, avec un minuteur), et nous le précisons dans le texte.
De nombreux campings louent ***bungalows, chalets, cabanes ou cottages,*** en tout cas des hébergements en dur, généralement en bois, pour 2 à 8 personnes, où l'on peut dormir avec son duvet ou des draps fournis. Les mieux équipés (avec salle de bains et cuisine) reviennent souvent aussi cher, voire plus, qu'une *guesthouse,* mais vous avez votre propre petite maison, pratique pour les familles ou les petits groupes. Les plus basiques, eux, peuvent être une bonne alternative à la tente les jours de pluie !
L'humidité est le 1er ennemi du campeur et, comme vous l'avez sûrement déjà compris, le climat islandais n'est pas toujours des plus clément (euphémisme). Il faut prévoir une tente solide et vraiment étanche, qui puisse résister à des rafales un peu violentes, sur des terrains souvent sans aucune protection (haies et arbustes sont rares). Si vous n'avez pas de voiture où abriter vos affaires, prenez une tente suffisamment grande pour pouvoir ranger vos sacs à l'intérieur, ou avec un auvent.
L'expérience prouve aussi que les grands sacs-poubelle, solides et étanches eux aussi, sont très, très précieux pour tout emballer la nuit ou dans la soute à bagages des autocars.
Pour les ***réchauds à gaz,*** vous trouverez des recharges dans les stations-service. Le bon plan est d'aller voir à la réception si des campeurs n'ont pas laissé leur

recharge avant de prendre le chemin du retour : c'est une pratique fréquente et admise, qui permet de racheter des cartouches à moitié pleines. Il existe même dans les campings les plus proches de l'aéroport des espaces de troc où il est plus que conseillé de laisser des objets utiles à d'autres campeurs en remplacement de ce que vous récupérez. Sinon, pour ne pas risquer la pénurie, offrez-vous un réchaud multicombustible.
Si vous envisagez de beaucoup camper, la ***Camping Card*** *(• utilegukortid.is •)* vous intéressera sans doute. Vendue au prix d'environ 160 €, elle permet de passer 28 nuits (1 nuit = 1 unité de votre carte) dans un réseau d'une quarantaine de terrains à travers le pays – pour un séjour maximum de 4 nuits par emplacement. Elle est valable pour 2 adultes et jusqu'à 4 enfants de 16 ans ou moins, aussi bien pour les tentes que pour les caravanes et camping-cars.
– ***Bon à savoir :*** cette carte est valable du jour de l'achat jusqu'au 15 septembre (attention, certains campings sont déjà fermés à cette date). Vous pouvez l'acheter en ligne, dans les campings participants, les supermarchés *10-11,* les bureaux de poste et les offices de tourisme.

Vans aménagés

C'est LE mode de voyage qui a la cote en Islande. Ces combis aménagés réunissent sous un même toit les 3 postes de dépenses les plus importants : hébergement, restauration et transport. ***Bien moins encombrants que les camping-cars,*** ils sont aussi plus abordables : compter en moyenne 100-250 € par jour de location pour 2 personnes, entre juin et août, moitié moins cher le reste de l'année. Il existe de plus grands modèles, pouvant loger jusqu'à 5 personnes, compter alors 180-350 € par jour de location. Également des versions 4x4, prévoir environ 300 € par jour pour 2 personnes. Libre à vous, si vous voyagez à 2, de choisir un modèle un poil plus grand pour ne pas vous sentir trop à l'étroit. Si ça vous semble cher, jetez un œil au prix d'une chambre d'hôtel, le calcul est vite fait. Attention cependant, ***le camping sauvage reste interdit avec ces véhicules et vous devrez donc vous garer le soir dans un camping.*** À l'intérieur, on trouve le plus souvent : un matelas 2 places avec oreillers, une table et 2 chaises pliantes, un nécessaire pour cuisiner (réchaud, vaisselle, casserole, poêle), des containers d'eau... Le prix varie aussi en fonction des options : kilométrage illimité ou non, conducteur additionnel, assurance, matériel supplémentaire.
Plusieurs compagnies se partagent le marché. À vous de comparer les prix, la taille du véhicule souhaité, les services proposés... Réservez votre maison sur roues le plus tôt possible pour la haute saison.

- ***Campers Snail :*** *☎ 571-13-10. • snail.is •*
- ***Campervan Iceland :*** *☎ 539-06-18. • campervaniceland.com •*
- ***Cozy Campers :*** *☎ 519-51-31. • cozycampers.is •*
- ***Go Campers :*** *☎ 517-79-00. • gocampers.is •*
- ***Happy Campers :*** *☎ 578-78-60. • happycampers.is •*
- ***Kukucampers :*** *☎ 415-58-58. • kukucampers.fr •*
- ***Rent.is :*** *☎ 567-30-00. • rent.is •*

Refuges

On trouve de nombreux ***refuges gardés*** (souvent par des étudiants, saisonniers) dans l'intérieur désertique du pays. De taille variable, très propres, ils sont plus ou moins bien équipés, disposant parfois de douches (en supplément) et d'un coin cuisine. ***La réservation est plus que conseillée*** en été, mais aussi hors saison pour s'assurer de leur ouverture.
– ***Bon à savoir :*** il est toujours possible de camper à côté du refuge gardé, mais il ne faut pas, dans ce cas, espérer accéder à la cuisine ou aux douches... Tout service est payant.

– Il existe aussi des ***refuges aménagés*** sur des chemins de randonnée balisés reliant les grands refuges gardés. La clé s'obtient auprès des gardiens. Pour ceux qui font les treks de Landmannalaugar et Hveravellir, un bain réparateur est assuré en fin d'étape dans les sources chaudes.
Les 2 organismes suivants gèrent les refuges et vous donneront tous les renseignements à leur sujet. On peut réserver directement sur leur site internet.

■ ***Icelandic Touring Association*** *(Ferðafélag Íslands)* **:** *Mörkinni 6, 108 Reykjavík.* ☎ *568-25-33.* • *fi.is* • Une quinzaine de refuges sont gérés par les antennes régionales du *FI.*

■ **Outdoor Life Touring Club** *(Útivist)* **:** *Laugavegi 178, 105 Reykjavík.* ☎ *562-10-00.* • *utivist.is* • Gère 7 refuges.

– ***Les tarifs*** **:** il faut compter environ 9 000-9 500 ISK la nuit par personne dans la plupart des refuges et environ 2 300 ISK pour y camper. Certains refuges (moins fréquentés et bien plus petits) affichent des tarifs moins élevés : environ 6 000-7 000 ISK. On peut aussi devenir membre de *Útivist* (environ 8 000 ISK pour l'année) et bénéficier d'importantes réductions sur chaque nuitée. L'accès au camping est aussi gratuit pour les membres.

Auberges de jeunesse *(hostels)*

C'est ***l'un des moyens les plus sympathiques et les moins chers*** de se loger en Islande, d'autant qu'on peut presque toujours y faire sa cuisine et laver son linge. La plupart des AJ possèdent à la fois des dortoirs et des chambres doubles, triples ou familiales, parfois avec salle de bains, qui n'ont souvent rien à envier à celles des *guesthouses.* Il n'y a pas de limite d'âge pour y séjourner.
Certaines AJ sont fort éloignées de la route principale ou du centre et, de ce fait, difficilement accessibles à ceux qui n'ont pas de véhicule. Celles des « grandes » villes sont ouvertes à peu près toute l'année, mais les autres ne fonctionnent qu'en été ou une partie de l'année.
Les fourchettes de prix que nous indiquons pour chacune des AJ dans le guide sont celles pour les non-membres. Compter 10-15 % de réduc avec la carte *Hostelling International* mais attention, tous les *hostels* ne sont pas affiliés au réseau. Petit déjeuner entre 1 500 et 2 000 ISK : ça vaut le coup de le faire soi-même !
Notez que certaines auberges en ville sont gérées en « self-service », sur le modèle des *guesthouses.* Pas de réception et un code à l'entrée, fourni à la réservation. On perd un peu en convivialité.

■ ***Association des auberges de jeunesse d'Islande*** **:** ☎ *575-67-00.* • *hostel.is* • Le réseau national, affilié à *Hostelling International,* gère une trentaine d'auberges de jeunesse bien réparties à travers le pays. Il propose des forfaits comprenant nuitées en AJ et location de voiture.

Guesthouses

Il existe toutes sortes de *guesthouses.* Les plus « authentiques » sont celles où vivent les propriétaires (façon chambres d'hôtes), mais certaines sont carrément devenues des petits hôtels, avec des tarifs à l'avenant. Les *guesthouses* les plus abordables sont celles qui acceptent les voyageurs avec leur sac de couchage. Bien sûr, le niveau de confort n'est alors pas le même : salle de bains commune, équipement assez sommaire, petit déj non inclus, etc. Cela dit, la tenue générale est le plus souvent satisfaisante (notamment dans les adresses que nous avons sélectionnées !).
On a dans la plupart des cas ***accès à une cuisine commune*** et, fréquemment, à un salon. À noter : le *sleeping bag accommodation* est rarement disponible dans les zones à forte demande en été, ou alors seulement selon les disponibilités et donc sans réservation. En hiver, aucun problème pour trouver cette option d'hébergement.

– Si vous prenez une chambre avec « lits faits », vous constaterez qu'en Islande on ne fait pas couette commune, c'est chacun pour soi. On trouve plus souvent des ***lits jumeaux*** (séparés) que doubles, d'une largeur standard de 80 cm (contre 90 cm en France). Enfin, c'est dans les *guesthouses* qu'on reçoit ***le meilleur accueil.*** Les propriétaires ne sont jamais avares de bons conseils, que ce soit sur les restos du coin ou les activités alentour.
On regrette d'ailleurs que nombre d'entre elles n'assurent plus un accueil minimum. De nombreux propriétaires n'habitent pas dans la *guesthouse,* mais plus loin dans une autre maison. On réserve, on reçoit le code de la porte par e-mail et on récupère sa clé soi-même dans une boîte à clé... sans jamais croiser âme qui vive. Dommage...

Hébergement à la ferme

C'est certainement le meilleur moyen de faire connaissance avec les Islandais de l'arrière-pays... quand la ferme en question est encore une vraie ferme. Car on a de plus en plus affaire à des *guesthouses* à la campagne, ce qui en soi n'est pas déplaisant, mais le terme « à la ferme » est alors galvaudé... Dans les ***fermes « actives »,*** on est logé soit dans la maison familiale, soit dans un bâtiment séparé. On y trouve plusieurs niveaux de confort, mais, le plus souvent, ***les chambres sont simples, avec presque toujours la salle de bains à partager.*** Dans certains cas, on peut louer des chalets ou des bungalows (intéressant pour les petites tribus), ou encore planter sa tente à côté.
La plupart des fermes ***proposent le dîner*** (sur résa), ce qui est presque indispensable si le lieu est isolé... Dans certaines exploitations, on peut parfois se régaler d'un petit déjeuner d'anthologie avec de délicieux produits maison ! Une cuisine est quelquefois disponible. Par ailleurs, certaines fermes proposent des activités comme la pêche ou l'équitation.
Icelandic Farm Holidays (Hey Iceland), recense sur son site près de 200 hébergements ruraux (comprenant non seulement des fermes, mais aussi des petits hôtels et bungalows). *Infos : ☎ 570-27-00. • heyiceland.is •*

Hôtels

Modernes et souvent design, ils ne sont pas d'un mauvais standing mais manquent souvent de caractère et, surtout, appliquent des ***tarifs TRÈS élevés*** qui laissent toujours un arrière-goût de rapport qualité-prix déficient : rarement moins de 25 000 ISK la chambre double, mais souvent plus près des 35 000 ISK, voire davantage ! Le petit déj-buffet (varié et très complet) est généralement compris dans le prix. Ce qui permet d'économiser sur la pause déjeuner si on se remplit bien la panse !
En bref, ce sont des endroits le plus souvent fonctionnels, fréquentés essentiellement, en dehors de l'été (pour ceux qui restent ouverts), par une clientèle d'affaires. On vous en signale quelques-uns dans ce guide, principalement ceux qui, justement, échappent à la description ci-dessus ou bien qui représentent la seule option à des lieues à la ronde (sauf au niveau des tarifs, là c'est pareil partout !).

LANGUE

L'islandais, comme le danois, le norvégien et le suédois, vient du norrois, la ***langue des Vikings,*** mais, à la différence des autres langues scandinaves, l'islandais a fort peu évolué depuis le XIIIe s. Les Islandais peuvent ainsi lire en version originale les sagas de leurs ancêtres ! Bref, l'islandais pour un Norvégien ou un Danois, c'est un peu comme le latin pour un Français. Ce conservatisme linguistique, dû à l'insularité, fut encouragé au XIXe s pour résister à la danisation du pays et, aujourd'hui encore, tous les nouveaux mots sont islandisés.

L'avion se dit « machine volante », le téléphone est devenu « le fil » (*simi,* une abréviation de *talsimi,* « le fil qui parle ») et l'ordinateur est une « sorcière qui compte » (*tölva,* mot-valise composé de *völva,* « oracle », et de *tal,* « compter »). Certains mots, créés de toutes pièces parce que correspondant à des réalités absentes du sol islandais, n'ont pas eu de succès auprès des Islandais. On a inventé par exemple *bjúgaldin,* littéralement « fruit courbe », pour « banane » mais *banani* s'est imposé de lui-même...
Pas de panique, ***les Islandais comprennent bien et parlent presque tous l'anglais*** – un avantage lié, entre autres, aux films systématiquement diffusés en v.o. Très souvent, dans le secteur touristique, vos interlocuteurs parleront aussi les autres langues scandinaves et l'allemand. En revanche, le français est rare.

Prononciation des lettres (sauf exceptions)

a devant ng et nk	« ao »
A	« ao »
Au	« euï »
E	« è »
E	« iè »
ei/ey	« eï »
I	« é »
I	« i »
O	« au »
Ö	« eu »
U	« u »
U devant ng ou nk	« ou »
Y	« é »
Y devant ng, nk ou gi	« i »
Æ	« aï »
F	« v »
f à l'initiale et devant k, s ou t	« f »
f devant i ou n	« p »
g après une voyelle et devant i ou j	« y »
h devant v	« k »
J	« y »
k à l'intérieur du mot devant k, l ou n	« h »
k devant s et t	« gh »
Ll	« tl »
p devant t	« f »

Deux lettres originales

Le **ð** (minuscule), **Ð** (majuscule) (remplacé parfois par un « d » dans les brochures touristiques ou sur Internet) *th* anglais tendant vers « z », comme dans « the ».
Le ***þ*** (minuscule), **Þ** (majuscule) (remplacé parfois par « Th » dans les brochures ou sur Internet) *th* anglais tendant vers le « s » comme dans « thin ».

À noter, il n'y a ni « c » ni « q » en islandais.

Mots usuels

Oui	*já*
Non	*nei*
Bonjour	*góðan dagínn* (le second *g* ne se prononce pas)
Au revoir	*bless*
Merci	*takk fyrir* (on peut se contenter de *takk)*
Santé !	*skál*

Ouvert	*opið*
Fermé	*lokað*
Entrée	*inn*
Sortie	*út*
Aujourd'hui	*í dag*
Piscine	*sundlaug*
Tous les jours	*alla daga*
En semaine (lundi-vendredi)	*virka daga*
Lundi	*mánudagur*
Mardi	*þriðjudagur*
Mercredi	*miðvikudagur*
Jeudi	*fimmtudagur*
Vendredi	*föstudagur*
Samedi	*laugardagur*
Dimanche	*sunnudagur*
Un	*einn*
Deux	*tveir*
Trois	*þrír*
Janvier	*janúar*
Février	*febrúar*
Mars	*mars*
Avril	*apríl*
Mai	*mai*
Juin	*júni*
Juillet	*júli*
Août	*ágúst*
Septembre	*september*
Octobre	*október*
Novembre	*nóvember*
Décembre	*desember*

Pour lire une carte

Dalur	vallée
Fjall	montagne
Fjörður	fjord
Foss	cascade
Gígur (pluriel : *gigar*)	cratère
Hóll	colline
Höfn	port
Hraun	champ de lave
Hver	source chaude
Jökull	glacier
Mörk	bois
Nes	péninsule
Sandur	désert de sable
Vatn	lac
Völlur	plaine

LIVRES DE ROUTE

Impossible de raconter l'Islande sans parler de la littérature islandaise. Le pays compte un nombre incroyable de poètes, romanciers, écrivains, journalistes. Les statistiques disent même qu'un Islandais sur 10 est un jour publié ! La culture islandaise, qui assimile les diverses traditions, se reflète dans une

production littéraire remarquable. La tradition orale a, en effet, rapidement évolué pour se pérenniser dans des récits écrits.
Tout Islandais qui se respecte détient au moins 2 sortes d'œuvres dans sa bibliothèque : les *sagas* et les formidables romans de l'écrivain islandais Halldór Laxness (1902-1998), Prix Nobel de littérature en 1955, évoquant sans égal l'Islande et ses habitants.
La littérature traditionnelle islandaise rassemble les ***eddas,*** poèmes mythologiques et épiques en vers, et les ***sagas.*** Ces dernières se sont développées aux XIIe et XIIIe s et sont le récit en prose de la vie d'une personne d'importance. Les sagas ne sont ni des mythes ni des légendes, et les personnages ont en général bel et bien existé, ce qui leur confère une certaine valeur historique. Dans cette littérature, 2 livres fondamentaux se rapprochent des sagas : le *Livre de la colonisation (Landnámabók),* qui décrit la colonisation du pays aux IXe et Xe s, et le *Livre des Islandais (Íslendingabók),* qui relate lui aussi les débuts de l'histoire islandaise.

Auteurs islandais

– ***Les polars d'Arnaldur Indriðason.*** Notamment *Les Fils de la poussière, La Cité des jarres, La Femme en vert, L'Homme du lac, Le Duel, Les Nuits de Reykjavík, Le Lagon noir, Les Roses de la nuit...* (éditions Points et Métailié). Indriðason a popularisé le polar islandais à travers ses histoires très noires mettant en scène Erlendur, policier détective hors pair, héros fatigué, sinistre, solitaire, véritable candidat au suicide. Depuis 2018, l'auteur a doté l'Islande d'un nouvel enquêteur, né dans la trilogie des ombres (*Dans l'ombre, La Femme de l'ombre* et *Passage des ombres*) : Konrad, un policier retraité mais l'instinct toujours bien actif. Taciturne et opiniâtre, on suit ses enquêtes dans des affaires classées *(cold case)* depuis parfois des dizaines d'années : *Ce que savait la nuit, Les Fantômes de Reykjavík* et *La Pierre du remords.* Petite histoire et grande Histoire se mêlent habilement. Dans *Passage des ombres,* on plonge notamment dans la Seconde Guerre mondiale, époque durant laquelle l'Islande fut occupée d'abord par les Anglais, ensuite par les Américains avant que la République ne soit proclamée le 17 juin 1944. Une période marquée par la confrontation de la société islandaise traditionnelle avec la modernité et le début de l'émancipation des femmes.
– ***Les polars d'Árni Þórarinsson,*** l'autre maître du polar islandais, à la plume tout aussi désabusée qu'Indriðason, mais trempée, elle, dans un humour volontiers noir et grinçant. Les enquêtes sont menées par Einar, un journaliste ex-alcoolique et exilé à Akureyri, où il est correspondant pour le *Journal du soir.* Citons, entres autres : *Treize jours, L'Ange du matin, L'Ombre des chats, Le Septième Fils...* (éd. Points et Métailié).
– Si ces deux-là sont fréquemment cités comme les rois du polar islandais, ***Yrsa Sigurdardóttir*** est, elle, bien la reine dans cette catégorie. Parmi ses romans les plus récents, citons *Absolution* (2020), *Indésirable* (2018), *Succion* (2019), *ADN* (2019), tous chez Actes Sud. Addictif et glaçant !
– Toujours pas rassasié ? Attaquez les polars de ***Ragnar Jónasson*** et ***Lilja Sigurdardóttir.***
– ***Miss Islande*** (2019, Zulma), d'Auður Ava Ólafsdóttir. Dans les années 1960, au cœur de la campagne Islandaise, Hekla emballe sa machine à écrire et part tenter sa chance comme écrivaine à Reykjavík. Avec son prénom de volcan, Hekla bouillonne d'énergie dans une société où son projet de carrière est l'apanage des hommes. Ísey, une jeune maman, et Jón John composent son groupe d'amis. Auður Ava Ólafsdóttir est née à Reykjavík, elle a étudié à la Sorbonne à Paris et publié de nombreux romans. *Miss Islande* a reçu le prix Médicis étranger en 2019.
– ***Rosa Candida*** (2010, réédité en 2015, Zulma), d'Auður Ava Ólafsdóttir également. « Rosa candida », c'est le nom d'une rose à 8 pétales et sans épines, à l'image du héros parti de son pays, jamais nommé (on imagine que c'est l'Islande), pour rejoindre un monastère sur le continent, jamais nommé lui non plus, avec

3 boutures de Rosa candida et une photo de sa petite fille née d'une très brève union d'un soir. Parti pour redonner vie au jardin du monastère, c'est à sa propre vie que le héros va redonner sens. Lire aussi ***Ör*** (2017, réédité en 2020, Zuma). Dans un pays décimé par la guerre où Jonas fait naufrage, l'auteure compose une histoire délicate dont les personnages abîmés par l'existence vont connaître une amitié réparatrice.
De la même autrice : ***Le Rouge vif de la rhubarbe*** (2018, Zulma), ***L'Embellie*** (2017, Zulma), ***L'Exception*** (2016, Points).
– ***Ásta : où se réfugier quand aucun chemin ne mène hors du monde*** (2019, Gallimard), de Jón Kalman Stefánsson. Intitulé *Saga Ástu* dans son édition islandaise, ce roman met en scène 2 générations rayonnant autour du personnage d'Ásta, sa mélancolie, sa quête de bonheur et d'amour, aux différentes étapes de sa vie. Surtout lors de ses 15 ans, quand elle est envoyée dans les fjords chez un fermier afin de gagner son indépendance. Lire aussi ***Entre ciel et terre*** (2011, Gallimard). Le récit d'un gamin orphelin dont le meilleur ami, Bárður, trop occupé à retenir les vers du *Paradis perdu* du poète anglais Milton, meurt en mer à bord d'un bateau de pêche. ***La Tristesse des anges*** (2013, Gallimard) et ***Le Cœur de l'homme*** (2014, Gallimard) complètent cette trilogie.
Du même auteur : ***D'ailleurs, les poissons n'ont pas de pieds*** et la suite de cette histoire familiale enracinée en Islande, ***À la mesure de l'univers*** (2017-2018, Gallimard). Également, ***Lumière d'été puis vient la nuit*** (2020, Grasset), une comédie humaine à l'Islandaise, qui prend place dans les fjords de l'Ouest.
– ***Excursion*** (2013, Métailié), de Steinar Bragi. Dans ce thriller fantastique, Steinar Bragi intègre des éléments empruntés aux légendes islandaises. 4 jeunes décident d'un voyage dans une région désertique. Ils se perdent dans le brouillard, trouvent une maison où vit un vieux couple. La joyeuse excursion est vite freinée par ce monde fantastique qui ne coïncide pas avec leurs attentes et leurs propres problèmes de citadins du XXIe s.
– ***Karitas – L'Esquisse d'un rêve*** et ***L'art de la vie*** (2011-2013, Points), de Kristin Marja Baldursdóttir. En 2 tomes, l'histoire d'une jeune Islandaise qui, au début du XXe s, décide de prendre son destin en main pour échapper à sa condition d'ouvrière et devenir peintre. Une belle fresque historique et humaine avec, pour toile de fond, les extraordinaires paysages islandais.
– ***Illska*** (2012, Métailié ; réédité en 2017, Points), d'Eiríkur Örn Norðdhal. Prix de la littérature islandaise 2012, *Illska* est un récit de la Shoah à travers la vie et les amours d'Agnès Lukauskaite, jeune Islandaise d'origine lituanienne. À cheval entre le passé et le présent se dessine un triangle amoureux des plus tumultueux entre Agnès, Omar et Arnor, le néonazi qu'elle rencontre lors de sa thèse sur l'extrême droite contemporaine. Un roman-fleuve très ambitieux et surprenant.
Du même auteur : ***Heimska : La stupidité*** (2017, Métailié), une dystopie contemporaine et une satire vibrante de notre addiction à la vie des autres. Également ***Gaeska*** (2019, Métailié) : éruptions, manifestations, tempêtes de sable, un député du parti conservateur se réveille un matin dans un monde bien différent de celui qu'il a quitté la veille.
– ***La Hache et la Terre*** (2010, Gaïa), d'Ólafur Gunnarsson. On retrouve également dans la littérature actuelle des romans qui font référence au Moyen Âge, aux luttes féodales et religieuses entre la Réforme et les catholiques. *La Hache et la Terre* réinvente le genre de la saga et démontre la capacité du peuple à résister à l'envahisseur, son attachement à la terre.
– ***Brouillages*** (2007, Actes Sud), de Jón Hallur Stefánsson. Encore un roman policier, ancré celui-ci à Reykjavík, et peuplé lui aussi de personnages pas très nets, voire borderline. Le tueur à gages japonais envoyé en mission en Islande passerait presque pour le plus équilibré et le plus sympathique de tous ! Là encore, on se laisse entraîner dans un récit empreint de cynisme et d'une noirceur totale. Stefánsson est aussi l'auteur de ***L'Incendiaire*** (2012), dont l'action se situe cette fois-ci à Seyðisfjörður, dans les fjords de l'Est.

– ***La Cloche d'Islande*** (1998, Flammarion), roman de Halldór Laxness. Prix Nobel de littérature 1955, un texte truculent et varié, nourri de la tradition épique, dans lequel alternent les épisodes les plus burlesques et les plus tragiques. Les 3 protagonistes incarnent l'âme d'un peuple, celui de l'Islande du XVIIIe s.

Auteurs français

– ***Dictionnaire insolite de l'Islande*** (2016, Cosmopole), de Valérie Doux. Un excellent petit livre avec des entrées alphabétiques par sujets et par thèmes. L'auteure a séjourné en Islande qu'elle connaît comme sa poche. Nombreuses histoires et anecdotes rares et curieuses.
– ***Histoire de l'Islande, des origines à nos jours*** (2020, Tallandier), de Michel Sallé et Æsa Sigurjónsdóttir. Une histoire de la « terre de glace », colonisée par les Vikings en 874, qui remonte à l'âge d'or des *sagas,* aux sources d'un des 1ers gouvernements parlementaires, aux guerres coloniales du monde scandinave jusqu'à son indépendance en 1944. Un livre étoffé pour comprendre une nation qui s'affirme aujourd'hui comme démocratie prospère et nation moderne. Michel Sallé est spécialiste de l'Islande et docteur en études politiques. Æsa Sigurjónsdóttir est professeure d'histoire de l'art à l'Université d'Islande et commissaire d'expositions.
– ***Les 100 légendes de la mythologie nordique*** (2018, Que sais-je ?), de Patrick Guelpa. Ce livre nous propose de partir à la découverte d'un monde où se côtoient Odhinn, Thor et Freyja, la vache Audhumla, le loup Fenrir, le frêne Yggdrasil et le dragon Fáfnir... Les sources de ces histoires fantastiques sont essentiellement les *eddas* islandaises et la mythologie nordique popularisée à la fin du XIXe s par Richard Wagner (le compositeur, bien sûr !). Patrick Guelpa est spécialiste de littérature scandinave et maître de conférences à l'Université de Lille.
– ***Islandia*** (2006-2008, Dargaud), bande dessinée en 3 tomes de Marc Védrines. Au XVIIe s, un jeune homme, Jacques, part en Islande pour confronter ses rêves à la réalité. Une atmosphère mystérieuse, où la magie est au cœur des croyances séculaires...
– ***Pêcheur d'Islande*** (1888, Gallimard), roman de Pierre Loti. C'est l'histoire de Yann, Breton de Paimpol qui pêche dans les eaux islandaises. Lui et ses compagnons sont appelés les « Islandais ». Pierre Loti décrit avec réalisme les conditions de vie de ces hommes qui pêchent sans relâche pendant les longues journées d'été sans jamais poser pied à terre durant leur campagne. Au risque de leur vie.
– ***Voyage au centre de la Terre*** (1864), de Jules Verne. Un classique de la littérature qui (souvenez-vous !) nous emmène en Islande au fond d'un volcan éteint, le Sneffels (ou Snæfellsjökull). C'est en découvrant le mystérieux parchemin d'un certain Arne Saknusseme que le professeur Lidenbrock et son neveu Axel décident de descendre dans ce cratère, pour une expédition au centre de la Terre.

POSTE

Un timbre pour l'Europe coûte 220 ISK (250 ISK en prioritaire) pour une carte postale jusqu'à 50 gr. Compter environ 10 jours à 2 semaines de délai pour la France. Les timbres sont en vente à la Poste (Pósturinn ; *lun-ven 9h-17h ou 18h* dans les grandes villes), mais aussi dans la plupart des boutiques souvenirs, épiceries, et même dans les hôtels. Attention, de nombreux revendeurs ne proposent que des timbres pour les lettres de 51 à 100 gr, vendus 330 ISK l'unité. Votre carte postale arrivera à destination mais vous paierez plus cher. Privilégiez donc les bureaux de poste pour acheter vos timbres.

SANTÉ

– ***ATTENTION :*** début 2021, tous les voyageurs devaient subir un test PCR à leur arrivée à l'aéroport, ainsi qu'un autre 5 jours plus tard. Et observer une quarantaine entre ces 2 tests. Peuvent être exemptés de tests et de quarantaine les passagers présentant un certificat de vaccination contre le Covid-19 ou un justificatif d'infection antérieure. ***Attention, les conditions d'exemption sont strictes, bien se renseigner sur tous les justificatifs à fournir sur*** ● *landlaeknir.is* ● ***Consulter absolument le site*** ● *covid.is* ● ***pour suivre l'évolution de cette réglementation.***

- ***Aucun vaccin n'est obligatoire,*** mais il est recommandé d'être à jour dans ses vaccinations universelles : diphtérie, tétanos, poliomyélite.
- Pensez à vous procurer la ***carte européenne d'assurance maladie*** (CEAM). Il suffit d'en faire la demande via son compte Ameli, sur la borne d'un centre de Sécu ou par téléphone au ☎ *36-46.* Elle est envoyée sous une quinzaine de jours et fonctionne dans tous les pays de l'Union européenne. Elle est valable 2 ans, gratuite et personnelle (chaque membre de la famille doit avoir la sienne, y compris les enfants). Selon la législation, soit vous n'avez pas à faire l'avance des frais médicaux ; soit vous devez faire l'avance des frais médicaux et vous vous faites rembourser par la suite (conservez bien les factures).

Pour les ressortissants des pays non membres de l'UE, il est conseillé de souscrire une assurance voyage pour se garantir des éventuels frais médicaux.

- Les ***pharmacies*** *(Apótek)* sont ouvertes en général de 9h à 18h du lundi au vendredi, mais souvent fermées le week-end. À Reykjavik, certaines sont ouvertes 7j./7 jusqu'à minuit. De nombreux médecins généralistes et spécialistes exercent à Reykjavík. Il y a aussi une dizaine de centres médico-sociaux dans la capitale, où des généralistes peuvent recevoir des patients dans un bref délai pendant la journée.

On trouve un dispensaire ou un hôpital dans toutes les villes et agglomérations principales. Pour toute urgence (24h/24), appeler le ☎ *112.*

TÉLÉPHONE ET INTERNET

3 opérateurs de téléphonie mobile couvrent le pays : *Síminn, Vodafone* et *Nova.* Mais aucun intérêt pour vous d'utiliser une carte SIM locale depuis la fin des frais d'itinérance.

- ***Islande → France :*** 00 + 33 + n° de votre correspondant à 9 chiffres (c'est-à-dire le numéro à 10 chiffres sans le 0 initial).
- ***France → Islande :*** 00 + 354 + n° du correspondant.
- Les numéros de téléphones fixes commencent par 4, ou par 5 en dehors des grandes villes. Les portables commencent par 6, 7 ou 8.

Le téléphone portable en voyage

Un voyageur européen titulaire d'un forfait dans son pays d'origine peut utiliser son téléphone mobile ***au tarif national*** dans les 27 pays de l'Union européenne, ainsi qu'en Norvège et en Islande, sans craindre de voir flamber sa facture. Des plafonds sont néanmoins fixés par les opérateurs pour éviter les excès... Cet accord avantageux signé entre l'UE et ses opérateurs télécoms concerne aussi la consommation de ***données Internet 3G ou 4G,*** dont le volume utilisable sans surcoût dépend du prix du forfait national (se renseigner). Par ailleurs, si le voyageur réside plusieurs mois en dehors de son pays, des frais peuvent lui être prélevés... Dans ces pays donc, plus besoin d'acheter une carte SIM locale pour diminuer ses frais.

Si la réception est bonne dans toute la partie côtière du pays, à l'intérieur, sa qualité est très variable. Et dans certains endroits reculés... on ne capte pas du tout !

La connexion internet en voyage

En Islande, la quasi-totalité des hôtels, des restos, des bars, et mêmes certains espaces publics disposent du wifi gratuit. Mieux que la connexion 3G et 4G qui peut entraîner des frais en usage intensif, le wifi permet aussi de profiter d'un débit parfois plus rapide.

Une fois connecté au wifi, vous avez accès à tous les services de la ***téléphonie par Internet. WhatsApp, Messenger*** (la messagerie de Facebook), ***Viber, Skype*** permettent d'appeler, d'envoyer des messages, des photos et des vidéos aux 4 coins de la planète, sans frais. Il suffit de télécharger – gratuitement – l'une de ces applis sur son smartphone. Elle détecte automatiquement dans votre liste de contacts ceux qui utilisent la même appli.
Si vous n'avez pas de smartphone, la plupart des hôtels et *guesthouses*, parfois même les auberges de jeunesse, mettent un ordi à disposition de leurs clients.

TRANSPORTS

Louer une voiture, s'en remettre aux bus en été, enfourcher son vélo ou embarquer sur un ferry ? À chaque option ses avantages et... son coût !
Bus, avion, bateau... pour avoir un récapitulatif de toutes les lignes, toutes les compagnies, les horaires et les prix, consulter le site : ● *publictransport.is* ● Il propose une carte interactive très bien faite : on clique sur sa destination et toutes les lignes/compagnies/modes de transport s'affichent. Une vraie mine d'or !

Bus

Quoique pas vraiment bon marché, ***le bus reste le moyen le plus économique*** pour découvrir l'Islande si vous êtes seul, voire à 2.
Plan du réseau sur : ● *publictransport.is* ●

Mise en garde : suite à l'épidémie de Covid-19, de nombreuses compagnies (surtout privées) ont supprimé des liaisons et excursions ou baissé leurs fréquences. Malgré tous nos efforts pour actualiser ce guide au mieux, les connexions indiquées dans ce guide peuvent donc être erronées. Pensez à bien vérifier auprès de la compagnie la remise en service et les horaires des lignes qui vous intéressent.

Bus publics

La compagnie publique ***Strætó*** *(☎ 540-27-00 ; ● straeto.is ●)* opère toute l'année sur un ***réseau étendu. Attention, sur certaines lignes, les bus ne circulent pas le samedi, même en pleine saison.*** Elle assure les transports urbains à Reykjavík et Akureyri, et dessert le Sud jusqu'à Höfn, la péninsule de Snæfellsnes, Hólmavík au début des fjords du Nord-Ouest, le Nord jusqu'à Siglufjörður et l'Est jusqu'à Egilsstaðir. Bref, elle fait le tour de l'île, sans trop s'aventurer sur la côte est. La compagnie complète aussi son offre sur le Nord grâce à quelques bus mis en service sur demande à partir d'une ligne régulière.
On peut acheter les billets en ligne, à la gare routière ou directement à bord ; vu leur prix à l'unité (cher), l'achat d'un forfait *(passport)* peut s'avérer plus intéressant (voir plus bas).
– ***Svaust :*** ● *austurfrett.is/svaust* ● Cette compagnie publique dessert ***l'est*** de l'île à partir d'Egilsstaðir : Borgarfjörður, Seyðisfjörður, Nordfjörður, Reyðarfjörður avec changement pour Fáskrúðsfjörður, Stöðvarfjörður et Breiðdalsvík ; une autre ligne relie Djúpivogur à Höfn.

Bus privés

La plupart des compagnies privées n'opèrent que pendant la ***saison estivale,*** de mi-juin à mi-septembre (parfois seulement juillet-août) et s'aventurent ***à l'intérieur des terres,*** vers des sites pas toujours faciles d'accès ou même inaccessibles aux

voitures de tourisme (comme le Landmannalaugar et Þórsmörk). Elles utilisent des bus tout-terrain, à même de traverser les gués :
- ***Sterna :*** ☎ *551-11-66.* • *icelandbybus.is* •, la compagnie assure des liaisons dans ***le Sud,*** entre Reykjavík et Landmannalaugar via Selfoss. Et en juillet-août, elle dessert toujours le Sud jusqu'à Þórsmörk, Skógar, Vík, Skaftafell et Jökulsárlón.
- ***Trex*** (• *trex.is* •) assure des liaisons dans ***le Sud,*** vers Þórsmörk, Skógar et Landmannalaugar, en été, au départ de Reykjavík.
- ***SBA-Norðurleið*** (• *sba.is* •) effectue plusieurs arrêts le long de la traversée ***nord-sud*** (piste de Kjölur).
- ***Mývatn Tours*** (• *myvatntours.is* •) organise l'excursion vers le volcan Askja par la piste, depuis ***le nord*** de l'île.
- ***Reykjavík Excursions*** (• *re.is* •) propose de nombreuses excursions à la journée et ***toute l'année*** sur des thèmes divers : *Blue Lagoon, Golden Circle, Northern Lights...*

Les forfaits

En vente seulement l'été. Comparez les différents forfaits selon votre itinéraire, le temps dont vous disposez et votre budget.
- Les compagnies ***Sterna*** (• *sternatravel.com* •), ***Trex*** (• *trex.is* •) ***et Reykjavik Excursion*** (• *re.is* •) proposent des ***Hikers Pass*** (de mi-juin à mi-sept) adaptés aux randonneurs qui sillonnent les treks Laugavegur et Fimmvörðuháls. Le *pass* permet de prendre le bus de son choix depuis Reykjavík ou une autre ville de la côte sud (selon les dessertes de la compagnie choisie), vers le point de départ de sa randonnée (Þórsmörk, Skógar et Landmannalaugar) et de sauter dans le bus retour souhaité après son trek. *Tarif : env 14 000-15 500 ISK selon compagnie.*
- *Sterna* propose aussi le *South Coast passport* (valable 60 j., juil-août) pour découvrir les principaux sites touristiques du Sud et l'*Ultimate Bus Passport,* même validité que le *South Coast,* avec en plus des arrêts à Þórsmörk et Landmannalaugar. Les prix varient entre environ 14 000 et 28 000 ISK.
- Hormis ces passeports et les services de transfert, toutes ces compagnies proposent des excursions organisées à la journée ou sur plusieurs jours.

Quelques conseils

- ***Important :*** les prix fluctuant énormément, il est indispensable, en organisant votre voyage, de consulter le site internet des compagnies, où vous trouverez toutes les dessertes, formules (carte à l'appui), horaires et prix.
- ***Transport des vélos :*** la plupart des compagnies acceptent le transport des vélos, gratuitement sur le réseau public (s'il y a de la place), et pour environ 4 000 ISK avec les compagnies privées. Les contacter avant pour connaître les modalités.
- Sachez enfin que leurs soutes ne sont pas étanches, alors, si vous êtes censé passer des gués, un sac-poubelle ne sera pas inutile pour ***protéger vos bagages !***

Location de véhicules

- ***L'âge minimum et maximum*** pour la location d'un véhicule de tourisme en Islande est de 20 ou 21 ans, voire 23 ou 25 ans pour un 4x4 et jusqu'à 71 ou 75 ans selon les compagnies. Bien se renseigner avant. Certaines compagnies autorisent des locations à partir de 19 ans pour un véhicule standard moyennant un supplément. Le permis doit avoir plus de 1 an de validité.
- ***Les tarifs :*** comme pour l'hébergement, le prix des locations varie généralement selon les saisons. Sans surprise, on paye plein pot en juillet et août ! Une semaine de location pour une petite voiture revient environ à 400-800 €. Pour un (petit) 4x4, ce sera au moins le double, et près du triple avec un gros !
- ***Avantages de la location de voiture :*** la location d'un véhicule vous donnera une plus grande liberté qu'un passeport de bus (et un endroit au sec en cas de pluie... voire même un gîte en cas de location d'un van !), mais vous reviendra

Temps du parcours / *Distance en km*	AKUREYRI	BORGARNES	DJÚPIVOGUR	EGILSSTAÐIR	HÓLMAVÍK	HÖFN	HÚSAVÍK	ÍSAFJÖRÐUR	MÝVATN	ÞINGVELLIR	ÞÓRSMÖRK	REYKJAVÍK	VARMAHLÍÐ	VÍK
AKUREYRI		3h30	4h40	3h15	4h15	6h	1h15	6h50	1h25	4h45	7h	4h30	1h	6h45
BORGARNES	*310*		7h50	6h55	1h55	6h40	4h50	4h30	5h	1h10	3h30	1h	2h30	3h15
DJÚPIVOGUR	*350*	*610*		1h30	8h55	1h35	4h	11h30	3h35	6h45	6h20	6h45	5h45	4h30
EGILSSTAÐIR	*265*	*575*	*85*		7h30	2h45	2h40	10h	2h15	8h	7h35	7h45	4h20	5h50
HÓLMAVÍK	*350*	*155*	*700*	*615*		8h30	5h30	2h40	5h40	3h05	5h25	2h50	3h10	5h10
HÖFN	*450*	*515*	*105*	*185*	*375*		5h20	10h55	4h55	5h40	5h05	5h35	7h	3h15
HÚSAVÍK	*75*	*400*	*305*	*220*	*440*	*405*		8h05	55mn	6h	8h15	5h45	2h15	8h
ÍSAFJÖRÐUR	*570*	*375*	*920*	*835*	*220*	*895*	*660*		8h15	5h40	8h	5h30	5h45	7h40
MÝVATN	*95*	*405*	*260*	*175*	*445*	*360*	*55*	*665*		6h10	8h30	6h	2h30	8h
ÞINGVELLIR	*400*	*90*	*545*	*665*	*245*	*450*	*490*	*465*	*495*		2h40	35mn	3h40	2h25
ÞÓRSMÖRK	*530*	*215*	*455*	*540*	*375*	*360*	*620*	*595*	*530*	*150*		2h35	6h	1h50
REYKJAVÍK	*380*	*70*	*545*	*645*	*225*	*450*	*470*	*445*	*475*	*40*	*150*		3h30	2h20
VARMAHLÍÐ	*95*	*220*	*440*	*360*	*240*	*545*	*185*	*475*	*190*	*305*	*435*	*285*		5h40
VÍK	*555*	*245*	*365*	*450*	*400*	*270*	*650*	*620*	*620*	*180*	*90*	*180*	*465*	

aussi plus cher que d'acheter un forfait de bus si vous voyagez seul. À partir de 2 voyageurs, commencez à faire des calculs et n'oubliez pas d'inclure l'essence dans votre budget (voir plus loin)...

Camping-cars ou autres camper-vans *aménagés*

Vu le coût de l'hébergement en Islande, c'est une ***formule de plus en plus populaire.*** Certains lecteurs peuvent choisir de venir avec leur propre camping-car (via le Danemark et une longue traversée en ferry). Mais il est tout à fait possible de louer un véhicule sur place. Si vous redoutez les bons gros camping-cars larges et longs (mais très bien équipés et totalement autonomes côté sanitaires), vous pourrez opter pour toute une gamme qui va du véhicule 4x4 au monospace, en passant par le petit utilitaire, toujours aménagés pour pouvoir dormir à l'arrière dans des conditions assez confortables (tendance camping, tout de même) et dotés d'un coin popote pour préparer son frichti quotidien. Évidemment, la maniabilité des *campers* et des camping-cars est inversement proportionnelle à leur taille ! Pour les compagnies de location et les tarifs, voir la rubrique « Vans aménagés » dans la partie « Hébergement ».

Routes et pistes

– ***État des routes et dates d'ouverture des* F-roads *:*** ☎ *1777.* ● *road.is* ● Le site, très bien fait, des Ponts et Chaussées islandais, avec tout ce qu'il faut savoir sur l'état des routes et des pistes du pays, avec moult cartes détaillées, les portions en travaux, la hauteur des gués, bref, la totale avant de prendre la route ! Des webcams permettent aussi de visualiser l'état de certaines routes à un moment donné. Le site vous donne aussi des conseils de conduite (en anglais).
– ***Pour vous informer de la météo :*** ● *en.vedur.is* ●

Pour préparer votre itinéraire, ne raisonnez surtout pas en termes de kilomètres : le temps de parcours n'est pas du tout le même qu'en France, et encore moins si vous roulez sur des pistes ou des petites routes en mauvais état.
– La ***route circulaire 1,*** celle que vous utiliserez le plus si vous faites le tour de l'île, est une 2 voies presque entièrement asphaltée et en bon état. Elle reste accessible toute l'année (sauf tempêtes). Les autres axes peuvent être asphaltés ou non. Même si le goudron gagne de plus en plus de terrain, le pays compte encore des ***milliers de kilomètres de piste,*** en plus ou moins bon état. Certaines sont parfaitement carrossables en véhicule standard, d'autres beaucoup plus difficiles, jonchées de cailloux qui menacent les bas de caisse. Sans oublier les gués. Leur état change beaucoup selon la météo et la fréquentation, d'où l'importance de se renseigner avant de s'engager sur certaines zones.
La plupart des pistes sont fermées une partie de l'année et ne redeviennent praticables qu'en juin ou juillet, selon l'enneigement – c'est le cas, par exemple, des pistes de l'intérieur F35 et F26.

« Les routes de montagnes » ou F-roads

On parle en Islande des *F-roads,* routes dont le numéro est précédé d'un F pour *Fjallvegur,* soit « routes de montagnes ». Ces pistes ne sont ouvertes que tardivement dans l'année, entre début juin et mi-juillet (ça dépend du lieu et de la météo) jusqu'à la fin août ou début septembre. ***Elles nécessitent un véhicule tout-terrain*** à cause de leur état et/ou parce qu'il y a des gués à franchir. Quelques routes comme la 35 (piste de Kjölur) sont praticables en véhicule de tourisme (aux risques et périls de celui-ci). Attention, même si la loi n'interdit pas leur accès, les loueurs de voiture, si ! Vous n'êtes alors ***pas assuré en cas d'accident, panne ou autre sur ces routes*** et éventuellement passible d'amende (dont le prix peut atteindre... 1 300 € !). Des panneaux à l'entrée des pistes les plus fréquentées avertissent d'ailleurs les conducteurs, vous ne pourrez pas dire que vous n'étiez pas prévenus ! Et ne vous croyez pas couvert parce que vous avez loué un 4x4. Certaines grandes compagnies internationales interdisent leur usage dans le centre de l'île, précisément là où ils seraient le plus utiles, ou le limitent à leurs plus gros modèles (les plus chers, bien entendu) ! Gardez donc bien en tête que, même si tout le monde le fait, ***vous n'êtes pas couvert par votre assurance en cas de pépin sur les* F-roads, *et ce même avec un 4x4*** (on radote, non ?).

4x4 ou pas 4x4 ?

Le choix du type de véhicule dépend de vos envies, de votre parcours, des dates de votre voyage, de votre habileté à conduire ce genre d'engins mais surtout, de votre budget !
Les conditions de circulation ne sont pas les mêmes en été et en hiver (et l'hiver commence tôt et finit tard en Islande !). En été, si vous vous contentez de faire le tour de l'île (qui a déjà beaucoup à offrir) sans passer par les sites comme Þórsmörk ou le Landmannalaugar, une voiture ordinaire suffit. Les sites précités et l'intérieur du pays (Hveravellir, Kerlingarfjöll, etc.), eux, ne se visitent qu'en 4x4. Rappelons en outre que ces sites, reliés par des pistes classées F, ne sont pas accessibles toute l'année, quel que soit votre véhicule.
– ***Conduire un 4x4 :*** un 4x4 est plus puissant et sophistiqué qu'une simple voiture de tourisme ! Traverser un gué demande prudence, bon sens et « quelques » connaissances... Si vous optez pour la location d'un 4x4 et que vous n'êtes pas un « pratiquant » régulier, inutile de prendre un gros modèle, car vous n'aurez pas les compétences pour vous attaquer aux pistes les plus ardues. Globalement, préférez les « vrais » 4x4 – avec vitesses courtes – aux SUV, ces 4x4 de ville (cherchez l'erreur...) plutôt courts sur pattes et peu adaptés au passage des gués.

Assurances

Sachez que, 4x4 ou pas, ***le bas de caisse et les crevaisons ne sont jamais couverts,*** quelle que soit l'assurance à laquelle vous souscrirez. Dans le même registre, ***les 4x4 ne sont pas assurés pour les passages de gués,*** donc ne vous lancez pas à l'aveuglette et, dans le doute, faites demi-tour. Les tempêtes de sable ou de cendres font, elles, l'objet d'une assurance spéciale facultative, baptisée SAAP (ou SADW), franchement inutile selon nous. Attention, certains loueurs abusent en débitant les cartes laissées en garantie après retour du véhicule sous des prétextes plus ou moins fallacieux. Restez vigilant.

Quelques règles pour traverser un gué de rivière

La 1re est la plus simple : attendre qu'un autre véhicule arrive en face pour voir de quoi il retourne et observer sa trajectoire ! Les précautionneux peuvent relever leur pantalon et aller vérifier la profondeur, mais ils auront froid aux orteils ! À savoir : des chaussons en néoprène permettent de supporter le froid et des bâtons de marche sont utiles pour résister au courant.
Une fois lancé en voiture, avancer doucement, en 1re, dans le sens du courant si possible, en diagonale (jamais à angle droit par rapport aux berges), sans jamais s'arrêter ni reculer : il ne faut ni faire de vague devant au risque de noyer le moteur, ni faire entrer d'eau dans le pot d'échappement. Le niveau des rivières glaciaires dépend évidemment des pluies, mais est aussi plus bas le matin, après le froid de la nuit, que l'après-midi... En cas de trop forte hésitation, il peut être plus raisonnable de faire demi-tour. Des moteurs noyés par des passages de gués et des conducteurs peu avisés, c'est chose courante en Islande. Prudence donc !
– ***Conseils de sécurité*** en Islande, avec une section dédiée à la conduite : ● *safetravel.is/driving/* ●

Carburants

L'Islande se classe dans le top 10 des pays où le prix de l'essence est le plus élevé. Les tarifs ne varient pas selon les régions, mais selon les stations. Début 2021, le sans-plomb classique oscillait autour de 220 ISK le litre et environ 210 ISK pour le diesel.

Les ***stations-service*** sont généralement ouvertes de 7h-7h30 à 20h-23h30. Cela dit, hors des grandes villes, la plupart des stations n'ont pas de guichet (la boutique ne gère pas les pompes). On paie donc directement à la pompe, 24h/24, par carte de paiement (ou, dans de rares cas, avec des billets). Pour faire le plein, une carte bancaire est donc indispensable. Très souvent, il faut indiquer la somme souhaitée. Vous pouvez voir large, car vous ne paierez au final que le nombre de litres versés.
- ***Bon à savoir :*** il arrive que les cartes de paiement ne fonctionnent pas bien à la pompe. Dans ce cas, allez dans les stations ***N1*** qui vendent des ***cartes prépayées N1*** (3 000, 5 000, 10 000 et 25 000 ISK). On introduit la carte dans la pompe, et le montant est débité selon la quantité d'essence versée dans le réservoir. Plus de sécurité pour prendre de l'essence aux heures non ouvrées et limiter les frais bancaires. Certains loueurs vous fourniront un badge de station-service *(N1, Olís...)* qui fait baisser le prix du litre de carburant de quelques centimes d'euros (c'est toujours ça de pris !). Enfin, sachez que la plupart des 4x4 consomment énormément d'essence, attendez-vous à de belles factures !
- ***Conseil : n'attendez jamais d'atteindre la réserve pour faire le plein et soyez toujours prévoyant, surtout dans le centre du pays*** (parfois pas de pompe sur 200 km !).

Conduite

- ***Conduite à droite.*** Vitesse limitée à 50 km/h en ville, 80 km/h sur les routes non revêtues et 90 km/h sur les routes asphaltées. Feux de croisement obligatoires de nuit comme de jour.
- Les Islandais sont adeptes de ***radars fixes.*** Méfiance ! On en trouve surtout autour de Reykjavík, sur le chemin du Cercle d'Or et sur la route 1. Quelques radars embarqués également, à bord de 4x4 banalisés. Et, en cas d'excès de vitesse, les amendes peuvent être extrêmement salées (35 à 1 000 €).
- La ***ceinture de sécurité*** est obligatoire à l'arrière comme à l'avant.
- La conduite en Islande demande ***prudence et vigilance,*** surtout si vous n'êtes pas habitué à rouler sur des routes gravillonnées. Il n'est pas rare en effet que des portions de routes asphaltées soient tout à coup tapissées de petits cailloux. C'est en général signalé par un panneau. Dans ce cas-là, ralentissez avant d'atteindre la partie gravillonnée et non une fois dessus... Ralentissez aussi quand vous croisez un autre véhicule (ou des vélos), pour éviter les projections.
- Ne prenez pas à la légère une ***pancarte vous prévenant d'un danger,*** surtout avant les gués, ponts à voie unique (fréquents) et buttes sans visibilité *(blind head),* généralement signalés.
- Outre les ***gravillons,*** faites attention aux ***nids-de-poule*** et aux accotements mal stabilisés.
- ***Gare aux chevaux*** qui ont la fâcheuse manie de traverser la route pile devant votre voiture ! La méthode islandaise consiste à klaxonner dès qu'ils sont en vue. Gaffe aussi aux rennes, dans l'est du pays (mais c'est quand même beaucoup plus rare).
- Les ***bovi-stops en fer*** qui sont posés sur la route sont là pour empêcher les moutons, et le bétail en général, de passer. Ralentissez quand vous les franchissez, cela fait un bruit du tonnerre.
- Parfois ***les tunnels sont à sens unique*** avec des refuges latéraux. Si ces derniers sont de votre côté, c'est à vous de laisser passer.
- Attention aussi aux ***vents parfois violents*** : il n'est pas rare que la portière vous échappe et percute un rocher, un poteau...
- Vous constaterez très vite que ***les pistes islandaises sont très salissantes*** (il est généralement nécessaire de laver sa voiture avant de la rendre à l'agence de location !) et que la poussière s'introduit partout, même à l'intérieur.
- Il est strictement ***interdit de quitter les pistes*** avec un véhicule (le vélo étant considéré comme un véhicule). Les autorités vous diront même que mettre

2 roues dans l'accotement n'est pas très écolo. En effet, en Islande, l'érosion fait beaucoup de dégâts et la nature est très fragile.
- Enfin, ***évitez de vous arrêter n'importe où*** pour une pause photo (très mauvaise habitude prise par les touristes). Au mieux, vous gênez la circulation, au pire, vous écrabouillez un écosystème et, au pire du pire, on peut vous rentrer dedans !

Cartes géographiques

Pour voyager en Islande, il est indispensable de se munir d'une bonne carte qui précise l'état des routes, afin de savoir avec quel type de véhicule on peut y circuler. On en trouve de très bonnes dans les principaux offices de tourisme, les stations-service et les librairies (à Reykjavík et Akureyri surtout). Mais le mieux est de l'acheter en amont pour préparer votre itinéraire. On conseille la carte Michelin au 1/500 000.
On vous encourage aussi à télécharger ***l'application gratuite Maps.me*** sur votre smartphone. Avant le départ, on peut charger des cartes sur son téléphone et le service permet aussi de se géolocaliser sur place sans utiliser de connexion Internet.
- Les agences de location de voitures proposent des GPS mais ce service est payant. Utilisez plutôt celui de votre portable.

Compagnies nationales

Il est parfois plus intéressant de louer un véhicule auprès des compagnies locales, beaucoup moins onéreuses et offrant un service généralement tout aussi bon. Avantage de taille : beaucoup sont moins regardantes sur les pistes empruntées et sur les éventuelles rayures, griffures, petites bosses et autres détails sur la carrosserie. Leurs véhicules sont souvent un peu plus anciens que ceux des *majors* (pas toujours), mais ils sont bien entretenus. Citons quelques agences qui ont fait leurs preuves :

■ ***Geysir :*** *• geysir.is •*
■ ***Átak Car Rental :*** *• atak.is •*
■ ***Reykjavík Rent A Car :*** *• reykjavikrentacar.is •*
■ ***Blue Car Rental :*** *• bluecarrental.is •*
Pour les compagnies spécialisées dans la location de vans aménagés, voir plus haut la rubrique « Hébergement ».

Compagnies internationales

■ ***BSP Auto :*** *☎ 01-43-46-20-74 (tlj 9h-21h30 ; 20h le w-e). • bsp-auto.com • Remise spéciale de 5 % aux lecteurs de ce guide avec le code « ROUTARD21 ».* Les prix proposés sont attractifs et comprennent le kilométrage illimité et les assurances. *BSP Auto* propose exclusivement les grandes compagnies de location sur place, assurant un très bon niveau de services. Les plus : vous ne payez votre location que 5 jours avant le départ.

■ ***TouraEuro :*** *☎ (354) 539-0633. • touraeuro.com •* Devis complet, sans caution, avec toutes les assurances incluses à votre arrivée à l'aéroport de Keflavík. Assistance francophone 24h/24.
Et aussi :
- ***Hertz :*** *☎ 522-44-00, • hertz.com •*
- ***Avis :*** *☎ 591-40-00, • avis.fr •*
- ***Europcar :*** *☎ 425-03-00, • europcar.fr •*
- ***Budget :*** *☎ 562-60-60, • budget.com •*

- ***Mise en garde :*** les loueurs demandent toujours une carte bancaire pour régler la location de voiture et bloquer une somme en guise de caution. Mais attention, il existe une ***différence entre carte de débit et carte de crédit,*** et il arrive que certaines agences refusent votre location de voiture en cas de paiement par carte de débit. Certains loueurs les acceptent, mais ils vous demanderont alors de souscrire une assurance complémentaire souvent très chère en compensation. Selon les compagnies, il faut donc posséder une carte de crédit. Donc vérifiez bien si une mention « CREDIT » (débit différé) ou « DEBIT » (débit immédiat) est inscrite sur votre carte bancaire, sinon renseignez-vous auprès de votre banque (avant votre départ). Vous pouvez accéder à ces informations concernant les conditions de location des loueurs sur le site ● *bsp-auto.com* ● après avoir lancé votre recherche dans la rubrique « Informations détaillées ».

Avion

En hiver, quand les routes sont fermées ou bloquées par le déneigement, c'est le moyen le plus sûr et le plus rapide de se déplacer. C'est bien aussi l'été, surtout si le temps est dégagé (pas facile de prévoir la météo quand on réserve son billet, on vous l'accorde !) et que vous avez l'occasion de survoler des régions où se trouvent des glaciers ! Il arrive qu'un vol intérieur en promotion ne coûte que quelques euros de plus que le bus. Pour certains secteurs, c'est même le seul moyen de transport disponible si on n'est pas véhiculé – en particulier pour rejoindre les fjords du Nord-Ouest.

Attention, les vols intérieurs ne partent pas de l'aéroport international de Keflavík mais de celui de Reykjavík ville, proche du centre.

– ***Bon à savoir :*** ne pas prévoir un retour par avion vers Reykjavík le jour même ou la veille de quitter l'Islande : à tout moment, la météo peut empêcher les avions de décoller.

■ ***Air Iceland :*** ☎ *570-30-00.* ● *airicelandconnect.com* ● La principale compagnie domestique islandaise dessert Reykjavík, Keflavík, Akureyri, Ísafjörður, l'île de Grímsey, Vopnafjörður, Egilsstaðir et Þórshöfn, mais aussi les îles Féroé et le Groenland.

■ ***Eagle Air :*** ☎ *562-26-40.* ● *eagleair.is* ● Dessert Reykjavík, Húsavík, Bíldudalur et Gjögur dans les fjords du Nord-Ouest, Höfn et les îles Vestmannaeyjar.

Sinon, plusieurs petites compagnies proposent la découverte d'une région par la voie des airs. Au programme : volcans et glaciers, les îles Vestmannaeyjar, le lac Mývatn, les fjords, le Sud-Ouest, etc. Les vols durent entre 20 mn et plusieurs heures. Évidemment hors de prix, mais le spectacle est grandiose.

■ ***Atlantsflug :*** *à l'aéroport municipal de Reykjavík.* ☎ *555-16-15.* ● *flightseeing.is* ● Départs de Reykjavík, de l'aéroport de Bakki (situé face aux îles Vestmannaeyjar) et de Skaftafell. Surtout des vols pour les îles Vestmannaeyjar.

■ ***Myflug :*** *à l'aérodrome de Reykjahlíð (lac Mývatn).* ☎ *464-44-00.* ● *myflug.is* ● Propose des survols au-dessus de la région du lac Mývatn et du volcan Askja de la chute de Dettifoss et pousse jusqu'à l'île de Grímsey.

Bateau ferry

Outre l'extraordinaire ferry permettant de rejoindre l'Islande depuis le Danemark via l'archipel des Féroé (voir « Comment y aller ? » en début de guide), l'Islande dispose de plusieurs liaisons régulières fonctionnant toute l'année. Les plus utiles pour les voyageurs sont celle de la compagnie *Herjólfur* (● *herjolfur.is* ●), desservant les îles Vestmannaeyjar depuis Landeyjahöfn (ou Þorlakshöfn par mauvais temps), et celle de *Seatours* (● *seatours.is* ●), qui permet de rallier les fjords du Nord-Ouest depuis Stykkishólmur (péninsule de Snæfellsnes), en traversant le grand Breiðafjörður, avec escale possible sur la charmante île de Flatey.

Autre destination de choix pour les aventuriers désireux de franchir le cercle polaire : l'île de Grímsey, desservie en été depuis Dalvík, au nord d'Akureyri, par *Sæfari* (● *samskip.is* ●). On pourrait aussi citer les rotations estivales permettant de rejoindre la superbe région sauvage du Hornstrandir, paradis de la randonnée, accessible depuis Ísafjörður et Bolungarvík. Infos : ● *westtours.is* ● ou ● *boreaadventures.com* ●

DES PRIX FOUS NÉGOCIÉS POUR VOTRE LOCATION DE VOITURE EN ISLANDE !
0€
J-5
KILOMÈTRES ILLIMITÉS
ASSURANCES INCLUSES
ANNULATION GRATUITE
PAYEZ 5 JOURS AVANT LE DÉPART
'ZÉRO FRANCHISE' À PETIT PRIX
bsp-auto.com
+33 1 43 46 20 74
7j/7
-5%
SUR VOTRE RÉSERVATION AVEC LE CODE
ROUTARD21

Embarquez
POUR DES VOYAGES
De Rêve !
TOUT EN PHOTOS ET EN DESSINS
Le Routard
ROADTRIPS
40 itinéraires sur les plus belles routes du monde
Le Routard
VOYAGES
La bible des voyageurs : un véritable tour du monde

Vélo

À ne recommander qu'aux plus courageux, étant donné les conditions climatiques et l'état des pistes. Mais, malgré ces inconvénients, on croise assez souvent des cyclotouristes en VTT sur les routes d'Islande ! Cependant, les automobilistes islandais (et les autres) ne sont pas habitués à côtoyer les 2-roues sur leurs routes et oublient quelques règles élémentaires de « bonne conduite » pour éviter aux cyclistes de manger la poussière et de se faire « asperger » de gravillons.
Si vous souhaitez confier votre vélo à la soute du bus pour les longues distances, il vous en coûtera un supplément de 4 000 ISK. Mieux vaut aussi apporter son vélo, on est plus sûr de son état (du moins en arrivant, parce qu'en repartant...) ; il est toutefois possible d'en louer, mais inutile de vous dire que c'est onéreux. Prévoyez large aussi pour le matériel de réparation.
En arrivant à l'aéroport international, une station *BIKE PIT* (sorte de conteneur vitré) est installée à 50 m du terminal, sur le parking. On y trouve en libre utilisation des pompes, du matériel de réparation, des cartes et de précieux conseils pour découvrir l'île à vélo. Y a plus qu'à !

Auto-stop

Il fonctionne assez bien, en tout cas ***sur les portions les plus fréquentées de la route 1,*** c'est-à-dire autour de Reykjavík et jusqu'à Jökulsárlón, ainsi que du côté du lac Mývatn. Plus difficile dans les régions des fjords de l'Est et de l'Ouest, le stop devient très hasardeux dès que vous quittez les routes principales. Le problème est que l'on peut parfois attendre 2h sans apercevoir un seul véhicule.
- ***Un conseil utile :*** attendre dans une station-service et aborder les voitures qui s'arrêtent. Sinon demander aux autres résidents des auberges et *guesthouses* où vous logez, savoir s'ils ont une petite place pour vous dans leur voiture.

URGENCES

- ***Urgences médicales (24h/24) :*** ☎ *112.*

Perte/vol de cartes de paiement

Le plus simple est de faire opposition en appelant directement votre agence bancaire ou en ligne via le site ou l'application mobile de votre banque.

- ***Carte Visa :*** ☎ *+1-303-967-1096 (24h/24).* • *visa.fr* •
- ***Carte MasterCard :*** *contacter votre banque directement ou le serveur interbancaire d'opposition (voir ci-après).* • *mastercard.fr* •
- ***Carte American Express :*** ☎ *(0033) 1-47-77-72-00.* • *americanexpress.com* •
- Il existe sinon un ***serveur interbancaire*** d'opposition à carte bancaire : ☎ *0-892-705-705 (service 0,34 €/mn + prix d'appel).*

Perte/vol de téléphone portable

Suspendre aussitôt sa ligne permet d'éviter de douloureuses surprises au retour du voyage ! Le plus simple est de demander la suspension de votre ligne depuis le site internet ou l'appli de votre opérateur. Voici sinon les numéros des 4 opérateurs français, accessibles depuis la France et l'étranger :

- ***Free :*** *depuis la France :* ☎ *3244 ; depuis l'étranger :* ☎ *+ 33-1-78-56-95-60.*
- ***Orange :*** *depuis la France :* ☎ *3900 ; depuis l'étranger :* ☎ *+ 33-9-69-39-39-00.*
- ***SFR :*** *depuis la France :* ☎ *1023 ; depuis l'étranger :* 📱 *+ 33-6-10-00-10-23.*
- ***Bouygues Télécom :*** *depuis la France,* ☎ *1064 ; depuis l'étranger,* 📱 *+ 33-6-60-61-46-14.*

REYKJAVÍK ET LA PÉNINSULE DE REYKJANES

• Carte *p. 79*

C'est sur cette péninsule qu'on atterrit à l'arrivée en Islande. Le Reykjanes est coupé en 2 par le rift où les plaques américaine et eurasiatique se séparent. On pourrait écrire que c'est l'Islande en miniature : champs de lave, falaises tombant dans la mer, nombreux oiseaux, solfatares et sources d'eau chaude sont comme concentrés sur cette bande de terre. La route se faufile comme elle peut sur ce chaos volcanique couvert de mousse, où aucune culture n'est possible, où aucune rivière ne peut couler tant le sol est poreux.
Au nord de cette péninsule, l'agglomération de Reykjavík (incluant Hafnarfjörður, Kópavogur et Mosfellbær), concentre plus de 60 % de la modeste population islandaise. Une ville très, très loin de l'enfer urbain de bien d'autres capitales du monde !

REYKJAVÍK

129 000 hab. (222 000 pour l'agglomération totale)

• Plan *p. 82-83*

Vous voici dans la capitale la plus septentrionale du monde, un peu au nord du 64e parallèle. Étendue en bordure d'une baie fermée par le mont Esja, Reykjavík est une ville plutôt agréable, avec son petit quartier historique flanqué de maisonnettes colorées, son front de mer hérissé d'immeubles modernes à l'image du Harpa, mais aussi son port actif et ses entrepôts reconvertis en musées ou boutiques. En fait, Reykjavík est toujours en pleine croissance (toutes proportions gardées bien sûr). Il faut dire qu'avant le XXe s ce n'était guère qu'un village et que l'agglomération est sortie de terre à la vitesse d'un volcan en éruption.
Avec ses rues tranquilles et son lac peuplé de canards, on a du mal à s'imaginer dans une capitale ! Elle recèle pourtant d'intéressantes richesses culturelles, surtout dans le domaine de l'art contemporain, et la vie nocturne en fin de semaine vaut son pesant de décibels : les amateurs de musique live seront gâtés, au gré d'un mémorable *pub crawl.* Somme toute, c'est une ville attachante qui devient vite familière et où l'on passe 1 ou 2 jours sans s'ennuyer.

UN PEU D'HISTOIRE

Selon le *Landnámabók (Livre de la colonisation),* Reykjavík, qui signifie « baie des Fumées » en islandais, doit son nom aux vapeurs provenant de sources chaudes qui impressionnèrent les 1ers colons au IXe s. D'ailleurs, la capitale est toujours alimentée en eau chaude par une centrale géothermique.

En 1786, l'autorité danoise accorda à Reykjavík le statut de ville et de fait, dans cette minuscule colonie, elle devint capitale islandaise. La ville entama alors son inexorable croissance, pour passer de seulement 600 habitants au début du XIXe s à plus de 80 000 dans les années 1980.

UN MAIRE ROCK'N'ROLL !

De mai 2010 à juin 2014, Reykjavík a été dirigé par Jón Gnarr, ancien bassiste dans un groupe punk, comédien et comique populaire en Islande. Si ce maire, qui se considère comme anarcho-surréaliste, avait fait une campagne plutôt délirante, son mandat s'est terminé sur un bilan plutôt positif. Son explication ? En tant qu'artiste, Jón Gnarr avait l'habitude de jongler avec des budgets serrés...

Arriver – Quitter

Un site recense l'ensemble des transports du pays, bus, avions, bateaux (carte interactive très bien faite) : ● *publictransport.is* ●

En avion

✈ ***Aéroport international de Keflavík*** *(hors plan par D3)* **:** ● *isavia.is* ● À 50 km au sud-ouest de Reykjavík. C'est là qu'arrivent tous les vols internationaux. Les vols domestiques, eux, partent de l'***aéroport de Reykjavík*** *(Reykjavíkurflugvöllur),* situé à 2 pas du centre-ville (*hors plan par A3* ; pour les vols nationaux se reporter à la rubrique « Transports » dans « Islande utile »).

– Vous trouverez dans la salle d'arrivée de l'aéroport international un ***bureau de change,*** ouvert en fonction des vols, une ***banque*** (taux peu intéressant), des ***distributeurs de billets*** ainsi que les grandes ***agences de location de voitures*** (bureaux soit dans le hall des arrivées, soit de l'autre côté du parking, soit à l'extérieur côté terminal de départ, accessibles en navette avec un représentant de la compagnie). Également une agence ***Icelandair*** et un bureau de ***remboursement de la TVA locale*** pour la fin de voyage (voir la rubrique « Budget » dans « Islande utile » en début de guide).

➢ ***Pour se rendre à Reykjavík*** depuis l'aéroport :

– ***Ligne urbaine n° 55 :*** ● *straeto.is* ● Env 12 bus/j. en sem, 7-9 bus/j. w-e et j. fériés. Attention, les w-e et j. fériés, le bus s'arrête à Fjöróur, où on change pour le bus n° 1 pour le centre (demander au chauffeur un *transfer ticket*). Trajet : 1h10. À l'aéroport, l'arrêt est situé côté terminal de départ (à l'opposé des arrivées), dans la rue qui remonte vers les grands parkings des loueurs de voiture (repérer la petite cabane). À Reykjavík, arrivée/départ dans la rue longeant le terminal *BSÍ (plan B3,* ***1****).* Plus long qu'en bus privé, mais imbattable côté tarif : env 2 000 ISK.

– ***Bus et minibus privés :*** 3 compagnies assurent des prestations équivalentes, 2 d'entre elles avec service de transfert jusqu'au lieu d'hébergement. Trajet : 45 mn. Prix A/R intéressant.

■ ***Airport Direct :*** *☎ 497-80-00.* ● *airportdirect.is* ● *Comptoir dans le hall des arrivées. Tarif : env 3 500 ISK/pers l'aller simple.* Transfert direct de l'aéroport à la gare routière de la compagnie, excentrée au sud-est du centre, rue Skógarhlíð *(plan C3,* ***4****)* et de celle-ci transfert *(supplément d'env 1 300 ISK)* jusqu'à votre hôtel. Il y a aussi le principe du « porte à porte »,

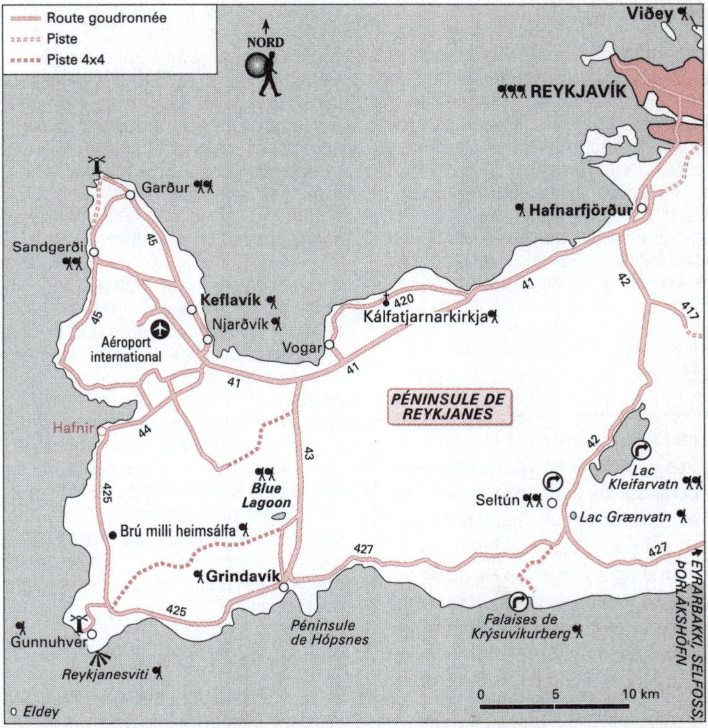

REYKJAVÍK ET LA PÉNINSULE DE REYKJANES

plus cher *(formule Premium, env 6 600 ISK, aller simple)* mais pratique. Résa en ligne.

■ ***Flybus*** *(Reykjavík Excursions)* **:** ☎ *580-54-00.* • *re.is/tour/flybus* • *Dans le hall des arrivées. Départs en fonction des vols. Tarif : env 3 500 ISK l'aller simple pour Reykjavík ; réduc ; gratuit moins de 11 ans.* Arrivée à Reykjavik au terminal *BSÍ (plan B3,* ***1****).* De là, transfert possible jusqu'à l'hôtel pour env 1 500 ISK.

■ ***Gray Line :*** ☎ *540-13-13.* • *grayline.is* • *Pas de bureau, mais un représentant dans le hall des arrivées, départs de l'autre côté du parking. Tarif : env 3 500 ISK ; réduc ; gratuit moins de 11 ans. Résa possible en ligne.* Bus réguliers ttes les 30 mn. Le terminal se trouve à Klettagörðum, 4 (au port de marchandises, à env 4 km à l'est du centre-ville).

- Pour le retour, même topo, départs ttes les heures en saison, 3h30-21h30 avec *Airport Direct,* 21h avec *Flybus,* 22h pour *Gray Line* : depuis les terminaux de bus, son hébergement ou l'aéroport domestique (avec supplément et sur résa).

- ***Taxi :*** pour une course simple, compter env 16 000 ISK de jour et 18 000 ISK de nuit ! Hors de prix !

➢ ***Blue Lagoon :*** *Airport Direct-Destination Blue Lagoon* et *Flybus-Reykjavík Excursions* assurent des liaisons directes vers ce spot hyper touristique. Compter env 2 800-3 500 ISK l'aller. Elles proposent aussi une formule comprenant le billet d'entrée aux bains.

En bus public

La plupart des bus de la compagnie nationale *Strætó* partent du terminal Hlemmur *(plan D2, **2**)* pour les liaisons urbaines et, pour les liaisons plus lointaines, de ***Mjódd*** à 6 km au sud-est du centre-ville (pour y aller : bus n°s 11, 12 et 17 depuis le terminal Hlemmur et bus nº 3 depuis le terminal *BSÍ*). Pour les numéros de ligne et les fréquences, se référer à la rubrique « Arriver – Quitter » de chaque ville concernée.

Avec une compagnie privée

> ***Mise en garde :*** suite à l'épidémie de Covid-19, de nombreuses compagnies ont supprimé des liaisons et excursions ou baissé leurs fréquences. Malgré tous nos efforts pour actualiser ce guide au mieux, les connexions indiquées dans ce guide peuvent donc être erronées. Pensez à bien vérifier auprès de la compagnie la remise en service et les horaires des lignes qui vous intéressent.

Les compagnies ***Gray Line*** *(● grayline.is ●)* et ***Reykjavík Excursions*** *(● re.is/tour/flybus ●)* proposent chacune des transferts et des tours à la journée vers différents sites du pays (Cercle d'Or, Blue Lagoon, Landmannalaugar...). Départ de leurs gares routières respectives : *BSÍ (plan B3, **1**)* pour *Reykjavík Excursions* et Klettagörðum, 4 *(hors plan par D1, **3**)* pour *Gray Line,* qui dispose également d'un bureau en centre-ville *(Hafnarstræti 20 ; zoom, **10** ; ☎ 540-13-13 ; tlj 7h30-20h).* Même service avec l'agence ***Sterna*** *(☎ 551-11-66 ; ● sternatravel.com ●),* installée dans le centre Harpa *(plan B1, **5**).* Cette dernière compte aussi une filiale fonctionnant sur le principe du *hop on and off,* c'est-à-dire que l'on peut monter à un arrêt, descendre à un autre et ainsi de suite. *● icelandbybus.is ●*
Voilà pour les plus importantes, mais il existe bien d'autres compagnies privées proposant des transferts et des excursions à la journée ou sur plusieurs jours. Pour plus d'infos sur leurs dessertes et leurs tarifs, se reporter à la rubrique « Transports » dans « Islande utile » et aux chapitres des destinations concernés.

En ferry

Si vous souhaitez voyager en Islande avec votre propre véhicule, vous devrez prendre les ferries de la *Smyril Line* au Danemark. Rappelons que ceux-ci arrivent au village de Seyðisfjörður, à 610 km de Reykjavík, dans les fjords de l'Est. Plus d'infos sur *● smyrilline.com ●*

Adresses et infos utiles

Infos touristiques et culturelles

ℹ ***Le comptoir d'information What's On*** *(plan B2)* **:** *Laugavegur 5. ☎ 551-36-00. Tlj 8h30-22h (20h avr-mai).* Tenu par la société éditrice du magazine *What's On,* qui a pris le relais de l'office de tourisme municipal. Infos sur Reykjavík et l'Islande et plus particulièrement sur le sud-ouest du pays. On peut aussi y réserver une excursion.
– La ***Reykjavík City Card*** est en vente dans plus de 40 lieux en ville *(● visitreykjavik.is/city-card ●).* Elle est valide 24h (4 000 ISK), 48h (5 600 ISK) ou 72h (6 900 ISK) ; réduc moins de 18 ans. Elle permet l'accès gratuit aux bus urbains, aux piscines et à de nombreux musées de la capitale (réduc dans les autres), et offre des promos dans certains restos et magasins.
– ***Les sites internet et magazines :*** le site *● visitreykjavik.is ●* offre une bonne introduction à la capitale, avec des infos touristiques de tous ordres : hébergements, événements culturels, descriptif des musées, sites et excursions, planning des concerts et expos des mois à venir.
Citons également les magazines et sites en anglais *Reykjavík Grapevine*

(mine d'infos sur les bonnes adresses où manger et sortir et sur les activités ; • *grapevine.is* •) et *What's on in Reykjavík* (actualité culturelle du mois et excursions ; • *whatson.is* •).

■ ***Alliance française*** *(plan A1,* ***6****) : Tryggvagata 8.* ☎ *552-38-70.* • *af.is* • *Lun-ven 13h-18h. Fermé en juil-août.* Bibliothèque, médiathèque, conférences, soirées cinéma...

Change et retrait

Dans le centre, plusieurs ***banques*** *(lun-ven 9h-16h)* pour le change, sans commission. Citons parmi elles la

■ Adresses utiles

- i Comptoir d'information What's On (B2)
- **1** Terminal BSÍ et Reykjavík Excursions (B3)
- **2** Terminal Hlemmur des bus urbains Strætó (D2)
- **3** Terminal des bus Gray Line Iceland (hors plan par D1)
- **4** Terminal des bus Airport Direct (C3)
- **5** Agence Sterna (B1)
- **6** Alliance française (A1)
- **7** Ambassade de France (A1)
- **8** Borgarhjól (location de vélos ; C2)
- **9** Iceland Camping Equipment (C2)
- **10** Bureau de l'agence Gray Line Iceland (zoom)
- **11** Librairie Eymundsson (zoom)
- **12** Landsbanki (zoom)
- **13** Magasin Ellingsen (A1)
- **14** Sundhöll Reykjavíkur (piscine ; C2)
- **15** Supermarchés 10-11 (zoom et D2)
- **16** Supermarché Bónus Fiskislóð (A1)
- **17** Supermarché Bónus Laugavegur (C2)
- **20** Laugardalslaug (piscine ; hors plan par D2)

Où dormir ?

- **20** Reykjavík Campsite et Reykjavík City Hostel (hors plan par D2)
- **21** Kex Hostel (C2)
- **22** Reykjavík Downtown Hostel (A1)
- **23** Hlemmur Square Hostel & Hotel (D2)
- **24** Student Hostel (A2)
- **25** Loft Hostel (B1-2)
- **26** Guesthouse Pavi (D2)
- **27** Snorri's Guesthouse (C3)
- **28** Brattagata Guesthouse (zoom)
- **29** Chez Monique (B2)
- **30** 4th Floor Hótel (D2)
- **31** Guesthouse Sunna (C2)
- **32** Hótel Hilda (A1)
- **33** Guesthouse Butterfly (A1)
- **35** Hotel Frón (C2)
- **36** Hótel Reykjavík Centrum (zoom)
- **37** 101 Hotel (B1)
- **38** Forsaela Houses et Apartments (C2)

Où manger ?

- **50** Fish & Chips Vagninn (A1)
- **51** Icelandic Street Food et Messinn (B2)
- **52** Snaps Bistro Bar (B2)
- **55** Bæjarins Beztu (zoom)
- **56** Hamborgara Búllan – Tommi's Burger Joint (A1)
- **57** Svarta Kaffid (C2)
- **58** Seabaron Sægreifinn et Höfnin (A1)
- **59** Matur og Drykkur (A1)
- **60** Hlemmur Food Hall (D2)
- **61** Sandholt (C2)
- **63** Íslenski Barinn (B1-2)
- **64** Grandi Mathöll (hors plan par A1)
- **65** The Laudromat Café (zoom)
- **66** Kaffivagninn (A1)
- **67** Hornið (zoom)
- **68** Café Loki (C2)
- **69** Tapas Barinn (zoom)
- **71** Shalimar (zoom)
- **72** Flatey (A1)
- **73** Þrír Frakkar (B2)
- **74** Restaurant Reykjavík (zoom)
- **75** FISKfélagið – Fish Company (zoom)
- **76** Kolabrautin (B1)

Où boire un bon café ? Où faire une pause sucrée ?

- **61** Sandholt (C2)
- **80** Emilie and the Cool Kids (C2)
- **81** Kaffitár (B2)
- **82** Café Babalú (B2)
- **84** Braud & Co (C2)

Où boire un verre ? Où sortir ?

- **63** Íslenski Barinn (B1-2)
- **74** Microbar (zoom)
- **88** The English Pub (zoom)
- **89** Dillon Whiskey Bar & Beergarden (C2)
- **90** Forrétta Barinn (A1)
- **91** Lebowski Bar (C2)
- **92** Kaffibarinn (B2)
- **100** 12 Tónar (B2)

Achats

- **100** Handknitting Association of Iceland et 12 Tónar (B2)
- **101** Kirsuberjatréð (zoom)

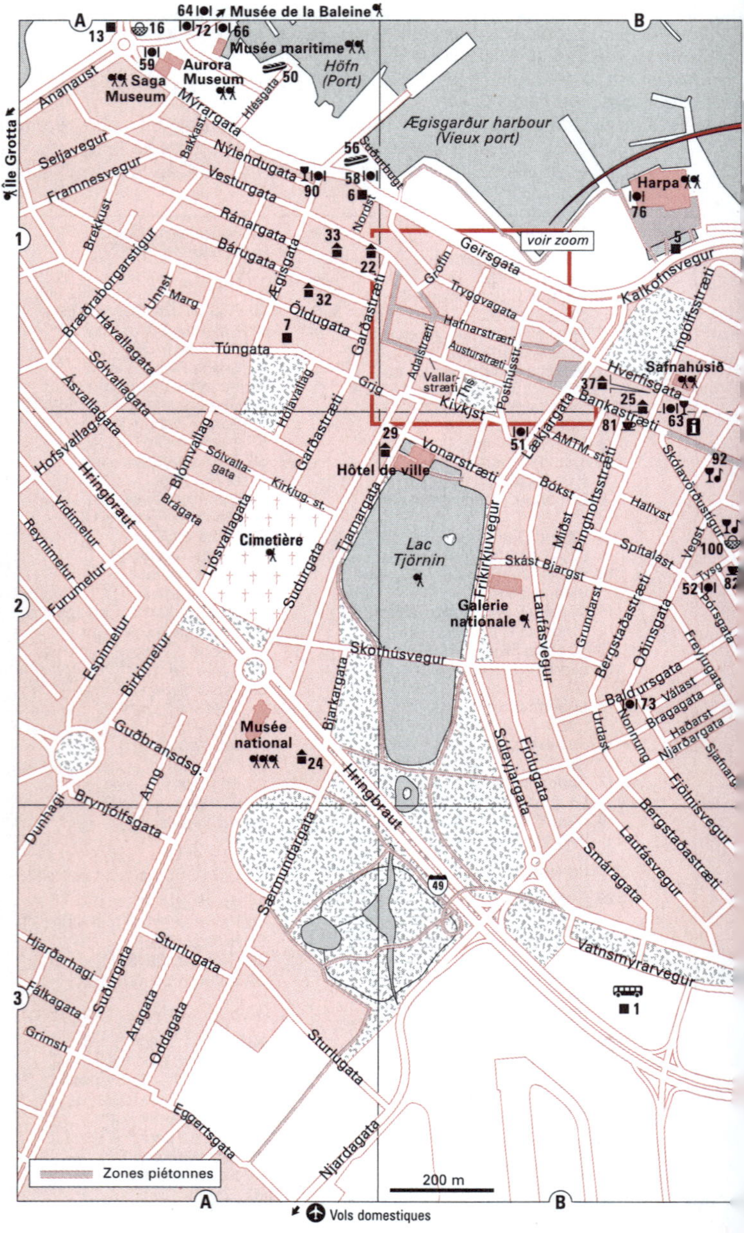

Musée de la Baleine
Musée maritime
Höfn (Port)
Aurora Museum
Saga Museum
Ægisgarður harbour (Vieux port)
Harpa
Safnahúsið
Hôtel de ville
Lac Tjörnin
Cimetière
Galerie nationale
Musée national
Île Grotta
voir zoom
Ananaust
Mýrargata
Hlésgata
Bakkast.
Seljavegur
Framnesvegur
Nýlendugata
Vesturgata
Suðurbugt
Norðst.
Ránargata
Bárugata
Ægisgata
Öldugata
Brekkust.
Bræðraborgarstígur
Unnst.
Marg.
Hávallagata
Sólvallagata
Ásvallagata
Túngata
Garðastræti
Grófin
Geirsgata
Tryggvagata
Hafnarstræti
Austurstræti
Aðalstræti
Vallarstræti
Thš
Pósthússtr.
Kirkjust.
Lækjargata
Kalkofnsvegur
Ingólfsstræti
Hverfisgata
Bankastræti
AMTM. st.
Skólavörðustígur
Vonarstræti
Bókst.
Hallvst.
Þingholtsstræti
Miðst.
Spítalast.
Vegst.
Tysg.
Skálst.
Bjargst.
Fríkirkjuvegur
Laufásvegur
Grundarst.
Bergstaðastræti
Óðinsgata
Þórsgata
Freyjugata
Baldursgata
Válast.
Bragagata
Haðarst.
Njarðargata
Nönnug.
Urðarst.
Sjafnargata
Fjölnisvegur
Smáragata
Sóleyjargata
Fjólugata
Hólavallag.
Blómvallag.
Sólvallagata
Kirkjug. st.
Brágata
Ljósvallagata
Hofsvallagata
Hringbraut
Víðimelur
Reynimelur
Furumelur
Espimelur
Birkimelur
Tjarnargata
Suðurgata
Skothúsvegur
Bjarkargata
Guðbrandsdsg.
Arng.
Brynjólfsgata
Dunhagi
Sæmundargata
Hjarðarhagi
Fálkagata
Grímsh.
Suðurgata
Aragata
Oddagata
Sturlugata
Eggertsgata
Njarðagata
Vatnsmýrarvegur
Zones piétonnes
200 m
Vols domestiques
A
B
1
2
3
49

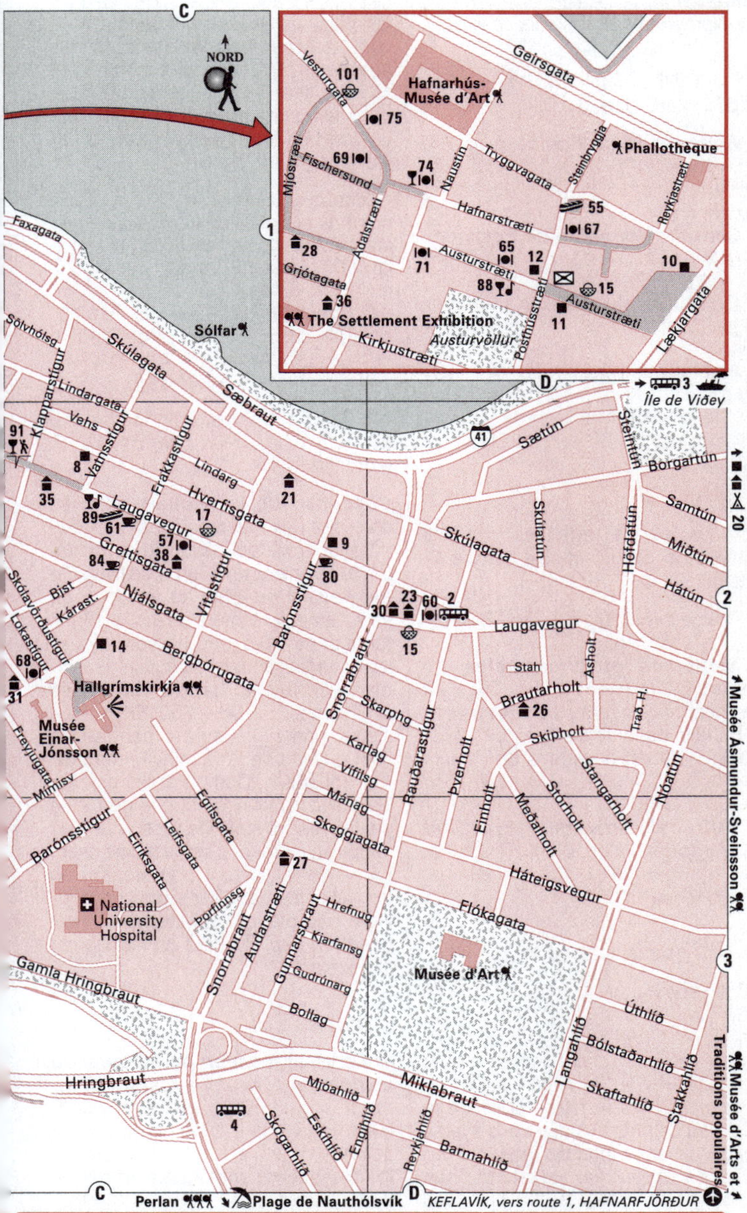
NORD
C
D
1
2
3
Geirsgata
Vesturgata
101
Hafnarhús-Musée d'Art
75
Phallothèque
Mjóstræti
69
Fischersund
74
Naustin
Tryggvagata
Steinbryggja
Reykjastræti
Hafnarstræti
55
67
28
Aðalstræti
65
12
10
71
Austurstræti
Grjótagata
88
15
36
Austurstræti
Lækjargata
11
The Settlement Exhibition
Kirkjustræti
Austurvöllur
Pósthússtræti
Faxagata
Sólfar
Sólvhólsg.
Skúlagata
Sæbraut
Klapparstígur
Lindargata
Vehs
91
8
Vatnsstígur
Frakkastígur
Lindarg
35
Hverfisgata
21
89
Laugavegur
17
61
57
Grettisgata
38
84
Vitastígur
9
80
Barónsstígur
Bjst
Kárast.
Njálsgata
Skólavörðustígur
Lokastígur
14
Bergþórugata
68
31
Hallgrímskirkja
Musée Einar-Jónsson
Freyjugata
Mímisv
Barónsstígur
Eiríksgata
Leifsgata
Egilsgata
Þorfinnsg
National University Hospital
Gamla Hringbraut
Hringbraut
4
Sæbraut
41
Sætún
Steintún
Borgartún
Samtún
Miðtún
Hátún
Skúlatún
Höfðatún
Skúlagata
23
60
2
30
15
Laugavegur
Snorrabraut
Skarphg
Stakh
Ásholt
Brautarholt
26
Skipholt
Traðh.
Karlag
Vífilsg
Mánag
Skeggjagata
Rauðarárstígur
Þverholt
Einholt
Meðalholt
Stórholt
Stangarholt
Nóatún
27
Háteigsvegur
Flókagata
Hrefnug
Kjartansg
Guðrúnarg
Bollag
Auðarstræti
Gunnarsbraut
Snorrabraut
Musée d'Art
Úthlíð
Bólstaðarhlíð
Langahlíð
Skaftahlíð
Stakkahlíð
Miklabraut
Mjóahlíð
Eskihlíð
Engihlíð
Reykjahlíð
Skógarhlíð
Barmahlíð
→ 3 Île de Viðey
20
Musée Ásmundur-Sveinsson
Musée d'Arts et Traditions populaires
Perlan
Plage de Nauthólsvík
KEFLAVÍK, vers route 1, HAFNARFJÖRÐUR

REYKJAVÍK

Landsbanki, sur Austurstræti *(zoom, **12**).* Nombreux distributeurs en ville.

Représentations diplomatiques

■ ***Ambassade de France*** *(plan A1, **7**) : Túngata 22. ☎ 575-96-00. • is.ambafrance.org • Lun-ven 9h-12h15, sur rdv.*
■ ***Consulat honoraire de Belgique :*** *Garri Ehf, Hádegismóar 1-3. ☎ 570-03-00. • magnus@garri.is •*
■ ***Consulat de Suisse :*** *Laugavegur 13. ☎ 551-71-72. • reykjavik@honrep.ch •*
■ ***Ambassade du Canada*** *(plan A1) : Túngata 14. ☎ 575-65-00. • rkjvk@international.gc.ca • Lun-ven 9h-12h (sur rdv l'ap-m).*

Urgences

Pour toutes les urgences, un seul numéro : le ☎ *112,* et cela partout en Islande.

■ ***Police :*** *Hverfisgata 113. ☎ 444-10-00.*
■ ***Médecins et pharmacies de garde :*** *☎ 1770 ou 1700 (24h/24).* Il y a des pharmacies ouvertes aux horaires habituels dans le centre. La pharmacie ***Lyfja*** est ouverte tlj 8h-minuit : *Lágmúla 5 (hors plan par B2). ☎ 533-23-00.*
✚ ***National University Hospital – Landspítali*** *(plan C3) : Hringbraut 101. ☎ 543-10-00 (24h/24) ; urgences : ☎ 543-20-00.*

Transports urbains

– ***Bus urbains :*** *avec **Strætó.** ☎ 540-27-00. • straeto.is • Circulent tlj 6h30 (7h30 sam, 9h30 dim)-minuit. Billet simple 480 ISK ; réduc. Accès gratuit et illimité avec la City Card dans Reykjavík même.* Vu la petite taille de la ville, peu de chances que vous ayez à beaucoup emprunter ce réseau. Pour les sites excentrés, toutefois, nous indiquons les lignes les plus pratiques depuis *Hlemmur,* le terminal principal du centre-ville *(plan D2, **2**).* Encore plus simple, téléchargez sur votre portable l'appli gratuite de *Strætó.*
Les billets s'achètent au terminal, dans les piscines et les boutiques *10-11,* voire à bord du bus (attention, les chauffeurs ne rendent pas la monnaie). Si vous avez un changement à faire, dites-le au chauffeur, il vous délivrera un *transfer ticket* valable environ 1h (sans coût additionnel).

– ***Location de vélos :*** la ville compte de nombreuses pistes cyclables. Le *Reykjavík Campsite* et son voisin le *Reykjavík City Hostel (hors plan par D2, **20**)* en louent. Sinon :
– ***Borgarhjól*** *(plan C2, **8**) : Hverfisgata 50. ☎ 551-56-53. • borgarhjol.is/english • Lun-ven 8h-18h, sam 10h-14h. Compter env 5 000 ISK/j.*

🚗 ***Taxis :*** ***Hreyfill,*** *☎ 588-55-22, • hreyfill.is • ; **BSR,** ☎ 561-00-00, • taxireykjavik.is •*

– ***Location de véhicules :*** pour les adresses des loueurs, voir la rubrique « Transports » au début de ce guide. ***Le stationnement en centre-ville est payant*** du lundi au vendredi de 9h à 18h et le samedi de 10h à 16h. Il fonctionne avec des horodateurs et les contrôles sont très fréquents ! Gratuit le dimanche. La ville est divisée en 4 zones, de 90 à 250 ISK/h. Plusieurs parkings dans le centre-ville sont ouverts de 7h à minuit, comptez 150-250 ISK/h. Comparez les prix sur les grands parkings entre le port et le centre-ville : il suffit de repérer le plus rempli en journée, c'est le moins cher ! Le centre-ville étant peu étendu, on trouve cependant sans trop de difficulté des places gratuites en s'éloignant un peu, du côté du lac Tjörnin par exemple.

Divers

■ ***Achat et location de matériel de camping :*** ***Iceland Camping Equipment*** *(plan C2, **9**), Barónsstígur 5. 📱 647-05-69. • iceland-camping-equipment.com • Tlj 9h-17h.* Loue tout (ou presque) ce dont vous avez besoin pour camper.
Vente uniquement : ***Ellingsen,*** *FISKislóð 1 (plan A1, **13**). ☎ 580-85-00. Lun-ven 10h-18h, sam 11h-17h, dim 13h-17h.*

■ **Librairie** *(zoom,* ***11****)* **:** ***Eymundsson,*** *Austurstræti 18. Tlj 9h (10h le w-e)-22h.* La plus grande et la plus ancienne librairie du pays (depuis 1872). Choix très complet de cartes d'Islande. Nombreux livres sur le pays, en français notamment. On peut aussi feuilleter des magazines au café du 2e étage. 3 autres adresses en ville (et une quinzaine en Islande).

Où dormir ?

– ***Rappel :*** les fourchettes de prix indiquées dans le guide sont celles de la haute saison (juillet-août).

– ***2d rappel :*** les navettes de bus venant de l'aéroport peuvent desservir (moyennant supplément) la plupart des hébergements.

De bon marché à prix moyens (4 000-20 000 ISK / 27-133 €)

Dans cette rubrique, le camping et les lits en dortoir relèvent de la catégorie « Bon marché », les chambres doubles de la catégorie « Prix moyens ».

⛺ ***Reykjavík Campsite*** *(hors plan par D2,* ***20****)* **:** *Sundlaugarvegur 32. ☎ 568-69-44. • reykjavikcampsite.is • Du centre, suivre Borgartún sur env 2 km ; le camping est sur la droite. Bus nº 14 (arrêt Laugardaslaug). Ouv de mi-mai à mi-sept.* Camping de ville sans charme mais pratique, avec des emplacements tente sur de grandes pelouses nues souvent bondées, et une zone pour les camping-cars qui s'apparente plus à un parking. Bref, une vraie usine, qui peut accueillir jusqu'à 900 personnes, mais très bien équipée : vaste cuisine, barbecue, location de vélos, consigne et lave-linge. Pas de supérette. Propreté limite dans les sanitaires, n'oubliez pas vos tongs ! Juste à côté, la piscine de Laugardalslaug (voir plus loin dans « À faire »). Un espace de récupération permet d'emprunter du matériel que les campeurs n'ont pas remporté (matelas de sol, bouteille de gaz à moitié vide...). À la fin de votre périple, n'oubliez pas de faire de même pour les suivants.

🏠 ***Reykjavík City Hostel*** *(hors plan par D2,* ***20****)* **:** *Sundlaugarvegur 34. ☎ 553-81-10. • hostel.is • Juste à côté du camping* Reykjavík Campsite. *Bus nº 14 (arrêt Laugardaslaug). Ouv tte l'année. Réduc avec la carte* HI. Une vaste AJ moderne et agréable, qui plus est détentrice du *Nordic Ecolabel*. Dortoirs (4-6 lits) impeccables, mixtes ou pas, avec salles de bains privatives, ou communes pour les moins chers, plus anciens. Également des doubles, avec salle d'eau privée. Et aussi 3 cuisines équipées, machines à laver, consigne à bagages, location de vélos, etc. Café doté d'une sympathique terrasse et belle salle commune avec livres et jeux. Nombreuses activités (films, soirées à thème, etc.). Possibilité de réserver des excursions. Juste à côté, la piscine de Laugardalslaug (voir plus loin dans « À faire »).

🏠 ***Kex Hostel*** *(plan C2,* ***21****)* **:** *Skúlagata 28. ☎ 561-60-60. • kexhostel.is • Délicieux petit déj-buffet, en sus.* À 2 pas du centre, cet immense *hostel* s'est installé dans une ancienne biscuiterie à la façade sombre, et même laide, mais dotée d'impressionnants volumes et d'une décoration intérieure originale : mobilier de récup et plein de clins d'œil au voyage dans un décor un poil déjanté (voir l'ex-coffre-fort transformé en un petit cabinet de coiffure à l'ancienne). Dortoirs (de 4 à... 42 lits !), dont 2 réservés aux femmes, et chambres plus ou moins spacieuses (les couples qui ne veulent pas trop plomber le budget opteront pour les *tiny rooms* plus étroites), certaines avec salles de bains privatives. Côté espaces communs, 2 cuisines fort colorées, un coin salon-bibliothèque et un immense bar-resto avec vue privilégiée sur la baie, prolongé d'une grande terrasse sans vue mais au soleil (quand il y en a...). On y sert une bonne petite restauration à prix modérés. Vous l'avez compris, dans sa catégorie, c'est notre adresse préférée !

🏠 ***Reykjavík Downtown Hostel*** *(plan A1,* ***22****)* **:** *Vesturgata 17. ☎ 553-81-20.*

• hostel.is • Petit déj léger inclus. Réduc avec la carte HI. Dans un secteur tranquille mais central, une AJ impeccable et plutôt coquette (meubles et parquet en bois clair). Dortoirs très bien tenus (4 ou 10 lits), mixtes ou non. Agréable café au rez-de-chaussée et, dans une petite maison à l'arrière, une belle cuisine et des espaces communs de poche sous les toits. Machine à laver, consigne à bagages, *lockers,* location de vélos. Le seul (gros) bémol : les prix qui, pour les doubles, se rapprochent de ceux d'un hôtel (reconnaissons, cependant, que le confort est à la hauteur).

☗ ***Hlemmur Square Hostel & Hotel*** *(plan D2,* ***23****) : Laugavegur 105. ☎ 415-16-00. • hlemmursquare.com • Petit déj inclus.* Proche de la gare routière Hlemmur, ce bâtiment Art déco de 1930 abrite une AJ très bien tenue et accueillante. Aux 2ᵉ et 3ᵉ étages se trouvent des dortoirs impeccables (4 à 14 lits), confortables et clairs (casiers, lampes de chevet, rideaux occultants, bonne literie). Certains mixtes, d'autres non. Salles de bains communes. Chambres privatives dans l'*hostel,* et d'autres plus sophistiquées à l'hôtel (prix « Chic »), au 4ᵉ étage, avec belle déco contemporaine et vue sur la ville. Cuisine commune, bar et resto traditionnel.

☗ ***Guesthouse Pavi*** *(plan D2,* ***26****) : Brautarholt 4. ☎ 561-35-53. Pas de petit déj.* À 2 mn de la rue Laugavegur, très animée, et de la gare routière Hlemmur, cet immeuble moderne très banal abrite des chambres simples, fonctionnelles et propres. La déco est minimaliste, mais ce n'est pas l'essentiel. Les tarifs varient selon l'équipement, avec ou sans sanitaires privatifs. Il y a aussi de petits dortoirs de 4 lits superposés avec salle de bains à partager. Pas de cuisine. Pas le coup de cœur, mais un prix correct dans une ville où les tarifs hôteliers flambent !

☗ ***Student Hostel*** *(plan A2,* ***24****) : Hringbraut 29. ☎ 510-28-28. • studenthostel.is • En face du Musée national. Ouv de juin à mi-août. Doubles sans petit déj. Parking gratuit.* C'est la résidence étudiante du campus de la fac de Reykjavík. Le bâtiment construit en 1934 fut occupé par les Anglais durant la Seconde Guerre mondiale. Il bénéficie d'un beau et vaste salon commun avec de grandes baies vitrées, autrefois une salle de bal. L'intérieur ancien (très bien modernisé) et ses boiseries en bois clair donne au lieu un certain caractère. Sur 3 étages, de petites chambres doubles avec draps inclus ou sans draps (dans ce cas apporter un sac de couchage). À chaque étage, sanitaires nickel (hommes et femmes séparés) et grande cuisine très bien équipée. De plus, l'accueil est chaleureux. Cafétéria et resto sur place, et il suffit de traverser le parc pour rejoindre le centre-ville.

☗ ***Loft Hostel*** *(plan B1-2,* ***25****) : Bankastræti 7. ☎ 553-81-40. • lofthostel.is • ♿ Réception 24h/24, tte l'année. Petit déj en sus. Réduc avec la carte* HI. Une AJ installée au beau milieu de la rue la plus commerçante de la ville (où les cafés font un peu de bruit en fin de semaine...). Installés aux 2ᵉ et 3ᵉ étages, des dortoirs de 6 lits (mixtes ou non), avec salles de bains communes. Bien arrangés, tout comme les chambres avec salle de bains privative. Jolie déco dans l'air du temps pour le bar, au dernier étage, avec terrasse donnant sur les toits, *happy hour* tous les soirs, et régulièrement des concerts, karaokés, pub quiz, etc. Une adresse pour qui n'est pas venu que dormir.

Prix moyens (14 000-20 000 ISK / 93-133 €)

☗ ***Guesthouse Butterfly*** *(plan A1,* ***33****) : Ránargata 8a. 📱 894-18-64. • butterfly.is •* Derrière une façade ornée d'un gigantesque papillon (évidemment !), dans une rue calme et centrale, une pension cosy et pleine de charme, même si les chambres, certes claires et coquettes, sont petites (voire très étroites pour certaines). Salle d'eau privative ou commune. Au sous-sol, un studio équipé d'une cuisine (prix « Chic »). Pas de petit déj mais une cuisine commune. Accueil courtois et attentionné de Jon qui habite un peu plus loin.

☗ ***Chez Monique*** *(plan B2,* ***29****) : Tjarnargata 10b. 📱 692-17-77. • chezmonique.is • Juste en face de l'hôtel de ville. Tte l'année. Parking payant à la mairie,* *à côté.* Une adresse très accueillante et parfaitement tenue par Monique, une Française qui vit en Islande depuis 1970. Elle reçoit ses hôtes avec simplicité, sourire et bonne humeur dans un appartement au rez-de-chaussée (vue cour sur l'arrière), qu'elle loue prioritairement en entier (5 personnes maximum) : 3 chambres (dont une *single*), cuisine, salle à manger et salle d'eau. Si ce n'est pas plein, possibilité de prendre seulement une chambre en formule *B & B*. On partage alors salle d'eau et espaces communs. Un endroit où l'on se sent vite comme chez soi.

4th Floor Hótel *(plan D2,* ***30****)* **:** *Laugavegur 101. ☎ 511-30-30. • 4thfloorhotel.is • Petit déj inclus.* Au 3e étage (4e pour l'Islande), dans un immeuble moderne à l'angle de 2 rues d'un quartier populaire, des chambres banales et correctes, dans les tons beige et noir, avec minifrigo. Pas de fenêtre dans les moins chères (salle d'eau partagée), assez étouffantes du coup. Vue sur la rue et la ville pour les autres. Agréable cafétéria pour le petit déj et accueil souriant. Reste que les prix sont assez élevés pour les prestations proposées...

Chic (20 000-30 000 ISK / 133-200 €)

Dans cette catégorie, sauf indication contraire, le petit déj est compris.

Snorri's Guesthouse *(plan C3,* ***27****)* **:** *Snorrabraut 61. ☎ 552-05-98. • guesthousereykjavik.com •* Au bord d'une avenue passante, l'extérieur de la maison est assez banal mais l'intérieur s'avère impeccable, propre et frais. Dans la maison principale, 4 chambres confortables, d'une blancheur immaculée, avec salles de bains privées. Dans la maison voisine, une quinzaine d'autres, avec salles de bains communes, plus basiques mais toujours agréables. Certaines donnent sur un jardin calme. Belle cuisine équipée à disposition et accueil jovial.

Forsaela Houses et Apartments *(plan C2,* ***38****)* **:** *Grettisgata 33b-35b. ☎ 551-60-46. 📱 863-46-43. • apartmenthouse.is •* Bien au calme dans une petite rue à 2 pas du centre, un joli ensemble de 3 maisons bleues en bois du début du siècle dernier entouré d'un peu de verdure. Dans la 1re, celles où vivent les proprios, 3 adorables mais petites chambres d'hôtes pour 2 ou 3 personnes, avec salle de bains commune. L'ensemble, aux allures de maison de poupée, a beaucoup de charme avec parquets cirés, meubles anciens et bibelots. On prend son petit déj dans une salle à manger chaleureuse, très cosy. Dans la 2e maison, 3 appartements agréables pour 4 personnes (minimum 2 nuits), et enfin une petite maison pour 6 personnes avec chambres lambrissées sous les combles. Chacune dispose d'un salon de jardin pour s'installer dehors sur la terrasse. Accueil vraiment gentil du couple maître des lieux, ce n'est pas si fréquent !

Guesthouse Sunna *(plan C2,* ***31****)* **:** *Þórsgata 26. ☎ 511-55-70. • sunna.is •* Dans un quartier paisible, cette *guesthouse* ressemble plus à un hôtel fonctionnel comptant 55 chambres réparties entre 2 bâtiments. Simples et impeccables, parquetées et lumineuses, elles ont la salle de bains privative ou commune selon le prix et sont toutes bien au calme, à l'image du quartier verdoyant. Certaines donnent sur le jardin du musée de sculpture voisin. Cuisine à dispo à chaque étage. Également des apparts jusqu'à 6 personnes. Accueil très courtois. Une adresse efficace.

Brattagata Guesthouse *(zoom,* ***28****)* **:** *Brattagata 3b. 📱 617-59-59. • ingunn.gisladottir@gmail.com •* Dans une petite rue tranquille de la vieille ville, une maison pimpante typique du quartier, avec son charme rétro. Elle compte 3 appartements (jusqu'à 7 personnes) de 2 ou 3 chambres, une chambre familiale et un studio équipé (max 4 personnes) avec salles de bains privatives. Déco délicate et sobre, avec quelques meubles anciens, et toujours cette netteté scandinave. Cuisine et buanderie à dispo. Bon petit déj et accueil aux petits soins.

Hotel Frón *(plan C2,* ***35****)* **:** *Laugavegur 22a. ☎ 511-46-66. • hotelfron.is • Tte l'année. Parking payant.* Dans une portion animée du centre-ville, voilà un hôtel labyrinthique qui dispose de chambres confortables, claires et bien arrangées, tons beiges et parquet de bois blond. Certaines donnent sur la rue (attention, un coin animé, on a dit !), d'autres sur une cour bien plus calme. Loue également des studios et apparts jusqu'à 5 personnes. Accueil pro. Petit déj au restaurant attenant.

🏠 ***Hótel Hilda*** *(plan A1,* ***32****)* **:** *Bárugata 11. ☎ 552-30-20. • hotelhilda.is •* Dans un quartier résidentiel proche du centre, un petit hôtel de charme dans une belle demeure de 1931, à l'architecture typique de l'époque. Abrite une quinzaine de chambres confortables et lumineuses. Déco sobre et élégante, sur fond de murs cacao. Elles ont toutes une salle de bains privative et donnent sur la rue ou sur le jardin. Rien à redire sur l'accueil, il n'y en a pas, le *Hilda* est un *self-check hotel*...

Très chic (plus de 30 000 ISK / 200 €)

🏠 ***Hótel Reykjavík Centrum*** *(zoom,* ***36****)* **:** *Aðalstraeti 16. ☎ 514-60-00. • reservations@hotelcentrum.is •* En plein centre, on ne peut rêver mieux situé. 2 grosses demeures traditionnelles datant de 1764 reliées par une galerie de verre, avec une extension derrière quasi invisible. Résultat : charme et modernité fusionnent harmonieusement. Environ 90 chambres à l'élégant cadre contemporain, dotées de tout le confort (minibar, coffre, etc.). Petit déj-buffet correct, mais dans un cadre manquant de caractère.

🏠 ***101 Hotel*** *(plan B1,* ***37****)* **:** *Hverfisgata 10. ☎ 580-01-01. • 101hotel.is • Parking.* Le boutique-hôtel design par excellence considéré comme le lieu le plus *trendy* de la ville, à des prix très élevés. Déco intérieure sophistiquée, comme ce bar-resto au plafond de verre et aux lignes épurées et audacieuses. Élégant mobilier contemporain alliant métal et bois brut dans un environnement de douces tonalités grises, noires et blanches. Chambres hyper confortables, les plus agréables donnant sur la baie. Salle de fitness, spa, etc.

Où manger ?

Fin du service à 22h, été comme hiver. Au-delà, il est quasi impossible de trouver autre chose à manger que des sandwichs et des pizzas dans les fast-foods du centre-ville. Ces derniers (kebab, *noodles,* etc.) sont majoritairement regroupés près de la gare routière Hlemmur *(plan D2),* si jamais les tarifs locaux vous contraignaient à soigner plus votre budget que votre équilibre alimentaire... Sinon, même si le soleil ne se couche pas et que vous ne voyez pas le temps passer, ne ratez pas l'heure du dîner !

Supermarchés

De nombreux hébergements étant dotés d'une cuisine, c'est évidemment l'alternative aux restos. Ceux-ci étant fort chers, surtout le soir quand on lorgne du côté des plats de viande ou de poisson...

🧺 On trouve plusieurs supermarchés dans le centre, notamment des ***10-11*** qui, comme leur nom l'indique, sont ouverts de 10h à 23h. Celui d'Austurstræti, au n° 17 *(zoom,* ***15****),* est même ouvert 24h/24. Idem pour celui situé au bout de Laugavegur, au niveau de la gare routière Hlemmur *(plan D2,* ***15****).* On y trouve des plats préparés. Autre option, le ***Bónus,*** situé sur *Fiskislóð (plan A1,* ***16****). Lun-jeu 11h-18h30, ven 10h-19h, sam 10h-18h, dim 12h-18h.* Un autre plus petit sur Laugavegur 59 *(plan C2,* ***17****).*

Sur le pouce

🌭 ***Bæjarins Beztu*** *(zoom,* ***55****)* **:** *Hafnarstræti 17, au pied du Radisson Blu Hotel. Tlj 10h-1h (plus tard ven-sam). Env 500 ISK pour un hot dog.* De son nom complet *Bæjarins Beztu Pylsur,* littéralement « les meilleures saucisses de la ville », c'est LE kiosque à hot dogs de la capitale ! Fondé en 1937, on s'y presse à toute heure du jour pour s'offrir un hot dog à diverses sauces et aux petits oignons frits. Grosse table et bancs dehors.

Hamborgara Búllan – Tommi's Burger Joint (*plan A1,* **56**) **:** *Geirsgata 1. ☎ 511-08-00. Tlj 11h-22h. Burgers 1 300-3 000 ISK, sans ou avec frites et boisson.* Sur le port, dans une maison miniature un peu Art déco, rigolote en tout cas avec sa façade arrondie surmontée d'une horloge. Un repaire de hamburgers *old school,* bien gras et régressifs ! Atmosphère très relax, frites croustillantes. Longues tables dehors. Burgers végétariens, au cas où.

Icelandic Street Food (*plan B2,* **51**) **:** *Laekjargata 8. Tlj 10h-23h. Petits plats env 1 000-2 200 ISK.* Cette cafét' vitrée s'est spécialisée dans la nourriture populaire et économique : sandwichs, ragoût de poisson... Leur spécialité : la soupe d'agneau servie dans une miche de pain rustique et bien charnue. C'est simple, bon et parfumé. Bon plan, quel que soit le 1er plat choisi, on peut ensuite se faire resservir de la soupe à volonté, dans un gobelet en carton *(free refill).* Et pour le petit déj, gaufres à volonté ! Accueil et service jeune et enjoué.

Sandholt (*plan C2,* **61**) **:** *Laugavegur 36. ☎ 551-35-24. Tlj 6h30-21h. Petits déj 650-1 800 ISK. Sandwichs env 1 300-2 600 ISK.* Considérée – à juste titre ! – comme la meilleure boulangerie de la ville : croissants, scones, baguettes, macarons, chocolats... Mais aussi croque-monsieur et madame. Excellent accueil et agréable petite salle discrètement design pour de goûteux sandwichs et de roboratifs petits déjeuners.

Fish & Chips Vagninn (*plan A1,* **50**) **:** *Hlésgata. Tlj 11h-21h. Compter 1 800 ISK le fish & chips.* Au fond du parking, en face du musée maritime après la passerelle, une camionnette rouge avec quelques tables où s'installer pour engloutir un excellent *fish & chips* bien frais. Le patron possède sa propre société de pêche, fraîcheur garantie.

Hlemmur Food Hall (*plan D2,* **60**) **:** *Laugavegur 107. Tlj 8h-23h. Plats 1 000-3 000 ISK.* Sorte de grande halle couverte qui accueille différents stands de restaurateurs. Le plus grand, *Skal* sert une cuisine classique du pays. Plus exotique, un stand de phôs et sandwichs vietnamiens vend les fameux *Banh Mi* (c'est le nom du stand) aux crudités ; également un stand de tacos, une bonne boulangerie, un comptoir *Flatey* pour une pizza style napolitain (lire la description du resto principal plus bas), etc.

Grandi Mathöll (*hors plan par A1,* **64**) **:** *Grandagarður 16. Tlj 11h30-21h. Plats env 2 000-2 500 ISK.* Un autre *food hall,* soit une demi-douzaine de stands et *food trucks* rangés dans un hangar vitré posé sur le quai, l'œil sur le port. On opte, au choix, pour un *fish & chips,* un taco, un plat indien, à croquer sur les grandes tables communes, dedans ou dehors. Également un comptoir de bières pression.

Voir aussi nos adresses dans la rubrique « Où boire un bon café ? Où faire une pause sucrée ? ».

Bon marché (max 2 500 ISK / 17 €)

Seabaron Sægreifinn (*plan A1,* **58**) **:** *Geirsgata 8. ☎ 553-15-00. Tlj 11h30-21h (22h ven-dim, 23h en été). Brochette env 2 000 ISK.* Un cabanon vert sur le port. Après avoir franchi une petite terrasse abritée du vent par des vitres en Plexiglas, on entre dans une gargote aussi minuscule que rustique, chargée de dessins et photos évoquant la pêche en Islande. Tables découpées dans des troncs d'arbre et tonnelets à poissons en guise de sièges. Pour d'avantage de place et de confort, grimpez dans la salle à l'étage, plutôt chaleureuse. Dans cette insolite adresse tenue par un ancien pêcheur, les produits de la mer sont évidemment à l'honneur. De délicieuses brochettes de langouste, de flétan, de truite de mer, de saumon et bien sûr de morue... Très populaire aussi pour sa bisque de homard. On choisit dans les vitrines réfrigérées, on commande au comptoir et on vous hèle quand c'est prêt.

Svarta Kaffid (*plan C2,* **57**) **:** *Laugavegur 54. ☎ 551-29-99. Tlj 11h30-23h (plus tard ven et sam). Soupe env 2 000 ISK.* Appelons ce lieu un « bar à soupes » ! L'originalité de ce petit resto, c'est sa soupe islandaise servie dans un pain rond qui fait office de gros bol. C'est suffisant à midi. Un régal ! Sympathique terrasse à l'arrière.

Kaffivagninn *(plan A1, **66**) : Grandagarði 10. ☎ 551-59-32. Tlj 8h (9h le w-e)-18h. Plats (avec soupe et café, lun-ven au déj seulement) 2 600-3 000 ISK.* Derrière le musée maritime, grande salle vitrée et terrasse largement ouvertes sur le port. Sandwichs, pâtisseries, soupes, et poissons, dont la morue ou l'omble chevalier *(arctic char)* d'une éclatante fraîcheur. Du très classique, plutôt bon, et l'accueil est très gentil.

Flatey *(plan A1, **72**) : Grandagarður 11. ☎ 588-26-66. Tlj 11h (12h30 le w-e)-22h. Pizzas 2 000-2 800 ISK.* Béton ciré et banquettes anthracite, le cadre, sur 2 niveaux, affiche une sobriété toute nordique. Les pizzas, elles, regardent résolument vers la bouillonnante Naples (le resto en importe même ses tomates !), jusqu'à en suivre scrupuleusement les recettes : la pâte d'abord, les ingrédients ensuite, choisis plutôt qu'agglutinés. À croire que la proximité des volcans, ça rapproche.

Café Loki *(plan C2, **68**) : Lokastígur 28. ☎ 466-28-28. Tlj 8h-22h. Juste en face de l'église Hallgrímskirkja. Tartines 1 500-2 000 ISK, plats 2 400-3 300 ISK.* Un café propret avec terrasse et vue sur la grande église, où déguster d'authentiques spécialités islandaises, dont le requin fermenté (!), réalisées à partir de très bons produits. Leur pain maison est absolument unique. Délicieuse soupe de poisson.

The Laudromat Café *(zoom, **65**) : Austurstræti 9. ☎ 587-75-55. Tlj 10h-18h (22h ven-sam). Plat env 2 500 ISK.* Sympathique concept (importé du Danemark) que ce café-laverie où, pendant que la machine tourne au sous-sol, on se tape un honnête burger, un sandwich, voire un petit déj, dans la grande salle lumineuse et vintage, tapissée de cartes du monde (et de photos de laveries). Quant au comptoir, il fait aussi office de bibliothèque.

Shalimar *(zoom, **71**) : Austurstræti 4. ☎ 551-02-92. Tlj 11h30 (16h le w-e)-21h. Plats du jour env 2 000-2 500 ISK.* Envie d'une petite escapade culinaire exotique ? Sur 2 étages (on préfère la salle du haut, plus agréable), ce resto de poche mijote une excellente cuisine indo-pakistanaise. Si vous avez le palais sensible, demander « *mild* », car c'est relevé ! Bon accueil.

Prix moyens (2 500-4 000 ISK / 17-27 €)

Íslenski Barinn *(plan B1-2, **63**) : Ingólfsstræti 1a. ☎ 517-67-67. Tlj 11h30-1h (3h ven-sam ; la cuisine ferme à 22h). Plats env 2 000-3 500 ISK.* Bonne étape que ce bistrot islandais cosy comme un appartement (papier peint à l'ancienne et meubles en bois ou rétro). Ambiance de bar plus que de resto, super accueil et service à la fois pro et chaleureux. Bonne sélection de bières locales accompagnées de petits plats style *pub food,* hot dogs ou burgers.

Messinn *(plan B2, **51**) : Lækjargata 6B. ☎ 546-00-95. Tlj 11h30-22h. Plat du jour le midi env 2 400 ISK. Autres plats 3 000-3 600 ISK.* Une salle en demi-sous-sol, ambiance taverne de la mer, avec parquet qui craque et tables en bois patiné, pour de savoureuses fricassées de poisson servies fumantes, à même la poêle. Revigorant !

Hornið *(zoom, **67**) : Hafnarstræti 15. ☎ 551-33-40. Tlj 11h-23h30. Résa conseillée. Plats 3 000-4 500 ISK.* Resto classique et plaisant avec baie vitrée et tables rondes en marbre. Bonne cuisine islandaise mais choix restreint, ce sont les pâtes et pizzas, d'inspiration italienne (mâtinée d'une touche locale), qui dominent la carte. Une bonne adresse pour les gros estomacs.

Tapas Barinn *(zoom, **69**) : Vesturgata 3b. ☎ 551-23-44. Tlj 17h-23h30 (1h ven-sam : une rareté à Reykjavík !). Tapas 2 000-4 000 ISK. Menus env 7 700-9 000 ISK.* Une bonne auberge espagnole avec de gros jambons suspendus au-dessus du bar, dans une salle un peu sombre divisée en petits box en bois, assez animée certains soirs. Au menu, de subtiles et généreuses tapas, notamment à base de produits locaux (agneau, homard, macareux...). Sympathique terrasse si le temps s'y prête, dans une courette encadrée de bicoques.

Chic (4 000-6 000 / 27-40 €)

|●| ⛱ *Höfnin* *(plan A1, **58**) : Geirsgata 7c. ☎ 511-23-00. Tlj 11h30-14h et 17h-22h. Plat du jour le midi env 3 000 ISK, puis plats 4 000-5 000 ISK ; menu déj 2 500 ISK.* Installé dans un des anciens petits entrepôts du vieux port, une salle rustique dans l'esprit marin, avec une baie vitrée ouverte sur le port (en islandais ça se dit *höfnin*). La carte propose autant de poissons que de viandes, mais les 1ers ont la vedette, notamment la pêche du jour. On y retrouve les grands classiques de la mer d'Islande : *arctic char* (omble chevalier), *haddock* (églefin), *cod* (morue)... Terrasse.

|●| *Matur og Drykkur* *(plan A1, **59**) : Grandagardur 2 (mitoyen du Saga Museum). ☎ 571-88-77. Mer-dim 17h-22h. Plats 4 000-5 000 ISK. Menus (4 plats) env 7 000-8 000 ISK.* Un ancien entrepôt de salage de morue, soigneusement reconverti en bistrot mode parisienne, pour une cuisine islandaise soignée, présentée sur une courte carte qui évolue avec le marché, et privilégie les produits du pays (poissons, agneau). Également des plats végétariens.

|●| *Þrir Frakkar* *(plan B2, **73**) : Baldursgata 14. ☎ 552-39-39. Lun-ven 11h30-14h30, 18h-22h, seulement le soir le w-e. Résa conseillée le soir. Plats 2 500-4 000 ISK le midi et 4 000-7 000 ISK le soir.* L'un des meilleurs restos de poisson de la ville, bien qu'assez touristique. Plusieurs petites salles intimes et agréablement arrangées pour déguster quelques spécialités comme le gratin mixte de morue aux crevettes et aux moules ou un hachis de poisson au pain de seigle. Il y a aussi de la plie *(plaice)* panée et gratinée et du steak de baleine, mais on aime trop les baleines pour les manger ainsi...

|●| *Snaps Bistro Bar* *(plan B2, **52**) : þórsgata 1. ☎ 511-66-77. Tlj 11h30-23h (minuit le w-e), fermeture des cuisines 1h avt. Brunch le w-e 11h30-16h. Plats 4 000-5 000 ISK, sandwichs 2 500-3 500 ISK.* Sur une pente, en montant vers les quartiers résidentiels, très agréable restaurant doté d'une verrière lumineuse, d'un grand bar, de larges banquettes et de tables rondes en marbre style bistrot français. S'activant dans une cuisine ouverte les cuistots s'inspirent en partie de la gastronomie française (steak béarnaise, moules-frites, confit de canard...). Néanmoins, l'essentiel de la carte est basé sur la tradition islandaise, avec notamment une pêche du jour fraîche et copieuse. Terrasse.

|●| ⛱ *Restaurant Reykjavík* *(zoom, **74**) : Vesturgata 2. ☎ 552-30-30. Tlj 11h30-22h. Plats 2 700-3 000 ISK (*flatbreads *moins chers), brunch env 3 200 ISK et buffet de la mer (le soir seulement) 6 500 ISK.* Grande maison jaune prolongée par une terrasse, fréquentée par les groupes de touristes. On l'indique surtout pour son buffet illimité de poisson et fruits de mer *(seafood buffet)*, servi le soir. Grande variété de harengs à toutes les sauces, poissons panés ou cuisinés, salades fraîches, gratins et plats chauds, desserts.

Très chic (plus de 6 000 ISK / 40 €)

|●| ⛱ *FISKfélagið – Fish Company* *(zoom, **75**) : Versturgata 2a. ☎ 552-53-00. Tlj 11h30-14h30, 17h30-23h30. Fermé le midi le w-e. Plats 4 000-6 000 ISK. Menus 5 500-10 000 ISK.* Dans une vieille maison de 1884, ce resto séduit d'abord par sa salle à manger, mélange baroque de grosses pierres noires, bois rustiques, chandeliers kitsch et graffitis, cohabitant avec de luxueux canapés et un élégant mobilier contemporain... Un étonnant décor à l'image de la superbe cuisine pleine de fraîcheur et d'inventivité, interprétant avec talent des recettes du monde entier (sushis notamment), tout en mettant en valeur le meilleur des produits islandais. Le *lunch menu* est d'un remarquable rapport qualité-prix ! Agréable terrasse dans une courette extérieure. Très belle carte des vins.

|●| ***Kolabrautin*** *(plan B1,* ***76****) : Austurbakki 2. Au 4e étage du bâtiment Harpa (salle de concert). ☎ 519-97-50. Mar-sam 17h30-22h. Résa quasi obligatoire. Plats env 3 900-6 000 ISK, menu env 11 000 ISK.* Une salle lumineuse, contemporaine et sophistiquée, avec vue plongeante sur le port et la baie, sous le superbe jeu de miroirs et de reflets du plafond de verre du Harpa (lire plus loin « À voir »). Un bel écrin, au service d'une néocuisine aux accents clairement italiens (le pays d'origine du chef), présentée sur une carte réduite.

Où boire un bon café ? Où faire une pause sucrée ?

Quelques douceurs et pâtisseries pour prendre un goûter digne de ce nom, accompagné d'un bon café. Et, surprise, les Islandais sont friands de glaces, même au cœur de l'hiver... Brrrr !

☕ ***Braud & Co*** *(plan C2,* ***84****) : Frakkastígur 16. ☎ 456-77-77. Tlj 6h-18h.* Immanquable derrière sa façade bariolée, cette boulangerie, bien connue des locaux et des touristes, a fondé sa réputation sur ses *cinnamon rolls* (rouleaux à la cannelle), moelleux à souhait. Également de très bons pains. Peu de choix mais tout est frais et fait sous vos yeux, derrière la vitre du fournil.

☕ ***Emilie and the Cool Kids*** *(plan C2,* ***80****) : Hverfisgata 98 (à l'angle de Barónsstígur). ☎ 571-58-87. Tlj 9h-17h. Bagels 1 200-1 600 ISK, pâtisseries 2 fois moins chères.* Alléchante vitrine de pâtisseries maison (*rolls* aux fruits rouges, muffins, scones aux légumes...) dans ce petit café de quartier où l'on parle encore plus spontanément l'islandais que l'anglais. Également un choix de bagels fourrés, pour un déj sur le pouce.

☕ ***Kaffitár*** *(plan B2,* ***81****) : Bankastræti 8. ☎ 420-27-32. Tlj 7h-17h.* Au cœur de l'artère commerçante du centre-ville, un rejeton d'une chaîne islandaise de cafés qui sert l'un des meilleurs expressos de l'île. Pas de jaloux : excellents chocolats et de bons thés. Ambiance décontractée dans une déco colorée.

☕ ***Café Babalú*** *(plan B2,* ***82****) : Skólavörðustígur 22a. ☎ 555-88-45. Tlj 8h-22h30. Snacks et plats 600-1 500 ISK.* Dans une maison à la façade orange couverte de dessins, avec terrasse à l'arrière. Intérieur bohème et fouillis façon maison de poupée, où s'entassent presque pêle-mêle une foule d'objets hétéroclites. On vient ici pour l'ambiance, les cafés et chocolats chauds bien préparés, mais surtout pour les crêpes et les bons gâteaux.

☕ Autre étape gourmande, la boulangerie ***Sandholt*** *(plan C2,* ***61****)*, citée plus haut dans « Où manger ? Sur le pouce ».

Où boire un verre ? Où sortir ?

Oui, d'accord, vous avez dit à vos proches que vous alliez en Islande pour la nature à l'état brut, la profondeur du ciel étoilé et les paysages extraordinaires. Mais rien ne vous empêche de profiter d'une admirable concentration de bars, doublée d'une scène musicale dynamique. Le moindre établissement se transforme, mine de rien, en fin de soirée en un lieu de sortie où l'on trinque allègrement. Surtout les fins de semaine, carrément folles en été dans l'hyper-centre, en particulier dans la rue Austurstræti *(zoom)*, qui aligne presque autant de bars que de pas de porte. Une fois hors de la capitale, la tournée des bars risque d'être plus que limitée, alors profitez-en ici !

– *Reykjavík Grapevine,* un hebdo gratuit en anglais, disponible un peu partout en ville, détaille la programmation de la semaine. Accessible aussi sur ● *grapevine.is* ●

🍷♪☂ ***The English Pub*** *(zoom,* ***88****) : Austurstræti 12. ☎ 578-04-00. Tlj 12h-1h (4h ven-sam).* Ambiance whisky (70 références) et bière, pour célébrer des aurores plus « bar et ale » que boréales. La salle ne manque pas d'une certaine élégance, avec ses hauts plafonds et ses murs décorés de photos, de peintures. Au-dessus du comptoir, la roue de la chance (jeu de fléchettes) peut vous faire gagner jusqu'à 1 m de bière... Aux beaux jours, grande terrasse avec vue sur les pelouses qui bordent la Vallarstræti et musique live tous les soirs. De quoi entamer sérieusement la soirée, avant d'enfiler la rangée de pubs de la rue...

Dillon Whiskey Bar & Beergarden *(plan C2, **89**)* **:** *Laugavegur 30. ☎ 537-97-00. Tlj 12h-1h (3h ven-sam).* On aime bien son côté vieux rade en bois patiné et l'excellente bande-son rock. On y sert 170 sortes de whiskeys. Concerts le week-end et terrasse dans la cour arrière, entre des murs graffités.

Kaffibarinn *(plan B2, **92**)* **:** *Bergstaðastræti 1. ☎ 551-15-88. Tlj 15h-23h.* Juste en retrait de la rue la plus commerçante de la ville, ambiance relax de pub de quartier dans cette bicoque conviviale sur 2 niveaux. On y trinque (bières locales à la pression), on y cause, et on y écoute du bon son presque tous les soirs, quand le DJ du jour, tendance indé, passe derrière les platines. Pas mal aussi pour un café en journée, avec les hipsters du coin.

Forrétta Barinn *(plan A1, **90**)* **:** *Nýlendugata 14. ☎ 517-18-00. Tlj 16h-22h. Plat env 2 600 ISK. Menus 6 000-7 000 ISK.* Joliment aménagé dans un ancien entrepôt, dans une rue calme au-dessus du port. Grande salle haute de plafond, cadre rétro-chic avec longues tables en bois de récup et un niveau sonore acceptable. Plutôt un repaire de quadras bien mis, venus siroter entre amis une bonne cervoise ou un verre de vin, accompagné de petits plats locaux.

Lebowski Bar *(plan C2, **91**)* **:** *Laugavegur 20a. ☎ 552-23-00. Tlj 11h-1h (4h30 ven-sam).* Un bar-resto à thème autour du film culte des frères Coen : *The Big Lebowski*. Cocktails « White Russian » au comptoir, vieux juke-box, piste de bowling... le décor *fifties* américaines multiplie les clins d'œil au film. Les patrons organisent aussi régulièrement des quiz (en anglais) autour du cinéma, où les vainqueurs se font rincer. Chaude ambiance les week-ends et les soirs de matchs de foot. Et pour maintenir le cap, pas moins de 15 variétés de burgers, très corrects.

Microbar *(zoom, **74**)* **:** *Versturgata 2. Tlj 16h-1h.* Ce petit bar de nuit est en sous-sol mais ça ne l'empêche pas de proposer une carte riche d'une bonne centaine de bières (dont toutes celles islandaises). Personnel de bon conseil. Formule dégustation avec 5 verres (d'environ 15 cl). Jeux de société, pour qui a su garder les idées claires.

Voir aussi plus bas, dans « Achats », le coin bar du disquaire **12 Tónar** *(plan B2, **100**)*, qui accueille des DJs les soirs d'été, avec même parfois des concerts, le vendredi après-midi. Et aussi le chaleureux pub **Íslenski Barinn** *(plan B1-2, **63**)*, cité dans la rubrique « Où manger ? ».

Achats

Si jamais le contenu de votre valise se révèle trop optimiste niveau météo, on trouve sur Bankarstræti *(plan B1-2)*, l'artère commerçante du centre, plusieurs boutiques de vêtements techniques *(Icewear, 66° North...)* adaptés aux rigueurs du climat local. Pour le matériel de camping, voir plus haut la rubrique « Adresses et infos utiles ».

Handknitting Association of Iceland *(plan B2, **100**)* **:** *Skólavörðustígur 19. ☎ 552-18-90. Tlj 9h (10h dim)-18h (plus tard en été).* Magasin d'une association de tricot où vous trouverez de tout pour jouer des aiguilles et confectionner vous-même votre pull islandais ! Dans ces 2 pièces remplies de chandails, de bonnets, d'écharpes, de chaussettes et de gants, tout est confectionné avec la pure laine islandaise, dont on peut voir la qualité rien qu'en la touchant. À noter que les prix sont en conséquence : compter 15 000-30 000 ISK pour un pull et 10 000 ISK pour une paire de chaussettes.

12 Tónar *(plan B2, **100**)* **:** *Skólavörðustígur 15. ☎ 511-56-56. • 12tonar.is • Tlj 10h (12h dim)-18h*

(23h ven-sam). Repaire des amateurs de musique de tout crin, cette petite boutique sur 2 étages est aussi un label indépendant. L'endroit est convivial, avec canapés où l'on peut écouter tous les albums de son choix, et un coin café-bar qui accueille des DJs les soirs d"été. Le lieu idéal pour découvrir la scène musicale islandaise.

Kirsuberjatréð (zoom, **101**) **:** *Vesturgata 4.* ☎ *562-89-90.* • *kirs.is* • *Tlj 12h-18h (17h le w-e).* Boutique tenue par des artisans qui vendent leurs créations originales : sacs en peau de poisson, textiles, bijoux, articles de déco, etc.

Álafoss : *Álafossvegur 23, à* ***Mosfellsbær.*** ☎ *822-91-00.* • *alafoss.is* • *Tlj 8h-20h. À env 15 km du centre de Reykjavík, sur la route 1 vers le nord (accès par la route 49) ; au rond-point à la sortie de Mosfellsbær, prendre la petite route sur la droite (Álafoss est indiqué).* Grande boutique établie là où l'industrie de la laine islandaise a démarré. Vous y trouverez une assez large sélection de pulls, gants, mitaines et bonnets, ainsi que de la laine et des aiguilles pour les tricoter vous-même. Idéal si vous avez un coup de froid.

À voir

– La ***Reykjavík City Card,*** en vente en ligne *(• visitreykjavik.is •),* au comptoir d'information *What's On* et dans certains hôtels et musées (voir la liste des points de vente sur leur site), permet l'accès gratuit à certains musées. Vérifier néanmoins ceux qui vous intéressent et faites votre calcul : si certains sont gratuits, d'autres appliquent juste une réduction sur présentation de la carte. Pour les ***tarifs*** de cette carte, voir plus haut la rubrique « Adresses et infos utiles ».

Bon à savoir : pour les moins de 18 ans, presque tous les musées sont gratuits. Pour les étudiants et les plus de 67 ans, plusieurs offrent d'importantes réductions.

– Pour connaître les expos temporaires en cours, consultez le magazine ***What's on in Reykjavík*** ou le journal ***Reykjavík Grapevine,*** tous 2 gratuits, ou leurs sites.

➢ Un ***bus touristique*** à impériale *(• city-sightseeing.com •)* fait le tour de la ville sur le principe du *hop on and off* : on descend où on veut et on reprend le circuit en montant dans l'un des bus suivants (16 arrêts en tout). Pas indispensable vu la taille de la ville, mais si ça vous branche... Commentaires en français. *Juin-août (et quelques jours en sept), tlj, durée 1h, départs ttes les 30 mn 10h-16h15. Achat en ligne. Env 25 €/pers ; réduc. Départ devant Harpa (plan B1).*

Dans le centre

Balade dans la vieille ville *(zoom)* **:** entre le port et le lac s'étend un quartier semi-piéton regorgeant de bars, de restos, et d'animation, en tous cas les soirs de week-end. Y subsistent quelques anciennes maisons en bois, en pierre volcanique ou en tôle ondulée. Si ça ne saute pas vraiment aux yeux, *Aðalstræti* est la plus vieille rue de Reykjavík. Elle abrite en tout cas au nº 10 la plus ancienne maison de la capitale (1762), tapissée de bois sombre. À l'angle avec *Hafnarstræti* se dresse une autre maison historique (aujourd'hui un resto), celle du faucon *(fálkahusíð),* où ces oiseaux de proie attendaient autrefois d'être exportés vers l'Europe, certaines cours royales les utilisant pour la chasse. Sur la *place Austurvöllur* voisinent la modeste cathédrale *(Dómkirkjan)* et le Parlement (l'*Alþing*), derrière lequel niche un mignon jardin public, presque secret. Après avoir traversé la grande avenue Lækjargata, on pénètre sur l'artère la plus commerçante de la ville, ***Bankastræti*** *(plan B1-2),* où s'empilent cafés et boutiques.

Safnahúsið (plan B1) **:** *Hverfisgata 15.* ☎ *530-22-10.* • *culturehouse.is* • *Tlj (sauf lun de mi-sept à fin avr) 10h-17h. Billet : 2 000 ISK, gratuit moins de 18 ans ou avec la City Card. Ce billet donne aussi droit à l'entrée du Musée national.*

Installée dans une ancienne bibliothèque, d'où le *Landsbókasafn* (« bibliothèque nationale ») inscrit sur le fronton, cet espace muséographique rend compte de l'histoire de l'art en Islande. À l'intérieur, les salles sont organisées par thèmes, portant toutes des noms anglais : *up, again and again, inside, mirror...*
Au rez-de-chaussée, voir les 14 manuscrits enluminés, dits de Jónsbók. Conservés sous vitrine dans une pièce à peine éclairée, ils datent du XIVe s. Ce sont des textes de loi, rédigés en ancien islandais. Au 1er étage, dans la salle *Mirror,* grande salle de l'ex-bibliothèque, puis dans les salles *Outside* et *Inside,* quelques carnets de voyages, des cartes, des dessins, des livres de sorcellerie et de symboles magiques, et un petit cabinet de curiosités (coquillages, monnaies).
À l'étage supérieur, une pierre tombale du XVIe s, ou encore un étonnant calendrier illustré par la routine des travaux agricoles (XIXe s). Enfin, au dernier étage, nombreuses peintures et photos sur les volcans et les grands espaces islandais, présentés dans un savant désordre chronologique.

L'ART FAIT LE MUR

Comme dans nombre de grandes villes, Reykjavík voit fleurir sur ses façades des fresques street art, *poétiques, fantastiques, déjantées... Ici, la mode a pris en 2006, en réaction à une mairie tatillonne qui faisait recouvrir fissa le moindre tag, en appliquant aux graffeurs des amendes démesurées (jusqu'à 2 000 € !). Les artistes ont alors investi en plein centre-ville un chantier suspendu (pour cause de crise), qui ne relevait pas du domaine public. Ils firent de ce* Heart Park, *aujourd'hui disparu, leur terrain de jeu, pour exprimer leur art sans risque, avant d'essaimer dans toute la ville.*

Hafnarhús – Listasafn Reykjavíkur *(musée d'Art de Reykjavík ; zoom)* **:** *Tryggvagata 17. ☎ 411-64-00. • artmuseum.is • Tlj 10h-17h (22h jeu). Entrée : 1 840 ISK ; réduc ; gratuit avec la* City Card. Les collections d'art de la ville sont exposées dans 3 musées distincts (entrée avec le même billet, valable 24h) : le *Kjarvalsstaðir,* le *Ásmundursafn* (lire plus loin) et la *Hafnarhús* (« maison du port »). Cette dernière, transformée en musée depuis 2000, servait à l'origine d'entrepôt et abritait l'administration du port de Reykjavík. Le bâtiment des années 1930, en béton brut et métal de style moderniste, mérite à lui seul un petit coup d'œil. Il accueille des expos temporaires d'art contemporain.
Agréable café au 2e étage, avec vue sur le port.

Reykjavík 871+/-2 – The Settlement Exhibition *(exposition de la Colonisation ; zoom)* **:** *Aðalstræti 16. ☎ 411-63-70. • reykjavikcitymuseum.is • Tlj 9h-18h. Entrée : env 1 700 ISK ; réduc. Gratuit moins de 18 ans ou avec la* City Card. *Audioguide en français compris dans le prix. Visite guidée en anglais lun-ven à 11h juin-août.*
À cet endroit précis furent mises au jour, en 2001, les fondations d'une ferme viking datant de l'an 930. Celle-ci était enterrée depuis des siècles sous une maison moderne en bois que les propriétaires avaient arrachée du sol à l'aide d'une grue pour la restaurer. Un des murs daterait de 871, avec une marge de plus ou moins 2 ans, ce qui autorise les archéologues à nommer le musée de cette manière-là.
Tout se passe dans une grande salle souterraine, de forme ovoïde, entourant les restes des murs de la vaste chaumière en question, qui mesurait 20 m de long sur 8 m de large. Une série d'images panoramiques et digitalisées délivrent des explications historiques détaillées sur le lieu et son environnement, considérés comme le berceau des 1ers habitants vikings de Reykjavík. On a peine à croire qu'avant d'être colonisé, le site de Reykjavík était couvert de forêts de bouleaux, qu'un siècle de présence humaine aura suffi à faire disparaître. Les panneaux sont accompagnés de brillants effets sonores et visuels (en particulier les

hologrammes) et de vitrines renfermant des outils, clous, instruments de pêche, hameçons, haches, graines, verroterie... Un petit musée intelligent.
Également des expos temporaires.

Hið Íslenzka Reðasafn – Phallological Museum *(phallothèque d'Islande ; zoom)* **:** *Harfnartorg (entrée à l'angle de Reykjastræti et Geirsgata).* ☎ *561-66-63.* • *phallus.is* • *Tte l'année 10h-19h. Entrée : 2 200 ISK ; réduc avec la* City Card.
Probablement le seul du genre au monde, ce musée improbable a été fondé en 1997 par Sigurður Hjartarson, ancien professeur d'histoire et d'espagnol. Il a commencé à récupérer les pénis de bovins à partir de 1974, puis ceux des baleines et cétacés, constituant au fil du temps une collection pour le moins étrange. Le musée ambitionne de présenter tous les organes génitaux mâles des mammifères d'Islande (17 cétacés, ours, phoques, morses...), enrichis de nombreux autres spécimens de la planète (éléphants, zèbres, girafes, antilopes...), le tout flottant dans du formol. On découvre que le pénis d'une baleine ressemble à une longue corne effilée et pointue, qui peut atteindre 3 m de long pour un diamètre de 30 cm ! Également des tableaux, statuettes phalliques, déclinaisons humoristiques, gadgets de toutes sortes, et même le moulage intime de l'équipe d'Islande 2008 de handball... Malgré une section consacrée au sexe des elfes et des trolls, ce musée se prétend très sérieux, et n'attend plus que les appendices que quelques *Homo sapiens* ont promis de léguer à leur mort (certificats exposés à l'appui) ! Un 1er a déjà fini sa carrière dans un bocal... Le tout est quand même vite vu, et plutôt anecdotique (voire assez écœurant). Quant à la boutique, elle tient plus du *sex shop* que du musée.

Dans le quartier du port

Sur le port historique de la ville *(plan A-B1),* toujours actif, les quais, où ont fleuri quelques restos, encadrent un petit chantier naval et une flottille de chalutiers au mouillage, rejoints par quelques yachts et de beaux voiliers. Le port de conteneurs est quant à lui excentré à l'est de la ville

Víkin Sjóminjasafn *(Musée maritime ; plan A1)* **:** *Grandagarði 8.* ☎ *411-63-40.* • *reykjavikcitymuseum.is* • *Sur le port, dans un ancien entrepôt de poisson. Tlj 10h-17h. Entrée : 1 700 ISK ; gratuit moins de 18 ans ou avec la* City Card *(visite du bateau Ódinn non incluse).*
Un beau musée, principalement consacré à ***la pêche et à l'exportation du poisson*** (en particulier la morue), qui assurèrent longtemps 90 % des revenus annuels du pays, et représentent toujours une part importante du PIB islandais.
Au niveau de la billetterie, on est accueilli par le gigantesque moteur du *Sigridur,* un navire lancé en 1919, avant de découvrir une section dédiée à l'archéologie marine, présentant notamment les vestiges du naufrage d'un bateau hollandais au XVIIIe s. La visite se poursuit à l'étage, où a été reconstitué un labo de recherche maritime avec instruments de navigation, sextants, radars, sonars, présentés autour d'une grande barque de pêche.
Plus loin, nombreuses maquettes, vêtements de marins, outillage (harpons, filets, énormes hameçons pour capturer les requins) et consoles numériques organisées par thèmes : la vie des marins, la mer et ses dangers, les fantômes à bord, les hommes en prière, le salage et la conservation du poisson... Intéressante section

UNE CROIX DIFFICILE À PORTER

Eimskip, *la principale compagnie maritime islandaise, avait, jusqu'en 1989, une... croix gammée comme logo. Bleu sur fond blanc, cet emblème, adopté en 1919, n'avait évidemment rien à voir avec celui du régime nazi. Mais, avec le développement du tourisme,* Eimskip *a dû changer de logo : les visiteurs tiquaient à la vue de ce symbole...*

consacrée à la ***guerre de la morue*** *(Cod war)* qui opposa l'Islande et la Grande-Bretagne entre 1958 et 1976, en désaccord sur les limites de leurs zones de pêche respectives en mer d'Islande. Voir ce coupe-câble qui était employé par le bateau garde-côte *Ódinn* pour intercepter les chalutiers anglais en infraction.
Enfin, à la sortie, une section consacrée à la cuisine de la mer et à ses vertus, notamment l'huile de foie de morue. Riche en vitamines et en oméga 3, elle favorisa la guérison de dizaines de milliers d'enfants anémiés après la Seconde Guerre mondiale.
– ***Visite guidée du bateau garde-côtes Ódinn :*** en supplément *(env 1 300 ISK/pers ; billet combiné avec le musée : env 2 600 ISK),* à réserver dès votre arrivée au musée. Cette visite guidée *(en anglais, tlj à 13h, 14h et 15h ; durée 40 mn-1h)* permet d'explorer le doyen des navires des garde-côtes islandais, armé au Danemark en 1959. Sa silhouette longue de 63 m (910 tonnes) a fait une apparition dans le film *Mémoires de nos pères* (2006) de Clint Eastwood, principalement tourné en Islande, dans la péninsule de Reykjanes. Passionnant (la visite, pas seulement le film !).
Agréable café-restaurant sur place, avec terrasse en plein air sur le quai. *Tlj 10h-22h.*

Söguløðir á Islandi (Saga Museum ; plan A1) **:** *Grandagarður 2 ; dans la zone portuaire. ☎ 511-15-17. • sagamuseum.is • Tlj 10h-18h. Entrée : 2 200 ISK ; réduc. Audioguide en français inclus.*
Sorte de petit musée Grévin, le *Saga museum* illustre les moments clés de l'histoire islandaise, depuis la colonisation jusqu'à la réforme luthérienne. On chemine dans une sorte de caverne obscure jalonnée par des mannequins en silicone, répartis en une quinzaine de scènes historiques. Celles-ci sont d'un réalisme effarant, à tel point qu'il est déconseillé d'y emmener les plus jeunes enfants (bataille sanglante, pendaison, catholique décapité par un fanatique...)
La bande-son (riche en petites anecdotes), le décor étudié jusque dans les moindres détails et certains secrets de fabrication surprenants vous plongent dans l'atmosphère à la fois épique et macabre de l'époque.

Aurora Reykjavík (plan A1) **:** *Grandagarður 2. 780-45-00. • aurorareykjavik.is • Tlj 9h-21h. Tarif : 2 000 ISK ; réduc. Demander le livret en français à l'accueil.*
Musée modeste mais bien fait, consacré aux aurores boréales. Juste après la billetterie, la section *Mythologie et Folklore* explore les légendes qu'elles ont fait naître dans les pays où elles se produisent (Norvège, Finlande, Islande, Groenland, Russie...). Les Inuits pensaient que l'esprit des ancêtres se manifestait dans l'aurore boréale, tandis que les Algonquins du Canada y voyaient une expression divine et les Norvégiens une cavalcade de walkyries se hâtant vers le Valhalla...
Puis on passe dans une salle scientifique expliquant l'origine du phénomène (voir encadré). Dans la salle audiovisuelle, projection d'extraits du film *Aurora* qui montre une série d'étonnantes aurores boréales en Islande. Enfin, on vous explique comment les photographier. À la sortie, dans la boutique, ne manquez pas d'essayer les lunettes en réalité virtuelle. Bluffant !

UN COUP DU SOLEIL !

Le soleil dégage parfois des tempêtes géomagnétiques (plasma) qui atteignent la terre, située à 150 millions de kilomètres, près de 18 heures après leur jaillissement. Ce jet de plasma d'une fulgurance inouïe traverse le cosmos à raison de 400 km/sec ! Au contact de l'atmosphère de la terre, par un effet chimique et magnétique (attirance pour le pôle nord), le plasma se transforme en un ballet vert : c'est l'aurore boréale. Le plus souvent, elle prend la forme d'un arc mouvant. Ce phénomène unique se produit entre 80 et 400 km de la surface de la terre, mais on a l'impression qu'il est plus proche.

Whales of Iceland *(musée de la Baleine ; hors plan par A1)* **:** *FISKislóð 23-25. ☎ 571-00-77. • whalesoficeland.is • Dans la zone industrielle du port. Tlj 10h-17h. Entrée : 2 900 ISK ; réduc ; gratuit moins de 7 ans.* Hélas un peu décevant pour le prix demandé ! Ce musée installé sous un grand hangar expose des reproductions de cétacés (grandeur nature pour la plupart), dont les spécificités sont détaillées sur des tablettes numériques. De quoi devenir incollable sur le béluga, les orques et autres baleines grises, à bosse ou bleues. On apprend ainsi qu'elles parcourent 20 000 km sous les mers par an, et que monsieur baleine bleue éjacule jusqu'à 20 litres de sperme (en un coup, pas en un an !)... Le musée organise aussi des sorties baleines en saison, pour les approcher en vrai (réduc si on a visité le musée).

LA GUERRE DES ÉTOILES... DE MER

La baleine de Minke, l'une des plus petites dans le jeu des 7 familles de rorquals, émet un cri très particulier. Il est surnommé « l'appel de la guerre des étoiles » par les scientifiques tant il ressemble au son des canons lasers des vaisseaux spatiaux de cette saga culte !

Harpa *(plan B1)* **:** *Austurbakki 2. ☎ 528-50-00 et 50 (billetterie). • harpa.is • Tlj 9h (10h l'hiver)-22h. GRATUIT. Tours guidés en anglais, juin-août, en principe tlj ttes les heures 10h-17h. Durée 40 mn ; 2 500 ISK. Billetterie tlj 12h-18h (minuit les soirs de concert). Nombreuses boutiques dans le hall en accès libre.*

Sur un des quais bordant le port, presque sur la mer, c'est l'impressionnante salle de concert-centre de conférences de Reykjavík inaugurée en août 2011. Œuvre du cabinet d'architectes *Henning Larsen* et du célèbre designer *Olafur Eliasson,* la « Harpe » a de la gueule, même si ses détracteurs opposent que le bâtiment est totalement disproportionné par rapport aux besoins des 360 000 habitants de l'île ! La façade sud, véritable kaléidoscope, est composée de plus de 10 000 vitres en nid d'abeilles, de formes souvent différentes prenant au crépuscule des teintes fantastiques. Sublimes volumes intérieurs, livrant des perspectives et des angles incroyables, reflétés à l'infini par le jeu de miroirs du plafond. Le complexe abrite 4 salles de concert dont l'une de 1 800 sièges à l'acoustique parfaite.

Le resto *Kolabrautin* (voir « Où manger ? »), tout en dénivelée au 4e étage, présente probablement l'un des cadres les plus fascinants qui soient ! Dans le hall, une *cafétéria (tlj 11h30-16h)* propose plus modestement des sandwichs.

Du vieux port, en direction de l'ouest, on peut partir à la découverte de l'***île Grotta*** *(hors plan par A1),* située à 5 km du centre-ville. Une balade sympa à faire à vélo, en longeant la mer. À pied, c'est longuet... Sinon, prendre le bus no 11. L'île, sauvage, sur laquelle se dresse seulement un phare, est reliée à la terre par un isthme que l'on peut emprunter seulement à marée basse (bien se renseigner sur les horaires des marées). Attention, ***son accès est interdit de mai à fin juillet,*** période de reproduction des oiseaux. Peu avant l'île, au niveau d'une petite station de pompage le long du littoral, minuscule source d'eau chaude libre d'accès, où l'on peut tremper ses pieds les yeux dans la baie.

Au sud et à l'est du centre

Þjóðminjasafn Íslands (Musée national d'Islande ; plan A2) **:** *Suðurgata 41. ☎ 530-22-00. • thjodminjasafn.is • Bus nos 1, 3, 6, 11, 12 et 14. Tlj (sauf lun de mi-sept à fin avr) 10h-17h. Entrée : 2 000 ISK ; réduc ; gratuit moins de 18 ans ou avec la City Card ; audioguide en français à télécharger sur son smartphone. De mai à mi-sept, visite guidée gratuite en anglais mer et sam à 11h (env 45 mn).*

Plan en français. Le billet donne aussi droit à l'entrée à la Safnahúsið (lire plus haut). S'il n'y avait qu'un musée historique à voir en Islande, ce serait sûrement celui-ci, d'une grande richesse et présentant par périodes toute l'histoire du pays. N'hésitez pas à poser des questions (en anglais) au personnel, disponible pour y répondre en détail.

***Au 1er étage** (2e étage en Islande)*

– *800 à 1000 de l'ère chrétienne :* période des 1ers établissements avec la colonisation par les Vikings venus de Norvège (874-930). En une remarquable muséographie sont présentés objets domestiques, instruments agraires, matériel de pêche, fers de hache, embouts d'épées en bronze finement travaillés et superbes bijoux. Parmi les pièces les plus rares, voir particulièrement la ***statuette de Þór,*** une minuscule statuette en bronze représentant le dieu païen Thor.

– *1000-1200, la domination des chefs chrétiens :* excellente section sur les prémices du christianisme sur l'île et la fin du paganisme, avec l'affirmation du pouvoir de l'Église. Vestiges d'églises, surtout des décors de portes en bronze, heurtoirs, panneaux de bois gravés, très ancienne crosse d'évêque, ***Madona de Gardar*** (1450) au style très primitif... Admirable ***crucifix de Ufsir,*** daté de 1200 apr. J.-C., en bois de bouleau. Au milieu de cette section, *Vierge à l'Enfant et sainte Anne,* retable en albâtre du XVe s d'une grande finesse d'exécution.

– *1200-1400, sous la tutelle du roi de Norvège :* en 1397, l'union de Kalmar réunit sous un même monarque les 3 royaumes scandinaves (la Suède, le Danemark et la Norvège – et, par conséquent, l'Islande). Voir la belle ***porte de Valpjósstadur*** dont la partie haute est sculptée de scènes de chevalerie. Intéressante section ethnographique : vestiges de métiers à tisser, bijoux et ornements de chefs de guerre, superbes cornes de libation ciselées, objets usuels, pièces d'échecs sculptées dans des dents de cétacés... Tout sur la pêche qui devient l'industrie principale du pays et sur le commerce avec l'étranger (début de l'exportation du poisson). Également des *runes,* présentées sous forme d'amulettes, et qui visaient à chasser le Mal.

– *1400-1600, sous la tutelle du roi du Danemark :* exceptionnelle ***bible de Guðbrandur*** (1584), la 1re bible traduite en islandais, à Holar en 1584. Ce sont près de 500 bibles qui furent traduites peu après l'arrivée de l'imprimerie dans le pays, en 1530.

Évocation de l'épidémie de peste, dite « ***Mort noire*** », qui ravagea 2 fois l'Islande, de 1402 à 1404 et de 1494 à 1495. On pense que ce sont les puces sur les rats des bateaux qui portèrent ce fléau dans l'île. Avec cette épidémie meurtrière, la moitié des habitants périrent et 20 % des terres furent désertées.

***Au 2e étage** (3e étage en Islande)*

– *1600-1800 ou l'absolutisme monarchique :* c'est l'heure de la stricte orthodoxie luthérienne, le protestantisme luthérien ayant été imposé par ordre du roi du Danemark. Ne pas manquer un petit chef-d'œuvre : une superbe « ***corne à boire*** » *(Drykkjarhorn)* de 1598, sculptée de scènes de l'Ancien et du Nouveau Testament. On distingue en haut les *Noces de Cana* puis *La Mort d'Holopherne par Judith* et en bas *Joab tue Absalon, fils de David.* Plus loin, de rares panneaux sculptés dans des ***os de baleine*** (scènes de la Bible).

Une section est consacrée aux croyances populaires et à la sorcellerie, avec un terrifiant masque de cérémonie, des amulettes, des pierres magiques. Aussi des bibles anciennes, bancs de temple peints, baptistère, objets de culte, coffres et coffrets en bois ciselé, jolies parures et bijoux... C'est aussi l'époque du développement du commerce et de l'imprimerie. Un Siècle des Lumières à l'islandaise, en quelque sorte. Insolite ***calendrier perpétuel*** (1810) formé de 4 petites roues en bois assemblées et portant des heures et des dates.

– *1800-1900, la nation et l'urbanisation :* partie consacrée à la formation de la nation et à la marche vers l'indépendance du pays. Documents, peintures, photos et bureau de ***Jón Sigurdsson,*** père et pionnier de l'autonomie islandaise. La pêche occupe alors une place prépondérante dans la société, en témoigne une barque à voile et une étonnante machine en bois pour dérouler les lignes de pêche *(spinner).* Aussi une maisonnette de paysan telle qu'on pouvait encore en voir en 1950. Section consacrée au gens de la route : vagabonds, facteurs, commerçants-colporteurs avec raquettes et skis pour se déplacer...

– 1900-2000, la voie vers le monde moderne : en 1918, l'Islande devient autonome puis, en 1944, indépendante. Panorama du XXe s avec une insolite collection d'objets – rassemblés sur un tapis de livraison de bagages d'aéroport – qui nous apprend que les femmes ont obtenu le droit de vote en 1915 ou encore la signification du ***drapeau islandais*** : la croix blanche rappelle la neige des glaciers, le bleu, le ciel et la mer, et le rouge, la fureur des volcans.

🍸 Très agréable et lumineuse cafétéria au rez-de-chaussée servant, entre autres, de bons cafés dans un environnement de bassins et de verdure.

À la sortie, profitez-en pour faire une agréable balade autour du ***lac Tjörnin*** *(plan A-B2)* jalonné de sculptures originales, et fréquenté par les oiseaux et les canards.

Sur la rive ouest du lac, le ***cimetière*** de la fin du XIXe-début XXe s, planté de nombreux arbres, ressemble presque à un jardin botanique. Tombes d'une grande sobriété, rongées par la mousse et les herbes folles. Carré consacré aux pêcheurs d'Islande.

Listasafn Íslands *(Galerie nationale d'Islande ; plan B2)* **:** *Fríkirkjuvegur 7. ☎ 515-96-00. • listasafn.is • ♿ Tlj mai-sept 10h-17h. En hiver, tlj sauf lun. Entrée : 2 000 ISK ; réduc ; gratuit avec la* City Card.

C'est d'abord sur le plan architectural un très intéressant bâtiment. Et quel destin ! D'abord monumental frigo pour conserver le poisson, puis l'une des boîtes de nuit les plus populaires de la ville... Enfin, à la suite d'un incendie en 1970, il fut reconstruit et reconverti en musée. Des expos d'art moderne et contemporain islandais y sont présentées par roulement.

Le même billet permet de visiter 2 annexes de la Galerie nationale, l'*Asgrimur Jónsson Collection (Bergstadarstæti, 74),* dédiée au peintre paysager *Asgrimur Jónsson* (1876-1958, 1er artiste islandais à vivre de son art) et le *musée Sigurjón-Ólafsson (Laugarnestangi, 17),* ancien atelier d'un sculpteur islandais renommé.

🍽 Coquet *café* à l'étage servant tartes salées et sucrées (mêmes horaires que le musée).

Hallgrímskirkja *(église ; plan C2)* **:** *Skólavörðuholti. • hallgrimskirkja.is • Tlj 11h (10h dim)-16h. GRATUIT, mais accès au clocher payant : tlj 11h (12h dim)-15h45 ; 1 000 ISK, réduc moins de 16 ans.*

Devenue le symbole de la ville, cette église en béton en forme de fusée s'impose de loin dans le panorama urbain. Sa silhouette élancée, digne d'une cathédrale, s'inspire des paysages islandais, notamment des orgues basaltiques. C'est de son clocher que vous aurez le meilleur point de vue sur la ville et ses maisons multicolores. La Hallgrímskirkja (« église de Hallgrímur », en hommage au pasteur et grand poète islandais Hallgrímur Pétursson – 1624-1674) est l'œuvre de Guðjón Samúelsson, qui n'a jamais vu le résultat de son travail : financée en majeure partie par l'argent des paroissiens et commencée en 1945, l'église ne fut inaugurée qu'en 1986 !

L'intérieur est d'une extrême sobriété, à l'image de l'austère théologie luthérienne qui bannit les ornements et les couleurs. Même les vitraux sont incolores ! Tout ce qui apparaît comme décoratif dans un temple luthérien est mauvais pour le croyant qui ne doit se consacrer qu'à la Bible et à son enseignement. Admirer quand même le dépouillement, la pureté des lignes ainsi que la luminosité étonnante, sans parler des orgues colossales, composées de plus de 5 200 tuyaux ! De mi-juin à mi-août, concerts (payants) plusieurs fois par semaine.

– Devant l'église, la fière ***statue de Leifur Eiríksson,*** fils d'Erik le Rouge, qui découvrit le *Vínland,* c'est-à-dire l'Amérique du Nord, en l'an 1000.

Listasafn Einars Jónssonar *(musée Einar-Jónsson ; plan C2)* **:** *Eiriksgata. ☎ 551-37-97. ● lej.is ● En été, tlj sauf lun 10h-17h ; le reste de l'année, le w-e seulement. Entrée : env 1 000 ISK ; réduc ; gratuit moins de 18 ans. Accès libre au Sculpture garden (ouv 24h/24 ; entrée par Freyjugata).*
Einar Jónsson (1874-1954) est le plus important des sculpteurs islandais et a lui-même dessiné le bâtiment de style très moderne. Ce vaste ensemble contient plus de 300 pièces (dont 200 environ sont exposées). Des œuvres massives et impressionnantes semblant émaner d'un Rodin nourri à la mythologie nordique et dopé au fantastique. Au sous-sol, beaucoup de plâtres et de moulages. Œuvre remarquablement construite, gros travail sur les attitudes comme avec *Dawn* (1906), inspiré de la légende du troll nocturne, *Remorse,* sculpture d'un visage tourmenté, *The Spell Broken,* montrant saint George en lutte contre le dragon, ou encore *The Birth of Psyche* (1915-1927), représentation du mythe grec d'Éros et Psyché.
Un escalier extrêmement étroit mène à l'appartement où l'artiste vécut avec sa femme dans les années 1930-1940. Vénérable et rare mobilier. Petit bureau éclairé par de délicats vitraux. Dehors, quelque 26 bronzes sont disséminés dans un paisible jardin.

Kjarvalsstaðir – Listasafn Reykjavíkur *(musée d'Art de Reykjavík ; plan D3)* **:** *Flókagata, 24. ☎ 411-64-20. ● artmuseum.is ● À 10 mn à pied du centre. Tlj 10h-17h. Entrée : 1 850 ISK ; réduc ; gratuit moins de 18 ans ou avec la* City Card. *Billet également valable (24h) pour le* Ásmundursafn *(lire plus loin) et la* Hafnarhús *(lire plus haut).*
Situé dans un grand parc. Une partie du musée est consacrée à ***Johannes Kjarval*** (1885-1972), un des plus grands peintres islandais, pour qui il fut originellement construit, et une autre à des expos temporaires.
Kjarval était un peintre figuratif qui n'a pas abordé l'abstraction. Né dans une famille pauvre, il commença sa vie comme pêcheur. Puis avec le soutien financier d'un syndicat de pêcheurs, il fut admis à l'académie des Beaux-Arts du Danemark, suite à quoi il se dévoua à la peinture. Inspiré par l'Islande et la nature, Kjarval montre dans ses paysages un grand nombre de styles et une inventivité sans pareil. Voir notamment le *Mountain Skjaldbreidur* (de loin, la figure centrale évoque le *Penseur* de Rodin) ou encore *From Galgahraun,* une composition minérale assez géniale.
Très agréable cafétéria face au parc.

Sólfar *(plan C1)* **:** ce « Voyageur du Soleil » est une petite sculpture moderne posée sur la rive du golfe de Reykjavík, et réalisée par Jón Gunnar Árnason en 1990. En acier inoxydable, elle évoque à la fois une arête de poisson et un drakkar regardant le couchant. L'occasion aussi, s'il fait beau, d'un joli coup d'œil sur la baie.

Un peu plus loin du centre

Perlan *(hors plan par C3)* **:** *Varmahlið 1. ☎ 566-90-00. ● perlan.is ● À 4 km au sud-est du centre, sur la colline Öskjuhlið. Bus n° 18 pour le centre (arrêt à 5 mn à pied du musée), ou 20 mn de marche. Tlj 10h-18h. 3 espaces : le* ***musée*** *(Wonders of Iceland), la* **plateforme d'observation** (Observation Desk) *et le* ***planétarium.*** *Pour les 3 combinés, compter env 4 500 ISK (*Family ticket *2 adultes + 2 enfants : 10 000 ISK). Autres options, env 4 000 ISK musée + plateforme ; env 2 700 ISK planétarium + plateforme ; 1 000 ISK pour accéder seulement à la plateforme. Réduc moins de 18 ans, gratuit moins de 6 ans. Voir aussi les réducs possibles sur leur site. Projection au planétarium ttes les heures pile. Durée : 20 mn.*

Le *Perlan* (« la perle ») est un grand réservoir géothermique qui alimentait jadis la ville. En 1991, les 6 réservoirs furent réunis au centre par une structure de verre surmontée d'un dôme. Il abrite désormais un ***vaste musée sur les forces de la nature islandaise*** : volcans, glaciers, tremblements de terre, tectonique des plaques, géothermie et faune, ainsi qu'un ***planétarium*** consacré aux aurores boréales.
Grâce à une muséographie moderne et vivante, l'espace livre aussi bien des informations scientifiques que des messages écologiques, des mises en situation bluffantes et des bulles de poésie. Bref, une spectaculaire introduction aux merveilles de la nature islandaise.
Parmi les points forts du musée, voir, dans la 1re salle, le film de 4 mn sur les activités sismiques, volcaniques et géothermiques qu'on visualise assis sur une carte émettant des vibrations ; ou encore le film sur la vie océanique doublé d'écrans interactifs sur la faune marine. La reconstitution de la falaise de Látrabjarg, où nichent des millions d'oiseaux à l'ouest de l'île, nous a paru en revanche un peu *cheap*.
Bien plus étonnant, le ***voyage à l'intérieur d'un glacier*** *(Ice Cave),* entraîne le visiteur dans des tunnels de glace (prévoir une petite laine !). Il aura fallu 350 t de glace pour les créer, en poussant le souci du détail jusqu'à imaginer une éruption laissant une fine couche de cendres. Noter également, dans une petite niche, une roche recouverte de mousse appelée « *glacier mice* » (souris des glaciers), car elle a la particularité de se déplacer sur la glace. Voir aussi la reconstitution d'une crevasse... Vertigineux !
On débouche ensuite sur la salle consacrée aux glaciers, qui souligne la vitesse alarmante de leur fonte du fait du réchauffement climatique (impressionnant film en accéléré de la fonte de plusieurs d'entre eux). Le Vatnajökull pourrait ainsi avoir disparu d'ici 2200... En pointant son doigt sur un grand écran, on peut faire apparaître d'autres phénomènes liés aux glaciers, notamment de surprenantes éruptions subglaciaires.
Suit une section sur la vie aquatique puis, enfin, au sous-sol, une courte expo photo sur de récentes éruptions volcaniques en Islande, aussi fascinantes qu'effrayantes.
– *Le* ***planétarium*** : projeté dans l'un des réservoirs du site, le film (en anglais) plonge le spectateur dans la dimension universelle des aurores boréales, phénomène si étrange qu'il alimenta de nombreux mythes. Une immersion féerique, à ne pas manquer.
– Pour finir, monter en haut de l'édifice jusqu'à la ***plateforme*** extérieure circulaire *(Observation Desk),* qui offre une vue magnifique à 360° sur la ville et la baie.
Café-resto : *au 5e étage. Tlj 9h-18h.* Bénéficiant de la vue panoramique sur la région, le café se transforme en resto rotatif le soir (cher, évidemment).
– Les ***sentiers*** qui sillonnent la colline du *Perlan* offrent aussi l'occasion de faire de belles balades, notamment jusqu'à la surprenante plage de *Nauthólsvík* (lire plus loin « À faire »), à 20 mn à pied.

Ásmundursafn *(musée Ásmundur-Sveinsson ; hors plan par D2)* **:** *Sigtún. ☎ 411-64-30. ● artmuseum.is ● À l'est de la ville, mais accessible à pied : prendre Laugavegur vers l'est ; c'est à gauche, un peu après l'hôtel* Nordica. *Bus nos 2, 5, 14, 15 et 17. Tlj : mai-sept 10h-17h, oct-avr 13h-17h. Entrée : 1 100 ISK (1 840 ISK avec le Listasafn Reykjavíkur et la Hafnarhús ; lire plus haut) ; réduc ; gratuit moins de 18 ans et avec la* City Card. Un musée consacré au travail de l'artiste Ásmundur Sveinsson (1893-1982), pionnier de la sculpture en Islande. Œuvres massives et puissantes (en bronze, pierre, ou métal), inspirées par le quotidien insulaire et la littérature islandaises. Du très beau travail dans un lieu architecturalement étonnant (un dôme d'une blancheur immaculée, flanqué de 2 pyramides tronquées), construit par l'artiste lui-même de 1942 à 1959 et où il habita jusqu'à sa mort. Merveilleux espaces intérieurs, pleins d'harmonieuses perspectives, de jeux d'angles insolites et de lumière. À l'extérieur, quelques œuvres monumentales dans un environnement délicieux.

Árbæjarsafn *(musée en plein air d'Arts et Traditions populaires d'Árbær ; hors plan par D3)* **:** ☎ *411-63-04.* ● *reykjavikcitymuseum.is* ● *Situé à* ***Kistuhyl,*** *à 9 km du centre, dans la banlieue est de Reykjavík. Bus nos 12 et 24. Juin-août, tlj 10h-17h. Le reste de l'année, 13h-17h. Visite guidée tlj à 13h. Entrée : env 1 700 ISK ; réduc ; gratuit moins de 18 ans ou avec la* City Card. Dans une vaste prairie ont été regroupées une vingtaine d'habitations islandaises du XIXe au début du XXe s, meublées comme à l'époque et dont la plupart proviennent du centre de Reykjavík. On suit ainsi l'évolution de la ville au travers des différents métiers et de leur développement au cours des 2 derniers siècles. On y voit la boutique d'un horloger, d'un imprimeur, la maison d'un pêcheur, un garage, etc. Très jolie église du nord de l'Islande. Plusieurs maisons sont animées par des gardiens en costume d'époque : l'un sale son poisson, un autre trait ses vaches pendant que sa voisine fait du crochet ou passe le balai. Véritable voyage à travers le temps, très divertissant.

À faire

Piscines-sources chaudes : parmi les 5 piscines alimentées par des sources chaudes à Reykjavík, on vous indique les plus centrales. Les bassins sont généralement entourés de *hot tubs* dont la température atteint parfois 45 °C. Nager en plein air dans la vapeur est encore plus grisant sous la pluie ou la neige... N'oubliez pas, avant d'accéder aux bassins : il faut passer tout nu à la douche.

– Tarifs : env 1 000 ISK ; réduc (seulement 160 ISK jusqu'à 18 ans) ; gratuit moins de 6 ans ou avec la City Card. Elles sont toutes ouvertes jusqu'à 22h en été.

■ ***Laugardalslaug*** *(hors plan par D2,* ***20****)* **:** *Sundlaugarvegur 104 (à côté du camping).* ☎ *411-51-00. Bus no 14. Tlj 6h30 (8h le w-e)-22h.* Notre préférée mais très fréquentée, vous ne serez pas seul : elle dispose d'un bassin olympique (50 m), d'un bassin couvert et chauffé (25 m) pour les nageurs et d'un tas d'installations en plein air pour les « bulleurs ». 4 *hot tubs,* dont certains à remous (et un à l'eau de mer !), sauna, hammam, grand toboggan, jets d'eau, et pelouse pour sécher au soleil quand il y en a ! Parcours ludique pour les enfants.

■ ***Sundhöll Reykjavíkur*** *(plan C2,* ***14****)* **:** *Barónstígur 101 (à l'angle de Bergþórugata).* ☎ *411-53-50. Tlj 6h30 (8h le w-e)-22h.* À 2 pas du centre, grande bâtisse blanche sans enseigne. Voici le plus ancien établissement de bains publics en Islande. L'un des seuls bassins couverts de Reykjavík. Également un bassin extérieur, 2 *hot tubs* et un hammam. Solarium.

Ylströndin Nauthólsvík *(plage thermale de Nauthólsvík ; hors plan par C3)* **:** *au sud de l'aéroport domestique.* ☎ *411-53-30.* ● *nautholsvik.is* ● *Bus no 8 depuis la gare routière BSÍ (plan B3,* ***1****). En voiture, suivre le fléchage depuis l'aéroport. En été, ouv 10h-19h. Horaires restreints hors saison. GRATUIT l'été (de mi-mai à mi-août). Hors saison, entrée : 650 ISK ; réduc. Sur place, loc de serviettes.* Les locaux l'ont surnommée « notre Ibiza » ! Lovée sur un flanc d'une étroite baie, cette plage de sable blond surgie de nulle part est baignée d'un lagon chauffé à 18-20 °C par l'eau de la centrale thermique. Il y a même des *hot tubs* à 30-35 °C, un terrain de volley, le tout voisinant avec les hangars et les avions de l'aéroport... Un endroit apprécié des enfants qui trouveront là plein d'autres têtes blondes avec qui échanger seaux, pelles et râteaux.

Observation des baleines : la saison court de mai à octobre, mais des sorties sont organisées toute l'année, avec un pic de juin à août. Sur le vieux port *(plan B1),* plusieurs compagnies se partagent l'offre :

■ ***Special Tours*** *(plan B1)* **:** *sur le vieux port.* ☎ *560-88-00.* ● *specialtours.is* ● *Tte l'année, jusqu'à 6 sorties/j. juin-août. Résa conseillée. Tarif : 12 000 ISK pour une sortie de 3h ; réduc ; gratuit moins de 6 ans. Propose également des* ***observations des aurores boréales*** (Northern Lights) *sept-avr, 1 fois/j. à 22h (avr et sept) ou 21h (oct-mars), au même tarif.* Aussi des sorties d'observation

REYKJAVÍK ET LA PÉNINSULE DE REYKJANES

des macareux et d'autres au soleil de minuit. L'agence travaille en partenariat avec le musée *Whales of Iceland* décrit plus haut (réduc sur le tour si on a visité le musée).

■ ***Elding Reykjavík Whale*** *(plan B1)* : *sur le vieux port.* ☎ *519-50-00.* • *elding.is* • *Mêmes fréquences et prix que le précédent (sorties baleines et aurores boréales). Résa conseillée.* En saison, également des sorties de pêche en mer et d'observation des macareux.

➢ ***Balades à cheval :*** *avec* ***Laxnes Horse Farm,*** *près de Mosfellsbær, à 23 km au nord-est de Reykjavík, sur la route de Þingvellir.* ☎ *566-61-79.* • *laxnes.is* • *Transfert, équipement et balade de 2h : 12 000 ISK/pers (25 000 ISK avec repas et ap-m à la ferme) ; réduc.* On passe vous prendre à Reykjavík pour partir chevaucher une paire d'heures à travers la vallée et jusqu'à l'océan, ou dans les collines jusqu'à une cascade. Propose aussi des excursions, au Cercle d'Or, d'observation des macareux, etc.

DANS LES ENVIRONS DE REYKJAVÍK

L'île de Viðey : habitée pour la 1re fois au Xe s, cette petite île – à peine 1,6 km² – émerge à quelques encablures de la côte, à l'est du centre. On peut y faire une bien jolie promenade et voir la 2e plus ancienne ***église*** d'Islande (1774), ainsi que la plus vieille ferme en pierre du pays (milieu XVIIIe s), qui abrite aujourd'hui un resto. L'extérieur de l'église a été rénové et l'intérieur, charmant, présente quelques objets décoratifs et liturgiques. L'île abrite également 2 sculptures contemporaines : une œuvre minimaliste de l'Américain Richard Serra et un hommage à John Lennon signé Yoko Ono, ***the Imagine Peace Tower,*** une « tour » de lumière allumée du 9 octobre au 8 décembre (dates de naissance et de décès du regretté Beatles), ainsi qu'à 2 autres occasions, entre le solstice d'hiver et le 1er janvier au soir, et la 1re semaine du printemps.

➢ On rejoint l'île en ferry depuis Skarfabakki, sur le port de Sundahöfn (*hors plan par D1* ; bus nº 16), au nord-est du centre. De mi-mai à fin sept, 8 liaisons/j., 10h15-17h15. Au départ de Viðey, ferry ttes les heures, 12h30-18h30. Hors saison, départs seulement le w-e. Traversée en 5 mn.
Également 2 liaisons/j. en saison avec le vieux port de Reykjavík *(Ægisgarður harbour ; plan B1)* et le *Harpa*. Départs l'été à 11h50 et 14h50 (10 mn plus tard au *Harpa*). Retours de Viðey à 11h30, 14h30 et 17h30. *Billet : env 1 600 ISK A/R ; réduc. Gratuit moins de 6 ans ou avec la City Card. Infos :* ☎ *533-50-55.* • *reykjavikmuseum.is* •

Le mont Esja : *bus nº 15 depuis le terminal Hlemmur (plan D2,* ***2****), arrêt à Háholt, puis bus nº 57 (bien vérifier les horaires de retour).* Le bus vous dépose au pied de cette montagne haute de 914 m qu'on aperçoit de l'autre côté de la baie depuis Reykjavík. La grimpette de 2h est récompensée par une magnifique vue sur la presqu'île de Reykjanes.

LA PÉNINSULE DE REYKJANES

Émergeant à la sortie sud de l'agglomération de Reykjavík, cette courte péninsule est majoritairement constituée d'un immense champ de lave, ponctué ici et là de falaises, lacs, sources chaudes et bassins de boue bouillonnants, enveloppés d'émanations de soufre. De quoi s'offrir, sur une journée, un petit condensé des trésors naturels islandais, pour qui n'aurait pas le temps de pousser plus loin l'exploration.
La péninsule est quasiment inhabitée, hormis le port de pêche industrielle de Grindavík au sud, et la communauté de communes de Reykjanesbær au nord, près de l'aéroport, regroupant Keflavík, Njarðvík, Ytri Yumri et

Hafnir. Nous vous présentons ci-dessous les principaux sites de la zone en décrivant une boucle au départ d'Hafnarfjörður.
– Plein d'infos pratiques sur le site : • *visitreykjanes.is* •

HAFNARFJÖRÐUR

30 000 hab. (sans compter les elfes !)

À une dizaine de kilomètres au sud de Reykjavík, cette cité a été construite sur des champs de lave (dont on ne distingue plus rien aujourd'hui), d'où son surnom : la « ville dans la lave ». Elle abrite le plus ancien port commercial d'Islande en activité, convoité, dès le XIVᵉ s, par les puissances étrangères qui souhaitaient y implanter leurs comptoirs. En 1602, la création de la Compagnie danoise d'Islande institua le monopole du Danemark sur le commerce extérieur de l'Islande, ce qui signa le début du déclin de Hafnarfjörður. Aujourd'hui, c'est une ville résidentielle et moderne en pleine expansion, la 3ᵉ du pays quant à sa population, considérée comme un prolongement de la capitale. Sa banlieue, en somme. Elle est aussi (re)connue pour son festival viking qui se déroule chaque année mi-juin : artisanat viking, reconstitution de mariages, combats, festins, etc. La cité peut mériter un crochet à cette occasion, ou pour qui ne voudrait pas loger dans la capitale.

UNE VILLE PLEINE DE « CACHÉS »

En plus de ses habitants officiels, Hafnarfjörður abriterait la plus importante communauté de petits êtres surnaturels du pays. En effet, la ville se trouverait à la croisée de plusieurs « lignes d'énergie » particulièrement appréciées du Huldufólk *(« le peuple caché ») que constituent les elfes, gnomes et lutins, dont la « famille royale » !*

Arriver – Quitter

➢ ***En bus :*** le bus nº 1 de *Strætó* relie Reykjavík à Hafnarfjörður ttes les 10 mn, 6h-18h puis 1-2 bus/h 19h-minuit. Arrêt au niveau du centre commercial *Fjörður,* sur le port. Trajet : env 20 mn. • *straeto.is* •

Adresse et info utiles

ℹ ***Informations touristiques :*** *à la mairie* (Raðhús), *Strandgata 6.* ☎ *585-55-00.* • *visithafnarfjordur.is* • *Lun-ven 8h-16h. En été, point info aussi au musée (Vesturgata 8 ; tlj 11h-17h).*

■ Plusieurs ***pharmacies, banques*** et ***supermarchés*** autour du port.

Où dormir ? Où manger ?

De bon marché à prix moyens (4 000-20 000 ISK / 27-133 €)

⛺ 🏠 ***Lava Hostel :*** *Hjallabraut 51.* ☎ *565-09-00.* • *lavahostel.is* • *À 1 km de l'office de tourisme (fléché). Bus nº 1 depuis Reykjavík. Ouv de juin à mi-sept. Camping env 1 700 ISK/pers ; dortoirs 4-8 lits bon marché ; doubles (salle d'eau partagée) à prix moyens.* Agréable petite structure en bois, en bordure d'un parc (où se trouve le camping, calme et verdoyant). Façade plutôt anonyme côté route, tandis que de grandes baies vitrées sur l'arrière éclairent 2 salles communes. Intérieur simple, propre et lumineux, à la déco minimaliste. Toilettes et salles de bains à partager. Cuisine à disposition, lave-linge et sèche-linge. Pas de petit déj, mais thé et café gratuits.

Kaffihús Súfistinn : *Strandgata 9. ☎ 565-37-40. Juste en face de la mairie. Lun-ven 10h-22h, sam-dim 11h-18h. Plats 1 500-2 000 ISK.* Son enseigne ressemble à celle de *Starbucks Coffee* mais ce n'est pas une chaîne, seulement un modeste café où l'on peut aussi grignoter sandwichs, soupes du jour et salades à prix doux. Rien de renversant mais ambiance conviviale. Bons cafés aussi, pour accompagner la sélection de gâteaux.

Tilveran : *Linnetsstig 1. ☎ 565-52-50. À 100 m de la mairie. Tlj 11h30-13h30 et 18h-21h (22h ven-sam). Fermé dim soir. Plats env 3 600-4 600 ISK ; menus 6 800-7 000 ISK le soir.* Cette façade verte et sa salle très classique ne laissent pas présumer la cuisine bien élaborée qu'on y mitonne : produits frais, petits légumes, excellents poissons... le tout joliment présenté. En prime, accueil et service pro et discrets.

À voir. À faire

Pakkhúsið – musée de Hafnarfjörður : *Vesturgata 6. ☎ 585-57-80. • museum.hafnarfjordur.is • Juin-août, tlj 11h-17h ; sept-mai, le w-e seulement 11h-17h. GRATUIT.*
Sur 3 niveaux, évocation du passé de la région et de la ville, du village viking au port des années 1900 (il compta jusqu'à 300 bateaux et barques). À l'étage, cabine de l'opérateur radio, histoire des naufrages, maquettes. Évocation de l'occupation du pays par les Anglais lors de la dernière guerre, campement de soldats. Aussi une cuisine des années 1950 et, au dernier étage, une riche section de jouets. Un ensemble certes modeste, au charme désuet, dans lequel il est plaisant de déambuler avec le bon livret en anglais. Expos temporaires.
– Attenante au musée, la visite de la ***Sívertsens Húsið,*** plus ancienne maison de la ville (1803-1805), donne à voir un intérieur bourgeois au XIXe s. Vénérable parquet en bois, élégant mobilier. La salle à manger eut l'honneur de recevoir le roi Frederick IV à dîner en 1834. Juste derrière, dans la ***Beggubúð*** (1906), reconstitution d'un commerce.
– À 200 m du musée *(Vesturgata 32),* le ***Bookkless Bungalow*** (1918), une ancienne pêcherie écossaise, présente une petite exposition sur la pêche.

Si vous n'avez jamais vu d'elfes ou de gnomes, rendez-vous au mignon ***parc Hellisgerði,*** tout près du centre-ville. Des promenades guidées (en anglais) sont organisées pour aider à repérer le *Huldufólk* ou, à défaut, le sentir (ou l'imaginer !). *En été, mar et ven à 14h30. Prix du tour : 4 500 ISK (avec une carte des « mondes cachés » comprise...). Durée : 1h30-2h. Rens : 694-27-85. • alfar.is •*

➢ ***Balades à cheval :*** *avec* ***Íshestar,*** *Sörlaskeið 26. ☎ 555-70-00. • ishestar.is •* Propose plusieurs balades de 1h à 5h pour

LA FOI TRANSPORTE LES MONTAGNES

En 2010, Árni Johnsen, député au Parlement, échappa à un grave accident de voiture. Il attribua sa chance à la présence d'elfes dans un gros rocher sur place. Pour les remercier, il décida de faire transporter le bloc de 30 t dans son jardin, et la famille d'elfes dans un petit panier, leur garantissant sur place de la bonne herbe et des moutons ! Malgré ces égards, les protestations fusèrent sur Internet pour avoir ainsi bouleversé le mode de vie des elfes...

les plus courtes, et jusqu'à plusieurs jours pour les plus aguerris. On peut même venir vous chercher à votre hébergement à Reykjavík. De quoi découvrir de façon originale la péninsule et ses champs de lave.

EN ALLANT VERS LE SUD

Laissant l'agglomération de Reykjavík derrière elle, et la civilisation avec, la ***route 42*** file à travers un paysage désolé de désert volcanique, 1re esquisse du tableau sauvage et spectaculaire que compose la nature islandaise.

Le lac Kleifarvatn : *à 20 mn en voiture au sud de Hafnarfjörður, par la route 42.* Le détour vaut autant pour les paysages traversés que pour ce grand lac et ses plages de sable noir, en plein désert de lave. Sa profondeur maximale atteint 97 m ! Le site a inspiré l'écrivain islandais Arnaldur Indriðason pour son roman *Kleifarvatn,* traduit en français sous le titre *L'Homme du lac.*

Le champ géothermique de Seltún : *sur la route 42 toujours, 3 km après le lac de Kleifarvatn en direction du sud. Accès libre.*
Un site impressionnant, patchwork de bassins baveux de boue en ébullition et d'épais nuages de vapeur d'où émane une forte odeur de soufre (ou, plus trivialement, d'œuf pourri). Un phénomène étonnant qui remonte des entrailles de la Terre, Seltún étant l'un des 4 appareils volcaniques alignés le long de la fissure éruptive de la péninsule de Reykjanes. À 1 000 m de profondeur, la température atteint les 200 °C, et fait grimper celle de la boue en surface jusqu'à 80, voire 100 °C !
Alors gardez bien vos distances, et restez sur les parties aménagées. Les dépôts de soufre qui se forment près des jets de vapeur était exploités autrefois pour la fabrication de poudre à canon.
En grimpant (sec !) sur la colline, on découvre d'autres marigots bouillonnant avec, en prime, un beau point de vue courant jusqu'à la mer. Au 1er plan le ***lac Grænvatn.*** Nichant dans un ancien cratère, il tire son nom de sa couleur verte due à la présence d'algues. On peut s'en approcher *(accès par la route 42, 1 km après Seltún),* mais n'essayez pas de descendre au bord de l'eau, ça glisse !
– 5 km plus loin, la route 42 rejoint la route 427. Sur la droite, direction Grindavík, pas une seule habitation, mais, tout du long des champs de lave recouverts de lichen à perte de vue. À gauche, en direction de Selfon, on rejoint Hveragerði ou Selfoss (voir chapitre correspondant).

Les falaises de Krýsuvikurberg : *sur la route 427 direction Grindavík, env 3 km après l'embranchement avec la 42, prendre une piste sur la gauche pdt 3 km (gué à mi-chemin).* Tâché par les oiseaux qui viennent, par milliers, y nicher l'été, un arc de falaises noir basalte, taillé au bout du grand nulle part, et ouvert, à perte de vue, sur l'océan. Autour, personne.

GRINDAVÍK

3 500 hab.

À 25 km au sud de Keflavík et à seulement 5 km du Blue Lagoon, voici une ville assez importante et, surtout, l'un des rares ports de pêche actifs de la côte sud-ouest du pays. Le bourg consiste en une ribambelle d'entrepôts et de pêcheries industrielles qui reçoivent, conditionnent et préparent les poissons (morue surtout) pour l'exportation. Un rude décor de travailleurs de la mer, battu par les vents du large. Au-delà du port s'étend la courte péninsule désolée de Hópsnes, jonchée d'épaves rouillées de chalutiers. Au bout, un phare.

Adresse et info utiles

Office de tourisme : *Hafnargata 12a (dans le musée Kvikan Saltfiskstrid). ☎ 420-11-90. • visitgrindavik.is • Mai-août, tlj 10h-17h.*

Station-service, banque, supermarché *(tlj 10h-19h)* et ***piscine*** à la sortie nord de la ville.

Où dormir ? Où manger ?

Camping : *Austurvegur 26. 830-90-90. • grindavikcampsite.com • Dans un parc, non loin du port. Juin-sept. Env 1 800 ISK/pers.* Camping remarquablement bien équipé, établi sur une butte d'herbe au-dessus du port. Grande salle commune (chauffée !), plusieurs sanitaires, douches, cuisine et même des jeux pour enfants. On trouve aussi, sur le même terrain (autre société, autre gérant), des petits **bungalows** noirs et cubiques, très design, renfermant chacun un studio bien équipé avec baie vitrée et vue sur le port *(cher, min 30 000 ISK la nuit ; • harbourview.is •).*

Brúin : *Hafnargata 26. ☎ 426-70-80. À l'est du port. Tlj midi et soir. Fermé lun-mar hors saison. Plats 2 200-3 700 ISK.* Tenue par un ancien capitaine, une sorte de cantine de la mer, dans une grande salle démodée dont les baies s'ouvrent largement sur le port et les entrepôts de pêche. Au menu, un grand choix de plats de poisson évidemment (dont l'inévitable morue), simples, bons et copieux, mais aussi des options vég' et des côtelettes de mouton panées. Prix corrects. Une bonne étape, qu'il fasse grand beau ou qu'il *brúin*...

Bryggjan : *Miðgarður 2. ☎ 426-71-00. Sur le port, au bout des quais. Tlj 11h-19h. Petits plats 1 000-2 400 ISK.* Minuscule troquet à la déco d'inspiration marine, proposant une petite sélection de sandwichs et soupes pour ne pas tomber d'inanition. S'il y en a au homard, n'hésitez pas ! Également un gourmand choix de gâteaux pour accompagner cafés et cappuccinos. Grande terrasse sur le quai.

À voir

Kvikan Saltfiskstrid *(musée du Salage de la morue)* **:** *Hafnargata 12a. ☎ 420-11-90. Sur le port. Tlj 10h-17h ; en hiver, seulement sur rdv le w-e 11h-17h. Entrée : env 1 200 ISK.* Modeste musée installé dans un hangar du port. Après une 1re section sur l'activité volcanique de l'île (impressionnantes vidéos d'éruption), il relate l'histoire de l'industrie du salage de la morue et, plus généralement, de la pêche en Islande. Photos et mannequins de cire mis en scène en train de nettoyer le poisson, lever les filets, saler, etc. Pas le seul musée du genre que vous trouverez dans le pays, mais intéressant si on lit l'anglais. Le salage de la morue se pratique encore aujourd'hui dans les pêcheries de Grindavík, mais de manière industrielle.

LE BLUE LAGOON (BLÁA LÓNIÐ)

L'un des hauts lieux touristiques du pays. Au pied d'une centrale géothermique plantée au cœur d'un désert de lave, imaginez une baignade comme vous n'en avez jamais connu, dans un lagon aux eaux laiteuses couleur turquoise, à une température de 37-40 °C ! Prévoyez plusieurs heures pour bien profiter de ce moment extraordinaire et rentabiliser votre

(très chère !) entrée. D'ailleurs, on ne peut vous cacher que les voyageurs sont divisés sur la question : pour les uns, c'est trop cher pour ce que c'est. Pour d'autres, c'est cher, certes, mais quand même assez unique ! À vous de voir si le jeu en vaut la vapeur... Une chose est sûre, c'est une usine à touristes !

– ***Bon à savoir :*** ceux qui ne désirent pas payer l'entrée ou se baigner pourront emprunter un court chemin (à gauche de l'entrée du centre balnéaire) qui donne un aperçu des multiples ramifications bleu laiteux du lagon.

Arriver – Quitter

➢ ***En voiture :*** le lagon se trouve à 5 km au nord de Grindavík par la route 426, et à 50 km (45 mn) de Reykjavík. De la capitale, prendre la direction de Keflavík, puis, peu après le village de Vogar, la route 43 en direction de Grindavík.

➢ ***En bus :*** avec la compagnie ***Destination Blue Lagoon*** (filiale d'*Airport Direct* ; ☎ *420-88-00 ;* • *destinationbluelagoon.is* •), départ de Reykjavík *(rue Skógarhlíð ; plan Reykavík C3, **4**)* ttes les heures 7h-19h. Dernier retour à 22h15. *Billet aller env 3 500 ISK.* Également avec ***Reykjavík Excursions*** *(☎ 580-54-00 ;* • *re.is* •*),* au départ de la gare BSÍ *(plan Reykjavík B3, **1**).* Minimum 5 bus/j. 9h-17h. Dernier retour à 20h15. *Billet aller env 4 000 ISK.* Ces 2 compagnies proposent aussi des transferts depuis l'aéroport.

Tarifs et infos utiles

– ***Contacts et horaires :*** ☎ *420-88-00.* • *bluelagoon.com* • *Tlj : juin 7h-23h ; juil-août 7h-1h ; le reste de l'année 8h-21h. On peut rester 30 mn après la fermeture des caisses.*

– ***Tarifs :*** les tarifs varient selon la saison et l'horaire d'arrivée. Vous paierez plus cher en plein mois de juillet le week-end qu'un mardi soir en hiver par exemple. On vous indique ci-dessous le prix du forfait de base *(comfort),* incluant l'accès au lagon principal, une serviette, un masque de boue et une boisson. Il en existe d'autres plus onéreux selon le niveau de service (soins, etc.), le plus chic ouvrant l'accès au spa et à un 2[d] lagon, où barboter loin du petit peuple... ***Attention, réservation obligatoire !*** On choisit en ligne son jour et son horaire d'arrivée, mais le temps sur place n'est pas limité.

Entrée (forfait de base) : 6 000-9 000 ISK ; gratuit moins de 14 ans.

– ***Bon à savoir :*** en général, le matin, avant midi, et le soir, après 19h-20h (quand les groupes se sont évaporés), il y a moins de monde et les créneaux sont donc moins chers.

🍴🍷 Cafét' (chère) sur place et, pour les amateurs, une adresse chic, le ***LAVA Restaurant,*** cadre design mais froid et grandes baies vitrées donnant sur le lagon *(menu le midi env 6 900-7 900 ISK ; menu le soir env 10 000 ISK ; à la carte plats env 4 500-5 500 ISK).*

À voir. À faire

👥 👨‍👧 L'eau chaude et très légèrement salée est puisée à plus de 1 800 m sous terre. Après avoir alimenté la centrale et perdu de sa chaleur, elle est rejetée dans le lagon. Sa couleur turquoise est due à la présence de silice, de calcaire et d'algues bleu-vert. Excellent pour certaines maladies de peau, très mauvais en revanche pour les bijoux en argent qui s'oxydent et prennent une couleur rouille. Ôtez-les, ainsi que vos lentilles de contact, qui font mauvais ménage avec la silice.

Une fois dans le bassin, lorsque les vapeurs d'eau masquent l'usine et qu'il y a peu de monde, l'ambiance est magique ! Et même pas besoin de sortir de l'eau pour siroter un verre, le bar est immergé dans le lagon (une boisson est comprise dans le prix de base et sinon on paie avec un bracelet électronique). On peut aussi se tartiner de la boue naturelle, riche en minéraux, et profiter d'un sauna humide, d'un sauna sec, ainsi que d'une chute d'eau très puissante, idéale pour les massages. À moins que vous ne préfériez un véritable massage (mais là, c'est en supplément !). Boutique de produits thermaux en sortant.

EN REMONTANT LA CÔTE OUEST

Les falaises de Reykjanesviti : *à 15 km à l'ouest de Grindavík. Suivre la route côtière 425, puis prendre à gauche la 443.* C'est ici que fut érigé le 1er phare d'Islande, en 1878, au sommet de la plus haute de ces courtes falaises rongées par l'océan. Détruit par un tremblement de terre 9 ans plus tard, il a été déplacé sur la colline où il se dresse aujourd'hui (ne se visite pas), entouré de fumées, d'effluves de soufre et des installations de l'importante centrale géothermique de ***Gunnuhver.*** Une passerelle permet de s'approcher des marmites bouillonnantes près de la centrale, qui dégagent un impressionnant panache de vapeur.
Au large pointe l'***île Eldey,*** apparue à la suite d'une éruption volcanique sous-marine, en 1783. Ce gros rocher qui émerge de l'eau (à 77 m d'altitude) abrite une des plus grosses colonies de fous de Bassan du monde.

Une paire de kilomètres plus au nord, en remontant la route 425 en direction de l'aéroport, une route sur la droite mène au symbolique ***pont entre les 2 continents (Brú milli heimsálfa),*** censé séparer, d'un point de vue géologique, l'Europe et l'Amérique. Bon, on craint que les choses ne soient pas si simples que ça. Tout ce qu'on voit ici, c'est un fossé rempli de sable noir grisâtre qui coupe cet immense champ de lave, telle une cicatrice. Sur le petit pont métallique, un panneau marque la « frontière » entre les plaques eurasienne et nord-américaine.

QUAND L'ISLANDE RESSEMBLE AU JAPON

Le film Mémoires de nos pères *(2006) de Clint Eastwood raconte la terrible bataille d'Iwo Jima (une île volcanique à 1 000 km au sud de Tokyo) qui opposa, en 1945, les Américains aux Japonais. Le film a été tourné en grande partie sur les plages de la péninsule de Reykjanes, en raison de leur ressemblance avec Iwo Jima : même sable volcanique et noir, d'où s'échappent des fumerolles, mêmes falaises battues par les vents. Le tournage se déroula en été, le climat du mois d'août islandais étant à peu près similaire à celui de février à Iwo Jima.*

KEFLAVÍK (REYKJANESBÆR)

19 000 hab.

À une cinquantaine de kilomètres au sud-ouest de Reykjavík, cette ville a l'avantage d'être située à 2 km de l'aéroport international. Et c'est presque là son unique intérêt. Y logeront donc ceux qui ont un avion à prendre tôt le matin… ou qui arrivent tard le soir en Islande.

Arriver – Quitter

➢ ***Reykjavík et l'aéroport international en bus :*** • straeto.is • Ligne urbaine nº 55 : depuis l'aéroport, dessert Keflavík au passage (rue Hringbraut). 12 bus/j. (7-9 le w-e). Trajet : 10 mn de l'aéroport à Keflavík, 1h15 de Keflavík à Reykjavík.

➢ ***Reykjavík, en voiture :*** facile, par la route 41. Env 45 mn.

– Le ***taxi*** de l'aéroport au centre de Keflavík (10 mn) coûte env 2 500-3 500 ISK.

Adresse et info utiles

Office de tourisme : *Duusgata 2. ☎ 420-32-46. Au bout de la rue principale, au niveau du port. Tlj 9h (12h le w-e et hors saison)-17h.* À l'intérieur, voir la carte en relief de la péninsule et le puits fermé par une vitre, qui servait naguère à l'alimentation en eau du village.

– Plusieurs ***supermarchés*** à la sortie de la ville direction Reykjavík, pratique pour faire le plein avant d'entamer son périple islandais.

Où dormir ?

La plupart des hébergements de Keflavík proposent un transfert gratuit de/vers l'aéroport, sur résa préalable.

Prix moyens (14 000-20 000 ISK / 93-133 €)

Nupan Deluxe : *Aðalgata 10. ☎ 565-33-33 ou 834-87-77. • hotelnupan.com • Entre Vallargata et Kirkjuvegur, à 200 m de la rue principale. Doubles sans ou avec sdb, petit déj compris.* Cette grosse demeure bourgeoise abrite une quinzaine de chambres pimpantes et agréables. Déco cossue et soignée, aux touches romantiques par-ci, rococo par-là. Tout le confort, dans un quartier tranquille et central à la fois.

Guesthouse 1X6 : *Vesturbraut 3. 857-15-89. • 1x6.is • Sur la gauche au bout de la rue principale, juste avt d'arriver au port. Petit déj en supplément.* Une adresse pleine de personnalité dans cette ville qui en manque. Il faut dire que l'ancien propriétaire était sculpteur sur bois et s'est fait plaisir en décorant l'ensemble de la maison. L'adresse est dorénavant aux bons soins d'un couple helvético-nippon forcément polyglotte (dont le français), dynamique et chaleureux, qui reçoit des artistes en résidence, d'où le côté très créatif des lieux. Au menu, 6 chambres originales et plaisantes, très propres et confortables, avec salles de bains communes. *Hot tub* de grosses pierres dans le petit jardin. Une adresse qu'on aime bien !

A. Bernhard Guesthouse : *Vallagarta 230. ☎ 421-23-99. 660-81-52. • flosi@abernhard.is • Résa obligatoire.* Dans le centre-ville, près d'un grand parking gratuit, une maison grise avec un petit jardin à l'arrière. Les chambres, sobres, contemporaines et de bon confort, logent au sous-sol (les proprios vivent au-dessus). 2 partagent une salle d'eau, la 3e a la sienne. Également un studio dans le jardin. Pas de petit déj, seulement une box casse-croûte, et du café/thé en libre-service.

Où manger ?

Pour les budgets serrés, pas mal de *fast-foods* et petits restos de cuisine du monde dans la rue principale, Hafnargata.

REYKJAVÍK ET LA PÉNINSULE DE REYKJANES

De bon marché à prix moyens (max 4 000 ISK / 27 €)

|●| ***Kaffi Duus :*** *Duusgata 10. ☎ 421-70-80. Au port de plaisance, à côté de la Duushús. Tlj 11h-22h. Plats 2 600-5 000 ISK.* On y mange du poisson, bien préparé mais pas franchement donné ; les budgets serrés préféreront se rabattre sur les sandwichs, salades, pizzas et burgers. Également quelques spécialités indiennes. Joli décor en bois rouge-brun et vue plongeante sur le port de plaisance.

|●| ***Fernando's Restaurant :*** *Hafnargarta 28. ☎ 555-43-21. Tlj 11h30-22h, sauf le midi sam-dim. Formule midi env 2 000 ISK ; plats 2 400-4 000 ISK.* Un resto italien, installé au centre-ville, dans une salle élégante et épurée. Au menu, de savoureuses *pasta* ou pizzas, mais aussi quelques infidélités aux classiques transalpins (confit de canard, steak végétal, voire même du camembert frit !).

À voir

Duushús Museum : *Duusgata 2 (même bâtiment que l'office de tourisme). ☎ 420-32-45. ● duusmuseum.is ● Sur le port, au bout de la rue principale. Tlj 12h-17h. Entrée : 1 000 ISK ; gratuit moins de 18 ans.* Dans un vaste hangar qui abritait jadis une usine de salage de la morue, incroyable collection de maquettes de bateaux réalisées par Grímur Karlsson, un ancien capitaine de bateau de pêche féru de modélisme. En une quarantaine d'années, il en a construit près de 500 ! Une centaine est exposée ici, les autres naviguent entre Canada, Norvège, Grande-Bretagne... Le reste du bâtiment abrite une section historique et le *Reykjanes Art museum,* une salle d'expo d'œuvres contemporaines qui changent régulièrement.

Rokksafn Íslands *(musée islandais du Rock'n'roll)* **:** *Hjallavegur 2. ☎ 420-10-30. ● rokksafn.is ● Suivre la rue principale sur 1,5 km direction Reykjavík (fléché). Tlj 11h-18h. Entrée : 1 500 ISK ; gratuit moins de 16 ans. Tablette et écouteurs (pièce d'identité en caution) inclus.* Dans un vaste hall, de grands panneaux en anglais racontent l'histoire du rock islandais et de la musique populaire. On y admire quelques reliques : pochettes de disques, tenues de scène, tickets de concerts... L'occasion de découvrir une scène très vivante dès les années 1960, avec morceaux en écoute libre, histoire de savoir de quoi on cause ! On peut aussi y jouer de la guitare, de la batterie ou remixer une chanson. Intéressant, mais c'est encore mieux si on est fondu de rock... islandais.

DANS LES ENVIRONS DE KEFLAVÍK

Víkingaheimar *(Viking World)* **:** *Víkingabraut 1, à* ***Njarðvík.*** *📱 777-14-94. ● vikingworld.is ● À la sortie de Keflavík direction Reykjavík, sur la route 41, prendre à gauche après le supermarché* Bónus. *Tlj 10h-16h. Fermé 3 sem en janv. Entrée : 1 500 ISK ; réduc ; gratuit moins de 14 ans. Brochure en français. Audioguide (en anglais seulement).* Face à la mer, ce bâtiment à l'architecture contemporaine a été conçu pour abriter une copie grandeur nature du *Gokstad,* drakkar viking de 22 m de long, découvert en Norvège en 1882. Sa copie, baptisée *The Icelander,* effectua en l'an 2000 une traversée jusqu'à New York, pour commémorer celle de Leifur Eiríksson, qui « découvrit » l'Amérique, quelques siècles avant Christophe Colomb. La suite du (petit) musée s'intéresse à ces bateaux et à la société viking en général. Si vous n'y connaissez rien, pourquoi pas, mais c'est quand même cher, d'autant qu'on peut voir le bateau dès le hall...

Agréable cafétéria jouissant d'un panorama imprenable sur le large *(tlj aux heures du musée).*

Entre Keflavík et Hafnarfjörður, sur la route 420, insolite ***église Kálfatjarnarkirkja*** au beau milieu d'un terrain de golf.

GARÐUR

À 10 km au nord de Keflavík, un village sans attrait particulier, si ce n'est son phare, esseulé à la pointe nord-ouest de la péninsule. À ses pieds, un musée insolite.

Où dormir ? Où manger ?

Camping : *au pied du phare.* ☎ *422-72-20.* • *gardskagi.com* • *Compter 1 500 ISK/pers. Accueil et paiement au resto* Röstin *à côté.* Ça souffle furieusement sur ce petit bout de pelouse, mais l'environnement est resté très nature (on est réveillé par les mouettes et il n'est pas rare de voir des baleines dans les eaux de la baie) ! Pour les toilettes, il faut aller à celles du Musée maritime (à 50 m, même bâtiment que le resto *Röstin*). Pour les douches, piscine à 2 km, en direction de Keflavík. Bref un camping très rudimentaire en plein air !

Guesthouse Garður : *Skagabraut 62a.* ☎ *433-00-00.* *660-78-94.* • *guesthousegardur.is* • *Studio (2 adultes et 2 enfants max) à prix moyens, apparts (4-7 pers) à prix chic. Transfert gratuit depuis/vers l'aéroport. La réception se trouve à 250 m de là, dans l'hôtel* Light House Inn. Une grappe de maisons isolées entre le phare et le village, dans un paysage battu par les vents. Plusieurs formules : un joli bungalow en bois offrant 3 studios tout confort, avec kitchenette et petite terrasse, un grand appart dans une cabane de bois, et 2 autres dans une vilaine maison à côté. Les proprios tiennent également l'hôtel ***Lighthouse Inn*** tout proche (où l'on peut prendre le petit déj), bel établissement confortable et tout en bois, allongé dans un pré. Cher, évidemment (« Prix chic » ; • *lighthouseinn.is* •).

Restaurant Röstin : *Skagabraut 100. Au pied du phare, au-dessus du Musée maritime.* ☎ *422-72-20. Tlj 11h30-20h30. Plats 2 600-3 600 ISK.* On s'installe au chaud, derrière les baies vitrées donnant sur la mer, pour croquer hamburgers, *fish & chips* et côtes d'agneau. Sommaire mais frais.

À voir à Garður et dans les environs

Byggðasafnið Garðskagi (Musée maritime) **:** *à* **Garður,** *au pied du phare.* ☎ *422-72-20.* • *gardskagi.com* • *Avr-oct, tlj 13h-17h ; le reste du temps, sur rdv. Entrée : 1 000 ISK ; gratuit moins de 16 ans.*
Un des lieux les plus insolites du pays. Un vrai capharnaüm (et pourtant tout est bien rangé) que nous propose là Asgeir Hjalmarsson, un homme haut en couleur frappé de collectionnite aiguë, qui a accumulé des décennies durant des milliers d'objets, jusqu'à cet annuaire islandais de 1917 (pas épais, vous vous en doutez) !
Au rez-de-chaussée, la visite débute par l'*Heritage museum* : des vieux tracteurs, des outils, du matériel agricole, puis une petite cuisine à l'ancienne, une collection de postes de radio, de machines à coudre, de lanternes, de moteurs. Une autre section, le *Maritime museum,* déroule barques de pêche, filets, instruments de bord, sextants, balances, hameçons, crochets, hélices, vêtements traditionnels... Au 1er étage, l'atelier du menuisier, du cordonnier, le

magasin, une petite salle de classe... Tout au fond, pêle-mêle, des souvenirs du village et notamment de vieilles photos de famille.
À l'extérieur posé sur le parking, un chalutier, sur lequel on peut monter. Enfin, le billet donne aussi accès au ***phare.***

Þekkingarstetur Suðurnesja (Sudurnes Science & Learning Center) – L'attraction des pôles : *Garðskagavegur 245, à* ***Sandgerði,*** *à 5 km à l'ouest de Garður. ☎ 423-75-51. • thekkingarsetur.is • Mai-août, lun-ven 10h-16h et le w-e 13h-17h. Fermé en hiver. Entrée : 600 ISK.* Au sein d'un centre de recherche, très intéressante exposition *L'attraction des pôles,* autour du naufrage du *Pourquoi pas ?,* le bateau scientifique du commandant Charcot qui sombra le 16 septembre 1936 au large de Reykjavík. Bilan : 23 morts (dont Charcot lui-même), 17 disparus et un seul survivant. Présentation très bien réfléchie et documentée (panneaux en français), agrémentée d'objets d'époque et d'un bon film explicatif. Également une petite section sur la faune islandaise.

UN GAMIN EN MARINIÈRE

Enfant, l'entourage de Charcot doutait que ce fils de neurologue très bourgeois accomplisse un jour son rêve d'être marin. Ce à quoi Jean-Baptiste répondait inlassablement « Pourquoi pas ? ». 40 ans plus tard, en 1907, il baptisera ainsi son bateau d'explorations polaires. Charcot savait tenir le cap !

LE SUD

• Carte *p. 116-117*

Le Sud est la partie la plus touristique du pays. 1er moment fort : la région dite du Cercle d'Or, avec Geysir, Gullfoss et Þingvellir. Plus à l'est s'étirent les plaines inhabitées au pied de l'immense glacier Vatnajökull, dont le parc national homonyme attire foule de randonneurs. Visions magnifiques d'une nature sauvage qui n'a guère changé depuis la naissance de la Terre. Les amateurs de bouts du monde s'aventureront sur les pistes intérieures pour découvrir des régions envoûtantes et reculées comme Landmannalaugar ou Þórsmörk. Enfin, on ne saurait que trop vous conseiller d'embarquer sur le ferry en direction des superbes îles Vestmannaeyar.

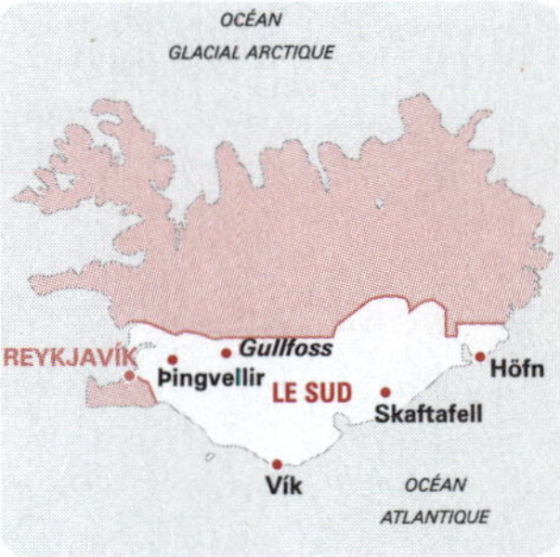

La majorité des touristes présents sur l'île pour 1 semaine ou 10 jours se consacre à cette région. Sublime, certes, mais vous n'y serez jamais seul !

– Voir • *south.is* •, site régional du tourisme islandais (en anglais). Nombreuses informations sur les lieux à visiter, actualités, hébergements, etc.

LE « CERCLE D'OR » *(GOLDEN CIRCLE)*

Ce nom désigne les sites remarquables de Þingvellir, Geysir et Gullfoss. Ce sont les sites les plus visités du pays, ce qui rend leur visite parfois fastidieuse. Quoi qu'il en soit, prenez une journée pour partir à leur découverte : c'est un circuit facile et agréable. Une bonne entrée en matière pour qui vient de débarquer en Islande.

Comment visiter le Cercle d'Or ?

En voiture

Le Cercle d'Or est en réalité un alignement de 3 sites. Depuis Reykjavík aller-retour, compter ***230 km au total.*** On visite les sites souhaités à son rythme. Depuis la capitale, la route naturelle pour rejoindre le Þingvellir est la 36 qui prend à droite de la route 1. Mais si vous voulez vous offrir un détour et un peu de solitude, on vous conseille la route 435, un peu plus au sud, qui traverse les laves désertiques du *Mosfellsheiði* avant de louvoyer entre de verdoyantes collines (où se blottit la centrale géothermique de *Nesjavallavirkjun*) pour rejoindre et remonter ensuite plein nord la 360 sur la rive ouest du lac Þingvallavatn.

En bus

Ligne de bus régulière : la compagnie *SBA* (• *sba.is* •) dessert Geysir et Gullfoss certains jours de la semaine, mais pas Þingvellir. ***Attention, le bus ne circulait plus suite à l'épidémie de Covid-19, se renseigner.***

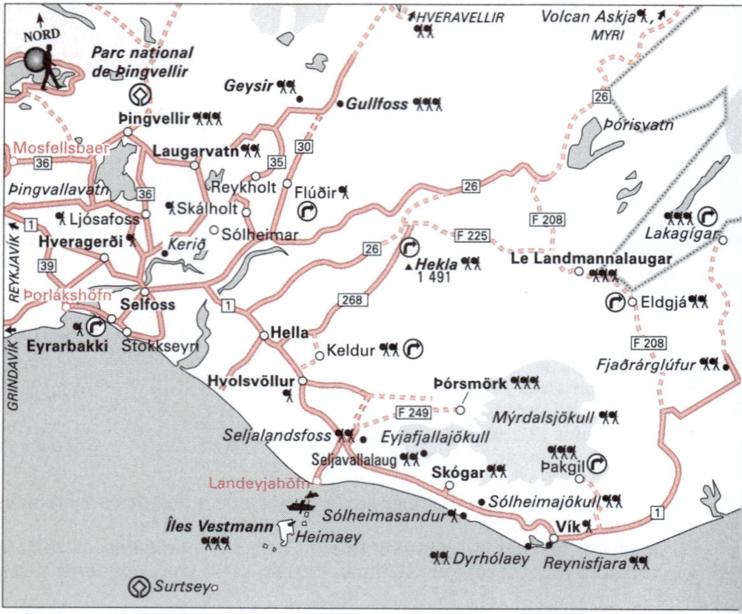

➢ ***Reykjavík-Selfoss-Laugarvatn-Geysir-Gullfoss*** *(direction Akureyri)* **:** de mi-juin à début sept, la ligne 610 circule lun, mer, ven et dim en direction d'Akureyri ; et mar, jeu, sam et dim dans le sens retour. Départ du terminal *BSÍ* de Reykjavík à 8h. Dessert Laugarvatn (à 9h30), Geysir (9h55), Gullfoss (10h40). Pour le retour, le bus passe à Gullfoss (à 15h20), Geysir (16h05) et Laugarvatn (17h). Dans les 2 sens, arrêt de 30 mn à Gullfoss et Geysir : le temps d'une visite sans trop traîner.

En tour organisé

■ ***Reykjavík Excursions :*** *bureau au terminal* BSÍ, *à Reykjavík.* ☎ *580-54-00.* • *re.is* • La compagnie propose plusieurs tours pour visiter le Cercle d'Or, dont le plus rapide et le plus économique est le *Golden Circle Direct,* un tour à la journée avec guide. Départ du terminal *BSÍ* tlj de l'année. Excursion : env 6 000 ISK (durée 6h).

■ ***Sterna Travel :*** *bureau au Harpa, à Reykjavík.* ☎ *551-11-66.* • *sternatravel.com* • Propose plusieurs tours incluant une visite du Cercle d'Or, souvent combinée avec un autre centre d'intérêt comme le *Lava tunnel* ou le *Secret Lagoon* de Fluðir. Différents tarifs en fonction de l'excursion retenue.

■ ***Gray Line Island :*** *bureau à Hafnarstræti 20, à Reykjavík.* ☎ *540-13-13.* • *grayline.is* • Pas moins d'une douzaine d'excursions autour du *Golden Circle.* Celle à la journée (env 7-8h) comprenant juste le Cercle d'Or coûte env 8 500 ISK. Les autres combinent au choix l'observation des baleines, le *Blue Lagoon,* la visite de Reykjavík, etc. Faites votre choix !

■ Et encore beaucoup d'autres agences, impossible de toutes les citer : ***Arctic Adventures*** *(• adventure.is •)* ; ***Extreme Iceland*** *(• extremeiceland.is •)* ; ***BusTravel Iceland*** *(• bustravel.is •)*...

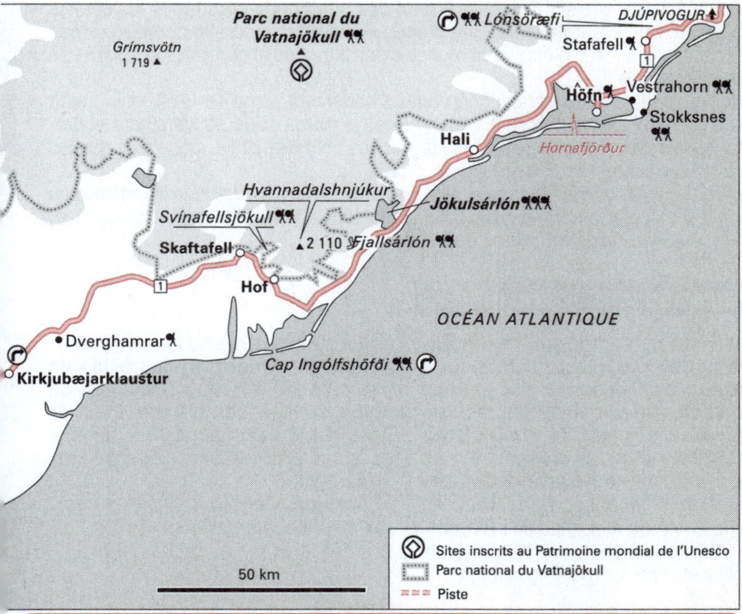

LE SUD

ÞINGVELLIR

À une cinquantaine de kilomètres au nord-est de Reykjavík, le Þingvellir (« plaine du parlement » en français) est un parc national depuis 1930 et le site de « l'hémicycle », classé au Patrimoine mondial de l'Unesco depuis 2004. Un lieu qui vaut autant pour sa beauté que pour son importance historique. Géographiquement, vous êtes ici à cheval entre le Nouveau Monde et l'Ancien, dans un fossé d'effondrement causé par la dérive des continents. D'un côté, la plaque nord-américaine, de l'autre la plaque eurasienne, qui s'écartent de 5 mm par an ! Au cœur de ce parc, le *lac Þingvallavatn,* avec ses 84 km^2, est le plus grand lac naturel d'Islande et le terrain de jeu préféré d'oies et de canards sauvages. De nombreuses résidences secondaires peuplent ses rives, très prisées par les habitants de Reykjavík. Pour nous, voyageurs en quête de grand air, c'est surtout un site privilégié pour une pause pique-nique.

UN PEU D'HISTOIRE

À partir du Xe s, les ***chefs de clans*** se retrouvaient une fois par an, dans « l'hémicycle », un champ de lave protégé par 2 grandes falaises parallèles. Cette sorte de session parlementaire durait 15 jours et s'accompagnait de fêtes et de concours sportifs. Ce fut le ***1er véritable parlement d'Europe,*** en islandais *Alþing.* La

cinquantaine de chefs réunis cherchaient des consensus pour régler les conflits et, surtout, édictaient des lois. Une grande leçon de démocratie donnée par ces Vikings, alors que sur le continent régnaient les intrigues et complots sanglants de l'époque féodale.
L'Alþing, fondé en 930, fonctionna comme parlement jusqu'en 1262, puis perdit peu à peu son pouvoir législatif quand le pays passa sous souveraineté norvégienne, puis danoise, et devint alors surtout une cour de justice, jusqu'à ce que les assemblées soient supprimées à la fin du XVIIIe s.
C'est à Þingvellir que les Islandais décidèrent de ***se convertir au christianisme*** en l'an 1000 et, pour la force du symbole, c'est aussi à Þingvellir que fut proclamée, le 17 juin 1944, ***l'indépendance du pays.***

Adresses et infos utiles

En venant du sud-ouest et de Reykjavík par la route 36, tout d'abord sur la droite, un parking permet d'accéder au ***Visitor Centre*** (centre d'interprétation) et au site par le haut. En continuant la route 36 sur 4 km, au croisement avec la route 361 se trouve le ***Service Centre*** (centre d'informations touristiques). De là, en prenant la route 361 à droite, on aborde le site par le bas, depuis l'église et la rivière (parking là aussi).

Hakið Visitor Centre *(centre d'interprétation) : à 500 m de la route 36, sur la falaise. ☎ 482-36-13. • thingvellir.is • Tlj 9h-18h. Expo : 1 000 ISK ; gratuit moins de 18 ans.* On trouve ici un espace multimédia au contenu assez riche, qui permet d'en apprendre un peu plus sur le site : sa géologie, sa faune, sa flore, son histoire. Pour les infos sur le parc national en général, se rendre plutôt au *Service Centre* (voir ci-dessous).

Service Centre *(centre d'informations touristiques) : au lieu-dit* ***Leirar****, à la jonction des routes 36 et 361. ☎ 482-26-60. • thingvellir.is • Mai-août, 9h-19h ; sept-déc, 9h-18h ; fermé le reste de l'année.* C'est ici que l'on se procure des infos sur le parc national et la carte des randonnées. Coin librairie et vente de snacks (sandwichs, salades, *skyr*...).

Où dormir entre Reykjavík et Þingvellir ?

Mosskogar Camping : *au bord de la route 36, à env 27 km à l'ouest de Þingvellir et 20 km au nord-est de Reykjavík. 663-61-73. • mosskogar@simnet.is • Ouv juin-oct. Compter 2 000 ISK/pers (3 000 ISK/pers sous abri), douche incluse.* À mi-chemin de Reykjavík et Þingvellir, un mignon camping bucolique et familial, adossé à une ferme produisant des légumes bio. On gare son van sur la fausse pelouse et on plante sa tente dans la vraie, à moins d'opter, prudemment, pour les emplacements logés sous une serre, dans laquelle est installée la cuisine commune, voisine des rangs de blettes. Vente de légumes sur place le samedi en été. Ça change des courses chez *Bónus* !

Où dormir ? Où manger à proximité de Þingvellir ?

Campings

Campings du Thingvellir National Park : *juin-sept. Réception au Service Centre, au lieu-dit* ***Leirar****. Env 1 300 ISK/pers. Mêmes tarifs pour ts et pas de résa.* À Þingvellir, il y a 3 campings : le *Leirar Campground* (divisé en 2 sites distincts) et le *Vatnskot Campground.*

Collé au *Service Centre,* le site ***Nyrðri Leirar*** abrite 2 douches (pas de géothermie donc peu d'eau chaude !), 2 w-c, un abri avec éviers, machine à laver, sèche-linge et quelques tables de pique-nique. Site plaisant, quoique dénudé, donnant sur une montagne, mais un peu en bord de route quand même. C'est le seul des 3 sites avec électricité.

⛺ Un tout petit peu plus au sud se trouve le ***Syðri Leirar,*** lui aussi avec sanitaires (2 douches et 4 w-c), des éviers, un barbecue, un point c'est tout.

⛺ Possibilité aussi de camper au bord du lac, à ***Vatnskot*** *(rive nord, à 6 km à l'est du Visitor Centre par la route 361, panneau très discret à droite).* Seulement pour les tentes. Sanitaires réduits à des toilettes et robinets d'eau froide (pas de douches). C'est aussi un joli coin pour pique-niquer et le point de départ d'intéressantes randonnées.

De prix moyens à chic (14 000-30 000 ISK / 93-200 €)

Hotel Borealis : *Efri Brú, **Úlfjótsvatn.** ☎ 561-36-61. • hotelborealis.is • À env 30 km au sud de Þingvellir, en léger retrait de la route 36 (fléché). Prix moyens pour les doubles avec sdb commune ; catégorie chic pour les doubles avec sdb privée et bungalows. Resto ouv le soir seulement, plats 3 000-5 000 ISK.* Posé en pleine nature, un peu sur les hauteurs, non loin du lac Þingvallavatn. Comme son nom l'indique, dans un secteur propice à l'observation (en saison) des aurores boréales. Le patron gère de façon joviale cet ancien centre pour jeunes en marge. Les chambres confortables mais pas immenses arborent une déco scandinave et contemporaine (tons boisés et béton ciré). Pour les familles, plusieurs cottages dans le jardin, au style un peu plus rustique, équipés d'une kitchenette. Une vaste grange abrite le resto où sont servis de bons produits de la région pour une cuisine bien tournée.

LE SUD

À voir. À faire

La visite du site de Þingvellir est abordée ici depuis le parking principal, celui de Hakið, près du *Visitor Centre,* car c'est ici que s'arrêtent les bus, mais on peut l'appréhender depuis les autres parkings du site.

– Parking payant (9h-20h) : 750 ISK, à payer aux caisses automatiques (dans le bâtiment en bois sur le parking ou à l'intérieur du Visitor Centre). Pas de ticket, votre règlement est enregistré. Un même règlement donne accès aux autres parkings du site pour la journée.

– Un conseil majeur : arrivez tôt (avant 9h) ou tard (après 18h), pour éviter la foule et les groupes. *Compter 2h de visite min.*

Il n'y a pas d'itinéraire type à suivre, un réseau de plateformes et de chemins bien balisés permet de se promener à son rythme et dans le sens que l'on souhaite. Nous vous indiquons les principaux sites, à commencer par la ***plateforme d'observation,*** collée au *Visitor Centre* au sommet de la falaise, qui offre une superbe vue d'ensemble sur le parc. L'hémicycle est repérable au grand drapeau islandais. Un sentier ponctué de panneaux explicatifs descend ensuite le long de ***faille d'Almannagjá,*** jusqu'à la rivière. Ici, la plaque nord-américaine et la plaque eurasienne s'écartent de 5 mm par an.

Le sentier se poursuit (environ 30 mn de marche) vers la ***cascade Öxarárfoss,*** très photogénique même si on a vu plus impressionnant. Puis, on peut revenir vers la ***Þingvallakirkja,*** adorable église bordée d'un minuscule cimetière. Fermée en continu, elle ouvre seulement autour de 10h lors de visites guidées. On peut alors y pénétrer. Non loin de là, la faille de ***Silfra*** et ses eaux turquoise accueillent les plongeurs (et amateurs de *snorkelling*) qui s'immergent en combinaison dans ses eaux glacées (2-4 °C). La faille atteint ici une profondeur maximale de 63 m. *Infos et résas : • guidetoiceland.is • ; • dive.is • et • extremeiceland.is •, entre autres.*

➢ ***Randonnées :*** le Þingvellir est un parc national sillonné de sentiers où il est bien agréable de se promener. Carte des balades disponible aux centres d'information du parc, mais pas franchement détaillée.

DANS LES ENVIRONS DU LAC ÞINGVALLAVATN

Plutôt que de rejoindre Laugarvatn au plus court (route 365 directe depuis le lac de þingvallavatn), on vous propose de prendre le chemin des écoliers en suivant la route 36 plein sud (qui longe le lac et offre de beaux points de vue), puis les routes 35 et 37 vers le nord-est jusqu'à Laugarvatn.

Ljósafoss Power Station *(centrale hydroélectrique de Ljósafoss)* **:** *sur la route 36, à 22 km au sud-est de Þingvellir.* • *landsvirkjun.com* • *Juin-sept, tlj 10h-17h ; le w-e seulement en hiver. GRATUIT.* À l'instar de plusieurs autres centrales hydroélectriques du pays, celle-ci accueille les visiteurs pour une visite axée sur l'électricité (assez moderne et didactique) et les différents types d'énergie : naturelle, géothermique, éolienne, etc. Elle fonctionne depuis 1937.

Le cratère du Kerið : *à 4,5 km au nord-est du croisement des routes 36 et 35. Ouv 24h/24. Entrée : 400 ISK. Petite astuce : on ne paye pas le parking si on vient avant 9h ou après 20h mais le soleil n'éclaire alors pas encore ou plus le cœur du cratère.* Petit cratère ovale de 270 m par 170 m, vieux de 6 500 ans, qui renferme un lac en son fond (14 m de profondeur maximum). Plutôt mignon avec ses parois rouges parsemées de végétation bien verte. À voir au passage mais franchement cher comparé à des sites exceptionnels comme le Þingvellir. Compter 15 mn pour faire le tour du cratère par le haut.

LAUGARVATN

Petit village s'étalant le long d'un grand lac, à 25 km à l'est de Þingvellir par les routes 36 puis 365, en direction de Gullfoss. Sur la berge, des fumerolles signalent les sources d'eau chaude à proximité desquelles le spa *Fontana* a été construit. Agréable et idéalement situé sur le parcours du Cercle d'Or, Laugarvatn peut être une étape dans votre périple, d'autant que les panoramas depuis les bords du lac y sont superbes.

Infos utiles

➢ Le bus 610 de la compagnie ***SBA*** reliant Reykjavík à Gullfoss (direction Akureyri) s'arrête à Laugarvatn. Voir plus haut « Comment visiter le Cercle d'Or ? ».

➢ Le village est aussi desservi à l'année par la compagnie de bus publics ***Strætó,*** ligne 73. Pas de connexion directe depuis Reykjavík, la ligne forme une boucle avec comme point de départ et d'arrivée Selfoss, en passant par Fluðir, Reykholt et Laugarvatn. 1 bus/j. Arrêt à la station-service.

■ La ***station-service*** N1 rassemble ***distributeur de billets*** et ***supermarché*** *(tlj 9h-21h).*

■ ***Piscine :*** *Hverabraut 2. Tlj 10h-21h (18h le w-e). Horaires réduits hors saison. Entrée : env 1 000 ISK ; réduc.* Bassin de 25 m, 3 *hot tubs* et sauna.

Où dormir ? Où manger ?

Camping

Camping : *à la sortie du village, à gauche, direction Geysir.* ☎ *615-58-48. Ouv fin mai-fin sept. Env 1 500 ISK/pers, douche comprise.* Grand terrain plat et herbeux, assez sommaire et rustique, avec quelques arbres qui font office de coupe-vent. 2 douches (eau chaude) et 3 toilettes dans des préfabriqués et électricité (payante). Attention, les bords du lac, à 2 pas, sont un paradis pour les moucherons.

De bon marché à prix moyens (4 000-20 000 ISK / 27-133 €)

Héraðsskólinn Historic Guesthouse : *Laugarbraut 2. ☎ 537-80-60. • heradsskolinn.is • Bon marché pour un lit en dortoir (14 places) ; prix moyens pour une chambre double ; petit déj en sus. Resto (ouv à ts) tlj midi et soir. Plats 1 600-2 500 ISK (plus cher pour le poisson et l'agneau).* On enlève ses chaussures pour entrer, s'il vous plaît ! Construit à la fin des années 1920 par l'architecte de l'Hallgrímskirkja de Reykjavík, cet élégant bâtiment face au lac se remarque à sa situation mais aussi aux 7 pignons triangulaires de sa toiture verte. Ce fut autrefois une école et la demeure a gardé quelques vestiges de cette époque, ce qui lui donne une touche rétro plutôt charmante. Les chambres les plus chères profitent de leur propre salle de bains et offrent une jolie vue sur le lac, les autres sont plutôt basiques (avec sanitaires partagés) mais le confort est nettement suffisant. Petit resto dans l'ancien réfectoire. Salle de billard, salon-TV et super coin bibliothèque sont autant d'espaces où faire des rencontres. Bon à savoir : la cuisine et le dortoir sont en principe réservés aux groupes.

Laugarvatn Hostel : *Dalbraut 10. Au centre du village, sur la droite direction Geysir. ☎ 486-12-15. • laugarvatnhostel.is • Fermé déc-janv. Bon marché (fourchette basse) pour un lit en dortoir ; prix moyens (fourchette basse) pour une chambre double. Petit déj en sus.* Cette vaste maison blanche abrite une trentaine de chambres, dont 25 ont leur propre salle de bains. Conçues pour 1 à 6 personnes, elles sont sobres dans la déco mais agréables et très propres. Celles du 1er étage, plus chères, profitent d'une belle vue sur le lac (les autres donnent sur la route). Cuisine commune aux 2 étages, laverie. L'ensemble est impeccablement tenu.

De prix moyens à chic (14 000-30 000 ISK / 93-200 €)

Galleri Laugarvatn : *Háholti 1. ☎ 486-10-16. 893-46-56. • gallerilaugarvatn.is • À la sortie du bourg, sur la droite direction Geysir. Fourchette basse de la catégorie chic pour les doubles, petit déj inclus.* Genre de grand chalet en bois avec une jolie véranda, se doublant d'un petit café-boutique d'artisanat et de produits régionaux. Abrite seulement 3 chambres cosy, bien tenues et décorées avec beaucoup de soin, dans les tons bleus. Salles de bains modernes et spacieuses, dont une privée et l'autre à partager entre 2 chambres. Jardin à l'arrière, ouvert aux clients de l'hôtel comme à ceux du café. Accueil chaleureux (pas si courant en Islande) et petit déjeuner délicieux pour cette adresse de charme.

Lindin Restaurant & Bistro : *Lindarbraut 2. ☎ 486-12-62. Au bord du lac (bien fléché). Tlj dès 16h, dès 12h le w-e. Plats 2 800-6 000 ISK.* Dans une jolie maison ancienne entourée d'un jardin, la bonne surprise gastronomique du coin. On y sert, dans une salle lumineuse aux tons blancs et pastel, des plats goûteux, fins et inventifs, basée sur des produits locaux. La partie bistrot propose des plats plus simples mais bons quand même, à prix plus doux. Le menu varie mais on y trouve souvent des burgers d'agneau, de renne, ou de bœuf, un poisson, et bien sûr une *soup of the day.* Jolie terrasse avec vue sur le lac.

Où dormir ? Où manger dans les environs ?

Ferme-auberge Efsti-Dalur II, bar & resto : ***Bláskógabyggð**, sur la route 37, à 12 km à l'est de Laugarvatn, sur la route de Geysir. ☎ 486-11-86.*

LE SUD

• efstidalur.is • Resto et café ouv tlj 10h-20h. Double à prix chic. Burgers 2 300-2 800 ISK. Notre coup de cœur dans ce secteur très touristique. Grande ferme à la campagne, appartenant à la même famille de cultivateurs depuis 3 siècles. En fait, le lieu tient plus de l'hôtel que de la maison d'hôtes, avec des chambres au style champêtre installées dans un long chalet en rondins de bois, bien équipées et chacune avec petite terrasse donnant sur la cour de la ferme et les prés. Bon petit déj avec des produits de la ferme. Mais le grand succès de l'adresse c'est la salle de resto vitrée donnant sur... l'étable des vaches ! Un vrai spectacle agro-alimentaire dont l'on profite en savourant une bonne glace maison. Le resto se trouve à l'étage, seules quelques tables ont vue sur les vaches, les autres sur les champs (pas mal non plus) ! À la carte : bons burgers élaborés avec des produits maison.

Où se requinquer ?

Laugarvatn Fontana : *au bord du lac. ☎ 486-14-00. • fontana.is • Juin-août, tlj 10h-22h ; horaires restreints le reste de l'année. Vérifiez les horaires sur leur site avant de vous déplacer. Entrée : env 4 000 ISK (moins cher en hiver) ; réduc. Loc de serviettes et maillots en sus.* Implanté juste au-dessus de la source d'eau chaude, ce spa contemporain s'intègre harmonieusement dans l'environnement (alliance horizontale du bois et de la pierre, avec un toit en herbe). Plusieurs bassins de différentes tailles, allant de 32 à 40 °C, également un sauna à partir de 70 °C, des hammams... et accès direct au lac (pas bien chaud pour le coup). Bien moins touristique que le *Blue Lagoon,* on y croise surtout des familles islandaises. Cafétéria sur place en cas de petit creux. Goûtez au délicieux pain maison, cuit de façon traditionnelle, par géothermie.

GEYSIR

Eh oui ! C'est d'ici que vient le mot « geyser », l'une des manifestations volcaniques les plus spectaculaires qui soient. Un geyser n'est rien de plus qu'un conduit souterrain terminé, à la surface, par un petit cratère. Ce conduit est en partie rempli d'eau qui, chauffée (et sous pression), jaillit à la surface par intermittence. Puis le cratère se remplit à nouveau d'eau et le phénomène se reproduit. Attention, ça brûle !

À force de rester endormi, le « Grand Geysir » (qui peut atteindre des hauteurs de 10 à 25 m) s'est fait voler la vedette par le « Strokkur », juste à côté, qui crée le spectacle en propulsant toutes les 5 à 10 mn une colonne d'eau et de vapeur de 10 à 15 m. Plus que de la patience, c'est bien un sacré coup de chance si le « Grand Geysir » jaillit à votre passage car ses éruptions sont rares.

Dans le reste des 3 km² de cette zone géothermique, on trouve également des mares de boue bouillonnante, des sources d'eau chaude et d'autres geysers riquiqui. Tout en haut du site, une plateforme d'observation offre un panorama d'ensemble sur cette nature... un peu dénaturée par le complexe hôtelier en contrebas.

– Le site est très fréquenté (disons bondé), surtout en été, avec le complexe hôtelier, les cafétérias, la boutique souvenirs... Y aller plutôt avant 9h ou après 18h.

– Pour les liaisons par bus, voir plus haut « Comment visiter le Cercle d'Or ? ».

LE SUD

Où dormir ? Où manger à Geysir et dans les environs ?

🏠 |●| Le complexe ***Hotel Geysir*** possède toutes les infrastructures autour du site : le camping, 2 hôtels (dont un chic), 5 restos et une immense boutique de souvenirs. Peu d'intérêt de poser ses valises ici. Côté resto, on conseille plutôt ***Súpa*** pour ses bonnes soupes roboratives et son cadre boisé plutôt agréable *(soupe env 1 600 ISK).*

Campings

⛺ |●| ***Camping Skjól :*** *Kjóastadir 801, à 4,5 km à l'est de Geysir sur la route de Gulfoss. 📱 899-45-41. ● skjolcamping.com ● Tte l'année. Resto ouv tlj en continu 9h-23h en été, et seulement pour les services du midi et du soir le reste de l'année. Compter 1 500 ISK/pers, douches payantes. Plats 2 000-3 000 ISK.* Grand terrain spacieux dans un bel environnement, au pied d'une colline. Équipements très corrects et une bonne situation si on veut éviter la foule de Geysir. Fait aussi bar-resto : pizzas, *fish & chips...* et concerts acoustiques de temps en temps.

⛺ Pour ceux qui voudraient camper au plus près du site, le ***Camping Geysir*** se situe à 50 m. L'idée c'est d'y dormir pour être les 1ers arrivés le matin et se sentir ainsi privilégiés et seuls au monde dans un des sites les plus fréquentés d'Islande. Sinon, aucun intérêt de planter sa tente ici car le trafic y est incessant. Bons équipements (sanitaires modernes, aire de jeux pour enfants) mais chers payés. *☎ 480-68-00. ● hotelgeysir.is ● Ouv juin-août. 1 800 ISK/pers, douches payantes.*

⛺ Pour les amoureux de beaux emplacements, voir aussi le ***Camping Vid Faxa*** situé à 11 km au sud de Geysir. Voir plus loin « Où dormir ? Où manger à Reykholt et dans les environs ? ».

De prix moyens à chic (14 000-30 000 ISK / 93-200 €)

🏠 ***Geysir Hestar Guesthouse :*** *Kjóastadir 2, Haukadalur 801. 📱 847-10-46. ● geysirhestar.com ● À 4 km de Geysir, sur la route de Gulfoss. Ouv tte l'année. Double avec sdb partagée à prix moyens (fourchette haute), cottage 6 pers à prix chic.* À l'écart de l'agitation, cette ferme d'élevage de chevaux est tenue par une famille chaleureuse, qui vous réservera l'un des meilleurs accueils de la région sud. Les propriétaires proposent des chambres et des cottages, arrangés avec soin et décorés avec goût. Doubles et quadruples se trouvent dans la maison principale *(Krummi guesthouse),* avec salles de bains communes. Très belle vue sur la campagne, notamment depuis la belle salle du petit déjeuner largement vitrée. Les cottages (max 6 personnes) comportent chacun une chambre avec 2 lits simples, une mezzanine (4 lits), un salon et une cuisine équipée. En saison, il n'est pas rare d'observer les aurores boréales depuis son lit ! Les propriétaires organisent des balades à cheval dans la campagne (voir plus bas). Un vrai coup de cœur tant pour l'accueil que la qualité de l'hébergement.

🏠 |●| Sans oublier l'un de nos coups de cœur, la ***Ferme-auberge Efsti-Dalur II*** (voir plus haut « Où dormir ? Où manger dans les environs de Laugarvatn ? »).

À faire

➢ 👪 ***Balades à cheval :*** *avec* ***Geysirhestar,*** *📱 847-10-46. ● geysirhestar.com ● Pas de balades en hiver.* Cette ferme-*guesthouse* organise des randonnées de quelques heures à plusieurs jours autour du Cercle d'Or : le site géothermal et forêt Haukadalur de Geysir, mais aussi la chute et le canyon de Gulfoss... Après la balade, on peut boire un thé dans la chaleureuse grange aménagée avec une cuisine. Accueil très sympathique.

GULLFOSS

À 38 km au nord-est de Laugavartn, dans un environnement de plus en plus dépouillé et sauvage, les chutes de Gulfoss sont parmi les plus belles d'Islande. Hautes de 32 m, leur débit est particulièrement puissant : en moyenne 140 m³ par seconde, et jusqu'à 2 000 m³ en période de crue. Ces chutes remarquables doivent leur nom (« chutes d'Or ») à l'arc-en-ciel qui les englobe les jours de beau temps. Les eaux vives de la Hvítá, venues des montagnes et des glaciers, vrombissent en franchissant plusieurs paliers successifs, puis elles rejoignent avec fracas les gorges de Gullfoss, longues de 2,5 km. Un bruit sourd et puissant s'en dégage et des embruns émanent de cette fureur. Une poussière d'eau en somme, puissante et sublime !

LA CHUTE EST HEUREUSE !

Au début du XXe s, des investisseurs étrangers acquirent le droit d'exploiter les chutes pour y construire une centrale hydroélectrique. Sigríður Tómasdóttir, qui avait toujours vécu là, fit farouchement barrage au projet. Elle se rendit plusieurs fois à pied à Reykjavík pour défendre sa cause et menaça même, à la fin, de se jeter dans les chutes si le projet voyait le jour. Finalement, le contrat d'acquisition fut annulé et le site, protégé pour de bon.

– ***Bon à savoir :*** l'accès est ***gratuit*** et fort bien aménagé, mais il y a toujours beaucoup de monde. Pour éviter la foule et mieux profiter de la beauté du site, y aller tôt le matin, ou en fin de journée. Mais avant 11h (en été) le soleil n'est pas assez haut pour éclairer entièrement les chutes : la lumière ou la foule, il faut choisir !

– Pour rejoindre le site en bus, voir plus haut « Comment visiter le Cercle d'Or ? ».

Où dormir ? Où manger ?

■ |●| ***Hótel Gullfoss :*** *Brattholt, un peu avt d'arriver aux chutes, par une petite route fléchée sur la droite. ☎ 486-89-79. • hotelgullfoss.is • Catégorie chic, petit déj-buffet inclus. Resto le soir seulement. Plats 3 800-5 000 ISK.* C'est le seul hébergement de ce secteur. De plain-pied, l'hôtel se divise en 2 ailes. L'une accueille une vingtaine de chambres à la déco scandinave contemporaine comme on en voit beaucoup en Islande (tons boisés et touches pastel), avec salles de bains modernes. De l'autre côté, passé la très agréable salle à manger aux touches design et largement ouverte sur la campagne environnante, on trouve une quinzaine de chambres classiques et plus anciennes, mais aussi moins chères. Fait aussi (bon !) resto le soir.

|●| ***Gullfoss Kaffi :*** *sur le parking des chutes. Tlj 10h-21h en été (18h30 en hiver). Plat env 2 500 ISK.* Goûtez la *kjötsupa,* leur soupe d'agneau, sinon haddock frit, sandwichs... Inévitable boutique de souvenirs. Un peu moins l'usine que la cafétéria de Geysir, mais quand même... Pas de vue sur les chutes.

DE GULLFOSS À SELFOSS LE LONG DE LA RIVIÈRE HVÍTÁ

Réputée comme l'une des rivières les plus tumultueuses d'Islande, la Hvítá puise sa source du glacier Hvítárvatn, dans les hautes terres. 40 km plus au sud, elle se fracasse dans les chutes de Gullfoss et poursuit ensuite

LE SUD

tranquillement son cours jusqu'à Selfoss. À sa rencontre avec la rivière Sog, elle devient l'Ölfusá. Nous allons suivre son cours jusqu'à l'océan, au gré d'un agréable paysage de rondes collines et de larges plaines fertiles et verdoyantes, où paissent chevaux, vaches et moutons.

FLÚÐIR

À environ 30 km au sud de Gullfoss par les routes 35 puis 30 (bonne piste damée sur 5 km). C'est un petit village sans histoire où il est pratique d'établir le camp entre le Cercle d'Or et la côte sud. La station-service *N1* regroupe tous les services : distributeur de billets, poste et petit supermarché (tlj 9h-21h).

– 2-4 bus/j. depuis Selfoss avec *Strætó* (lignes 72 et 73, attention la ligne 72 ne circule pas le sam). Trajet : env 45 mn.

Où dormir ? Où manger à Flúðir et dans les environs ?

Campings

Camping de Flúðir : *à l'entrée nord du village, en venant de Gullfoss. 618-50-05. Ouv de mi-mai à mi-sept. Réception 10h-12h, 18h-22h. Compter 1 800 ISK/pers.* Grand camping municipal avec beaucoup d'espace sur un terrain plat et abrité par quelques arbres, en contrebas du village dans une sorte de vallon. Bons équipements, douches gratuites, machine à laver et sèche-linge payants.

Camping Alfaskeid : *à* **Syðra Langholt.** *772-12-99. À 10 km au sud-ouest de Flúðir, en retrait de la route 30 par la 340. À droite en entrant dans le hameau, suivre une piste sur 1 km. Pas de réception, s'adresser à la guesthouse du hameau. Ouv juin-fin août. Compter 1 800 ISK/pers.* Le site isolé n'intéressera que les campeurs aventuriers qui recherchent la solitude. Terrain très pauvre en équipements (ni douche, ni eau chaude), mais riche d'une superbe situation dans un cirque vert jouissant d'une vue incroyable. Pour les amoureux de bouts du monde.

De prix moyens à chic (20 000-30 000 ISK / 133-200 €)

Efra Sel Hostel : *Hvítárholtsvegur, à Flúðir. 661-59-35. • info@kaffisel.is • À 2,5 km de Fluðir par la 359, derrière le golf. Double avec sdb partagée à prix moyens.* Cet *hostel* n'a d'*hostel* que le nom puisque l'arrivée se fait en *self-check*. À côté du golf, cette maison de plain-pied abrite seulement 6 chambres modernes et impeccables et 2 salles de bains communes. Rien de luxueux mais le confort y est, avec quelques avantages en plus : cuisine commune, *hot tub* derrière la maison et petit salon où jouer aux échecs et échanger avec d'autres routards.

Flúðir Guesthouse : *Grund, à Flúðir. ☎ 565-91-96. • gistingfludir.is • Juste derrière la station-service. Doubles sans sdb à prix moyens et catégorie chic pour celles avec sdb. Barresto ouv tlj, seulement le soir. Burgers et plats 2 000-4 500 ISK.* C'est sans doute l'option la plus facile et pratique dans ce gros village. Une dizaine de chambres mignonnes et bien arrangées dans un bâtiment en bois à côté de la maison principale. Claires et confortables, elles sont bien tenues, avec salles de bain privatives ou partagées pour les plus économiques. Vue sur la campagne et la rivière en contrebas, balcons pour celles à l'étage. Au resto, on retrouve les classiques de la gastronomie islandaise : burgers, *fish & chips*, agneau braisé...

Minilik : *Hrunamannavegur, à Flúðir. ☎ 486-66-60. Derrière la station-service N1. Tlj sauf lun 18h-21h. Plats 2 100-3 000 ISK.* Un restaurant éthiopien en terre islandaise, c'est aussi insolite qu'un resto islandais à Addis-Abbeba ! Dans une salle richement décorée d'objets *made in Ethiopia* et sur fond de musique locale, on savoure quelques spécialités éthiopiennes : agneau au gingembre, les lentilles à l'ail et aux oignons... Mon tout est d'un très bon rapport qualité-goût-prix. Une très belle escale !

Farmers Bistro : *Garðastígur, à Flúðir. ☎ 519-08-08. À l'entrée nord du bourg, sur la gauche de la route 30. Tlj 12h-17h. Formule buffet env 2 500 ISK. Plat env 3 000 ISK.* Bienvenue dans l'unique ferme à champignon d'Islande ! Au resto de l'exploitation, on ne sert que la production maison. Poivrons et tomates sont cultivés dans des serres chauffées à l'eau thermale, tandis que choux, carottes et brocolis poussent au grand air (frais !). Les connaisseurs ne s'y trompent pas et la formule buffet rencontre un franc succès (résa conseillée), le champignon y est décliné à toutes les sauces : sauté, mariné, en soupe ou tapenade, et même un beurre aux champignons servi avec pain à l'ail maison. Un super rapport qualité-prix pour une cuisine locale et saine. Également quelques plats comme le *lamb wrap,* le saumon et les burgers, toujours à base de produits locaux.

LE SUD

À faire

Gamla Laugin (Secret Lagoon) **:** *Hvammsvegur. ☎ 555-33-51. • secretlagoon.is • À 1 km du centre, bien fléché. Tlj juin-sept 10h-22h. Hors saison, 11h-20h. Vérifiez les horaires sur leur site avant de vous déplacer. Entrée : 3 000 ISK ; gratuit moins de 14 ans.* Ouverte à la baignade depuis 1891, il s'agit de la plus vieille piscine d'Islande, et peut-être la plus naturelle. Un grand bassin en bord de rivière, aux eaux chaudes entre 38 et 40 °C, mais ni sauna, ni hammam. Moins commercial et touristique que le célèbre ***Blue Lagoon,*** il est très islandais dans l'âme avec ses grosses pierres volcaniques et les fumerolles tout autour. Sur place, café au style scandinave bien agréable.

REYKHOLT

– 2-4 bus/j. depuis Selfoss avec *Strætó* (lignes 72 et 73, attention la ligne 72 ne circule pas le sam). Depuis Selfoss, la ligne 72 dessert Reykholt avant Flúðir, tandis que la 73 dessert Flúðir avant Reykholt. Dans tous les cas, compter env 45 mn de trajet.

Où dormir ? Où manger à Reykholt et dans les environs ?

Camping Vid Faxa – Cascade Faxi : *à 9 km au nord-est de Reykholt par la route 35 (fléché sur la droite). 774-74-40. • vidfaxa@gmail.com • Ouv de mi-mai à fin sept. Env 1 000 ISK/pers.* Confort sommaire (toilettes, pas de douche), mais site superbe : les quelques emplacements sont posés juste au-dessus d'une très belle chute d'eau. Petit café sur place. On peut accéder aux chutes sans être client du camping, il faut alors payer 700 ISK pour se garer. Du parking, une promenade en bois permet de s'approcher au plus près de l'eau. Un peu cher payé tout de même.

Friðheimar : *à Reykholt, fléché. ☎ 486-88-94. Tlj 12h-16h. Formule soupe env 2 500 ISK.* Déjeuner dans une serre à tomates ça vous dit ? Chauffée et éclairée par géothermie, cette exploitation assure près de 20 % de la production nationale de tomates. Installé dans une immense serre, avec des centaines de plants qui grimpent au plafond, ce resto est réputé pour sa soupe de... tomates (!), servie en formule illimitée avec du bon pain maison. Sur chaque table, un plant de basilic à couper soi-même pour assaisonner son assiette. Très sympa à découvrir en famille, même si on paye surtout le concept.

SKÁLHOLT

Pile à mi-chemin entre Gullfoss et Selfoss (40 km de chaque côté), Skálholt est un hameau plus qu'un village, qui rassemble quelques maisons éparses autour d'une grosse église toute blanche. Pour résumer son histoire, il faut dire que ce fut le centre politique et religieux de l'Islande pendant 7 siècles ! Dès 1056, ce site fut le siège du 1er évêché et du 1er collège du pays. En 1075, c'était la plus grande ville islandaise... En 1550, victoire du luthérianisme. On y exécute le dernier évêque catholique, ainsi que ses 2 fils ! La ville devient alors le centre de la vie politique et culturelle du pays, jusqu'au séisme de 1785, suivi d'une éruption volcanique, qui rasa tout. L'évêché fut alors transféré à Reykjavík.
– ***Accès :*** à 10 km au sud de Reykholt (routes 35 puis 31) et environ 40 km au sud-ouest de Gullfoss.

Où dormir ? Où manger ?

Hôtel et restaurant du centre culturel : *à côté de l'église.* ☎ *486-88-70.* • *skalholt.is* • *Resto ouv tlj 10h-20h. Catégorie chic pour les doubles. Plats 2 000-2 500 ISK.* Pas franchement de raison de poser ses valises ici, mais ça peut dépanner. Plusieurs options d'hébergement répartis entre l'école, un bâtiment principal et des cottages. La maison principale abrite une vingtaine de classiques chambres doubles avec salles de bains privatives un peu anciennes mais propres. Option plus économique dans l'école ou les cottages annexes avec des chambres aux sanitaires partagés. Confort de base dans l'ensemble ; pour le charme, on repassera. L'ensemble aurait d'ailleurs besoin d'un petit coup de frais. À la salle de resto impersonnelle, préférer la petite terrasse si le soleil brille. Pas de la grande cuisine, plutôt des plats de cafétéria : soupes, *fish & chips,* boulettes de viande...

À voir

Cathédrale : *tlj 9h-18h sauf pdt les offices et concerts. Entrée gratuite dans l'intérieur de l'église mais crypte payante (chère !) : 750 ISK.*
Érigée en 1963, à l'occasion du millénaire de l'évêché, elle rappelle opportunément l'architecture du passé. À l'intérieur, superbes vitraux étonnamment modernes. Dans la ***crypte,*** on découvre la liste de la cinquantaine d'évêques qui ont dirigé l'église islandaise depuis sa fondation. Voir les belles pierres tombales, notamment celle de l'évêque *Jón Vidalin,* de la fin du XVIIe s. Noter la finesse des évangélistes ciselés aux 4 coins. En 1954, on découvrit le sarcophage de *Páls Jónsson* (1155-1211), évêque de Skálholt. D'autres vestiges et objets se trouvent au Musée national à Reykjavík.
Un tunnel reliait jadis la crypte au collège. Il permettait par mauvais temps d'éviter d'arriver tout crotté à la messe (au moins 2 fois par jour), voire de se réfugier dans l'église en cas d'attaque ennemie.
– À l'extérieur, une réplique de maison à toit d'herbe (Þorláksbúð) a été construite en 2011-2012. Elle est installée à l'emplacement de la chapelle provisoire érigée suite à un incendie qui détruisit l'église. Cette bâtisse n'abrite pas une reconstitution d'habitat traditionnel mais une exposition biblique.

SÓLHEIMAR ÉCOVILLAGE

À environ 30 km au sud-ouest de Gullfoss par la route 35, ce minuscule village ne présente aucun intérêt, si ce n'est pour une pause déjeuner.

Initié en 1930, Sólheimar (la maison du Soleil) est un écovillage créé pour les enfants atteints de handicap mental. 90 ans plus tard, la communauté s'est agrandie et compte désormais une centaine d'habitants. Le village regroupe quelques habitations, une *guesthouse,* une église, un café et une galerie où sont vendues les œuvres créées lors d'ateliers manuels (peinture, sculpture sur bois, céramique...).
Installé dans une ancienne serre, le café **Graena Kannan** propose une soupe du jour, de bons gâteaux maison et du café torréfié sur place. Une pause agréable si vous passez dans le coin. ☎ *422-60-08. Tlj 12h (14h dim)-17h.*
– Accès : à 15 km au sud-ouest de Skálholt (routes 35 puis 354).

LA CÔTE SUD

Comment circuler en bus sur la côte sud ?

● *publictransport.is* ● Site recensant l'ensemble des transports du pays, bus, avions, bateaux (carte interactive très bien faite).
Depuis Reykjavík, les bus suivent la route N1 vers l'est jusqu'à Selfoss. Là, les lignes desservant le Cercle d'Or ou Akureyri bifurquent plein nord. Les autres bus suivent la N1 sur la côte sud jusqu'à Hella où les lignes pour le Landmannalaugar et l'intérieur du pays prennent plein nord. Enfin, d'autres lignes continuent de suivre la côte jusqu'à Höfn. Les compagnies de bus suivantes opèrent sur cette partie du pays :

Bus public

– ***Strætó :*** ● *stræto.is* ● Depuis la gare routière de Mjódd, à 6 km au sud-est du centre-ville de Reykjavík, ou le terminal *BSÍ* (côté taxis). Les lignes n°s 51, 52, 71, 72, 73 et 75 desservent les principales villes de la côte et les sites touristiques un peu plus à l'intérieur des terres. Attention, la ligne 51 (terminus à Höfn) ne circule pas le sam plus loin que Vík.

Compagnies privées

Attention, suite à l'épidémie de Covid-19, une majorité de lignes et d'excursions dépendant des compagnies privées avaient été suspendues début 2021, bien se renseigner sur la remise en service de ces lignes en planifiant son voyage.
– ***Reykjavík Excursions :*** ● *re.is* ● Depuis le terminal *BSÍ.* Propose en été des liaisons régulières *(Highland Bus)* Reykjavík-Þórsmörk (1-2 bus/j. via Hella et Hvolsvöllur) ; Reykjavík-Landmannalaugar (1 bus/j. via Hella et Leirubakki) ; et Reykjavík-Skógar (1 bus/j. via Hvolsvöllur). Cette agence organise aussi des excursions à la journée depuis la capitale. Voir les détails et horaires sur leur site.
– ***Hop on and off*** *(Iceland by Bus) :* ● *icelandbybus.is* ● Propose en été des liaisons régulières Reykjavík-Þórsmörk (1 bus/j. via Hveragerði, Selfoss, Hella, Hvolsvöllur et Seljalandfoss) ; Reykjavík-Landmannalaugar (1 bus/j. via Hveragerði, Selfoss, Hella et Leirubakki) ; et Reykjavík-Skógar (1 bus/j. via Hveragerði, Selfoss, Hella, Hvolsvöllur et Seljalandfoss). Cette compagnie propose également des forfaits *(Bus Passports).* Les passagers peuvent embarquer ou descendre à n'importe quel arrêt de bus situé sur la route N1. Le *Passport South Coast* (env 20 000 ISK) et le *Passport Highland Hikers* (14 000 ISK) sont adaptés à des voyageurs partant plusieurs

jours dans la région. Se renseigner, car ces passeports n'avaient pas été remis en service suite à l'épidémie de Covid-19.
– **Trex :** ● *trex.is* ● Propose en été des liaisons régulières *(Daily Highland Bus)* Reykjavík-Þórsmörk (2 bus/j. via Selfoss, Hella et Hvolsvöllur) ; Reykjavík-Landmannalaugar (2 bus/j. via Selfoss, Hella et Leirubakki) ; et Reykjavík-Skógar (1 bus/j. via Selfoss, Hella et Hvolsvöllur).
– **Sterna :** ● *sternatravel.com* ● Depuis le terminal *Harpa* (certains bus passent par l'office de tourisme et le terminal *BSÍ,* côté taxis). Les excursions proposées par la compagnie incluent le Sud, par exemple le tour *Beautiful South Coast* (env 11 000 ISK, durée env 10h) ou le *South Coast & Glacier Walk* avec marche sur un glacier (env 20 000 ISK, durée 10h). Propose aussi des tours vers Landmannalaugar et Þórsmörk.

HVERAGERÐI

2 300 hab.

1re étape sur la N1, en venant de Reykjavík, après la traversée d'un plateau volcanique saisissant. Cette petite ville est dressée le long de la rivière Varmá et surtout autour d'une aire géothermique, qui s'est déplacée en périphérie suite au tremblement de terre du 29 mai 2008. Effet induit de cette activité géothermique, les serres (même si leur nombre tend à diminuer) fleurissent à la chaleur du sol. On a d'ailleurs surnommé Hveragerði « la ville des fleurs » et il est vrai que l'escale est plutôt plaisante.
– Liaisons assurées à l'année par *Strætó,* avec les lignes nos 51 et 52 de/vers Reykjavík (trajet : env 40 mn). Également desservi par la majorité des compagnies privées en été (voir plus haut « Comment circuler en bus sur la côte sud ? »).

Adresses et infos utiles

Office de tourisme : *Sunnumörk 2-4, dans le centre commercial, à l'entrée de la ville. ☎ 483-46-01. ● south.is ● Lun-ven 8h30-18h (17h en hiver), sam 9h-16h (13h en hiver), dim 9h-15h (13h en hiver).* Infos et doc complète sur la région. Donne une carte détaillant les ***randonnées*** à faire alentour.
■ ***Le centre commercial*** à l'entrée de la ville (croisement route 1 et Breiðarmörk – la rue principale) regroupe tous les services : ***office de tourisme*** (voir ci-dessus), ***supermarché*** **Bónus,** ***distributeur de billets, pharmacie, poste, stations-service*** et ***boulangerie*** ***(Almar Bakary,** tlj).*
■ ***Piscine :*** *Laugaskarð. Un peu au-delà du camping. De mi-mai à mi-sept, lun-ven 6h45-21h30, le w-e 9h-19h. Entrée : 1 000 ISK.* Un bassin extérieur, un sauna, 2 *hot tubs* et une salle de sport.

Où dormir ?

Camping

Camping : *Reykjamörk. 888-17-17. ● hveragerdicampsite@gmail.com ● À peine à l'écart du centre (c'est fléché). Env 1 750 ISK/pers.* Sur un terrain plat, protégé du vent par des haies d'arbres, ce camping abrite quelques douches et w-c dans des préfabriqués, ainsi qu'un espace cuisine à l'abri de la pluie, mais pas du froid. Beaucoup de caravanes en saison (heureusement quelques espaces sont réservés aux tentes). Lave-linge et sèche-linge payants. Piscine à 2 mn.

De chic à très chic (20 000-30 000 ISK et plus / 133-200 €)

Frost and Fire Hotel – Restaurant Varmá : *Hverhamar 810. ☎ 483-49-59. • frostandfire.is • Au bout de Breiðarmörk (la rue principale), prendre à droite au petit panneau discret, un chemin descend vers la rivière Varmá. Tte l'année. Catégorie très chic, petit déj inclus. Plats 4 000-6 000 ISK.* Cet ensemble de petites maisons en béton est situé en pleine zone géothermique, sur le flanc d'un vallon d'où jaillissent des fumerolles. Les chambres contemporaines, toutes confortables, arborent des tons boisés et sobres. Les plus agréables profitent d'un balcon avec vue sur la rivière aux eaux vives. *Hot tubs*, piscine à 35 °C et sauna tout en ardoise. Au resto vitré surplombant la rivière, on sert une cuisine à base de produits strictement locaux dans l'esprit *slow food.* Une très belle adresse.

Eldhestar : *au lieu-dit **Vellir,** à 1 km de Hveragerði, sur la route de Selfoss. ☎ 480-48-00. • hoteleldhestar.is • Catégorie chic, petit déj compris.* Ce grand haras (plus de 200 chevaux) propose des chambres d'hôtel coquettes, confortables et bien arrangées. On loge dans un bâtiment moderne aménagé avec soin. Buffet le soir pour qui ne veut pas ressortir en ville, dans une grande salle avec un coin salon pourvu d'une cheminée et de larges fenêtres pour profiter de l'extérieur en restant bien au chaud. Les chevaux sont visibles à côté de l'hôtel, dans un enclos. Accueil souriant.

Où manger ? Où faire une pause goûter ? Où boire un verre ?

Prix moyens (2 500-4 000 ISK / 17-27 €)

Skyrgerðin : *Breiðamörk 25. ☎ 481-10-10. Tlj 11h30-21h (22h ven-sam). Menu déj env 2 000 ISK. Plats 2 500-3 500 ISK.* Manger bien, manger sain, c'est possible en Islande. La preuve avec cette adresse cosy aux airs de salon de poupée et à la très agréable terrasse quand le soleil chauffe. Soupe du jour, *bowls* végétariens, bons burgers, côtelettes d'agneau et pommes de terre garnies, les portions généreuses compensent un service peu aimable. Les plus gourmands s'attaqueront au maousse *French chocolate cake,* spécialité de la maison. Un conseil : mieux vaut être affamé.

Ölverk Pizza & Brewery : *Breiðamörk 2. ☎ 483-30-30. Tlj 11h30-21h (23h ven-sam). Pizzas 2 300-3 000 ISK.* Franc succès pour cette brasserie locale où l'on s'attable dans un décor industriel pour siroter une bonne bière maison, élaborée grâce à la géothermie (si, si !). Pour les curieux, la brasserie est visible au fond de la salle, avec un chouette graffiti pour expliquer le processus de fabrication. Désaltérant après une longue route, on y sert des pizzas cuites au feu de bois (mais on a été moins convaincus).

Chic (4 000-6 000 ISK / 27-40 €)

Sans oublier le ***Restaurant Varmá*** du ***Frost and Fire Hotel*** : *voir plus haut dans « Où dormir ? ».*

Où manger chic dans les environs ?

Ingólfsskáli Viking restaurant : *Efstaland, 861 Ölfusi. À 8 km à l'est de Hveragerði, prendre la route 1 puis à gauche la piste 374. 📱 662-34-00. En principe ouv le soir lun-jeu, mais parfois également en fin de sem. Mieux vaut téléphoner avt. Plats 4 500-5 500 ISK.* Une adresse coup de cœur, qui mérite bien un petit détour. Plus qu'un repas, c'est une plongée dans l'âge d'or des Vikings qui vous attend ici. Cette gigantesque hutte (*skalli* en islandais) porte le nom du 1er colon de l'île : Ingolfur Arnarson. Pénombre, peaux de bêtes et musique mystique plantent un décor des plus envoûtant. Sous ces airs rustiques, l'adresse étonne par son menu chic, très court, basé uniquement sur des produits locaux et frais. Poisson pêché par la famille ou viande fumée par ses soins, les assiettes sont élégantes et généreuses. L'occasion de goûter le poisson séché, à faire glisser avec un *shot* de schnaps local, servi dans une corne de mouton ! Une excellente adresse, à l'accueil adorable. Les enfants adoreront (on peut même se déguiser !).

À voir. À faire à Hveragerði et dans les environs

– ***Bon à savoir :*** la visite du parc géothermique ne représente ***aucun intérêt.*** Ne gaspillez ni votre temps ni votre argent à déambuler dans ce qui se réduit aujourd'hui à un terrain vague à l'abandon.

Expo « Quake 2008 » : *juste à côté de l'office de tourisme. Mêmes horaires que celui-ci. GRATUIT ; 300 ISK pour le simulateur.* Dans le centre commercial, une mini-expo sur le tremblement de terre du 29 mai 2008, qui frappa la région à 15h45 (6,3 sur l'échelle de Richter). L'épicentre n'était qu'à 2 km de Hveragerði... Le centre commercial étant situé sur la faille qui sépare l'Europe de l'Amérique du Nord, celui-ci fut bien secoué... Les images des caméras de surveillance et des photos de maisons dévastées livrent un impressionnant témoignage des effets d'un séisme. Au sol, des dalles transparentes et éclairées montrent l'une des failles résultant de celui de 2003. Un simulateur de séisme de magnitude équivalente à celui de 2008 vous mettra sens dessus dessous (très court et pas indispensable) !

Listasafn Arnesinga Art Museum : *Austurmörk 21. ☎ 483-17-27. • listasafnarnesinga.is • Tlj 12h-18h (fermé lun en hiver). GRATUIT.* Petit musée lumineux où sont présentées des expos temporaires d'art moderne et contemporain. Abrite aussi un café et un espace enfants. Voir leur programmation en ligne.

Reykjadalur hot springs : *compter env 1h de marche aller.* Remonter toute la Breiðamörk (la rue principale) et continuer sur la route qui passe à côté du stade de foot et mène à un parking (si vous êtes à pied, c'est à 3,5 km du centre-ville, fléchage « Reykjadalur »). De là, un sentier facile et balisé de 3,5 km monte jusqu'à une rivière chaude où les gens se baignent. Retour par le même chemin (mieux vaut éviter le « hors-piste » dans ce coin, car on ne sait jamais où on met les pieds !). Abri sur place pour se changer. Mieux vaut y aller le soir pour éviter la foule en journée.

➢ ***Balades à cheval :*** *avec **Eldhestar** (voir « Où dormir ? » plus haut). • eldhestar.is • Résa à l'avance fortement conseillée en été.* Une équipe compétente et enthousiaste. Randonnée à l'heure, à la journée ou sur plusieurs jours autour des volcans, des sources d'eau chaude ou à la rencontre des elfes ! Pour tous niveaux.

La centrale géothermique de Hellisheiði : *sur les pentes du mont Hengill, à 14 km de Hveragerði en direction de Reykjavík sur la droite de la N1 (pas de signalétique). ☎ 591-28-80. • on.is • Tlj 9h-17h. Entrée : env 2 000 ISK (200 ISK de réduc en achetant le billet en ligne), avec audioguide ; gratuit moins de 12 ans. Explications et vidéo en français.* C'est la plus grande centrale du genre en Islande. Véritable vitrine de cette technologie, on y découvre comment utiliser la géothermie dans le cadre du développement durable. Sachez que 90 % des foyers islandais utilisent la géothermie pour chauffer leur maison. On y apprend aussi que 100 % de l'électricité d'Islande provient d'énergies renouvelables, dont la géothermie.

Inside the Volcano : massif volcanique de Blájföll, à 40 km à l'ouest de Hveragerði, en direction de Reykjavík par les routes 1 puis 417. ☎ 519-56-09. • insidethevolcano.com • Tarif : 44 000 ISK/pers, pick-up à votre hôtel et repas léger inclus (soupe et boisson chaude). De mi-mai à fin oct seulement. Plusieurs départs tlj de Reykjavík. Durée totale : 5-6h dont env 30 mn à l'intérieur du cratère. Âge min : 8 ans.
Cette agence propose de descendre dans le cratère du Þríhnúkagígur. Transfert assuré depuis/vers votre hôtel. Arrivé au pied du massif de Blájföll, il faut marcher 40-45 mn (3,5 km) pour atteindre l'entrée même du cratère. On embarque ensuite dans une nacelle métallique, qui descend à 120 m de profondeur (environ 6 mn de descente) et nous plonge dans un étonnant voyage au cœur d'un monstre éteint, vers le centre de la terre, comme dans le livre de Jules Verne. On passe alors environ 30 mn au cœur du volcan.
Prévoir un vêtement chaud car la température dans le cratère ne dépasse pas les 5 °C. Casques, harnais de sécurité et vêtements adaptés (en cas de pluie) sont fournis sur place. Les sceptiques se rassureront en apprenant que le volcan n'a pas connu d'éruption depuis... 4 000 ans ! Alors oui, c'est (très) cher mais l'expérience est unique au monde. Sujets au vertige s'abstenir.

SELFOSS

7 000 hab.

À environ 60 km au sud-est de Reykjavík, située au débouché de la Hvítá qui se jette en un vaste delta dans la mer d'Islande, Selfoss n'a pas un charme fou, mais c'est une bonne base pour explorer les environs, notamment le Cercle d'Or. La ville, bien desservie par les bus, est dotée de quelques bonnes adresses. Si vous continuez votre voyage vers l'est, c'est le moment de faire le plein de victuailles.

Arriver – Quitter

Selon les compagnies, l'***arrêt de bus*** se trouve à la station-service *N1,* ou à l'hôtel *Selfoss,* à droite après le pont.

➢ ***Reykjavík (via Hveragerði pour certains) :*** Selfoss est sur le passage de toutes les lignes venant de la capitale et desservant le Cercle d'Or ou la côte sud. La ville est desservie à l'année par *Stræto* (lignes 51, 52, 72, 73 et 75), ainsi que par la majorité des compagnies privées en été (voir plus haut « Comment circuler en bus sur la côte sud ? »).
Durée : env 15 mn pour Hveragerði et 1h pour Reykjavík.

➢ ***Landmannalaugar :*** en saison seulement. Voir plus haut « Comment circuler en bus sur la côte sud ? ». Durée : env 3h-3h30.

➢ ***Le port de Landeyjahöfn (ferry pour les îles Vestmannaeyjar) via Hella et Hvolsvöllur :*** avec *Stræto* (ligne 52), tte l'année, 2 bus/j. Durée : 1h10-1h30.

➢ ***Þórsmörk :*** en saison seulement. Voir plus haut « Comment circuler en bus sur la côte sud ? ». Durée : 3h-3h15.

➢ ***Höfn :*** tte l'année avec *Stræto* (ligne 51). Durée : env 2h40 pour Vík, 5h50 pour Skaftafell et 8h30 pour Höfn. Villes desservies : ***Hella, Hvolsvöllur, Seljalandsfoss, Skógar, Kirkjubæjarklaustur, Vík, Skaftafell*** et ***Jökulsárlón.*** Attention, la ligne 51 (terminus à Höfn) ne circule pas le sam plus loin que Vík.

➢ ***Le Cercle d'Or et Akureyri :*** en saison, la ligne 610 de *Reykjavík Excursions* relie plusieurs fois par semaine Laugarvatn, Geysir et Gullfoss (voir « Comment visiter le Cercle d'Or ? ») avant de poursuivre jusqu'à Akureyri.

➢ ***Eyrarbakki et Stokkseyri :*** 6 liaisons/j. avec *Stræto* (ligne 75), seulement 4 le sam et aucun service le dim. Trajet : 15-20 mn pour Eyrarbakki et 20-30 mn pour Stokkseyri.

Adresses utiles

Office de tourisme : *Austurvegur 2. ☎ 480-19-90. En face du supermarché* Krónan, *dans la bibliothèque municipale. Juin-août, lun-ven 8h-19h (18h en hiver), sam 10h-15h (14h en hiver). Fermé dim.*

■ **Supermarché Krónan :** *juste à gauche après le pont. Tlj 9h-20h (19h le w-e).* Si vous continuez votre voyage vers l'est ou le centre, vous ne trouverez plus par la suite de supermarchés aussi bien fournis et à prix « raisonnables », surtout au rayon des produits frais. Faites le plein !

■ **Banques :** *dans la rue principale (Austurvegur).*

■ **Piscine :** *Tryggvagata 15 (2e rue à droite après le rond-point en venant de Reykjavík). Lun-ven 6h30-21h30, le w-e 9h-19h. Entrée : env 1 050 ISK.* Plusieurs bassins (intérieurs et extérieurs), *hot tubs* et toboggan.

■ **Pharmacie :** *dans le centre commercial du supermarché* Krónan. *Tlj sauf dim 9h-18h (18h30 ven), sam 10h-16h.*

Où dormir ?

De bon marché à prix moyens (4 000-20 000 ISK / 27-133 €)

Camping et bungalows Gesthús : *Engjavegur 56. ☎ 482-35-85. • gesthus.is • Ouv tte l'année. Camping env 2 000 ISK/pers, gratuit moins de 15 ans ; chalet pour 2-3 pers avec kitchenette et sdb à prix moyens ; maison jusqu'à 6 pers à prix chic (voire très chic pour les plus grandes).* Vaste terrain combinant différents espaces répartis entre les caravanes, les tentes et les cottages. Équipements corrects : douches avec eau chaude, cuisine équipée, laverie (machine à laver et sèche-linge payants), grosses tables en bois et une réception qui abrite aussi la salle à manger pour le petit déj (en sus). Également location de bungalows avec salle de bains et kitchenette (3 adultes maximum ou 2 adultes et 2 enfants), et un accès gratuit à 2 *hot tubs* en été (payant pour les campeurs). Les tribus plus grandes opteront pour les *summer houses,* joliment arrangées et bien plus confortables : cuisine entièrement équipée, 2 chambres et salon. Une adresse pour tous les budgets, à 10 mn à pied du centre.

Selfoss HI Hostel : *Austurvegur 28. ☎ 482-16-00. 660-69-99. • hihostels.com • Bon marché pour un lit en dortoir (8 pers) ; doubles de bon marché à prix moyens, petit déj en sus.* Dans une maison rouge de la rue principale, voici une AJ accueillante et colorée, aux chambres et dortoir de 2 à 8 personnes (lits au sol, et non superposés) confortables. Au total, 10 salles de bains modernes pour une trentaine de chambres, donc pas d'attente à la douche le matin. Beaux espaces communs : cuisine bien équipée et jardin avec *hot tub* ! Lave-linge et sèche-linge. Une adresse moderne et très bien tenue, on enlève ses chaussures à l'entrée s'il vous plaît !

Chic (20 000-30 000 ISK / 133-200 €)

Arctic Nature Hótel : *Eyravegur 26. 615-46-99. • arcticnaturehotel.com • Après le pont, prendre à droite la direction d'Eyrarbakki ; c'est un peu plus loin, à droite. Tte l'année.* Hôtel assez banal de l'extérieur (façon motel posé sur un parking), mais il propose des studios impeccables pour 2 personnes, plus grands que des chambres classiques. Déco sobre et nette, mobilier très standardisé, salle de bains et petite cuisine. Différents niveaux de confort, les standard font très bien l'affaire. Le petit déj, en option et plutôt réservé aux groupes, est servi dans une salle de l'autre côté de la route. Une adresse impersonnelle mais pratique.

Où manger ? Où faire une pause goûter ? Où boire un verre ?

De bon marché à prix moyens (max 4 000 ISK / 27 €)

Kaffi Krús : *Austurvegur 7. ☎ 482-12-66. Tlj 11h-22h. Plats et pizzas 2 000-4 400 ISK.* Dans une maison orange, en plein centre. Populaire, bien tenu et propre, un bon resto réparti sur 2 niveaux. Cuisine franche et sans triche : salades, burgers, *fish & chips* et pizzas, mais aussi des plats du jour au tableau noir et un brunch le week-end. Également de délicieux gâteaux, dont un bon choix de cheese-cakes. Si le temps le permet, profitez de la terrasse entourée d'arbres (mais quand même un peu collée à la rue principale). Le soir, c'est l'un des seuls endroits où boire un verre, donc très fréquenté.

Bókakaffið – Books & Coffee : *Austurvegur, voisin du Selfoss HI Hostel. ☎ 482-30-79. Tlj sauf dim 12h-18h.* Cette petite librairie abrite quelques tables pour bouquiner au milieu des étagères remplies de livres en langues étrangères (dont une sélection en français). Mais la belle surprise du lieu c'est aussi l'adorable terrasse au vert à l'arrière, où l'on sirote un bon café en croquant dans un cookie maison.

De chic à très chic (4 000-6 000 ISK et plus / 27-40 €)

Tryggvaskáli : *Austurvegur 2. ☎ 482-13-90. Tlj 11h30-21h (22h ven-sam). Plats 3 000-7 000 ISK ; menu 8 500 ISK.* Ne vous fiez pas à l'extérieur, l'intérieur se révèle des plus charmant. Tout près du pont sur la rivière, voici la plus vieille maison de la ville (1890), renfermant des salles cosy avec canapés Chesterfield, coussins brodés et meubles choisis. La charmante salle à manger boisée est ponctuée de tableaux rétro. On y sert une bonne cuisine à base de produits locaux, travaillée avec des idées d'aujourd'hui. Une très belle surprise !

Où manger chic dans les environs ?

Ingólfsskáli Viking restaurant : *à 9 km à l'ouest de Selfoss, prendre la route 1 puis à droite la piste 374.* À mi-chemin entre Hveragerði et Selfoss, ne pas manquer cette adresse coup de cœur. Voir plus haut « Où manger dans les environs de Hveragerði ? ».

EYRARBAKKI

600 hab.

Ancien port de pêche, à 15 km au sud-ouest de Selfoss, qui a gardé un certain caractère et beaucoup de charme. Pourquoi dit-on ancien ? Parce qu'il n'a jamais été un vrai port avec une digue et des quais. Les bateaux déchargeaient naguère leur cargaison de poissons ou d'autres marchandises commerciales, tout en restant au large. Tout était transporté sur des barques et acheminé jusqu'à la rive. L'endroit était difficile et dangereux pour les pêcheurs, en raison des vagues, des courants, des tempêtes. La pêche a donc cessé faute de port abrité et cette activité s'est déplacée à Grindavík. Eyrarbakki possède néanmoins un riche patrimoine de demeures traditionnelles et colorées que les habitants contribuent à

mettre en valeur, notamment du côté du musée. On avoue un petit faible pour ce village en bord de mer et hors des sentiers battus.
➢ ***Selfoss :*** 6 liaisons/j. avec *Strætó* (ligne 75), seulement 4 le sam et aucun service le dim. Trajet : 15-20 mn. La même ligne poursuit vers Stokkseyri (20-30 mn).

Où dormir ? Où manger à Eyrarbakki et dans les environs ?

De bon marché à prix moyens (4 000-20 000 ISK / 27-133 €)

Bakki Hostel & Apartments : *Eyrarsgata 51-53. 788-82-00. • bakkihostel.is • Tte l'année. Bon marché pour un lit en dortoir. Appartements et studios (2-6 pers) à prix moyens.* Une ancienne conserverie où l'on ne se sent pas traité comme une sardine en boîte ! Dortoirs spacieux (pour 6-12 personnes) et très modernes avec des lits superposés équipés de casiers intégrés, lampes et prises individuelles. L'un est réservé aux femmes. Salles de bains et w-c en quantité suffisante pour éviter les attentes (avec sèche-cheveux s'il vous plaît !). Cuisine moderne et agréable salle à manger. Dans d'autre bâtiments, des studios et appartements joliment aménagés et décorés. Ils disposent tous d'une kitchenette (sauf les *economy*) et d'une salle de bains. Une adresse étonnamment moderne et impeccablement tenue, qui nous a bluffés !

De chic à très chic (20 000-30 000 ISK et plus / 133-200 €)

Rauða Húsið : *Buðarstigur 4, à côté de l'église. ☎ 483-33-30. Tlj sauf lun-mar 17h (12h le w-e)-21h. Lunch specials 4 200-5 000 ISK ; plats 3 000-8 000 ISK.* Dans une grande maison rouge typique, datant de 1919. Au 1er étage, salle d'une élégante sobriété, ornée de quelques objets anciens. Le chef concocte une savoureuse cuisine de la mer. C'est un grand passionné de la *Nephrops norvegicus* (la grosse langoustine nordique). Goûter aussi aux savoureuses *lobster tails* (un régal), à la morue ou au filet d'agneau. Excellent rapport qualité-prix des menus *lunch specials.*

Fjöruborðið : *Eyrarbraut 3, à* ***Stokkseyri.*** *☎ 483-15-50. À 7 km au nord-est d'Eyrarbakki par la route 33 ; dans une longue maison noire au toit rouge à droite, juste avt d'arriver au port. Tlj 12h-21h. Résa recommandée. Compter env 7 000 ISK les 250 g de grosses langoustines servies dans une poêle ; soupes à partir de 3 700 ISK. Menus 10 600-11 800 ISK (avec soupe de langoustine en entrée, langoustines en plat, et dessert).* Adresse méritant un détour et un petit effort financier ! Bienvenue dans le temple national de la langoustine. Pas la peine de venir manger autre chose ! Avec son cortège de sauces et de pain, la soupe mérite des éloges. D'autant que si on la prend comme plat principal, on vous apporte carrément votre petite soupière ! Côté décor, on a le choix entre la terrasse presque en bord de mer, abritée du vent, ou la salle aux tons rouges et aux grandes tablées. Le service est agréable, la cuisine remarquable, bref, une adresse pour laquelle « on en pince » !

À voir

Húsið – Musée populaire d'Árnesssla : *rue principale sur le front de mer, juste derrière l'église. ☎ 483-15-04. • byggdasafn.is • Mai-sept, tlj 11h-18h (groupes seulement hors saison). Entrée : 1 200 ISK.*
Le musée est installé dans la vénérable demeure toute noire d'un négociant (de 1765), reflet de la prospérité du village. Ce fut jadis (de 1765 à 1925) la place marchande la plus importante de la côte sud. Les propriétaires, la famille danoise

Lefolii, dirigèrent jusqu'en 1918 la maison Húsið, siège de leur compagnie commerciale. Ils habitaient Copenhague mais venaient tous les ans à Eyrarbakki.
– ***En face de l'accueil :*** on trouve le bureau du négociant, l'épicerie-quincaillerie, aussi la reconstitution d'une petite chapelle (vieux tableaux, orfèvrerie) et quelques exemples de l'artisanat local : instrument de musique, étuis à lunettes en bois ciselé, couverts en os de baleine, etc.
– ***Au rez-de-chaussée :*** chaleureuse salle à manger traditionnelle et son piano original arrivé par la mer en 1871. On y apprend que Sylvia Thorgrimsen, épouse du directeur de la compagnie, fut la 1re femme islandaise à jouer de cet instrument. Sous son impulsion, la culture musicale se développa dans le village. Dans le joli salon bleu, prenez le temps de détailler les photos de la vie rurale d'antan. On aime aussi la cuisine rustique avec l'âtre, le moulin à café et l'antique vaisselier.
– ***Le 1er étage*** semble encore « habité » avec ses mansardes, ses petites pièces brutes de forme et son atmosphère pleine d'intimité. Voir la chambre à coucher des enfants, où l'on découvre des jeux anciens. Il n'y avait pas d'hôtel au village, et la maison Húsið hébergeait les gens de passage : marchands, voyageurs, artistes, écrivains et notables. Les ouvriers dormaient dans le grenier (on peut imaginer leurs conditions d'existence).
– Ne pas manquer, dans la petite maison verte *(The Egg House)* à côté, la charmante présentation de volatiles régionaux empaillés.
– En sortant, jeter un œil (au moins par la fenêtre) à l'adorable ***église*** toute de bleu vêtue avec son ciel étoilé et sa petite galerie.

Maritime Museum : *50 m derrière la maison-musée Húsið. Mêmes horaires et billet commun avec le musée précédent.* Dans ce lieu, on remonte le temps, on est en mer à partager la rude, mais exaltante, vie des pêcheurs... Objets familiers, vieilles photos, les outils du tonnelier, un antique tour à bois, des maquettes de bateaux... Surtout, on admire un superbe bateau de pêche de 1915.

HELLA

800 hab.

Ce gros bourg situé entre Selfoss et Hvolsvöllur ne présente pas un intérêt débordant. Si vous avez un véhicule, il peut néanmoins être une base pour entreprendre une expédition au volcan Hekla – que l'on aperçoit pas loin – ou au Landmannalaugar.

Arriver – Quitter

Arrêt de bus : à l'entrée du camping.
➢ ***Reykjavík (via Selfoss) :*** Hella est sur le passage de nombreuses lignes venant de la capitale. Tte l'année, compter env 10 bus/j. avec *Strætó* (lignes 51 et 52). Également desservi par la majorité des compagnies privées en été (voir plus haut « Comment circuler en bus sur la côte sud ? »). Durée : env 1h30. Mais aussi desservi par *Trex, Thule Travel* et *Volcano Huts.*
➢ ***Le port de Landeyjahöfn (bateau pour les îles Vestmannaeyjar) via Hvolsvöllur :*** avec *Strætó* (ligne 52), tte l'année, 2 bus/j. Durée : 45 mn à 1h.
➢ ***Landmannalaugar :*** voir plus haut « Comment circuler en bus sur la côte sud ? ». Durée : env 2h30.
➢ ***Þórsmörk :*** voir plus haut « Comment circuler en bus sur la côte sud ? ». Durée : 2h30-2h45.
➢ ***Höfn :*** tte l'année avec *Strætó* (ligne 51), 1 bus/j. Durée : env 2h15 pour Vík, 5h15 pour Skaftafell et 8h pour Höfn. Étapes à ***Hvolsvöllur, Skógar, Vík, Kirkjubæjarklaustur, Skaftafell*** et ***Jökulsárlón.*** Attention, la ligne 51 (terminus à Höfn) ne circule pas le sam plus loin que Vík.

Adresse et infos utiles

- **Centre commercial :** *au rond-point à l'entrée de la ville.* On y trouve le **supermarché Krónan** *(lun-ven 9h-20h, sam 9h-18h, dim 9h-17h).* **Pharmacie** et **boulangerie** à l'intérieur. Également une **station-service Olís** et une **banque avec distributeur.**

- **Piscine :** *Útskálar 4 (à 500 m derrière la station-service). Lun-ven 6h30-21h, le w-e 10h-19h (12h-18h en hiver). Entrée : 1 000 ISK.* 1 grand bassin, 3 *hot tubs,* toboggans. Tout en extérieur.

Où dormir ? Où manger à Hella et dans les environs ?

De bon marché à prix moyens (4 000-20 000 ISK / 27-133 €)

Camping, Cottages & Restaurant Árhús : *au bout de la route qui part face à la station-service* Olís, *à Hella. ☎ 487-55-77. • arhus.is • Réception au café Árhús. Emplacement 2 500 ISK au camping. Cottage 2-6 pers à prix moyens. Burgers, pâtes et pizzas 1 800-2 500 ISK, plats 4 000-5 000 ISK.* Camping remarquablement situé en bord de rivière et arboré, malheureusement les prestations ne sont pas franchement à la hauteur (sanitaires peu nombreux et pas très propres, grande salle collective mais pas de cuisine équipée). Propose aussi petits et grands chalets, certains pouvant accueillir jusqu'à 6 personnes, avec kitchenette et salle de bains, mais là aussi un peu vieillots. Pour les repas, le café *Árhús* affiche une carte classique : pizzas, burgers, *fish & chips* et quelques viandes... rien de transcendant mais ça dépanne et la terrasse en bord de rivière est plutôt agréable.

De chic à très chic (20 000-30 000 ISK et plus / 133-200 €)

Stracta Hotel : *Rangarflatir 4. ☎ 531-80-10. • stractahotels.is • Doubles à prix chic ; studios et apparts (max 6 pers) en catégorie très chic ; petit déj inclus pour ts. Resto ouv tlj 11h30-21h. Plats 2 000-4 500 ISK.* Typiques du style scandinave et nordique, les chambres se répartissent dans des bâtiments au design étudié. Déco sobre, nette et minimaliste, avec de petites fenêtres ouvrant sur la cour et sur le jardin intérieur où les hôtes profitent des *hot tubs* à l'air libre. Les studios et apparts comptent aussi micro-ondes et petit frigo pour s'improviser une dînette sur le pouce. Réception et restaurant (plats traditionnels ou aux notes exotiques) se trouvent dans le bâtiment principal. Tout est impeccable, même si certaines chambres ne sont pas bien grandes. Accueil très pro, beaucoup de groupes s'y arrêtent.

Hestheimar : *à 14 km de Hella, sur la route 1 vers Selfoss puis piste 281 sur la droite. ☎ 487-66-66. • hestheimar.is • Tte l'année. Doubles à prix chic (bas de la fourchette). Cottages (max 4 pers) de prix chic à très chic. Petit déj en sus. Au dîner (seulement pour les hôtes) menu 6 500 ISK.* La situation à la campagne, la qualité des hébergements, l'accueil remarquable, autant de raisons pour s'arrêter ici. Au choix : une poignée de chambres modernes avec salle de bains privée ou partagée dans la maison principale ou des cottages très bien équipés, disséminés sur la pente d'un champ. Les 2 plus gros, avec 2 chambres chacun, sont aussi les plus modernes. Tous les hébergements profitent de larges fenêtres offrant une vue privilégiée sur la campagne alentour et sur le fameux volcan Eyjafjöll. Délicieuse cuisine familiale à base de bons produits locaux ou régionaux, pain et gâteaux maison, généreux buffets servis dans une lumineuse salle à manger. Réduction au centre équestre voisin pour les amateurs de chevauchées. Une belle adresse, avec *hot tub.*

DANS LES ENVIRONS DE HELLA

Keldur : *à env 15 km au nord-est de Hella (bien indiqué depuis la N1), par la 264 qui se transforme en piste sur les 8 derniers km (praticable avec un véhicule standard). Juin-août, tlj 10h-18h. Entrée : le site est gratuit mais compter 1 200 ISK pour visiter les maisons. En dehors de la période estivale, hameau librement accessible à tte heure.*

Loin du vacarme des villes, à l'écart de l'agitation, voici un site où règne la paix ! Keldur, c'est un hameau déjà mentionné dans les sagas du Moyen Âge. Son nom signifie « sources ». Aux XIIe et XIIIe s, ce fut la propriété du puissant clan Oddi. En 1510, la ferme fut menacée par l'éruption du volcan Hekla et l'extension des sables et rocailles volcaniques. Le dernier propriétaire quitta la ferme en 1946, qui devient alors propriété du Musée national d'Islande.

Aujourd'hui, soigneusement restauré, c'est, dit-on, le plus ancien et le plus remarquable ensemble de bâtiments à ***toits en tourbe herbeuse*** d'Islande. Une des poutres de la grande salle est gravée « 1641 ». Un passage souterrain datant des XIe-XIIIe s la reliait à la rivière, probablement une voie d'évasion en cas d'attaque. Une adorable chapelle et son intime cimetière donnent sur une boucle de la rivière et le paysage enchanteur.

– ***Bon à savoir :*** sur un plan purement pratique, les lecteurs continuant plus à l'est sur la côte peuvent rejoindre la N1 puis Hvolsvöllur sans repasser par Hella : depuis Keldur, suivre la partie orientale de la route 264 (11 km, dont 3 km de piste).

LE VOLCAN HEKLA

Paysages lunaires désolés et chaotiques, champs de lave à perte de vue, le magma qui dort sous la croûte terrestre peut jaillir sans prévenir. Gare aux éclats de l'Hekla ! C'est un site austère, âpre et redoutable, mais admirable. Culminant à 1 491 m, il reste très actif : la 1re éruption enregistrée date de 1104, la dernière de 2000 (elle a duré 11 jours). Au total, il y a eu une bonne vingtaine d'éruptions importantes, causant à chaque fois de grands dégâts. Au Moyen Âge, c'est bien simple, on croyait ferme que c'était la porte de l'Enfer !

Arriver – Quitter

➢ ***En voiture :*** de la route 1, prendre la route 26 et la suivre sur environ 50 km, jusqu'à la piste F225. Là, un 4x4 et un bon conducteur sont nécessaires sur la vingtaine de kilomètres qui mènent jusqu'au parking (pas du tout indiqué mais juste au pied du volcan). Les derniers kilomètres sont franchement rudes et seuls peuvent y accéder les véhicules spéciaux (4x4 surélevés). Laissez votre voiture là où vous n'arrivez plus à avancer. Depuis Hella, compter minimum 2h de trajet.

Avant de vous engager sur cette route, faites le plein ! La dernière station-service se trouve sur la route 1, au croisement avec la route 26.

– ***Attention : les véhicules de location (même 4x4) ne sont pas assurés sur les pistes F*** (des panneaux vous le rappellent à l'entrée de la piste). Par conséquent, s'il vous arrive un pépin, c'est pour votre pomme !

➢ ***En bus :*** aucun bus ne dessert directement le volcan Hekla. Certains des bus reliant le Landmannalaugar passent à proximité, mais vous aurez toujours le problème du retour (les horaires des bus dans l'autre sens ne vous laissant pas le temps de faire l'ascension et la descente).

Où dormir ? Où manger dans les environs ?

À 30 km de la route 1 et à env 35 km du parking d'où commence l'ascension vers le volcan Hekla, cet hôtel est desservi par les bus reliant Reykjavík au Landmannalaugar et à Mývatn (voir plus haut « Arriver – Quitter » à Hella).

Hótel Leirubakki : *sur la route 26.* ☎ *487-87-00.* *893-50-46.* • *leirubakki.is* • *Ouv de mi-mai à mi-sept. Emplacement camping env 2 000 ISK/pers. Nuitée avec sac de couchage en catégorie bon marché. Doubles à prix chic, petit déj inclus. Au resto, plats 2 600-4 000 ISK.* C'est un des rares hébergements de la région. Les petits budgets peuvent dormir avec leur sac de couchage dans 4 petites chambres avec lits superposés. L'ensemble est basique, voire rustique, et plus très jeune, préférer celles avec salles de bains privées si possible. Camping avec douche. Fait aussi resto en été, mais profitant de son monopole, les prix sont excessifs pour une cuisine pas renversante. Outre le site, très plaisant, superbe petite piscine naturelle bien chaude, ainsi que des *hot tubs*, et même les campeurs peuvent profiter de ces installations. Une adresse en demi-teinte, mais vous n'aurez pas tellement d'autres choix dans les environs.

– Juste à côté, le ***Hekla Center*** présente une expo multimédia sur le volcan. Cher payé et pas indispensable.

Rjúpnavellir Cabins & Camping : *à* ***Rjúpnavellir,*** *à 10 km à l'est de l'Hótel Leirubakki (cité plus haut), sur la route 26 qui devient ensuite la piste menant au Landmannalaugar.* *892-04-09.* • *rjupnavellir.is* • *Fermé en hiver. Camping 1 300 ISK/pers, mountain cabins et cottages avec sac de couchage, en catégorie bon marché.* Situé au-dessus d'une rivière aux eaux vives, le terrain est plat, planté de quelques buissons et arbustes. Les campeurs peuvent poser leurs tentes où ils veulent. En cas de mauvais temps, possibilité de cuisiner dans le chalet. Les *mountain cabins* abritent des dortoirs de 18-22 lits avec sanitaires partagés (douches payantes). Il y a aussi 3 cottages, mieux équipés (pour 4-8 personnes) avec des lits superposés, salle de bains, cuisine bien équipée et terrasse. Environnement superbe ! Le site du Landmannalaugar est à environ 2h de route vers l'est.

À faire

L'ascension du volcan : avant d'entreprendre la randonnée, renseignez-vous sur les conditions météo (il peut y avoir encore de la neige en été) et sur les risques d'éruption, toujours envisageables. Pas de sentier aménagé, ni balisé, restez dans les traces des visiteurs précédents. Depuis le parking final, au pied du volcan mais presque inaccessible aux 4x4 classiques, il faut compter environ 1h30 pour rejoindre le sommet. Si vous garez votre voiture plus tôt car vous n'arrivez plus à avancer, prévoir ce temps de marche en plus (cela semble évident, mais bon !).

L'ascension se fait dans les cendres et la pente au début est assez abrupte, prévoir des bâtons de marche et ne pas y aller s'il a plu. Là-haut, les paysages sont stupéfiants, la blancheur des névés tranche avec l'obscurité des cendres et par temps clair, le regard porte à des kilomètres (déserts) à la ronde. Une rando mal balisée et difficile (autant pour y accéder, que pour y grimper) à déconseiller aux familles avec jeunes enfants.

LE LANDMANNALAUGAR

N'ayons pas peur des mots, le Landmannalaugar, avec son paysage qui passe par tous les dégradés de gris, de vert et d'orangé, est l'un des sites volcaniques les plus grandioses d'Islande. On peut se contenter d'y passer 2h, entre 2 bus, mais ce serait dommage, car vous ne profiterez pas réellement de la beauté des lieux, et l'excursion revient vraiment cher. Mieux vaut rester 1 ou 2 nuits pour s'attaquer à de magnifiques randonnées dans les environs. Quoi qu'il en soit, c'est un site remarquable, une étape à inscrire dans son programme de voyage. Malgré son relatif isolement, ne vous y trompez pas, le Landmannalaugar attire beaucoup de monde et vous y serez rarement seul. Raison de plus d'y passer 1 nuit ou 2, pour profiter du calme relatif du site avant l'arrivée ou après le départ des cars de touristes.

– ***Bon à savoir :*** plan indicatif des randos disponible au camping (300 ISK). La plus courte dure 1h, la plus longue 9h, et on peut en combiner plusieurs. On peut donc y passer la journée et repartir… ou plus si affinités. Même si vous ne dormez pas sur place, il vous sera demandé une participation obligatoire de 500 ISK pour avoir accès aux infrastructures (toilettes, abri de pique-nique, sentiers…). Attention, pas d'accès aux douches inclus dans ce tarif (les Vikings ne se lavaient pas souvent).

Arriver – Quitter

En bus

➢ ***Reykjavík (via Hveragerði, Selfoss, Hella, Leirubakki) :*** avec **Iceland by Bus** *(● icelandbybus.is ●)*, 1 bus/j. de mi-juin à mi-sept. Départ vers 7h15 du *Harpa Concert Hall,* arrivée à 12h. Durée : env 5h. Dans l'autre sens, retour à 18h et arrivée à Reykjavík à 21h40. Même prestation, avec les mêmes arrêts, assurée par *Thule Travel (● thuletravel.is ●).* Départ à 7h (3 arrêts à Reykjavík), arrivée à 11h10. Durée : env 4h15. Retour à 17h pour une arrivée à Reykjavík à 21h30.

➢ ***Reykjavík (via Selfoss, Hella, Leirubakki) :*** avec **Trex** *(● trex.is ●)*, 2 bus/j. de mi-juin à début sept. Départs à 7h30 et 11h30 du *Reykjavík City Hall,* arrivées respectives à 11h30 et 15h30. Durée : env 4h. Dans l'autre sens, retours à 14h30 et 18h pour une arrivée à Reykjavík à 18h20 ou 21h50.

➢ ***Reykjavík (via Hella et Leirubakki seulement) :*** avec ***Reykjavík Excursions*** *(● re.is ●)*, 1 bus/j. de mi-juin à début sept. Départ vers 6h30 du *Campsite Hostel* ou du terminal *BSÍ* à 7h, arrivée à 11h15. Durée : env 5h. Dans l'autre sens, retour à 15h45 et arrivée à Reykjavík à 19h45.

➢ Excursions en bus à la journée, avec guide : au départ de Reykjavík, elles sont, entre autres, proposées par *Reykjavík Excursions (● re.is ●), Iceland by Bus (● icelandbybus.is ●), Trex (● trex.is ●)* et *Thule Travel (● thuletravel.is ●).* Assurent de mi-juin à mi-sept une excursion quotidienne en anglais, Reykjavík-Landmannalaugar. Départ vers 8h, retour vers 20h. Prix : env 16 000-22 000 ISK (réduc). Il existe d'autres compagnies privées proposant des excursions depuis d'autres villes de la côte sud. Difficile de toutes les lister.

En voiture

L'accès au site de Landmannalaugar n'est possible que par des pistes classées F (les *F-roads,* comme on les appelle), réservées EXCLUSIVEMENT aux véhicules 4x4. Et même avec ce type de véhicule, vous n'êtes couvert par aucune assurance, et êtes passible d'une lourde amende, mais bon, tout le monde le fait ! Ces pistes sont ***carrossables en 4x4 seulement de fin juin à mi-septembre,*** le reste de l'année, il faut un véhicule spécialement équipé pour la neige, ou bien les routes sont simplement fermées.

Avant de vous lancer sur des pistes, ne pas oublier de faire le plein d'essence, et même de prendre un jerrican au cas où, car on ne trouve aucune station-service dans ce secteur reculé. La dernière station avant d'arriver au Landmannalaugar se situe au *Hrauneyjar Highland Centre* sur la route 26, à environ 40 km. Étonnamment, les tarifs pratiqués y sont les mêmes que sur le reste de l'île. Depuis cet hôtel, la suivante est à... 243 km. Sans vouloir être directif, faites le plein !

➢ Si vous ne voulez prendre aucun risque ou ne vous sentez pas le courage d'affronter la piste qui mène au site, vous pouvez laisser votre voiture et attraper un des bus présentés en détail plus haut. Pour limiter les frais, autant le prendre à partir de l'hôtel *Leirubakki* (dernier stop avant le Landmannalaugar) : compter alors environ 9 000-10 000 ISK aller-retour jusqu'à Landmannalaugar. C'est la solution conseillée par toutes les agences.

➢ ***Depuis le sud-ouest*** *(Hella)* **:** route 26 goudronnée sur environ 50 km. Après le croisement avec la piste F225 (qui mène au volcan Hekla), cette route devient une piste rocailleuse sur 14 km (facilement carrossable). On retrouve le goudron pour 25 km supplémentaires, avant de bifurquer sur la F208 qui mène au Landmannalaugar (fléché). Vous aurez encore 5 km de répit avant que la route ne se transforme en piste pour les 25 derniers km (les plus éprouvants). Un 4x4 est vivement conseillé pour cette dernière portion. En arrivant en bout de parcours, certains ont encore le courage de franchir les 2 gués juste avant le parking du site. Sinon, on peut se garer avant les rivières et terminer à pied (environ 300 m sur des passerelles). C'est d'ailleurs l'option que l'on recommande si vous n'êtes pas à l'aise avec les passages de gués. Compter au total 3h depuis Hella si vous êtes un conducteur aguerri, 4h si vous y allez plus doucement ou en cas d'affluence (difficile de doubler).

➢ ***Depuis le nord :*** le site est accessible par la route (piste) 842. Elle devient la route 26 après 43 km, au niveau du village de Myri. Puis on continue sur cette route 26 pendant 200 km jusqu'à rejoindre la F208. Cette F208 commence par une jolie route goudronnée sur 5 km (jusqu'à la centrale hydroélectrique), puis se transforme en une piste très caillouteuse et cahoteuse sur les 25 km suivants (les 15 premiers sont les pires !). Prudence et vigilance n'excluront pas que vous ayez ensuite le dos en bouillie et les cervicales en compote ! Compter minimum 1h pour parcourir les 30 km, avant d'arriver au site de Landmannalaugar.

Où dormir ? Où acheter des provisions ?

Refuge du Landmannalaugar : *géré par l'association de randonneurs Ferðafélag Íslands (FÍ). ☎ 568-25-33. 860-33-35. • fi.is • Ouv tte l'année. Résa impérative. Compter 9 500 ISK/pers pour le refuge ; env 2 300 ISK/pers pour camper. Douches payantes pour ts : 500 ISK. Réduc pour les membres de la FÍ.* Idéalement situé à 550 m d'altitude, mais tarifs élevés comme tous les autres sites plus ou moins difficiles d'accès. 80 personnes (privilégiées) peuvent y loger. Chauffé toute l'année, ce refuge bien équipé comprend une cuisine accessible uniquement aux résidents du refuge. Les toilettes sont communes et les douches payantes pour tous. Camping à côté, au confort sommaire (w-c, eau). Terrain plat mais très caillouteux, prévoir de solides sardines et un bon tapis de sol. Attention, pas de possibilité de repas sur place, il faut tout apporter. À 50 m du refuge, on trouve des sources naturelles d'eau chaude à 40 °C, mais l'endroit est souvent bondé.

En été, vous trouverez près du refuge de vieux bus verts convertis en ***snack-épicerie et café.*** On y vend tout ce qui pourrait vous dépanner : cartouches de gaz, gants, aliments lyophilisées, friandises, pâtes...

Autres refuges sur les parcours de rando. Ils sont indiqués sur les plans.

À faire

Le trek Laugavegur entre Landmannalaugar et Þórsmörk

Parmi les nombreuses randonnées (de 1h à plusieurs jours) que compte cette magnifique région, voici la plus remarquable et la plus recherchée par les randonneurs. Le magazine *National Geographic* classe ce trek parmi les plus beaux du monde !
Prévoir 4 jours de marche (pour environ 54 km), selon votre rythme, à travers les paysages volcaniques du Landmannalaugar, les blocs rocheux de rhyolite et d'obsidienne, les glaciers et leurs névés, les déserts de cendres, les champs de lave, les arbres difformes de Þórsmörk... Les couleurs jaunes, vertes, marron, les reliefs volcaniques, les renards, les saumons et les moutons seront vos compagnons de randonnée : un concentré d'Islande ! Magnifique mais difficile. Gare à la météo, le beau temps étant aléatoire et le terrain très accidenté.
Plus d'infos sur : • *fi.is/en/hiking-trails/trails/laugavegur* •

– ***Bon à savoir :*** la randonnée peut se faire entre le 20 juin et le 15 septembre, ni avant ni après en raison du temps. **BIEN S'ASSURER DES CONDITIONS CLIMATIQUES AVANT LE TREK.** C'est écrit assez gros ? Par ailleurs, il peut y avoir encore beaucoup de neige en juin sur une partie du parcours (entre Landmannalaugar et Álfavatn notamment), ce qui rend la marche beaucoup plus pénible.
– ***Un sentier très fréquenté :*** lecteurs randonneurs, si vous avez déjà effectué les dernières étapes du chemin de Saint-Jacques-de-Compostelle, le sentier GR 20 en Corse ou encore le tour du mont Blanc, vous n'allez pas être dépaysés. Autrement dit, ces sentiers volcaniques sont parfois noirs... de monde en été ! Mais les paysages sont tellement sublimes que l'expérience reste, malgré tout, à tenter...
– ***Chemin balisé mais carte détaillée utile.*** On effectue le parcours le plus souvent dans le sens Landmannalaugar-Þórsmörk, car ça descend vaguement (500 m à peine de dénivelée). Compter en moyenne 4h-7h de marche par jour. Le chemin est bien balisé (et en saison il suffit de suivre les autres randonneurs...), mais munissez-vous quand même de la ***carte au 1/100 000*** *Þórsmörk-Landmannalaugar.* Vous pouvez l'acheter dans les offices de tourisme et les stations-service de la région. En complément, vous pouvez vous procurer les petites cartes de la région (plus précises) auprès des gardiens. Ce n'est pas superflu en cas de brouillard, car les marqueurs en bois sont parfois éloignés de plus de 100 m les uns des autres, voire recouverts par la neige.

Infos, conseils utiles et équipement

– Les ***guides de montagne*** organisent des treks accompagnés en 5 jours. Boutique à Reykjavík : *Stórhöfði 33.* ☎ *587-99-99.* • *mountainguide.is* • *Compter 220 000 ISK les 5 j. !*
– On peut acheter quelques victuailles et des cartouches de gaz au bus-épicerie du refuge du Landmannalaugar, mais c'est assez cher et le choix est limité.
– Emportez toujours de l'eau (car celle des rivières est boueuse) et un surplus de provisions, en cas de halte obligée pour cause de mauvais temps (ne vous aventurez pas trop loin des refuges dans ces cas-là).
– N'oubliez pas d'emporter de bons vêtements imperméables type *Gore-Tex* ; plusieurs couches (tee-shirts, polaire, etc.) sont nécessaires.
– De bonnes chaussures de marche, ça va de soi, un bonnet et des gants. Ça souffle fort, parfois !
– Des bâtons et des sandales en plastique (pas des tongs) pour le passage des gués.
– Les bouchons d'oreilles sont utiles en refuge... pour cause de voisinage ronflant !
– Si vous optez pour le camping, un sac de couchage très résistant au froid (les températures descendent souvent en dessous de 0 °C) et de quoi faire la popote puisque les cuisines des refuges ne sont pas accessibles aux campeurs.
– Une paire de jumelles peut compléter cet attirail.

Où dormir ?

Sur le trajet, il y a 5 refuges et campings (en plus de celui de Landmannalaugar), propres et bien équipés. Les douches sont payantes pour tous (500 ISK) et, le plus souvent, les toilettes à l'extérieur. On peut y dormir avec un duvet *(env 9 500 ISK),* mais il vaut mieux emporter sa tente à partir de la mi-juillet du fait de l'affluence *(on peut camper devant les refuges pour env 2 300 ISK/pers).* ***Attention,*** les cuisines ne sont pas accessibles aux campeurs. Dans les refuges, les résas sont à effectuer (et à régler) au minimum 1 mois à l'avance.
– Infos et résas : ***Ferðafélag Íslands.*** *☎ 568-25-33. • fi.is •*

Juste de passage

Si au cours d'une étape, vous voulez utiliser les toilettes ou le barbecue d'un refuge, il faudra payer 500 ISK. Attention, cette somme ne donne pas accès à l'intérieur des gîtes (parties communes, cuisines...).

Suggestion de parcours

On peut découper ce parcours en 4 tronçons (purement indicatifs) avec, à chaque étape, un refuge et quelques sentiers surprenants : de Landmannalaugar à Hrafntinnusker, 12 km, compter 4-5h (refuge *FÍ*), de Hrafntinnusker à Reykjafjöll (refuge *FÍ*) ou Álftavatn (refuge *Útivist,* *• utivist.is •*), même distance et même durée que l'étape précédente. Sur le tronçon Álftavatn-Emstrur (16 km, durée 6-7h), bien faire attention de passer à gauche du mont Hattfell pour ne pas avoir à couper n'importe où, au petit bonheur la chance. D'ailleurs, il est déconseillé de sortir des sentiers : c'est parfois périlleux et cela fragilise la végétation déjà si pauvre. Puis dernier tronçon Emstrur-Þórsmörk (15 km, durée 6-7h) avec refuge *FÍ.* Balade géniale dans les gorges de Markatflojogur. Le Grand Canyon en vert ! Enfin, arrivée à Þórsmörk (refuge *FÍ*).

Et pour les plus courageux...

Certains poussent le plaisir jusqu'à Skógar. 25 km de plus qui vous mèneront aux chutes d'eau... Cette portion supplémentaire (pour randonneurs confirmés) s'appelle le ***trek du Fimmvörðuháls.*** Voir plus loin « Þórsmörk ».

Les randonnées à la journée

Nul besoin d'être un trekkeur expérimenté, ni de passer 4 jours dans la région pour profiter des paysages époustouflants du Landmannalaugar. On peut déjà s'en offrir un bel aperçu en y consacrant une journée. Achetez la carte des sentiers (300 ISK) à la réception du refuge et goupillez-vous un itinéraire adapté, selon le temps disponible et le niveau de difficulté souhaité. La carte « détaille » (c'est un grand mot) 7 sentiers, de 4,3 km (env 1h30-2h de marche) à 17 km (env 6h30-9h), que l'on peut combiner à sa guise.
Pour rappel, il faut payer 500 ISK par personne pour avoir accès aux infrastructures (toilettes, abri de pique-nique, sentiers...).

HVOLSVÖLLUR

1 000 hab.

À 14 km au sud-est de Hella sur la route 1, c'est une petite ville sans grand intérêt ni caractère autre que le paysage aux alentours. Mais on recommande de s'y arrêter pour visiter le génial *LAVA Centre,* un musée interactif sur les éruptions volcaniques. Et pourquoi ne pas y passer la nuit entre 2 étapes ?

LE SUD

Arriver – Quitter

Les bus partent de la station-service *N1*, sur Austurvegur (route 1).

➢ ***Reykjavík (via Hella, Selfoss et Hvragerði) :*** Hvolsvöllur est sur le passage des lignes desservant la côte sud depuis la capitale. Tte l'année, avec *Stræto* (lignes 51 et 52). Durée : env 1h30. Également desservi par la majorité des compagnies privées en été. Voir plus haut « Comment circuler en bus sur la côte sud ? ».

➢ ***Le port de Landeyjahöfn (bateau pour les îles Vestmannaeyjar) :*** avec *Stræto* (ligne 52), tte l'année, 2 bus/j. Durée : 30-50 mn.

➢ ***Þórsmörk :*** voir plus haut « Comment circuler en bus sur la côte sud ? ». Durée : 1h30.

➢ ***Skógar, Vík, Klaustur, Skaftafell, Jökulsárlón et Höfn :*** tte l'année avec *Stræto* (ligne 51), 1 bus/j. Durée : env 1h pour Vík, 3h pour Skaftafell et 5h30 pour Höfn. Attention, la ligne 51 ne circule pas le sam plus loin que Vík.

Adresses et infos utiles

Office de tourisme : *Hlídarvegur 14. Dans le musée des Sagas. ☎ 487-80-43. De mi-mai à mi-sept, tlj 9h-18h ; le reste de l'année, seulement le w-e 11h-17h.* Brochures et cartes (de randonnée entre autres) sur la région.

■ ***Supermarché Krónan :*** *sur Austurvegur (route 1), face à la station* N1. *Tlj dès 9h ; ferme à 19h lun-jeu, 20h ven, 18h sam et 16h dim.*

■ **Banque :** *à côté du supermarché. Lun-ven 9h-16h.*

■ **Piscine :** *Vallarbraut, un peu à l'écart du centre (fléché). Lun-ven 6h-21h, le w-e 10h-19h (17h en hiver). Entrée : 1 000 ISK.* Bassin en plein air, toboggan et 2 *hot tubs*.

Où dormir ? Où manger ?

Camping

Camping : *quand on vient de Selfoss, 1re à droite, juste avt la station* N1. *866-89-45. Ouv juin-août. Env 1 500 ISK/pers ; réduc.* Dans une partie de la ville vraiment tranquille, un terrain abrité du vent par 2 rangées de hauts arbres. Surtout fréquenté par des caravanes, il n'y a pas d'emplacements réservés aux tentes. Assez sommaire mais suffisant : sanitaires avec douches (payantes), mais pas de cuisine équipée (juste un abri avec des plaques au gaz et un évier). Lave-linge et sèche-linge.

De bon marché à chic (4 000-30 000 ISK / 27-200 €)

Midgard Base Camp : *Dufpaksbraut 14. ☎ 578-31-80. • midgardbasecamp.is • Resto ouv tlj, le soir slt. Bon marché pour les lits en dortoir. Doubles à prix chic (bas de la fourchette), petit déj en sus. Plats 2 400-3 500 ISK.* Dans une sorte de zone commerciale, calme et sans nuisances, un grand bâtiment de style contemporain, tenu par une agence proposant des activités en plein air (*• midgardadventure.is •*). Ne surtout pas se fier à l'environnement extérieur, l'intérieur abrite l'une des meilleures surprises de la côte sud ! Tout est impeccable : les dortoirs mixtes (4 ou 6 lits), bien arrangés avec casier, lampes et prises individuelles, et salles de bains communes modernes. Également des chambres pour 2, 3 ou 4 personnes, avec salles de bains privatives ou partagées selon le prix. Déco brute minimaliste. Excellent petit déj-buffet, cuisine saine et sans prétention, avec une carte très courte : quelques soupes, salades végétariennes, poisson ou burgers. Parties communes hyper modernes et conviviales, accueil jeune et sympa en prime. Sans oublier le sauna et le *hot tub*. Une pépite on vous dit !

On peut faire appel à eux pour une excursion ou un transfert vers Þórsmörk ou le Landmannalaugar.

Eldstó Art Café : *Austurvegur, presque en face de la station-service N1. ☎ 482-10-11. • eldsto.is • Tte l'année. Tlj 8h (13h en hiver)-21h30. Prix moyens. Plats 3 000-4 500 ISK.* 5 petites chambres pour 2 ou 3 personnes, mignonnettes, qui se partagent 2 salles de bains. La route 1 passe juste devant, c'est donc plutôt bruyant. Kitchenette à dispo et salle à manger. Au rez-de-chaussée, chaleureux petit café pour une pause casse-croûte : soupe d'agneau, *fish & chips*, hamburgers... C'est aussi une boutique vendant le travail des propriétaires : madame fabrique des bijoux et monsieur est potier (au resto, la vaisselle sort de ses mains). Quelques tables dehors au soleil (si soleil il y a !).

Hótel Hvolsvöllur : *Hlíðarvegur 7. ☎ 487-80-50. • hotelhvolsvollur.is • Prix moyens à chic.* Ce bâtiment banal tout en longueur abrite une soixantaine de chambres plutôt spacieuses (de 1 à 4 personnes) à la décoration assez standard, mais qui se veut plus chic dans les parties communes. Accueil agréable. Lieu un rien impersonnel et qui mériterait un bon coup de frais, mais l'ensemble est bien suffisant pour une nuit.

Gallery Pizza : *Hvolsvegur 29. ☎ 487-84-40. Tlj 11h30-21h. Pizzas et burgers 2 000-4 500 ISK.* Modeste resto-pizzeria, avec une salle banale (disons moche), mais c'est l'endroit idéal pour se reconstituer après une bonne rando ! Au menu, burgers, salades et, surtout, une vingtaine de pizzas au choix. Dire que les portions sont copieuses est une litote ! Quelques tables dehors.

LE SUD

Où dormir ? Où manger dans les environs ?

Camping et Hótel Fljótshlíð – Smáratún Farm : *Smáratún. ☎ 487-14-16. • smaratun.is • À 13 km à l'est de Hvolsvöllur, par la route 261, en direction de Þórsmörk, fléché (Smáratún) sur la droite. Env 1 500 ISK/pers pour camper ; doubles, chalets et cottages 2-6 pers, à prix chic, variables selon taille et confort. Au dîner, plats env 3 000-4 000 ISK, menu 6 000 ISK.* Au milieu des champs où paissent vaches, moutons et chevaux, cette ferme de 300 ha est presque un hameau à elle toute seule. À l'hôtel, une quinzaine de chambres plaisantes et de bonne taille (évitez toutefois, pour la vue, celles côté parking), toutes avec salles de bains privées. Et, à l'écart, quelques verdoyants emplacements de camping, des petits chalets pour 2-4 personnes, avec salles de bains, et des cottages vraiment bien équipés (salles de bains, cuisine, salon, barbecue) qui peuvent accueillir jusqu'à 6 personnes. Produits de la ferme au resto *The Barn*. Accueil jovial et familial. Organise des activités (payantes) dans la ferme, des sorties de pêche, des balades à cheval.

À voir. À faire

LAVA Centre : *Austurvegur 14. ☎ 415-52-00. • lavacentre.is • Voir leurs horaires en ligne. Entrée : env 3 600 ISK ; réduc.* Interactif et ludique, un vaste musée incontournable pour mieux comprendre l'activité volcanique de l'Islande. On tourne une roue pour faire s'entrechoquer des plaques tectoniques, on pointe du doigt un mur pour découvrir l'histoire d'un volcan, on écoute des sons d'éruption, on sent le sol trembler sous nos pieds, on touche des écrans pour analyser des coulées de lave... Bref, on s'amuse ici avec les éléments tout en apprenant. Un film de 12 mn sur les dernières éruptions des plus célèbres volcans islandais clôt la visite avec... panache ! Une halte très instructive pour petits et grands. Avant de partir, grimpez sur la terrasse d'observation dont les tables d'orientation pointent tous les volcans de la région, vous êtes cernés !

Njál Saga Centre : *Hlíðarvegur 14. ☎ 487-87-81. Près de l'Hótel Hvolsvöllur. De mi-mai à mi-sept, tlj 9h-18h ; le reste de l'année, le w-e seulement 10h-17h. Entrée : env 900 ISK.* 2 musées en 1 : le 1er *(Co-op Museum),* uniquement en islandais, est consacré aux coopératives avec matériel d'époque, vieilles machines et reconstitution d'intérieurs. Le 2d *(Njalusyning),* avec des explications en anglais, s'organise autour du thème des sagas qui racontent l'histoire de la vieille Islande, et plus précisément de la *Saga de Njál.* Cette dernière, une des plus célèbres, écrite vers 1280 par un inconnu, se déroule dans la région de Hvolsvöllur. Pour ceux que les sagas intéressent, ce musée, bavard mais didactique, est une bonne façon de s'initier à ce genre littéraire typiquement islandais. Abrite aussi un petit comptoir d'information touristique.

DANS LES ENVIRONS DE HVOLSVÖLLUR

Seljalandsfoss : *à env 20 km de Hvolsvöllur par la route 1, direction Skógar, puis route 249, sur la gauche. Parking : 700 ISK. Astuce : si vous vous garez au camping voisin, vous pouvez venir à pied (env 10 mn) et ainsi économiser le coût du parking.* Belle chute d'eau (encore !) tombant d'une haute falaise (65 m) et derrière laquelle une passerelle a été aménagée en été mais pas en hiver (prévoyez le poncho, ça mouille !). On longe la falaise herbeuse par le bas sur 500 m pour observer plusieurs autres cascades, dont la jolie ***chute Gljúfrabúi*** jusqu'au pied de laquelle on se faufile par un étroit défilé. Attention, là aussi, on se prend une belle saucée. Un site assez exceptionnel !

– ***Bon à savoir :*** venez-y plutôt l'après-midi, sinon la cascade est à l'ombre.

Camping Hamragarðar : *500 m après la chute principale, par la route F249. 771-17-04. Tte l'année. Env 1 500 ISK/pers (douches payantes). Astuce : si vous logez ici, vous pouvez vous rendre à pied à Seljalandfoss (env 10 mn) et ainsi économiser le coût du parking.* Un joli site verdoyant, au pied de la falaise et de la chute Gljúfrabúi, mais à l'équipement plutôt spartiate : cuisine modeste abritée, laverie mais sanitaires peu nombreux et mal tenus (voire carrément sales). En dépannage donc.

Nicehostel : *2,5 km après Seljalandfoss, en retrait de la route 1, direction Skógar. ☎ 419-01-10. 787-01-00. Bon marché pour un lit en dortoir et prix moyens pour une chambre privée ; petit déj inclus et dîner sur résa.* Au pied d'une cascade, ces 3 maisonnettes en tôle blanche à toit bleu abritent une auberge avec un dortoir de 12 lits et des chambres privées (1 à 4 personnes), sanitaires en commun pour tous. Ensemble assez simple mais très bien tenu (propreté irréprochable), cuisine à dispo et petit déjeuner copieux compris dans le prix. Patrons accueillants et gentils comme tout (pas si courant en Islande !). Un bon rapport qualité-prix.

Guesthouse Stóra-Mörk 3 : *Stóra-Mörk, Markarvegur. ☎ 487-89-03. 698-08-24. • info@storamork.com • Prendre la route F249, en direction de Þórsmörk sur 5 km, puis à droite la 248 sur env 4 km. Prix moyens pour les doubles.* Dans un superbe environnement, au pied du volcan Eyjafjöll qui cracha ses nuages de cendres dans le ciel européen en mai 2010. Curieusement, cette immense ferme de 5 000 ha fut épargnée par cette éruption en raison des vents d'ouest. Les propriétaires, un couple jovial d'éleveurs, proposent une poignée de chambres avec salle de bains commune ou privée dans la maison principale. On apprécie l'effort de déco, avec des tons clairs et boisés, et des touches végétales pour égayer le tout. Petit coup de cœur pour les chaleureuses pièces communes (notamment la salle du petit déj), largement ouvertes sur la nature et les vaches, chevaux et moutons qui paissent tranquillou. Bon petit déj avec des fromages locaux. Une de nos adresses favorites.

LES ÎLES VESTMANN (VESTMANNAEYJAR)

Cet archipel réputé pour sa beauté est situé à une dizaine de kilomètres de la côte. Il est composé d'une quinzaine d'îles et d'une trentaine d'îlots, formés à la suite d'une succession d'éruptions sous-marines le long d'une faille de 30 km. Les 2 plus grandes sont *Heimaey* (13,4 km²), la seule habitée, et *Surtsey* (1,4 km² aujourd'hui), sortie des eaux suite à une éruption volcanique sous-marine en 1963.
Les îles Vestmannaeyjar ont un riche passé. Leur nom vient d'un événement survenu au moment de la création de l'Islande. Après avoir assassiné le demi-frère d'Ingólfur Arnarson au IXe s, ses esclaves, d'origine irlandaise, se sont réfugiés dans ces îles. *Vestmenn* signifie « les hommes de l'Ouest », nom que l'on donnait aux Irlandais.

QUAND LE VOLCAN RENAÎT DE SES CENDRES

En 1973, sur Heimaey, un volcan éteint depuis plus de 6 000 ans explose en une gigantesque éruption. Un seul mort, mais la population de l'île est rapidement évacuée. 6 mois durant, le cratère prend de l'altitude tandis que cendres et scories sont le quotidien de l'île. Au final, la ville est partiellement ensevelie (près de 300 maisons détruites). Quant aux coulées de lave côté mer, elles entraînent une augmentation de près de 20 % de la superficie de l'île !

Arriver – Quitter

➢ ***Reykjavík :*** *Stræto* (ligne 52) dessert tte l'année le port de Landeyjahöfn d'où partent les ferries, 2 bus/j. De Reykjavík, départ de la gare de *Mjódd.* Villes desservies : ***Selfoss, Hella, Hvolsvöllur.*** Durée totale : 2h-2h20.

➢ Depuis le port de ***Landeyjahöfn,*** au sud-est de Hvolsvöllur, on rejoint l'archipel en 35mn.

■ ***Compagnie Herjólfur :*** *☎ 481-28-00. • herjolfur.is • Env 7 départs/j. dans les 2 sens en été (6 en hiver). Billet aller simple : 2 000 ISK/pers ; réduc ; gratuit moins de 12 ans ; compter 3 000 ISK/petite voiture (4 000 ISK si plus de 5 m de long). Achat des billets en ligne ou bien directement à l'embarcadère. Guichet de Landeyjahöfn ouv tlj 9h-21h ; guichet de Heimaey ouv tlj 6h30-22h15.* Durée de la traversée : env 35 mn. Si vous passez en voiture, il est conseillé de se présenter 30 mn avant l'heure d'embarquement.
– ***Bon à savoir :*** résa conseillée en hte saison (surtout le w-e), mais possibilité de changer l'heure d'un trajet (demande à faire aux guichets de la compagnie).

HEIMAEY (4 300 hab.)

• Plan *p. 149*

L'arrivée en ferry, sublime et écrasante, en frôlant les falaises, donne un bel aperçu de la beauté du site. Levez le nez depuis la mer, les macareux (de fin mai à fin août) et autres oiseaux marins offrent un ballet de plumes au-dessus du bateau. Et tout en haut des falaises, perchés sur les rochers, des moutons à 2 pattes du vide. Bluffant ! Heimaey est la seule île habitée de l'archipel, on y débarque au port, protégé au fond d'une baie étroite. À l'arrière s'étend la ville constituée de

maisons individuelles aux toits colorés, réparties le long de rues impeccables où la circulation automobile est rare. Les habitants vivent principalement de la pêche, comme en témoignent les nombreux entrepôts et installations portuaires (et les odeurs de poisson qui flottent par-ci par-là).
Du côté est de la ville, la silhouette du volcan Eldfell domine le paysage. Celle-ci n'est pas des plus impressionnante (220 m de hauteur), mais les versants couleur de terre brûlée rappellent comment le volcan a dévasté une partie de l'île en 1973 (voir encadré plus haut).

Adresse et info utiles

■ Le village renferme tous les ***commerces*** dont vous aurez besoin : poste, banque, supermarchés, stations-service (carburants aux mêmes tarifs qu'ailleurs).

■ ***Piscine*** *(zoom)* **:** *Brimhólabraut. Tlj 9h-21h en été. Entrée : 950 ISK ; réduc.* Bassin de nage couvert et bassins extérieurs pour les familles avec pataugeoire, bassin ludique et toboggans, *hot tubs...*

Où dormir ?

De bon marché à prix moyens (4 000-20 000 ISK / 27-133 €)

⛺ ***Camping & Glamping*** *(plan A1,* ***10****)* **:** *Herjólfsdalur. 📱 846-91-11. • glampingandcamping.is • Env 1 500 ISK/pers (douche comprise) ; bon marché (fourchette haute) pour les maisons-tonneaux et maisonnettes 2 pers (loc de draps en sus).* Terrain au fond d'un vieux cratère volcanique, bien vert en été, et protégé en partie du vent. Camping bien équipé avec des toilettes très correctes (w-c chauffés), lave-linge et sèche-linge à disposition. Grande salle commune chauffée avec plaques électriques, bouilloire, micro-ondes, grille-pain... Pour un peu plus de confort, d'amusantes maisonnettes en bois (pour 2), en forme de tonneaux, fort bien aménagées, avec petit coin salon et 2 lits simples séparés. Pour plus d'espace, également des maisons type chalets, là aussi avec 2 lits simples. Sanitaires collectifs pour tous mais chauffage inclus. L'autre aile du camping, près du terrain de sport, présente nettement moins d'intérêt.

🏠 ***Aska Hostel*** *(plan zoom,* ***11****)* **:** *Bárustígur 11. 📱 662-72-66. • askahostels.is • Bon marché pour un lit en dortoir et prix moyens (bas de la fourchette) pour les doubles.* Centrale, à 5 mn à pied du port, cette petite maison en tôle ondulée jaune abrite une auberge de jeunesse et le restaurant *Gott*. Seulement 8 chambres, petites mais propres (pour 2 à 5 personnes), et un dortoir mixte en duplex (8 lits). Salles de bains communes pour tous et de quoi s'improviser une dînette sur le pouce (frigo, four et micro-ondes). Bonne literie (draps fournis) et décoration simple et plaisante. Notre chambre préférée est celle avec la fenêtre *bow window*.

🏠 ***B & B Guesthouse Hrafnabjörg*** *(plan zoom,* ***14****)* **:** *Hásteinsvegur 40. 📱 858-77-27. • guesthousehrafnabjorg.is • Doubles à prix moyens (bas de la fourchette).* Dans 2 maisons voisines qui se partagent un jardin, une dizaine de chambres sans prétention côté déco mais propres, avec sanitaires communs. Certaines avec lits superposés. Cuisine à disposition des hôtes. Les sympathiques propriétaires habitent un peu plus loin dans la rue et passent tous les jours. Petit déj en option ou bien une petite cuisine est à disposition. Loue aussi des vélos.

🏠 ***Hamar Guesthouse & Puffin Nest Capsule Hostel*** *(plan zoom,* ***12****)* **:** *Herjólsgata 4. ☎ 481-34-00. 📱 659-34-00. • guesthousehamar.is • Bon marché pour un lit-capsule ; double à prix moyens (fourchette haute).* Une adresse à 2 entrées, au propre comme au figuré. Côté rue Herjólgötu, le rez-de-chaussée accueille la grande salle de petit déjeuner et les étages,

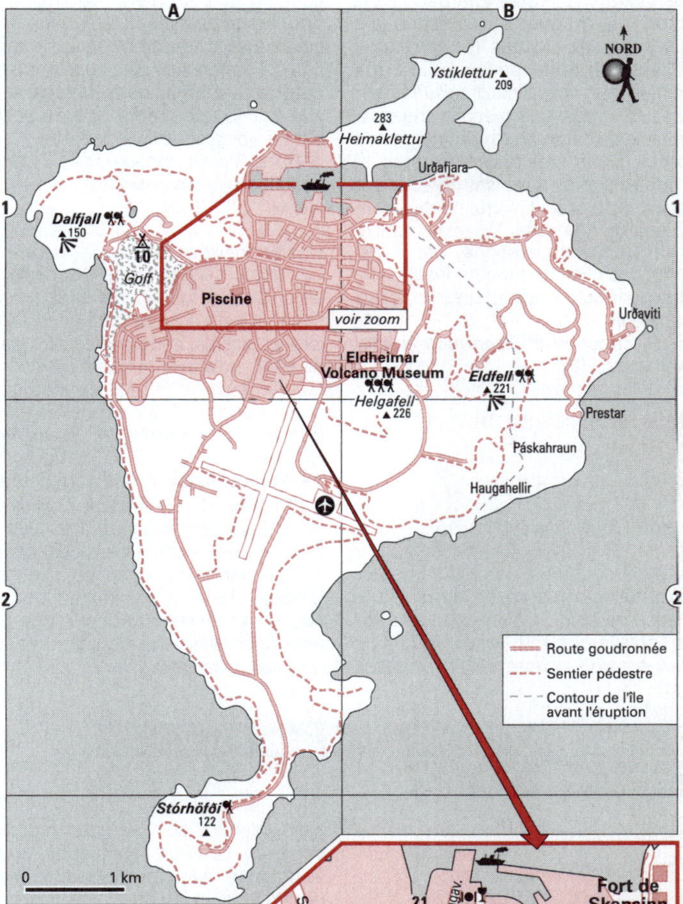

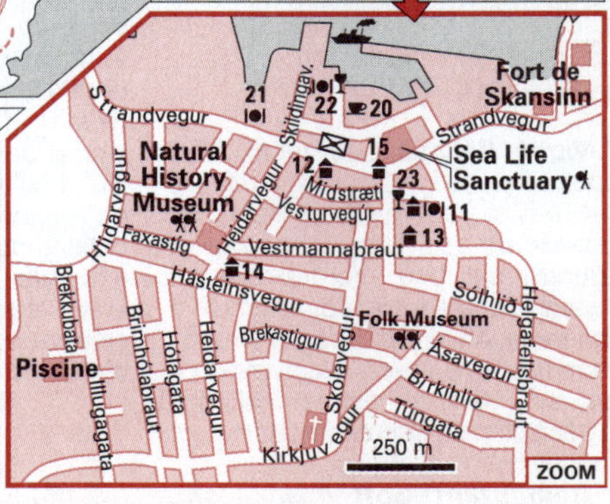

Où dormir ?

- 10 Camping & Glamping (A1)
- 11 Aska Hostel *(zoom)*
- 12 Hamar Guesthouse & Puffin Nest Capsule Hostel *(zoom)*
- 13 Hótel Vestmanneyjar et Sunnuhóll Hostel *(zoom)*
- 14 B & B Guesthouse Hrafnabjörg *(zoom)*
- 15 Hótel Eyjar *(zoom)*

Où manger ? Où faire une pause goûter ? Où boire un verre ?

- 11 Restaurant Gott *(zoom)*
- 20 Vigtin Bakhús *(zoom)*
- 21 Slippurinn *(zoom)*
- 22 Tanginn *(zoom)*
- 23 The Brothers Brewery *(zoom)*

HEIMAEY

des chambres vastes à la déco sans grand intérêt, avec le confort d'une *guesthouse* classique (bonne literie et salles de bains privées). Côté rue Heiðarvegur, voici l'insolite *Puffin Nest Capsule Hostel* comprenant une quarantaine de capsules (dans une grande pièce). Dans ces boîtes étroites et propres, dignes d'un film de science-fiction, il y a quand même un minimum de confort : lumière, TV, réveil, casier et lit pour une personne. Sanitaires communs mais en nombre insuffisant. Plutôt rigolo, mais claustrophobes s'abstenir !

Voir ci-contre le ***Sunnuhóll Hostel*** *(plan zoom, **13**).*

De chic à très chic (20 000-30 000 ISK et plus / 133-200 €)

Hótel Eyjar *(plan zoom, **15**)* **:** *Bárustígur 2. ☎ 481-36-36. • hoteleyjar.is •* À l'angle de 2 rues, un petit immeuble en béton sur 3 étages, abritant une dizaine de studios d'un excellent rapport qualité-prix, tous avec coin cuisine équipé, ce qui permet de faire de belles économies. Également des chambres doubles et triples. Déco plus très actuelle dans l'ensemble mais l'établissement s'avère très bien tenu. Agréable salle de petit déj au dernier étage, avec vue sur les sommets acérés et les pentes volcaniques.

Hótel Vestmannaeyjar et Sunnuhóll Hostel *(plan zoom, **13**)* **:** *Vestmannabraut 28. ☎ 481-29-00. • hotelvestmannaeyjar.is • Tte l'année.* Bel hôtel traditionnel contemporain, à l'esprit design, proposant une quarantaine de chambres fonctionnelles à la déco sobre et nette (sol en parquet stratifié, jolis luminaires) et de bon confort (salle de bains privative). À cela s'ajoutent le spa, le resto, et le tour est joué pour donner une belle adresse. On accède par la même entrée au ***Sunnuhóll Hostel*** *(bon marché),* la partie *hostel* de l'établissement avec seulement 6 chambres de 2 à 4 lits et 2 salles de bains partagées ainsi qu'une cuisine. Pas de pièce commune où échanger, ni d'ambiance d'auberge de jeunesse. D'*hostel,* il n'en a que le nom, mais le confort est bien là. Accueil très pro pour cet hébergement qui se veut l'un des plus chics de la ville.

Où manger ? Où faire une pause goûter ? Où boire un verre ?

De bon marché à prix moyens (max 4 000 ISK / 27 €)

Vigtin Bakhús *(plan zoom, **20**)* **:** *Strandvegur 30. ☎ 481-11-04. Tlj 7h-17h (18h jeu-dim).* Sur le port, on apprécie ce café boulangerie ouvert de bon matin pour mordre dans un croissant, un sandwich ou un roulé à la cannelle. Ah, enfin un bon expresso ! Cadre moderne épuré, avec vitre donnant sur l'atelier où est confectionné du très bon pain maison (assez rare en Islande).

Restaurant Gott *(plan zoom, **11**)* **:** *Bárustígur 11. ☎ 481-30-60. Tlj midi et soir, fermé lun en hiver. Plats 2 000-3 300 ISK.* Étonnant d'originalité, ce resto est un vrai coup de cœur : salle joliment colorée avec mobilier de récup, dans un esprit jeune, épuré et branché. À la carte, quelques plats végétariens, et les classiques islandais twistés d'une touche d'exotisme : *pasta, bowls* généreux, poisson du jour, poulet décliné en pâtes, burgers ou salades... Goûtez aux frites de patates douces avec la mayo maison à la truffe. Hmm, on en salive encore. Une excellente cuisine saine et assez créative, comme son nom le dit bien : le mot islandais *gott* signifie « bon ».

Tanginn *(plan zoom, **22**)* **:** *Básaskersbryggja 8. ☎ 414-44-20. Tlj 11h30-21h (1h ven-sam). Attention, les cuisines ferment vers 20h. Burgers et plats 2 000-3 000 ISK ; buffet soupes-salades env 2 000 ISK.* Une brasserie qui contentera tous les budgets et tous les appétits. Burgers, poisson du jour ou curry de poulet sont servis en portions généreuses. Le buffet soupes-salades rencontre un franc succès et permet de manger équilibré (pas si évident dans le pays), un bon rapport qualité-prix. Jolie vue sur le port par les larges baies vitrées et même une terrasse quand le soleil pointe le bout de son nez.

The Brothers Brewery *(plan zoom,* ***23****)* **:** *Bárustígur 7. Tlj dès 14h ; ouv slt jeu-dim hors saison.* Black IPA, Volcano Red Ale, Dirty Julie... les sympathiques proprios de cette microbrasserie (n'hésitez pas à demander à voir les cuves) sauront vous conseiller parmi la belle sélection de bières maison. Si le cœur et les papilles balancent, optez pour le plateau de dégustation avec 4 petites bières au choix. Désaltérant après une bonne rando, des jeux de société sont aussi à dispo et les gérants pleins d'attentions avec les enfants.

Chic (4 000-6 000 ISK / 27-40 €)

Slippurinn *(plan zoom,* ***21****)* **:** *Strandvegur 76. ☎ 481-15-15. Ouv seulement juin-août, les soirs mer-dim. Plats 3 500-4 500 ISK, menu env 7 000 ISK.* Installé dans un ancien entrepôt de réparation navale (qui fonctionna jusqu'à la fin des années 1980), il en a gardé le style industriel et quelques vestiges de machines. On y déguste une savoureuse cuisine nordique aux effluves méditerranéens, avec une touche bien personnelle. Le chef n'utilise que des produits locaux d'une belle fraîcheur. La carte change souvent, suivant le marché et la pêche, mais on y trouve toujours le poisson du jour, le tendre agneau bien mitonné et les bons desserts maison. Accueil attentionné. L'adresse chic de la ville.

LE SUD

À voir. À faire

Eldheimar Volcano Museum *(plan B1)* **:** *Gerðisbraut 10. ☎ 488-27-00. • eldheimar.is • Tlj 11h-17h. Tarif : 2 600 ISK ; réduc ; gratuit moins de 10 ans. Audioguide en français inclus.*
Un musée interactif sur les éruptions volcaniques qui marquèrent l'histoire récente de l'archipel.
– Au **rez-de-chaussée,** intéressante mise en perspective de l'éruption de 1973 du volcan Eldfell qui dormait depuis 6 000 ans. La partie la plus émouvante est la **maison Ölafsson,** du moins ce qu'il en reste. Ensevelie en 1973 sous une épaisse couche de 16 m de cendres et de scories, elle a été exhumée après plus de 30 ans de vie souterraine. Les experts décidèrent alors de la conserver à l'état de ruine, et de la présenter comme témoin de la catastrophe de 1973 : murs et cloisons effondrés, pièces sinistrées sous une couche noire de scories, mobilier cassé, objets éparpillés au sol... La découverte de cette maison a été à l'origine de la création de ce musée. Celui-ci a en effet été construit à l'emplacement même de la maison. On peut « visiter » l'intérieur grâce à des caméras que l'on contrôle soi-même.
Près de 400 maisons du village furent ainsi détruites ou ensevelies en 1973, elles sont encore enfouies sous la grosse couche de scories dont la surface est aujourd'hui couverte d'herbe verte...

POMPER LA MER

C'est ce que les pompiers islandais firent en 1973, lors de l'éruption du volcan Eldfell. L'objectif était d'arrêter les coulées de lave qui se dirigeaient vers la ville de Heimaey. Elles menaçaient de boucher l'entrée du port, essentiel à la survie de l'île. L'eau de mer fut pompée et projetée sur le front de la coulée (haut de 30 m), à raison de 400 l par seconde ! Ce n'était pas suffisant, il fallut faire venir des États-Unis d'autres pompes ultra-puissantes qui arrivèrent le 26 mars par avion-cargo. Près de 6,2 millions de tonnes d'eau furent ainsi déversées. La coulée fut arrêtée, et l'entrée du port ne fut jamais obstruée...

Autour de cette ruine pathétique, on découvre à travers des photos, des films et des panneaux explicatifs ce que fut l'île avant, pendant et après l'éruption. Superbe table multimédia chronologique, en faisant tourner le cadran, on voit l'évolution de l'éruption, les différentes étapes pour lutter contre l'avancée de la coulée de lave...
– Au ***1er étage,*** retour en arrière jusqu'à l'***apparition du volcan sous-marin à Surtsey,*** en 1963, dont l'éruption dura 4 ans (la plus longue de l'histoire d'Islande). Impressionnante vidéo de l'émergence de l'île et présentation des minéraux découverts à cette occasion. Le processus de colonisation de l'île par les plantes et les animaux représenta bien sûr un énorme intérêt pour les spécialistes et, depuis, est suivi de près. Le plus fascinant est de savoir que ce bout de terre né de rien est voué à faire peau de chagrin et disparaître du fait de l'érosion rapide de ses roches volcaniques tendres. La régression est d'ailleurs déjà bien consommée. Une chouette table interactive à 3 paliers permet de constater et de supposer l'évolution de la faune, de la flore et de la géologie, depuis la création de l'île jusqu'en... 2130. Cafétéria.

Sagnheimar Folk Museum *(Musée folklorique ; plan zoom)* **:** *entre les rues Skólavegur et Kirkjuvegur, dans le bâtiment de la bibliothèque, au 1er étage. ☎ 488-20-50. ● sagnheimar.is ● De mi-mai à fin août, tlj 10h-17h ; hors saison, seulement sam 13h-16h. Entrée : 1 000 ISK ; gratuit moins de 18 ans.*
Un musée très complet, pour en apprendre un peu plus sur le (dur) mode de vie à l'islandaise au siècle passé. Différentes sections thématiques avec, bien sûr, l'éruption volcanique du 23 janvier 1973. Photos et vidéos du désastre, mais aussi témoignages. On y apprend que les 5 000 habitants de l'île furent évacués en quelques heures et que 1 700 d'entre eux décidèrent de ne pas revenir aux Vestmann, où près de 400 maisons avaient été détruites.
Une autre section est dédiée à l'histoire des mormons islandais et leur émigration en Amérique. Sur 2 000 habitants à Heimaey à l'époque, près de 300 émigrèrent en Utah (toujours considéré aujourd'hui comme le pays des mormons) !
Également une pièce consacrée au célèbre festival ***Þjóðhátið*** qui regroupe des milliers de fêtards sur l'île chaque été. Voir plus loin « Festival ». Enfin, une belle partie du musée se concentre sur la pêche et l'univers maritime avec des maquettes de bateaux, une cabane de pêcheur, des morues séchées etc. Ne pas manquer la vidéo d'un navire de pêche travaillant en hiver dans la tempête. Glaçant ! Demandez des explications à l'accueil, ils seront ravis de vous renseigner. Une belle découverte.

Sagnheimar Natural History museum *(musée d'Histoire naturelle ; plan zoom)* **:** *Heiðarvegur 12. ☎ 481-19-97. En principe ouv mai-sept, tlj 10h-17h. En hiver, ouv sam seulement 13h-16h. Entrée : env 1 200 ISK ; gratuit moins de 9 ans.*
Un chouette petit musée où l'on mesure l'incroyable variété de l'avifaune islandaise, joliment présentée ici ! Pas moins de 132 espèces d'oiseaux vivent ou passent par l'île (se procurer la liste en français). Ils sont clairement classés ici par codes couleurs : espèces qui nichent en Islande, espèces migratrices... Les plus étonnants sont les « oiseaux vagabonds », ceux qui se sont perdus et n'auraient jamais dû se trouver en mer d'Islande. Certains dérivent 3 000 km à travers l'Atlantique avant de se rendre compte de leur erreur.
Parfois amusants, leurs noms font écho à leurs drôles de têtes : admirez la houppette du harle couronné, ou bien la coupe loufoque de l'aigrette garzette. Le guillemot de Troil pond, lui, des œufs étonnamment... bleus ! En prime, une vitrine sur la star du coin : le macareux. Vous verrez qu'il en existe de tous poils, pardon, de tous plumages ! Belle vitrine de poissons, mais on n'aimerait pas tomber sur cette *Lophius Piscatorius* entre 2 brasses. Collections de coquillages, d'insectes et riche section minéralogique.

Sea Life Sanctuary *(plan zoom)* **:** *Ægisgata 2. 📱 620-27-24. ● belugasanctuary.sealifetrust.org ● Tlj 10h (13h dim)-17h.* Sur le port, ce « sanctuaire de la vie marine » se définit comme tel suite à une vaste opération de rapatriement de

2 belugas, transportés d'un aquarium de Shanghai jusqu'ici par les airs. Quelques panneaux et vidéo retracent cette longue épopée. Passés en transit par le bassin d'acclimatation du centre, Little White et Little Grey ont depuis été transférés dans la baie (dans un espace plus vaste et naturel mais toujours clos). Le voyage en bateau (5 mn) jusque là-bas est en supplément. Le centre est partenaire de la *Whale and Dolphin Conservation* qui lutte contre la chasse à la baleine et la captivité des animaux marins. Le sanctuaire accueille aussi des macareux blessés avant de les relâcher après soins. On les voit donc de près derrière une vitre. Intérêt assez limité pour le visiteur, ni plus ni moins qu'un petit aquarium, sympa pour les enfants mais pas franchement indispensable.

SAUVEZ WILLY !

Qui ne connaît pas Keiko, l'orque de Sauvez Willy ? Originaire d'Islande, Keiko est capturé en 1979 et vendu à un aquarium islandais avant d'être transféré dans un parc de loisirs au Canada. En 1998, sous la pression d'associations de défense, Keiko est libéré. On le rapatrie par avion en Islande. Pendant un temps, l'orque vit dans la baie de Klettsvik, sur l'île Heimaey. Puis il est définitivement relâché à l'océan en 2002. Il meurt de pneumonie en 2003 au large des côtes norvégiennes.

Volcan Eldfell *(plan B1)* **:** *départ du chemin depuis la route en contre-haut de l'Eldheimar Volcano Museum ; compter 15 mn pour arriver en haut.*

On grimpe au sommet (il ne culmine qu'à 220 m) et on se contente de faire le tour du cratère. Ne descendez pas à l'intérieur du cratère, où les éboulements sont fréquents.

De là-haut, vue imprenable sur l'île, l'archipel complet et les côtes islandaises avec l'imposant volcan Eyjafjöll dont les fumées paralysèrent l'espace aérien européen en 2010. En contrebas, entre le cratère et l'entrée du port, vous pourrez crapahuter dans la partie « neuve » de l'île : à la suite de l'éruption de 1973, ***l'île s'est agrandie de 20 %*** ! En direction de l'entrée du port, vos pas vous mèneront peut-être au ***fort de Skansinn*** *(plan zoom)*, tout juste épargné par la coulée de lave (il a eu chaud !). À côté du fort se trouve une église à pans de bois inaugurée en 2000, à l'occasion du 1 000e anniversaire de la conversion de l'Islande au christianisme.

L'ARMÉE ISLANDAISE FAIT LONG FEU

En 1630, des pirates venus de Méditerranée kidnappent 250 habitants de Heimaey pour les revendre comme esclaves. Seuls 13 d'entre eux reviendront. En réaction, on bâtit sur l'île un fort, le seul de l'histoire du pays, gardé par une garnison qui sera... la seule armée qu'ait jamais connue l'Islande.

Observation des macareux **(puffins) :** de fin mai à fin août, on peut observer de près ces sympathiques petits oiseaux, surnommés aussi « perroquets des mers ». Depuis le camping, emprunter le sentier qui gravit la pente herbeuse jusqu'à la crête acérée du ***Dalfjall*** *(plan A1)*, compter environ 20 mn d'ascension bien raide (les cuisses chauffent !). La falaise est un lieu où ils nidifient, on les voit donc d'assez près vaquer à leurs occupations. Prévoir malgré tout une paire de jumelles. De là-haut, on peut marcher sur la crête vers d'autres points de vue mais attention il n'y a aucun dispositif de sécurité, ne pas s'aventurer plus loin avec des enfants.

Moins physique, mais tout aussi vivifiant, on peut rejoindre en voiture le ***Stórhöfði*** *(plan A3)*. Cette péninsule tout au sud de l'île abrite la ***puffin house,*** une maison de bois à flanc de falaise dont les fenêtres coulissent et offrent un beau poste d'observation sur les milliers de terriers de macareux.

– Bon à savoir : vous aurez plus de chance de voir les macareux ***de bon matin ou en début de soirée.*** La journée, ils partent pêcher en mer.

Balades en bateau : *avec la compagnie* ***Viking Tours*** *; quai sur Ægisgata (plan zoom). 896-36-40. • vikingtours.is • De mi-mai à mi-sept seulement. Tour de Heimaey en bateau (durée 1h30) : env 8 500 ISK/pers.* Le circuit de l'île Heimaey varie selon l'état de la mer, mais normalement il fait le tour de l'île. Commentaires en anglais très intéressants. Vous verrez les cordes que l'on utilise pour monter sur les îles des alentours, aux parois trop escarpées pour accoster. Sur certaines d'entre elles vivent des moutons ! Exploration de grottes au pied des falaises. Ornithologues, vous n'aurez sans doute jamais vu autant d'oiseaux au mètre carré !

Festival

– ***Þjóðhátið :*** *dernier w-e de juil ou 1er w-e d'août. Infos : • dalurinn.is/en •* Un temps fort de l'année sur Heimaey, qui voit à cette occasion débarquer des milliers de fêtards. Ce festival est en grande partie un festival de musique, mais pas seulement (il y a des feux de joie, un gros feu d'artifice, etc.). Entrée payante plutôt élevée et hébergements pris d'assaut (camping réservé aux festivaliers).

SI HEIMAEY NE VIENT PAS À TOI... TU IRAS À HEIMAEY

En 1874, alors que sur le continent on s'apprêtait à fêter les 1 000 ans de la colonisation, les habitants de l'île se trouvèrent bloqués chez eux par le mauvais temps. Ils décidèrent de fêter quand même dignement l'événement ! La tradition s'est perpétuée, et désormais, chaque année, c'est le continent qui fait le déplacement jusque chez eux.

LE SUD

SURTSEY

C'est l'île « la plus jeune du monde » ! Elle est classée au Patrimoine mondial par l'Unesco depuis 2008. Née en 1963 à la suite d'une éruption sous-marine qui dura 4 ans... Au 2e jour de l'éruption, l'île mesurait déjà 2 m de haut et à la fin de celle-ci, en 1967, elle atteignait une hauteur de 170 m ! Or cette roche volcanique est jeune et friable : l'érosion des flots en a vite raison. Elle a déjà gommé de la carte une partie de la surface de l'île et créé des falaises abruptes.
L'île ne se visite pas. Son accès est réservé aux scientifiques qui, depuis sa création, y étudient l'implantation et le développement de la faune et de la flore. Mais on peut s'en approcher par bateau, voir « Balades en bateau » plus haut.

ÞÓRSMÖRK

Þórsmörk, « le bois de Thor », est un site superbe, à 140 km à vol d'oiseau au sud-est de la capitale. Il est situé au pied du glacier *Mýrdalsjökull,* 4e du pays en superficie, et de son petit voisin, l'*Eyjafjallajökull,* dont le volcan (l'Eyjafjöll) cracha ses fumées de cendre vers l'Europe au printemps 2010 et paralysa l'espace aérien. Si l'activité de l'*Eyjafjöll* ne représente pas un énorme danger en soi, elle laisse cependant craindre une éruption prochaine du volcan voisin, le *Katla* (situé sous le Mýrdalsjökull), un des plus actifs et des plus dévastateurs d'Islande (même s'il ne s'est pas réveillé depuis 1918). En effet, les 2 volcans sont considérés comme liés l'un à l'autre et, par le passé, les éruptions de l'Eyjafjöll ont souvent été suivies par celles du Katla, qui entraînent des crues brutales, très puissantes et ravageuses (les *Jökulhlaup*).

En août 2016, les Islandais ont craint le pire quand le volcan a montré des signes d'activité, mais le scénario catastrophe n'a pas eu lieu...
Mais le site est surtout connu comme le point de départ (ou d'arrivée) de 2 des plus célèbres randonnées d'Islande : celle rejoignant le Landmannalaugar à Þórsmörk (trek du Laugavegur, 4-5 jours) et celle de Þórsmörk à Skógar (trek du Fimmvörðuháls, 1-2 jours). Les randonneurs aguerris combinent les 2 pour une semaine complète de trek.
– ***Mise en garde spéciale :*** on vous conseille vivement de passer par les agences ou par les compagnies de bus spécialisées dans ce transport qui nécessite des véhicules spéciaux (nombreux passages de gués profonds), plutôt que de vous y aventurer par vos propres moyens (voir plus bas « Arriver – Quitter »).

Arriver – Quitter

En bus

Il est fortement conseillé de passer par une agence ou une compagnie de bus spécialisées et équipées de véhicules spéciaux pour s'y rendre. On peut s'y faire déposer pour s'attaquer au trek jusqu'à Skógar, et de là, prendre le bus retour vers Reykjavík ; ou bien opter pour une excursion encadrée à la journée.
Plusieurs compagnies proposent ce service de transfert depuis Reykjavík et d'autres villes de la côte sud. À Þórsmörk, 2 ou 3 arrêts possibles selon les compagnies : Húsadalur, Langidalur et Básar.
– ***Reykjavík Excursions (Highland Bus) :*** circule de mi-juin à début sept, 1-2 départ/j. du terminal *BSÍ* de Reykjavík. Dessert au passage Hella, et Hvolsvöllur. Durée : env 4h depuis Reykjavík, 2h15 depuis Hella et 2h depuis Hvolsvöllur. Infos et résas : • *re.is/highland-bus/* •
– ***Iceland by Bus (hop on and off) :*** circule de début juin à mi-sept, 1 départ/j. du Harpa, à Reykjavík. Dessert au passage Hveragerði, Hella, Hvolsvöllur et Seljalandfoss (arrêt de 30 mn, le temps d'une pause photo). Infos et résas : • *icelandbybus.is* •
– ***Trex (Highland Bus) :*** circule de fin juin à début sept, 2 départ/j. du City Hall, à Reykjavík. Dessert au passage Selfoss, Hella et Hvolsvöllur. Infos et résas : • *trex.is* •
– ***Thule Travel (Hikers Bus) :*** circule de mi-juin à mi-sept, 1 départ/j. de Reykjavík (plusieurs arrêts possibles). Dessert au passage Hveragerði, Selfoss, Hella, Hvolsvöllur et Seljalandfoss. Infos et résas : • *thuletravel.is* •
– Les compagnies suivantes proposent sinon des excursions à la journée ou sur plusieurs jours : ***Volcano Trails*** *(• volcanotrails.com •)* ; ***Midgard Adventure*** *(• midgardadventure.is •)* ; ***Into the Wild*** *(• intothewild.is •)* ; ***Discover Iceland*** *(• discover.is •)*, ***SouthCoast Adventure*** *(• southadventure.is •)*...

En voiture

Si vous décidez malgré tout d'y aller par vos propres moyens, vérifiez l'état de la route (et des rivières) et la météo avant de partir : • *road.is* • (accès et état des routes) ; • *en.vedur.is* • (météo). Rappelez-vous que les véhicules de location ne sont pas assurés sur les *F-roads*, et les passages de gués. On vous aura prévenu !
Depuis la N1, au niveau des chutes de Seljalandsfoss, l'accès se fait par la route 249 puis la piste F249. Cette dernière est exclusivement ***réservée aux 4x4 conduits par des chauffeurs expérimentés et habitués à traverser les gués. Elle est réputée pour être l'une des plus difficiles du pays.***

Où dormir ? Où manger ?

Camping : le site de Þórsmörk dispose d'un ***refuge*** au départ – ou à l'arrivée – du trek (là où s'arrête le bus). Il est géré par ***Ferðafélag Íslands*** : ☎ *568-25-33.* • *fi.is* • *Ouv début mai-début oct (mais peut varier en fonction* *de l'ouverture de la piste 249). Résa fortement conseillée. Env 2 000 ISK/pers pour camper et 9 500 ISK/pers pour y dormir ; douche payante.* Cuisine équipée uniquement réservée aux 75 privilégiés qui logent au refuge (et non au camping). Pour ceux de passage qui voudraient profiter des installations extérieures (toilettes, barbecue...), ce *facility fee* est facturé 400 ISK (payables en ligne) ou 500 ISK (sur place). Attention, cela ne donne pas accès aux douches ou aux cuisines.

Camping The Volcano Huts : *à Húsadalur. ☎ 419-40-00. • volcanotrails.com • Camping env 2 600 ISK/pers, bon marché pour un lit en dortoir, doubles à prix moyens, cottages (jusqu'à 5 pers) à prix chic. Buffet au déj env 2 700 ISK, dîner 4 500 ISK et panier-repas 2 500 ISK.* Dans ce bout du monde, on trouve des hébergements pour tous les goûts et tous les styles : chambres simples ou doubles, mini-cottages ou chalets familiaux avec kitchenette pouvant accueillir jusqu'à 5 personnes, dortoirs de 16 places dans de grands chalets... Sanitaires et douches communs, sauna, minuscule piscine naturelle d'eau chaude, cuisine collective. Camping offrant de larges espaces (on s'en doutait un peu), herbe tendre et même des arbres (si, si !). Et pour les amoureux de nature qui tiennent à leur petit confort, la formule *Glamping (glamorous camping)* : quelques tentes aménagées avec lits, électricité et chauffage (toilettes extérieures communes). Au resto *The Lava Grill,* excellent buffet à prix raisonnables, dans une salle agréable.

LE SUD

À faire

Randonnée vers Skógar : environ 25 km ; compter 10h de marche avec 2 ou 3 passages un peu délicats. Le sentier balisé relie Þórsmörk à Skógar en passant entre les glaciers Mýrdalsjökull et Eyjafjallajökull. La rando peut se faire à la journée ou sur 2 jours avec la nuit possible dans l'un des 2 refuges qui se trouvent à mi-chemin, dont l'un est géré par *Útivist* (*• utivist.is •*). Cet itinéraire peut être un bon prolongement du trek Landmannalaugar-Þórsmörk, indiqué plus haut, mais il comporte des difficultés un cran au-dessus. Bien se renseigner avant le départ sur les conditions météo et, surtout, se munir d'une carte détaillée. Le gros avantage de cette rando : elle permet, en une journée, de retrouver la route 1 et le service de bus autour de l'île. Les paysages sont vraiment splendides mais est-il nécessaire de le préciser ?
La région compte évidemment de nombreuses autres randonnées, les hébergements vous renseigneront.

SKÓGAR

25 hab.

À peine un village, plutôt un hameau isolé, à plusieurs kilomètres du rivage, bordé d'une immense plage de sable noir battue par les vents. La principale attraction du lieu est la Skógafoss, majestueuse chute d'eau de 60 m de haut, alimentée par le glacier. Ne manquez pas aussi le superbe musée ethnographique et ses maisons traditionnelles.
Skógar est aussi le point de départ (ou d'arrivée) des marcheurs s'attaquant à la rando jusqu'à Þórsmörk (voir plus haut). Petit hameau, mais gros potentiel !

Arriver – Quitter

– Attention pour l'essence, en venant de Reykjavík, la toute dernière station se trouve à Hvolsvöllur, 48 km avant Skógar. Et la suivante à Vík, 34 km.

Pour abreuver le réservoir de son véhicule !
➢ ***Depuis Reykjavík vers Höfn :*** tte l'année, 1 bus/j. avec *Stræto* (ligne 51). Également desservi par la majorité des compagnies privées en été (voir plus haut « Comment circuler en bus sur la côte sud ? »).

Où dormir ? Où manger ?

Bon marché (max 2 500 ISK / 17 €)

⛺ ***Camping :*** *quasi en face de la chute. 📱 863-80-64. Env 1 500 ISK/pers (pas de réception, paiement au passage du gardien), douches payantes.* Un terrain plat et herbeux collé au parking mais à 2 pas de la cascade. Équipement très réduit (pas de salle couverte, ni de cuisine). Franchement cher pour des services inexistants et un entretien qui laisse à désirer, mais le site est superbe lorsque la foule est partie.
🍽 ***Mia's Country Van :*** *à l'entrée du village, impossible de le louper. Tlj 12h-16h. Fish & chips env 2 000 ISK.* Du *fish,* des *chips,* un point c'est tout ! Dans son sympathique bus rouge à pois blancs, qu'il pleuve, qu'il vente ou qu'il neige, la souriante proprio est toujours au rendez-vous pour servir son délicieux *fish & chips,* à emporter ou à grignoter au grand air sur les tables de jardin. Une adresse simple et originale pour fuir les cafétérias bondées de Skógar.

De chic à très chic

🏠 🍽 ***Hótel Skógar :*** *sur la droite de la route qui mène à la chute. ☎ 487-48-80. • hotelskogar.is • Tte l'année. Resto ouv midi et soir en été, seulement le soir hors saison. Plats 2 500-5 000 ISK.* Un petit hôtel à l'architecture moderne et anguleuse, ni moche, ni belle. En revanche, agréable cadre intérieur. Une douzaine de chambres spacieuses, style contemporain de bon goût et tout confort, léger bémol pour les salles de bains étriquées. *Hot tub* et sauna dans le jardin. Bon resto dans une plaisante salle à manger avec cheminée pour les soirées d'hiver.

LE SUD

Où dormir ? Où manger dans les environs ?

🏠 🍽 ***Sólheimahjáleiga Guesthouse :*** *à env 10 km à l'est de Skógar, sur la route 1 vers Vík, puis à gauche par la route 222. 📱 864-29-19. • solheimahjaleiga.is • Doubles à prix chic, petit déj inclus. Resto ouv le soir slt. Plats 3 800-5 000 ISK.* Une ferme bien entretenue avec des chambres réparties dans 2 bâtisses : la « *old house* » (construite en 1939) et une construction plus récente. La vieille maison accueille des petites chambres avec salle de bains commune (mais lavabo dans chacune), qui se partagent aussi une cuisine bien équipée et un salon, l'ensemble est tout à fait confortable et même mignon. L'annexe récente, plus fonctionnelle, abrite une dizaine de chambres avec salle de bains privative. On y trouve aussi un joli salon commun, une petite terrasse abritée et une kitchenette (mais les clients de cette partie ont aussi accès à la grande cuisine de la *old house*). Le petit déj se prend dans la maison des propriétaires, dans une véranda donnant sur le jardin fleuri.
🏠 🍽 ***Country Hótel Anna :*** *à* ***Moldnúpur,*** *à 1 km de la N1 par la route 246 ; à 17 km à l'ouest de Skógar. ☎ 487-89-50. • hotelanna.is • Tte l'année. Doubles à prix chic, petit déj inclus. Resto ouv tlj midi et soir en saison, sinon slt le soir. Plats 3 500-4 500 ISK.* Cette ferme, retapée en hôtel, est dans la même famille depuis 5 générations. Le style vieillot en rebutera peut-être certains mais la poignée de chambres offrent malgré tout un bon confort. Pour un peu plus d'indépendance et de modernité, optez pour les annexes de plain-pied abritant des apparts flambant neufs pour 2-4 personnes : une cuisine équipée, une chambre, un salon avec canapé-lit et une salle de

bains. C'est aussi une bonne table, où le patron vous servira avec fierté le tendre agneau de son élevage, dommage que la salle soit si tristoune. 2 *hot pots* avec vue d'exception sur la montagne.

Gamla Fjósið : *Hvassafell. ☎ 487-77-88. À 11 km à l'ouest de Skógar, sur la gauche de la route. Tlj 11h-21h. Plat env 2 500 ISK.* La (vieille) vache – c'est le nom de cette adresse – taillée dans le métal de l'enseigne donne le ton. Ce resto appartient à une famille d'agriculteurs et, sous sa charpente de bois, la grande salle est une ancienne étable. Accueil très nature, vaisselle fleurie, toute petite carte et produits fermiers de qualité, dont la délicieuse viande maison, servie notamment dans des burgers, aussi bons que généreux. Chouette terrasse aux beaux jours.

À voir. À faire

Skógafoss : *au fond du village, difficile de la louper.* Haute de 62 m, la chute de Skógar vaut vraiment le détour. On peut l'observer d'en bas (à hauteur du village) ou d'en haut, en empruntant un escalier assez raide (environ 430 marches, hardi petit !). Avis aux âmes courageuses, le trésor du colon viking Þrasi Þórólfsson est toujours derrière le rideau d'eau ! Arc-en-ciel et superbes photos souvenirs garantis par beau temps.

LE SUD

Skógasafn *(Musée ethnographique de Skógar)* **:** *à l'est du village. ☎ 487-88-45. ● skogasafn.is ● Juin-août tlj 10h-18h ; sept-mai tlj 10h-17h (16h déc-janv et le w-e nov et fév). Entrée : 2 000 ISK ; gratuit moins de 12 ans. Explications en français (c'est rare !) et en anglais. Prévoir 2-3h de visite.*

Musée très complet abritant de nombreuses ***salles ethnographiques*** où sont exposés des milliers d'objets (parfois on ne sait plus où poser les yeux) illustrant la capacité (et la nécessité) des habitants de ces terres hostiles à s'adapter à la pénurie de matériaux. Tout est regroupé par thématiques : broderies, bijoux et costumes traditionnels ; la mer et la pêche ; la sidérurgie ; la cuisine... Impossible de tout décrire ! Voici donc une sélection de nos pièces préférées.

– ***Salle maritime, au rez-de-chaussée :*** belle salle dédiée à la mer, aux marins et à la pêche, avec au centre le *Petursey*, un bateau de pêche de 1855, en bois de chêne. À l'entrée sur la droite, une vitrine renferme l'anneau légendaire ***(Hringur Prasa)*** du coffre au trésor que le colon Þrasi Þórólfsson aurait caché derrière la chute de Skógafoss (une légende locale). Ensuite, sur le mur de droite, la une du numéro du *Petit Journal* de 1894 consacrée aux pêcheurs bretons de Paimpol (Bretagne) partant en Islande. Dans un coin de la salle, on remarquera que, dans une baleine, tout était utile : estomac employé comme flotteur, vertèbres comme marmite, bac à charbon, billot ou tabouret de cuisine. Ne pas rater cette énorme omoplate (de baleine encore) qui servait à séparer les box d'une étable. Au fond de la salle, souvenirs des ***marins morts en mer*** : plaques commémoratives, photos, lettres, coffres ciselés et une bouteille à message (voir encadré). Voir plus loin ces moufles à 2 pouces qui permettaient aux pêcheurs de retourner leurs mitaines usées et de les utiliser de l'autre côté.

UNE BOUTEILLE À LA MER

Le bateau postal ne faisait escale qu'une fois par mois aux îles Vetsmann. Les îliens jetaient des bouteilles à la mer, renfermant un message adressé aux familles et parfois un peu de tabac. Les vents du sud et les courants poussaient ces bouteilles jusqu'à la côte de l'Islande. On n'avait pas encore inventé le téléphone portable ou Internet !

– ***Au sous-sol :*** bureau de travail et bibliothèque du poète islandais Erlingsson, des bustes, des objets divers et une belle collection d'histoire naturelle : œufs, coquillages, roches, squelettes d'oiseaux et animaux empaillés (dont un agneau à 2 têtes, brrr).

– ***À l'extérieur :*** d'authentiques maisons ont été démontées de leurs lieux originels et remontées ici. Tout d'abord un groupe de 3 maisonnettes aux toits de tourbe, couverts d'herbe, dont une abrite l'étable et une autre la forge. On peut aussi entrer dans la maison d'un riche fermier (attention à la tête !), construite au milieu du XIXe s, et découvrir ainsi un intérieur traditionnel. On se croirait dans une maison de poupée. Également une école datant de 1901 avec sa salle de classe figée dans le temps et une église (extérieur datant de 1879).
– À côté, le tout moderne ***musée des Transports et des Télécommunications*** évoque, lui, tous les moyens de locomotion, du cheval à l'auto. Belles voitures des années 1920, dont une Fort T de 1927, la 1re voiture à s'aventurer sur les pistes de l'intérieur du pays en 1933. Ou encore une Citroën de 1929 à chenilles, transformée en véhicule tout-terrain pour la neige. Importante section sur la construction des routes et des ponts, mais aussi sur les véhicules de sauvetage en conditions extrêmes (motoneiges, voitures amphibies). Toute l'histoire des télécommunications aussi, du télégraphe aux 1ers téléphones, en passant par le coursier à cheval ou ce superbe camion Ford écarlate de 1931, propriété de la poste islandaise.

Randonnée entre Skógar et Þórsmörk : environ 25 km ; compter 10h de marche. Voir plus haut « À faire » à Þórsmörk. De Skógar, le départ se fait aux escaliers menant en haut de la cascade. Ceux qui n'arrivent pas du Landmannalaugar mais de la côte sud, envisageront la randonnée dans le sens *Skógar-Þórsmörk* ; cela évite aussi les galères pour rejoindre Þórsmörk avec son propre véhicule. En partant tôt de Skógar, on peut dormir à Þórsmörk ou même attraper un bus du soir de Þórsmörk vers Skógar, Reykjavík, ou d'autres villes de la côte sud (voir plus haut « Arriver – Quitter » à Þórsmörk).

LE SUD

DANS LES ENVIRONS DE SKÓGAR

Piscine naturelle de Seljavallalaug (geothermal pool) **:** *de Skogafoss, prendre la route 1 vers Hella. À 7 km, tourner à droite (panneau bleu indiquant l'hôtel Lambafell) et suivre la route 242 jusqu'au parking. De là, 20 mn de marche dans une gorge qui conduit à la piscine naturelle. Accès gratuit. Ouv 24h/24. Sur place, des cabines pour se changer.* Ce bassin d'eau chaude serait un des plus anciens d'Islande. Pour les amateurs, un bain dans ce site restera un grand moment en raison de la beauté du paysage environnant. Attention, ne pas s'attendre à de l'eau bleu turquoise comme au *Blue Lagoon,* le site reste naturel et donc parfois algueux.

Balades sur le Mýrdalsjökull : c'est le 4e plus grand glacier d'Islande. On peut le découvrir à pied, avec *Icelandic Mountain Guides (☎ 587-99-99 ; • mountainguides.is •).* On vous fournira bottes et combinaison chaudes, et vous serez acheminé sur le glacier. Autre possibilité : le traîneau à chiens *(📱 863-67-33 ; • dogsledding.is •).* Les départs de ces tours se font du bout de la route 222.

Le Sólheimajökull : *appendice du Mýrdalsjökull, situé à une dizaine de km à l'est de Skógar. Accès par la route 1 puis la route 221, goudronnée jusqu'au parking.* Au bout de la route, un sentier conduit en 10 petites minutes face à cette masse blanche striée de noir qui se désagrège lentement dans la *rivière Jökulsá.* Au gré des saisons, on y entend soit le clapotis de l'eau produit par la fonte des neiges, soit les craquements de la glace...
Plusieurs agences organisent des randonnées sur ce glacier. Citons, entre autres, *Icelandic Mountain Guides (• mountainguides.is •)* et *Arcanum Adventure Tours (• arcanum.is •). Compter env 2h30 à 3h, dont env 1h passée sur le glacier à marcher. Tarif : env 12 000 ISK ; réduc enfants.*

Sólheimasandur : *env 2 km après le pont du Sólheimajökull, « parking » le long de la route 1, à droite. Le sentier est fermé aux voitures. Env 12-14 navettes/j.*

mai-oct, 10h-17h, compter 2 500 ISK l'A/R ; ● *arcanum.is* ● *Sinon, possibilité de poursuivre à pied sur 4 km (45-50 mn) en direction de la mer.* Pas de fléchage, pas de publicité pour cette carcasse d'avion posée sur la plage noire. Ce *Douglas DC3* de l'US Navy a dû se poser en urgence le 24 novembre 1973, suite à un incident technique dû à l'intrusion de la glace dans certaines parties mécaniques. Heureusement, les membres de l'équipage ont survécu, mais l'avion a été abandonné là. Une vision étrange et pathétique, mais pas franchement indispensable ! Attention, même s'il fait beau, bien s'équiper contre le vent.

VÍK

500 hab.

Les falaises rocheuses d'un vert profond qui plongent dans la mer d'Islande, une adorable petite église perchée sur sa colline, le village réduit à l'essentiel, le ciel toujours changeant, tout incite à s'arrêter à Vík quelque temps. La rumeur du vent et des vagues au loin poussera le voyageur vers la plage de Reynisfjara, bordée de remarquables falaises d'orgues basaltiques. Plus à l'ouest, la presqu'île de Dyrhólaey dresse des aiguilles rocheuses et rugueuses dans les flots, comme à Étretat ou à Belle-Île-en-Mer. À 35 km à l'est de Skógar sur la route 1, Vík et sa côte constituent un des sites exceptionnels du Sud islandais, et donc une étape de choix avant de poursuivre plus à l'est. Vík c'est 500 habitants et 1,2 million de touristes par an ! Vous n'y serez donc jamais seul, et les hébergements (plus chers qu'ailleurs) affichent souvent complets 6 mois avant le début de l'été. Un incontournable des circuits touristiques que nos lecteurs en quête de solitude auront peut-être du mal à apprécier malgré la beauté du site.

Arriver – Quitter

➢ ***Reykjavík :*** arrêt des bus à la station-service *N1.* Liaisons tte l'année avec *Stræto* (ligne 51), à raison de 1 bus/j. Également desservi par *Sterna (Iceland by Bus).* Durée : 3h avec *Stræto,* sinon 5h. Villes desservies : ***Selfoss, Hella, Hvolsvöllur*** et ***Skógar.***

➢ ***Höfn (via Kirkjubæjarklaustur, Skaftafell et Jökulsárlón) :*** 1 bus/j. avec *Sterna (Iceland by Bus),* qui va jusqu'au site glaciaire de Jökulsárlón. Seule la compagnie *Stræto* (ligne 51) continue vers Höfn et fonctionne à l'année entre Vík et Höfn (durée 7h). Attention, le bus Sterna ne circulait plus suite à l'épidémie de Covid-19, se renseigner.

Adresses utiles

i ***Office de tourisme Katlacentre :*** *Víkurbraut 28.* ☎ *852-13-95.* ● *katlageopark.is* ● *Tourner à droite en venant de Skógar, au niveau du pont. Ouv tte l'année mais horaires variables.* Cette vénérable maison de 1831 abrite l'office de tourisme, une boutique et une salle d'exposition sur le ***Katla Geopark*** (ensemble géographique classé par l'Unesco) qui inclut les immenses glaciers Eyjafjallajökull et Myrdalsjökull. Informations très complètes sur la ville et sa région, excellent accueil en prime.

■ ***Banque*** et ***supermarché :*** *à l'angle de Víkurbraut et de Ránarbraut. Banque lun-ven 12h30-15h. Supermarché* ***Krònan*** *près de la station-service* N1. *Tlj 9h-20h.*

■ ***Piscine :*** *Mánabraut. Tlj 10h-19h. Horaires restreints en hiver. Entrée : 900 ISK.* Bassins extérieurs, dont un

grand bassin de nage (avec toboggan), bain froid et un *hot spot.*
■ ***Icewear Outlet Store :*** *à côté de la station-service* N1. ● *icewear.is* ● *Lun-ven 9h-19h (20h w-e).* Les amateurs de pulls, de couvertures et de bonnets en pure laine islandaise feront un stop ici. Pas de « prix d'usine », mais toujours quelques promotions (à l'étage).

Où dormir ?

De bon marché à prix moyens (4 000-20 000 ISK / 27-133 €)

Camping Vík í Mýrdal : *sur Klettsvegur, côté est de la ville, au niveau de la station-service* N1. ☎ *487-13-45.* ● *vikcamping.is* ● *Ouv début juin-fin oct. Env 1 500 ISK/pers. Cottage 2 pers à prix moyens (haut de la fourchette).* Derrière l'hôtel *Kria* (chic et moche), entre la route 1 et la montagne, dans un site assez venté. Vaste terrain en partie plat et divisé en plusieurs sections, dont notre favorite, au pied des falaises verdoyantes, est réservée aux tentes, c'est aussi le coin le plus éloigné de la route 1. Sanitaires étonnamment modernes et électricité payante. Salle commune abritée du vent, lave-linge et sèche-linge. Également 4 cottages contemporains et tout confort pour 2 personnes avec coin cuisine et salle de bains. D'ici, on peut rejoindre le centre, le supermarché et les restos à pied.

Norður-Vík Youth Hostel : *Suðurvegur 5.* ☎ *487-11-06.* ● *hostel.is* ● *1re à gauche après la rivière quand vous entrez dans Vík, en venant de l'ouest ; monter la rue jusqu'au bout. Tte l'année. Bon marché pour un lit en dortoir ; doubles à prix moyens. Petit déj en sus.* Cette maison blanche à toit bleu, adossée à la colline, profite d'un environnement agréable, calme et d'une vue remarquable. À l'entrée, une petite véranda fait office d'accueil et de petit salon avec son lot de jeux de société. 4 chambres doubles, 2 chambres privées pour 4 personnes et 2 dortoirs pour 6 personnes, l'ensemble n'offre pas un confort optimal (pièces petites et matelas raplaplas) mais compte quelques avantages : réductions dans certains restos de la ville, cuisine bien équipée, petit déjeuner avec les œufs des poules du jardin, confitures et gaufres maison... Loue aussi 2 chalets pour 8 personnes max avec cuisine et salle de bains.

De prix moyens à chic (14 000-30 000 ISK / 93-200 €)

Puffin Hotel & Hostel : *Víkurbraut 26. À côté de l'office de tourisme.* ☎ *467-12-12.* ● *puffinhotelvik.is* ● *Réception ouv 15h-22h. Doubles à prix moyens pour la partie* hostel *et prix chic pour l'hôtel.* Ce bon *Hôtel du Macareux* a compris qu'il fallait assembler les styles, simple d'un côté et plus confortable de l'autre. Le bâtiment plus ancien, centenaire, abrite la partie *hostel* avec des chambres étriquées pour 1 à 4 personnes (pas de dortoirs), salle de bains et cuisine commune. Mais pas de salon où se retrouver. Le bâtiment plus moderne compte une vingtaine de chambres, toutes avec salle de bains privée pour plus d'intimité. De ce côté, les *economy rooms,* un peu plus vieillottes, trancheront pour ceux qui hésitent entre *hostel* et hôtel. Confort suffisant partout mais aucun charme et pas l'ambiance conviviale que l'on recherche dans les auberges.

Guesthouse Carina : *Myrarbraut 13.* 📱 *699-09-61.* ● *guesthousecarina.is* ● *Prix moyens.* Sur un versant de la colline coiffée d'une falaise, voici une belle et bourgeoise maison blanche. La dizaine de chambres (pour 2 à 4 personnes) sont toutes agréables, lumineuses et aménagées avec soin (déco nette et tons boisés) mais salles de bains partagées pour toutes. Une des chambres familiales profite d'un beau balcon avec vue sur Vík, la vallée et l'océan. Comme souvent en Islande, la propriétaire ne vit pas sur place, mais elle passe tous les jours.

Chouette salle de petit déj entièrement vitrée, dans une annexe aux allures contemporaines.

De chic à très chic (20 000-30 000 ISK et plus / 133-200 €)

Katla Hotel : *Höfðabrekka.* ☎ *487-12-08.* • *keahotels.is* • *À 5 km à l'est de Vík par la route 1, prendre à droite la piste 214. Prix chic à très chic pour les chambres, selon confort et saison. Resto ouv à ts le soir, formule buffet env 6 200 ISK.* À 5 km seulement de Vík, cet hôtel standardisé offre une bonne alternative aux mastodontes chics et chers du centre-ville. Si l'on préfère les petites structures indépendantes, celle-ci a le mérite d'offrir un large panel de chambres réparties dans différents bâtiments. Moquette, parquet, mobilier en skaï ou contemporain, déco et confort varient avec le budget. Une adresse adaptable donc. Mention spéciale à l'excellent buffet petit déjeuner qui permet de sauter le repas du midi, y'a pas de petites économies (surtout en Islande !). *Hot tub* et sauna.

Où manger ? Où boire un verre ou un bon café ?

LE SUD

De bon marché à prix moyens (max 4 000 ISK / 27 €)

The Soup Company : *Víkurbraut 5.* 📱 *778-97-17. Tlj 12h-16h (19h vendim). Soupes 2 000-3 000 ISK ; tasting menu env 3 000 ISK.* Une excellente option pour se réchauffer ou patienter avant le *lava show* (voir plus loin « À voir. À faire »). Goûtez donc à la spécialité de la maison : la *hot lava soup,* servie dans un pain noir couleur roche volcanique. Les indécis opteront pour le *tasting menu* avec 3 soupes à choisir dans les propositions du jour (champignons, mexicaine, indienne, tomate...). Le prix inclut un 2e remplissage à demander au comptoir. Un très bon rapport qualité-prix, accueil charmant en prime. Gros gâteaux maison.

Smidjan Brugghús : *Sunnubraut.* ☎ *571-88-70. Tlj 12h-22h (23h jeu-sam). Burgers env 2 500-3 500 ISK.* Bière, burgers, frites, voilà le trio gagnant de cette microbrasserie populaire et très fréquentée. Excellents burgers maison (porc, bœuf, végétarien) que l'on déguste sur une playlist rock, dans un décor industriel avec vue sur les cuves à bière. En dessert, les plus curieux s'attaqueront aux frites au Nutella (si, si !). 10 bières pression et une trentaine en bouteille, il faut au moins ça pour faire glisser le repas !

Skool Beans : *Kletttsvegur, à côté du camping. Tlj sauf lun 8h-17h (15h mer).* Difficile de louper ce bus jaune ! Retapé par la dynamique et charmante proprio, il est passé de bus scolaire à café sur roues ! Attablé face à la mer ou aux falaises, on y déguste une excellente sélection de cafés moulus maison (ça change du jus de chaussette !) ou un savoureux choix de thés parfumés. On aime piocher dans les livres laissés par les touristes du monde entier. Si vous avez fini votre roman, n'hésitez pas à en faire don, un prochain routard pourra plonger le nez dedans !

De prix moyens à chic (2 500-6 000 ISK / 17-40 €)

Halldórskaffi : *dans le même bâtiment que l'office de tourisme.* ☎ *487-12-02. Tlj 12h-21h. Pizzas et burgers 2 000-3 000 ISK, plats 4 000-5 000 ISK.* Resto réputé pour ses pizzas, mais les soupes du jour sont tout aussi bonnes et les burgers maison gourmands. Les budgets plus larges opteront pour l'agneau ou le saumon islandais. Résultat : en saison, l'endroit est pris d'assaut et il n'est pas rare de devoir patienter pour avoir une table. À l'origine, cette belle bâtisse tout en bois – une des plus vieilles d'Islande (construite en 1831) – était un commerce sur les îles Vestmann. C'est en 1895 qu'elle fut transférée à Vík.

Suður Vík : *Suðurvikurvegur 1.* ☎ *487-15-15. Tlj 12h-21h. Pizzas*

2 000-3 000 ISK, plats 4 000-5 000 ISK. Coquette maison traditionnelle sur la colline, qui domine la ville. Petites salles chaleureuses où déguster une cuisine locale franche parfois piquée d'une touche d'exotisme et d'originalité. On y trouve les inamovibles de la table islandaise : burgers et pizzas, mais également des viandes et poissons (certes plus onéreux mais aux portions généreuses). Service efficace et attentionné.

Où dormir dans les environs ?

Vers la plage de Reynisfjara

De bon marché à prix moyens (4 000-20 000 ISK / 27-133 €)

The Barn Hostel : *lieu-dit* ***Reyni,*** *env 4 km avt la fin de la route et la plage de Reynisfjara. 779-11-66. • barnhostel.is • Bon marché pour un lit en dortoir 1 ou 2 places et prix moyens pour une chambre privée.* Non, ne rebroussez pas chemin devant la porte, vous êtes à la bonne adresse. Cet *hostel* coche toutes les cases de l'établissement de luxe : déco élégante et design, beaux volumes, salles de bains modernes et nombreuses, canapés Chesterfield... Un excellent point de chute pour ce secteur très fréquenté et hors de prix en pleine saison. Les dortoirs (max 12 pers) abritent des lits superposés 1 ou 2 places (l'option la plus économique pour les couples pour se loger), avec tout le confort espéré et même un rideau pour plus d'intimité. Également 8 chambres privées, dont les plus belles profitent d'une vue sur les montagnes et n'ont rien à envier à un hôtel de haut standing. Salles de bains partagées (impeccables) pour tous, cuisine commune et même un bar sur place. Une pépite unique en son genre.

De prix moyens à chic (14 000-30 000 ISK / 93-200 €)

Guesthouse Reynir : *lieu-dit* ***Reyni,*** *env 2 km avt la fin de la route et la plage de Reynisfjara. 894-97-88. • reyni.is • Tte l'année. Doubles à prix moyens.* Très petit ensemble aux murs couverts de tôle grise, comme c'est souvent le cas, pour se défendre de la pluie et du froid. Abrite une dizaine de chambres simples et propres (pour 2 à 5 personnes) avec des lits étroits (les grands gabarits éviteront ce logement). Douches collectives pour toutes mais 3 ont leurs propres toilettes et toutes un lavabo à l'intérieur. Également une cuisine commune et une très chouette salle à manger (pas de petit déj ou repas proposés ici) largement vitrée avec vue sur la nature. Une adresse sans fioritures, mais à l'accueil gentil et aux tarifs encore accessibles pour la région.

Garðar Cottages : *à 2 pas de la plage (juste avt l'extrémité de la route). ☎ 487-12-60. 771-16-57. • reynisfjara-guesthouses.com • Tte l'année. Cottages à prix chic.* Situation exceptionnelle pour ces 5 chalets chauffés pouvant accueillir jusqu'à 4 personnes. Terrasse pour tous offrant une vue époustouflante sur la plage de sable noir et, à l'horizon, les falaises de Dyrhólaey. Côté confort, salon avec cuisine, salle de bains et coin nuit en alcôve. Le plus petit chalet dispose d'une simple kitchenette et d'un lit superposé.

Vers la presqu'île de Dyrhólaey

Chic (20 000-30 000 ISK / 133-200 €)

Hótel Búrfell : *sur la route 1, à* ***Steig.*** *☎ 487-46-60. • hotelburfell.is • À env 17 km à l'ouest de Vík, en direction de Skógar. De la route 1, piste de 2 km jusqu'à la ferme. Tte l'année. Dîner sur résa. Plats env 3 000-4 200 ISK.* Ferme isolée, au pied des monts verdoyants, dominés au loin par un imposant glacier. Une annexe

LE SUD

tout en longueur renferme des chambres d'un confort inattendu, au style récent. L'une d'elles a même sa propre terrasse avec jacuzzi ! Les moins chères sont dans la partie ancienne de la maison. Toutes avec salle de bains privative. On peut aussi y dîner (dans l'ancienne étable), autour de petits plats d'une bonne cuisine familiale à base de produits de la ferme – dont l'agneau. Accueil vraiment gentil.

Farmhouse Lodge : *Skeiðflöt, 871. 625-89-05. • farmhouse.is • À env 14 km à l'ouest de Vík, en direction de Skógar, un peu en retrait de la route 1.* Tout juste en retrait de la route 1 et à 10 mn de Vík, cette maison moderne abrite une dizaine de chambres à la déco scandinave soignée. Pas immenses, elles offrent un superbe panorama sur la campagne environnante, tout comme la salle petit déj. Gros bémol en revanche pour l'unique salle de bains commune à 7 chambres ; soyez sympa, ne traînez pas sous la douche. Possibilité d'utiliser la cuisine pour la popote du soir. Les amoureux de la nature (mais amoureux de leur confort aussi !) pourront opter pour les tentes aménagées dispersées près de la maison. Lits confortables installés sur des palettes et grosses couvertures en laine pour les nuits fraîches, il y a même des sanitaires tout modernes dans un bâtiment annexe. Luxueuse robinsonnade *(seulement de juin à mi-sept).*

Volcano Hotel : *sur la route 1, à* ***Ketilsstaðaskóli.*** *☎ 486-12-00. • volcanohotel.is • À 12 km à l'ouest de Vík, en direction de Skógar. Fermé fin nov-début fév.* En surplomb de la route 1, mais un peu au milieu de nulle part quand même, surgit cet hôtel qui fut autrefois une école rurale. Malgré sa taille, il n'abrite que 7 chambres plutôt spacieuses et bien arrangées, à l'esprit design imaginé par la propriétaire, créative et ingénieuse. Voir ces troncs d'arbres-tables de nuit ou ce sol de gravillons basaltiques en provenance directe de la plage de Reynisfjara. Jolie vue sur la mer pour certaines chambres et pour tous depuis la lumineuse salle à manger.

À l'est de Vík

Glacier View Guesthouse : *770-01-23. • glacierviewguesthouse.is • À 45 km à l'est de Vík. De Vík, route 1 vers Klaustur, après 42 km, prendre à gauche la route 209, et la suivre sur env 3 km. Très chic (bas de la fourchette). Dîner sur résa env 5 500 ISK.* Une ancienne ferme métamorphosée en petit hôtel rural dans un environnement remarquable, au pied de l'énorme glacier Myrdalsjökull. Accueil souriant et dans la bonne humeur des propriétaires. Ils ont tout construit eux-mêmes : 10 belles chambres dans un long bâtiment en bois noir, au design contemporain. Elles sont très bien conçues, chacune avec 2 baies vitrées, salle de bains privative, bonne literie, lampes de lecture, et coin terrasse dehors. Au resto, bonne et savoureuse cuisine du terroir, avec les plats classiques de la région. Vraiment une adresse exceptionnelle !

À voir. À faire

Icelandic Lava Show : *Víkurbraut 5. 823-77-77. • icelandiclavashow.com • 2 shows en hiver et 4 l'été, voir les horaires sur leur site. Env 5 000 ISK ; réduc.* Déverser de la lave en fusion dans un local fermé, quelle idée de fou ! C'est pourtant bien ce qu'offre ce show surprenant. Après une vidéo d'introduction sur les éruptions des volcans voisins, une trappe s'ouvre et c'est bien de la lave à 1 100 °C qui s'écoule sous vos yeux (en toute sécurité rassurez-vous !). Maniée avec une barre à mine, la lave est étirée, effilée, tordue et cassée pour expliquer sa formation et ses spécificités. Une expérience unique et enrichissante, menée avec beaucoup de professionnalisme et d'humour par une équipe motivée. Petits et grands adoreront ! Un conseil : faites tomber le pull.

Skaftfemlingur Museum : *en face de l'office de tourisme, dans un grand hangar. Mêmes horaires que l'office de tourisme. GRATUIT.* Abrite la grosse coque d'un vieux bateau de pêche qui navigua jusqu'en 1974 avant d'être abandonné.

Grâce à l'action d'une mécène islandaise, passionnée par son histoire, le navire fut sauvé et transporté depuis les îles Vestmann jusqu'à Vík. Sur les murs du hangar, cartes et photos sur les naufrages survenus et les épaves découvertes sur la côte sud de l'Islande, un des secteurs les plus redoutables de l'Atlantique nord. Déguisements et coloriages pour les enfants.

Observation des macareux : avant toute chose, gardez en tête que ces adorables oiseaux sont plus présents le matin avant 10h et en soirée : en journée, ils sont en mer à la recherche de nourriture. Dans le centre de Vík, on peut les apercevoir depuis la plage. Pour augmenter ses chances, on poussera vers l'ouest, au-delà du mémorial des pêcheurs disparus en mer. Mais le mieux est encore de rejoindre en 1h le sommet de la falaise ***Reynisfjall*** par un chemin piéton (également accessible aux 4x4) qui part du haut du village, sur la gauche en quittant Vík vers l'ouest. Là-haut, soyez très prudent, car ça souffle parfois fort et les bords de la falaise peuvent s'effondrer aussi. Les fameux oiseaux nichent en haut de la falaise, dans des petits terriers, sur fond de panorama grandiose : Dyrhólaey à votre droite, Vík et le Mýrdalssandur à votre gauche. Dans les environs, on pourra aussi les apercevoir depuis la ***plage de Reynisfjara*** ou encore sur la ***presqu'île de Dyrhólaey.***
– ***Bon à savoir :*** le macareux est présent sur l'île pendant sa période de reproduction, entre mi-avril et fin août.

LE SUD

DANS LES ENVIRONS DE VÍK

Les falaises basaltiques de Svarta Fjara et la plage de Reynisfjara : *à 5 km de Vík, vers l'ouest par la route 1, bifurquer sur la route 215. Bonne route goudronnée puis caillouteuse, accessible aux voitures de tourisme.* Paysage romantique au soleil couchant, composé de presque rien, juste quelques maisons et une jolie église entourée de son cimetière. Au bout de la route, la vaste plage de sable noir de Reynisfjara (longue d'environ 3 km) est considérée comme une des plus belles d'Islande. Sur la gauche, à l'entrée du site, on découvre en marchant un peu une grande grotte constituée d'orgues basaltiques (colonnes de basalte taillées d'une manière géométrique) et de hautes falaises noires où nichent les colonies de macareux. Plus loin, se détachant des flots agités, des aiguilles rocheuses noires ajoutent à la beauté sauvage de ce lieu ! ***Attention à la puissance des vagues, surveillez bien les enfants et ne vous approchez pas de l'eau en cas de mer agitée.*** Malheureusement, des touristes ont déjà été emportés par les vagues.
Voir plus haut « Où dormir dans les environs ? Vers la plage de Reynisfjara ».

La presqu'île de Dyrhólaey : *à une douzaine de km à l'ouest de Vík, sur la route 1 toujours, prendre la route 218 et continuer sur 6 km. Accès limité entre mi-mai et fin juin, pdt la période de ponte. Se renseigner sur place car les restrictions changent chaque année.*
C'est le point le plus méridional de l'Islande. Presqu'île grandiose dont les imposantes falaises sont une réserve naturelle pour les oiseaux marins. Et, attention, si vous vous baladez le long de la plage de sable noir, les vagues sont parfois violentes et traîtresses.
On a le choix au niveau d'une intersection du chemin : à droite vers le site de Haey – promontoire où se tient un phare –, ou bien à gauche vers Lagey. Arrivée superbe sur l'un ou l'autre site, peu importe, les ***falaises*** rappellent étrangement celles d'Étretat, avec leurs aiguilles, leur roche percée, mais dans une version basaltique et noire. Les ***macareux*** y passent pour pêcher et, avec un peu de chance, vous en apercevrez qui tiennent des petits poissons dans leur bec ! Le secteur le plus tranquille pour les observer est la partie ouest (au niveau du phare), remarquable aussi pour sa vue sur la roche percée. On y accède par une piste de 2 km environ qui grimpe au sommet de la falaise.
Voir plus haut « Où dormir dans les environs ? Vers la presqu'île de Dyrhólaey ».

Þakgil : *à env 20 km au nord de Vík. Prendre la direction de Höfn puis, à 5 km de Vík, la piste 214 (sur env 15 km), piste accessible aux 4x4. Ne prenez pas le risque d'y aller avec une voiture de tourisme. Site ouv de début juin à mi-sept.* Superbe balade dans un paysage enchanteur. On commence par une montée plutôt tranquille dans de verts vallons herbeux à moutons. Après 7 km, on atteint un point de vue en surplomb d'une large et superbe baie glaciaire : la rivière Múlakvísl ramifie ses eaux d'argent dans un lit de graviers noirs. C'est à couper le souffle. Puis la piste cabotine, se faufile, se joue des dos-d'âne, livrant des points de vue toujours plus surprenants... ***La dernière partie est la plus spectaculaire,*** dans un environnement de hautes collines couvertes d'herbe de la tête aux pieds, mais laissant apparaître des bouts de roche noire torturée (un des lieux de tournage de la série ***Game of Thrones***). La piste finit en impasse, au camping, d'où partent quelques chemins qui n'attendent que vous pour les emprunter.

Camping Thakgil : *lieu-dit* ***Höfðabrekkuafrétti.*** *893-48-89. • thakgil.is • Ouv de début juin à mi-sept. Tarif : 2 300 ISK/pers, douche incluse. Chalet 4 pers env 25 000 ISK.* Pincez-moi, je rêve ! Dans ce bout du bout du monde, une (seule !) douche et des toilettes, un évier, et puis une « grotte » équipée de tables pour manger en cas de pluie ! Également une dizaine de jolis chalets chauffés avec kitchenette, toilettes (mais pas de douche), et 2 lits superposés.

LE SUD

Vers l'est, après Vík, la route traverse le ***Mýrdalssandur,*** un impressionnant désert de sable et de blocs de lave, tantôt nu, tantôt recouvert de mousse. Sur la route, les nombreux points d'arrêt offrent de beaux panoramas.

KIRKJUBÆJARKLAUSTUR (KLAUSTUR) 150 hab.

Le nom de ce lieu est si compliqué à prononcer que l'on dit couramment *Klaustur,* c'est plus simple ! C'est juste une étape au milieu d'un désert de lave et de plages de cendre noire. Le bourg en lui-même n'a rien d'exceptionnel mais on peut s'y restaurer, c'est même conseillé car les restos se font rares si vous continuez vers l'est. Avant l'arrivée des Vikings, le village aurait été habité par des moines irlandais et un couvent bénédictin y fut installé en 1186. De ce passé, le village, un ensemble de maisons un peu décousu, n'a conservé aucune trace.

Arriver – Quitter

En bus

Arrêt de bus : à la station-service *N1.*

➢ ***Depuis Reykjavík vers Höfn :*** tte l'année, 1 bus/j. (sauf le sam) avec *Stræto* (ligne 51, durée 4h20), et 2 bus/j. supplémentaires en saison avec *Sterna (Iceland by Bus),* qui s'arrête à Jökulsárlón. Villes desservies : ***Selfoss, Hella, Hvolsvöllur, Skógar*** et ***Vík.*** De Klaustur à ***Skaftafell*** (durée 1h), ***Jökulsárlón*** (env 1h30) et ***Höfn*** (durée env 3h).

Adresses utiles

Office de tourisme : *Klausturvegur 10. Dans la rue principale, près de l'*Hotel Klaustur. *487-46-20. • visitklaustur.is • Tlj 9h-18h (17h hors saison).* Donne une carte du village et ses environs. Accueille également un centre d'interprétation sur le volcan Vatnajökull, avec un film de 20 mn.

■ ***Supermarché :*** *dans la rue principale. Tlj sauf dim 10h-18h (14h sam).* Également un ***distributeur*** sur place.

■ ***Piscine :*** *après l'Hotel Klaustur (à l'entrée du village, sur la gauche en venant de Vík). Tlj 10h-20h, horaires restreints en hiver. Entrée : 900 ISK ; réduc.* *Hot tubs* et piscine découverte. Jolie vue sur la chute de Systrafoss depuis les bassins.

Où dormir ? Où manger ?

Campings

Camping Kirkjubær II : *adossé à la falaise, à droite en entrant dans le village. 894-44-95. • kirkjubaer.com • Camping (juin-sept) 1 500 ISK/pers, douches payantes. Cottage (juin-oct) pour 4 pers avec sac de couchage, prix moyens.* Terrains verts et plats, couverts d'une belle herbe et divisés en différents espaces assez vastes qui permettent donc un peu d'intimité. Bons équipements, sanitaires propres et nombreux, machine à laver et sèche-linge, salle commune avec cuisine. Ceux qui préfèrent le dur s'installeront dans les cabines basiques réparties sur l'arrière : 2 lits superposés, un w-c sans porte (!) ou une kitchenette (pas les 2) mais aucun espace libre une fois les sacs posés, et pas de douche.

Camping Kleifar : *prendre la route 203 au rond-point sur env 1 km (portail discret à gauche, juste après le pont). ☎ 487-46-75. • kleifar68@simnet.is • Ouv juin-août. Env 800 ISK/pers.* Situé dans un magnifique cadre, très verdoyant, au pied d'un torrent et d'une belle cascade, cet emplacement de choix est réservé aux tentes, les voitures doivent se garer de l'autre côté de la route pour préserver la tranquillité du site. Équipements sommaires, 2 w-c et un abri pour faire la vaisselle (souvent de l'attente aux 2 !). Pas de douche.

De bon marché à prix moyens (max 4 000 ISK / 27 €)

Systrakaffi : *à côté du supermarché. ☎ 487-48-48. Tlj 12h-21h. Pizzas 1 200-2 800 ISK ; plats 2 500-4 000 ISK.* Dans ce *Café des Sœurs,* quelques nourritures bien terrestres, mais pas de quoi s'extasier, néanmoins on s'en contentera car les restos sont rares par ici. Pâtes, burgers, une dizaine de sortes de pizzas (2 tailles), sans oublier le poisson et les suggestions du jour. On s'installe dans une salle boisée ou en terrasse pour profiter du soleil lorsqu'il est là, mais donnant sur un parking.

LE SUD

Où dormir ? Où manger dans les environs ?

Bon marché (max 2 500 ISK / 17 €)

Hamrafoss Café : *à env 12 km de Klaustur en allant vers Skaftafell, juste en face de la chute d'eau* (foss) *à Siðu. 894-15-76. • fosslagnir@hotmail.com • Ouvertures variables.* Improbable café maison de poupée à la déco soignée de napperons, fauteuils confortables et meubles chinés. On aime beaucoup la mezzanine et l'accueil tout en gentillesse. Parfait pour caler un petit creux sur la longue route du Sud : gâteaux maison et petits sandwichs, le choix n'est pas large, mais la pause agréable.

De prix moyens à chic (14 000-30 000 ISK / 93-200 €)

Road 201-Hvoll Guesthouse : *à* ***Skaftárhreppur.*** *865-89-13 et 861-55-53. • road201.is • Suivre la route 1 sur 22 km, direction Skaftafell, puis prendre la piste 201 à droite (panneau) ; la guesthouse est 2,5 km plus loin. Fermé de fin nov à mi-fév. Doubles* *à prix moyens (bas de la fourchette), également des triples et des familiales. Petit déj en sus l'été.* Très bel emplacement, en pleine nature. À côté de la maison des propriétaires, un grand bâtiment sans charme renferme une vingtaine de chambres de 1 à 5 lits (sans charme non plus mais au confort suffisant). Lavabo dans chacune, mais salles de bains partagées, sanitaires impeccables, grande salle à manger au rez-de-chaussée, 3 cuisines et petits espaces communs avec bibliothèque. Prévoir les provisions (le 1er supermarché est à 25 km...). Une adresse familiale, en toute simplicité.

Hörgsland : *à 8 km de Klaustur en allant vers Skaftafell. ☎ 487-66-55. • horgsland.is • Camping 1 600 ISK/pers, douches comprises. Doubles à prix moyens et chalets (2-6 pers) de prix moyens à très chic selon taille. Repas le soir seulement sur résa, servi sous forme de menus.* À noter que la réception se trouve au bord de la route. Sur un terrain vallonné au pied d'une falaise, cette ferme d'élevage compte près de 300 moutons. Les propriétaires louent une quinzaine de chalets pouvant accueillir jusqu'à 6 personnes, avec vue sur les champs. Tout équipés : cuisine, petit salon, salle de bains mais les chambres sont bien riquiqui et les matelas raplaplas. Une quinzaine de chambres également dans la maison principale, toutes avec sanitaires privés, pour 1 à 4 personnes. Une adresse multi-budgets pour voyageurs en solo ou grandes colos. *Hot tub* pour tous.

Hunkubakkar Guesthouse & Farm Restaurant : *Ferðaþjónustan Hunkubökkum. ☎ 487-46-81. • hunkubakkar.is • À 8 km à l'ouest de Klaustur par la N1, puis à droite sur 1 km par la route 206. Fermé nov-janv. Doubles avec sdb partagée à prix moyens, cottages 2-4 pers à prix chic (bas de la fourchette). Au resto (ouv en juil-août seulement), plats 2 500-4 500 ISK.* Dans un environnement préservé, sur la rive de la rivière Skaftá, quelques chalets en bois répartis sur un large lopin de terre herbeuse. Petite véranda privative pour chacun, et les intérieurs sont coquettement aménagés : certains lambrissés du sol au plafond, les autres d'un blanc aseptique. Certains sont aménagés pour les familles, d'autres abritent 2 ou 3 chambres louées séparément, avec salles de bains communes. Attention, pas de cuisine sur place mais la maison fait aussi resto.

De chic à très chic (20 000-30 000 ISK et plus / 133-200 €)

Hotel & Cottages Laki : *à* ***Efri-Vík.*** *☎ 412-46-00. • hotellaki@hotellaki.is • À 8 km à l'ouest de Klaustur, par la route 204. Catégorie chic (très chic pour les doubles avec vue), petit déj inclus. Plats 2 000-4 000 ISK.* Un bâtiment contemporain en U accolé à une maison, dont l'architecture fait un peu tache dans le paysage. L'hôtel abrite une soixantaine de grandes chambres aux lignes épurées, dans les tons crème, avec baie vitrée ouvrant, pour les plus chères, sur la jolie campagne environnante et le glacier. Style assez fonctionnel donc sans grand charme mais l'accueil est excellent (pas si fréquent en Islande). Fait également resto avec cuisine traditionnelle fine et soignée (agneau délicieux), à déguster dans une très grande salle à manger de style contemporain. Belle vue sur la campagne et pêche dans le lac voisin.

À voir. À faire

Belle ***randonnée*** d'environ 2h autour du village, de niveau facile. Demander à l'office de tourisme la carte, ils vous expliqueront l'itinéraire. La balade passe par les ***chutes de Systrafoss*** (parfois un peu minces en été), un lac plutôt inattendu, mais aussi un étrange pavement géométrique ***(Kirkjugólf),*** formé par la partie haute des colonnes basaltiques naguère arasées par les glaciers. On se croirait vraiment sur le dallage d'une ancienne église, d'où le nom du site. À faire si on a du temps, mais pas indispensable.

DANS LES ENVIRONS DE KIRKJUBÆJARKLAUSTUR

Le canyon de Fjaðrárgljúfur : *à 9 km à l'ouest de Kirkjubæjarklaustur par la N1, puis à droite sur 3 km par la route 206.* Cet étroit et profond canyon, long de 2 km, est bordé par des parois hautes de 100 m, comme si elles avaient été fendues par l'immense coup de hache d'un Viking. Mais ces roches-là existaient bien avant que les Vikings n'aient des moustaches : elles remontent à environ 2 millions d'années. C'est donc plutôt la mignonne rivière Fjaðrá qui a doucement mais sûrement frayé son chemin dans ces roches blondes de palagonite. Compter 10 mn pour rejoindre le belvédère en haut du site d'où l'on s'offre une belle vue sur la cascade.

JUSTIN BIEBER, MAUVAIS INFLUENCEUR

Se rouler dans la mousse, s'asseoir sur un promontoire au-dessus du vide, se baigner dans la lagune glaciaire... dans son clip I'll show you, *Justin Bieber adopte tous les comportements à ne pas reproduire en Islande. Depuis la sortie du clip en 2015, principalement tourné dans le canyon de Fjaðrárgljúfur, la fréquentation de ce site a augmenté de 50 à 80 %. Piétinée, la végétation a été si fragilisée par les touristes s'écartant des sentiers, que l'agence islandaise pour l'environnement a fermé le canyon au public pendant un moment et a tout balisé depuis. Arrêtons de jouer les moutons !*

Dverghamrar : *à 12 km au nord-est de Kirkjubæjarklaustur, à droite de la N1.* La « falaise des nains » est un joli site de colonnes (ou orgues) basaltiques. D'une petite hauteur (une dizaine de mètres), elles remonteraient bon an mal an à 2 millions d'années. Ce type de formation géologique très géométrique résulte du refroidissement rapide d'une coulée de lave. Un petit sentier en fait le tour.
À 500 m, s'offrir une pause pour se requinquer d'un gâteau maison dans l'agréable et improbable ***Hamrafoss Café*** (voir plus haut).

Le Skeiðarársandur : une immense plaine de sable noir et déserte, sur la route entre Kirkjubæjarklaustur et Skaftafell. Il s'agit du plus grand *sandur* (champ de lave) du monde : 1 300 km² de cendres et de laves volcaniques pétrifiées. Dans ce décor de fin du monde, raviné par les eaux du glacier Vatnajökull, on passe à côté d'un piton rocheux digne de l'Ouest américain. En venant de l'ouest, on distingue parfaitement (du moins, par beau temps !) le Hvannadalshnjúkur, point culminant d'Islande (2 110 m).

LE LAKAGÍGAR

À environ 40 km au nord de Kirkjubæjarklaustur, ce chapelet de cratères, répartis sur 27 km, explosa et provoqua, en 1783, le plus grand déversement de lave de l'histoire du pays. Imaginez un peu, il dura près d'un an et on dénombra 9 000 morts, c'est-à-dire 20 % de la population islandaise.
Le site n'est accessible qu'en 4x4. 10 km environ après le début de la piste, un minuscule détour permet d'admirer les somptueuses ***chutes de Fagrifoss,***

LE VOLCAN QUI FAVORISA LA RÉVOLUTION FRANÇAISE

En juin 1783, le Laki connaît une éruption telle qu'elle arrive à cacher les rayons solaires pendant des mois. La température s'effondre, provoquant des hivers rigoureux et des pluies terribles. Les récoltes catastrophiques s'enchaînent et le prix du blé explose. Les manifestations contre le pain cher abondent et seront à l'origine de violentes révoltes populaires. Le peuple a faim et la Révolution démarre.

sur la droite. Progressivement on découvre une route de cendre, jalonnée de 130 cratères et sillonnée par des cours d'eau. Arrivée à un parking, d'où partent plusieurs superbes sentiers de randonnée. Vous tomberez aussi sur une véritable oasis au cœur des 600 km² de coulée de lave. Puis des pistes de sable noir sinuent dans des paysages tour à tour doux et écorchés. Un cratère par-ci, un lac par-là... Surgit enfin un désert d'une noirceur sans fin où poussent malgré tout quelques courageuses fleurettes. Sauvage, fascinant, inexploré. On a du mal à croire que l'on est encore sur terre !

Arriver – Quitter

➢ ***En voiture :*** de Kirkjubæjarklaustur, prendre la direction de Vík par la route 1 puis la F206. ***La piste est réservée aux 4x4,*** car il y a plusieurs gués à passer... ***Renseignez-vous sur les conditions d'accès (ouverture de la route, niveau des rivières) à l'office de tourisme avant de vous lancer sur cette piste cahoteuse*** et faites impérativement le plein. Au croisement avec la piste F207, le camping est indiqué sur la gauche et le site sur la droite. Cette piste est un sens-unique qui forme une boucle d'env 30 km (revenant donc à cette même intersection) autour de la partie sud-ouest du Lakagígar. Au total depuis Klaustur, compter env 1h30-2h pour parcourir les 50 km (dont 40 km de piste).

Pour ne pas avaler trop de km dans une même journée, on peut dormir à Blágil, à 15 km au sud de Lakagígar. Camping et refuge chauffé pour 18 personnes, avec cuisine, salle à manger et w-c. Infos et résas : ☎ *487-46-20.* • *klaustur@vjp.is* •

ELDGJÁ

Dans le prolongement sud-ouest du Lakagígar, Eldgjá, le « ravin à Feu », est une fissure volcanique longue de 30 km. Sa largeur atteint 600 m par endroits et sa profondeur 270 m. On peut y admirer une double cascade superbe, répondant au doux nom d'***Ófærufoss.***

Arriver – Quitter

➢ ***En 4x4 :*** à env 48 km de Vík et 25 km de Kirkjubæjarklaustur, prendre la route 208, direction Landmannalaugar. Très vite la route devient piste et, au bout d'une quinzaine de km, elle se transforme en F208 (interdite aux voitures de tourisme). Comme d'habitude, même en 4x4, renseignez-vous dans les offices de tourisme voisins avant de vous y engager. Quoi qu'il en soit, vous êtes parti pour environ 40 km de route difficile mais magnifique.

LE PARC NATIONAL DU VATNAJÖKULL ET SKAFTAFELL

Classé en 2019 au Patrimoine mondial de l'Unesco comme « héritage naturel majeur pour l'Humanité », ce magnifique parc national est situé au pied du plus grand glacier islandais, le Vatnajökull. Quasiment de la taille de la Corse, il s'agit du 2e glacier le plus volumineux d'Europe : 8 300 km² avec, par endroits, 1 km d'épaisseur de glace ! Autant dire que le site est grandiose, hallucinant, écrasant. Bienvenue dans le plus grand parc national

d'Europe qui, avec ses 14 000 km², couvre près de 14 % du territoire national. 10 volcans dont 2 actifs, plateaux montagneux, puissantes rivières glaciaires, lacs gelés et cascades. Dire que le panorama est grandiose serait un euphémisme. Les panoramas plutôt, tant la diversité des paysages est étonnante. Les sentiers de randonnée partant du *Skaftafell Visitor Centre* permettent d'en découvrir une infime partie, déjà sublime. Et si le budget est extensible, on peut même s'offrir une randonnée sur le glacier.

– Infos sur le secteur : • *visitvatnajokull.is* •

Arriver – Quitter

En bus

➢ ***Depuis Reykjavík :*** tte l'année, 1 bus/j. sauf le sam, avec *Stræto* (ligne 51, durée 5h20) et 1 bus/j. supplémentaire en saison avec *Sterna (Iceland by Bus).* Villes desservies : ***Reykjavík, Selfoss, Hella, Hvolsvöllur, Skógar, Vík*** et ***Kirkjubæjarklaustur.***

– ***Jökulsárlón et Höfn :*** tte l'année, 1 bus/j. sauf le sam, avec *Stræto* (ligne 51). Compter respectivement env 45 mn et 1h45.

Adresses utiles

ℹ 🍴 ***Skaftafell Visitor Centre :*** *on y accède depuis la route 1. ☎ 470-83-00. • vatnajokulsthjodgardur.is • Tlj avec des horaires variables selon saison, voir sur leur site.* Infos complètes sur le parc, dont l'accès est gratuit mais le parking payant, 750 ISK/voiture. Documentation et carte des randonnées en vente (300 ISK), mais on peut se contenter de la photographier. ***Petite expo*** (gratuite) sur le parc national et le fonctionnement du glacier, film à l'appui. Consignes (300 ISK) dans les toilettes. Petite épicerie à prix excessifs et cafétéria.

■ ***Icelandic Mountain Guides :*** *bungalow sur le parking du centre d'information. ☎ 587-99-99. • mountainguides.is • Fourchette de prix très large selon la nature et la durée des sorties.* Association de guides spécialisés sur la région. De la simple balade de 2-3h, crampons aux pieds, à la rando difficile avec marche sur les névés ou treks de plusieurs jours, cette agence est recommandée pour son sérieux.

■ ***Glacier Guides :*** *bungalow sur le parking du centre d'information. ☎ 562-70-00. • adventures.com •* Une autre agence sérieuse qui propose des randonnées sur le glacier, des sorties de 3h aux expéditions de plusieurs jours. Propose aussi plein d'offres combinées avec des sorties canoë, motoneige, rafting...

Où dormir ? Où manger dans le secteur ?

⛺ ♿ ***Camping Skaftafell :*** *Möðruvellir, 4, à gauche du Visitor Centre. ☎ 470-83-00. Mai-sept. Env 1 800 ISK/pers ; douches payantes.* Vaste (400 emplacements pour les tentes), propre et très fréquenté. Privilégier les emplacements près des arbres, au bas de la montagne et à l'abri du vent, car ça souffle fort. Pas de salle commune ni de cuisine, mais des sanitaires hyper modernes, accessibles aux PMR.

⛺ 🏠 ***Camping Flosi :*** *à* ***Svínafell,*** *à env 8 km au sud-est du Visitor Centre en allant vers Höfn. ☎ 478-17-65. 📱 868-81-93. • svinafell.com • Mai-sept. Camping 1 700 ISK/pers. Bon marché pour un lit en cabane de 4 pers avec sac de couchage ou lit en chambre double.* Au pied d'une montagnette, dominée par des cimes glacées et enneigées, on plante sa tente ou l'on opte pour une cabane en dur en toute simplicité, avec 2 lits superposés (avoir son propre sac de couchage), un lavabo et c'est tout. Également quelques chambres doubles toutes simples dans une annexe ; prévoir son sac de couchage. Grande salle commune avec le minimum pour cuisiner (plaques électriques, frigo, eau chaude). Laverie.

Veitingasala *(station-service Orkan)* **:** *tlj 9h-20h. Petits plats 1 500-2 000 ISK, buffet 3 000 ISK.* Si vous ne voulez pas payer le prix élevé du resto de l'hôtel (chic) *Skaftafell,* tout proche, rabattez-vous sur la station *Orkan.* On peut s'y restaurer de plats bien costauds : burger d'agneau, filet de saumon, pommes de terre... La formule buffet rencontre un succès inattendu, il faut dire que les restos sont rares dans le coin. La boutique vend aussi produits laitiers, pain, soupes lyophilisées et quelques fruits.

À faire

On vient avant tout ici pour les ***balades et randonnées*** à faire dans le parc (accès gratuit mais parking payant). Avec ses 14 000 km², c'est le plus grand parc national d'Europe et il existe des sentiers accessibles à tous les niveaux (même avec des enfants), le plus court est une boucle de 3,7 km (environ 1h de marche), le plus long est une boucle de 30 km (8-10h). On ne les décrit pas tous dans ce guide, à chacun de choisir sur place, en fonction de ses envies et de ses capacités physiques. La balade la plus facile est celle menant au ***Skaftafellsjökull*** (boucle de 3,7 km). Au milieu des campanules et des champignons, on observe en route le recul progressif du glacier de 1904 à nos jours. Une (triste) illustration du réchauffement de la planète. L'un des sentiers les plus populaires est celui menant à la jolie cascade de ***Svartifoss*** et ses étonnantes orgues basaltiques très géométriques (boucle de 5,5 km environ 2h). Le chemin passe aussi par une bergerie au toit d'herbe de 1912. Noter que la bergerie se trouve juste en dessous de la chambre à coucher : c'est l'ancêtre du chauffage par le sol !

Bien plus sportif, en 6-8h aller-retour, on peut pousser l'effort vers le sommet du ***Kristinatindar,*** qui culmine à 1 126 m. On est alors récompensé par une fantastique vue plongeante sur les glaciers de chaque côté. Un raccourci permet de s'arrêter à ***Nyðrihnaukur,*** réduisant ainsi la rando à 5-6h. Et le chemin passe par ***Sjónarnípa,*** offrant un point de vue sur le glacier ***Skaftafellsjökull,*** qu'on peut directement approcher en 1h depuis le *Visitor Centre.*

Au total, une dizaine de sentiers que l'on peut évidemment combiner. De quoi s'occuper une journée, ou plus si affinités.

– ***Bon à savoir :*** la carte des randonnées est en vente au *Visitor Centre (300 ISK),* mais on peut se contenter de la photographier. Les fiches techniques (durée, itinéraire, difficulté) de chaque randonnée sont exposées... dans les toilettes ! Prenez-les en photo.

Pour les plus aventuriers (et les budgets extensibles), possibilité aussi de ***randonner sur le glacier Skaftafellsjökull,*** voire de s'initier à l'***escalade sur glace*** (avec crampons, piolets et harnais ; mieux vaut ne pas être trop sujet au vertige !). Se renseigner au *Visitor Centre* ou directement auprès des agences spécialisées (voir plus haut « Adresses utiles »).

Le glacier Svínafellsjökull : *à 2 km au sud-est du centre d'info, prendre à gauche une piste longue de 2 km et accessible aux voitures standard mais très abîmée (mieux vaut rouler en 4x4), qui aboutit presque au pied du glacier. Un petit chemin vous y mène ensuite en 5 mn.* Vraiment impressionnant. Il s'agit d'une des langues glaciaires du Vatnajökull. Fendillée, craquelée, hachurée en énormes lamelles de glace, cette grosse masse change de couleur en descendant des hauteurs. Blanc et bleu clair turquoise au sommet et au centre, le glacier se fragmente et se désagrège, il devient gris et presque noirâtre à mesure qu'il se rapproche de son terme. C'est toujours de la glace mais elle n'est plus immaculée, comme si elle était « souillée » au contact de la terre ferme, et de la douceur de l'air !

LA ROUTE DE SKAFTAFELL À HÖFN

HOF

À une vingtaine de kilomètres au sud-est de Skaftafell, ce hameau rustique consiste en une jolie église de 1884 au toit herbeux, entourée par un cimetière parsemé d'arbres et piqueté de croix blanches. Pas de pierres tombales, seulement des tertres gazonnés. C'est un paysage intimiste et dépouillé, même pas un village, mais l'ensemble a beaucoup de charme.
– Les bus desservant Höfn et Skaftafell vous déposent sur la N1, à 500 m du hameau (demander au chauffeur).

Où dormir ?

Vesturhús Hostel : *à Hof. 854-55-85. ● vesturhus.is ● Bon marché.* Dans ce hameau en retrait de la N1, cette petite maison en tôle abrite une poignée de chambres pour 2 à 5 personnes, en toute simplicité. Pas bien grandes mais très propres, elles se partagent une seule salle de bains commune. Linge de lit inclus ou en sac de couchage. Pas de petit déj mais cuisine équipée (prévoyez les provisions), lave-linge et sèche-linge payants. Accueil discret mais gentil.

Adventure Hotel Hof : *à Hof. ☎ 478-22-60. ● adventures.com ● Tte l'année. Doubles à prix chic, petit déj inclus. Resto réservé aux clients. Menus le soir 4 100-5 400 ISK.* Au pied des falaises, un hôtel à la déco contemporaine comptant une quarantaine de chambres dispatchées dans plusieurs bâtiments : déco classique, sobre et nette, avec salle de bains privative ou à partager (les moins chères). Le point fort de l'adresse : le panorama sur la plaine littorale et l'océan dans le lointain, depuis certaines chambres. Le point faible : le manque d'insonorisation des chambres de la maison principale. Cher payé pour dormir dans des préfabriqués.

LE SUD

À voir. À faire dans les environs de Hof

Le cap Ingólfshöfði : *à une dizaine de km au sud-est de Hof.* Le cap Ingólfshöfði doit son nom au navigateur norvégien Ingólfur Arnarson qui, y débarquant, décida de vivre en Islande. On raconte qu'il lança à la mer 2 « totems » à l'effigie des dieux nordiques qui, en dérivant, auraient atteint l'endroit même où Reykjavík naquit un peu plus tard, en l'an 874. Cette belle péninsule, classée réserve naturelle, se termine par une falaise haute de 75 m surmontée d'un phare. Le site abrite ***plus de 5 000 couples de grand labbe*** (*skumur* en islandais) et est aussi habité par une colonie de macareux (de mi-avril à fin août, après quoi ils quittent le pays).
– ***Bon à savoir :*** le cap n'est accessible ni à pied, ni en voiture, mais en tracteur collectif (voir ci-après).

Excursion vers le cap en tracteur : *à 6 km au sud de Hof, à droite de la N1 (fléché). ☎ 588-13-00. ● extremeiceland.is ● 2 départs/j. mai-août. Durée : 2h30. Env 9 000 ISK/pers ; réduc 8-16 ans, gratuit moins de 8 ans.* La réserve étant interdite à la circulation (et très limitée même pour les piétons), c'est le seul moyen de transport qui permette de s'en approcher et d'observer les oiseaux qui y nichent. Le trajet aller dans la remorque du tracteur dure 25 mn (6 km sur du sable noir et humide). Arrivé sur le site, rien de difficile mais il faut gravir une pente raide de sable pour accéder au sommet de la falaise d'où l'on aperçoit les colonies d'oiseaux. On y reste environ 1h30 puis on retourne au point de départ, dans la remorque du tracteur.

Le lac de Fjallsárlón : *à 20 km à l'est du cap, 10 km avt Jökulsárlón.* Plus petit, sans conteste moins impressionnant que le Jökulsárlón, mais bien charmant, il s'agit également d'un lac formé par la fonte d'une coulée de glace. Son lot d'icebergs placides résulte des 2 langues glaciaires qui dévalent de la montagne déchiquetée. Bien moins fréquenté que le très touristique lac Jökulsárlón, un arrêt s'impose. Cafétéria sur place, mais pas de vue sur le glacier car le resto est au niveau du parking *(tlj 10h-17h ; buffet env 1 700-2 500 ISK).* On peut faire un tour en Zodiac sur le lac avec **Iceberg Boat Tours** : *compter env 8 000 ISK/pers pour 45 mn. Infos et résas : • fjallsarlon.is •*

JÖKULSÁRLÓN

Attention, arrêt obligatoire ! Ce lac glaciaire au pied d'une langue du glacier Vatnajökull est ***l'une des merveilles de l'Islande*** ! C'est le seul endroit du pays où des icebergs rejoignent l'océan. Sous l'effet de la gravité, et du réchauffement climatique, la langue glaciaire glisse dans son couloir rocheux, des sommets montagneux éternellement blancs jusqu'à la terre noir charbon et la mer grise. Au plus bas de sa course, le front du glacier perd de sa fermeté. Alors la glace bleutée se fragmente, se fracture et se désagrège.

UNE STAR DU GRAND ÉCRAN

*Le Jökulsárlón est un endroit polaire qui magnétise les caméras : il a été à maintes reprises utilisé comme décor naturel de publicités et de films, notamment 2 James Bond (*Dangereusement vôtre *et* Meurs un autre jour*) ou encore* Batman Begins.

Des blocs énormes de plusieurs tonnes se détachent de la masse et tombent avec fracas dans les eaux d'une lagune de 18 km². Dispersés, éparpillés, ils flottent sur ce grand bassin, telle une étrange armada frigorifique destinée à se diluer dans l'océan et à disparaître. Car ce lac glaciaire communique avec la mer par une étroite et très courte rivière aux eaux vives, une sorte de goulet resserré dans lequel s'engouffrent un à un les icebergs. Puis ils s'échouent sur les rives d'une plage de sable noir, surnommée ***Diamond Beach.*** Pathétiques et brillants joyaux devenus inutiles qui attendent la fonte après leur chute ! Ah, on oubliait, oui ce sont bien des phoques que l'on aperçoit nager à la fraîche !
Superbe spectacle de la nature, d'une splendeur poétique, que l'on apprécie davantage en fin de journée, quand la lumière rasante enflamme le paysage. Le 15 août, un feu d'artifice, très justement nommé « De feu et de glace », magnifie encore plus les lieux. *Tarif : 1500 ISK/pers, gratuit moins de 12 ans. Paiement sur place le soir-même.*
– Pour éviter la foule, et contempler en toute sérénité ce site exceptionnel, il faut se balader le long de la rive du lagon, à l'est, jusqu'au pied du glacier ou s'arrêter sur les parkings qui bordent la N1. Il suffit alors de grimper au-dessus des grosses buttes de terre volcanique. Le lac est juste derrière, à portée de regard.
– Pour dormir et manger dans la région, se reporter également à Hof (plus haut) et à Hali (plus loin).

➢ ***Depuis Reykjavík :*** tte l'année, 1 bus/j. sauf le sam, avec *Stræto* (ligne 51, durée env 6h) et 1 bus/j. supplémentaire en saison avec *Sterna (Iceland by Bus).* Villes desservies : ***Reykjavík, Selfoss, Hella, Hvolsvöllur, Skógar, Vík, Kirkjubæjarklaustur*** et ***Skaftafell.***
– ***Höfn :*** tte l'année, 1 bus/j. sauf le sam, avec *Stræto* (ligne 51) et 1 bus/j. supplémentaire en saison avec *Sterna (Iceland by Bus).* Durée : 1h.

Où grignoter ?

Glacier Lagoon Café : *au bord du lac glaciaire. Tlj 9h-19h (17h ou 18h l'hiver). Snacks env 900-1 100 ISK.* Café-boutique de souvenirs pour boire

« à la chaîne » un café ou un chocolat chaud (allongé au rhum pour ceux qui voudraient se réchauffer), accompagné d'un sandwich ou hot dog, installés comme on peut aux étroits comptoirs ou sur les tables de pique-nique si le temps le permet.

À faire

Navigation sur le lac : *avec* ***Glacier Lagoon.*** *☎ 478-22-22. • icelagoon.is • Tour en bateau amphibie (juin-août) de 30-40 mn : env 6 000 ISK ; réduc ; gratuit moins de 6 ans. Tour plus cher en Zodiac (env 1h ; avr-nov) : 10 500 ISK ; réduc. Combinaison isotherme fournie.* Cette balade en bateau sur le lac est l'option la plus facile pour approcher les icebergs détachés du glacier principal.
Les plus sportifs et adeptes d'un tourisme respectueux de l'environnement pourront opter pour une ***sortie guidée en kayak*** sur le lac avec ***Iceguide*** *(📱 661-09-00. • iceguide.is • Compter env 11 000 ISK/pers ; réduc. Durée à bord : env 1h).*

HALI

Hameau, situé à environ 15 km au nord-est de Jökulsárlón, le long de la N1. Le lieu est marqué par la mémoire d'un écrivain islandais célèbre et un musée lui est dédié. Les bus desservant Höfn et Skaftafell vous déposent sur la route.

DUR, DUR D'ÊTRE DÉMOCRATE DANS LES ANNÉES 1930 !

Humaniste, propagateur de l'espéranto (langue universelle) et antifasciste, Þórbergur Þórðarson fut condamné à 200 ISK d'amende par la Cour suprême pour avoir diffamé un chef d'État étranger... Adolf Hitler !

Où dormir ? Où manger à Hali et dans les environs ?

Skyrhúsid Guesthouse : *à Hali. ☎ 478-89-89. 📱 899-83-84. • skyrhusid.is • Doubles sans sdb ni petit déj à prix chic (bas de la fourchette).* Cette grande maison abrite une douzaine de chambres double, triple ou quadruple, suffisamment confortables (parquet, matelas bien épais), toutes avec salles de bains partagées mais avec un lavabo dans chacune. Pas de petit déj mais cuisine équipée. L'ensemble est très bien tenu et les tarifs raisonnables pour la région. Un bon rapport qualité-prix.

Hali Country Hotel : *à Hali. ☎ 478-10-73. 📱 867-29-00. • hali.is • Ouv tte l'année. Resto ouv tlj. Catégorie chic à très chic, petit déj inclus. Plats env 1 800-3 000 ISK au déj, env 3 200-5 000 ISK le soir.* Hôtel moderne, de taille moyenne, avec de grandes chambres fonctionnelles, parquetées de bois clair. Pour le charme, on repassera. Au *lobby,* boissons chaudes en libre-service. Les repas se prennent dans un bâtiment distinct de l'hôtel qui abrite aussi le musée Þórbergssetur (voir plus bas). On y sert une bonne cuisine à base de produits on ne peut plus frais avec des plats simples au déjeuner (sandwich à la truite, soupe, gâteaux maison) et vrai repas le soir (agneau, poisson...). En prime, accueil pro et chaleureux : à ce prix, on n'en attendait pas moins !

Vagnsstaðir Hostel : *Suðursveit, A-Skaftafellssýsla, Þjóðvegur. ☎ 478-10-48. • hihostel.com • À 13 km à* *l'est de Hali ; fléché à droite de la N1. Tte l'année. Bon marché pour un lit en dortoir 6 places ; prix moyens pour les doubles.* Dans un beau site, au-dessus de la lande, avec la mer au loin, 3 sites en 1. Un bâtiment moderne et tout en longueur abrite une dizaine de chambres impeccables et contemporaines, pour 2 à 4 personnes, toutes avec salles de bains privées. Bonne literie et vue sur la campagne, notamment depuis l'agréable salle du petit déj largement vitrée. En amont, l'ancienne maison (franchement décevante) accueille les dortoirs pour 6 personnes et des chambres plus rustiques avec salles de bains communes. Enfin, des cottages à louer pour les familles ou groupes de copains (4 personnes) seulement avec w-c et eau froide, le reste des commodités se trouvant dans la maison principale. Organise également des excursions vers le Vatnajökull.

À voir

Þórbergssetur Museum : *à Hali, à la réception du* Hali Country Hotel. *☎ 478-10-78. • thorbergur.is • Tlj 9h-21h (12h-16h de mi-sept à mai). Entrée : env 1 000 ISK ; carnet en français inclus. Gratuit pour les clients du resto et de l'hôtel voisin.* L'arrière du bâtiment (qui abrite un restaurant) mérite le coup d'œil : il est constitué d'un alignement d'une quarantaine de tranches de livres de couleur vermillon, d'une hauteur de 2 m ! Beau symbole pour honorer l'écrivain islandais Þórbergur Þórðarson (1888-1974), auteur majeur du XXe s (traduit seulement en allemand et en anglai s). Le musée reconstitue sa bourgade natale de Hali, telle qu'elle était à la fin du XIXe s, avant de s'attacher davantage à sa vie, avec notamment la reconstitution de quelques intérieurs, comme son bureau tel qu'il était en 1945 à Reykjavik.

HÖFN

2 500 hab.

Prononcer « Heup'n ». Höfn est un port de pêche situé sur une presqu'île plate et protégée du large. 2 langues de sable volcanique l'enserrent comme une pince de homard dans une sorte de lagon plus calme que la mer ! Au loin, l'océan, et à l'arrière-plan, le grand glacier Vatnajökull que l'on aperçoit bien quand le temps le permet. Après les villages et hameaux précédents, on a l'impression d'arriver dans une ville, une vraie... Étape toutefois pas indispensable, sauf pour ceux qui voyagent en bus et poursuivent vers les fjords de l'Est, qui devront obligatoirement changer de bus ici.
Höfn est le principal port du pays pour la pêche au homard et à la langoust(in)e. Le festival Humárhatið la célèbre chaque année le dernier week-end de juin, avec musique, danse et dégustation de crustacés. Attention, les hébergements sont complets à ce moment-là.

Arriver – Quitter

En bus

Arrêt des bus à la station-service *N1*, à l'entrée de la ville.

➢ ***Reykjavík :*** tte l'année, 1 bus/j. avec *Strætó* (ligne 51), sauf le sam. Durée de Reykjavík : env 7h. Lieux des servis : ***Selfoss, Hella, Hvolsvöllur, Skógar, Vík, Kirkjubæjarklaustur, Skaftafell*** et ***Jökulsárlón.***

➢ ***De Höfn à Djúpivogur :*** 1 bus/j. avec la compagnie *Austur Frett* (ligne 4). Durée : 1h20. *• austurfrett.is •*

Adresses et info utiles

Office de tourisme *(Gamlabuð Visitor Centre)* **:** *Heppuvegur, 1, sur le port (Höfnin). ☎ 470-83-30. • vatnajokulsthjodgardur.is • Tlj : mai et sept 9h-18h (19h juin-août) ; oct-avr, 9h-17h.* Installé dans une maison ancienne bien rénovée. Bonnes infos et cartes sur les randonnées du parc national Vatnajökull. Centre d'interprétation (gratuit) sur la région avec des films et des oiseaux empaillés.

■ Tous les ***services*** et ***commerces*** (poste, pharmacie, banques, stations-service et supermarché *Netto*) sont rassemblés dans la Hafnarbraut, la rue principale de Höfn.

■ ***Piscine :*** *Víkurbraut 9. Lun-ven 6h45-21h, le w-e 10h-19h (17h en hiver). Entrée : env 900 ISK.* Bassin extérieur, sauna et *hot tubs* et toboggans.

Où dormir ?

De bon marché à prix moyens (4 000-20 000 ISK / 27-133 €)

Camping SKG *(Höfn Campsite & Cottages)* **:** *Hafnarbraut 52. ☎ 478-16-06. À l'entrée de la ville, en face de la station-service* N1. *De mi-avr à fin sept. Compter 1 800 ISK/pers, douches payantes. Cottage à prix moyens.* Terrain dépouillé et urbain, préférez les emplacements côté lagon car certains sont vraiment collés à la route. Ensemble moyennement équipé : machine à laver, sèche-linge et un espace abrité pour improviser une popote dans le bâtiment de la réception mais pas de vraie cuisine et sanitaires en nombre très suffisants (donc pas très propres). Cottages au confort simple, avec 2 lits superposés, kitchenette, toilettes et lavabo (eau froide), mais sans douche. Au choix, on dort avec son sac de couchage ou avec les draps inclus (plus cher).

Höfn Hostel : *Hvannabraut 3. ☎ 478-17-36. • hihostels.com • À l'entrée de la ville, prendre la rue à droite qui longe la station-service* N1, *fléché ensuite. Tte l'année. Bon marché pour un lit en dortoir et prix moyens pour les doubles.* Un peu excentrée, dans un quartier résidentiel et tranquille, voici une auberge bien tenue (on enlève ses chaussures pour entrer) avec des chambres et dortoirs de plain-pied, de 2 à 10 lits. Cuisine très bien équipée et salles de bains (privées ou partagées) modernes avec sèche-cheveux (petit détail qui a son importance dans un pays bien humide). Terrasse pour profiter du soleil, quand il daigne sortir ses rayons !

Chic (20 000-30 000 ISK / 133-200 €)

Guesthouse Dyngja : *Hafnarbraut 1. 📱 866-07-02. • dyngja.com • Presque au bout de la rue principale, à 2 pas du port. Petit déj inclus.* Les 5 chambres (qui se partagent 2 salles de bains) ne sont pas immenses, mais plutôt coquettes, bien arrangées et d'un confort suffisant. Certaines offrent une agréable vue sur le port. Également une grande chambre avec salle de bains privée et terrasse, dans une annexe. Cuisine, salle à manger et agréable petit salon avec une sélection de bons vieux vinyles à écouter.

Old Airline Guesthouse : *Hafnarbraut 24. ☎ 478-13-00. • oldairline.com • Bas de la fourchette. Petit déj en self-service.* Au bord de la route principale, mais aucune crainte, pas de trafic la nuit. Autrefois, ce fut le siège local d'une compagnie aérienne, d'où son nom. Toutes modernes, les chambres du rez-de-chaussée (avec salles de bains communes) comme celles à l'étage (salle de bains privative) sont confortables et bien tenues. On apprécie les tons clairs, boisés et bleus, qui leur confèrent une certaine fraîcheur. Demandez la n° 21 ou la n° 22, avec vue sur la mer au loin, ou encore la n° 23 donnant sur le petit jardin. Cuisine, lave-linge et sèche-linge à disposition.

Très chic (plus de 30 000 ISK / 200 €)

Milk Factory Hotel : *Dalbraut 2. ☎ 478-89-00. • milkfactory.is •* Un hôtel installé dans une ancienne laiterie ! À la réception, les blouses blanches et les bottes des anciens employés sont exposées, et sur les murs des photos rappellent cette activité agro-alimentaire. La laiterie a été transformée habilement en hôtel, c'est-à-dire que l'on ne dort pas dans des pots à lait, ni dans des étables, mais dans de confortables chambres. Bien arrangées, avec une déco sobre et classique, elles ont (la plupart) une vue sur les champs, des monts et un glacier. Également des familiales. Dans l'agréable salle de petit déj, des touches bleu turquoise égayent le tout. Une belle adresse.

Hótel Höfn : *Víkurbraut 20. ☎ 478-12-40. • hotelhofn.is • À droite après la station Olís en arrivant dans le centre.* Architecture contemporaine pour ce gros hôtel qui accueille pas mal de groupes. Au total, environ 70 chambres fonctionnelles et confortables, au style un chouia design. Les supérieures ont une vue sur la baie et les 3 glaciers au loin. Au bâtiment central s'ajoutent 4 petites annexes, modernes aussi, en contrebas du parking. Bon resto (voir « Où manger ? »), prêt de vélos et accueil très pro.

LE SUD

Où manger ?

De prix moyens à chic (2 500-6 000 ISK / 17-40 €)

Pakkhús : *Krosseyjavergi 3. ☎ 478-22-80. Mai-début sept, tlj 12h-22h. Plats 2 600-6 000 ISK au déj, 3 000-7 000 ISK au dîner.* Un ancien entrepôt (1932) de pêche au-dessus du port, reconverti en resto. Au 1er étage, une belle salle, vaste et agréable, avec son plancher en bois patiné. Cuisine traditionnelle, sincère et sans triche, où le poisson du jour tient la vedette, au côté des langoustines bien sûr ! On en pince aussi pour l'excellent gâteau de skyr, le *skyrkaker*. Chouette terrasse sur le port.

Kaffi Hornið : *Hafnarbraut 42. ☎ 478-26-00. Tlj 11h30-22h. Plats 2 300-4 400 ISK.* Une adresse populaire installée dans un grand chalet en bord de route et fréquentée par les locaux. On y sert une bonne cuisine locale avec les classiques islandais à la carte : *fish & chips,* morue, saumon et bien sûr, la spécialité de la ville, les langoustines. Elles sont préparées de diverses façons : en pâtes, en pizza, en salade ou grillées... Et aussi des hamburgers et des pizzas. Un bon rapport qualité-prix.

De chic à très chic (4 000-6 000 ISK et plus / 27-40 €)

Otto Matur & Drykkur : *Hafnarbraut 2. ☎ 478-18-18. Tlj. Plats 3 000-5 000 ISK.* Installé dans la plus ancienne maison de Höfn (1897), ce resto chic arbore une déco scandinave douce aux tons pastel et boisés, égayée de notes végétales. Vaisselle peinte à la main, chandelles et musique douce complètent ce tableau romantique. La courte sélection de viande et poisson s'accompagne de légumes, risotto et sauce aux goûts fins, le tout cuit avec justesse. Les assiettes colorées et joliment dressées sont à l'image du lieu : élégantes. Accueil adorable en prime, sûrement notre plus belle adresse sur ce morceau de côte sud !

Humarhöfnin : *Hafnarbraut 4. ☎ 478-12-00. Dans la rue principale, à 2 pas du port. Ouv tlj en continu. Fermé déc-début janv. Arriver tôt ! Plats 3 000-6 000 ISK.* La salle joliment rétro, l'accueil jovial, la cuisine du chef : voici 3 raisons pour y dîner. La spécialité de la maison c'est le « Humar », entendez de la grosse langoustine plutôt que du homard. Accommodé « à toutes les sauces » : en soupe (bisque), en salade, en pizza, ou entier, c'est un régal ! Les crustacés arrivent tout droit du quai, c'est dire leur fraîcheur. Certes, l'addition peut grimper vite, mais au vu de la qualité...

🍽 ***Osinn :*** *resto de l'Hótel Höfn, voir plus haut. ☎ 478-12-40. Tlj le soir seulement. Plats 3 000-6 000 ISK ; pizzas 2 100-3 400 ISK. Menu langoustine env 7 500 ISK.* Jolie salle au style industriel chic, étonnamment agréable pour un resto d'hôtel. Au menu, des plats de viande ou de poisson, mais aussi des pâtes et de bonnes pizzas (on peut y ajouter de la langoustine !) à prix beaucoup plus raisonnables. Les gourmands au budget extensible commanderont le menu *Lobster feast* avec déclinaison de langoustines.

Où dormir ? Où manger dans les environs proches et lointains ?

Exceptionnellement, nous avons classé ici les adresses non pas par catégorie de prix mais dans un ordre logique, de la plus proche à la plus éloignée de Höfn.

🏠 🍽 ***Arnanes Country Hotel :*** *à 6 km à l'ouest de Höfn, sur la route 1, direction Vík. ☎ 478-15-50. • arnanes.is • Doubles sans ou avec sdb à prix chic, petit déj-buffet inclus. Le soir, au resto, plats 2 000-7 500 ISK.* Les aimables propriétaires proposent 4 jolies chambres avec salle de bains partagée (mais balcon pour toutes) dans la maison principale, et une vingtaine d'autres (2-4 personnes) avec salle de bains privée dans un bâtiment en bois façon motel et des cottages autour de la cour. Le resto sert une cuisine délicieuse, et surtout des langoustines, la spécialité de la ville. Goûter aussi à la bière Vatnajökull, faite avec l'eau du glacier. Propose aussi en été des balades équestres.

🏠 ***Glacier World (Hoffell Guesthouse) :*** *à 19 km au nord-ouest de Höfn, par la route 1, direction Vík, puis prendre la route 984 (c'est fléché sur 3,5 km). ☎ 478-15-14. • glacierworld.is • Fermé janv-fév. Doubles à prix chic, petit déj inclus.* Cette ancienne ferme métamorphosée en hôtel a oublié ses troupeaux de moutons pour accueillir les touristes. Une vingtaine de chambres réparties dans 3 maisons : dans la 1re, chambres simples mais confortables avec salle de bains commune ; dans les 2 autres maisons, chambres modernes avec de joyeuses notes de turquoise et des salles de bains privatives. On retrouve aux murs la blancheur du glacier voisin que l'on peut admirer de la plupart des chambres et depuis la salle du petit déjeuner, ou la terrasse. Cerise sur le gâteau, la maison possède, un peu à l'écart, joliment installés dans un pré, des *hot tubs* pour se relaxer au soleil déclinant *(tlj 10h-21h ; accès gratuit pour les clients de l'hôtel, sinon compter 1 000 ISK/pers)...*

🏠 🍽 ***Brunnhóll :*** *à* ***Mýrum.*** *☎ 478-10-29. • brunnholl.is • À env 30 km à l'ouest de Höfn, sur la route 1. Fermé nov-janv. Doubles à prix chic, petit déj inclus. Plats le midi 1 700-2 500 ISK, le soir env 5 500-6 500 ISK.* Paisible, à peine à l'écart de la route 1. Une ferme en activité qui ressemble beaucoup à un hôtel. 3 bâtiments reliés entre eux abritent une trentaine de chambres spacieuses, nettes, lumineuses et confortables, avec vue sur la campagne et le glacier au loin. Le chauffage se fait par géothermie : l'eau souterraine chauffe les sols des chambres qui sont composés de graviers basaltiques, diffuseurs de chaleur. Grande salle de resto pour une bonne cuisine familiale à base de viande de la ferme et de poisson frais. Et d'excellentes glaces maison qui font parfois, dans la journée, s'arrêter les cars de touristes. Goûtez au parfum de glace le plus original de la maison : celui à la fleur de pissenlit !

🏠 🍽 ***Ferðaþjónustan i Holmi :*** *à* ***Hólmur.*** *☎ 478-20-63. • holmurinn.is • À env env 35 km à l'ouest de Höfn, sur la route 1. Tte l'année. Doubles à prix* *moyens, bon marché pour un lit avec sac de couchage. Pizza env 2 500 ISK ; plat env 3 500 ISK.* Paysage islandais typique et remarquable : des moutons dans les champs, une petite maison blanche sur une verte colline et un imposant glacier à l'arrière. C'est une ferme en activité où s'ébattent lapins, oies, moutons, canards, chèvres, cochons... Le propriétaire, avenant et cordial, vous expliquera avec plaisir son histoire et son activité. Une petite maison, distincte de la sienne, abrite des chambres avec salles de bains et cuisine communes. C'est frais et plutôt coquet. Bonne cuisine (ah, l'agneau de la ferme !) dans l'agréable restaurant attenant. Une ferme-auberge conviviale, où l'on s'attarde volontiers.

Guesthouse Farm Skalafell : *à env 45 km à l'ouest de Höfn, par la route 1. ☎ 478-10-41. • skalafell.net • Doubles à prix chic, petit déj compris. Cottage à prix très chic. Sur résa, dîner (buffet le plus souvent) env 5 000 ISK.* Au pied d'une falaise, dans un environnement campagnard, voici une belle ferme avec son hangar, son tracteur et ses meules de foin en toile de fond. Au choix : des chambres doubles avec ou sans salle de bains privée dans la maison principale, ou des cottages coquets de 2 chambres avec sanitaires privés et entrée indépendante. L'ensemble est propre et net.

– Avis aux marcheurs, plusieurs ***randos*** (2h30-4h) à faire depuis la ferme jusqu'à l'une des langues du glacier (les propriétaires ont dessiné une petite carte). Avis aux pagayeurs, possibilité également de s'essayer au ***kayak sur le lac glaciaire*** *(• iceguide.is •).*

LE SUD

À voir. À faire à Höfn et sur la route vers les fjords de l'Est

Belle petite ***balade*** balisée au départ du grand monument aux 3 mâts blancs que l'on aperçoit près de la mer de l'autre côté du port (l'office de tourisme fournit un plan de la ville). De mai à août, les sternes arctiques y sont plutôt agressives car elles protègent leurs nids. Pour vous défendre, revoyez *Les Oiseaux* de Hitchcock ! Le ***sentier côtier*** reproduit à l'échelle le système solaire, avec le Soleil au point de départ et Pluton à l'arrivée, environ 2 km plus loin. Parfait pour s'initier à la cartographie céleste !

Vestrahorn et la plage de Stokksness : *à une quinzaine de km à l'est de Höfn, suivre la route 1 puis un chemin de terre à droite qui mène au phare de Stokksness. Entrée du site : 900 ISK/pers, à payer au* Viking Café *(cher et mauvais, ne vous y arrêtez pas).*
Haute de 454 m, cette étonnante montagne se dresse au-dessus de la plage de Stokksness, bercée par les vagues de l'océan. Elle n'est rattachée à aucune chaîne basaltique et constitue une exception géologique car elle est composée d'une pierre rare : le gabbro. Cette roche magmatique présente une couleur oscillant entre le vert et le noir.
Voilà un très beau site naturel qui cache aussi une histoire. Vers l'an 800, les conquérants vikings débarquèrent devant cette montagne où vivaient des Irlandais, sans doute des moines. Ils en firent des esclaves.
Vestrahorn et sa plage devaient servir de décor extérieur à un film de Mel Gibson, sur le thème des Vikings, mais celui-ci n'a jamais été tourné. Les décors du village, avec des maisons à toits d'herbe, sont toujours là, à l'état d'abandon... Le tarif d'entrée donne accès à la plage et à ses décors abandonnés (et sans aucun intérêt). Le paysage, si joli soit-il, ne justifie pas un tel ticket d'entrée. À vous de voir...

Stafafell : *à env 33 km au nord-est de Höfn par la N1.* Ce hameau abrite l'une des plus vieilles églises d'Islande (1866). Chapelle plus qu'église, elle ressemble à une humble maisonnette en bois, de couleur vert pastel, avec une croix blanche plantée sur le toit : sans ce symbole chrétien, on la prendrait pour une maison d'habitation ordinaire. La chapelle est entourée d'un charmant petit cimetière fermé par un enclos planté d'arbres. Dans celui-ci, les pierres tombales s'efforcent de rester droites dans l'herbe. La quiétude du lieu contraste avec les paysages alentour.

La réserve naturelle de Lónsöræfi : elle couvre l'extrémité orientale du Vatnajökull et les vallées glaciaires qui en descendent. La porte d'entrée est le hameau de Stafafell, sur la route 1 (voir plus haut). Voici une région d'une beauté à couper le souffle, qui fera le bonheur des randonneurs très expérimentés. On déconseille de s'y aventurer seul : le balisage des sentiers est très aléatoire et certains gués sont vraiment difficiles à franchir (à pied comme en 4x4). Le trek qui relie Stafafell à Bjalafell en 4 jours est d'ailleurs un des plus ardus d'Islande. Quelques agences proposent des balades en 4x4 sur les rares pistes de la réserve. Renseignements à l'office de tourisme de Höfn.

La route vers la lagune Álftafjörður : au sortir du tunnel du *cap Stokknes,* la route 1 change de physionomie. Elle passe au plus près des montagnes, avec des portions sauvages ponctuées de multiples cascades. Au-delà de *Stafafell,* coincée entre la roche et l'océan, elle se fait corniche, laissant derrière elle une Islande battue par le tourisme pour parcourir une Islande battue par les vents du large et fréquentée par quelques familles de cygnes.
Au passage de la ***rivière Hvaldasà,*** l'asphalte s'interpose entre la plage et les pierriers dégoulinant des falaises. Sur la droite, le ***rocher de Stapavík*** se dresse fièrement, les pieds dans l'eau et coiffé d'un chapeau d'herbe verte. Puis arrive la ***Þvottá*** : la « rivière qui purifie », nommée ainsi parce qu'on y baptisa les 1ers chrétiens islandais. Retour à la civilisation marquée par la large baie repliée sur la *lagune Álftafjörður* où fermes, vaches et moutons précèdent l'arrivée à Djúpivogur.

LES FJORDS DE L'EST

• Carte p. 183

L'Est est peu peuplé, et ses 12 000 habitants vivent dans des villages disséminés au fond de fjords majestueux. Sa petite capitale, Egilsstaðir, n'ayant rien de passionnant, on profite ici de fjords de rêve comme Seyðisfjörður, Fáskrúðsfjörður et Mjóifjörður, qui méritent pour certains un bel effort pour les atteindre. La route des fjords de l'Est, plutôt bonne, se transforme parfois en piste (l'Islande, c'est l'aventure, non ?) et traverse surtout de somptueux paysages avec des montagnes encore sauvages qui plongent dans l'océan.

– Voir • *east.is* •, site régional du tourisme islandais (en anglais). Nombreuses informations sur les lieux à visiter, actualités, hébergements, etc.

Comment circuler en bus dans les fjords de l'Est ?

Site recensant l'ensemble des transports du pays, bus, avions, bateaux (carte interactive très bien faite) : • *publictransport.is* •

Les fjords de l'Est sont desservis par les compagnies suivantes :

■ ***Strætó :*** • *straeto.is* • la ligne 56 de cette compagnie relie ***Akureyri*** au nord, à ***Egilsstaðir*** (en passant par Mývatn), 1 bus/j. Pas de bus le sam. Durée totale : env 3h15.

■ ***Straetisvagnar Austurlands (Svaust) :*** • *austurfrett.is* • Compagnie locale qui circule à l'année. Ligne 1 ***Egilsstaðir-Norðfjörður,*** ligne 2 ***Reyðarfjörður-Breiðdalsvík,*** ligne 3 ***Seyðisfjörður-Eygilsstaðir,*** ligne 4 ***Höfn-Djúpivogur,*** ligne 5 ***Egilsstaðir-Borgarfjörður.***

DJÚPIVOGUR

350 hab.

À environ 105 km au nord-est de Höfn (1h30 de route), ce petit village forme un demi-cercle autour de son port. Même si vous n'êtes que de passage, c'est une halte agréable. À l'une des extrémités du port, étonnante sculpture contemporaine de Sigurður Guðmundsson.

■ ***Piscine :*** *derrière l'hôtel* Framtið. *Juin-août, lun-ven 7h-20h30, le w-e 10h-18h. Entrée : 1 000 ISK.* 3 *hot tubs* et un sauna (en sus).

UNE ŒUVRE QUI FAIT LE PLONGEON !

Sigurður Guðmundsson a créé, en 2009, à Djúpivogur, une œuvre monumentale, composée d'un alignement de 34 œufs monumentaux en granit, Les Œufs de la crique heureuse. *Chacun représente une espèce d'oiseau recensée dans les environs, et tous sont de taille rigoureusement identique... sauf celui du plongeon catamarin, emblème de la ville. Chouchou, va !*

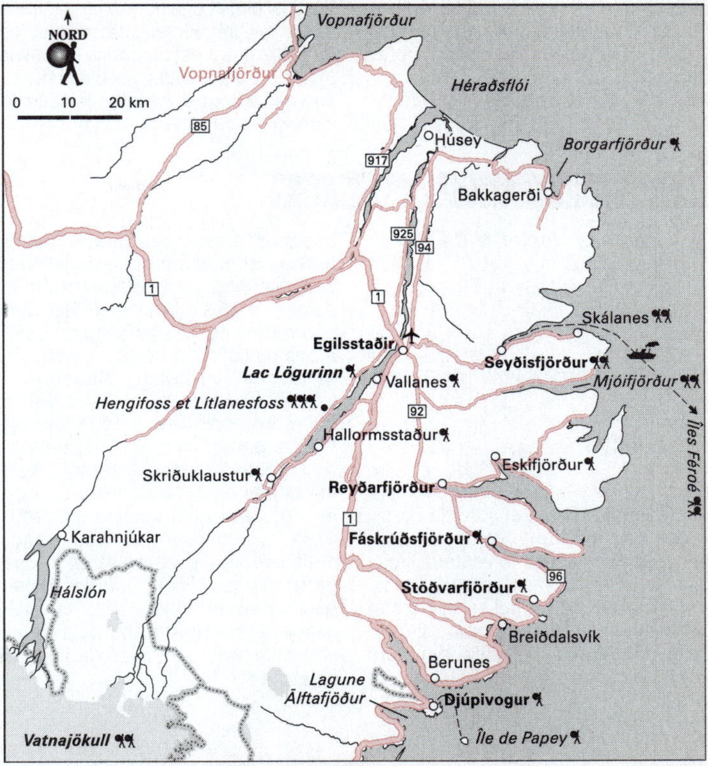

LES FJORDS DE L'EST

Arriver – Quitter

Arrêt de bus : sur le port, près de l'hôtel *Framtið.*

➢ **De Höfn :** avec la ligne 4 de *Svaust* env 1h30, 1-2 bus/j. Durée : env 1h30.

Où dormir ? Où manger ?

Camping : *s'adresser à l'hôtel* Framtið, *sur le port. ☎ 478-88-87. Env 1 800 ISK/pers ; douches payantes.* Agréable terrain, bien plat, avec vue sur le port. Barbecue, lave-linge, sèche-linge, salle commune avec cuisine (une vraie de vraie). Sanitaires propres et bien tenus.

Hótel Framtíð : *Vogalandi 4. ☎ 478-88-87. • hotelframtid.com • Dans le bas du village, face au port. Catégorie chic (haut de la fourchette). Resto ouv midi et soir. Plats 2 500-6 500 ISK, pizzas 1 900-2 700 ISK.* Hôtel assez plaisant, à l'architecture de caractère, offrant des chambres avec salles de bains privées ou partagées. Les 1res sont tout en bois, cosy, avec moquette rouge. Les 2des sont plus anciennes, mais bien nettes aussi. Au resto, petite carte et pizzas. Loue aussi des cottages rustiques et impeccables (avec petite cuisine).

Café du Langabúð : *Bakki, sur le port. ☎ 478-82-20. Tlj 10h-18h.* Endroit plutôt chaleureux, mais inévitablement fréquenté (on n'ira pas jusqu'à dire que c'est une usine en saison, mais...). Bons cafés et petite restauration genre soupe, assiette de saumon, sandwichs ou gâteaux.

Où dormir dans les environs ?

Berunes Hostel & Camping : *à* ***Berunes.*** *☎ 478-89-88. 869-72-27. • berunes.is • En face de Djúpivogur, de l'autre côté du fjord, mais à 42 km ! Mai-sept. Camping 1 750 ISK/pers, douche et accès à la cuisine inclus. Lit en dortoir (5 pers), bon marché ; prix moyens pour les doubles et catégorie chic pour les cottages 2-4 pers avec kitchenette et sdb 18 000-25 000 ISK. Réduc avec la carte* HI. Quel environnement remarquable ! Face au fjord de Djúpivogur, au pied d'une montagne, solitaire dans ce vaste site venteux, voici une vieille ferme de plus de 100 ans, à côté d'une petite église et de son cimetière. L'auberge occupe 2 maisons différentes : la vieille demeure familiale, juste derrière l'église, est charmante avec ses petites pièces tout en bois et très personnalisées. Les chambres au 1er étage sont mansardées et très mignonnes. Sanitaires communs ou privatifs (plus cher). À disposition des hôtes, une cuisine avec des fourneaux d'époque et une salle commune où il fait bon se détendre après une longue journée. L'autre partie, plus récente, a moins de caractère mais s'avère tout aussi accueillante et confortable. Également des petits chalets (cottages) assez rustiques et pas très grands, mais avec salle de bains et kitchenette privées. Propriétaires chaleureux et attentionnés. Bref, une très jolie étape, l'un de nos plus beaux souvenirs pour la qualité de l'accueil et le site !

À voir. À faire

Langabúð Museum : *sur le port. ☎ 478-82-20. Mai-sept, tlj 10h-18h. Entrée : 500 ISK.* Ce long entrepôt aux murs rouges est un ancien comptoir datant de l'époque où les Danois avaient le monopole du commerce en Islande (1602-1854). Il abrite aujourd'hui un café et un musée comportant 3 sections. La plus émouvante est consacrée au sculpteur *Ríkarður Jónsson,* excellent dessinateur, créateur de mobilier, véritable touche-à-tout, ce qui explique la grande variété des objets présentés. Photos de famille dans son atelier reconstitué. Une autre section célèbre *Eysteinn Jónsson,* un politicien.

ON N'ARRÊTE PAS LE PROGRÈS !

Incroyable ! Les antiques téléphones manuels, dont on tournait la manivelle pour obtenir l'opératrice, servirent en Islande de 1916 à 1976 en ville et jusqu'en 1982 dans les fjords... à quelques années seulement de l'avènement du portable. On mesure là l'immense saut technologique vécu par les Islandais !

Excursion sur l'île de Papey : *de juin à mi-sept. Départ à 13h du port du village. Durée 4h, dont 3h sur l'île. Rens : ☎ 478-81-19. • papey@djupivogur.is • Env 10 000-12 000 ISK.* Excursion guidée qui permet de voir, en plus d'un tas de jolis oiseaux et de phoques, la plus vieille et plus petite église en bois subsistant dans le pays : elle date de 1807.

STÖÐVARFJÖRÐUR

200 hab.

À 85 km au nord de Djúpivogur, par une très belle route côtière, entre mer et montagnes. Ce typique village situé le long d'un petit fjord a la particularité de recevoir des artistes en résidence, d'où ici et là les peintures qui ornent les murs de certaines maisons.

– On y trouve station-service, banque, poste et piscine.

Arriver – Quitter

Arrêt de bus : devant le magasin *Brekkan.*

➢ ***De Stödvarfjördur à Reyðarfjörður :*** 3 bus/j. avec la ligne 2 de *Svaust,* env 45 mn. De Reyðarfjörður, connexion possible pour *Egilsstaðir* (ligne 1). La ligne 2 dessert ***Fáskrúðsfjörður*** et ***Reyðarfjörður.***

➢ ***De Stödvarfjördur à Breiðdalsvík :*** ligne 2 de Svaust, 3 bus/j. Durée : env 20 mn.

Où dormir à Stöðvarfjörður et dans les environs ?

Camping : *à la sortie est du village. 776-00-62. • camping.stodvarfjordur@gmail.com • Ouv de juin à mi-sept. Compter 1 200 ISK/pers ; gratuit moins de 14 ans.* En surplomb de la route et avec une belle vue sur la montagne d'en face. Tout petit, très sommaire, juste un lavabo et des toilettes, mais c'est suffisant.

Kirkjubær : *sur les hauteurs du village (immanquable). 892-33-19. • kirkjubaerguesthouse.com • Bon marché.* Peut-être l'hébergement le plus insolite d'Islande : on dort dans une petite église (de la taille d'une chapelle en fait) traditionnelle bleu et blanc dominant le village. À l'intérieur, ont été aménagés une douche, un coin cuisine et même un petit salon de part et d'autre de l'autel ! L'endroit peut héberger une dizaine de personnes (matelas en mezzanine). Le propriétaire vit au village.

Hótel Bláfell : *Sólvellir 14, au centre de* ***Breiðdalsvík,*** *à 19 km au sud de Stöðvarfjörður. ☎ 475-67-70. • breiddalsvik.is • Catégorie prix moyens à chic, petit déj inclus. Plats 3 500-4 000 ISK, burgers et pizzas 1 500-2 500 ISK.* Une grande demeure en bois au toit bleu dans un pimpant petit village de pêcheurs. Chambres confortables (bonne literie, salles de bains privatives), agréables et assez spacieuses avec une dominante de bois dans la déco. Ensemble chaleureux, à l'image du grand salon commun, vraiment cosy. Fait aussi resto : cuisine soignée, avec de bons produits de la pêche et des fermes locales (agneau, bœuf, légumes...) ; burgers et pizzas pour les inconditionnels du genre.

À voir

Steinasafn Petru : *Fjorðarbraut 21. ☎ 475-88-34. • steinapetra.is • Juin-sept, tlj 10h-17h ; fermé le reste de l'année. Entrée : 1 500 ISK ; gratuit moins de 14 ans.*

Ce « musée minéralogique » expose une incroyable collection de pierres, roches et minéraux. Depuis son enfance, Petra Sveindóttir n'avait qu'une passion, ramasser et collectionner ces joyaux de la nature. Son prénom n'était-il pas prédestiné ? Son mari était pêcheur, et souvent absent, Petra tenait la maison, s'occupait de ses enfants et avait du temps pour explorer la campagne. Elle passa une grande

partie de sa vie à arpenter les montagnes alentour et à rassembler ses trouvailles, sans aucun but mercantile. Les pierres sont exposées dans sa maison et son petit jardin étonnamment fleuri.
Dans la maison, voir les admirables agates, les sublimes jaspes aux dessins et aux couleurs remarquables, les obsidiennes noires... Dans le jardin, parmi des ribambelles d'autres pierres, voir l'étonnant bloc de calcédoine et de quartz qu'elle trouva dans un terrier de renard. Elle a vécu dans cette maison de 1946 jusqu'à sa mort, en 2012 (sa modeste chambre se visite aussi).

FÁSKRÚÐSFJÖRÐUR

670 hab.

À une vingtaine de kilomètres au sud de Reyðarfjörður, Fáskrúðsfjörður (ou Búðir, c'est selon) est un port encastré au fond d'un très long et austère fjord, et dominé par des montagnes aux versants d'herbe rase. Tout en longueur, avec des maisons réparties dans 3 rues parallèles et étagées sur le flanc de la montagne, ce gros bourg islandais ressemblerait à bien d'autres villages sans son histoire tout à fait particulière : celle des pêcheurs français en Islande !

UN PEU D'HISTOIRE

Pendant près de 400 ans, les Français ont pêché la morue dans les eaux islandaises, du XVIe s jusqu'à la Première Guerre mondiale. Cette activité atteignit son apogée vers 1880. Les goélettes de Paimpol, Saint-Malo, Saint-Brieuc, mais aussi les navires de Dunkerque et Gravelines partaient pour de longues campagnes de pêche ; le voyage entre la France et l'Islande durait 2 à 3 semaines.
Fáskrúðsfjörður fut le principal port d'attache des pêcheurs français d'Islande. Il y eut dans le fjord jusqu'à 5 000 Français, qui avaient à Búðir leur consul, un hôpital, une chapelle, une morgue et un cimetière...
Ce patrimoine, résultat d'une belle histoire entre l'Islande et la France, est aujourd'hui très joliment remis en valeur. Le village cultive vraiment ce lien particulier avec l'Hexagone. Ainsi, chaque année, le dernier week-end de juillet, le ***festival Franskir Dagar*** (« les jours français ») commémore cette époque où les marins français venaient pêcher en Islande. La ville est jumelée avec Gravelines et a même apposé des plaques de rues en français.
– On y trouve les indispensables : épicerie, station-service, banque, poste et piscine.

Arriver – Quitter

Fáskrúðsfjörður est relié à Reyðarfjörður par un tunnel. C'est plus rapide, mais la route côtière (qui devient piste en quelques endroits) est très belle.

Arrêt de bus : à l'hôtel *Bjarg,* à l'entrée de la ville.

➢ ***Vers Stöðvarfjörður et Breiðdalsvík :*** 3 bus/j. avec la ligne 2 de *Svaust.* Compter respectivement 20 mn et 40 mn.
➢ ***Vers Reyðarfjörður :*** 3 bus/j. avec la ligne 2, env 25 mn. De là, connexion vers ***Egilsstaðir*** avec la ligne 1 de *Svaust.*

Où dormir ? Où manger ?

Camping : *en venant du sud, à gauche avt l'entrée du village. 776-00-62. • camping.stodvarfjordur@gmail.com • Ouv juin-août. Compter env 1 200 ISK/pers, gratuit moins de 18 ans.* Minuscule mais pas désagréable avec son petit ruisseau et un étang juste à côté. Une seule douche (mais il y a rarement foule ici...). Le village est à 10 mn à pied.

Hotel Bjarg : *Skolavegi 49. ☎ 475-14-66. • hotelbjarg.is • Prix moyens. Petit déj seulement en été.* Dans une des rues hautes de la ville, à flanc de colline, cet hôtel de style ancien est tenu par un Islandais chaleureux. Les chambres sont simples, propres, de confort suffisant, avec salle de bains privative ou commune. En demander une avec vue plongeante sur le fjord enneigé en hiver (superbe vue).

Café Sumarlina : *Búðaveg 59. ☎ 475-15-75. À l'entrée du village, à droite de la route principale. Lun-ven 11h-22h, le w-e 13h-22h, la cuisine ferme à 20h45. Plats 1 500-5 000 ISK.* Agréable resto qui fait aussi salon de thé. À l'étage, une toute petite salle bardée de bois, où vous trouverez le plus grand choix du bourg pour manger : sandwichs, burgers, pizzas, petits plats bien cuisinés avec de généreuses crêpes garnies pour le côté salé et d'autres plus gourmandes pour le goûter. Accueil très sympa du patron.

À voir. À faire

Franska verkefnið *(quartier français)* **:** il se concentre sur quelques dizaines de mètres de la rue principale, le long du fjord. Courte balade, donc, où l'on verra les bâtiments en bois de la grande époque des « pêcheurs d'Islande » mais tellement rénovés qu'ils semblent avoir été construits hier ! La petite chapelle de 1899 (« œuvres de mer », annonce la façade) fait partie de la visite. Face à cette chapelle se dresse l'ancien hôpital (1903) qui, pour l'époque, bénéficiait d'un confort (toilettes avec chasses d'eau !) inconnu des Islandais. Il est aujourd'hui devenu un hôtel de luxe. Voir aussi la maison du médecin du village (1907) aménagée en musée.

Fransmenn á Íslandi *(musée des Français en Islande)* **:** *Hafnagata 12, sur la gauche de la rue. ☎ 475-11-70. Tlj mai-sept 10h-18h. Entrée : 1 500 ISK ; gratuit moins de 16 ans. Brochure et explications en français.*
Un émouvant musée consacré aux pêcheurs bretons et flamands venus travailler sur les côtes islandaises. La visite commence par des maquettes de bateaux : un 3 mâts et une goélette, plus légère et plus maniable en mer d'Islande. On découvre alors les conditions de vie difficiles de ces pêcheurs et les risques du métier... Quelques lettres de pêcheurs à leur famille, un exemplaire ancien de *Pêcheur d'Islande* de Pierre Loti (voir la rubrique « Livres de route » dans le chapitre « Islande utile »), des photos anciennes aussi, des livres de comptes, des bribes d'épave...
Au ***sous-sol,*** dans le passage souterrain qui reliait la maison du médecin à l'hôpital, superbe reconstitution de la cabine d'une goélette. Couchettes exiguës, gamelle de soupe dans laquelle on cassait (à coups de marteau !) des biscuits, bruit des vagues et lumières hésitantes, on en aurait presque le mal de mer... On y apprend qu'en cas de forte tempête, des marins se réfugiaient dans leur couchette, que l'on fermait comme un cercueil en bois en clouant des planches dessus. En cas de noyade, ils étaient déjà « en boîte » ; en cas de survie, ils pouvaient sortir de leur cabine en cassant la paroi en planche...

Grafeitur Franksra Sjómanna *(cimetière des marins français)* **:** *à 900 m du musée, à la sortie sud-est du village, panneau sur la droite de la route. Accès libre.*
On y accède à pied par un sentier qui dévale la pente vers le bas du fjord. Attention à la glissade en cas de pluie. Voici un émouvant petit cimetière, entouré d'une longue barrière blanche, au bord des eaux grises du fjord. Une inscription sur le socle du calvaire rappelle qu'ici reposent 49 pêcheurs français (et belges). Les noms des marins et de leurs bateaux figurent sur des plaques gravées, ainsi qu'un poème en français. Comme dans certains cimetières militaires, les tombes sont simples et toutes semblables : une croix blanche en bois portant le nom du marin. Il est bon de noter que les corps de ces 49 marins furent retrouvés, mais combien d'autres ne l'ont jamais été, qui dorment au fond de l'océan ?

REYÐARFJÖRÐUR

1 100 hab.

La ville se trouve au fond du fjord éponyme qui, avec ses 30 km, est l'un des plus longs de toute la côte est. Son aspect industriel déroute le voyageur. Courant 2007, le groupe américain *Alcoa* y a fondé une énorme fonderie d'aluminium. Sa construction et surtout celle du réseau de barrages à *Karahnjúkar* (au nord du glacier du Vatnajökull), destinés à fournir l'électricité à l'usine, se sont faites contre l'avis des écologistes, d'un certain nombre d'experts et d'une bonne partie de la population. S'ensuivirent de nombreuses manifestations dénonçant à la fois la vente des ressources naturelles du pays à des multinationales étrangères et un vrai désastre écologique. C'est à Reykjavík que les protestations furent les plus fortes ; à Reyðarfjörður et dans l'est du pays, en revanche, on voyait là, avec l'embauche de 450 personnes, une façon d'enrayer la désertification de la région.

BIENVENUE À POLOGNE-CITY !

Pour la construction de sa fonderie d'aluminium, Alcoa a embauché près de 3 000 personnes. La majorité de la main-d'œuvre étant polonaise, cette ville (qui comptait alors quelque 700 habitants) a connu, entre 2004 et 2007, la plus grande concentration de résidents étrangers du pays !

– Vous y trouverez les services habituels : supermarché, poste, banque, pharmacie, station-service.

Arriver – Quitter

Arrêt de bus : à la station-service *Olís*.

➢ ***Vers Fáskrúðsfjörður, Stöðvarfjörður et Breiðdalsvík :*** 3 bus/j. avec la ligne 2 de *Svaust*. Compter respectivement 20 mn, 50 mn et 1h10.

➢ ***Vers Egilsstaðir :*** tlj avec la ligne 1 de *Svaust*, env 5 bus/j. (dont 2 desservent l'aéroport). Durée : 35 mn.

Où dormir ? Où manger ?

Camping

Camping : *en venant du sud, au niveau du rond-point, à l'entrée de la ville. 776-00-63. Ouv juin-août. Compter env 1 400 ISK/pers.* Ce petit camping se situe dans un environnement plutôt vert et paisible, face aux montagnes et à côté d'un étang à canards. Blocs sanitaires avec douches chaudes et même une toute petite salle commune ! Lave-linge.

De bon marché à prix moyens (4 000-20 000 ISK / 27-133 €)

Hjá Marlín Guesthouse : *Vallargerði 9 et 14. ☎ 474-12-20. 892-03-36. • bakkagerdi.net • Discrètement mais bien fléché. Tte l'année. Bon marché pour l'auberge et prix moyens pour la* guesthouse. Une adresse à une tête (celle de la francophone Marlín) et à 2 visages : l'auberge et la *guesthouse*. Le tout est réparti dans plusieurs bâtiments, tous équipés d'une cuisine. La maison la plus ancienne abrite, outre la réception, une dizaine de chambres, dont la moitié se partage 2 salles de bains. Une autre jolie maison, aux beaux espaces communs, dispose d'un sauna (payant) et de chambres de 1 à 3 personnes, avec vue sur le fjord. Une très bonne adresse.

Tærgesen : *Búðargata 4. ☎ 470-55-55. • taergesen.com •*

Dans le centre ; prendre à droite juste avt l'église, c'est la maison noire au toit rouge. Prix moyens. Resto tlj midi et soir. Horaires restreints hors saison. Burgers, pizzas 1 500-3 500 ISK. Plats env 3 500-5 500 ISK. Dans cette maison de 1870, la déco évoque les auberges portuaires d'antan avec ses tables en bois verni. Bon accueil. Plat du jour avec soupe, omelettes, sandwichs, burgers ou encore pizzas. Loue également de petites chambres dans la maison et d'autres, plus modernes et aussi confortables, dans un bâtiment style motel.

Sesam Brauðhús : *Hafnagata 1. ☎ 475-80-00. Dans le centre, face au supermarché* Krónan. *Tlj sauf dim 8h-17h (9h-16h sam).* Une boulangerie qui propose salades, sandwichs et gros gâteaux dans une jolie petite salle design au goût d'aujourd'hui.

À voir

Stríðsárasafn *(musée des Années de guerre)* ***:*** *Heiðarvegur 37. ☎ 470-90-00 (office de tourisme). Sur les hauteurs (fléché depuis la route principale). Juin-fin août, tlj 13h-17h. Entrée : 1 200 ISK ; réduc.* Sur une colline dominant la ville, ce musée se remarque à ses longs hangars rouges aux toits arrondis et à ses quelques véhicules militaires : 2 camions, 1 jeep et 1 petit char. En temps de guerre, les hangars servaient d'hôpital. Pas moins de 4 000 soldats étaient stationnés ici, originaires notamment des États-Unis, du Canada et de Norvège. Dans un village de 300 habitants à l'époque, ça devait se bousculer ! Salle consacrée à Þorstein Jónsson, un héros local puisqu'il était le seul Islandais engagé dans la *Royal Air Force.* Nombreux uniformes, équipements.

DANS LES ENVIRONS DE REYÐAFJÖRÐUR

ESKIFJÖRÐUR

Village de pêcheurs à une quinzaine de kilomètres à l'est de Reyðarfjörður. Tout en longueur, moins citadin que le précédent et offrant un riche petit Musée maritime, ainsi qu'une auberge en bord de fjord. Pour celles et ceux qui souhaitent se poser un jour ou 2 face au grand large, une étape idéale.

– ***Infos :*** ● *visiteskifjordur.is* ●

➢ ***Egilsstaðir via Reyðarfjörður :*** env 5 bus/j., tlj avec la ligne 1 de *Svaust.* Durée : 40 mn.

Où dormir ? Où manger ?

De bon marché à prix moyens (4 000-20 000 ISK / 27-133 €)

Kaffihúsið and Guesthouse : *Strandgata 10. ☎ 476-11-50. ● kaffihusid.is ● Bas de la fourchette prix moyens pour une double. Pizzas 1 200-3 000 ISK. Plats 3 500-5 000 ISK.* Dans un bâtiment en bord de route, une salle sans prétention mais agréable (avec terrasse pour l'été). Les gens du pays aiment venir y manger des pizzas. Il y a aussi des plats typiques islandais, simples mais bons. Les chambres sont simples aussi et propres, avec salles de bains partagées.

De prix moyens à chic (14 000-30 000 ISK / 93-200 €)

Mjóeyri Eht Gueshouse & Cottages : *Strandgötu 120. ☎ 477-12-47. 📱 696-08-09. ● mjoeyri.is ● Au bout du village en suivant la côte (vous serez* *arrêté par la mer !). Lit en chambre partagée (si dispo), bon marché. Doubles et cottages 4-7 pers, catégorie chic. Petit déj-buffet en sus et dîner sur résa.* Emplacement idéal ! Au pied des montagnes du fjord, au bord de l'eau, cette maison rouge de 1885, abrite 5 chambres (de la *single* à la familiale) avec sanitaires communs. Plus charmants et bien décorés (surtout les plus récents), spacieux et confortables, on préfère les cottages en bois qui peuvent loger jusqu'à 7 personnes. Chacun comporte une chambre au rez-de-chaussée et 1 ou 2 autres à l'étage (ou en mezzanine), avec salle de bains, cuisine équipée, TV, petite terrasse, etc. *Hot tub* et sauna en prime. Location de bateau et de canne à pêche. Un de nos coups de cœur, vraiment...

Randulf's Sjóhús : *Strandgötu 96. ☎ 477-12-47. Juin-sept, tlj 12h-21h (23h le w-e). Plats 3 700-7 000 ISK.* Même propriétaire que *Mjóeyri Eht*, à quelques centaines de mètres. Ancien entrepôt de barils de harengs construit par un marin norvégien en 1890. Il fonctionna jusque dans les années 1930 puis fut transformé en musée maritime et en resto. Les nombreux matériels conservés (vieux tonneaux de harengs, instruments de pêche, outils divers), conjugués aux éclairages tamisés, donnent du caractère et du style à ce lieu historique et authentique. Excellente cuisine de la mer, soupe de haddock et crevettes, steak de requin, harengs, poisson séché ou fumé... Aux beaux jours, très agréable terrasse sur le ponton en bois face au fjord. À la fin du repas, demander à voir l'étonnante chambre des pêcheurs au 1er étage, découverte intacte après 80 ans d'oubli et de silence !

À voir. À faire

Sjóminjasafn Austurlands (*musée maritime de l'Islande de l'Est*) **:** *Strandgata 39b. ☎ 470-90-63. • sjominjasafn.fjardabyggd.is • Juin-août, tlj 13h-17h. Entrée : 400 ISK ; réduc.* Installé dans une grosse maison en bois noir de 1816 successivement entrepôt, magasin puis lieu de stockage du poisson. Barques et matériels de pêcheurs, maquettes, instruments de bord, bureau du télégraphiste, témoignages du passé : commerce local, petite industrie, santé, vie sociale et culturelle...

➢ **Balades à cheval :** *lieu-dit Norðfjarðarvegur.* ***Skorrahestar Icelandic Horse.*** *☎ 477-17-36. • skorrahestar.is • À 17 km d'Eskifjördur, sur la route 92, en direction de Neskaupstaður.* Il s'agit d'une ferme familiale, loin de tout, loin du tintamarre, dans un paysage de monts sauvages. Le cheval reste un bon moyen d'aborder cette romantique région des fjords de l'Est au pas, au trot ou au galop. De quelques heures à une semaine, toutes sortes de prestations pour tous niveaux. À noter que la ferme abrite aussi une *guesthouse*.

MJÓIFJÖRÐUR

Un des plus beaux fjords de la région orientale de l'Islande. De Reyðarfjörður, suivre la route goudronnée 92 vers Egilsstaðir sur 24 km, puis prendre à droite la route caillouteuse 953. Acceptable pour les véhicules de tourisme (de préférence rehaussés), cette route étroite grimpe vers un col puis redescend dans une large vallée. Même à la mi-juin, retour à l'hiver au passage de ce col. Gare à la brume ! Les lacs commençant à dégeler avec toutes les nuances de bleus, de gris et de blancs pouvant exister, nombreuses plaques de neige ruisselantes...

Un magnifique paysage lorsque le soleil joue à cache-cache dans une atmosphère digne du *Seigneur des anneaux.* La descente jusqu'au début du fjord sur une route très étroite est fantastique, mais demande une certaine prudence. On prend le temps de renouer avec les prières de son enfance pour qu'aucun véhicule ne remonte au même moment (il a la priorité !). Sur le parcours, de nombreuses cascades jaillissent des sommets du cirque, certaines épousant de larges paliers façonnés dans la roche sombre, les plus spectaculaires répondent au nom de ***Klifbrekkufossar.*** Parvenu en bas, encore 12 km, jusqu'à *Brekkuþorp,* un miniport placé là comme pour apaiser le paysage et à gauche son école qui se transforme en hébergement en été.

Sólbrekka Guesthouse : *☎ 476-00-07. ● mjoifjordur.weebly.com ● Ouv juin-sept pour l'hébergement, café ouv seulement juil-août. Bon marché pour la nuitée avec sac de couchage. 2 cottages pour 4 pers avec cuisine et sdb, prix moyens. Petit déj en sus. Repas sur résa env 3 500 ISK.* Logement dans l'école assez spartiate, dans un long bâtiment en bois avec des petites chambres aux salles de bains partagées. Mais ce confort sommaire et rustique est largement compensé par la splendeur du fjord et le plaisir de s'y réveiller. Les cottages (des chalets en bois) sont perchés à flanc de colline et dominent le fjord. Rien à dire : agréable et confort correct. Les amateurs de bouts du monde apprécient forcément.

SEYÐISFJÖRÐUR

670 hab.

● Plan *p. 193*

Ce port de pêche aux maisons colorées, est niché au fond d'un profond et superbe fjord, un des plus majestueux de la côte est. La ville vit au rythme du mouvement des ferries à destination des îles Féroé (Danemark). Elle fut d'ailleurs l'une des principales portes d'entrée de l'Islande au début du siècle dernier, accueillant de nombreux Norvégiens. Centre important de pêche au hareng à la fin du XIXe s, Seyðisfjörður fut aussi une importante base alliée durant la Seconde Guerre mondiale. C'est aujourd'hui un bourg dynamique sur le plan culturel (il abrite le seul cinéma de l'est du pays, une école d'art et un petit mais très dynamique centre culturel). Avouons un réel faible pour le charme de cette petite ville du bout du monde !

Arriver – Quitter

En bus

➢ ***Bus pour Egilsstaðir :*** avec la ligne 3 de *Svaust.* 2-3 bus/j. en sem et 1 bus/j. le w-e. Dessert le centre du village et le terminal des ferries. Trajet : 40 mn.

Adresses utiles

Office de tourisme *(plan B1)* **:** *Ferjuleira 1, dans le terminal des ferries. ☎ 472-15-51. ● visitseydisfjordur.com ● Mai-sept, lun-ven 9h-17h, horaires réduits hors saison. Fermé sam-dim.* Excellent matériel touristique : brochures culturelles, cartes de randonnée...

■ ***Banque Landsbanki*** *(plan B1,* ***1****)* **:** *sur Hafnargata, à côté de la station-service Shell. Lun-ven 12h-15h.*

■ Également un supermarché ***Samkaup*** *(plan A2,* ***2****)* à l'entrée de la ville. *Vesturvegur 1. Lun-ven 9h-18h, sam 10h-18h, dim 12h-16h.*

Où dormir ? Où manger ? Où boire un verre ?

Camping

⛺ ***Camping municipal*** *(plan A2, **10**) : Ránargata 5. ☎ 472-15-21. • camping@sfk.is • Mai-oct. Env 1 700 ISK/pers ; réduc ; gratuit moins de 15 ans ; douche payante.* Le gérant passe matin et soir pour collecter l'argent. Petit terrain herbeux et plat, agréable, avec quelques arbres. Très peu fréquenté (sauf les jours de débarquement et d'embarquement des ferries). Bien équipé avec sanitaires nickel, salle commune et un grand espace cuisine bien équipé. Également un lave-linge (payant) et un sèche-linge.

De bon marché à prix moyens (4 000-20 000 ISK / 27-133 €)

Hafaldan Old Hospital Hostel *(plan B2, **11**) : Suðurgata 8. 📱 611-44-10. • hafaldan.is • Ouv avr-sept. Bon marché pour un lit en dortoir. Doubles avec ou sans sdb, prix moyens. Réduc avec la carte* HI. Une auberge de jeunesse installée dans l'ancien hôpital de la ville. La propriétaire, une nostalgique des années hippies, passe 6 mois par an en Inde. Intérieur chaleureux et convivial. Aux murs, peaux de phoques et raquettes rappellent les rigueurs de l'hiver en Islande. Chambres de 2 à 5 personnes ou dortoir de 6 places, assez propres, mais aux matelas (et cloisons) un peu minces. Cuisine avec tables donnant sur le port. Lave-linge (payant). Dispose aussi d'une annexe (mêmes tarifs mais hébergement un peu plus vieillot) sur le port *(Hafaldan Harbour, Ranargata, 9).*

The Old Apothecary Guesthouse *(plan A2, **16**) : Suðurgata 2. 📱 779-70-08.* Accueil un peu bizarre mais efficace : on récupère la clef dans une boîte extérieure dont le code est envoyé par e-mail. Le propriétaire n'y habite pas mais on peut le rencontrer. Très bien située, cette vieille maison aux murs bleu marine fut naguère celle du pharmacien. Abrite seulement 3 chambres avec salle de bains privative. Jolie vue sur la rivière.

|●| 🍷 ***Kaffi Lára – El Grillo*** *(plan A2, **12**) : Norðurgata 3. ☎ 472-17-03. Tlj 11h30-22h30. Plats 2 200-4 000 ISK.* Cette jolie maison de bois qui regarde le port a endossé les attributs d'un pub à l'is(r)landaise. Pas moins d'une trentaine de sortes de bières, en bouteille ou à la pression, ainsi qu'un joli choix de plats copieux, à des prix raisonnables pour le pays. Cuisine du terroir, dans une salle chaleureuse : agneau local, poisson du fjord, et même des steaks végétariens.

|●| 🍷 ***Skaftfell Bistro & Art Center*** *(plan B2, **13**) : Austurvegur 42. ☎ 472-16-32. Tlj 15h (17h en hiver)-21h. Pizzas 1 300-2 700 ISK, plats 1 800-3 200 ISK.* Au rez-de-chaussée d'une jolie maison, un « bistrot » servant de généreuses pizzas et parfois des petits plats, dont du poisson tout droit sorti du fjord puis du four. On vient ici pour se restaurer, mais aussi pour prendre un verre, un café et feuilleter les quelques livres d'art de leur petite librairie. On peut aussi, à l'étage, visiter la galerie (gratuite) du centre culturel, présentant des expos d'art contemporain.

De prix moyens à chic (14 000-30 000 ISK / 93-200 €)

Post-Hostel *(plan B1, **14**) : Hafnargata 4. 📱 898-62-42. • posthostel.is • Tte l'année.* Maison en béton gris, récente et centrale. Pas de caractère particulier, mais chambres propres et fonctionnelles. Vue sur la rue (calme) ou la montagne. Une belle cuisine équipée avec lave-linge et sèche-linge. Salles de bains commune ou privative.

|●| ***Hótel Aldan & Restaurant Nordic*** *(plan A2, **15**) : Norðurgata 2. ☎ 472-12-77. • info@hotelaldan.com • Au resto (tlj 12h-21h), plats 2 000-3 500 ISK.* « *3 houses, one hotel* », c'est leur slogan publicitaire. La maison principale (réception) est en plein centre, mais les chambres sont réparties dans 2 autres maisons

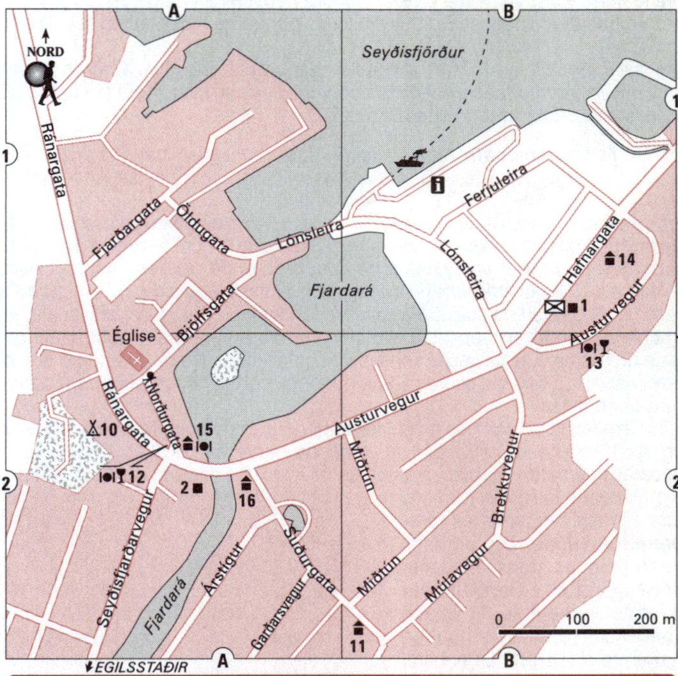

SEYÐISFJÖRÐUR

■ **Adresses utiles**

- Office de tourisme (B1)
- 1 Banque Landsbanki (B1)
- 2 Supermarché Samkaup (A2)

Où dormir ? Où manger ?
Où boire un verre ?

- 10 Camping municipal (A2)
- 11 Hafaldan Old Hospital Hostel (B2)
- 12 Kaffi Lára – El Grillo (A2)
- 13 Skaftfell Bistro & Art Center (B2)
- 14 Post-Hostel (B1)
- 15 Hótel Aldan & Restaurant Nordic (A2)
- 16 The Old Apothecary Guesthouse (A2)

de la ville. L'intérieur est charmant et coquet, tout de bois blanc vêtu, et les chambres (toutes avec salle de bains) arborent un style mi-scandinave mi-campagnard. On vous conseille aussi le resto (le *Nordic*), qui fait café en journée (et qui occupe une ancienne banque). La cuisine se révèle de qualité et créative. Le menu varie, mais on y sert généralement d'excellents risottos, des burgers et *fish & chips* ou de l'agneau. Petite salle avec vue directe sur le port. Accueil attentionné et bon service.

À voir. À faire

Seyðisfjörður aligne plusieurs ***maisons*** datant de la fin du XIXe s et du début du XXe s. La petite portion de ***Norðurgata*** *(plan A2)* entre l'*hótel Aldan* et l'église est mignonne avec ses masures en bois colorées et ses échappées

vers le fjord. Pour en savoir plus, brochure détaillée à l'office de tourisme présentant quelque 35 constructions classées par genres. Beaucoup sont de style norvégien.
L'église *(plan A2)* sur le port accueille chaque été *The Blue Church Summer Concerts Series.* **Concerts payants** le mercredi soir en juillet-août : musique classique, gospel, folk, jazz, groupes islandais...

Tækniminjasafn *(Musée technique ; hors plan par B1)* **:** *Hafnargata 36-44, tt au bout du village. ☎ 472-16-96. • tekmus.is • De juin à mi-sept, lun-ven 11h-17h. Entrée : 1 000 ISK ; gratuit moins de 17 ans.*
Cette ancienne fabrique de moteurs de bateaux, la 1re du genre en Islande, fut fondée en 1907 par l'ingénieur du cru, Johann Hansson. Pour l'alimenter il construisit un barrage ! – et tout un système de courroies et de poulies, qui peut encore fonctionner ! Section ***imprimerie*** où l'on admire une linotype de 1959, ainsi qu'une presse à litho et un massicot. Fascinante fonderie à côté, quasi artisanale, jadis capable de fondre n'importe quelle pièce et qui garantissait l'autonomie quasi totale de l'usine. Elle ne cessa son activité qu'en 1993. Ne pas manquer non plus cette machine Zeiss qui servait à fabriquer des cartes géographiques à partir de photos aériennes.
Dans l'***atelier,*** la plupart des machines originelles sont toujours en place ainsi que l'un des 1ers tracteurs du pays (un *International Harvester* de 1932). Chacun ici aide à réparer, à remettre sur pied, à reconstruire avec une passion confondante !
Plus loin dans la même rue, une autre section concerne les ***télécommunications.*** Les poteaux télégraphiques dans l'escalier sont historiques : Seyðisfjörður fut effectivement le 1er village à bénéficier d'une distribution régulière d'électricité. Là encore, tout fonctionne : le standard, les télégraphes et des radios faites maison. À voir encore : un vestige du câble d'origine (voir l'encadré), une ***collection de vénérables télégraphes,*** un vieux studio photo avec plaques de gravure, des équipements médicaux, le bureau de l'ingénieur, etc. À tout moment, le guide se fait démonstrateur. Bref, un musée très instructif, une visite bien vivante où l'on découvre les 1res grandes avancées technologiques en Islande.

BEN MON POTEAU !

Vu son statut de porte d'entrée de l'île au début du siècle dernier, Seyðisfjörður fut le 1er village d'Islande connecté au réseau télégraphique, en 1906. L'acheminement du câble jusqu'à Reykjavík nécessita la mise en place de 14 000 poteaux dans des conditions de travail et de climat héroïques. Cocorico, le télégraphe portable de l'ingénieur chargé de vérifier la bonne marche du câble était de fabrication française !

➢ ***Sorties en kayak de mer :*** **Kayak Tours,** *Austurvegur. Rens : 865-37-41. • hlynuroddsson@gmail.com • Juin-août seulement. Compter 4 000 ISK/pers pour la 1re heure et 2 000 ISK l'heure supplémentaire.* *Hlynur Oddsson* propose de vous faire découvrir le fjord en kayak, ainsi que des balades à VTT. Ces sorties accompagnées peuvent durer de quelques heures à 2 jours pour les plus enthousiastes.

DANS LES ENVIRONS DE SEYÐISFJÖRÐUR

Skálanes : à l'embouchure du fjord, côté sud, un petit coin de paradis encore très sauvage. Un des lieux secrets de la côte est de l'Islande. Pour y accéder, 13 km de piste en voiture ou en bateau *(résas au 779-70-08 ; • skalanes.com •).* De là, 4 km à pied jusqu'à la *Skálanes Mountain Lodge.* Cette *guesthouse* solitaire dans un paysage de bout du monde sert aussi d'office de tourisme informel. Organise des balades autour des falaises, parmi une faune riche en oiseaux (macareux notamment) et autres animaux à plumes comme les sternes. Parfois, des phoques viennent même saluer les promeneurs (et pour cause, le poisson abonde).

Les îles Féroé : territoire rattaché au Danemark, ces îles jouissent, en raison de leur éloignement, d'un statut d'autonomie. L'arrivée en bateau sur la capitale, Tórshavn, est très belle.

➢ Le ferry de *Smyril Line* assure la liaison de Seydisfjördur à Tórshavn (îles Féroé) : début juin à fin août, jeu à 10h30 (arrivée le ven à 3h du mat) ; le reste de l'année, mer à 20h (arrivée le jeu à 15h). Trajet retour Féroé-Seydisfjördur (Islande) : début juin à fin août, mer à 18h (arrivée à 8h30 le lendemain), et le reste de l'année, lun à 14h (arrivée à 9h le lendemain). Durée du voyage : env 18 h.
On peut aussi rejoindre le Danemark (Hirtshals) en ferry. Début juin à fin août, départ Seydisfjördur (Islande) jeu à 10h30 (arrivée sam à 12h30). Dans le sens inverse, départ mar à 11h30 (arrivée jeu 8h30). Durée du voyage : env 48 h. Le reste de l'année, il n'existe pas de liaisons directes, le voyage inclut forcément une escale de 3 jours aux îles Féroé. L'occasion de découvrir un autre bout du monde ! Prévoir des victuailles car les prix à bord sont exorbitants. *Infos et résas : ☎ (298) 34-59-00 ; • smyrilline.com •*
➢ Les îles Féroé sont aussi desservies par ***Atlantic Airways*** depuis Reykjavík. La compagnie assure également 3 vols/sem entre Paris-CDG et Vagar (îles Féroé) l'été, et 2 vols/sem à partir de fin sept. *Infos et résas : • atlanticairways.com •*

EGILSSTAÐIR

2 300 hab.

Que l'on vienne du nord ou du sud, 1re impression en arrivant par la route 1 : voici une région bien plus verte et plus boisée qu'ailleurs, avec des terres abritées du vent et assez fertiles. On tourne le dos aux fjords abrupts et austères pour arriver dans des paysages plus doux. Située à une extrémité du lac Lagarfljót (où se cacherait un monstre du style de celui du Loch Ness), Egilsstaðir s'étend dans une vallée humide et évasée qui reçoit ses eaux des montagnes de l'arrière-pays. Cette petite ville constitue le point de chute idéal pour des excursions vers les fjords et le lac Lögurinn. Malgré l'urbanisme décousu et sans grand charme, on y trouve de nombreux commerces et toutes sortes de services.

Arriver – Quitter

En bus

Arrêt de bus : à l'office de tourisme, au bord de la route 1.
Voir aussi plus haut « Comment circuler en bus dans les fjords de l'Est ? ».
➢ ***Akureyri (via Reykjahlíð – lac Mývatn) :*** tte l'année avec la ligne 56 de *Strætó,* 1 bus/j. sauf le sam. Durée : env 1h30 pour Reykjahlíð (lac Mývatn) et 3h15 pour Akureyri.
➢ ***Borgarfjorður :*** tte l'année, 1 bus/j. lun-ven avec la ligne 5 de *Svaust*. Durée : 1h.
➢ ***Reyðarfjörður-Eskifjörður-Norðfjörður :*** env 4 bus/j. tlj avec la ligne 1 de *Svaust* (2 depuis l'aéroport d'Egilsstaðir). Durée : respectivement 30 mn, 50 mn et 1h20.
➢ ***Seyðisfjörður :*** avec la ligne 3 de *Svaust.* Tte l'année, 2-3 bus/j. en sem et 1 bus/j. le w-e. Dessert le centre du village et le terminal des ferries. Durée : 40 mn.

En avion

✈ L'***aéroport*** est situé à 1 km au nord d'Egilsstaðir.
➢ Plusieurs liaisons tlj avec ***Reykjavík*** (1h de vol). *☎ 570-30-00. • airicelandconnect.com •*

Adresses utiles

Office de tourisme : *Miðvangur 1-3.* ☎ *471-23-20.* • *visitegilsstadir.is* • *east.is* • *Au bord de la route principale. Juin-août, lun-mar et jeu-ven 8h30-18h, mer 8h30-20h, sam 10h-16h et dim 13h-18h ; horaires restreints le reste de l'année.*

Supermarchés : ***Bónus*** *et* ***Netto*** *en bordure de la N1.*

Piscine : *Tjarnabraut 26, en face de l'hôtel* Edda. ☎ *470-07-77. Juin-août, lun-ven 6h30-21h30, le w-e 10h-18h. Ferme 1h plus tôt en hiver. Entrée : env 1 000 ISK.* Bassin extérieur de 25 m, toboggan et 2 *hot tubs.*

Hôpital : *Lagarás 19.* ☎ *470-30-00.*

Pharmacie : *Kaupvangur 6.* ☎ *471-12-73. Dans le bâtiment du* Netto.

Où dormir ?

Voir également les hébergements de Vallanes, situés à seulement une dizaine de kilomètres au sud d'Egilsstaðir.

Campings

Camping : *Kaupvangur 17.* ☎ *470-07-50.* • *camping@egilsstadir.is* • *Tte l'année. Env 2 000 ISK/pers, douche incluse.* Un camping de ville assez bien équipé (sanitaires propres et modernes, lave-linge et sèche-linge, location de vélos), qui pourrait être agréable s'il était moins envahi en été.

Camping Skipalækur : *à* ***Fellabær.*** ☎ *471-13-24.* • *booking@skipalaekur.is* • *À 2,5 km au nord-ouest de la ville ; de l'autre côté du lac, à gauche après le pont. Camping (mai-sept) env 1 800 ISK/pers, douche comprise. Chalets tte l'année.* Plus de calme et plus de place qu'à celui d'Egilsstaðir. On peut aussi y louer des petits chalets au toit pentu, bien équipés et joliment situés au bord du lac. Les chambres privées disposent de leur propre salle de bains. D'autres partagent sanitaires et cuisine.

Prix moyens (14 000-20 000 ISK / 93-133 €)

Lyngás Guesthouse : *Lyngási 5-7 (quasi la rue principale).* ☎ *471-13-10.* • *lyngas.is* • *Tte l'année. Petit déj en sus.* Central. Bâtiment moderne sans charme particulier, mais derrière cette façade moche tout est propre et fonctionnel. Une vingtaine de chambres (de 2 à 6 lits) confortables et bien tenues. Salle à manger, petite cuisine équipée et salles de bains partagées.

De chic à très chic (20 000-30 000 ISK et plus / 133-200 €)

Hotel Eyvindará : *Eyvindára 2.* ☎ *471-12-00.* • *eyvindara.is* • *À 3 km d'Egilsstaðir par la route 94 en direction de Borgarfjörður, fléché sur la gauche. Avr-oct (resto le soir seulement de mi-mai à fin sept). Catégorie chic, petit déj inclus.* Dans un petit bois à l'écart du bruit et de l'agitation, voici un excellent hébergement. De son passé de *guesthouse,* l'endroit a conservé un style et une atmosphère familiale. Accueil chaleureux. Les chambres occupent l'ancienne maison des propriétaires (toute rouge) ou l'aile plus moderne. Celles-ci sont plus spacieuses et, pour certaines, jouissent d'une très jolie vue. Elles ont toutes une salle de bains privative. Vue sur le lac et la vallée dont on profite aussi au petit déj. Pour plus d'intimité, possibilité de louer un cottage niché dans les arbres avec salle de bains et, pour certains, une kitchenette. Personnel francophone en été.

Gístihúsið Egilsstöðum (Lake Hotel Egilsstaðir) **:** *sur la route 1, prendre la rue en face de la station-service* N1 *(bien fléché).* ☎ *471-11-14.* • *lakehotel.is* • *Catégorie très chic, petit déj inclus.* Grosse bâtisse blanche qui fut d'abord une ferme avant de devenir une *guesthouse* aux allures d'hôtel de campagne, à 20 m du lac, dans un environnement champêtre. Chambres au plafond parfois un peu bas, mais élégantes, très confortables et calmes. Atmosphère cosy, joli mobilier ancien qui fait bon ménage avec du design contemporain, et vue sur le lac et les champs. Fait aussi resto le soir (voir « Où manger ? »). Également un spa pour les porte-monnaie bien gonflés.

Où manger ?

De bon marché à prix moyens (max 4 000 ISK / 27 €)

|●| ***Salt Café & Bistro** : Miðvangur 2-4. ☎ 471-17-00. En face de l'office de tourisme. Tlj 11h30-22h. Plats 2 000-4 000 ISK. Pizzas à partir de 2 000 ISK.* Un lieu accueillant, qui sert officiellement une cuisine dans l'esprit du bistrot « à la française ». En réalité, c'est un bar-resto comme on en rencontre beaucoup en Islande, qui sert une cuisine classique à dominante internationale : sandwichs, salades, pizzas, burgers, nachos et des plats indiens.

|●| ***Nielsen Restaurant** : Tjarnarbraut 1. ☎ 471-20-01. Monter la rue principale, c'est sur la gauche après la poste. Tlj sauf dim en principe 11h30 (17h sam)-21h mais mieux vaut téléphoner avt. Plats 1 700-3 500 ISK.* Cette jolie maison (la plus ancienne de la ville), entourée d'une terrasse protégée par des arbres, abrite un des meilleurs restos de la ville, mais pas le moins cher. Intérieur intime (préférer la salle du 1er, moins étriquée, avec ses murs en palissandre), avec des tables éclairées à la bougie. Bonne « nouvelle cuisine » islandaise élaborée soigneusement avec des produits régionaux comme l'agneau, le bœuf, la morue, ou le saumon. On peut aussi se contenter de petits plats plus simples, mais malgré tout copieux, comme la salade grecque ou le hamburger végétarien.

Chic (4 000-6 000 ISK / 27-40 €)

|●| ***Gístihúsið Egilsstöðum** (Lake Hotel Egilsstaðir) : sur la route 1, prendre la rue en face de la station-service* N1 *(bien fléché). ☎ 471-11-14. Tlj 11h30-22h. Plats au déj 2 000-4 000 ISK ; le soir 3 500-6 500 ISK, menu du dîner (3 services) env 9 500 ISK.* Une autre très bonne adresse de cette ville. Élégante salle à manger avec vue sur les jardins et le lac. Service impeccable pour une savoureuse cuisine de la terre et de la mer, raffinée et créative (avec une influence asiatique dans certains plats) : sushis aux langoustines, poulet à la mangue et à la coriandre, betteraves fumées au fromage bleu... Tous les produits proviennent des fermes de la région.

LES FJORDS DE L'EST

À voir. À faire

👣👣 ***Minjasafn Austurlands** (musée culturel des Fjords de l'Est) : Laufskógar 1, pas loin du* Nielsen Restaurant. *☎ 471-14-12. • minjasafn.is • Juin-août, tlj 10h-18h ; sept-mai, mar-ven 11h-16h. Entrée : 1 200 ISK ; gratuit moins de 18 ans. Brochure en anglais disponible.* Intéressant petit musée ethnographique. On y voit surtout des reconstitutions de lieux de vie, de culte ou de travail, comme cette ferme de tourbe utilisée jusqu'en 1963. Les animaux étaient parqués au sous-sol pour que leur chaleur réchauffe la chambre juste au-dessus. Panneaux explicatifs où l'on apprend que la région des fjords de l'Est est la seule du pays où vivent encore des rennes. Collection d'instruments agraires, outils traditionnels, vénérables établis de menuisier et objets domestiques, dans une chaleureuse atmosphère rurale (et l'ensemble est agrémenté de belles photos en noir et blanc). Reconstitution également d'une petite église de campagne, d'un magasin des années 1950, d'un d'hôpital et même du salon et de la cuisine de la maison d'un forestier. Quelques objets archéologiques également, dont une broche viking datée du milieu du XIIe s.

Vök Baths : *lac Urriðavatn, route 925. ☎ 470-95-00. • vok-baths.is • À 5 km au nord-ouest d'Egilsstaðir. Tlj, horaires variables selon saison. Entrée : 5 000 ISK ; réduc.* Le célèbre Blue Lagoon et les bains de Mývatn ont un petit frère dans les fjords de l'Est. Bien moins fréquentés, ces bains sont aussi plus petits mais ô combien agréables. 2 bassins flottants, entre 38 et 40 °C, ont été aménagés dans le lac, où s'aventureront seulement les plus téméraires (l'eau atteint difficilement les 12 °C, brrrr). Également un autre bassin plus grand et un bistrot, le tout réuni dans une structure en bois plutôt harmonieuse.

AU NORD, VERS L'EMBOUCHURE DE LA RIVIÈRE LAGARFLJÓT

BORGARFJÖRÐUR

À 70 km au nord d'Egilsstaðir par la route 94 (mi-route, mi-piste damée), ce petit fjord et son village de Bakkagerði ont un goût d'aventure viking. Dans le hameau, juste avant l'église, voir les 2 jolies ***maisons Lindarbakki*** datant de 1899 : de véritables masures de Hobbits ! D'ailleurs, ces parages sont censés accueillir l'une des capitales des elfes et le palais de leur reine (Álfaborg).
Autour du village, magnifiques ***randonnées*** dans des paysages de roche volcanique (carte *Víknaslóðir* à l'office de tourisme d'Egilsstaðir). Certains sentiers ne sont pas balisés. Les ornithologues en herbe affûteront leurs jumelles pour ***observer macareux, mouettes tridactyles et autres pétrels fulmar.*** Pour ça, il faut plutôt aller au bord des falaises du fjord, en particulier à Höfn, à 5 km au nord de Bakkagerði, accessible en voiture. Meilleure saison d'observation : mai-juin, mais on peut s'y essayer tout l'été.
➢ Tte l'année, 1 bus/j. lun-ven avec la ligne 5 de *Svaust.* Durée : 1h.

Où manger ? Où dormir dans la région ?

Camping : *à* ***Bakkagerði.*** *📱 857-20-05. Au centre du village, vers l'église. Tte l'année. Env 1 300 ISK/pers. Douches payantes.* Terrain classique pas bien grand, avec petite cuisine équipée dans 2 coquettes maisonnettes en bois.

Guesthouse Blabjorg : *à* ***Bakkagerði.*** *📱 861-17-92. • blabjorg.com • Au centre du village, en bord de mer. Prix moyens.* Une douzaine de chambres dans cette ancienne pêcherie, inévitablement installée au ras des flots. Pas immenses, mais avec vue remarquable sur l'océan pour une bonne moitié. Les autres dans les combles se contentent de Velux. Déco sobre et nette, à la scandinave. 3 salles de bains très clean à partager, comme la cuisine. Petit déj (compris) en self-service. *Hot tubs* et sauna. Pour davantage d'espace et de confort, 1 studio et 2 appartements (2 et 3 chambres) entièrement équipés et joliment meublés. Bon accueil.

Alpha Café : *à* ***Bakkagerði.*** *☎ 472-99-00. Au centre du village. Tlj 11h-20h. Petite restauration 1 000-2 000 ISK.* Une bordée de grosses tables sur une terrasse face au large. Mais on ne perd pas au change quand le grain vous pousse à l'intérieur, dans la belle salle aux murs couverts d'objets d'artisanat et de belles photos. On s'y repaît sur de belles tables en pierre d'assiettes de charcuterie ou de fromage, de soupes, de tartes et de riches desserts. À travers les grandes baies, belle vue sur la mer ou la brume : c'est selon.

Húsey Youth Hostel : *à* ***Húsey.*** *☎ 471-30-10. • huseyfarm.is • À 56 km au nord d'Egilsstaðir ou à 30 km à vol de macareux à l'ouest de Bakkagerði. Ouv avr-oct. Dortoir (4-6 lits) bon marché. Fourchette basse de la catégorie prix moyens pour les doubles. Réduc avec la carte* HI. On aime beaucoup cette petite AJ d'une vingtaine de lits, dans une ancienne ferme paumée – vraiment paumée ! – en pleine nature. Intérieur rustique assez exigu, avec panneaux en bois colorés et ameublement plus tout jeune, mais l'ensemble dégage une atmosphère très conviviale. Située sur le delta de 2 rivières, elle permet de faire de nombreuses balades. On aperçoit souvent des phoques se faire dorer le gras. Plus de 30 espèces d'oiseaux viennent nicher dans le secteur et on y trouve un nombre exceptionnel de plantes (170, contre 90 en moyenne dans le reste de l'Islande). Tout l'été, des hordes de rennes viennent folâtrer dans cette microrégion. Cuisine à disposition, mais pas de machine à laver. De mai à septembre, possibilité de balades à cheval de 2h, voire de ***séjour équestre*** d'une semaine.

LE LAC LÖGURINN

Une étendue d'eau tout en longueur dont l'extrémité nord baigne Egilsstaðir. Particulièrement étroit, le lac se confond presque sur la carte avec la Lagarfljót, la rivière qui l'alimente et dont il prend d'ailleurs le nom dans la bouche de certains autochtones.

VALLANES

➢ Sur la rive est du lac. À 12 km au sud d'Egilsstaðir, quitter la N1 pour suivre la route 931 à droite sur 1,5 km. Fléchage à droite (discret). Suivre la piste sur 3 km jusqu'à la ferme.

La ***Ferme Vallanes*** *(Móðir Jörð)* est la plus importante exploitation bio d'Islande. Pionnière dans l'exploitation de l'orge, elle a également planté plus de 1 million d'arbres. La famille Magnússon et son équipe font volontiers visiter leurs serres *(☎ 471-17-47 ; • vallanes.is •)*. Beaucoup de beaux légumes destinés aux restos du pays y poussent, les herbes fraîches et quelques fruits de saison. Vente sur place *(mai-oct, lun-ven 9h-18h)* ainsi que de délicieux chutneys, confitures (en particulier, rhubarbe et mûres), infusions, huiles de massage à partir d'herbes sauvages... Beaucoup de jeunes sont en stage ici pour apprendre l'agriculture durable.

Où dormir dans la région ?

Stóra-Sandfell : *à 17 km au sud d'Egilsstaðir, sur la N1. ☎ 471-24-20. • storasandfell.is • Camping ouv juin-août, 1 500 ISK/pers. Cottages ouv de mi-mai à mi-sept, prix moyens.* Joli camping tranquille dans un remarquable environnement. On plante sa tente dans le champ vallonné près de la route ou, pour plus d'intimité, dans les emplacements au milieu des arbustes. En musique de fond, le glouglou du ruisseau qui traverse le site. Côté sanitaires : 2 cabanes rudimentaires, une pour les douches, l'autre pour les toilettes. Chalets agréables pour 2 à 4 personnes, avec salle de bains, cuisine équipée, petite terrasse. Tout autour, super balades. Possibilité d'équitation (de 1h à 4h dans des paysages sublimes).

Eyjólfsstaðir Guesthouse : *à 11 km au sud d'Egilsstaðir sur la N1. 773-06-03. • eyjolfsstadir.com • Tte l'année. Prix moyens, petit déj inclus.* La bâtisse blanche au toit bleu abrite une trentaine de chambres (avec lavabo) et... une chapelle en cas d'urgence confessionnelle. On compte 2 douches et 2 w-c pour 6 chambres. L'ensemble est sobre, fonctionnel et tenu au millimètre. Le petit déj se prend face à une belle vue sur le lac.

Ferme Vallanes : *• vallanes.is • Bon marché en sleeping bag accommodation. Cottage 2 pers et maisonnette 4-6 pers, catégorie chic ; petit déj en sus.* Au sein même de la ferme, une petite maison comprenant un appartement : chambre (lit en 120 cm), pièce avec lits superposés, kitchenette et salle de bains. Également un adorable cottage pour 2 personnes et possibilité de se faire héberger en *sleeping bag accommodation*. Le petit déjeuner est servi avec les produits de la ferme. Du bio pur jus. Pensez à réserver longtemps à l'avance !

HALLORMSSTAÐUR

Une sorte de hameau déstructuré, perdu dans ce que l'on appelle la « forêt d'Islande ». À ne pas manquer, c'est une facette méconnue du pays.
Décimée par les cataclysmes et une exploitation à outrance, la forêt islandaise a quasiment disparu après la colonisation. C'est en 1903 qu'on a commencé ici à replanter (des essences étrangères surtout). Le véritable reboisement date cependant des années 1950. Aujourd'hui, cette réserve couvre une surface de 2 300 ha. Les promeneurs en sillonneront les sentiers (dont un botanique).
➢ Sur la route 931, à 15 km au sud-ouest de la ferme Vallanes (28 km au sud-ouest d'Egilsstaðir), sur la rive est du lac.

L'ARBRE QUI CACHE LA FORÊT

Ce n'est rien de dire que la forêt islandaise est petite par la surface et par la taille des boulots nains qui la constituent. Les Islandais vous diront que lorsqu'on est perdu en forêt, pour retrouver son chemin il suffit... de se lever !

Où dormir ? Où manger ?

Campings

Höfðavík Camping : *route 931, juste au nord de la station-service en venant du nord, sur la droite. Env 1 600 ISK/pers. Douches payantes.* En surplomb du lac, malheureusement caché par les arbres. Superbe environnement néanmoins. Sanitaires impeccables.

Atlavík Tjaldstæði : *sur la route 931, 2 km au sud de la station-service. ☎ 470-20-70. Env 1 600 ISK/pers ; le gardien fait le tour des tentes pour collecter l'argent.* Camping très fréquenté dans un superbe environnement : les pieds dans l'eau, face au lac et sous les arbres. Bien entretenu. Toilettes et éviers seulement. Pour se doucher, il faut aller au camping *Höfðavík*.

De prix moyens à chic (14 000-30 000 ISK / 93-200 €)

Guesthouse Grái Hundurinn : *à Hallormstaður. ☎ 470-01-00. • 701hotels@701hotels.is • Mai-sept. Petit déj inclus. Buffet (le soir seulement) à l'*hôtel Hallormstaður *env 7 000 ISK.* Dans une belle demeure nichée au milieu des arbres, quelques chambres, dont une seule avec salle de bains privée. Peu lumineuses, elles n'en sont pas moins élégantes : parquet sombre, miroirs cerclés de cuir, mobilier cosy. Beaucoup de cachet. Pour l'accueil, se rendre, à 300 m, à l'*hótel Hallormstaður* *(catégorie très chic... si l'envie vous prend)* : ce sont les mêmes propriétaires. C'est d'ailleurs dans cet hôtel chic qu'on prend le petit déj et, éventuellement même, le dîner (assez cher). Il possède 2 saunas et des *hot tubs*. Du même propriétaire également, 4 jolis chalets (en saison seulement), tout confort, avec chouette terrasse face au lac *(catégorie chic, petit déj inclus).*

À voir. À faire

Les chutes de Lítlanesfoss et de Hengifoss : *à 8 km au sud de Hallormsstaður, sur la rive ouest du lac.* Depuis le parking, un sentier mène à *Lítlanesfoss*, une chute entourée de ***colonnes de basalte.*** S'il fait beau, vous aurez la chance d'y voir un arc-en-ciel. Mais le clou de la balade, c'est la ***chute de Hengifoss,*** plus loin, qui fait le bruit d'un Boeing au décollage ! Le cirque d'où la chute fait le grand saut (120 m quand même !) est un spectacle sublime : succession de strates de couleurs rouge, orange et noir. Compter 1h30 pour la balade aller-retour.

Snæfellsstofa Visitor Center *(parc du Vatnajökull)* ***:*** *à* ***Skriðuklaustur,*** *5 km au sud des chutes, sur la rive ouest du lac. ☎ 470-08-40. • vatnajokulsthjodgardur.is • Juin-août, tlj 9h-17h ; mai tlj 9h-15h ; sept tlj 10h-16h ; sur rdv le reste de l'année. GRATUIT.* Fine architecture d'avant-garde s'intégrant correctement dans l'environnement (1er bâtiment *eco-friendly* du pays !). Intérieur lumineux aux lignes sobres, pour mettre en valeur les richesses de cette région qu'on découvre notamment en prenant la route de Kárahnjúkar. Tout sur les cycles de la nature, les saisons, l'eau avec une démarche interactive. Comme cette table où les enfants peuvent apprendre à identifier les plantes locales, les mousses, les minéraux et trouver le nom des animaux à l'aide de leur mâchoire ou plumes... Expo de belles photos également et cafétéria.

La maison de Gunnar Gunnarsson : *à 200 m du Visitor Center. ☎ 471-29-90. • skriduklaustur.is • De mi-juin à août, tlj 10h-18h ; de mi-mai à mi-juin et sept, tlj 11h-17h ; sur rdv le reste de l'année. Entrée : 1 100 ISK ; réduc ; gratuit moins de 17 ans.*
Centre culturel dans l'immense demeure de l'écrivain Gunnar Gunnarsson (1889-1975), bâtie en 1939. Architecture unique en son genre : pierre de lave rejointoyée avec un mortier blanc et toit couvert d'herbe. C'est du plus bel effet ! Musée sur l'œuvre de l'auteur et expos temporaires. Venant d'une famille très pauvre, à 18 ans, il fut accepté à l'université Askov au Danemark. Déterminé à devenir écrivain, il commença rédiger en danois. Il vécut ici pendant 9 ans, avant de regagner Reykjavík, où il travailla jusqu'à la fin de sa vie à la traduction en islandais de ses 20 romans. Parmi ses plus célèbres : *L'Oiseau noir, Le Berger de l'Avent, Frères jurés...*
Guère connu chez nous, c'est l'un des plus grands écrivains en Islande, dont on pénètre la vie avec intérêt, tant son œuvre s'inscrit dans cet environnement idyllique. Au fil des pièces, on croise un beau mobilier en bois sculpté, une élégante cheminée en faïence, ses photos et souvenirs divers de famille...

Klausturkaffi : *sous le musée, ouv aux mêmes horaires. ☎ 471-29-92. Buffet au déj env 4 000 ISK, buffet de gâteaux l'ap-m 2 500 ISK, buffet du soir env 5 500 ISK.* Plus qu'une cafétéria de musée, un vrai resto dans une jolie salle aux soubassements bleus, prolongée d'une véranda avec vue. Pour le déjeuner, un buffet d'anthologie à un prix fort démocratique. Tout est fait maison avec de beaux produits : soupes, boulettes de renne, saucisses, crudités fraîches (champignons de la forêt toute proche, baies sauvages), gratin de légumes, délicieux gâteaux... Accueil et service gentils et souriants comme tout !

KARAHNJÚKAR

➢ À 60 km au sud du lac par la route 910 (départ entre les chutes et Skriðuklaustur).

Pour ceux qui voudraient avoir un petit avant-goût de l'intérieur du pays, mais qui n'ont pas de 4x4. Possibilité de s'aventurer sur cette route 910 qui grimpe assez sévèrement jusqu'au plateau puis traverse des étendues désertes (presque exclusivement fréquentées par les rennes...), où ruisseaux et taches de verdure s'étendent à l'infini avec des montagnes noires ou blanches en toile de fond. Dont l'immanquable sommet du *Snæfell* : à 1 883 m, l'un des plus hauts volcans d'Islande. Une vraie impression de bout du monde.

Il est bien sûr sidérant de trouver une aussi bonne route qui semble mener nulle part... sauf que c'est à Karahnjúkar – et autour – qu'a été construit un réseau de barrages dont résulte un lac artificiel Hálslón de 57 km². Là, une centrale hydroélectrique fournit l'électricité à l'énorme fonderie d'aluminium de Reyðarfjörður, à 75 km à l'est, au bord de la mer (mais on vous en a déjà parlé !). Un projet monstrueux (par son ampleur, son coût et son impact écologique). Et tout ça en bordure d'un parc national...

LE NORD

• Carte *p. 204-205*

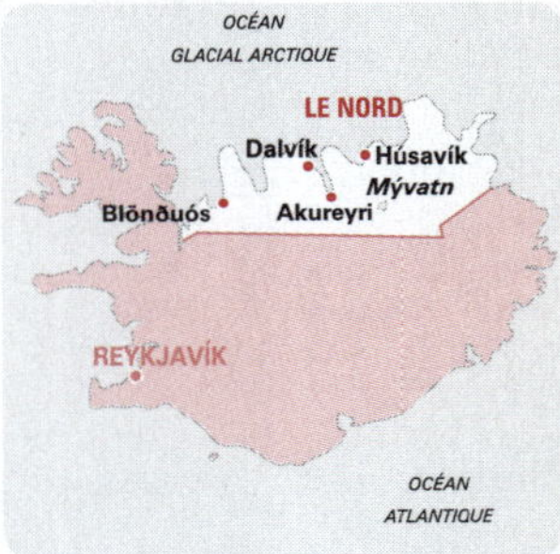

Tourné face au cercle polaire et à l'océan glacial Arctique, le Nord offre un visage globalement plus plat que le reste du pays. Exception faite de jolies envolées de falaises sur certaines côtes (vers Siglufjörður notamment), les paysages d'aquarelles dominent, comme sur la péninsule de Vatnsnes, où se trouve la plus grosse concentration de phoques d'Islande. Les fjords, peu nombreux, sont profonds et larges ; ils se creusent au débouché de rivières tumultueuses, aux berges piquetées de terres agricoles. Plusieurs vieilles fermes en tourbe sont d'ailleurs ouvertes à la visite.
Contre toute attente, le Nord est le coin le plus ensoleillé du pays. D'ailleurs, il n'est pas rare d'y croiser des habitants de Reykjavík venus s'installer ici pour mieux profiter du « beau temps » ! Reste que la région n'est pas très peuplée : on y recense 36 000 habitants, dont la moitié à Akureyri, la 2e ville du pays.
Point d'orgue d'une visite dans le Nord, le lac Mývatn et ses abords sont le théâtre de toutes sortes de phénomènes volcaniques, anciens ou récents. À découvrir aussi : la grande chute de Dettifoss, dans la vallée sauvage de la Jökulsá á Fjöllum, et la petite ville de Húsavík, capitale européenne de l'observation des baleines.
– Voir • *northiceland.is* •, site régional du tourisme islandais (en anglais). Nombreuses informations sur les lieux à visiter, actualités, hébergements, etc.

Comment circuler en bus ?

■ ***Strætó :*** • *straeto.is* • C'est la seule compagnie à opérer dans le nord des liaisons inter-villes, toute l'année, mais sans rentrer à l'intérieur du pays. Depuis Akureyri : vers le lac Mývatn et Egilsstaðir, vers Húsavík, mais aussi vers Dalvík et Siglufjörður, ainsi que Varmahlíð, Sauðárkrókur et Blönduós, avec continuation vers la côte ouest (Borgarnes) et Reykjavík (changement de ligne possible pour les fjords de l'Ouest ou la péninsule de Snæfellsjökull).

■ ***SBA-Norðurleið :*** • *sba.is* • Propose 2 excursions d'une journée dans la région. Unique façon de visiter les sites non desservis par *Strætó*. Le *Dettifoss Grand Tour* *(de mi-juin à fin août, lun-ven ; env 23 000 ISK)* fait une boucle depuis Akureyri en passant par Goðafoss, le tour du lac Mývatn, Dettifoss, Ásbyrgi et Húsavík. L'autre excursion fait le tour du lac Mývatn à partir d'Akureyri via Goðafoss *(tlj juin-août ; 3 fois/sem en hiver ; env 17 500 ISK)*. ***Attention, ce bus ne circulait plus à cause de l'épidémie de Covid-19, se renseigner.***

PARC NATIONAL DU VATNAJÖKULL – SECTEUR DE JÖKULSÁRGLJÚFUR

Situé au nord-est du lac Mývatn, ce petit morceau du parc national du Vatnajökull (125 km²) en est détaché d'une cinquantaine de kilomètres à vol

d'oiseau. Il est néanmoins relié au grand glacier par la Jökulsá á Fjöllum, le 2e plus long fleuve d'Islande (206 km), qui y prend sa source pour se jeter dans l'océan Arctique. Celui-ci s'écoule à travers un superbe canyon, le dénommé Jökulsárgljúfur, qui s'étend sur 25 km de long pour environ 500 m de large et 120 m de profondeur. Cette balafre XXL aurait été formée il y a quelques milliers d'années lors de *jökulhlaups* (débâcles) de très grande ampleur consécutifs à l'éruption de volcans sous-glaciaires.
Entre les gorges abruptes du canyon vrombissent 3 grandes cascades : Selfoss, Dettifoss (la plus puissante d'Europe, à ne pas manquer !) et Hafragilsfoss. Le parc est ouvert toute l'année et son accès est gratuit. On y accède au choix depuis Ásbyrgi, au nord, ou Dettifoss, au sud.

Arriver – Quitter

En bus

Pas de lignes régulières, il faut réserver une excursion avec *SBA-Norðurleið.* Voir plus haut (« Comment circuler en bus ? ») le *Dettifoss Grand Tour.*

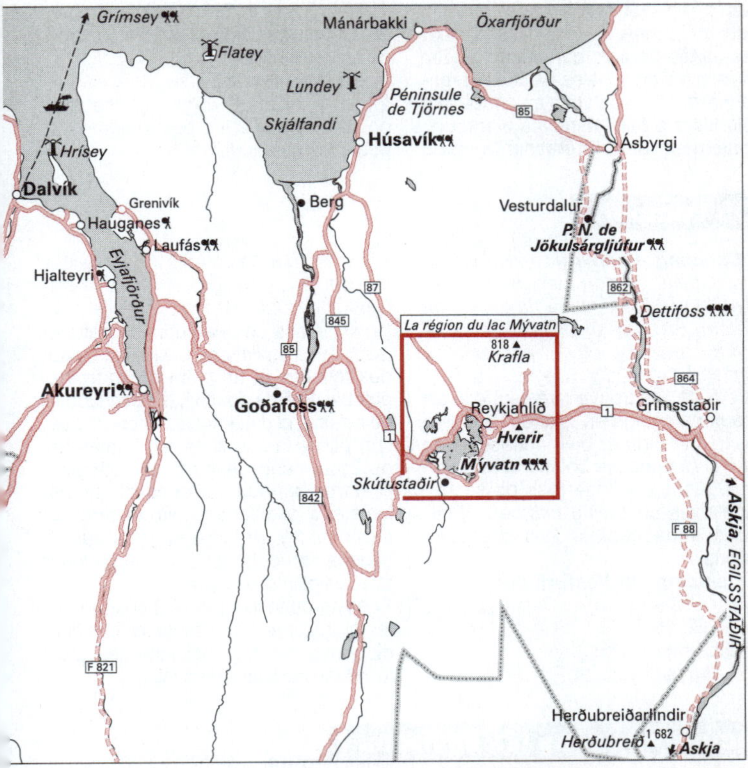

LE NORD

En voiture

➢ ***Depuis la route 1 (Akureyri – Egilsstaðir) :*** il existe 2 accès possibles. Une 1re route (goudronnée), la 862, démarre sur la 1 à 38 km à l'est de Reykjahlíð et rejoint la rive gauche de Dettifoss (le plus joli point de vue à notre avis) en 20 km. La portion entre Dettifoss et Ásbyrgi était en cours de goudronnage lors de notre dernier passage (accessible en voiture de tourisme). Sinon, la piste 864 longe la Jökulsá par l'est et débute vers Grímsstaðir, à 57 km à l'est de Reykjahlíð. Celle-ci est en principe carrossable en véhicule normal, mais elle n'est généralement pas en très bon état, mieux vaut avoir un 4x4 pour rouler l'esprit léger.

➢ ***Depuis Húsavík :*** on peut longer la côte par la route 85, très plaisante et peu fréquentée, jusqu'à Ásbyrgi, puis descendre vers Dettifoss par la piste 864 ou bifurquer un peu avant Ásbyrgi par la piste 862 (voir ci-dessus).

Adresses utiles

i @ *Centre d'information du parc :* *à **Ásbyrgi,** près de la station-service.* ☎ *470-71-00.* • *vatnajokulsthjodgardur.is* • *Juin-août, tlj 9h-17h ; mai et* *sept, tlj 10h-16h ; horaires restreints le reste de l'année. Fermé en janv.* Il vend des cartes du parc qui présentent (en anglais) les principales balades et randonnées, sinon on vous en conseillera volontiers à faire dans les alentours. Également une intéressante expo *(GRATUIT)* sur la formation géologique du canyon, sa faune et sa flore, illustrée de belles photos.

■ ***Station-service :*** *au bord de la route 85, à l'entrée d'Ásbyrgi.* Pratique pour se ravitailler un peu (magasin et petite restauration).

Où camper ?

⛺ ***Camping d'Ásbyrgi :*** *réception au centre d'information du parc. ☎ 470-71-00. Ouv de mi-mai à fin oct (selon météo). Env 1 500 ISK/pers, douche non comprise (+ 500 ISK par tente ou camping-car) ; réduc ; dégressif à partir de 2 nuits.* On trouve rarement d'aussi beaux campings en Islande ! Celui-ci est très étendu et bien agencé, avec différents espaces boisés assez bien protégés. Lave-linge (pas de sèche-linge mais un *drying cabinet*). Sanitaires impeccables. Pas d'espace cuisine.

⛺ ***Camping de Vesturdalur :*** *à mi-chemin entre Ásbyrgi et Dettifoss, sur la piste 862. ☎ 470-71-00. Ouv de début juil à mi-sept (selon météo). Réception 14h-18h en saison. En dehors, on s'installe où on veut, et le ranger passe en principe le mat. Env 1 500 ISK/pers (+ 500 ISK/tente). Dégressif à partir de 2 nuits.* Dans un beau coin de nature, mais des installations basiques. Juste des toilettes et un point d'eau froide potable. Pas de douche, d'eau chaude, de cuisine, ni d'électricité. C'est ici que l'on passe la nuit si on fait la marche de 2 jours entre Ásbyrgi et Dettifoss. D'autres randos balisées et moins longues à faire dans le coin : en arrivant au camping, prendre la piste sur la gauche ; on débouche sur un parking avec un plan des sentiers.

– Les randonneurs peuvent aussi planter (gratuitement) leur tente sur une aire de la rive ouest, à proximité de Dettifoss (eau potable à disposition).

Où dormir dans les environs ?

🏠 ***Grímsstaðir Guesthouse :*** *à **Grímsstaðir,** à 4 km de la route 1, sur la piste 864. ☎ 464-42-92. • grimsstadir.is • Camping env 800 ISK/pers. Bon marché pour les chambres doubles et triples avec sac de couchage. Prix moyens pour les doubles classiques. Petit déj inclus.* Cette maison un peu paumée dans un coin plat et sans grand intérêt ne se trouve pas dans le parc, mais a l'avantage de sa situation pour ceux qui arriveraient un peu tard – au carrefour des routes et pistes menant au parc de Jökulsárgljúfur, au lac Mývatn et au volcan d'Askja. La maison en bois (la 1re en arrivant) est assez rustique et datée, mais l'hébergement, en sac de couchage uniquement, n'est pas cher. Lits normaux ou superposés. Au bout, la maison principale offre 3 petites chambres doubles. L'accueil est chaleureux, et la proprio prépare de bons repas sur demande, ainsi qu'un excellent petit déj. Salle de bains, cuisine et salon communs. Ne pas confondre avec ***Grimstunga Guesthouse,*** l'hébergement voisin.

À voir. À faire dans le parc

★★★ ***Dettifoss :*** *à env 20 km au nord de la route 1 par la route 862 et 28 km au sud de la route 85 par la piste 864.*

C'est au cœur des gorges de la Jökulsá que se trouve la plus puissante chute d'eau d'Europe (45 m de haut et 100 m de large), dont le débit moyen frôle les 200 m³/seconde. Ce dernier double même l'été, lorsque le fleuve charrie quotidiennement 23 000 t de farine de roche et de débris glaciaires !

Pour s'y rendre, la piste 864 (sur le flanc est ; ouverte seulement l'été) traverse un désert de pierres quasi lunaire. Après avoir laissé la voiture au parking, il faut marcher 10 mn jusqu'à la chute. Le petit chemin qui la surplombe permet de s'en approcher de très près (attention, aucune barrière de sécurité, surveillez les enfants !) et d'en prendre plein les yeux (et les oreilles). L'accès par la route 862 (sur le flanc ouest) mène à un parking qui rejoint les chutes en 10-15 mn par un sentier aménagé. Plusieurs promontoires offrent une superbe vue plongeante. Certes, on s'approche un peu moins près, et ce côté est plus touristique car plus facile d'accès. Mais on le conseille vivement aux familles (car plus sécurisé) et à ceux qui ont le vertige. Ensuite, on peut remonter des 2 côtés (1 km) jusqu'à ***Selfoss,*** formée de multiples chutes, moins impressionnantes mais splendides. Compter environ 15 mn de marche. À un peu plus de 2 km en aval coule une 3e chute : ***Hafragilsfoss*** (27 m de haut). Plus au nord, ***Réttarfoss*** ne fait que 7 m...

Ásbyrgi : à l'extrémité nord du Jökulsárgljúfur, ce cirque en fer à cheval forme une douce parenthèse plantée de bouleaux. Rien d'exceptionnel mais la balade est tranquille et le camping bien agréable (voir « Où camper ? »). 2 théories tentent d'expliquer la formation de ce phénomène géologique. Si l'on fait appel à la mythologie, il s'agirait d'une empreinte laissée par Sleipnir, le cheval d'Odin qui courait à la fois sur terre, sur mer et dans les airs grâce à ses 8 pattes (le cheval, pas Odin...). Plus scientifiquement, le cirque se serait formé il y a 2 000 à 8 000 ans à la suite d'une éruption sous-glaciaire du Vatnajökull. Celle-ci, en faisant fondre la glace, aurait provoqué une coulée d'eau *(jökulhlaup)* qui aurait remodelé le paysage. Toutes les terres tapissant le fond de la baie d'Öxarfjörður, au-delà, ont été formées par les alluvions de la Jökulsá á Fjöllum.

DEVINETTE

Qu'est-ce qui a 10 pieds et 3 yeux ? Odin, le dieu tutélaire scandinave, monté sur son cheval Sleipnir. Précisons que le 1er était borgne et que le 2d avait 8 pattes !

➢ ***Randonnées :*** rappelons que le *centre d'information* vend des cartes détaillées. Il existe une vingtaine de balades possibles, de la plus courte (1 km) à la plus longue (32 km), dans les différents secteurs du parc. Celles du cirque d'Ásbyrgi, comme le sentier A2, offrent un joli panorama sur la zone depuis les crêtes d'Eyjan ; le sentier A1, le plus court (30 mn), promet également une belle vue ; l'A7 est un peu plus long (environ 3h). Mais les amateurs éclairés (et bien équipés) s'intéresseront surtout à la randonnée entre Ásbyrgi et Dettifoss. L'itinéraire se parcourt habituellement en 2 jours, avec une nuit au camping de Vesturdalur. ...

SUR LA ROUTE DE HÚSAVÍK

Sur cette côte à l'habitat épars, frôlée par la belle route 85 qui délimite la péninsule de Tjörnes, on peut faire une halte à Mánárbakki, à 40 km à l'ouest d'Ásbyrgi et 23 km au nord de Húsavík. Non que cette étape soit époustouflante ou spectaculaire, elle permet juste de rencontrer des gens attachants et de découvrir un petit musée qui ne l'est pas moins.

Camping 66.12° North : *fléché sur la droite en venant d'Ásbyrgi. ☎ 898-04-24. • manarbakki@gmail.com • Compter 1 500 ISK/pers (douche chaude incluse).* Face à l'océan, ce vaste terrain tout simple (avec tout de même une cuisine correctement équipée, un lave-linge et un sèche-linge) est plébiscité par les routards pour l'accueil de Bjarni qui apporte de l'âme à ce bout de terre balayé par les vents. Le musée qu'il a monté avec son père vaut d'ailleurs la visite. Toute la petite famille habite sur cette ancienne exploitation.

Mánárbakki Folk Museum *(Minjasafnið)* **:** *☎ 464-19-57. Juin-août, tlj 10h-18h. Entrée : 1 000 ISK.* Les grands-parents de Bjarni collectionnaient tout. Et son père a conservé une grande partie des objets, de toutes tailles et de toutes les époques, si bien que plusieurs bâtiments furent nécessaires pour les exposer. D'abord dans la belle maison jaune canari datant de 1930, transportée ici en 1994 de Húsavík, puis dans les charmantes maisons en tourbe au toit engazonné. On découvre ainsi quantité de porcelaines, d'ustensiles de cuisine (dont une gazinière à gaufres du début du XIXe s), un menu en français de 1904, des boîtes de conserve sans âge, de vieilles radios des années 1920, une carte de l'île de 1930, une ancienne machine à laver, un métier à tisser, un lit simple transformable en double, dont aurait pu s'inspirer une célèbre marque suédoise. Mais le plus grand trésor sont ces perles du IXe s, extraites d'un collier, ayant appartenu à l'une des 1res habitantes de l'île. Des portraits de famille aussi, car ce musée, c'est eux... et aussi les autres : conservés sous pochette, des messages dans des bouteilles échouées sur le rivage, en provenance du Danemark et du Canada et auquel Aðalgeir (le père) a répondu. Que d'histoires !

HÚSAVÍK

2 300 hab.

• Plan *p. 209*

Entre Ásbyrgi et Húsavík (la « baie des Maisons »), la belle route 85 surplombe un long moment la mer avec, en toile de fond, les sommets enneigés de la chaîne du Víknafjöll et les silhouettes des îles de Mánáreyjar, Lundey et Flatey. Les paysages, nourris par les bruines, explosent de vert.

Grandie sur le flanc est de la grande baie de Skjálfandi, Húsavík est réputée comme capitale de l'observation des baleines en Europe. On n'y a jamais chassé le cétacé et, ici, voir un petit rorqual ou une baleine à bosse tient presque du non-événement ! Conséquence logique : les hébergements sont pris d'assaut en été, et les tarifs s'en ressentent. La ville en soi ne présente pas un grand intérêt, si ce n'est le formidable musée de la Baleine et une église mignonnette.

Arriver - Quitter

En bus

Arrêt des bus : les bus *Strætó* s'arrêtent à la station-service *N1 (plan B1).*

➢ ***Akureyri :*** avec *Strætó* (ligne 79), 3 bus/j. lun-ven, aucun le sam et 2 bus le dim.

➢ ***Mývatn (Reykjahlíð) :*** avec *Strætó,* 1 fois/j., le mat tôt depuis Húsavík, ligne 79 jusqu'à Laugar (attente d'env 1h40), puis ligne 56 en direction d'Egilsstaðir. Moins pratique dans l'autre sens avec un temps d'attente à Laugar de 3h10. Compter env 3h au total (connexion comprise).

➢ ***Ásbyrgi et Dettifoss :*** voir plus haut « Comment circuler en bus ? » avec la compagnie *SBA-Norðurleið,* au début du chapitre « Le Nord ».

En avion

➢ ***Reykjavík :*** *avec* ***Eagle Air.*** *☎ 562-42-00. • eagleair.is • Tte l'année, 1-2 vols/j. Durée : 50 mn.* L'aéroport *(hors plan par B2)* est à 10 km au sud de Húsavík, service de navettes pour s'y rendre.

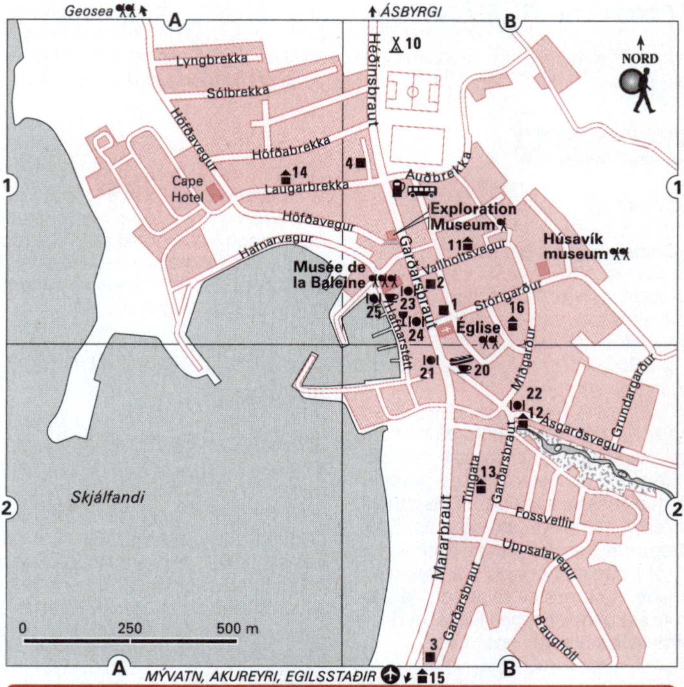

HÚSAVÍK

Adresses utiles

1 Íslandsbanki (B1)
2 Supermarché Krambúð et pharmacie (B1)
3 Supermarché Nettó (B2)
4 Piscine (B1)

Où dormir ?

10 Camping (B1)
11 Húsavík Green Hostel (B1)
12 Arbol (B2)
13 Guesthouse Sigtún (B2)
14 Húsavík Guesthouse (A1)
15 Kaldbaks – Kot (hors plan par B2)
16 Fosshótel Húsavík (B1)

Où manger ?
Où boire un verre ?

20 Heimabakari Konditori (B2)
21 Fish & Chips (B2)
22 Naustið (B2)
23 Salka (B1)
24 Gamli Baukur (B1)
25 Lókal Bistro (B1)

Adresses utiles

– Plein d'infos sur • *visithusavik.com* •

■ ***Banque et distributeur*** *(plan B1,* ***1****) :* ***Íslandsbanki,*** *Stórigarður 1. Lun-ven 9h-16h.*

■ ***Supermarchés :*** ***Krambúð*** *(plan B1,* ***2****), en face du musée de la Baleine (tlj 8h-22h), ou* ***Nettó*** *(plan B2,* ***3****), à l'entrée sud de la ville et à 10 mn à pied du centre (tlj 10h-19h).* Ce dernier est plus grand.

■ ***Pharmacie*** *(Lyfja) :* *dans le même bâtiment que le supermarché Krambúð (plan B1,* ***2****). ☎ 464-12-12. Lun-sam 10h-18h (14h sam).*

■ ***Piscine*** *(plan B1, **4**) : sur Héðinsbraut ; au bord de la route principale, à la sortie nord de la ville. Juil-août, lun-ven 6h45-20h45, le w-e 10h-17h45 ; horaires réduits le reste de l'année. Dernière admission 30 mn avt. Entrée : env 800 ISK.* Bassins extérieurs (env 30 °C) avec toboggans et *hot tubs.*

Où dormir ?

Camping

Camping *(plan B1, **10**) : sur Héðinsbraut. 840-00-25. • camping@nordurthing.is • À la sortie nord de la ville, après la piscine, à côté du terrain de foot. Ouv de mi-mai à fin sept. Env 1 800 ISK/pers, gratuit moins de 17 ans. Le garde passe entre 19h et 23h, on paie à ce moment-là, sinon, régler à la piscine.* En bord d'une route peu passante, ce vaste camping dispose d'une bonne couche de gazon et de quelques recoins parmi les arbres, tentes et camping-cars séparés. Sanitaires complets, lave-linge, sèche-linge et salle commune avec plaques électriques. Au cœur de la saison, la propreté est parfois un peu limite, et on se retrouve les uns sur les autres.

LE NORD

De bon marché à prix moyens (4 000-20 000 ISK / 27-133 €)

Húsavík Green Hostel *(plan B1, **11**) : Vallholtsvegur 9. 866-08-82. • husavikgreenhostel.is • Bon marché pour un lit en dortoir et prix moyens pour une chambre privée. Séjour de 2 nuits min. Âge min 10 ans, en raison d'escaliers très raides peu sécurisés.* Un petit *hostel* fort bien tenu, adressé aux *slow travellers.* Pas d'animations ou de fêtes au programme, ici, on prône le calme et la tranquillité. Rien de foufou côté déco mais des chambres pour tous les budgets, du dortoir de 4 lits avec salle de bains commune à la double avec sanitaires privatifs. Cuisine équipée, salon commun, laverie sur demande et location de vélos. La propriétaire, une Allemande installée en Islande depuis une quinzaine d'années, est spécialisée dans le tourisme éco-responsable et très impliquée pour la conservation de l'environnement, d'où le nom de son auberge.

Le ***Cape Hotel*** *(plan A1 ; ☎ 463-33-99 ; • husavikhotel.com •)* propose en dépannage 5 chambres sans vue (donnant sur le toit voisin) et sans charme, mais avec salle de bains et surtout à prix intéressants *(prix moyens).*

Chic (20 000-30 000 ISK / 133-200 €)

Arbol *(plan B2, **12**) : Ásgarðsvegur 2. ☎ 464-22-20. • arbol.is • Fourchette basse de la catégorie chic, petit déj inclus ; également des quadruples.* Occupant l'ancienne résidence du gouverneur (1903), ce charmant *B & B* abrite 10 chambres impeccablement tenues avec sanitaires partagés. Confortables, cosy, elles marient moquette grise, lits confortables et mobilier en rotin, pour un style campagnard plutôt chic. On adore les 2 chambres à l'étage supérieur, mansardé et tout en bois, avec tapis coco et murs bleus, enfin un bel effort de décoration. Frigo, thé et café en libre-service. Agréable salle de petit déj avec un bout de terrasse qui surplombe une rivière où barbotent des canards. Les proprios possèdent une autre maison derrière l'église avec des appartements (2 chambres) et studios bien équipés, à la déco moderne.

Guesthouse Sigtún *(plan B2, **13**) : Túngata 13. 864-46-13 (difficile à joindre). • guesthousesigtun.is •* Check-in *16h-19h (ou téléphoner). Fourchette basse de la catégorie chic, petit déj inclus.* Dans un quartier résidentiel calme, cette petite maison blanche entourée de gazon abrite une poignée de chambres claires, simples mais bien tenues (dont 1 familiale pour 5 personnes), avec une bonne literie. Elles partagent 3 sanitaires communs et une grande cuisine équipée. Demandez-en une plutôt à l'étage, celles du demi-sous-sol sont plus petites, mais au même prix. Lave-linge à disposition.

Húsavík Guesthouse (plan A1, **14**) : *Laugarbrekka 16. ☎ 463-33-99. • husavikguesthouse.is • Doubles sans ou avec sdb. Également une triple et une quadruple. Réception au Cape Hotel, à 200 m en direction du port.* La vieille maison de famille, située dans une rue calme, derrière la piscine, abrite désormais 8 chambres avec lavabo et parquet, pas grandes mais bien tenues. Les 5 du rez-de-chaussée partagent 2 salles de bains ; sur les 3 de l'étage, une seule possède sa salle de bains. Pas grand-chose à ajouter, si ce n'est des tarifs bien plus abordables qu'à l'hôtel. Le (bon) petit déjeuner se prend au *Cape Hotel* (mêmes propriétaires).

De chic à très chic (20 000-30 000 ISK et plus / 133-200 €)

Kaldbaks – Kot (hors plan par B2, **15**) : *Kaldbakur, sur la route 85, à 2 km au sud de Húsavík, fléché sur la droite. 892-17-44. • cottages.is • Avr-déc. Petit déj en sus.* On aime beaucoup la quinzaine de cottages en bois qui s'éparpillent en pleine nature, dans un environnement forestier assez idyllique, au bord de l'eau et face à la montagne – un lieu idéal pour observer les oiseaux (près de 100 espèces recensées). De loin en loin, 3 *hot tubs* invitent à paresser sous les étoiles, dont un face à la baie... Les maisonnettes, de taille et de confort différents (1 ou 2 chambres ou encore avec lits sous les toits pour les enfants), possèdent quasi toutes salon, salle de bains et kitchenette. Les 2 plus éloignées sont surnommées « les maisons de la belle-mère », ce qui donne une idée de l'humour du proprio, un sacré personnage. La déco est très personnalisée, entre bouquins et souvenirs de voyage. Très bon accueil et ambiance conviviale.

Fosshótel Húsavík (plan B1, **16**) : *Ketilsbraut 22. ☎ 464-12-20. • fosshotel.is • Petit déj inclus.* Cher, mais le confort est au rendez-vous et la chaîne impose son style dès le *lobby*, vaste et cosy. Parquet sombre, miroirs, matériaux bruts, grandes baies vitrées et design nordique habillent des chambres de haut standing avec beaux lits confortables, petit frigo, bouilloire... Franchement, là, il ne manque rien.

Où dormir dans les environs ?

Berg Hostel : *à 22 km au sud-ouest d'Húsavík. ☎ 464-37-77. • hostel.is • Ouv de mi-mai à mi-sept. De Húsavík, suivre la route 85 sur 15 km, puis tourner à droite sur la piste 852 pdt 7 km (gravillons). Bon marché pour un lit en dortoir et prix moyens pour une chambre privée. Réduc pour les membres. Rien autour, apporter ses provisions.* Complètement isolée au bord de l'eau et d'un champ de lave, dans un beau coin de nature, l'auberge est chaleureuse et bien équipée. Chouettes balades à faire, au cours desquelles on croise parfois des phoques. Les proprios possèdent aussi l'***auberge d'Arbót*** *(☎ 464-36-77 ; de mi-mai à fin sept ; de Húsavík, suivre la route 85 sur 15 km, puis tourner à gauche – fléché – et continuer sur 3 km).* Mêmes équipements et tarifs, dans une ferme en pleine campagne, sur les hauteurs.

Où manger ? Où boire un verre ?

Bon marché (max 2 500 ISK / 17 €)

Pour manger sur le pouce (sandwichs) ou pour un petit déjeuner, on recommande ***Heimabakari Konditori*** (plan B2, **20**), sur Gardarsbraut. *Lun-ven 7h-18h, le w-e 8h (9h dim)-16h.* Une bonne option en attendant que l'averse passe.

Fish & Chips (plan B2, **21**) : *Hafnarstétt 19. ☎ 464-20-99. Tlj 11h30-20h. Portion (copieuse) env 2 000 ISK.*

C'est le bâtiment au toit de tôle vert, juste en contrebas de l'église. Allez-y si possible avant le retour des groupes de *whale watchers* pour éviter l'attente (parfois jusqu'à 30 mn !). Au menu, rien d'autre que du *fish*, des *chips* et du *fish & chips*. C'est frais, c'est bon, c'est copieux. On commande au comptoir, à l'extérieur, avant de s'installer au-dessus du parking, en salle ou en terrasse.

Lókal Bistro *(plan B1,* ***25****) : Hafnarstéttt 1, sous le musée de la Baleine. 680-97-90. Avr-sept, tlj 7h30-19h ; en hiver, 10h-17h. Fermé en déc. Wraps env 1 600 ISK.* Un sympathique café tenu par un couple anglo-islandais, qui prépare tout lui-même à partir d'ingrédients locaux, autant que possible. On choisit des *wraps* déjà prêts ou à garnir soi-même et on complète par un gâteau ou une crêpe. À avaler en salle ou en terrasse, avec vue sur le port.

De prix moyens à chic (2 500-6 000 ISK / 17-40 €)

Naustið *(plan B2,* ***22****) : Ásgarðsvegur 2. ☎ 464-15-20. Ouv mars-oct. Tlj 12h-22h en été (cuisines fermées à 21h). Plats env 2 500-6 000 ISK.* Amateurs d'iode, poussez la porte de cette adorable maison jaune ! On y décline le poisson : en soupe, brochettes, ou simplement grillé tout frais débarqué des chalutiers, et encore des langoustines à des prix encore abordables. Choix réduit, mais qualité assurée, avec des options végétariennes et même pour les allergiques, si on prévient avant. On s'installe en terrasse ou dans la salle cosy, aux murs tapissés de vieilles photos, avec rideaux kitsch aux fenêtres. Sur certaines tables, des jeux de cartes vous aideront à faire passer les heures pluvieuses...

Salka *(plan B1,* ***23****) : Garðarsbraut 6. ☎ 464-25-51. Tlj 11h-22h (seulement au déj en hiver). Pizzas 1 700-4 000 ISK, autres plats env 2 300-4 900 ISK (réduc de 10 % pour ceux qui vont voir les baleines avec Salka Whale Watching).* Très scandinave, avec boiseries et lustres, la salle est jolie, mais peut se révéler fort bruyante – par beau temps, on préfère donc la grande terrasse. À la carte, il y en a pour tous les goûts et toutes les bourses. Les gros appétits se rabattront plutôt sur la pizza 16 pouces (suffisante pour 2) ou les burgers-frites, qui calent à moindres frais. La maison propose aussi un excellent poisson du jour et quelques recettes d'inspiration asiatique, pour changer.

Gamli Baukur *(plan B1,* ***24****) : Hafnarstétt 9, sur le port. ☎ 464-24-42. Tlj 12h30-23h (minuit ven-sam) ; la cuisine ferme à 22h. Plats 2 700-5 000 ISK ; soupe et pain à partir env 2 000 ISK.* Ce chalet donnant sur la jetée, à l'intérieur tout en bois orné de vieux objets marins, est chaleureux comme tout. La carte est courte et la cuisine variée : poisson, moules islandaises, agneau, mais aussi burgers, salades et tacos. On peut également y siroter un verre en attendant le bateau, sur la terrasse...

À voir. À faire

L'église *(plan B1) : dans Garðarsbraut, la rue principale. Juin-août, en principe lun-sam 8h-18h, dim 10h-17h.* Construite en bois, en 1907, dans un style évoquant vaguement les bâtisses Belle Époque de Deauville, c'est l'une des plus belles d'Islande. Pas de chaire ici, à la place, une sculpture en forme de livre. Voir aussi les 2 chandeliers à 7 branches des années 1600, le joli plafond bleu et la peinture du retable représentant la résurrection de saint Lazare dans un paysage... islandais (remarquez les coulées de lave), et pour les personnages, l'artiste s'est inspiré des habitants du coin. Tournez-vous pour admirer la vue sur l'eau depuis les bancs.

Hvalasafnið *(musée de la Baleine ; plan B1) : Hafnarstétt. ☎ 414-28-00. • whalemuseum.is • Juin-août, tlj 8h30-18h30 ; mai et sept, tlj 9h-17h ; avr et oct, tlj 10h-16h ; le reste de l'année, lun-ven 10h-16h. Entrée : 2 000 ISK ; réduc,*

y compris avec les billets d'excursion de ttes les compagnies d'observation des baleines ; gratuit moins de 17 ans. Livret en français à récupérer dans la 1re salle.
Ce musée, sis dans un ancien abattoir, vous apprendra tout ce que vous voulez savoir sur les baleines, orques, dauphins et cétacés en général – à travers de nombreux panneaux en anglais égayés d'informations surprenantes. Parmi les différentes salles thématiques, certaines sont consacrées à la chasse (intéressantes photos), aux causes des échouages (déchets, rejets pétroliers, pollution sonore, pêche...). Une autre salle présente les épaulards, avec un hommage à Keiko, l'orque-star du film *Sauvez Willy,* originaire d'Islande et mort en 2003 d'une pneumonie dans le fjord norvégien où il avait migré après avoir été relâché. Dans la même salle, on découvre l'histoire de Tilikum, une autre orque tristement célèbre. Star du parc aquatique *Sea World* aux États-Unis, Tilikum a tué 3 de ses dresseurs. Le documentaire *Blackfish,* sorti en 2013, relate ses conditions de vie en captivité (à voir absolument !).
À l'étage, des squelettes d'animaux échoués ou pris dans des filets sont exposés. Parmi eux, un cachalot de 12,30 m. Mais la pièce maîtresse (au rez-de-chaussée), c'est cet immense squelette de baleine bleue, échouée en 2010 à l'ouest de l'île. 25 m, tout de même !
À noter : une belle aire de jeux pour les enfants à l'entrée et un agréable coin salon pour les autres, où l'on peut bouquiner en sirotant un café (on donne ce qu'on veut).

LIVRE DES RECORDS

Avec une taille pouvant dépasser 30 m et un poids de 150 t, la baleine bleue est bien le plus gros animal de la planète. Sa langue peut peser autant qu'un (petit) éléphant et l'appendice de monsieur atteindre... 3 m ! Dès la naissance, le bébé baleineau ne pèse pas moins de 3 t. Buvant 240 l de lait par jour, il grossit quotidiennement de 90 kg !

Exploration Museum *(plan B1) : Héðinsbraut 3. 848-76-00. • explorationmuseum.com • Mai-sept, lun-ven 11h-16h ; sur rdv le reste de l'année. Entrée sur donations.* Cette étrange expo décline le thème de l'exploration à travers 2 faits historiques liés à l'Islande : sa conquête par les Vikings et celle de la Lune par les astronautes – en souvenir des entraînements de la NASA sur l'île... Une approche de l'île intéressante.

Safnahúsið *(Húsavík museum ; plan B1) : Stórigarður 17. ☎ 464-18-60. • husmus.is • Juin-août, tlj 10h-18h ; le reste de l'année, lun et ven 10h-16h, mar-jeu 10h-18h, sam 10h-14h, fermé dim. Entrée : 1 200 ISK ; réduc ; gratuit moins de 16 ans.*
Ce musée comporte 2 sections principales. La 1re, au *rez-de-chaussée,* explore l'interaction entre la nature islandaise et les hommes, et met en lumière la nécessaire autosuffisance des populations d'autrefois. On y évoque la pêche, la chasse, la récolte des plantes, la vie à la ferme et les artisanats oubliés, etc. Le plus gros ours polaire jamais tué en Islande (370 kg) est là, aussi. À ses côtés, on s'approche au plus près de la faune locale (des animaux empaillés en fait) : phoques, macareux, mouettes...
L'étage accueille des expos temporaires et le sous-sol, un Musée maritime *(Sjóminjasafn),* avec des maquettes de bateaux, mais aussi d'authentiques embarcations avec leurs filets, outils de pêche, etc. Également des instruments de navigation.

Geosea *(hors plan par A1) : Vitaslóð 1, sur les hauteurs de Húsavík, près du phare, à env 1 km du centre. ☎ 464-12-10. • geosea.is • Mai-août, tlj 12h-22h ; le reste de l'année 17h (12h le w-e)-22h. Dernière admission 30 mn avt. Entrée : 4 500 ISK ; réduc.* Situation magnifique au-dessus de la baie avec une vue d'anthologie au coucher du soleil. Les 3 piscines recueillent un mélange d'eau de mer et d'eau de source non soufrée, mais riche en minéraux, bon pour les maladies de peau, avec une température qui oscille entre 36 et 40 °C. Ça, c'est pour la carte postale... qui reste idyllique si la promiscuité vous convient. En effet, les bassins sont petits, et on se retrouve vite à touche-touche, un verre à la main *(bar pool)* et/ou à zieuter tous vers la mer. Rien à voir avec la superficie des bains de Mývatn, et a fortiori du Blue Lagoon. À envisager plus comme de grands jacuzzis. Et si, par chance, il n'y a pas grand monde, c'est le bonheur ! Pensez à apporter votre serviette *(sinon loc à 800 ISK)*.

Observation des baleines *(whale watching)* **:** *de mars à nov, avec une hte saison entre mai et oct. Plusieurs compagnies organisent ces excursions sur d'anciens bateaux de pêche aménagés ou en bateaux rapides. Guichets situés dans la rue principale, au-dessus du port. Durée et prix à peu près similaires.*
Le risque de ne rien apercevoir est minime (même si cela arrive), puisqu'on observe en moyenne 3 ou 4 baleines à bosse et/ou petits rorquals par sortie, et parfois quelques dauphins. Si vous êtes vraiment chanceux, vous verrez peut-être une baleine à bosse sauter hors de l'eau et vous éclabousser ! La grande baleine bleue, elle, est nettement plus rare (pour augmenter ses chances, venir en mai-juin).
Souvent, les bateaux évoluent dans la baie, mais parfois il faut en sortir et, là, ça secoue davantage ! Couvrez-vous très chaudement (pulls, bonnets, gants, on ne lésine pas sur les couches !). Les compagnies fournissent des combinaisons ou des imperméables longs et proposent parfois un cachet contre le mal de mer, ne faites pas la fine bouche... Une boisson chaude et une collation sont souvent offertes à bord. Même si l'observation des baleines est le produit phare de ces compagnies, chacune propose aussi des *Puffin Tours,* permettant en même temps d'aller observer les macareux de l'île de Lundey (meilleure période en mai, sinon visibles jusqu'à mi-août).

■ ***North Sailing Húsavík :*** ☎ *464-72-72.* ● *northsailing.is* ● *Tour de 3h classique en bateau de pêche (mars-nov) : adulte env 10 700 ISK ; réduc enfants ; gratuit moins de 7 ans.* C'est à la fois la plus ancienne des compagnies (fondée en 1995) et celle qui offre le plus de départs en pleine saison. Elle propose aussi des sorties sur de jolies goélettes *(de mi-mai à mi-sept ; même tarif, même durée)* et même sur des bateaux électriques *(mai-sept ; même tarif, même durée),* pour mieux observer sans provoquer de nuisances sonores. Des expéditions d'une semaine au Groenland sont également organisées (hors de prix, vous vous en doutez) ! D'autres formules : rando équestre, observation des macareux... Si vous optez pour une excursion avec eux, vous bénéficiez de 20 % de réduction sur le prix du billet d'entrée au musée de la Baleine, ainsi que des réducs au resto *Gamli Baukur* et aux bains *Geosea* (voir plus haut). D'autres départs depuis le petit port de Hjalteyri (lire plus loin « Sur la route de Dalvík »).

■ ***Gentle Giants :*** ☎ *464-15-00.* ● *gentlegiants.is* ● *Tour de 3h classique en bateau de pêche (mars-nov) : adulte env 10 500 ISK ; réduc enfants ; gratuit moins de 6 ans.* Propose aussi un tour spécial en bateau rapide en quête des baleines les plus grosses *(avr-oct ; env 19 000 ISK, réduc ; déconseillé aux moins de 7 ans)* avec détour par l'île de Lundey pour découvrir les macareux en saison *(de mi-avr à mi-août).* Et encore : kayak de mer, excursion sur l'île de Flatey avec observation des oiseaux, etc.

■ ***Salka :*** ☎ *464-39-99.* ● *salkawhalewatching.is* ● *Mai-sept, tour de 3h, env 10 500 ISK ; réduc ; gratuit moins de 6 ans.* Cette compagnie ne compte que 2 bateaux, le *Fanney* et le *Salka,* accueillant au maximum 42 et 65 passagers et faisant 2-6 excursions par jour. Atmosphère un poil plus familiale. L'excursion donne droit à plusieurs réducs (le musée de la Baleine, *Geosea* et le resto *Salka*).

■ ***Husavik Adventures :*** 📱 *853-42-05.* ● *husavikadventures.is* ● *Avr-oct, 1-8 départs/j. Durée : 2h. Prix : env 18 000 ISK ; réduc.* La compagnie complète l'offre de *North Sailing* (même groupe) avec 2 Zodiac (12 passagers max) pour couvrir plus de superficie et voir les macareux. En juin-juillet, également des sorties tardives (21h30-22h30) sous le soleil de minuit.

Festival

Si vous visitez Húsavík le dernier week-end de juillet, vous découvrirez une ville parée de couleurs vives (chaque quartier a la sienne) à l'occasion du festival ***Mærudagar,*** les « Journées du bonbon ». Ces jours-là, la ville fait la fête, avec des tournois de sports, des concerts, un défilé, un marché sur le port, des soirées barbecue... Dégainez vos vêtements les plus colorés et flashy pour vous fondre dans la masse !

LA RÉGION DU LAC MÝVATN

• Carte *p. 217*

Parmi les lieux les plus visités d'Islande, le grand lac Mývatn (37 km²) se creuse au cœur de paysages à la fois verdoyants et austères, doux et marqués par l'empreinte volcanique : pâturages contrastant avec des coulées de laves sculptées par l'érosion, cônes et solfatares, cratères petits et grands, marmites de boue qui bouillonnent... Une nature presque à l'état pur, où surgissent de toutes parts des petits chefs-d'œuvre.

À MÝVATN, ON EST TOUS BOULANGERS !

Les habitants de la région du lac Mývatn n'ont peut-être pas reçu les terres les plus fertiles en héritage, mais les plus chaudes, oui ! Ils y font même cuire leur pain... La pâte est placée dans un sac, lui-même enfermé dans une boîte métallique ou une brique de lait vide, qui est ensuite enterrée. Au bout de 12h à 24h, le hverabrauð *(pain de sources chaudes) est prêt !*

Au centre, le Mývatn est considéré comme le lieu de rassemblement de canards le plus important en Europe. Une quinzaine d'espèces y nichent en été, barbotant sur les eaux peu profondes (2,50 m en moyenne). Savez-vous ce qui les attire ? La promesse d'un bon repas – en l'occurrence les hordes vrombissantes de moucherons qui harcèlent hommes et bêtes sur les rives du lac à la belle saison (*Mý* signifie « mouche » et *vatn* « lac »). En hiver, le lac offre un autre visage. Au programme : balades à cheval, à skis, en motoneige et même en jeep sur sa surface gelée. C'est aussi l'époque des aurores boréales.

– Si vous venez d'Akureyri, n'hésitez pas à faire le plein d'essence et de provisions avant d'arriver au bord du lac, car sur place le choix est très limité et les prix sont élevés.

Arriver – Quitter

En bus

La compagnie *Stræto* (*• straeto.is •*) opère toute l'année. Les bus s'arrêtent à Reykjahlíð (devant l'office de tourisme) et à Skútustaðir (sur la rive sud, devant l'hôtel *Sel*). Les billets s'achètent en ligne ou à bord du bus.

➢ ***Akureyri*** *(env 1h15, ligne 56)* **:** tlj en été (4 départs/sem le reste de l'année : lun, mar, ven et dim) de Reykjahlíð à 14h30, de Skútustaðir à 14h45.

➢ ***Egilsstaðir*** *(env 2h, ligne 56)* **:** tlj en été (4 départs/sem le reste de l'année : lun, mar, ven et dim) à 9h (Skútustaðir) et 9h15 (Reykjahlíð).

LE NORD

➢ ***Húsavík :*** pas de bus direct, il faut changer à Laugar, avec longue correspondance. Peu pratique donc.

➢ Juin-août, la compagnie *SBA* propose des tours excursion à la journée au départ d'Akureyri. Voir ci-dessous « Comment circuler dans la région ? ».

En voiture

➢ ***Egilsstaðir :*** pensez à faire le plein avant de partir car il n'y a pas de station-service fiable à 100 % jusqu'à cette ville, à 165 km de Reykjahlíð (seulement une à au moins 100 km du lac).

Comment circuler dans la région ?

– Le plus pratique est évidemment d'avoir son propre véhicule. Si ce n'est pas votre cas, vous pourrez ***louer un vélo*** auprès du camping *Hlíð,* à la sortie nord de Reykjahlíð *(env 4 500 ISK/j.).*

– Sinon, juin-août, un ***bus excursion*** de la compagnie *SBA* part tous les matins d'Akureyri, s'arrête à Goðafoss, puis fait le tour du lac, via Skútustaðir, Dimmuborgir, Grjótagjá, Víti, Hverir, puis les bains naturels de Jarðböðin við Mývatn, avant de revenir à Akureyri. Durée : env 9h. Certes, ça ne permet pas de tout voir dans la région, et c'est nettement plus cher que le vélo *(env 17 500 ISK/pers),* mais ce peut être une solution pour certains.

Attention, ce bus ne circulait plus à cause de l'épidémie de Covid-19, se renseigner.

– Découvrir le Mývatn et ses sites ***à pied,*** en parcourant les sentiers qui les relient les uns aux autres, reste pour nous la meilleure façon de s'imprégner des lieux. L'office de tourisme distribue gratuitement une carte sommaire des chemins autour du lac et en vend des plus précises. Les principaux itinéraires existants permettent de relier Reykjahlíð à Leirhnjúkur au nord, par la *Krafla Route* (13 km aller, 3-5h de marche), et Reykjahlíð à Höfði au sud (environ 12,5 km, 3-5h), via Grjótagjá, le volcan Hverfell et Dimmuborgir.

– ***En traîneau à chiens :*** *• snowdogs.is • Env 30 000 ISK/pers pour 2h l'hiver, moitié prix l'été ; réduc enfants. Visite du chenil comprise ou seule (env 4 500 ISK).* Magique en hiver, mais également proposé en été avec des karts. Tout de même cher.

REYKJAHLÍÐ

Avec moins de 200 habitants, c'est le centre le plus important de la région du Mývatn. Le village, plusieurs fois rayé de la carte par de proches éruptions, possède tous les services utiles et est bien situé pour servir de base à la découverte du coin.

Adresses utiles

ℹ ***Visitor Center :*** *Hraunvegi 8.* ☎ *464-44-60. • visitmyvatn.is • À côté de la station-service* N1 *et du supermarché. En été, tlj 8h-18h ; horaires restreints hors saison.* Toutes sortes d'infos et cartes de la région. Expo sur la faune locale.

■ ***Station-service et supermarché Samkaup :*** *sur la route 1, dans le centre du village, contre l'office de tourisme. Supermarché : tlj 9h-22h ; 10h-18h en hiver.*

Où dormir ? Où manger ? Où boire un verre ?

Le lac Mývatn est l'un des sites les plus visités d'Islande. ***Si vous voyagez entre juin et août, réservez votre chambre bien à l'avance*** (ou arrivez tôt si vous campez). Corollaire de la grande fréquentation touristique, les

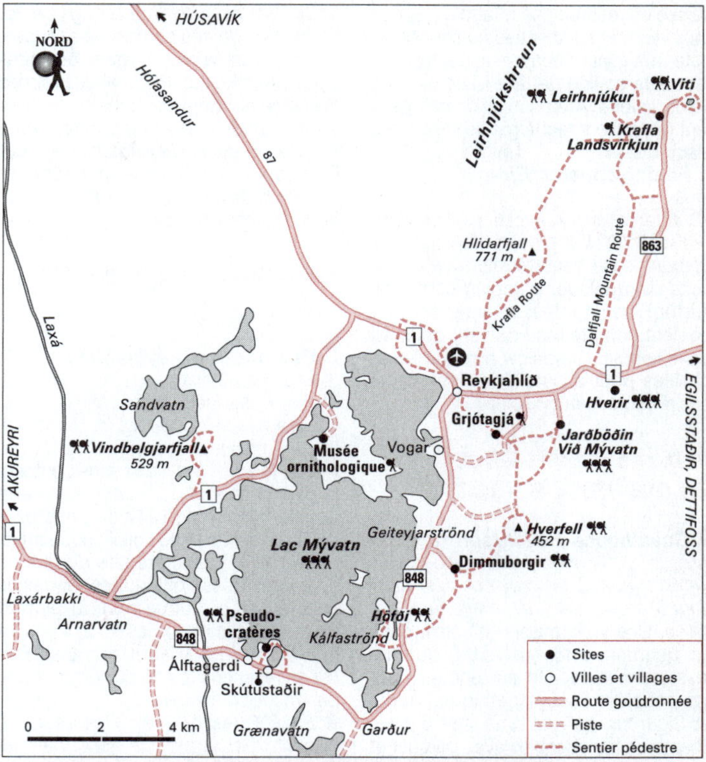

LA RÉGION DU LAC MÝVATN

prix sont franchement élevés. Côté nourriture, les spécialités du secteur sont l'agneau et le *smoked char* (de l'omble chevalier fumé, appelé aussi *trout*). Ce dernier se mange idéalement sur du *hverabrauð* (*hot springs bread* en anglais), un pain de seigle à la mélasse, cuit de longues heures à la chaleur des zones thermales, au léger goût de pain d'épice et de fumée.

Campings

Camping Hlíð : *à la sortie nord de Reykjahlíð (direction Akureyri). ☎ 464-41-03. 899-62-03. ● myvatnaccommodation.is ● Ouv tte l'année. Camping 2 000 ISK/pers, douche incluse. Petit dortoir (4 lits) bon marché, minibungalow pour 2 pers (9 m²) avec sac de couchage à prix moyens. Petit déj islandais et loc de draps en sus. Également des chambres doubles avec sdb et petit déj inclus en catégorie chic et des* summer houses *pour 4 pers.* En retrait du lac, entre collines et champs de lave, on plante sa tente sur des emplacements en terrasses. Un barnum abrite un coin cuisine plutôt basique. Les dortoirs sont dans une sorte de préfabriqué, à l'écart, avec juste 2 douches mais une grande cuisine assez bien équipée. Les chambres doubles, déjà plus modernes, se trouvent dans un bâtiment bas en bois situé juste derrière. Les microbungalows avec miniterrasse, où l'on dort avec son duvet (barbecue commun), font un peu caisse de résonnance quand il pleut ou qu'il vente et les toilettes ne sont pas à côté, mais leur situation est extra, pile face à la coulée de lave ! Location de vélos, laverie. Attention, si on campe, il faut payer pour recharger ses appareils électriques !

Ferðaþjónustan Bjarg : *à côté de la Guesthouse Reykjahlíð. ☎ 464-42-40. • ferdabjarg@simnet.is • Mai-sept. Prévoir 2 000 ISK/pers, douche chaude comprise.* Ce beau terrain face au lac accueille quelques camping-cars mais surtout des tentes, à amarrer solidement compte tenu du vent qui sévit dans le coin. Bungalow avec tables et chaises pour s'installer au sec, mais pas d'équipement cuisine.

Prix moyens (14 000-20 000 ISK / 93-133 €)

Guesthouse Helluhraun 13 : *Helluhraun 13. ☎ 464-41-32. 846-73-92. • helluhraun13.blogspot.com • Juin-août. Pas de petit déj, mais cuisine à dispo.* Une vraie maison d'hôtes, dans un quartier résidentiel situé derrière le supermarché. On est accueilli par un couple très sympathique, Ásdís et Sigurður, qui ont aménagé 3 jolies chambres impeccables avec parquet et partageant une salle de bains très bien tenue. Notre meilleur choix, surtout pour la grande gentillesse de l'accueil. On s'y sent en famille, presque comme à la maison.

Gamli Bærinn : *situé à 3 mn à pied du centre, au nord du village. ☎ 464-42-70. Ouv avr-sept, tlj 12h-21h. Plats env 2 700-4 000 ISK.* La salle est chaleureuse, avec ses photos noir et blanc sur les murs, son parquet et ses tables en bois dotées de banquettes – à moins de préférer la terrasse enfouie dans un jardin très coquet. Goûtez à la spécialité locale, le *smoked trout,* servi avec son *hot springs bread.* Sinon, rien de très compliqué : soupes, salades, sandwichs, burgers, quelques plats cuisinés, etc. Pas mal de groupes pressés au déjeuner, mais, le soir, bonne ambiance entre randonneurs fatigués et service sympathique. Pour l'anecdote : 4 familles se partageaient autrefois cette maison. Promiscuité, quand tu nous tiens !

Chic (20 000-30 000 ISK / 133-200 €)

Guesthouse Reykjahlíð : *sur la route principale, au bord du lac. 856-08-55. • reykjahlid@icehotels.is • Ouv juin-sept. Catégorie chic, petit déj inclus. Même prix avec ou sans vue. Réception 7h-19h.* C'est sans conteste la plus belle vue de Reykjahlíð : cette grosse bâtisse de 1947 se pose pile-poil face au lac et au soleil couchant (si on le voit !). Elle abrite une dizaine de chambres assez différentes, certaines spacieuses, d'autres non, la plupart avec vue. Demandez les nos 2, 11 ou 14 (mansardée) pour leur panorama. Évitez en revanche la no 5 qui lorgne sur le parking. Bon accueil.

Eldá Guesthouse : *Helluhraun 9, dans la rue derrière le supermarché. ☎ 464-42-20. • elda.is • Catégorie chic, petit déj inclus (seulement juin-août).* Une longue bâtisse blanche séparée en 4 parties accueillant chacune une cuisine, des sanitaires communs et 2 à 4 chambres, le tout de plain-pied. En face, même principe dans le bâtiment rouge avec des doubles ou *twin,* simplement équipées d'un lavabo et sans déco. Charme limité, mais l'ensemble est propre et bien tenu. Au milieu, sur l'herbe, quelques tables pour faire le lien. Loue aussi 1 appart (2 chambres) pour 5 personnes.

Où dormir ? Où manger autour du lac ?

Camping

Vogar Ferðaþjónusta : *à **Vogar,** en retrait de la route principale. ☎ 464-43-99. • vogartravelservice.com • Tte l'année. Camping 2 000 ISK/pers (+ 500 ISK pour 1 tente et 1 voiture ou 1 van), gratuit moins de 14 ans. Doubles en catégorie chic, petit déj en plus. Réduc de 15 % pour l'option sleeping* bag. *Également des familiales (4 lits).* Un camping aux pelouses pas vraiment planes, mais tranquille, en léger retrait de la route et du lac. Le secteur gravillonné, dédié aux camping-cars, est moins glamour. Plusieurs préfabriqués abritent aussi une trentaine de chambres (certaines vieillottes, d'autres tout à fait recommandables) avec sanitaires partagés ou privés. Bon plan : quand on réserve 1 lit, la chambre entière est réservée pour soi. Cuisine commune bien équipée et moderne, laverie. Peut aussi réserver des excursions. Bonne pizzeria à l'entrée, ***Daddi's.*** On peut s'installer dans la salle un peu tristoune, en terrasse ou emporter. *☎ 773-60-60. Tlj en été, 12h-22h ; pizzas env 1 800-5 000 ISK, servies en 3 tailles ; réduc pour les clients du camping voisin.*

Prix moyens (2 500-4 000 ISK / 17-27 €)

Kaffi Borgir : *sur le site du **Dimmuborgir.** ☎ 464-11-44. Juin-août, tlj 10h-20h ; horaires réduits le reste de l'année. Fermé janv-mars.* Soup and bread buffet *le midi env 2 000 ISK ; sandwichs env 1 500-2 400 ISK ; plats 3 300-4 000 ISK ; menu diner (de mi-mai à mi-sept à partir de 18h30) 3 500 ISK.* C'est une sorte de cafétéria améliorée, installée à l'orée du site de Dimmuborgir. De la salle entièrement vitrée et de la terrasse, on découvre une jolie vue sur le site et le lac au loin (ça, c'est quand il fait beau...). Au menu, rien de bien sorcier : sandwichs de toutes sortes, buffet de soupes, hamburgers, sans oublier l'agneau local, excellent. Un des rares endroits où s'abriter et se réchauffer. Pour le reste, c'est un peu surestimé. On vend sur place le fameux pain cuit par géothermie.

Chic (20 000-30 000 ISK / 133-200 €)

Skútustaðir Guesthouse : *à... **Skútustaðir,** minuscule village au sud du lac. ☎ 464-42-12. • skutustadir.is • Fermé Noël et vac de Pâques. Petit déj inclus.* Une *guesthouse* à taille humaine, à proximité de 2 grands hôtels. Une quinzaine de chambres au total, réparties dans plusieurs bâtiments, dont la maison des proprios. On a préféré celles de l'annexe la plus récente, avec salles de bains partagées et coin salon avec TV. Sinon, 5 chambres mansardées et plaisantes dans la maison des proprios, avec sanitaires partagés, et 5 installées un peu à l'écart, dans une annexe pas très séduisante, plus chères car équipées de salles de bains privées, impeccables.

Guesthouse Dimmuborgir : *Geiteyarströnd 1 ; au bord du lac, à mi-chemin entre Reykjahlíð et Skútustaðir. ☎ 464-42-10. • dimmuborgir.is • Min 2 nuits en saison. Fermé de mi-déc à mi-fév.* Là encore, le tourisme a vu se multiplier les options et les bâtiments un peu « posés » sur un parking gravillonné, juste en retrait du lac... Cela dit, ces cottages en bois ne sont pas mal du tout et les moins chers (pour 4 personnes maximum) disposent d'une salle de bains et d'une kitchenette. Les plus grands peuvent accueillir jusqu'à 6 personnes. Ils disposent d'une cuisine parfaitement équipée, d'un salon-salle à manger et d'une petite terrasse. L'hébergement le plus « luxueux » est la maison pour 7 personnes max (5 adultes et 2 enfants), tout équipée, avec jacuzzi en terrasse. Il y a également des chambres simples mais très bien tenues dans un préfabriqué habillé en chalet. Au petit déj, tout est fait maison : omble *(smoked char)* et agneau fumés, les gaufres, le pain... En prime, vue panoramique sur le lac. Les proprios proposent également des excursions en bateau vers la plus grosse île, qui leur appartient.

Vogafjós Farm Resort : *à **Vogar,** au bord du lac, à 3 km au sud de Reykjahlíð. ☎ 464-38-00. • vogafjosfarmresort.is • Tte l'année. Café-resto tlj en été 7h30-9h30 pour le petit déj, puis 10h-22h30 (cuisine 11h30-22h). Pas de résa possible au resto et l'attente peut durer en saison.* C'est une ferme laitière qui fait aussi café-restaurant. On s'installe dans une salle boisée, face à de grandes baies vitrées donnant sur l'étable où, matin et soir, les vaches sont traites (à 7h30 et environ 18h) ! Les enfants adorent... jusqu'au moment où on leur propose de goûter au petit-lait tout chaud ! Les parents n'ont plus qu'à montrer l'exemple (ou pas). La cuisine, bien dans la tradition, est à base des produits de la ferme : omble fumé, jarret d'agneau, délicieux fromages... Mais aussi soupes, salades, crêpes salées, tartes et gâteaux, gaufres, ou encore du *skyr* et du pain maison. Une cuisine goûteuse et d'une grande fraîcheur, mais franchement pas donnée. Les proprios proposent des chambres tout confort dans des bungalows en bois, tapis derrière les rochers de l'autre côté de la route (pas de TV). L'accueil est pro et souriant, le service attentif et l'intérieur épuré. Évidemment, il faut avoir les moyens... Le must : le (bon) petit déj nez à nez avec les vaches et pas besoin d'être client de l'hôtel pour en profiter. Certains auront l'impression d'être pris pour des bestiaux, mais les adresses ne courant pas la pampa, difficile de passer à côté.

Très chic (plus de 30 000 ISK / 200 €)

Fosshotel Mývatn : *sur la route 1, à 3 km au nord-ouest de Reykjahlíð. ☎ 453-00-00. • fosshotel.is • Resto accessible à ts, ouv le soir seulement 18h-22h. Plats 3 600-5 500 ISK.* Conçue par une architecte islandaise, cette longue bâtisse habillée de bois et qui surplombe le lac, abrite une centaine de chambres au design épuré, mais cossues et douillettes. En choisir une de préférence avec vue sur le lac, magnifique, sinon le resto et sa terrasse, ainsi que le spa (gratuit pour les résidents) bénéficient du même panorama. Loue aussi des vélos. Bon accueil.

Où manger une glace ?

Skútaís : *jouxte la Skútustaðir Guesthouse (même famille). Mai-sept, tlj 10h-21h.* Ce n'est pas que la température l'impose, mais la proprio a trouvé le filon qui fait des heureux... par tous les temps. De plus, la démarche se veut la plus éco-responsable possible : le lait vient de la ferme, la rhubarbe utilisée dans les sorbets pousse dans la région, les pots sont en matière végétale et les déchets triés, s'il vous plaît ! Bon, quelques entorses dans les parfums tout de même, histoire de plaire au plus grand nombre. De la petite salle, vue sur les pseudo-cratères.

AUTOUR DU LAC MÝVATN

Les grottes de Grjótagjá : *à pied, compter 40 mn la balade balisée qui part au croisement de la route 1 et de la route 848 et fait le tour du lac. De la station-service de Reykjahlíð, prendre d'abord la direction Dimmuborgir, puis celle d'Egilsstaðir sur la gauche. Le sentier démarre côté droit de la route. En voiture, accès à 2 km à l'est de Reykjahlíð par une route goudronnée, ou par Vogar (piste indiquée).* Ces grottes, créées par des coulées de lave, sont chacune remplies d'un bassin d'eau chaude (environ 43-46 °C)... Mais ***interdiction de se baigner,*** même si des petits malins ne peuvent pas y résister. Ne les imitez pas ! Grimpez plutôt sur les rochers juste au-dessus pour jeter un œil à la grosse faille. Les accros de *Game of Thrones* auront peut-être reconnu l'endroit, qui a servi de lieu de tournage à la série (la saison 3 précisément !).

Hverfell (Hverfjall) **:** *accès en voiture par une piste (2 km) partant à 1 km au sud de Vogar (4 km de Reykjahlíð) ; sinon env 20 mn à pied depuis Grjótagjá.* Ce volcan vieux de 2 500 ans, se dresse en retrait de la rive est du lac. D'une forme parfaite, nu comme un ver, il affiche un diamètre de 1 040 m pour 452 m de hauteur. On atteint son sommet en 10-15 mn de montée raide (des bâtons de marche peuvent être utiles !) et on en fait le tour en 1h-1h15. De là-haut, on a un peu l'impression de marcher sur une autre planète. Très belle vue, cheveux au vent, sur le lac Mývatn et les environs (notamment le cratère Lúdent au sud-est).

Dimmuborgir *(châteaux noirs)* **:** *à 2 km au sud-ouest du Hverfell à pied (8 km de Reykjahlíð) ; en voiture, accès par un embranchement depuis la route littorale.* 6 sentiers fléchés faciles (10 mn à 2-3h) s'insinuent au cœur d'un dédale de formations de lave parfois imposantes, aux formes plus ou moins évocatrices. Vraiment très beau. La coulée a environ 2 000 ans. La plus célèbre de ces formations est celle en forme d'église : *kirkja* en v.o. Allez-y tôt le matin ou le soir pour éviter la foule.

***Höfði* :** *au sud de Dimmuborgir.* Des blocs de lave, semblables à ceux de Dimmuborgir, émergent ici des eaux translucides du lac Mývatn comme autant de petits châteaux en ruine. Du parking, plusieurs sentiers plus ou moins bien balisés explorent la péninsule à travers de jolis sous-bois, jusqu'aux berges où l'on passe volontiers un moment à observer les oiseaux (jumelles conseillées) et écouter les bruits de la nature. Joli point de vue depuis le promontoire dominant le site. Quand le soleil brille et que l'eau joue la transparence, c'est simplement sublime.

Pseudo-cratères *(Skútustaðagígar)* **:** *au sud du lac, à* ***Skútustaðir.*** 2 chemins (15 mn et 1h) partent à droite de l'hôtel *Gígur* et permettent de se balader sur ces étranges cratères herbeux, au doux relief, qui s'avancent sur le lac. Ils auraient été formés il y a 2 300 ans par des explosions de vapeur, survenues lorsque la lave de surface s'avança sur les terres humides. Des nuées de moucherons vous tiendront compagnie.

***Vindbelgjarfjall* :** *sur la rive ouest du lac, par la route 1 après la ferme Vagnbrekka.* Ce volcan, un peu plus élevé que le Hverfell (529 m), offre de son sommet une vue grandiose sur le lac Mývatn par beau temps (compter une petite heure d'ascension et 20 mn pour rejoindre le sentier depuis le parking). Certaines portions sont assez pentues, mais le chemin en lacet permet de grimper relativement facilement.

Fuglasafn Sigurgeirs *(Musée ornithologique de Sigurgeir)* **:** *sur la rive nord-ouest du lac, à* ***Ytri-Neslönd.*** *☎ 464-44-77. • fuglasafn.is • Juin-août, tlj 9h-18h ; sept-oct, tlj 12h-17h ; le reste de l'année, tlj 14h-16h. Entrée : 1 500 ISK ; réduc ; gratuit moins de 6 ans.* Sigurgeir, c'est le prénom d'un homme né sur les rives du Mývatn et mort accidentellement à 37 ans. Passionné d'ornithologie, il collectionna les oiseaux empaillés et leurs œufs dès son plus jeune âge. Sa famille et ses amis ont décidé de créer à sa mémoire ce joli musée dont il rêvait, installé dans une petite maison contemporaine en bois au toit couvert d'herbe. Quelque 250 spécimens y sont présentés, appartenant à 180 espèces, toutes avec leur nom en plusieurs langues (dont le français) et la période à laquelle on peut les observer en Islande. Pas bien grand mais très bien présenté, ça change des musées un peu poussiéreux. Loue aussi des cabanes d'observation pour photographes passionnés *(de mi-mai à mi-juil seulement).*

➢ ***Balade à cheval* :** ***Safaríhestar*** *(400 m à l'ouest de l'hôtel Sel à Skútustaðir ; ☎ 464-42-03 ; • safarihorserental.com •). Ouv fév-oct. Pas de résa nécessaire.* Propose des balades de 1h à 2h (ou plus si affinités) presque toute l'année.

DANS LES ENVIRONS DU LAC MÝVATN

Jarðböðin við Mývatn *(bains naturels)* **:** *de Reykjahlíð, prendre la route 1 vers l'est sur 3 km, puis à droite (c'est indiqué). ☎ 464-44-11.*

• myvatnnaturebaths.is • De mi-juin à fin août, tlj 12h-22h ; le reste de l'année, tlj 16h (12h le w-e)-21h. Dernière admission 30 mn avt. Horaires modifiés à Noël, fermé le 1er janv. Entrée : env 5 700 ISK ; réduc ; gratuit moins de 13 ans. Loc de serviettes et maillots 850 ISK chacun. Ces bains aménagés autour de sources chaudes sont plus agréables que le Blue Lagoon car moins chers et moins fréquentés. On ne saurait trop vous les conseiller ! Quel plaisir de se plonger dans une eau turquoise laiteuse à 35-40 °C, face à ce paysage désolé. On aime aussi sortir grelotant de l'eau pour aller rôtir dans le sauna... et recommencer ! Le soir, quand le soleil décline, c'est carrément magique, même si l'odeur d'œuf pourri chatouille un peu les narines. Bon à savoir : par mauvais temps et si la température des bains est inférieure à 35 °C, l'établissement offre souvent des réductions de 1 000 ISK/pers. Notez que le bassin de droite (celui avec vue) est en principe légèrement moins chaud. Attention, pensez à apporter votre serviette (et évidemment votre maillot), sinon le budget explose carrément.

IOI 🍸 ***Cafétéria*** sur place. Sandwichs, salades, soupes et gâteaux.

🏔🏔🏔 ***Hverir*** *(aussi appelé Hveraröndǒu Námafjall)* **:** *à 6 km à l'est de Reykjahlíð, au bord de la route 1. GRATUIT.* ***Attention, restez sur les sentiers balisés,*** *la température des solfatares avoisine les 80-100 °C.*

Au pied du Námafjall, une montagne jaunâtre couverte de dépôts de soufre (jadis exploité pour fabriquer de la poudre à canon), ce site géothermique regroupe un fort bel ensemble de solfatares et de mares de boue en ébullition. Les portes de l'Enfer ne sont pas loin ! Ça fume, ça siffle, ça bouillonne et (reconnaissons-le) ça pue... La faute à l'hydrogène sulfuré ! Un conseil : décrottez-vous bien les pieds avant de remonter en voiture. Venez de préférence à l'aube ou le soir pour éviter les foules et profiter des plus belles lumières.

Il est également possible de faire la boucle qui monte à l'assaut du Námafjall, mais la pente de gravillons est très raide vers le bas et peut être glissante par temps sec. Prudence, donc. Du proche col de Námaskarð, la *Dalfjall Mountain Route* permet de rejoindre Leirhnjúkur (voir ci-dessous) en 9 km (3h30-4h30).

🏔 ***Krafla Landsvirkjun*** *(centrale géothermique de Krafla)* **:** *continuer env 200 m sur la route 1, puis prendre à gauche la 863.* Vous ne risquez pas de la louper, elle occupe les 2 côtés de la route qui mène à *Leirhnjúkur* et au *cratère Víti* avec ses tuyaux énormes qui partent dans tous les sens et ses gros panaches de fumée s'échappant des cheminées. Odorats sensibles, remontez vos vitres ! À l'intérieur, on trouve un petit centre d'information *(de juin à mi-sept, tlj 10h-17h)* avec une expo gratuite où est diffusé un court film en anglais sur la géothermie islandaise, les éruptions du Krafla et, bien sûr, l'usine elle-même.

🏔🏔 ***Leirhnjúkur :*** *env 500 m après l'usine géothermique, à gauche. Ce site est accessible par la Dalfjall Mountain Route depuis les abords de Hverir (9 km). Celui par la Krafla Route, un sentier de 13 km aller (3-5h) partant derrière la piscine municipale de Reykjahlíð, n'est pas balisé (un autre part du camping Hlið).* Du parking, un sentier balisé s'insinue au cœur de l'une des coulées de lave solidifiées du Krafla, datant de l'éruption de 1984. Un vrai paysage lunaire. On rejoint d'abord quelques solfatares, avant de déambuler directement sur le basalte refroidi. Ici et là, quelques fumerolles dressent leurs volutes. Le rouge, le jaune, le noir, le blanc, toutes les couleurs de la terre se mélangent.

🏔🏔 ***Le cratère Víti :*** *peu après le parking de Leirhnjúkur, au bout de la route (à 7 km de la route 1).* Son nom signifie « enfer » ! Le cratère, d'un diamètre de 300 m, a été formé par une grande éruption survenue au tout début des fameux *Mývatn Fires,* en 1724. Aujourd'hui, il abrite un superbe lac aux eaux d'un vert jade laiteux. De là-haut, points de vue sur le lac, sur le réseau de tuyaux géants de l'usine géothermique située en contrebas et sur le volcan Krafla dressé en toile de fond. Vieux d'au moins 200 000 ans, ce dernier, qui a donné son nom à toute cette zone d'activité volcanique, se réveille en moyenne tous les 2 à 7 siècles. La dernière fois, entre 1975 et 1984, il a épandu sa lave sur 35 km² et 11 km de long au gré de 9 éruptions !

La grotte de glace Lofthellir : incroyable Islande ! Dans cette grotte, les stalactites et stalagmites sont... en glace ! On atteint le site en 1h de minibus 4x4 et 20 mn de marche à travers le chaos rocheux. Pour y entrer, il faut passer par une ouverture étroite ; ensuite, des cordes aident à se mouvoir d'une salle à l'autre. Attention à la glissade !
– L'excursion (durée 5h) est proposée par ***Saga Travel*** : ☎ *558-88-88. • saga travel.is • Départ tlj à 9h, tte l'année. Env 14 000-30 000 ISK selon durée (5-9h) ; réduc enfant 8-12 ans.* Et aussi **Geo Travel** : ☎ *464-44-42. • geotravel.is • Départ tlj à 10h30 mai-oct ; 3 fois/sem janv-mars. Env 26 000 ISK/pers (durée 4-5h).* Une petite agence fondée par des rangers originaires de la région.

GOÐAFOSS

À mi-chemin du lac Mývatn et d'Akureyri, le long de la route 1, la « chute des Dieux » entrave la rivière Skálfandafljót de son puissant panache. L'histoire raconte qu'en l'an 1000 les chefs de clans réunis à l'*Alþing* (le Parlement) décidèrent de renoncer au culte de leurs dieux et de se convertir à la religion chrétienne. De retour sur ses terres, l'un d'eux aurait alors jeté les effigies des dieux *(goð)* nordiques, devenus païens, dans cette cascade *(foss)...* Haute de 12 m, elle est jolie sans être franchement spectaculaire. Venez tôt, ou tard, pour éviter la foule (tous les groupes s'y arrêtent).
– Près du site, station-service avec café, resto et de quoi se ravitailler. Le *Goðafoss Hotel (• godafoss.is •)* est planté à côté, mais il est assez cher, sans charme particulier, et on ne voit pas bien l'intérêt de dormir ici. On peut planter sa tente dans le jardin *(compter env 1 500 ISK/pers).* Resto sur place. Il y a sinon un camping près de Laugar *(15 km à l'est ; • camping.lifsmotun.is •).*

Arriver – Quitter

➢ ***En bus :*** le bus de *Strætó* (ligne nº 56), circulant tlj sauf le sam, passe à 15h15 en provenance d'Egilsstaðir (en allant vers l'ouest donc) et à 8h30 en provenance d'Akureyri. Enfin, le bus *Strætó* Akureyri-Húsavík (ligne nº 79) dessert les chutes 3 fois/j. en sem ; 2 le dim, aucun le sam. Sinon, le ***bus excursions*** de la *SBA* s'arrêtent à Goðafoss (juin-août). ***Attention, ce bus ne circulait plus à cause de l'épidémie de Covid-19, se renseigner.***

AKUREYRI

18 000 hab.

• Plan *p. 225*

Tranquille, provinciale, la plus grande ville du nord s'étage à flanc de colline sur la partie ouest du grand Eyjafjörður (long de 60 km), sur fond de

LE NORD

montagnes enneigées, dans un cadre vivifiant. Vous n'y passerez pas toutes vos vacances, c'est sûr, mais un petit retour à la civilisation, après 1 ou 2 semaines de crapahutage dans l'est ou l'ouest du pays, est le bienvenu.

TOUT FEU TOUT FLAMME

Dans la rue, le feu est au vert ? Attendez un instant qu'il mûrisse. Bingo ! Ce n'est pas un banal feu rouge qui s'allume, mais un cœur ! Ils sont apparus au plus fort de la crise économique de 2008, pour rendre le sourire aux habitants moroses...

Arriver – Quitter

En bus

■ ***SBA :*** *départs devant l'office de tourisme (plan B1).* ☎ *550-07-00.* ● *sba.is* ● Achat des billets en ligne ou dans le bus.

■ ***Strætó :*** *départs devant l'office de tourisme (plan B1).* ☎ *540-27-00.* ● *straeto.is* ● *Billet en vente à la station-service Olís (Tryggvabraut 1) et à l'office de tourisme ou directement à bord (en espèces ou par carte).*

➢ ***Reykjavík :*** en été, 2 options pour rejoindre la capitale.
– La 1re avec *SBA* (ligne 610) : de mi-juin à début sept, par l'intérieur du pays (route F35) via ***Varmahlíð, Hveravellir*** (45 mn d'arrêt), ***Kerlingarfjöll*** (15 mn), ***Gullfoss*** (30 mn) et ***Geysir*** (30 mn) ; 1 jour sur 2, en alternance sud-nord ou nord-sud. Départ à 8h.
– La 2e avec *Strætó* (ligne 57), qui circule tte l'année sur la route 1, avec 1-2 bus/j., via ***Varmahlíð, Sauðárkrókur, Blönduós*** et ***Borgarnes.*** Compter respectivement 10h30 de trajet avec *SBA* et 6h30 avec *Strætó*.

➢ ***Egilsstaðir (via lac Mývatn) :*** d'Akureyri, tlj en été (4 départs/sem le reste de l'année) à 8h avec *Strætó* (ligne 56). Trajet : env 1h15 pour Reykjahlíð, 3h15 pour Egilsstaðir.

➢ ***Húsavík :*** *Strætó* (ligne 79) assure 3 trajets/j. lun-ven tte l'année, aucun le sam, 2 le dim.

➢ ***Siglufjörður via Dalvík :*** 3 bus/j. tte l'année, lun-ven avec *Strætó* (ligne 78), pas de bus le sam et 1 bus le dim. Trajet : 40 mn pour Dalvík et 1h20 jusqu'à Siglufjörður.

➢ ***Goðafoss, Mývatn, Dettifoss, Ásbyrgi, Húsavík :*** de mi-juin à fin août, 1 bus excursion/j. avec *SBA* fait une boucle au départ d'Akureyri. Compter env 23 000 ISK/pers. ***Attention, ce bus ne circulait plus à cause de l'épidémie de Covid-19, se renseigner.***

En avion

✈ L'***aéroport*** se trouve à environ 3 km au sud du centre, par la route principale *(hors plan par B2).* La piste est construite au beau milieu du fjord ! ☎ *424-40-00.* ● *isavia.is* ● Sur place : distributeur de billets et loueurs de voitures (attention, certains n'ouvrent que sur résa).

➢ Plusieurs vols/j. de et vers l'aéroport domestique de ***Reykjavík,*** tte l'année avec *Air Iceland Connect* *(☎ 570-30-00 ; ● airicelandconnect.is ●).*

➢ ***Grímsey :*** liaison assurée par *Norlandair* *(☎ 414-69-60 ; ● norlandair.is ●),* env 4 vols/sem dans les 2 sens. La compagnie dessert aussi Þórshöfn et Vopnafjörður, sans oublier... la côte est groenlandaise, à Nerlerit Inaat !
Également des liaisons avec *Air Iceland,* à raison de 3-5 vols/sem. Compter 30 mn de vol.

➢ ***Pour rejoindre le centre d'Akureyri :*** en taxi *(env 2 000 ISK)* ou à pied pour les plus courageux, le long d'une voie piétonne (3,5 km) !

En voiture

Pour rejoindre Goðafoss, Húsavík et Mývatn à l'est, 2 options : le tunnel payant ou la route côtière gratuite. Le tunnel n'est justifié qu'en cas de fermeture du col en hiver ; on n'a alors pas le choix. Sinon, on conseille vraiment l'ancienne route 1, aux paysages somptueux qui, de plus, ne rallonge

AKUREYRI

Adresses utiles

- @ Office de tourisme (B1)
- 1 Landsbankinn (A-B1)
- 2 Íslandsbanki (B1)
- 3 Librairie Penninn Eymundsson et pharmacie (B1)
- 4 Arrêt des taxis (B1)
- 5 Bus urbains (B1)
- 6 Supermarché Krambúð (A2)
- 7 Supermarchés Nettó et Bónus (hors plan par A1)
- 8 Nonni Travel (A1)
- 20 Laverie (Akureyi Backpackers ; B1)

Où dormir ?

- 20 Akureyri Backpackers (B1)
- 21 Hafnarstræti Hostel (B1)
- 22 Stórholt Hostelling (hors plan par A1)
- 23 Guesthouse Sólgardar (A1)
- 24 Guesthouse Gula Villan (A1)
- 25 Súlur (A2)
- 26 Torg Guesthouse (A-B1)
- 27 Hrafninn Guesthouse (A1)
- 28 Hótel Edda (A2)
- 29 Hótel Akureyri (B2)

Où manger ? Où prendre un petit déj ou un goûter ?

- 20 Akureyri Backpackers (B1)
- 40 Boulangerie Kristjans (B1)
- 41 Kaffi Ilmur (A-B1)
- 42 Bláa Kannan (B1)
- 43 Bryggjan (B1)
- 44 Greifinn (hors plan par A1)
- 45 Strikið (B1)
- 46 Noá (hors plan par B2)
- 47 Rub 23 (B1)
- 48 Bautinn (B1)

Où boire un verre en journée ou en soirée ? Où sortir ?

- 20 Akureyri Backpackers (B1)
- 42 Bláa Kannan (B1)
- 50 Cafe Laut (A2)
- 51 Götubarinn (B1)
- 52 Græni Hatturinn (B1)

À faire

- 60 Piscine (A2)

le trajet que de 15 mn. Un rond-point avant le tunnel permet de bifurquer vers cet itinéraire bis (à gauche en venant d'Akureyri, direction Grenivík). Attention aux cartes non mises à jour : l'ex-route 1 forme une boucle, aujourd'hui dénommée 83 vers Grenivík, puis 84 dans la portion qui redescend vers Goðafoss.
Si jamais vous empruntez le tunnel, sachez que la traversée se paie uniquement en ligne avec enregistrement de la plaque d'immatriculation *(• mitt.veggjald.is •)* et dans les 3h qui précèdent ou suivent le passage *(compter 1 500 ISK).* Au-delà, prévoir un surcoût. *En cas de besoin, bureau à Akureyri : Hafnarstræti 91. ☎ 464-17-90.*

Adresses et infos utiles

Infos touristiques

ℹ @ ***Office de tourisme*** *(plan B1)* **:** *dans le Hof (Maison de la culture), à l'angle de Glerárgata et Strandgata. ☎ 450-10-50. • visitakureyri.is • northiceland.is • Juin-oct, lun-ven 8h-16h, fermé le w-e. Ouvre à 8h15 le reste de l'année.* Brochure – avec plan de la ville – gratuite et doc abondante sur le reste du pays. Excellentes infos, bon accueil. On y achète les tickets de bus *Strætó* et les billets pour l'île de Grímsey. Sur place, un ordinateur permet de communiquer directement avec un agent de *Safetravel,* le site dédié à la conduite et l'état des pistes.

Change et distributeurs

■ ***Landsbankinn*** *(plan A-B1,* ***1****)* **:** *Strandgata 1. Lun-ven 9h-16h.*
■ ***Íslandsbanki*** *(plan B1,* ***2****)* **:** *Skipagata 14. Lun-ven 9h-16h (distributeurs tlj 9h-18h).*

Santé

■ ***Pharmacie*** *(plan B1,* ***3****)* **:** ***Apótekarinn,*** *Hafnarstræti 95. ☎ 460-34-52. Lun-ven 9h-17h30.*
✚ ***Hôpital*** *(plan A2)* **:** *Eyrarlandsvegur. ☎ 463-01-00.*

Transports

■ ***Arrêt des taxis*** *(plan B1,* ***4****)* **:** *☎ 461-10-10.* Station-service au même endroit.
■ ***Location de voitures :*** ***Hertz*** *à l'aéroport (☎ 522-44-40).* ***Avis*** *à l'aéroport et dans le centre-ville : Hvannavellir 14 (☎ 591-40-23).* ***Europcar,*** *à l'aéroport, au port et dans le centre : Tryggvabraut 12 (☎ 461-60-00).* ***Dollar Thrifty,*** *Tryggvabraut 5 et à l'aéroport (☎ 515-71-10).*
🚌 ***Bus urbains :*** le service des bus en ville est gratuit ! Il est assuré de 6h30 à env 22h30 en sem, et de 12h15 à 19h le w-e. Ils partent à l'angle de Hofsbót et Strandgata (horaires et itinéraires affichés ; *plan B1,* **5**). Les lignes 5 et 6 permettent de se rendre aux musées *Minjasafn á Akureyri* et *Nonnahús.*
🅿 ***Parking*** dans le centre, ***gratuit mais limité*** (être vigilant sur l'endroit, indiqué 15 mn, 1h ou 2h max). Se procurer la fiche (gratuite aussi) à l'office de tourisme, dans les banques, les hôtels et les stations-service, ou, au pire, écrire absolument sur un papier votre heure d'arrivée (cela vous évitera de grossir bêtement les rangs des nombreux touristes qui se sont fait verbaliser !). En cas d'amende, on paie dans les banques.

Divers

■ ***Supermarchés :*** ***Krambúð*** *(plan A2,* ***6****), juste derrière l'aire de camping, tlj 8h (9h le w-e)-23h30.* ***Nettó*** *(hors plan par A1,* ***7****), dans le centre commercial Glerártorg, sur Glerárgata (route 1), à 10-15 mn à pied au nord du centre (tlj 10h-19h). Et enfin, un* ***Bónus*** *(hors plan par A1,* ***7****), un peu plus loin sur la route 1, passé l'AJ. Quasi les mêmes horaires.*
■ ***Librairie Penninn Eymundson*** *(plan B1,* ***3****)* **:** *Hafnarstræti 91-93. ☎ 540-21-80. Tlj 9h (10h le w-e)-21h.* Même style que celle de Reykjavík : vaste choix de livres, romans, livres de cuisine, magazines en anglais, guides, *road atlas* et cartes, plus quelques

tables pour prendre un café ou un sandwich et pianoter sur son ordi. Jumelé avec un magasin de souvenirs.

■ ***Nonni Travel*** *(plan A1, **8**) : Brekkugata 5. ☎ 461-18-41. • nonnitravel.is • Lun-ven 9h-17h.* Une agence sérieuse qui propose tout type de tours, activités et excursions, non seulement dans les environs d'Akureyri mais aussi partout en Islande, aux îles Féroé et même au Groenland.

■ ***Laverie :*** *au **Akureyri Backpackers** (plan B1, **20**), Hafnarstræti 98. Compter env 2 000 ISK pour lavage et séchage.*

Où dormir ?

De bon marché à prix moyens (4 000-20 000 ISK / 27-133 €)

Akureyri Backpackers *(plan B1, **20**) : Hafnarstræti 98. ☎ 571-90-50. • akureyribackpackers.com • Tte l'année. Bon marché pour un lit en dortoir ; loc de sac de couchage 1 100 ISK pour l'ensemble du séjour ; double à prix moyens (draps et serviettes inclus). Petit déj en sus (réduc de 10 % si résa la veille).* Idéalement située en centre-ville, cette AJ, moderne dans les services, possède un certain cachet. Les dortoirs (dont un réservé aux femmes) disposent de casier et lumière individuels, et d'une vue sur le fjord pour certains. Salles de bains en nombre suffisant. Quant aux chambres privées, au dernier étage, elles sont assez spacieuses, toutes blanches et lumineuses, avec de beaux parquets ; elles partagent 2 salles de bains. L'ensemble est propre et bien tenu. Lave-linge, sèche-linge et sauna (gratuit pour les résidents). Au rez-de-chaussée, un super bar-resto où l'on peut descendre quelques bières et manger à bon prix. Voir plus loin la rubrique « Où manger ? ».

Hafnarstræti Hostel *(plan B1, **21**) : Hafnarstræti 99-101. ☎ 554-88-55. 📱 774-88-55. • hhostel.is • Catégorie bon marché pour une capsule 1 pers et fourchette basse de la catégorie prix moyens pour une double ; draps, serviettes et petit déj-buffet inclus.* L'extérieur n'a rien de bien moderne, mais cette auberge cache bien son jeu. Si les parties communes s'avèrent classiques, les chambres ont carrément des airs futuristes avec des lits-capsules alignés comme dans une station en orbite. Miroir, néons, dont on choisit la teinte, écouteurs, TV, ventilo, tout est intégré dans la couchette qui se ferme entièrement (mieux vaut ne pas être claustro), mais que l'on peut aussi laisser ouverte (sans risquer la dépressurisation). Salles de bains communes modernes et propres. Cuisine à dispo et laverie. Tout le monde se retrouve au salon avec billard, piano et jeux de société, dans l'agréable salle à manger ou sur la terrasse. Un concept original.

Stórholt Hostelling *(hors plan par A1, **22**) : Stórholt 1. 📱 894-42-99. • akureyrihostel.com • ♿ À la sortie nord de la ville, en direction de Reykjavík, près du supermarché* Bónus *(20 mn à pied du centre ou 5 mn en bus). Auberge en self-service (on vous envoie le code). Fermé en déc. Catégorie bon marché pour un lit en dortoir et fourchette basse de la catégorie prix moyens pour une double ; petit déj en sus. Bungalows sans douche (mai-sept seulement) pour 2 pers et bungalow tt confort pour 6 pers (tte l'année) avec cuisine,* hot tub *et barbecue ; prix moyens.* Si les 2 auberges précédentes affichent complet, vous pouvez vous rabattre sur celle-ci. Mais vous serez à 20 mn à pied du centre-ville. Installée dans une grande maison entourée d'arbres, fort bien équipée : cuisine à chaque niveau, terrasse, machine à laver et séchoir. Les dortoirs sont basiques, avec lits superposés et les chambres privées d'un confort standard. Dans le jardin, 2 bungalows tout confort peuvent accueillir 6 personnes chacun et un autre, plus petit, est prévu pour 2, avec juste w-c et lavabo (on se lave à l'AJ). Grand supermarché discount juste à côté, là encore on économise. L'ensemble manque de charme et l'environnement n'est pas franchement folichon, mais les prix sont moins élevés que dans le centre.

Prix moyens (14 000-20 000 ISK / 93-133 €)

🏠 ***Guesthouse Sólgardar*** *(plan A1,* ***23****) : Brekkugata 6. ☎ 461-11-33. • solgardar@simnet.is • Tte l'année. Fourchette basse de la catégorie.* En plein centre, dans une rue calme, cette petite maison du siècle passé, dotée d'un minijardin fleuri, abrite juste 3 chambres doubles, au mobilier simple, équipées d'un frigo et d'une bouilloire. Cuisine et salle de bains communes. Un bon rapport qualité-prix. Les proprios vivent à l'étage du dessus mais restent discrets.

🏠 ***Guesthouse Gula Villan*** *(plan A1,* ***24****) : Brekkugata 8. 📱 896-84-64. • gulavillan.is • Tte l'année. Téléphoner, les proprios n'habitent pas sur place. Sinon, un interphone permet de les joindre.* Cette « maison jaune », datant de 1928, abrite des chambres toutes simples mais accueillantes. Une seule possède une salle de bains privée et 2 sont en rez-de-jardin, donc un peu moins lumineuses, mais très bien quand même. Cuisine complète, salle à manger. L'ensemble est impeccable et la situation parfaite. Les proprios possèdent aussi la *guesthouse Súlur.*

🏠 ***Súlur*** *(plan A2,* ***25****) : Þórunnarstræti 93. 📱 863-14-00. • sulurguesthouse.is • Tte l'année. Également une familiale. Pas de réception, accès par digicode.* Sur les hauteurs, à proximité du jardin botanique et à quelques brasses de la piscine, cette *guesthouse* posée à un carrefour (calme le soir) est plus fonctionnelle que charmante. Parquet, déco épurée dans les tons gris, noir et blanc, tout est nickel. Les chambres pour sac de couchage se trouvent en rez-de-jardin et se partagent une salle de bains. Pratique, une cuisine bien équipée se situe à chaque étage. *Annexe sur Klettastigur 6 (plan A1), ouv de début juin à mi-août (chambres sans sdb, cuisine à dispo).*

De prix moyens à chic (14 000-30 000 ISK / 93-200 €)

🏠 ***Torg Guesthouse*** *(plan A-B1,* ***26****) : Brekkugata 1b. ☎ 571-72-01. • torgguesthouse.is • Tte l'année. Doubles avec sdb à prix moyens, apparts 1-2 chambres en catégorie chic. Pas de réception, hébergement en self-check.* Installée dans une ancienne banque, en plein centre, cette *guesthouse* bénéficie d'une situation parfaite, sur la place principale. Au 1er étage, 5 chambres doubles avec salle de bains, aux tonalités contemporaines : bois clair, design noir et blanc... Toutes disposent en outre d'excellents lits, d'une TV et d'une bouilloire. Celles sur l'arrière sont plus calmes le week-end. Dans les étages, 3 apparts pour 2 à 4 personnes, du même tonneau, avec en plus cuisine, canapé-lit de qualité et un supplément de charme pour le mansardé (aussi le plus cher). Une *guesthouse* à l'excellent rapport qualité-prix. Les proprios louent également des appartements dans d'autres très belles maisons historiques de la ville. Beaucoup de caractère, parfois très contemporain, tous spacieux, souvent composés de 2 chambres. *Compter autour de 35 000-42 000 ISK.*

🏠 ***Hrafninn Guesthouse*** *(plan A1,* ***27****) : Brekkugata 4. ☎ 462-23-00. • hrafninn.is • Catégorie chic.* Voilà une *guesthouse* cossue, offrant des chambres très confortables et bien arrangées, à la déco élégante et à la bonne literie (de vrais lits de ministre !). Celles à l'étage sont plus larges. On apprécie les efforts de déco : tableaux, fauteuils capitonnés. Kitchenette à disposition (thé et café gratuits).

🏠 ***Hótel Edda*** *(plan A2,* ***28****) : Hrafnagilsstræti V. ☎ 444-40-00. • icelandairhotels.com • Ouv de mi-juin à mi-août. Doubles avec sdb partagée à prix moyens et doubles avec sdb privée à prix chic.* Cette cité universitaire se transforme en hôtel l'été. Elle se partage en 2 ailes : la plus ancienne abrite les chambres les plus économiques, avec lavabo mais salles de bains communes. Dans l'ancienne aile toujours, d'autres chambres avec salle de bains privée sont bien plus fraîches, voire étonnamment jolies, avec leurs coussins et petite déco colorée et cosy. On vous les conseille vivement. Dans le bâtiment le plus récent *(Edda Plus),* les chambres offrent un standing plus élevé, elles sont impeccables et

LE NORD

spacieuses, avec salle de bains et TV, mais finalement un peu froides. Bémol : l'hôtel abritant plus de 200 chambres, à l'heure de pointe au petit déj (en sus), c'est vraiment l'usine ! Propose aussi un buffet le soir.

Hótel Akureyri (plan B2, **29**) : *Hafnarstræti 67. ☎ 462-56-00. • hotelakureyri.com • Fourchette haute de la catégorie chic, petit déj en sus.* Un peu à l'écart du centre, au début d'un quartier résidentiel, l'hôtel occupe une ancienne imprimerie, thème retenu pour la déco des chambres tout confort et chaleureuses, même si elles ne sont pas bien grandes. Les plus belles donnent sur le fjord. Les cinéphiles choisiront l'annexe, juste à côté, aménagée dans le 1er cinéma de l'île (1924), devenu une salle de bal dans les années 1960. L'entrée donne le ton avec l'écran qui diffuse en boucle des films en noir et blanc. 2 types de chambres : *shoe box* (littéralement « boîte à chaussures », ce qui donne une idée de la taille !) et microsuite avec large fauteuil en cuir, tourne-disque et guitare. Également des chambres dans plusieurs maisons sur Hafnarstræti et les alentours, ainsi que des appartements pour petits groupes (infos et *check-in* à l'hôtel). Accueil enthousiaste.

Où dormir ? Où manger dans les environs proches ?

Camping Hamrar : *à 4 km au sud de la ville. ☎ 461-22-64. • hamrar.is • Tte l'année. Passé l'aéroport, prendre à droite à l'entrée de la forêt de Kjarnaskógur ; c'est 2 km plus loin, au pied des montagnes (fléché). Env 1 700 ISK/pers ; gratuit moins de 18 ans.* Si vous êtes en voiture, on vous conseille ce camping plutôt que celui du centre-ville : très étendu et en pleine nature, il jouit en effet d'un cadre champêtre des plus séduisant. Douches (gratuites), lave-linge et sèche-linge, cuisine et salle commune agréables. Comme on dit, y a pas photo !

Skjaldarvík Guesthouse : *route 816, à env 7 km au nord d'Akureyri. ☎ 552-52-00. • skjaldarvik.is • Fermé déc-janv. Catégorie chic, petit déj inclus. Au resto (mai-sept, tlj le soir seulement), plats 3 000-5 000 ISK.* Sorte de grosse pension, posée en retrait du fjord, dans une belle campagne où galopent des chevaux. On y trouve une trentaine de chambres avec lavabo (dont des familiales), simples mais joliment arrangées par Dísa, la maîtresse de maison. On apprécie le bel effort de déco, on adore le salon hyper lumineux avec jeux de société et vue sur le lac. Dans les chambres, avec vue mer ou campagne, les lits sont confortables, et l'ensemble est très soigné. On regrette juste les murs un peu fins et le nombre relativement réduit de salles de bains. Très bonne affaire : les simples ont un lit large que l'on peut occuper à 2 pour le prix d'une *single* à condition de payer le 2e petit déj en supplément ! En rab : accueil exceptionnel, *hot tub* en béton (pas très beau mais large), petit jardin où se balancent des hamacs, et resto de qualité. On y cuisine surtout les produits locaux de saison, d'où une carte réduite. Loue des vélos et organise des balades à cheval (voir « À faire »).

LE NORD

Où manger ? Où prendre un petit déj ou un goûter ?

De bon marché à prix moyens (max 4 000 ISK / 27 €)

Boulangerie Kristjans (plan B1, **40**) : *Hafnarstræti 108. Tlj 8h (9h le w-e)-16h.* Pour déjeuner sur le pouce ou vous réveiller en douceur, on trouve ici viennoiseries, pains, pizzas et sandwichs. On y vend aussi jus et *skyr.* Tables pour consommer sur place et terrasse sur la rue.

Akureyri Backpackers (plan B1, **20**) : *Hafnarstræti 98. ☎ 571-90-50. Tlj 7h30-23h (1h le w-e). Plats 1 800-2 600 ISK.* Au rez-de-chaussée de l'auberge de jeunesse, on a aimé ce bar-resto au style un brin montagnard, mêlé d'une pointe vintage. Installez-vous sur les banquettes de bus ou à une classique table en bois et filez commander au comptoir. À la carte : salades, burgers et poisson du jour à des prix franchement raisonnables. Quelques options pour les végétariens et de bons gâteaux. Le soir, le son monte d'un cran quand locaux et touristes s'y retrouvent pour siffler quelques mousses.

Kaffi Ilmur *(plan A-B1,* ***41****)* **:** *Hafnarstræti 107b. ☎ 571-64-44. De juil à mi-août : tlj 7h30-23h (19h à la mi-saison) ; fermé de mi-nov à mi-mars. Formule déj (soupe, buffet de salades et plat chaud) env 2 600 ISK ; plats 2 500-4 500 ISK ; gâteau env 1 000 ISK.* C'est la maison jaune centenaire sur la petite butte, en retrait de la rue. Voici un joli café plein d'âme, où l'on prend une boisson chaude, un petit déj à l'anglaise ou une très bonne et économique formule déjeuner. Et comme les gâteaux ne sont pas mauvais, on s'installe à toute heure dans les salles chaleureuses ou à l'une des terrasses (en rez-de-chaussée ou à l'étage).

Bláa Kannan *(plan B1,* ***42****)* **:** *Hafnarstræti 96. ☎ 461-46-00. Tlj 9h (10h le w-e)-23h30 (22h pour la cuisine). Formule déj en sem, soupe, plat du jour, salade et pain env 2 000 ISK.* Installé dans une grande maison bleue aux 2 tourelles rouges, c'est avant tout un café, au cadre et à l'ambiance sympa (voir « Où boire un verre en journée ou en soirée ?... »), mais on peut y manger un plat du jour pas cher au déjeuner, et à toute heure, quelques sandwichs, quiches ou bagels et un bon choix de gâteaux gourmands.

Bryggjan *(plan B1,* ***43****)* **:** *Strandgata 49. ☎ 440-66-00. Tlj 11h30-21h30. Pizzas 2 300-5 000 ISK. Pizza buffet tlj au déj env 2 000 ISK. Plats 2 900-5 000 ISK.* L'adresse est tout près du port des navires de croisière. Ce n'est pas Rome ou Naples, certes, mais les pizzas (au feu de bois) se tiennent, le choix est vaste et le très intéressant buffet du midi incluant pizza, salade, soupe, plat chaud et boisson intéressera les affamés. Bon choix de grillades avec poulet, *ribs,* steaks et aussi burgers... Cadre rustique.

Greifinn *(hors plan par A1,* ***44****)* **:** *Glerárgata 20. ☎ 460-16-00. Tlj 11h30-22h. Plats 2 600-5 300 ISK.* C'est un peu la version islandaise du *diner* américain. On vient ici en famille se vautrer sur les banquettes et piocher parmi un menu à rallonge sur lequel se côtoient salades, pizzas (bof), burgers, sandwichs, poissons, grillades, pâtes, plus quelques plats d'ici et d'ailleurs. Déco tout en bois et métal noir. Le rapport qualité-prix est honorable et le service sympa. Revers de la médaille : le week-end, il faut parfois patienter longtemps pour obtenir une table.

De prix moyens à chic (2 500-6 000 ISK / 17-40 €)

Strikið *(plan B1,* ***45****)* **:** *Skipagata 14 (5e étage). ☎ 462-71-00. Tlj sauf dim midi 11h30-22h (23h ven-sam). Plat env 3 000 ISK au déj (11h30-17h) et menus 4 000-5 000 ISK ; le soir, plats 4 500-6 000 ISK.* On vient ici pour la terrasse et les salles vitrées qui offrent une belle vue sur le fjord, et on découvre une carte alléchante mettant joliment en scène les produits islandais sur des notes de fusion : sushis aux langoustines, soupe de fruits de mer revisitée avec une pointe d'exotisme, comme d'autres classiques tels que l'agneau. Ignorer le vieil ascenseur, la salle est classe et le service attentionné. Terrasse aux beaux jours.

Noá *(hors plan par B2,* ***46****)* **:** *Hafnarstræti 22. ☎ 461-21-00. Au niveau d'Aðalstræti, à env 700 m au sud du centre. Tlj le soir seulement. Plats env 3 900-7 700 ISK.* Dans un bel espace tourné face à la baie, au design recherché mêlant effet loft, empreinte scandinave et art moderne, on déguste une très bonne cuisine inspirée des produits locaux – cabillaud, truite (d'élevage), langoustines, etc. Une cuisine classique et inventive en même temps. Ne négligez pas non plus les desserts ! Service gentil, mais pas toujours très précis.

Rub 23 *(plan B1,* ***47****)* **:** *Kaupvangsstræti 6. ☎ 462-22-23. Ouv* *ts les soirs, plus lun-ven midi. Au déj, plats 2 600-3 200 ISK ; buffet déj env 3 200 ISK. Le soir, plats 5 000-6 000 ISK ; menus dégustation 8 500-10 500 ISK. Résa conseillée le soir ven-sam.* Une table de référence à Akureyri qui assure une qualité régulière. Touristes et habitants viennent se régaler notamment de plateaux de sushis, mais la carte est variée et propose aussi bien de l'agneau, que du bœuf (plus cher) ou du saumon... Au déjeuner, la formule buffet combine sushis, fruits de mer, salades et pain, et comblera les gros appétits. Cadre contemporain et service très agréable.

|●| ***Bautinn*** *(plan B1,* ***48****)* **:** *Hafnarstræti 92. ☎ 462-18-18. Tlj 11h30-22h. Plat autour de 4 000 ISK, burger env 2 500 ISK.* C'est la maison rouge qui fait l'angle. Si la déco n'est pas très rock'n' roll, c'est que ce resto mise plutôt sur le traditionnel. Étiqueté « plus vieux resto d'Akureyri », il maintient une réputation bien établie, basée sur la qualité des produits locaux. Sa spécialité : le filet de bœuf aux champignons et oignons. Mais on a aussi aimé le poisson-chat *(catfish)* au risotto de champignons, la présentation soignée et le bon rapport qualité-prix des plats, en général. Une valeur sûre.

Où boire un verre en journée ou en soirée ?
Où sortir ?

Akureyri Backpackers *(plan B1,* ***20****)* **:** *Hafnarstræti 98. ☎ 571-90-50. Tlj 7h30-23h (1h ven-sam). Happy hours tlj 17h-19h.* Locaux et touristes s'y regroupent autour d'une bière pas trop chère. Souvent bondé, bonne ambiance. Voir plus haut « Où manger ? ».

Cafe Laut *(plan A2,* ***50****)* **:** *jardin botanique. ☎ 461-46-01. Tlj 10h-20h en été.* Envie d'une pause ? En haut du jardin botanique, ce café lumineux, au plafond cathédrale, est prolongé par une agréable terrasse. On peut y manger légèrement (viennoiseries, soupes, salades, quiches, sandwichs, bons gâteaux).

Bláa Kannan *(plan B1,* ***42****)* **:** *Hafnarstræti 96. ☎ 461-46-00. Tlj 9h (10h le w-e)-23h30. Happy hours 17h-20h.* On vous l'indique déjà dans la rubrique « Où manger ? », mais c'est surtout un café avec terrasse aux beaux jours et un intérieur tout en bois et lustres de cristal, très chaleureux et animé.

Götubarinn *(plan B1,* ***51****)* **:** *Hafnarstræti 96. ☎ 462-47-47. Ouv seulement jeu-sam soir.* En fin de semaine, il faut pousser la porte de ce « bar de rue » tout en longueur (et bois de récup), qui joue la carte de la nostalgie avec sa déco rétro un rien décalée (marrant, cette voiture encastrée dans un comptoir, phares allumés). On y descend une bonne bière dans une jolie ambiance, à la lumière des chandeliers. Émergeant de l'ombre, les notes d'un piano à queue s'élèvent.

Græni Hatturinn *(plan B1,* ***52****)* **:** *dans la petite allée au niveau de Hafnarstræti 96. ☎ 461-46-46. Jeu-sam à partir de 21h ou 22h selon concerts. Entrée 2 000-5 000 ISK.* Une des scènes musicales qui compte en Islande. S'y produisent des artistes islandais et internationaux, essentiellement folk et rock. Salle intimiste, en demi-sous-sol avec bar. Une belle façon de terminer la soirée, au cœur de la culture insulaire.

Achats

Jólagardurinn *(The Christmas House)* **:** *à 7 km au sud de l'aéroport d'Akureyri par la route 821. ☎ 463-14-33. Juin-août, tlj 12h-21h, horaires restreints le reste de l'année.* Pas besoin d'attendre l'hiver pour remplir votre hotte de Noël... La maisonnette rouge, soulignée de fausses stalactites blanches, regorge de décorations du monde entier (rien de bien islandais) et de friandises colorées. Les chansons de Noël y passent en boucle, les guirlandes clignotent et des maisonnettes pour elfes poussent dans le jardin... Kitsch et commercial, forcément, mais les enfants apprécieront... Les adultes aussi d'ailleurs ! Accueil adorable. Juste à côté, belle boutique de produits scandinaves et britanniques.

À voir

Pour avoir une vue d'ensemble de la ville, monter jusqu'à l'***église*** *(plan B2)*, inaugurée en 1940, dont l'architecture rappelle les formations d'orgues basaltiques. Les vitraux centraux du chœur viennent de la cathédrale anglicane de Coventry. Austère de l'extérieur, il fait bien chaud à l'intérieur !

Akureyri Art Museum *(plan A-B1)* **:** *Kaupvangsstræti 8. ☎ 461-26-10. • listak.is • Mai-sept, tlj 10h-17h ; oct-avr, tlj 12h-17h. Entrée : 1 600 ISK ; réduc ; gratuit moins de 18 ans et seniors.* Modeste, toutefois intéressant musée, qui s'ouvre à toutes les formes d'art : graphique, abstrait, contemporain, aussi bien à travers la peinture, que la photo, le dessin, la sculpture et la vidéo. Il s'attache à refléter la production artistique islandaise à la fois dans sa variété et dans le genre : sur l'île, la majorité des artistes sont des femmes. Une belle occasion de les découvrir à côté d'artistes étrangers lors des nombreuses expos temporaires.
Petit café sur place.

Lystigarður *(jardin botanique ; plan A2)* **:** *accès par Þórunnarstræti ou Eyrarlandsvegur. • lystigardur.akureyri.is • Juin-sept, tlj 8h (9h le w-e)-22h. GRATUIT.* On y trouve des arbres et des centaines de fleurs et de plantes, toutes étiquetées. Rien à voir avec la flore des tropiques, mais c'est une agréable promenade. Dans le jardin se cache aussi un chouette café, voir plus haut « Où boire un verre en journée ou en soirée ? ».

LE NORD

Minjasafn á Akureyri *(musée d'Akureyri ; hors plan par B2)* **:** *Aðalstræti 58. ☎ 462-41-62. • minjasafnid.is • À env 1,5 km au sud du centre, à la hauteur de la station-service* N1. *Juin-août, tlj 10h-17h ; le reste de l'année, tlj 13h-16h. Entrée : 1 800 ISK ; réduc ; gratuit moins de 18 ans. Billet cumulé (valable 24h) avec la Nonnahús et la ferme-musée Gamli Bærinn à Laufás : 2 200 ISK.* On aime bien ce musée très scandinave dans l'esprit, contant l'histoire locale à travers d'intéressantes expos temporaires au rez-de-chaussée et une exposition permanente au sous-sol présentant tout un patchwork d'objets retraçant la vie d'autrefois. Il y a un peu de tout : des panneaux illustrés de belles photos, de vieux portraits de famille, un salon bourgeois reconstitué avec son bel harmonium, un traîneau, une maison en tourbe, des jouets, des batteries de casseroles et, bien sûr, du poisson séché... C'est grâce à l'exportation du hareng salé qu'Akureyri devint une ville prospère et active au début du XXe s. On apprend aussi que son aspect très vert vient d'un engouement à l'époque pour les beaux jardins des grandes familles de commerçants danois. De nombreux arbres furent ainsi plantés ; c'est d'ailleurs de cette période que date le jardin botanique.

Nonnahús *(maison de Nonni ; hors plan par B2)* **:** *Aðalstræti 54. ☎ 462-41-62. • minjasafnid.is • Juste à côté du musée d'Akureyri. Juin-sept, tlj 10h-17h ; mai et oct, jeu-dim 13h-17h. Entrée : 1 800 ISK ; réduc ; gratuit moins de 18 ans. Billet cumulé (valable 24h) avec le Minjasafn et la ferme-musée Gamli Bærinn à Laufás : 2 200 ISK.* C'est la maison d'enfance de Jón Sveinsson (1857-1944), qui fut envoyé en France l'année de ses 12 ans, se convertit au catholicisme et entra chez les jésuites. Devenu professeur, il dut renoncer à l'enseignement en 1912 et se consacra alors à l'écriture. Son œuvre majeure reste la série de livres pour enfants relatant les aventures de Nonni, un petit Islandais présentant beaucoup de ressemblances avec l'auteur au même âge (lui-même surnommé Nonni). Ses 12 livres ont été traduits en plus de 40 langues et adaptés à la télévision. L'intérieur de cette petite maison rustique des années 1850 est sobre, et pas bien haut de plafond. Baissez la tête quand vous irez jeter un œil aux 3 chambres riquiqui à l'étage. Non, les gens n'étaient pas si petits à l'époque, mais les plafonds bas permettaient d'économiser des matériaux et de garder la chaleur. Quelques objets personnels et les différentes éditions de ses bouquins sont exposés.

Entre les 2 musées se dresse une petite ***église*** charmante, tout en bois, datant de 1846. À l'intérieur, le toit arbore un beau ciel bleu – pour mieux s'élever vers le paradis ?

Iðnaðarsafn *(musée de l'Industrie ; hors plan par B2)* **:** *Krókeyri, sur la route de l'aéroport, à 2 km au sud du centre. ☎ 462-36-00. • idnadarsafnid.is • De juin à mi-sept, tlj 10h-17h ; le reste de l'année, tlj sauf dim-lun 13h-16h. Entrée : 1 500 ISK ; réduc ; gratuit moins de 18 ans.* Petit musée dense et un peu fourre-tout, accumulant des machines de toutes sortes qui retracent l'histoire des métiers du pays : boucherie, pâtisserie, laiterie, coiffure, cordonnerie, pêche, imprimerie, conserverie, fabrication de meubles, etc. On y découvre une amusante collection de briques de lait, boîtes de conserve, savons, détergents et lessives et, à l'étage, une grande section consacrée à l'industrie textile. Une salle expose aussi une collection de maquettes de bateaux. Dommage que la majorité des explications ne soit pas traduite...
– Pour les férus, musée de la Moto, juste à côté.

Flugsafn Íslands *(musée de l'Aviation ; hors plan par B2)* **:** *à côté de l'aéroport, à 3 km au sud du centre. ☎ 461-44-00. • flugsafn.is • Juin-sept, tlj sauf lun 11h-17h ; en basse saison, sam 11h-17h seulement. Entrée : 1 500 ISK ; gratuit moins de 18 ans.* Occupant un vaste hangar, ce musée abrite une trentaine d'avions récupérés, retapés et bichonnés par des passionnés. La plupart volent encore ; un show aérien est d'ailleurs organisé mi-juin ! Parmi les pièces maîtresses, mentionnons le Grunau 9 (1937), avec sa gueule de Latécoère et son ski en guise de train d'atterrissage... qui pouvait aussi être utilisé sur l'herbe. Ou encore le 1er avion-ambulance d'Islande (1944), acheté à la Royal Air Force, et un hélicoptère français Dauphin, qui servit 22 ans dans la garde-côtière islandaise et sauva pas moins de 250 vies. L'histoire de l'aviation nationale est présentée sur des panneaux en anglais. Les enfants s'amuseront à grimper dans une des carlingues. Une chouette visite à faire en famille.

À faire

➢ ***Piscine*** *(Sundlaug Akureyrar ; plan A2,* ***60****)* **:** *Þingvallastræti 21. ☎ 461-44-55. En été, lun-ven 6h45-21h, le w-e 8h-21h (19h30 dim) ; horaires réduits le reste de l'année. Entrée : env 1 000 ISK ; réduc ; gratuit moins de 6 ans.* Plusieurs *hot tubs* à des températures oscillant entre 38 et 42 °C, saunas, toboggans, bassins à l'intérieur et à l'extérieur. Très fréquenté, malgré son emplacement en bord de route.

➢ ***Observation des baleines*** **:** pas le temps d'aller jusqu'à Húsavík ? Peur du mal de mer ? Les excursions se déroulent entièrement sur l'Eyjafjörður, où l'on observe facilement les baleines à bosse et petits rorquals.

■ ***Keli Sea Tours*** **:** *départs derrière l'office de tourisme. ☎ 546-70-00. • keliseatours.is • Tour de 3h : env 9 000 ISK/pers ; gratuit moins de 13 ans. Opère de mi-mai à fin oct. Plusieurs départs/j. l'été.* Cette compagnie, la moins chère de la ville, ne compte qu'un seul bateau. Du coup, c'est beaucoup moins l'usine, mais, attention, il n'y a pas de cabine et donc aucune possibilité d'abri en cas de mauvais temps. Couvrez-vous ! Il s'agit d'une petite entreprise familiale (d'ailleurs le bateau a été construit par le père). On a aimé l'ambiance.

■ ***Whale Watching Akureyri*** **:** *derrière l'office de tourisme. ☎ 497-10-00. • whalewatchingakureyri.is • Tte l'année, compter env 11 000 ISK/pers le tour classique de 3h, réduc ; gratuit moins de 7 ans. 1-6 départs/j. selon saison.* Organise aussi des tours express de 2h, mais compter le double côté budget.

➢ ***Promenades à cheval :*** 3 centres équestres existent dans le coin. ***Hestaleigan Kátur,*** *situé sur la route 829, juste au sud d'Akureyri.* ☐ *695-72-18.* • *hestaleiga.is* • Propose des balades de 1h à 4h30. *Autre option avec* ***Skjaldarvík ferðaþjónusta,*** *à 5 km au nord de la ville.* ☎ *552-52-00.* • *skjaldarvik.is* • *(voir « Où dormir ? Où manger dans les environs proches ? »).* Organise des promenades courtes (1h) 3 fois/j. Les proprios peuvent venir vous chercher et vous ramener à Akureyri. *Sinon,* ***Pólar Hestar,*** *un peu avt Grenivík, à env 33 km au nord d'Akureyri.* ☐ *896-18-79.* • *polarhestar.is* • Tenu par un couple islando-allemand, il propose des sorties de 1h comme des randos de plusieurs jours.

DANS LES ENVIRONS D'AKUREYRI

👁👁 ***Gamli Bærinn :*** *à* ***Laufás,*** *à 28 km au nord-est d'Akureyri. Prendre la route 1 sur 17 km, direction Mývatn, puis la 83 (à gauche) sur 11 km en longeant la berge orientale du fjord. Début juin-début sept, tlj 9h-17h. Entrée : 1 800 ISK ; réduc ; gratuit moins de 18 ans. Billet cumulé avec le Minjasafn (musée d'Akureyri) et la Nonnahús : 2 200 ISK.* Cette ferme des XVIe-XVIIe s, reconstruite en grande partie au XIXe s, ressemble à celle – plus connue – de Glaumbær. Elle conserve meubles et ustensiles d'époque. L'eider sculpté en façade rappelle l'importance de l'oiseau pour l'économie de la ferme dans le passé. À côté se dresse une mignonne petite église (1865) à la chaire en bois sculpté polychrome et au plafond bleu étoilé. Agréable petit café pour boire une boisson chaude (mais pas de restauration).

👁👁 ***Laugafell :*** *à env 85 km au sud d'Akureyri, par la 821, puis la F821 (piste réservée aux 4x4). Pas de bus.* Laugafell est le parfait symbole d'une flore islandaise pauvre et fragile. Au cœur d'un désert de pierres, ce petit coin de végétation étonnant ne doit sa survie qu'aux multiples ruisseaux d'eau chaude. En se baladant, on peut observer des petites piscines soigneusement encerclées de pierres. Mais il n'est possible de se baigner que dans celle du refuge, où l'on se délasse dans une eau à 38 °C sous le soleil de minuit. Absolument divin.

⌂ 2 ***refuges*** *(ouv début juil-début sept ; gardien sur place)* bien aménagés, un ancien (15 lits), l'autre plus récent (20 lits), chauffés grâce à l'eau chaude des sources voisines *(env 8 000 ISK/pers en sac de couchage)* et un petit ***camping*** *(2 000 ISK/pers),* avec des sanitaires bien tenus *(ouv tte l'année).* Pas de douche, mais une piscine. *Infos et résas auprès du Touring Club d'Akureyri :* ☎ *462-27-20 (hors saison). À Laugafell en été :* ☐ *833-56-97 et 822-51-92.* • *ffa.is* •

SUR LA ROUTE DE DALVÍK

Le long de la côte s'égrènent plusieurs petits ports qui invitent à la détente.

HJALTEYRI

À 21 km au nord d'Akureyri par la route 82, puis à droite par la 811 sur environ 3 km. Le petit village, établi au bord du fjord à la fin du XIXe s, prospéra grâce au hareng. Ce fut même l'un des ports de pêche les plus importants de l'époque, avec, dans les années 1930, la construction de la plus grande usine de transformation du hareng au monde. Il reste encore de vieilles maisons de cette période, aujourd'hui des résidences secondaires. Plus de trace en revanche de l'armée britannique qui stationna ici pendant la Seconde Guerre mondiale. Aujourd'hui, avec ses énormes réservoirs, ses baraquements et la grande bâtisse qui barre le bout de la presqu'île, l'ambiance est plus post-industrielle, avec encore une bonne dose d'énergie au vu des activités en place.

Où dormir dans les environs ?

Arnarnes Paradise : *à Arnarnes. Reprendre la route 82 et bifurquer dans la 1re à droite. C'est au bout. 894-53-58. • arnarnesalfasetur.com • De bon marché à prix moyens. Petit déj bio env 2 500 ISK. Apparts (min 2 nuits), catégorie chic.* Eyri est un sacré personnage, à la fois prof de yoga, de méditation, peintre, guérisseuse et messager des elfes. Le lieu ne manque donc ni d'originalité, ni d'énergie. D'ailleurs, chacune des chambres de la *guesthouse* possède une couleur en lien avec les chakras. On aime aussi la belle et vaste salle commune avec un bar et un coin cheminée. Il y a même une cuisine basique dans un vieux camion (prévoir des provisions, la maison est isolée). Et à côté, un van, qui fait office de chambre, bien aménagé et (surtout) chauffé. Dans la maison des proprios, appartement de 3 chambres pour les amis ou familles. Et si vous avez le temps, Eyri organise des visites guidées des environs à la rencontre du monde caché des elfes. À la fois une expérience et un excellent rapport qualité-prix.

À voir. À faire

Art Space : *dans le dernier bâtiment de la presqu'île. En été, tlj sauf 14h-17h. GRATUIT.* Dans l'ancienne usine qui fit la notoriété du port au début du XXe s. Après sa fermeture dans les années 1960, d'autres compagnies occupèrent les lieux. Ah, cette tenace odeur de hareng ! Si vous passez outre, vous partirez à la découverte de cet univers étrange, brut, véritable carte blanche pour les artistes de tous horizons. Sculptures, vidéos, peintures parfois, investissent une partie des lieux, grâce à la ténacité d'un homme (francophone) qui gère cet espace et tente d'apporter un 2d souffle culturel au village.

– **Hot tub :** *devant le centre de plongée. Prix : 500 ISK avec utilisation des vestiaires.* 1 seul bassin, mais idéalement situé face au fjord.

Strýtan Dive Centre : *au bout de la presqu'île. 862-29-49. • strytan.is • Tte l'année selon météo et visibilité. Âge min 17 ans. Baptême (en saison) 26 000 ISK. À la journée, 2 plongées 37 000-40 000 ISK (niveau 2 ou advanced demandé). Snorkelling possible et loc de paddle.* Ce centre PADI plonge sur les cheminées géothermiques de la fin de l'ère glaciaire qui s'élèvent au fond du fjord, un phénomène unique dans ces eaux peu profondes. Elles ont été localisées à 2 endroits ; les unes, juste au nord de Hjalteyri, près d'Arnarnes, à une profondeur de 18 à 45 m (niveau 1) pour une hauteur de 12 à 14 m ; les autres, au milieu du fjord, au large d'Ystavík, très différentes, à 65 m de profondeur avec une hauteur de 25 à 45 m (niveau 2). Elles sont extrêmement fragiles.

Whale Watching : *840-72-50. • whalewatchinghjalteyri.is • De mi-mai à fin sept, 1-3 sorties/j. Env 10 000 ISK/pers ; réduc ; gratuit moins de 7 ans. Durée : env 2h30.* Appartient à la compagnie *North Sailing* de Húsavík. Dans ce port plus intimiste, les sorties s'effectuent sur un vieux bateau de pêche surnommé le *lucky boat*... on vous le souhaite ! Rassurez-vous, là aussi, les chances d'observer les cétacés sont en principe très bonnes.

HAUGANES

À 16 km au nord de Hjalteyri : revenir sur la route 82, puis après 10 km bifurquer à droite sur la 809. Petit port niché le long du fjord où la même famille sale la morue depuis 5 générations. Autour de la petite usine, elle a développé quelques services touristiques, dont un camping, un bar-resto et des *hot tubs (of course !).*

LE NORD

Où camper ? Où manger ? Où boire un verre ? Où acheter du poisson ?

Camping : *côté droit en arrivant dans le village, en retrait. 620-10-35. Compter 1 500 ISK/pers.* Entouré de montagnes, un champ pour tentes et camping-cars, très simple. Sanitaires dans des huttes en bois (eau chaude).

Baccalá Bar : *sur le port. 620-10-35. Avr-oct, tlj en saison 12h-21h ; bar 9h30-22h30. Plats moyens 2 800-3 500 ISK.* Spécialité de cabillaud frais et morue salée en provenance de l'usine de salage voisine (même proprio), mais aussi du *fish & chips* et d'autres plats pour satisfaire le plus grand nombre et notamment les groupes. Terrasse en forme de bateau face au fjord.

Voir aussi le ***Beer Spa*** dans les environs (lire plus bas).

Usine de salage : *sur le port. Lun-ven 8h-17h.* Il s'agit d'une des plus anciennes et des plus petites usines de salage traditionnel du pays. On y sèche le cabillaud, appelé alors morue, qui est ensuite salée. Possibilité d'en acheter.

À voir. À faire à Hauganes et dans les environs

– ***Hot tubs :*** *au-dessus de la plage de sable noir, côté droit en arrivant dans le village. Prix : 500 ISK avec utilisation des vestiaires.* Plusieurs bassins dont 1 en forme de bateau dans un site vraiment privilégié, au bord de l'eau. Impeccable pour se réchauffer après un courageux bain de mer (ou pas).

Whale Watching : *867-00-00. • whales.is • Début mai-début nov, 1-5 sorties/j. Env 10 600 ISK/pers ; ½ tarif 7-15 ans ; gratuit moins de 7 ans.* Les balades se font à bord de 2 vieux chalutiers. Café et beignets sont inclus, et du matériel de pêche est prêté.

Beer Spa : *à **Árskógssandi,** à 5,5 km au nord de Hauganes. ☎ 414-28-28. • bjorbodin.is • Tlj de mi-mai à fin août 10h-20h pour le spa (22h pour le resto et le bar) ; ouvertures réduites le reste de l'année. Plats 2 500-4 300 ISK. Pour les bains de bière, compter env 20 000 ISK pour 2.* Hot tubs *classiques à l'extérieur (préférer ceux des ports cités plus haut, moins chers). Résa conseillée. Apporter son maillot (ou non pour les bains privés).* Très beau site, face au fjord, connu pour ses bains de bière (sans alcool). Le resto permet de profiter de la belle vue sur l'eau. À la carte, salades, burgers et poissons. On peut aussi se contenter de venir boire un verre.

DALVÍK

1 800 hab.

À 43 km au nord d'Akureyri, ce petit port de pêche (vous ne rêvez pas, une odeur de morue traîne çà et là...) peut servir de base alternative pour l'observation des baleines, moins industrielle qu'à Húsavík. C'est également d'ici que partent les ferries pour l'île de Grímsey. À part ça, avouons qu'il n'y a pas grand-chose à faire.

Arriver – Quitter

Arrêt des bus devant la station-service *N1.*

➢ ***Akureyri :*** 3 bus/j. en sem avec *Stræto* (ligne 78), aucun le sam, 1 seul le dim. Trajet : env 40 mn.

➢ ***Ólafsfjörður et Siglufjörður :*** 3 bus/j. en sem avec *Strætó,* aucun le sam, 1 le dim (ligne 78). Trajet : 20 mn pour Ólafsfjörður et 30-35 mn pour Siglufjörður.

Adresses utiles

Office de tourisme : *Goðabraut, dans le centre culturel Berg, où se trouve aussi la bibliothèque.* *846-49-08. En été, tlj sauf dim 10h (12h sam)-17h ; horaires restreints en hiver.* Bonnes infos et quantité de brochures. Petit café (voir plus loin).

■ ***Piscine :*** *Svarfaðarbraut 34.* ☎ *460-49-40. Juste derrière le camping. Lun-ven 6h15-20h (19h ven), le w-e 9h-17h. Entrée : 950 ISK.*

■ ***Supermarché Kjörbúðin :*** *à la sortie nord de la ville, face au port. Lun-ven 9h-18h, le w-e 10h (12h dim)-17h.*

Où dormir ?

Camping : *à l'entrée de la ville, entre le* Dalvík Hotel *et la piscine.* *625-47-75. Juin-août. Env 2 500 ISK pour 2 pers.* Que dire ? De l'herbe, des sanitaires dans des préfabriqués, une machine à laver et un sèche-linge... voilà ! Un gros avantage tout de même : la cuisine chauffée (2 plaques de cuisson) où s'attabler en restant au chaud. Pas de réception, on paie à la piscine ou quand le gardien passe.

Gimli Hostel : *Hafnarbraut 4.* *865-83-91. • dalvikhostel.com • En plein centre, face au port. Tte l'année. Réception au* Kaffihús Bakkabræðra. Cette charmante maison blanche abrite des chambres à la déco personnalisée, relevée d'objets chinés. De la *single* au dortoir à 6 lits, tous les budgets *(de bon marché à prix moyens)* et les groupes d'amis s'y retrouveront. 2 cuisines, salles de bains partagées (un peu moins bien que le reste de la maison) et salle commune à l'étage. Les très sympathiques propriétaires proposent également une ferme rénovée (datant de 1914), pour 4 personnes maximum, à proximité de la piscine, ainsi qu'une poignée de cottages *(catégorie chic)* pour 2-3 personnes, tous avec kitchenette, mais sans douche, les clients ont alors accès gratuitement à celles de la piscine ou de l'auberge. Loue aussi une maison à Siglufjörður (3 chambres).

Hótel Dalvík : *Skíðabraut 18.* ☎ *466-33-95. • hoteldalvik.com • À gauche en venant d'Akureyri. Dortoir (8 lits) en catégorie bon marché. Doubles sans ou avec sdb de prix moyens à chic, petit déj en sus. Résa impérative la veille du jour du départ du ferry de Grímsey.* Le seul hôtel de la ville, on vous l'indique donc, mais les chambres sont plutôt petites et affichent un style standard vieillot. Ajoutez des salles de bains riquiqui, ou en nombre insuffisant quand elles sont partagées, et un petit déj médiocre. Bref, rien de bien palpitant, juste correct pour passer la nuit.

Où manger ?

Gisli, Eirikur, Helgi *(Kaffihús Bakkabræðra) : Grundargata 1.* *666-33-99. Dans la rue principale, dans le virage avt le port. Tlj en principe 10h-20h (juin-août), 11h-18h en hiver. De bon marché à prix moyens.* Tenu par les proprios de l'AJ, cet avenant petit café, qui porte le nom de 3 personnages du folklore islandais, offre un cadre rétro cosy pour un bon petit déj, un gâteau, une bonne soupe de poisson maison ou un thé dans l'après-midi – servi dans de vieilles tasses en porcelaine. On a adoré la déco bricolée de vieux magazines empilés, mobilier rétro, peaux de bêtes. Jolie salle à l'étage, ambiance chalet de montagne avec vue sur le fjord, plus une terrasse. Attenante, une ancienne salle de cinéma et de théâtre où ont lieu des concerts de temps à autre, des projections de vidéos sur la région et de matchs de foot. L'occasion d'animer ses soirées à Dalvík.

Norður : *Hafnarbraut 5, au port. ☎ 466-12-24. Tlj 11h30-21h, en hiver mer-sam le soir seulement. Plats env 2 600-3 000 ISK.* Resto populaire auprès des gens du coin pour ses pizzas. La carte propose aussi du poisson et des burgers (dont un végétarien). Terrasse.

Basalt Bistro : *à l'intérieur de l'office de tourisme. Mêmes horaires. Buffet déj en sem 2 000 ISK.* Intéressant le midi, mais agréable également de siroter un café avec une part de gâteau à toute heure, derrière les larges baies vitrées.

Où dormir dans les environs ?

Ytri-Vík : *à 14 km au sud de Dalvík, direction Akureyri. 899-80-00 ou 894-29-67. • sporttours.is • Fléché depuis la route 82. Tte l'année. Cottages 2-4 pers en catégorie chic. Pas de réception, réserver avt.* Dans un cadre enchanteur, au bord du fjord, avec les montagnes enneigées à l'arrière-plan, le décor est digne des plus belles cartes postales. La maison principale abrite 8 chambres avec salle de bains commune qui accueillent principalement des grands groupes déjà constitués (également un jacuzzi et un sauna). Les autres hôtes logent dans 7 cottages bien espacés. Il s'agit de cabanes en bois tout aménagées, avec sanitaires, cuisine, barbecue et même un *hot tub* sur la terrasse ! Très bon rapport qualité-prix, donc, et encore plus si vous êtes 4 à 8 personnes.

À voir. À faire

Byggðasafn Hvoll *(musée Hvoll)* **:** *à 2 pas du port. ☎ 460-49-28. Juin-août, tlj 10h-17h ; le reste de l'année, ouv sur demande. Entrée : env 900 ISK.* Ce musée fourre-tout résume la vie à Dalvík à travers une succession d'objets plus ou moins hétéroclites et insolites, du robot ménager des années 1960 aux sempiternels animaux empaillés (un ours du Groenland imposant). Il y a même un sismographe en souvenir du tremblement de terre de 1934, de force 6,2 sur l'échelle de Richter, qui détruisit une bonne partie de la ville. Une salle est aussi consacrée à Jóhann Pétursson, surnommé « Giant Viking », qui mesurait 2,34 m. Non mais regardez ses chaussures (il faisait du 62) ou encore la hauteur de son vélo ! Attraction de cirque en Europe puis aux États-Unis, il revint mourir à Dalvík en 1984.

➢ **Observation des baleines :** la région offre une alternative moins touristique qu'à Húsavík. Ici aussi, on peut observer baleines à bosse, petits rorquals, dauphins et, beaucoup plus rarement, des baleines bleues. On vous prête des vêtements protecteurs, mais prévoyez tout de même de quoi affronter la mer.

■ **Arctic Sea Tours :** *à Dalvík même (au port). 771-76-00. • arcticseatours.is • Bureau ouv juste au moment des excursions. Propose 1-3 sorties/j. selon saison et météo. Compter env 10 000 ISK/pers pour un tour classique, réduc ; env 16 000 ISK pour un tour express, réduc.* Les bateaux accueillent 40 à 60 passagers pour une sortie d'environ 3h. Pour les pressés, des tours en *speed boat* sont aussi au programme, on passe alors 1h30 à bord. Un avantage du tour classique (outre son prix plus abordable) : on vous prête des cannes à pêche et le poisson pris est dégusté au retour ! Et si vous ne voyez pas de baleines lors d'un tour classique (1 % des cas), vous pouvez embarquer pour une nouvelle sortie à un autre moment ou être remboursé lorsqu'il s'agit de tours en *speed boat*.
– Voir aussi les compagnies basées à Hauganes, à 13 km au sud de Dalvík.

DANS LES ENVIRONS DE DALVÍK

L'île de Grímsey : c'est de Dalvík que partent les ferries pour cette petite île plate de 5,3 km², amarrée à 40 km des côtes islandaises, qui a la particularité

d'être coupée par le cercle polaire ! Seule une centaine de personnes y vivent et... près de 1 million d'oiseaux de mer à la belle saison, qui nichent sur les falaises ceignant presque intégralement l'île. Il arrive que l'on croise baleines et dauphins lors de la traversée.
➢ ***En bateau :*** *liaisons assurées par la compagnie* ***Sæfari.*** *☎ 458-89-70. • en.samskip.is • Départ tte l'année lun, mer, jeu (sauf de début oct à mi-janv), et ven à 9h (départ aussi dim en été). Durée : 3h. Compter env 7 000 ISK l'A/R ; ½ tarif 12-15 ans et plus de 67 ans ; gratuit moins de 12 ans. En été, le ferry fait un arrêt de 2 à 5h sur Grímsey selon la liaison choisie ; en hiver, l'escale ne dure que le temps du déchargement du bateau.*
➢ ***En avion depuis Akureyri :*** *avec* ***Norlandair.*** *☎ 414-69-60. • norlandair.is • 1 vol/j. en juin ; tlj sauf mer-jeu juil-août ; 3 vols/sem seulement en basse saison. Durée : 30 mn.*

➢ ***Excursion sur l'île de Hrísey :*** *ferry au départ d'Árskógssanður, à 12 km au sud de Dalvík. ☎ 695-55-44. • hrisey.is • Env 9 liaisons/j., soit ttes les 2h env, 7h20-21h30 (23h30 juin-août) ; retours 7h-21h (23h juin-août). Durée de la traversée : 15 mn. Compter 1 500 ISK ; réduc ; gratuit moins de 12 ans.* Cette île de 200 habitants, riche en avifaune (40 espèces), offre de beaux points de vue sur le fjord. 3 sentiers balisés permettent de l'explorer. Sinon, l'été, on peut en faire le tour lors d'une excursion... en tracteur ! Vous trouverez dans le petit village une banque, un supermarché, un café-resto, une *guesthouse,* un camping et, bien sûr, une piscine !

Ólafsfjörður : ce petit port de pêche encadré de montagnes est blotti au niveau de l'étroit passage qui relie le fjord (eau de mer) au lac (eau douce) entraînant un écosystème très particulier et la présence d'une avifaune nombreuse. Pour plus d'infos, on recommande la visite du musée.
➢ Si vous venez de l'ouest, la piste 82, généralement fermée jusqu'à fin juin (voire juillet), traverse un décor surnaturel : paysages de lacs, névés et montagnes pelées (compter 1h). Mais le passage par Siglufjörður (route 76) n'est pas mal non plus. Si vous arrivez de l'est, vous passez par un tunnel qui semble avoir été creusé par les 7 Nains !
À Ólafsfjörður même : piscine, camping peu attirant, supermarché, petit *kaffihús* à côté, ainsi qu'une station-service.

Natural History Museum : *Strandgata 4, à* ***Òlafsfjorður.*** *☎ 466-22-55. • palshusmuseum.is • De juin à mi-sept (et à Noël), tlj 11h-17h. Prix : 1 300 ISK ; réduc.* Cette ancienne boutique, dont l'architecture a été conservée (voir les murs et fenêtres qui séparent les 2 sections du rez-de-chaussée), abrite une exposition temporaire dans la 1re partie et permanente dans la salle principale. Cette dernière, aménagée dans une pièce tamisée et tout en longueur, évoque, d'un côté, l'écosystème du lac, particulièrement intéressant (panneaux en anglais) : une couche d'eau de mer dans le fond est recouverte d'eau douce en surface. On y trouve donc des poissons des 2 milieux ! On comprend l'intérêt des populations à s'établir ici, cette richesse les ayant préservées de la famine malgré leur isolation. L'autre côté, qui n'a rien à voir, met en scène le désir de voler, en associant les oiseaux islandais à l'imaginaire des hommes, allant de la montgolfière aux avions, en passant par Mary Poppins et Superman. Entre illustration de nos rêves d'enfants et évocation poétique de l'envol.

SIGLUFJÖRÐUR

1 200 hab.

À 35 km au nord de Dalvík, ce petit port attachant se niche au tréfonds d'un court fjord encastré dans les palissades de montagnes enneigées de la péninsule de Troll. On y arrive par l'ouest, par un tunnel à voie unique sombre

et inquiétant. Ou par 2 autres tunnels bien plus longs à l'est (7 et 4 km) qui relient la bourgade à Ólafsfjörður, à 17 km de là – et, donc, à Akureyri. Siglufjörður est la (petite) ville la plus au nord du pays et, historiquement, la capitale de la pêche au hareng. Le quart de la production nationale provenait d'ici dans les années 1950. L'excellent *musée du Hareng* en retrace l'histoire avec un supplément d'âme. On aime son port coloré, piqué de cabanes rouges, vertes ou jaunes, qui se reflètent dans l'eau des fjords encore enneigés en plein été. Du charme à revendre.

Arriver – Quitter

Arrêt des bus : *Tjarnargata 14, avt la station-service, sur le port.*

➢ ***Dalvík et Akureyri :*** tte l'année, lun-ven, 3 bus/j. (ligne nº 78) avec la compagnie *Strætó.* Aucun le sam, 1 seul le dim. Trajet : env 30 mn pour Dalvík et 1h10-1h20 pour Akureyri.

Adresse et info utiles

Office de tourisme : *sur la place principale, à la mairie, au niveau de la bibliothèque. ☎ 467-15-55. Juin-août, lun-ven 9h-17h, le w-e 10h-14h.*

■ On trouve sur place ***distributeur de billets, poste, supermarché, station-service*** et ***pharmacie.***

Où dormir ?

Camping

Camping : *en plein centre, entre le port et la place principale. Ouv de mi-mai à mi-oct. 663-55-60. Env 1 300 ISK/pers, douche 300 ISK. On s'installe et on paie quand le gardien passe (mat et soir en principe).* L'emplacement est insolite, mais pas vraiment enchanteur : sur une pelouse, face au port et contre la route, avec un bloc sanitaire (toilettes et douche). Machine à laver et sèche-linge.

Heureusement, il existe une ***2de aire*** (mêmes tarifs), un peu en hauteur (en arrivant de Dalvík, on la distingue sur la gauche). Plus au calme mais excentrée.

De prix moyens à chic (14 000-30 000 ISK / 93-200 €)

Siglunes Guesthouse : *Lækjargata 10. ☎ 467-12-22. • hotelsiglunes.is • Tte l'année. Doubles sans ou avec sdb. Resto ouv ts les soirs sauf lun.* Notre coup de cœur ! Adorant retaper les vieilles maisons, le proprio a ouvert une résidence pour artistes et fait de cette grosse bicoque de 1934 un charmant hôtel d'un excellent rapport qualité-prix. Le mobilier d'époque ou de récup et les antiquités y côtoient des toiles modernes, un piano ayant appartenu à un 1er ministre islandais, des miroirs baroques, des sols en béton brut... mais pas de TV. La moitié des chambres possèdent leur propre salle de bains (plutôt design), les autres, au rez-de-chaussée, partagent des douches plutôt vieillottes (seule fausse note). Ajoutez un accueil parfait et souriant, vous avez votre hébergement idéal. Déroutant dans ce bout du monde, on y trouve aussi le seul resto marocain du nord du pays, avec un chef marocain aux fourneaux. Ah, ça change des burgers !

The Herring Guesthouse : *Hlíðarvegur 1, derrière l'église. 868-42-00. • theherringhouse.com • Fermé oct-nov, janv-fév. Petit déj en sus.* Au cas où la *Siglunes Guesthouse* affiche complet, vous pouvez toujours vous rabattre sur cette maison perchée sur les hauteurs de la ville. Des chambres nickel et confortables en demi sous-sol *(fourchette basse de la catégorie chic),* salle de bains et kitchenette communes (avec de quoi faire son petit déj). Dans le jardin arboré et en pente, 2 cottages *(catégorie chic)* pour 2, avec kitchenette, lavabo et w-c, mais douche à l'extérieur (oui, oui, à l'air libre !). Terrasse pour faire bronzette (quand le thermomètre dépasse les 15 °C !), un *hot tub* sur résa et un drôle de troll en bois dans le jardin, réalisé par une artiste de la région. Certes, l'hébergement est plus cher que la *Siglunes Guesthouse* mais reste bien plus abordable que le luxueux hôtel *Siglo.* Bon accueil.

Où manger ? Où boire un verre ?

De bon marché à prix moyens (max 4 000 ISK / 27 €)

Aðalbakarí : *Aðalgata 28. ☎ 467-17-20. Tlj 7h (9h le w-e)-16h.* Une boulangerie-bar-café-épicerie où les locaux s'abritent à toute heure pour avaler un sandwich, une viennoiserie ou une soupe de poisson. Grande salle ou miniterrasse. L'option la moins chère pour casser la croûte.

Harbour House Café : *Gránugata 5b, sur le port. Tlj en saison. Soupe env 2 000 ISK, plats 3 000-4 000 ISK.* Cette petite bicoque aux allures de cabane de pêcheur arbore une jolie déco toute marine : rames, tableaux de pêche, carte de navigation, à bord moussaillon ! À la carte : du poisson, du poisson ou... du poisson ! En soupe, en salade, grillé ou fumé, une chose est sûre, il est toujours fraîchement pêché. Accueil avenant du proprio et petite terrasse pour les beaux jours.

Fish & Chips : *sur la place principale, petit local en demi-sous-sol qui fait l'angle près de la mairie. ☎ 467-11-72. Tte l'année, lun-ven 11h30-17h. Env 1 800 ISK.* Juste quelques tables à l'intérieur (pas folichon), car les habitants viennent surtout acheter du poisson mariné à emporter. À consommer sur place, un bon *fish & chips* ou une soupe de poisson, le tout à prix démocratiques.

Hannes Boy : *sur le port. ☎ 461-77-34. Tlj en saison 11h30-21h. Plat env 3 000 ISK.* Dans cette jolie maison traditionnelle jaune, la belle salle claire et boisée abrite le resto du *Siglo,* un hôtel chic juste en face. Dans l'assiette, petit choix de salades, burgers ou un poisson du jour, sans surprise. Pour dégoupiller les papilles, on a préféré l'*arancino,* des boulettes de riz à base de champignons. Restent le rapport qualité-prix très correct et la terrasse face au port.

LE NORD

À voir

Síldarminjasafnið (musée du Hareng) **:** *sur le port. ☎ 467-16-04. • sild.is • Juin-août, tlj 10h-18h ; mai et sept, tlj 13h-17h ; le reste de l'année sur résa. Entrée : 1 800 ISK (réduc), billet donnant aussi accès au musée de la Musique traditionnelle ; gratuit moins de 16 ans. Mieux vaut ne pas tomber en même temps qu'un bateau de croisière !*

De la fin du XIXe s jusqu'à la fin des années 1960, Siglufjörður fut le port numéro 1 pour la pêche au hareng. Aujourd'hui, la crevette, plus lucrative, a détrôné le hareng. Mais l'histoire reste, avec ce musée passionnant qui occupe 3 édifices distincts.

Un 1er bâtiment abrite une dizaine de bateaux de pêche (en fait, on a construit le hangar autour !), le tout joliment agencé, avec des pontons en bois pour circuler et des films d'époque en toile de fond. Le 2e reconstitue l'usine de transformation du hareng, avec l'énorme « cooker », qui servait à extraire l'huile employée, entre autres, dans les cosmétiques et la peinture. Voir aussi le moulin permettant de réduire les restes en poudre, utilisés comme alimentation animale et fertilisants. Le dernier bâtiment, *Roaldsbrakki* (1907), présente le bureau du directeur de l'usine (plutôt aisément garni) ainsi qu'un film en noir et blanc sur le quotidien des travailleurs de l'époque (20 mn). À l'étage, on se faufile dans les logements des employés, qui semblent avoir quitté les lieux pas plus tard qu'hier. Les assiettes sont encore sur les tables, le linge en train de sécher et la radio est allumée... Seul petit regret : il n'est que très peu fait mention de la surexploitation du hareng et de sa pêche intensive, qui a fini par entraîner l'épuisement de cette richesse.

***Þjóðlagasetur** (musée de la Musique traditionnelle) :* *Norðurgata 1, près du port. ☎ 467-23-00. • siglofestival.com • Juin-août, tlj 12h-18h. Entrée : 1 000 ISK, gratuit si l'on a visité le musée du Hareng.* Ce petit musée est consacré à la musique traditionnelle islandaise. Il est installé dans la maison (1884) superbement rénovée du révérend Bjarni Þorsteinsson, un des 1ers compositeurs islandais, qui répertoria à la fin du XIXe s, début XXe s, toutes les chansons populaires. Un travail de Viking ! L'occasion de découvrir et même de jouer de certains instruments comme le violon islandais, l'harmonium (sorte d'orgue) ou le *langspil,* une sorte de viole rudimentaire au son strident de 3 à 6 cordes, importé de Norvège. Certains modèles se résument à une caisse rectangulaire et à 2 cordes ! Plusieurs vidéos permettent d'écouter cette musique et ses chants.

Manifestation

– ***Festival de Musique folklorique :*** *le 2e w-e de juil.* Pendant 4 jours, des concerts animent la ville. *• siglofestival.com •*

LE NORD

HOFSÓS

200 hab.

Amarré sur le flanc oriental de l'immense Skagafjörður, le village se pose joliment au bord de l'eau. Paisible et pittoresque, c'est une escale possible pour croquer un bout de l'histoire islandaise au *musée de l'Émigration* et faire un plouf dans la belle piscine surplombant la mer *(en été, tlj 7h-21h ; env 1 000 ISK/pers).* **La vue sur les fjords est exceptionnelle depuis le bassin !**

➢ Pas de bus, être véhiculé.

Où dormir ? Où manger à Hofsós et dans les environs ?

Camping : *à côté de l'école primaire. 899-32-31. Ouv de mi-mai à mi-sept. Compter env 1 300 ISK/pers ; gratuit moins de 13 ans.* Beaucoup d'herbe, quelques haies, une douche et des jeux pour enfants non loin. Voilà l'essentiel pour une bonne nuit de camping.

Berg Bistro : *Suðurbraut 10, à Hofsós. 822-52-24. Juin-août, tlj 11h-21h30. Plats 1 800-2 500 ISK.* Superbe situation face au fjord depuis la salle ou la terrasse. À l'ardoise, des burgers, des *wraps* (dont un végétarien) et des salades. De quoi se requinquer après quelques longueurs en piscine.

Lónkot : *Sléttuhlið, à 12 km au nord de Hofsós, sur la route 76. ☎ 453-74-32. • lonkot.is • Juin-sept pour l'hébergement. Doubles sans ou avec sdb, catégorie chic, petit déj inclus.* On peut camper sur place *(1 200 ISK/pers)* ou opter pour une agréable chambre, claire et moderne, avec accès à un adorable jacuzzi dans une cabane en bois-serre, aux petites fenêtres tournées vers la mer... Charmant, tout ça, mais quand même un peu (trop ?) cher.

À voir

Vesturfarasetrið *(Centre de l'émigration islandaise)* **:** *sur le port.* ☎ *453-79-35.* ● *hofsos.is* ● *Juin-août, tlj 11h-18h. Entrée : 1 700 ISK ; réduc ; gratuit moins de 12 ans.* Ce musée consacré à l'émigration islandaise en Amérique a pris ses quartiers dans 3 vieilles maisons restaurées, nichées sur le port croquignolet. L'exposition permanente « *New Land, new life* » côtoie d'autres expos qui changent régulièrement, mais sont toujours consacrées à l'émigration islandaise en Amérique du Nord. Entre 1870 et 1914, 16 000 Islandais ont en effet quitté leur pays à la recherche d'une vie meilleure, soit 20 % de la population de l'époque ! Une carte montre la répartition des candidats à l'émigration selon les régions d'Islande. Visite pas indispensable mais qui pourra en intéresser certains.
À 2 mn à pied, descendez vers la mer et marchez le long de la plage pour jeter un œil aux splendides orgues basaltiques *(basalt columns)*, formées par les irruptions volcaniques.

HÓLAR

90 hab.

Niché au fond de la vallée de Hjaltadalur, à 11 km à l'est de la route 76, le minuscule bourg de *Hólar* fut l'évêché du nord de l'Islande de 1106 à 1801 – ce qui en fit, à cette époque, un centre culturel et politique important. Après la décapitation en 1550 de Jón Árason, le dernier évêque catholique, Hólar devint un centre du luthérianisme. Aujourd'hui, il reste une église, quelques vieilles maisons, des bouquets d'arbres plantés à l'époque de l'ancien collège agricole, au XIXe s, et une université... Ce ne sont pas les tentations extérieures qui risquent de détourner les étudiants de leurs livres ! Au-dessus du collège, jetez un œil à la ferme en tourbe au toit d'herbe datant de 1860. Entre nous, il n'y a pas grand intérêt à dormir dans ce microvillage encaissé.

➢ Pas de bus, être véhiculé.
– Pas de station-service à Hólar, ni d'épicerie.

Où dormir ?

Camping : *sur la gauche avt d'arriver au village, enfoui dans les arbres.* 📱 *899-32-31. Ouv de mi-mai à mi-sept. Env 1 300 ISK/pers ; gratuit moins de 13 ans. On paie quand le gardien passe (mat et soir).* Un camping 3 étoiles, pour ceux qui apprécient l'espace, les recoins boisés bien protégés et les tapis de gazon. Éviers et w-c ; pas de douche mais accès possible à celles de la piscine *(250 ISK).* Verdoyant petit bout du monde.

À voir. À faire

Cathédrale : *juin-août, tlj 10h-18h. De mi-juin à mi-août, le dim, messe à 14h, goûter à 15h et concert à 16h.* Construite entre 1753 et 1763, c'est la 5e à s'élever sur ce site et la 1re église d'Islande à avoir été bâtie en pierre (grès rouge provenant de la montagne voisine). La pièce maîtresse : les fonts baptismaux en stéatite noire, autrement dit en pierre à savon *(soapstone)* sculptés en 1674. Étonnamment, cette pierre est introuvable sur le sol islandais : on pense que ce morceau vient du Groenland, d'où il aurait dérivé sur un iceberg. C'est le seul élément du sanctuaire réalisé en Islande... Tout le reste vient d'ailleurs, comme ce retable en albâtre polychrome de 1470, probablement rapporté d'Angleterre. Ce dernier, soit

dit en passant, aurait une valeur historique importante, car il serait l'un des seuls vestiges de l'Angleterre catholique existant encore dans le monde. D'autres éléments sont précieusement conservés, comme le calice du XIIIe s, toujours utilisé par le prêtre à l'occasion des offices, ou cette bible imprimée dans le village datant de 1584.
Placez-vous sur le parvis de la cathédrale, dos à l'entrée. À votre droite, le ***beffroi*** de 27 m de haut, construit en 1950 à la mémoire du dernier évêque catholique de Hólar. Face à vous, la ***source sacrée.***

Sögusetur Islenska Hestsins : *juste à côté de l'hôtel. ☎ 455-63-45. • sogusetur.is • En saison, tlj sauf lun 10h-18h. Entrée : env 1 000 ISK.* Les passionnés de chevaux ne seront pas indifférents au fait que le village accueille le siège de l'*Icelandic Horse Centre.* Une visite guidée vous en apprendra plus sur son histoire et sur celle des chevaux islandais, arrivés avec les Vikings. À l'étage sont diffusés des documentaires sur les chevaux.

SAUÐÁRKRÓKUR

2 600 hab.

Située à 22 km au nord de Varmahlíð, Sauðárkrókur est l'une des principales bourgades du nord de l'Islande. Ancien lieu de villégiature des pêcheurs, on y traque aujourd'hui la crevette. L'escale portuaire n'est pas désagréable, entre belle vue sur le fjord et montagnes en toile de fond.
La rue principale et ses voisines sont plaisantes à parcourir, avec leurs maisons colorées. La plus vieille date de 1873 et se trouve au no 13 de Lindargata. Plus jolie, la *Villa Nova,* dressée à l'extrémité nord d'Aðalgata, date de 1903. Une balade sympathique. À ne pas manquer non plus, le musée sur la guerre civile islandaise.

Arriver – Quitter

Arrêt des bus à la station essence *N1,* à 10 mn à pied du centre, vers le sud.
➢ ***Varmahlíð, Akureyri, Blönduós, Borgarnes et Reykjavík*** *(ligne 57)* **:** tte l'année, 2 bus/j. (1 seul le sam) avec *Stræto.*

Adresses utiles

Office de tourisme : *Aðalgata 21, en face du Puffin & Friends Museum, à la sortie nord de la ville. ☎ 588-12-38. Tlj 8h-18h en été, 9h-17h en hiver.* Il abrite aussi un café (voir plus loin) et le musée sur la guerre civile *(Icelandic Civil War Exhibition).*

Piscine : *à côté du camping. Juin-sept, lun-ven 6h50-21h, le w-e 10h-17h ; horaires restreints le reste de l'année. Entrée : env 1 000 ISK.* Un bassin extérieur de 25 m, 2 *hot tubs,* hammam et sauna.

Où dormir ?

Camping : *à côté de la piscine. 899-32-31. Ouv de mi-mai à mi-sept. Env 1 300 ISK/pers, douche 250 ISK. On s'installe et on paie quand le gardien passe (mat et soir en principe).* La pelouse est grande (et pleine de monde en été !), mais l'environnement n'est pas génial, dans une sorte de zone d'activités, à côté de la piscine et au bord de la route principale. Petit bloc sanitaire (douche et toilettes) nickel, lave-linge et sèche-linge.

De bon marché à prix moyens (4 000-20 000 ISK / 27-133 €)

☗ ***Mikligarður Summer Hotel :*** *Skagfirdingabraut 24. ☎ 453-63-30. • arctichotels.is • Juin à mi-août. Presque en face de la station-service* N1, *à la sortie est de la ville, direction Akureyri.* Sleeping bag accommodation *bon marché, doubles en catégorie prix moyens.* Un internat transformé en hôtel en saison. Il est excentré (10-15 mn à pied du centre) mais pratique tout de même, car c'est le seul à proposer des chambres avec sac de couchage, et donc l'hébergement le moins cher en ville (hormis le camping). Pratique pour les routards à pied, l'hôtel est juste en face de l'arrêt de bus. Les chambres sont pour 3-4 personnes. Pas intéressant pour les chambres classiques.

Chic (20 000-30 000 ISK / 133-200 €)

☗ ***Mikligarður Guesthouse :*** *Kirkjutorgi 3. ☎ 453-68-80. • arctichotels.is • À côté de l'église, en plein centre. Ouv tte l'année, mais la réception se fait à l'hôtel* Tindastóll. *Fourchette basse de la catégorie, petit déj inclus.* Cette grande maison blanche des années 1930 dispose de chambres petites mais soignées, avec moquette. Les plus chères ont leur propre salle de bains, mais, attention, les simples ont la taille d'un placard à balais ! Autre bémol : l'insonorisation est (très) moyenne. Cuisine à dispo, salle à manger et salon cosy.

☗ ***Gamla Pósthúsið :*** *face à l'église, repérer la grande maison blanche au toit bleu. 📱 892-33-75. • ausis.is • Fermé de mi-nov à fév. Apparts pour 2 pers, fourchette haute de la catégorie.* Vicki, la proprio australienne, loue 2 appartements au rez-de-chaussée de l'ancienne poste. Ils comprennent chacun une chambre, une salle de bains moderne, une cuisine bien équipée, un coin salon avec un beau canapé capitonné et les œuvres d'art de Vicki. Lit d'appoint possible dans le plus grand des 2. Bon accueil.

Très chic (plus de 30 000 ISK / 200 €)

☗ ***Hótel Tindastóll :*** *Lindargata 3. ☎ 453-50-02. • arctichotels.is • Au nord du centre, juste au-dessus de la rue principale. Tte l'année.* C'est l'un des plus vieux hôtels d'Islande et peut-être aussi le plus charmant. Ouvert en 1884, il occupe un bâtiment amené de Norvège en 1820. Marlène Dietrich y a séjourné en son temps ! Vous pourrez demander à dormir dans sa chambre (pas la plus grande) ou l'une des 9 autres, toutes ravissantes, avec plancher et mobilier à l'ancienne. Chacune dispose de peignoirs et d'un joli linge de maison. Dommage que les salles de bains soient si basiques et que l'insonorisation laisse à désirer (ah ! les vieilles bicoques...). *Hot tub* géothermal à 38 °C. On a adoré la salle de petit déj (et le petit déj aussi d'ailleurs !) très chaleureuse, avec sa cheminée en pierre, ses peaux de bêtes et ses vieux objets. Évitez l'annexe moderne, un peu moins chère mais sans charme. Également un cottage pour 3 personnes.

Où dormir ? Où manger dans les environs ?

☗ 🍽 ***Hofsstaðir Guesthouse :*** *à 18,5 km au sud-est de Sauðárkrókur. ☎ 453-73-00. • hofsstadir.is • Prendre la route 75 vers l'est sur 15 km, puis la 76 vers le sud sur 3,5 km, fléché sur la droite. Fermé déc-janv. Catégorie chic. Petit déj inclus. Resto ouv le soir seulement, résa conseillée (obligatoire hors saison). Plats 4 400-5 500 ISK.* Très joliment situé, sur un terre-plein verdoyant dominant la branche orientale du delta de la rivière Héraðsvötn.

Ce petit hôtel moderne se compose de 4 bâtiments bas en bois abritant exclusivement des chambres privées avec salle de bains. Elles sont toutes d'un excellent confort, avec terrasse tournée face au soleil de minuit. Parquet, déco boisée et larges fenêtres leur donnent un cachet certain. Cerise sur le gâteau, le patron, chef de métier, est un adepte du *slow food,* et mitonne de délicieux dîners à base de produits locaux. La petite salle de resto, chaleureuse et boisée, aux airs de chalet montagnard, est elle aussi orientée face à la baie.

Où manger ? Où boire un verre ?

Sauðarkróksbakari : *Aðalgata 5. ☎ 455-50-00. Lun-ven 7h-18h, le w-e 8h (9h dim)-16h. Le midi, soupe et pain env 1 500 ISK.* Un petit creux à l'estomac et au portefeuille ? Voici l'endroit idéal pour se caler sans se ruiner : pâtisseries et pains de toutes sortes et tailles, sandwichs, lait et *skyr,* bon cappuccino, le tout à emporter ou à consommer sur place, dans 2 petites salles claires et lambrissées accueillantes. C'est l'une des plus anciennes boulangeries d'Islande.

Kaffi Krókur (KK) : *Aðalgata 16. ☎ 453-64-54. Tlj en principe 12h-22h (21h en hiver). Plats 1 700-6 500 ISK. Buffet déj (en sem) env 2 300 ISK ; le soir env 4 000-5 000 ISK/pers. Menus au dîner 5 300-6 300 ISK.* Sandwichs, pâtes, pizzas (3 tailles), burgers et quelques plats plus élaborés de viande et poisson. Il y en a pour tous les goûts et budgets. Peu d'options dans le secteur, du coup, le resto attire du monde, soyez patient ! L'endroit est aussi agréable pour boire un verre ou un café. Petite terrasse sur rue.

Voir aussi le ***Bistro*** de l'office de tourisme *(tlj 11h-17h)* aménagé dans une ancienne épicerie du début du XXe s. Salades, *wraps,* gâteaux, café...

LE NORD

Achats

Gestastofa Sútarans *(The Tannery Visitor Centre)* **:** *Borgarmýri 5. ☎ 512-80-25. De mi-mai à mi-sept, lun-ven 8h15-16h, le w-e 10h-14h. Visite guidée lun-ven à 9h et 14h (500 ISK). En hiver, visite sur demande.* Le maroquinier de Louis XV et de la marquise de Pompadour, Jean-Claude Galluchat, introduisit la technique en Occident. Les Islandais sont les seuls en Europe à la perpétuer, fabriquant ces étonnants cuirs de poisson utilisés par les plus grandes marques de la mode (Prada, Dior...). Également des peaux de moutons et de veaux.

À voir. À faire

The Icelandic Civil War Exhibition : *Aðalgata 21, entrée par l'office de tourisme. ☎ 588-12-38. • 1238.is • Tlj 10h-17h. Prix : 3 500 ISK (cher !) ; réduc.* Aussi bien les parents que les enfants prendront plaisir à déambuler dans ce musée moderne et interactif qui retrace les luttes de clans au XIIIe s. À travers 3 maisons, on revit l'histoire de la dynastie des Sturlungar, assujettis au roi de Norvège, qui tentent de faire plier les autres chefs jusqu'à déclencher une guerre civile, qui mettra fin à l'indépendance du pays en 1262. Panneaux (en anglais) à lire pendant que les enfants s'essaient à la bataille navale sur iPad, exposition de vêtements, d'armes et d'armures (dont une de 12 kg) dans une belle muséographie. Mais le plus étonnant, ce sont ces lunettes de réalité augmentée en 3D qui nous plongent dans l'univers de l'époque pendant les 10 mn d'interaction. On pénètre ensuite dans une vieille maison en tourbe qui a brûlé au cours de la bataille et fait de nombreuses victimes. L'immersion est totale et l'ambiance générale une réussite.

Puffin & Friends Museum : *Aðalgata 24. 892-77-07. • puffinandfriends.com • Tlj 9h (12h le w-e)-16h. Entrée : 1 800 ISK ; réduc ; gratuit moins de 8 ans.*
Un petit musée consacré à ces drôles d'oiseaux que sont les macareux. Les proprios sont des pros de vidéos animales, et quelques jolies séquences sont diffusées dans des salles sombres. On apprend aussi plein d'anecdotes surprenantes sur cet oiseau dodu, que les Islandais consommaient comme un mets de choix. Par exemple, le macareux ne vit pas dans un nid mais dans un terrier. Si, si ! Encore plus fort, il creuse 3 trous : le plus profond où s'accumulent les eaux de pluie, un à l'étage supérieur pour dormir et un en face pour les excréments, le tout relié par des galeries. Ce sont aussi de grands fidèles en amour. Monogames, ils gardent le/la même partenaire toute leur vie (soit 25 à 40 ans !), alors que mâles et femelles sont séparés 7 mois de l'année et ne se retrouvent que pour la période de reproduction. Prenons-en de la graine ! D'autres sections sont consacrées aux baleines, phoques et ours polaires (où l'on réalise que l'ursidé court plus vite qu'Usain Bolt, 40 km/h contre 37,6 : faut pas embêter le bestiau). À voir aussi, des documentaires animaliers, confortablement installé dans un canapé.
En fin de visite, on enfile des lunettes de réalité augmentée pour s'approcher au plus près des falaises et des colonies de macareux. Bluffant !

LE MACAREUX, SACRÉ DRAGUEUR !

À quoi reconnaît-on un macareux ? À son gros bec orange et triangulaire si caractéristique, évidemment. Oui, mais saviez-vous que l'oiseau perd ses belles parures à la fin de l'été ? Eh oui, ces jolies couleurs apparaissent au début de la saison des amours, vers le mois d'avril. Il faut se faire beau pour retrouver son/sa partenaire après 7 mois en mer ! À la fin de la période nuptiale, donc de l'été, le bec et les pattes orange se ternissent, virant au gris, bien moins sexy !

➢ ***Balade en bateau jusqu'à l'île de Drangey :*** *avec **Drangeyjarferðir.** 821-00-90 ou 91. • drangey.net • 20 juin-20 août, excursion de 4h env, tlj à 10h, avec balade sur l'île : env 14 000 ISK/pers ; réduc 7-14 ans ; gratuit jusqu'à 6 ans. On peut se contenter d'un tour qui longe l'île, mais peu d'intérêt. Logement avec sac de couchage ou lit fait env 5 000-8 000 ISK/pers. Camping 1 200 ISK/pers.*
Drangey est un gros caillou aux falaises abruptes surgissant des eaux, vestige d'un volcan vieux de 700 000 ans. Macareux, guillemots et petits pingouins viennent y nicher par dizaines de milliers. On peut y loger et y camper.

VARMAHLÍÐ

140 hab.

Bourg-carrefour posé sur la route 1, Varmahlíð n'a en soi aucun intérêt, mais le site – une vaste plaine entourée de montagnes – est vivifiant, surtout s'il fait beau. On peut y faire pas mal de balades, à cheval notamment, puisque l'on dit que le Skagafjörður est la patrie du cheval islandais, ainsi que du rafting. Sinon, ne manquez pas la *ferme-musée de Glaumbær,* à 7 km au nord, et allez jeter un œil à l'église de tourbe qui se situe non loin de là.

Arriver – Quitter

Arrêt des bus à la station-service *Olís.*

➢ ***Reykjavík :*** la compagnie *Strætó* (ligne 57) circule tte l'année, avec

2 bus/j. (1 seul le sam) pour Reykjavík via ***Sauðárkrókur*** (20 mn), ***Blönduós*** (1h) et ***Borgarnes*** (env 4h). Trajet : env 5h30. L'été, on peut opter pour le bus semi-touristique *SBA* (ligne 610) passant par l'intérieur des terres (piste F35) avec des arrêts-visites à ***Hveravellir, Kerlingarfjöll, Gullfoss*** et ***Geysir.*** Durée : 9h. ***Attention, ce bus ne circulait plus suite à l'épidémie de Covid-19, se renseigner.***

➢ ***Akureyri :*** 2 bus/j. (1 seul le sam) tte l'année, avec *Strætó* (ligne 57) ; de mi-juin à début sept avec *SBA.* Trajet : env 1h10.

Adresse et info utiles

ℹ ***Office de tourisme :*** *dans une maisonnette à l'entrée du village. ☎ 455-61-61. • visitskagafjordur.is • De mi-mai à fin sept, tlj 9h-18h ; le reste de l'année, lun-ven 10h-16h.* Vous y trouverez toutes les infos sur les activités dans le coin, mais aussi des cartes de la région fort utiles. C'est LE centre d'infos touristiques le plus complet et le plus efficace pour cette partie du pays. Enfin des renseignements fiables et concrets (ce qui n'est pas toujours le cas quand ce sont des étudiants de passage qui s'occupent de l'accueil) !

– Cafétéria, supérette et distributeur de billets sont regroupés à la ***station-service* Olís.**

Où dormir ?

⛺ ***Varmahlíð Tjaldstæði :*** *sur les hauteurs de Varmahlíð, c'est fléché. 📱 899-32-31. Env 1 400 ISK/pers, douche 250 ISK. On s'installe et on paie quand le gardien passe (mat et soir en principe).* Voici un lieu tranquille pour une étape, très bien tenu et à l'écart de la route 1. Les emplacements sont bien délimités par des haies et des petits arbres. Machine à laver. La piscine du village est à 1 km.

À faire

➢ ***Activités équestres :*** le Skagafjörður est, dit-on, le berceau du cheval islandais. Vous trouverez plusieurs élevages proposant des balades. Parmi eux, à la sortie sud de Varmahlíð, ***Hestasport*** *(☎ 453-83-83 ; • riding.is •)* organise des sorties de 1 à 3h ou d'un jour (les plus longues vers le delta) et propose des forfaits avec hébergement dans des petits chalets (bien mais chers). Autre option avec ***Lýtingsstaðir*** *(☎ 453-80-64 ; • lythorse.com •),* à 19 km au sud, de la simple promenade de 1h à la rando de 6-7 jours. Sur place, les proprios ont construit une écurie à la manière d'autrefois, en tourbe, avec toit d'herbe. Les maisonnettes abritent une expo sur les chevaux et leur utilité à travers les âges *(entrée payante).* Enfin : ***Iceland Horse Tours*** *(📱 847-85-77 ; • icelandhorsetours.de •),* à Helluland, à environ 8 km au sud-est de Sauðárkrókur. Tenu par un couple germano-islandais, celui-ci se spécialise dans les grandes chevauchées au long cours et permet même de participer à des *round-up* à l'automne, lorsque les chevaux semi-sauvages sont rassemblés.

➢ ***Rafting :*** *avec* ***Bakkaflöt,*** *à 11 km au sud de Varmahlíð par la piste 752 (mai-sept ; ☎ 453-82-45 ; • bakkaflot.is •) ou* ***Viking Rafting,*** *5 km plus loin dans la vallée (📱 823-83-00 ; • vikingrafting.is •).* Peu avant de former son delta, la rivière Héraðsvötn se scinde en 2 bras majeurs. L'ouest est plus calme, l'est autrement plus turbulent, avec des rapides aux noms farfelus, comme la... *Screeming Lady* (minimum 18 ans pour ceux-ci) ! Inutile de dire que, dans un cas comme dans l'autre, vous n'aurez pas chaud... et peut-être même froid dans le dos !

DANS LES ENVIRONS DE VARMAHLÍÐ

Viðimýrarkirkja (église de tourbe) **:** *depuis Varmahlíð, prendre la route de Blönduós sur 1,5 km et tourner à gauche. Tlj juin-août 9h-18h. Entrée : 1 000 ISK ; réduc ; gratuit moins de 18 ans. Billet combiné avec la ferme de Glaumbær : 2 000 ISK.* Planquée dans un vallon, cette église de 1834 est un bel exemple de l'architecture en bois recouverte de tourbe qui prévalait jadis. Il ne reste plus que 6 chapelles ou églises de ce genre en Islande, et celle-ci est l'une des rares qui assurent encore les offices. L'intérieur, mignon, est tout en bois, avec un petit retable et une chaire du XVIIIe s. Les riches s'asseyaient devant, les pauvres restaient près de la porte ou même dehors. Les femmes se mettaient du côté nord, les hommes du côté sud.

***La ferme de Glaumbær* :** *à 7 km au nord de Varmahlíð, sur la route de Sauðárkrókur (les bus Akureyri-Reykjavík peuvent vous y déposer). ☎ 453-61-73. • glaumbaer.is • De mi-mai à mi-sept, tlj 10h-18h ; d'avr à mi-mai et de mi-sept à mi-oct, lun-ven 10h-16h. Entrée : 1 700 ISK ; réduc ; gratuit moins de 18 ans. Billet combiné avec Viðimýrarkirkja : 2 000 ISK. Prospectus en français.* Bâtie en tourbe aux XVIIIe et XIXe s, c'est l'une des plus célèbres d'Islande. En arrivant, on a l'impression d'un talus dans lequel s'ouvrent des petites fenêtres. Il faut passer derrière pour comprendre que la ferme est en fait composée de plusieurs bâtiments en bois séparés par des murs en tourbe. Les pièces d'habitation sont reliées entre elles par un long couloir, tandis qu'on accède aux remises par l'extérieur. On visite ainsi une quinzaine de pièces, aménagées comme avant, les plus vieilles étant le garde-manger et la cuisine. Tout au fond, la « salle de séjour », où tout le monde mangeait, dormait (à 2 par lit, pratique pour se réchauffer !) et travaillait en hiver. Ne ratez pas la laiterie.

***Askaffi* :** *dans la maison jaune. ☎ 453-88-55. Du 20 mai à fin août, tlj 12h-18h ; 3 premières sem de mai et 3 premières sem de sept, tlj 11h-16h. Sandwich saumon ou agneau fumé env 800 ISK ; gâteaux 450-1 000 ISK.* Bâtie dans les années 1883-1886, la maison Áshús est typique de ces édifices qui succédèrent aux fermes en tourbe. Habitée jusqu'en 1977, elle a été démontée et transportée de sa campagne natale jusqu'ici. On y trouve désormais ce café à l'intérieur mignonet, avec vieux poêle, plancher qui grince, napperons et tasses dépareillées. Des demoiselles en costume traditionnel y servent des en-cas pour une rapide pause-repas, des crêpes et des gâteaux maison, comme les traditionnels *layer cakes* à la cannelle et au gingembre, confectionnés en principe pour Noël. Bon, les portions ne sont vraiment pas copieuses... Dommage. Visitez l'étage, où on a reconstitué un appartement d'époque.

Enfin, la maison grise abrite une ***boutique de souvenirs.*** Elle date du milieu du XIXe s.

BLÖNDUÓS

À 50 km à l'ouest de Varmahlíð. Le village, établi à la sortie du fjord, est coupé par une rivière, avec d'un côté la partie ancienne datant de la fin du XIXe s et de l'autre la ville moderne. Pas mal de balades à faire autour, notamment à la rencontre de la 2e plus grande colonie de canards Harlequin au monde (la 1re se trouvant à Mývatn).

Adresse utile

***Office de tourisme* :** *dans le vieux village. Lun-ven 9h-18h, le w-e 10h-17h. En hiver, jeu-sam 13h (10h sam)-17h.* Bonnes infos. C'est aussi une boutique d'artisanat.

LE NORD

Où dormir ? Où manger ?

🏠 🍽 ***Brimsloð Atelier :*** *Brimsloð 10. 📱 899-11-99. • brimslodguesthouse.is • Doubles à prix chic, petit déj inclus. Dîner sur résa au moins 1 j. avt 7 500 ISK (menu fixe).* En été, ces auteurs de livres culinaires et photographes passionnés accueillent les hôtes à leur table pour partager un repas face à la mer, à base de produits qu'ils vont chercher dans la nature ou leur potager. Ils expliquent leur choix et les préparations pour faire de ce moment une vraie expérience mettant tous les sens en éveil. Ils proposent aussi 4 chambres douillettes et modernes dans cette belle maison du littoral et 6 autres dans une *guesthouse* voisine. Beaucoup de charme.

🍽 ***Ommukaffi :*** *Húnabraut 2. À l'entrée de la ville, sur la droite, avt le pont en venant de l'est, près de la piscine. ☎ 452-40-40. Tlj 12h-21h. Prix moyens.* On le cite pour la cuisine éthiopienne servie le soir ou sur demande, histoire de changer d'horizons.

À voir

Heimilisiðnaðarsafnið *(musée du Textile)* ***:*** *Árbraut 29. ☎ 452-40-67. • textile.is • Juin-août seulement, tlj 10h-17h. Entrée : 1 500 ISK ; réduc ; gratuit moins de 16 ans.* C'est le seul musée du Textile en Islande. Les salles d'un blanc immaculé mettent bien en valeur les broderies fines et autres robes et sous-vêtements traditionnels. Au sous-sol, fileuse, machine à tisser et rouets côtoient les collections de Halldora Bjarnadóttir, qui lutta pour les droits des femmes au début du XXe s. On peut même s'essayer au métier à tisser ! Petit café-salon de thé avec vue sur l'embouchure du Blanda et petite boutique d'artisanat à côté. À réserver aux passionnés.

– Juste à côté se trouve l'ancienne école des filles *(Minjastofa Kvennaskólans ; ouv de mi-juin à mi-août, lun-ven 13h-17h ; entrée : 700 ISK, gratuit moins de 16 ans).* Salles de classe à visiter. On peut y admirer une tapisserie en cours de réalisation, qui raconte l'histoire d'une célèbre saga du XIIIe s. Commencée en 2011, elle devrait être achevée vers 2030 et mesurera alors 46 m de long. Tout le monde peut participer *(compter 1 500 ISK/h).*

LA PÉNINSULE DE VATNSNES

Cette corpulente péninsule, toute verdoyante, livre au regard un relief plutôt doux, où les chevaux semblent aussi nombreux que les moutons. Peu de falaises sur les côtes, mais des prés, des galets, des rochers et des points de vue aux ambiances marines. On y accède facilement par la route 1, via Hvammstangi, avant de s'engager pour un tour complet (90 km) par la (bonne) piste qui épouse le littoral. L'endroit abrite les plus importantes colonies de phoques du pays, environ un millier selon les locaux (beaucoup moins nombreux !).

Arriver – Quitter

🚌 Aucun bus ne dessert la péninsule, mais ceux assurant la ligne Reykjavík-Akureyri passent sur la route 1, à 6 km de Hvammstangi. Du carrefour, *Strætó* assure un transfert gratuit jusqu'à la station-service, mais seulement sur réservation *(téléphoner 2h avt, ☎ 510-27-00).* Sinon, c'est à pied...

➢ ***Borgarnes, Reykjavík, Blönduós, Sauðárkrókur, Varmahlíð et Akureyri :*** 2 bus/j. (1 seul le sam) avec *Strætó.* Trajet : env 3h30 pour Reykjavík et env 3h pour Akureyri.

HVAMMSTANGI

Principale agglomération (560 habitants) de la péninsule, située à sa base, cette bourgade n'a pas grand intérêt en soi, mais représente un bon QG pour recueillir des infos sur la région et son animal emblématique : le phoque. On y passe volontiers la nuit pour découvrir la péninsule sans se presser.

Adresses utiles

Office de tourisme : *Strandgata 1, sur le port. Accès en contrebas du resto Sjávarborg, sur le côté. ☎ 451-23-45. • selasetur.is • visithunathing.is • Mai-sept, tlj 9h-16h ; oct-avr, lun-ven 10h-15h.*

Piscine : *sur les hauteurs du village, à 2 pas de l'église. ☎ 451-25-32. Juin-août, lun-ven 7h-21h, le w-e 10h-18h ; horaires restreints en hiver. Entrée : 650 ISK.*

Où dormir ? Où manger ?

Camping

Tjaldsvæði Kirkjuhvammur : *à 1 km du village, à son extrémité nord, au-dessus de la piscine. 899-00-08. Ouv de mai à mi-oct. Env 1 300 ISK/pers ; gratuit moins de 17 ans.* Un grand camping bien plaisant dans un joli site, au milieu des champs et des collines, avec pour seul voisin une charmante petite église. Salle commune agréable (et chauffée !), minicuisine avec micro-ondes et plaques électriques ainsi qu'une machine à laver. Pas de douches sur place, il faut aller à la piscine municipale (sanitaires très propres).

Prix moyens (14 000-20 000 ISK / 93-133 €)

Hvammstangi Hostel : *à env 1 km au nord de l'office de tourisme, en retrait de la route principale, côté droit. 860-77-00. • stayinhvammstangi.is • Ouv avr-juil. Fourchette basse de la catégorie.* Cet alignement de containers relookés, face à la mer, propose uniquement des chambres doubles, en lits superposés. Coin salon et salle à manger, petite cuisine et lave-linge *(gratuit).* Une bonne option pour dormir au sec, sans trop se ruiner.

Hvammstangi Cottages : *juste avt le camping. 860-77-00. • stayinhvammstangi.is • Fermé sept-oct. Fourchette haute de la catégorie.* Ces 8 bungalows en bois, simplement posés sur un terrain herbeux, assez proches les uns des autres, ne sont pas bien grands (21 m²), mais peuvent néanmoins accueillir 4 personnes avec tout le confort nécessaire (et une grande propreté) : 2 lits superposés, un confortable canapé-lit, une kitchenette, des toilettes, une douche et même la TV.

Sjávarborg : *dans le bâtiment de l'office de tourisme, à l'étage. ☎ 451-31-31. En été, tlj 11h-22h. Plats 2 600-4 500 ISK.* Une excellente adresse à prix plutôt abordables (à l'échelle du pays évidemment !). Cet ancien hangar a été retapé à grand renfort de matériaux bruts : bois flotté, béton, verre poli. On apprécie le cadre contemporain mais chaleureux à la fois, avec son coin salon et ses jeux de société. La carte est courte (gage de fraîcheur) : poisson du jour, pâtes aux fruits de mer, burgers pour les budgets plus serrés. Épices et touches exotiques offrent de belles surprises et des saveurs peu courantes dans ces contrées lointaines. Belle terrasse donnant sur l'eau.

Où dormir sur la route entre Blönduós et Hvammstangi ?

Dæli Guesthouse : *par la route 1, à 18 km à l'est de Hvammstangi, prendre la piste 715 sur 6 km, direction Víðidalur. ☎ 451-25-66. • daeli.is • Doubles avec sdb en catégorie prix moyens (haut de la fourchette) ; cabanes 4 pers avec sac de couchage en catégorie prix moyens (bas de la fourchette), également un cottage pour 5. Resto le soir ouv à ts à partir de 18h.* Perdu dans une vallée. On n'y viendra pas exprès, mais ce peut être une halte pratique et pas trop chère pour les cabanes avec sac de couchage. 5 bâtiments abritent des chambres doubles tout confort, avec salle de bains privée. 2 se trouvent près du petit parking, les autres sont plus excentrés, dans la campagne, tout comme les 6 petites cabanes chauffées, équipées de 2 lits superposés avec toilettes et lavabo (eau froide), d'un bon rapport qualité-prix (jacuzzi à côté). On peut, bien sûr, utiliser les douches et la cuisine commune de la maison voisine. Sur place, minigolf et cours d'équitation possibles. Et, quitte à être là, allez jeter un coup d'œil, le lendemain matin, aux **chutes d'eau Kolugljúfur,** à 5 km de là, en amont de la rivière.

Gauksmýri Lodge : *sur la route 1, à 3 km à l'est de l'embranchement de Hvammstangi. ☎ 451-29-27. • gauksmyri.is • Tte l'année sauf pour les fêtes de fin d'année. Doubles sans sdb en catégorie prix moyens (haut de la fourchette) ou avec sdb en catégorie chic, bon petit déj inclus ; 1 familiale pour 5 pers. Bon dîner-buffet env 6 000 ISK/pers, ou option soupe, pain et salad bar à env 2 500 ISK.* Maison claire, moderne et d'une propreté exemplaire, en pleine campagne. La plupart des chambres sont assez petites (seulement 4 plus spacieuses), plus lumineuses à l'étage. La déco, très « à cheval », a été réalisée par madame. D'ailleurs, on peut jouer les cavaliers lors de sorties équestres. Les proprios tiennent aussi un excellent resto dans le centre-ville : *Sjávaborg* (voir plus haut « Où manger ? »).

Achats

Kidka Wool Factory Shop : *Höfðabraut 34, derrière la station-service. ☎ 451-00-60. • kidka.com • Avr-sept, tlj 8h (10h le w-e)-18h ; fermé le w-e hors saison.* *Kidka* est l'une des plus grandes fabriques d'articles de laine du pays. Tout le processus s'effectue en Islande. En semaine, on peut admirer les machines à l'œuvre : tissage, lavage, cardage puis séchage. Impressionnant ! La laine est travaillée de sorte à pouvoir être utilisée comme un tissu. S'il n'y a pas foule, demandez des explications, on vous fera volontiers une petite visite guidée.

À voir. À faire

Selasetur Íslands (Icelandic Seal Center) **:** *dans les locaux de l'office de tourisme. ☎ 451-23-45. • selasetur.is • Juin-août, lun-ven 11h-15h. Entrée : 1 100 ISK ; réduc ; gratuit moins de 12 ans.* C'est la « Maison islandaise du phoque ». L'expo, pas bien grande, vous apprendra tout ce qu'il y a à savoir sur les 2 sortes de phoques islandais : le veau marin, le plus présent, qui pèse 100 kg pour 2 m en moyenne, et le phoque gris, dont le mâle peut atteindre jusqu'à 2,50 m et 300 kg ! On y voit évidemment des spécimens empaillés ainsi qu'un film sur les colonies de la péninsule de Vatsnes. La recette des entrées finance un fonds de protection des phoques.

– Infos aussi sur les sorties pour aller voir les phoques en bateau depuis Hvammstangi. ***Seal and Nature Watching :*** *897-99-00. • sealwatching.is • Résas en ligne ou auprès de l'office de tourisme. Compter env 8 500 ISK (réduc) pour 1h45 de*

balade (entrée au Seal Center incluse). Départs à 10h, 13h et 16h de mi-mai à fin sept. Cela dit, pourquoi ne pas aller les voir en longeant la côte ? C'est bien moins cher...
– L'office de tourisme possède aussi une agence qui propose le même tour et bien d'autres (sorties à cheval, randonnées...). ***Seal Travel :*** *☎ 451-23-42. • sealtravel.is • Infos à l'office de tourisme.*

AUTOUR DE LA PÉNINSULE

On en fait le tour un peu comme une balade du dimanche, en sifflotant, le nez rivé sur le bleu (ou le gris...) de la mer et le vert des pâturages. Objectif : les phoques. Pour ceux qui tomberaient sous le charme, la halte peut être prolongée.

Où dormir ? Où manger ?

Camping d'Illugastaðir : *à 25 km au nord de Hvammstangi. ☎ 451-26-64. 📱 894-06-95. Ouv 20 juin-31 août. Compter 1 400 ISK/pers ; gratuit moins de 16 ans.* Un beau terrain herbeux posé face à la mer, à moins de 10 mn à pied du site et de la cabane d'observation des phoques. Pas de douche, mais w-c et éviers.

Auberge de jeunesse et chalets d'Ósar : *au nord-est de la péninsule de Vatnsnes, en bordure de la piste 711. 📱 862-27-78. • facebook.com/osarhostel • Fermé en principe nov-janv. Réception au café. Bon marché pour un lit en dortoir et prix moyens pour une double.* Vous serez accueilli par Knútur, qui habite dans la ferme d'à côté, où il élève moutons et chevaux. L'AJ occupe l'ancienne ferme familiale, rénovée, tout en bois de la cave au plafond, avec 2 cuisines (dont l'une située dans l'ancienne laiterie, avec le sol carrelé qui ondule), un salon sous les combles et une salle à manger. Tout n'est pas parfait, les chambres du rez-de-chaussée sont plutôt vieillottes (préférez celles de l'étage), les douches un peu limitées en nombre, mais l'endroit est convivial et globalement bien tenu. Juste en face, 3 chalets abritent des hébergements pour 2-8 personnes, tout confort, aux tarifs de l'AJ, joliment aménagés, avec cuisine. En été, le petit déj-buffet est servi sous une... yourte mongole ! Gros plus : l'AJ est située à 5-10 mn à pied de l'une des plus grosses colonies de phoques du pays ! Petite épicerie à la réception, mais remplissez vos sacs de provisions avant de débarquer dans ce coin perdu. Machine à laver gratuite.

Geitafell : *route 711, à env 30 km au nord de Hvammstangi, 3 km après le site d'observation des phoques. 📱 861-25-03. Mai-sept, tlj 11h-22h. Plats env 2 900-4 000 ISK.* Les restos ne courent pas les prés dans le coin, alors ne ratez pas celui-ci, où vous pourrez déguster une riche soupe de poisson servie avec du pain maison. Également du poisson et du homard. On aime la salle chaleureuse, où flotte une savoureuse odeur de cuisine maison. Monopole oblige, les prix sont surévalués.

LE NORD

À voir. À faire

Il vous faudra une voiture pour faire le tour de la péninsule, qui vous occupera au moins quelques heures. Compter environ 1h30 sans les pauses. 1re escale à 25 km au nord de Hvammstangi : ***Illugastaðir.*** Les ***phoques*** s'y prélassent souvent sur des rochers à quelques dizaines de mètres du rivage, auquel on accède par un sentier balisé en contrebas du camping (en 10 mn environ). Au bout du chemin, une ***cabane d'observation avec jumelles*** permet de mieux scruter ces gros patapoufs des mers en pleine sieste sur les rochers. Sachez toutefois que leur nombre dépend de la météo et de la marée : vous aurez plus de chances de les apercevoir lorsqu'il fait soleil (ils se dorent alors la pilule) et à marée basse (à marée haute, ils partent à la pêche). Le site n'ouvre pas avant le 20 juin

car il est privé et, les semaines précédentes, les proprios récoltent les plumes qui tapissent les nids des canards eiders. Un spot d'observation est annoncé environ 2 km avant le camping (quand on vient du village) mais, malgré les voitures garées, l'arrêt s'avère décevant si vous n'avez pas de jumelles. Roulez plutôt jusqu'au camping, vous les verrez beaucoup mieux depuis la cabane d'observation.
On reprend la route, en passant devant l'église de Tjörn, pour rejoindre la côte est. Un peu avant l'auberge de jeunesse d'*Ósar* (voir « Où dormir ? Où manger ? »), arrêt conseillé à ***Hvítserkur.*** Après environ 15 mn de marche, on aperçoit un gros rocher volcanique ruiniforme, percé de 2 arches, qui émerge des flots. 2e chance de voir les phoques en contrebas de l'AJ, à ***Ósar.*** Un sentier conduit, en 5-10 mn environ, à la ***plus grosse colonie*** du secteur, installée sur un cordon sableux s'étirant entre le Húnafjörður et une grande lagune.
Environ 10 km plus loin, prenez à gauche la piste 717 menant à ***Borgarvirki.*** Ce gros promontoire rocheux aux orgues basaltiques aurait été transformé en forteresse au Xe s. On peut y grimper et, de là-haut, admirer la vue sur la péninsule. Quelques kilomètres plus loin, on rejoint la route 1 ; Hvammstangi est à 21 km.

DANS LES ENVIRONS DE LA PÉNINSULE DE VATNSNES

REYKIR

Dans ce hameau, à 22 km au sud-ouest de Hvammstangi, posé au bord d'un long fjord, 1 370 soldats britanniques furent stationnés ici pendant 3 ans, de 1940 à 1943. La Grande-Bretagne craignait que l'Islande, stratégiquement positionnée sur les voies de navigation du nord de l'Atlantique, ne tombe aux mains des Allemands.

Byggðasafn *(musée du Folklore)* **:** *un peu à l'écart de la route 1, sur la droite en venant du nord. ☎ 451-00-40. Tlj 9h-17h en été ; sur résa hors saison. Entrée : 1 000 ISK ; réduc ; gratuit moins de 13 ans.* On découvre dans ce musée une collection pléthorique d'outils agricoles et d'objets anciens les plus divers – boucles de ceinture en os de baleine, *moustache cup* conçue pour pouvoir boire sans se mouiller les bacchantes (!), machine à tisser les chaussettes, énormes pelotes en crin de cheval, sans oublier 3 fermes du XIXe s en partie remontées à l'intérieur du musée, un tracteur de 1930, une Ford de la même époque et quelques embarcations pour la pêche. La plus grande, datant de 1875, était conçue spécialement pour le requin du Groenland, chassé pour son foie (100 kilos par bestiole !), dont on faisait une huile vendue très cher à Copenhague pour ses effets thérapeutiques. Utilisée jusqu'en 1915, elle embarquait 11 marins, qui partaient en mer pour 7 jours et dormaient là où ils étaient assis ! Mais la paie était bonne. On disait alors que survivre 2 hivers à la pêche au requin était déjà un exploit... Des femmes intégraient parfois l'équipage. Peu d'explications en anglais, dommage, mais ne pas hésiter à poser des questions à la personne sur place.

Sæberg Hostel : *les bus s'arrêtent à env 1 km sur demande. 894-55-04. • hostel.is/hostels/saeberg-hi-hostel • Ouv mars-oct ; le reste de l'année, téléphoner à l'avance. Camping env 1 500 ISK/pers (douche incluse) + tente 300 ISK. Bon marché pour un lit en dortoir ; prix moyens pour une double (bas de la fourchette) ou un bungalow (2-5 pers) avec w-c et kitchenette. Supplément de 10 % pour les non-membres de* Hostelling International. La maison, un peu perdue en bord de mer, abrite un dortoir de 6 lits et 8 chambres de 2 à 5 lits toutes avec salles de bains communes. Également une cuisine et un salon communs. L'ensemble est très propre et la tranquillité garantie (peu de concurrence). Un hébergement simple, propre et sans prétention. Le plus sympa, ce sont les 2 bungalows posés face au fjord. Le camping, peu protégé du vent, dispose de sa propre maisonnette de services avec un *hot tub* face au fjord ! Prévoir ses provisions : rien autour.

LES HAUTES TERRES

• Carte p. 260-261

Champs de lave plus ou moins récents, glaciers, hauts plateaux couverts de steppes, désert de sable noir, torrents fougueux, montagnes impériales et une rare végétation : c'est l'Islande à l'état brut, le cœur de l'île, une vaste zone inhabitée, longtemps infréquentable, sauf par les chefs de clan qui se rendaient autrefois à Þingvellir (siège du Parlement) des 4 coins du pays et par les hors-les-lois, dit-on, qui y trouvaient « refuge », loin de la justice des hommes. Les *Highlands* islandais, terre inhospitalière pour les uns, d'une grande richesse pour les autres, font aujourd'hui le bonheur des aventuriers, en 4x4 et à pied. L'idéal étant de randonner à partir des différents refuges, de bons camps de base où l'on peut recueillir un maximum d'informations.

– ***Bon à savoir :*** ces Hautes Terres ne sont accessibles que par des pistes, en 4x4, et seulement en été, de mi-juin ou fin juin à fin août ou début septembre. Les voitures de tourisme standard ne sont pas assurées pour ce type de parcours.

Si la piste de Kjölur ne présente pas de grosses difficultés, sans passage de gués notamment, celle d'Askja s'avère plus ardue. Mais pas question de se décourager, il existe des alternatives un peu plus accessibles (lire plus bas). Quoi qu'il en soit, il est impératif de consulter le site • *road.is* • avant de partir pour évaluer la météo, l'état des pistes, le niveau des gués et de demander conseil aux derniers offices de tourisme croisés, entre autres pour s'assurer que votre 4x4 est adapté à la situation (on vous demandera la marque).

– ***Quelques conseils :*** il existe très peu d'endroits où se ravitailler (aucun sur la piste d'Askja). Prévoir suffisamment d'eau et de provisions et faire impérativement le plein avant de partir.

Malgré le prix prohibitif, mieux vaut louer son 4x4 auprès d'une compagnie reconnue et non à un particulier. On a croisé plusieurs véhicules en rade et des passagers vraiment dans la panade car sans possibilité de secours adéquat ni de recours.

Ne pas rouler de nuit (pas de bas-côtés) ou en dehors des pistes pour une question de sécurité et de préservation de l'environnement.

Enfin, bien se couvrir. Même en plein été, les températures ne grimpent jamais très haut et le vent souffle. N'oublions pas que l'altitude est supérieure à 500 m.

LA PISTE D'ASKJA

Rejoindre le volcan, un des sites les plus remarquables du pays, se mérite. Entre le lac Mývatn au nord et Askja s'étend le plus grand champ de lave du monde, soit environ 4 000 km². Mais s'il n'y avait que ça ! Tout n'est que paysages sauvages, zones désertiques entourées de montagnes brunes avec, parfois, un

pic couvert de neiges éternelles et vastes étendues parsemées de pierres ponces (*pumice* en anglais), sortes de boulettes claires et ultra-légères, issues de l'éruption de 1875 et toujours présentes sur le sol sombre ! Le spectacle ne cesse de changer, sans jamais un habitant à l'horizon. Cette partie de l'île est un no man's land qui paraît sans fin. Impressionnant !

PLEINE LUNE SUR L'ASKJA

Même les étourdis noteront à quel point le décor au nord du volcan Askja a un côté lunaire. Ce n'est pas pour rien qu'il fut choisi par la NASA en 1969 pour entraîner les astronautes du programme Appolo, avant qu'ils n'aillent marcher sur la Lune. Un paysage pas nase du tout !

Arriver – Quitter

➢ ***En voiture :*** il faut un véhicule tout-terrain, et de préférence un bon ! Pensez à faire le plein avant de partir, car il n'y a évidemment aucune station-service en chemin.
3 possibilités :
– De Reykjahlið (Mývatn), suivre la route 1 sur 33 km, avant de bifurquer à droite sur la F88. La difficulté de cette piste réside dans ses 2 passages de gués importants, parfois infranchissables avec un petit 4x4. Notez que même les véhicules tout-terrain ne sont pas assurés dans l'eau ! Il est donc impératif de demander conseil aux offices de tourisme et de consulter le site ● *road.is* ● avant de vous y aventurer. Compter env 3h-3h30 aller.
– Toujours depuis le nord, alternative un peu plus longue, mais un peu moins dure, recommandée pour les petits 4x4 : prendre la F905 qui part de *Möðrudalur* (à 8 km au sud de la route 1, bifurcation à 63 km à l'est de Reykjahlið), puis la F910. La piste, facile sur les 20 premiers kilomètres, change ensuite constamment de nature : alternance de cailloux, sable, anciennes coulées de lave qui barrent la voie, rivières à franchir (mais les 2 gués sont moins profonds que sur la F88) et même un pont avec barrière à refermer derrière soi. Compter env 3h30-4h aller.
Histoire d'agrémenter le périple, les bons 4x4 peuvent faire une boucle, descendre par une piste, remonter par l'autre.
– D'Egilsstaðir, prendre la route 931 vers le sud, puis la route 910 qui devient la F910 à partir de Karahjnúkar. Au camping de Herðubreiðarlindir, prendre la direction d'Öskjuvatn sur 30 km, jusqu'au point de départ de la randonnée.
Pour les passages de gués : lire en début de guide la rubrique « Transports », « Location de véhicules », « 4x4 ou pas 4x4 ? ».
Sachez que des rangers circulent souvent sur les pistes pour s'assurer que personne n'est en difficulté.

➢ ***En bus :*** pas de ligne régulière mais des agences qui proposent des excursions. Par exemple :

■ ***Mývatn Tours :*** *☎ 464-19-20.* ● *myvatntours.is* ● *De mi-juin à début sept, départ tlj à 8h du supermarché de Reykjahlið. Durée de l'excursion : 12h. Résa 1 ou 2 j. avt conseillée en été. Coût : env 23 000 ISK.* Transport et guide pris en charge, mais pas le repas.

Où dormir ? Où manger ?

Bon marché (max 8 000 ISK / 53 €)

⛺ 🏠 ***Refuge-camping :*** *à **Herðubreiðarlindir,** situé à env 30 km au nord de l'Askja, sur la F88. Géré par Ferðafélag Akureyrar. 📱 822-51-91 (juin-sept). ☎ 462-27-20 (le reste de l'année).* ● *ffa.is* ● *Résa très conseillée pour le refuge. Camping 2 000 ISK/pers et 8 000 ISK avec* *sac de couchage. Douches 500 ISK.* Camping verdoyant au cœur d'une étendue désertique. Refuge pour 30 personnes et une maison de service avec cuisine, w-c et douches chaudes. Prévoir ses draps, son sac de couchage et son oreiller (si vous y tenez vraiment !), ainsi que toutes ses provisions, le supermarché le plus proche étant au lac Myvatn !

Autre refuge-camping : *à* ***Dreki,*** *à 8 km du volcan. Géré par* Ferðafélag Akureyrar. *Juin-sept 822-51-90 ou 841-56-96 et ☎ 462-27-20 (le reste de l'année). • ffa.is • De fin juin à mi-sept. Camping 2 000 ISK/pers et 9 000 ISK/pers dans le refuge avec sac de couchage ; douche 500 ISK.* Camping très venteux et sol caillouteux. 2 refuges pour un total de 55 lits, complétés d'une maison de service avec cuisine (gazinière), douches, w-c et séchoir. Même recommandation que pour le refuge précédent : emportez tout le nécessaire pour dormir et manger.

De prix moyens à chic (14 000-30 000 ISK / 93-200 €)

Fjalladyrð : *à* ***Möðrudalur,*** *entre Egilsstaðir et Reykjahlíð (lac Mývatn). ☎ 471-18-58. • fjalladyrd.is • À 62 km de Reykjahlíð ou 103 km d'Egilsstaðir, piste 901 vers le sud, sur 8 km à partir de la N1. Tte l'année. Camping env 1 400 ISK/pers (douche 500 ISK). Doubles sans sdb à prix moyens (fourchette basse pour l'option* sleeping bag accomodation*) et doubles avec sdb à prix chic. Petit déj env 2 000 ISK/pers. Au déj, sandwichs et soupe 1 000-2 500 ISK ; le soir, plats 4 000-6 000 ISK.* À 469 m d'altitude, c'est la plus haute ferme d'Islande et, accessoirement, le dernier lieu où se ravitailler avant de suivre la piste en direction d'Askja. L'endroit, au milieu de nulle part, est battu par les vents et environné de prairies jaunes veillées par de lointains pics de lave, dominé par une église jolie comme tout, bâtie en 1949 par l'arrière-grand-père du propriétaire actuel. À la belle saison, de nombreux 4x4 et bus d'excursion y font escale pour le déjeuner. On fait alors la queue au comptoir pour commander une soupe, un sandwich ou une *love ball* roborative (on vous laisse découvrir !). Au dîner, tentez la soupe de mousse ou les plats à base de produits locaux, surtout l'agneau de la ferme. On peut aussi y passer la nuit, dans des chambres avec sanitaires partagés très convenables et des cottages en bois et tourbe entièrement équipés (jusqu'à 7 personnes), avec chambres mansardées pour certains. Également une partie *guesthouse* abritant de belles chambres avec salles de bains privées (les plus chères). Le camping, au terrain nu (amarrez bien votre tente !), regroupe un abri pour étendre le linge, plusieurs points d'eau, des sanitaires et une salle commune rustique dans un vieil abri en pierre, tourbe et bois (avec plaques chauffantes et poêle pour essayer de se réchauffer). Loue aussi des vélos et organise des excursions vers le volcan Askja. L'exclusivité du site se paie quand même pas mal sur la « bête touristique » !

– Attention, la vieille ***pompe à essence*** n'est pas toujours approvisionnée.

– Enfin, à côté du café, ***petite expo sur les volcans,*** complété par un film de 20 mn (en anglais) sur la dernière éruption qui eut lieu en 2014, à Holuhraun. *Entrée : 500 ISK.*

À voir. À faire à Askja et dans les environs

Le volcan Askja : au cœur des montagnes Dyngjufjöll formées suite à des éruptions subglaciaires, Askja est une caldeira de 45 km² apparue il y a 10 000 ans. L'activité volcanique s'est poursuivie au fil des millénaires jusqu'à la puissante éruption de 1875 qui entraîna la formation du cratère Víti. Son sommet culmine à 1 500 m d'altitude.

– *Point infos :* les rangers les plus proches se trouvent à Dreki, à 8 km du volcan, passage obligé pour tous les voyageurs. *822-51-90 ou 841-56-96 ;*

• *ffa@ffa.is* • De mi-juillet à mi-août, ils proposent des visites guidées vers Askja à l'ouest et vers Holuhraun, au sud.
– *Depuis Dreki :* la piste de 8 km très cahoteuse traverse un champ de lave très noire, car récent, provenant d'une éruption qui date de 1961. Compter 15-20 mn en voiture.
– *Infos pratiques :* prévoir de bonnes chaussures et un maillot de bain pour une éventuelle baignade dans le cratère (eau à 18-20 °C, tellement plus chaude que l'air !).

Randonnée vers et autour du volcan
Compter environ 40 mn de marche pour parcourir les 2,5 km qui séparent le parking du cratère, dans un fantastique paysage en noir et blanc, un vaste plateau de cendre parsemé de neige, tout à fait saisissant. On ne distingue le site qu'au dernier moment : ce n'est qu'après une petite côte, au moment où l'on s'y attend le moins, que le panorama apparaît, d'autant plus sublime quand il fait beau. Le bleu du ***lac d'Öskjuvatn*** (le plus profond du pays : 220 m) se superpose à la couleur laiteuse et sulfureuse du ***cratère Víti*** (« Enfer » en français, formé en 1875, il mesure 60 m de profondeur). Le tout au cœur d'étranges chaînes de montagnes. On peut faire le tour du cratère par un sentier étroit et un peu périlleux, ou bien tout simplement enfiler son maillot de bain... ou pas, car la plupart des baigneurs sont nus comme des vers, mais la tradition tend à se perdre ! Attention, la descente dans le cratère est raide, sportive et (très) glissante. Un véritable délice. L'odeur du soufre y est supportable, mais gare aux bijoux en argent, qui vont ternir. Si vous y plongez la tête, vous pourrez entendre la respiration sourde du volcan. Le lac est, quant à lui, d'une grande beauté. Les reflets presque parfaits du glacier y sont particulièrement admirables. Bref, un lieu difficile d'accès, mais qui en vaut la peine !

MISSION ENGLOUTIE

Au bord du cratère Víti, une stèle commémore un événement tragique survenu en 1907. 2 scientifiques allemands, accompagnés d'un peintre, étaient alors venus étudier la zone encore instable, suite à l'éruption volcanique qui avait eu lieu quelques années plus tôt. Tandis que l'un des 2 scientifiques était parti faire des recherches un peu plus au nord, les 2 autres membres de l'expédition disparurent, engloutis par les eaux du cratère. On ne retrouva aucune trace des 2 hommes. Aujourd'hui encore, leur disparition reste un mystère.

Randonnée à partir de Dreki : *dans les gorges de Drekagil. Départ derrière le refuge. Compter 30-40 mn A/R.* Une balade facile, à condition que le niveau de la rivière soit bas (demander aux rangers). On évolue dans un canyon jusqu'à une cascade, parfois les pieds dans l'eau.

Holuhraun : *à env 30 mn en 4x4 au sud de Dreki par la F910. Visites guidées possibles avec les rangers en saison (lire plus haut « point infos »).* Il s'agit d'un champ de lave issu d'une éruption qui dura 6 mois, entre août 2014 et février 2015. Il atteint une surface de 85 km^2.

LA PISTE DE KJÖLUR

Kjölur est le nom d'un des hauts plateaux que traverse la F35, l'une des 2 pistes qui coupent l'île de part en part. Cette piste, moins difficile que ne le laisse penser sa réputation, est l'une des plus belles d'Islande et permet d'admirer glaciers, lacs et autres champs de lave. Le *lac Hvítárvatn* et le

***glacier de Langjökull* offrent au regard un panorama magnifique et, plus au nord, la région du *lac Blöndulón* est impressionnante. Si vous ne faites que passer, arrêtez-vous à *Hveravellir,* un site remarquable, et à *Kerlingarfjöll,* étonnant.**
Pour les randonneurs, plusieurs refuges et campings, bien répartis le long de la piste ou à proximité, constituent des étapes bienvenues dans un univers tout de même hostile.

Arriver – Quitter

➢ ***En bus :*** de mi-juin à début septembre, la compagnie *SBA-Norðurleið* assure la liaison entre Akureyri et Reykjavík par la F35. Compter env 18 000 ISK pour tout le trajet (4 000 ISK en sus pour un vélo), mais il est possible de n'acheter que des tronçons. Départ à 8h les lun, mer, ven et dim de Reykjavík ; les mar, jeu, sam et dim d'Akureyri (même heure). Ce bus n° 610 dessert ***Selfoss, Geysir, Gullfoss*** (avec 2 haltes de 30 mn pour ces 2 derniers sites, histoire de profiter – au pas de course ! – de ces 2 curiosités naturelles), ***Kerlingarfjöll*** et ***Hveravellir*** (1h d'arrêt). On peut évidemment passer une nuit en route et reprendre le bus le lendemain ou le surlendemain. Si vous n'avez pas l'intention de vous rendre dans les fjords du Nord-Ouest ou dans la péninsule de Snæfellsnes, il est plus astucieux de couper par la F35, car la portion de la route 1 entre Reykjavík et Akureyri n'offre pas grand intérêt.

➢ ***En voiture :*** on déconseille d'emprunter la F35 avec un véhicule de tourisme standard (même en été). Certes, il n'y a pas de passage de gués, mais votre voiture de location à 2 roues motrices risque d'être bien chahutée sur cette piste cahoteuse et puis reste l'imprévu : bien qu'à 650 m d'altitude, il peut neiger en plein mois de juillet ! Reste donc l'option 4x4, à moins d'être venu en Islande avec son propre véhicule. Pour rappel, ***même en 4x4, vous n'êtes pas assurés sur les F-roads.***

HVERAVELLIR

Hveravellir se trouve à un peu plus de 200 km de Reykjavík et à 110 km de Blönduós, au beau milieu de la F35. À 620 m d'altitude, cette vaste zone géothermique réunit tout ce qui fait l'attrait de l'Islande : la solitude désertique des champs de lave et des plaines de sable, la majesté des glaciers, l'activité surchauffée des solfatares, fumerolles, bains de boue et sources d'eau chaude. Sur place, un hébergement et un café-resto, stratégiquement situés à ce niveau de la piste, et bien sûr un *hot tub* pour apaiser le corps endolori par les kilomètres de secousses.

➢ En venant du nord, la piste est assez roulante sur près de 75 km, en gros jusqu'à 10 km avant Hveravellir. Se méfier néanmoins des nids de poule, parfois traîtres, et des tronçons plus caillouteux.

Où dormir à Hveravellir et dans les environs ?

Camping et refuge de Hveravellir : *à Hveravellir, à 2 km de la F35. ☎ 452-42-00. • hveravellir.is • Camping env 2 000 ISK/pers. Au refuge, bon marché pour un lit en dortoir (8-12 lits ; loc de draps et petit déj en sus). Chambre privée (jusqu'à 3 pers) à prix chic, petit déj inclus. Resto ouv tlj à ts les repas ; plats env 3 000-3 500 ISK.* Différentes options selon votre budget : un terrain très agréable pour camper (sans accès à la cuisine du refuge), un refuge avec 3 dortoirs de 8-12 lits, cuisine et salle de bains partagée. Pour plus d'intimité (et avec un plus gros budget), on s'offre une chambre privée (mais avec sanitaires partagés) dans le refuge moderne. Salle de resto chaleureuse, tout en bois, où l'on se rassasie de hachis Parmentier *(shepherds pie),*

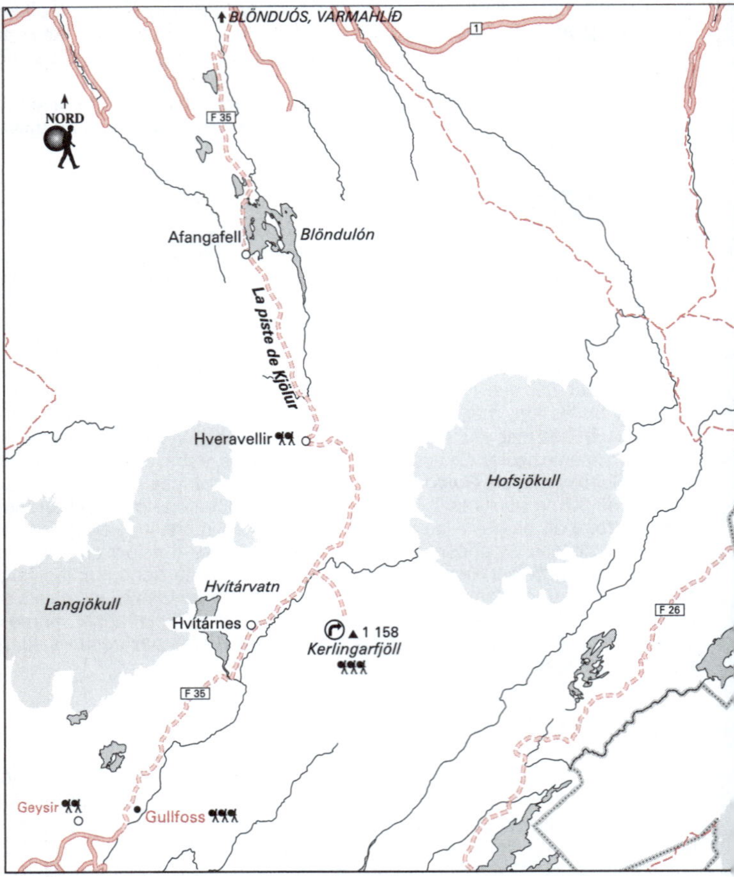

de ragoût de poisson ou de soupe. Le bon plan sur place, c'est ce *hot pot,* un bassin où se déverse l'eau des sources chaudes à côté des fumerolles. Il est accessible à tous *(500 ISK pour les extérieurs).* Ah ! un bon bain, à minuit, à la fin juin, avec en point de mire les couleurs du soleil couchant sur les pentes enneigées des glaciers... on voudrait ne jamais en sortir !

Áfangi : *à 38 km env au nord de Hveravellir. ☎ 452-42-02. • hveravellir.is/afangi/ • Ouv de mi-juin à fin août. Bon marché pour un lit en dortoir (loc de draps et petit déj en sus). Résa conseillée, car il n'y a pas toujours quelqu'un sur place.* Ce long bâtiment en tôle verte abrite 8 chambres de 4 lits superposés chacune. Douches et toilettes communes, comme la cuisine. Machine à laver. Bien, mais un peu loin des endroits plus intéressants de la région, sauf si l'on a décidé d'aller au lac Blöndulón.

Gíslaskáli Cabin : *à 23 km au sud de Hveravellir, à 1 km de la piste. ☎ 486-87-57. 📱 895-95-00. • gljasteinn.is • De fin juin à mi- ou*

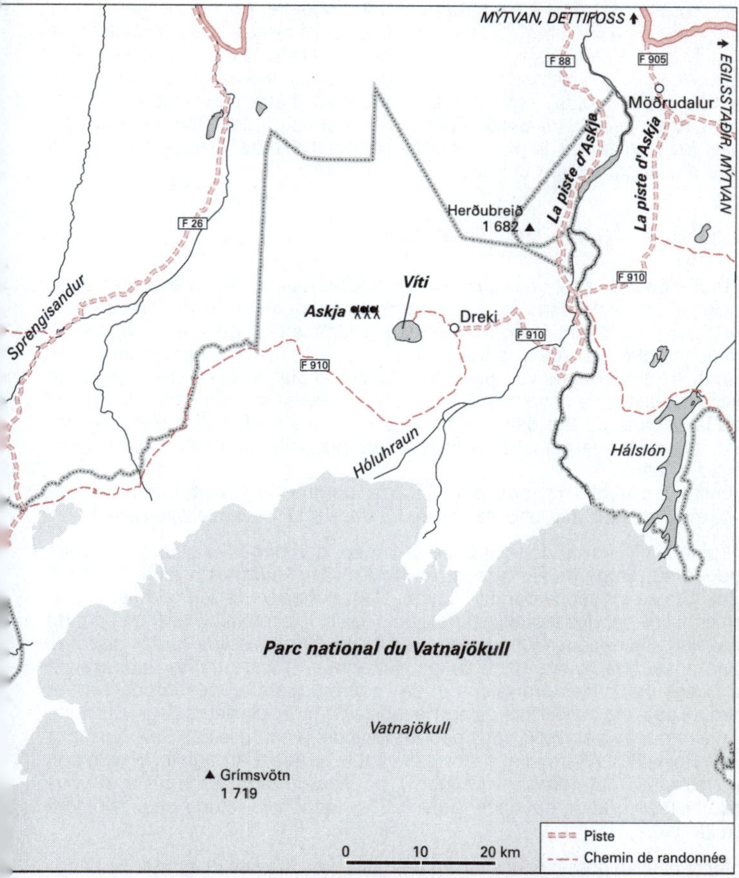

fin août. Camping env 1 200 ISK/pers ou 3 000 ISK pour avoir accès aux commodités du refuge (cuisine et douche). Bon marché pour un lit en dortoir ; réduc enfants. Bel environnement, face aux méandres d'une rivière, pour ce refuge disposant de 6 dortoirs de 8 lits. Belle salle à manger claire et cuisine. L'ensemble est plutôt basique mais bien tenu. Les cavaliers y trouveront des écuries pour leurs montures.

Bon à savoir aussi : 3 autres ***refuges*** en direction du sud, espacés de 20-25 km, appartiennent au même organisme. Situés à Árbúðir (qui possède aussi un café, avec une vue magnifique sur le glacier, impeccable pour une pause), Fremstaver et Myrkholt (entre Gullfoss et Geysir), ils permettent aux randonneurs de faire des étapes de longueurs à peu près égales dans la partie sud des hautes terres. Eau potable partout.

Refuge et camping de Hvítárnes : *à env 50 km au sud de Hveravellir, embranchement sur la droite puis 9 km d'une petite piste en direction du lac. ☎ 568-25-33. 655-01-73. Géré* *par l'**Icelandic Touring Association.** • fi.is • Fin juin-fin août. Compter 6 000 ISK/pers au refuge et 2 000 ISK/pers au camping. Douche 500 ISK.* Magnifiquement situé, face au lac et au glacier, près d'un delta où se posent les oies en été, le plus ancien refuge d'Islande occupe une maison traditionnelle ancienne, genre *turf house* : 25 places, une trentaine en se serrant. Certains lits sont superposés, d'autres, à même le sol. Convivial, à défaut d'être confortable ! Kitchenette et eau froide. Toilettes dans un bâtiment séparé. Camping avec vue sur le lac.

À voir. À faire dans le coin

➢ Tout autour du site, de ***nombreuses randonnées*** à faire, présentées dans les cartes en vente dans les hébergements indiqués ci-dessus. Notre préférée : la balade allant à Þjófafell, on la surnomme *Orange Trail.* Compter 4h à 5h de marche aller-retour à travers les déserts de lave pour parcourir 21 km en tout. À l'arrivée, une vue panoramique sur le glacier avec, au 1er plan, de superbes plaines verdoyantes. Extraordinaire ! Possibilité de dormir sur place dans la cabane de Þjófdalir (se renseigner à Hveravellir). Sur place également, aire de pique-nique (prévoir ses sacs-poubelle) et toilettes (payantes). Pensez à l'eau !
Également d'autres randos plus faciles, comme le *Green Trail* (3 km) de 30-40 mn ou le *Red Trail,* une marche de 12 km allant à Strytur (environ 3h-4h).

➢ Également une randonnée belle et variée, qui longe les glaciers et vous conduira au refuge de ***Hvítárnes,*** en face du ***lac Hvítárvatn*** (compter 4-5h de marche en moyenne durant 3 jours). Départ derrière le site géothermique. Sentier balisé par des piquets jaunes, puis suivre le chemin cavalier en bord de piste (4x4). On découvre une vallée avec 1er refuge et une vue sur les glaciers. Suivre ensuite la rivière jusqu'au lac Hvítárvatn. Dans tous les cas, prévoir une bonne carte, des provisions et de l'eau en quantité, des coupe-vent et pourquoi pas une couverture de survie (qui fait gagner plusieurs degrés la nuit). Pour le retour à Hveravellir, vous pourrez toujours prendre le bus *SBA* qui fait la liaison Reykjavík-Akureyri et s'arrête devant le refuge d'Árbúðir (choisir le bon jour, voir plus haut « Arriver – Quitter »), ou faire du stop sur la piste, si vous avez une très grande patience (prévoir 3 km depuis le refuge pour rejoindre cette dernière).

➢ Autre activité possible à proximité de Hvítárnes : la visite du glacier de ***Langjökull** (Into the Glacier),* 2e plus gros glacier d'Islande. Départ du camp de base Klaki en été et de Húsafell en hiver. On rejoint le glacier dans un camion démesuré, spécialement conçu pour rouler sur la neige. Prévoir 3-4h d'excursion dont 50 mn de marche sur le glacier et dans ses tunnels (crampons fournis). *Infos et résas : ☎ 578-25-50. • intotheglacier.is • Env 19 500 ISK/pers. Excursion possible depuis Reykjavík (env 40 000 ISK pour la journée ; réduc).*

KERLINGARFJÖLL

À une trentaine de kilomètres au sud de Hveravellir, par la F35 puis la F347. Ce volcan forme un petit massif montagneux, réputé pour ses belles opportunités de randonnées. À partir des années 1950, on y faisait même du ski, mais la station fut abandonnée 20 ans plus tard. Peu de touristes prennent le temps de s'aventurer vers ces hautes terres. Pourtant, lorsque la route est ouverte en été, il n'y a plus d'excuse pour ne pas visiter cette région d'une grande beauté, particulièrement photogénique et où la magie opère peut-être plus qu'ailleurs.
En quittant le site, la piste continue sur 8 km pour s'avancer vers le mont Fannborg, dont on peut entreprendre l'ascension complète. À vos baskets !

Arriver – Quitter

➢ ***En bus :*** la compagnie *SBA-Norðurleið* dessert Kerlingarfjöll un jour en remontant vers le nord, le lendemain en descendant (mi-juin à début sept). Si on entreprend l'ensemble du trajet entre Reykjavík et Akureyri, il n'y fait qu'une pause de 15 mn, qui permet de s'imprégner un peu du paysage. Sinon, il est toujours possible de s'y arrêter et de reprendre un autre bus le lendemain ou le surlendemain. Voir plus haut la rubrique « Arriver – Quitter » concernant « La piste de Kjölur ».

Où dormir ? Où manger ?

Camping, refuge et chalets : *à Kerlingarfjöll. 664-78-78 et 664-70-00. • kerlingarfjoll.is • Tte l'année. Compter 2 500 ISK/pers en camping avec accès aux douches, w-c et cuisine. Bon marché pour un lit en dortoir 8-28 places en sac de couchage (draps de loc en sus). Également des doubles sans ou avec sdb privée à prix chic, petit déj inclus. Sinon, loc de chalets équipés (jusqu'à 7 pers) dans la catégorie très chic. Au resto, plats env 3 300-4 000 ISK (seulement au dîner). Le midi, soupe du jour ou sandwich env 2 000 ISK ; petit déj-buffet 2 500 ISK. Salle commune accessible à ts librement.* Le camping est très bien situé, juste au-dessus de la rivière. Différents niveaux de confort dans des chalets de taille variable, les plus chers étant très confortables. Belle et grande terrasse face à la rivière. Incontestablement la meilleure adresse des hautes terres, avec l'offre d'hébergement la plus complète.

À faire

Petite source chaude : à seulement 15-20 mn à pied du camping en longeant la rivière. Accessible à tous, gratuitement. Elle provient d'un ancien forage.

Randonnées : on obtient toutes les infos au *camping de Kerlingarfjöll,* qui peut aussi organiser des balades guidées.
– Ne pas manquer la ***vallée de Hveradalir,*** accessible en voiture le long d'un beau canyon ou à pied depuis le camping (compter alors 12 km aller-retour) avec vue sur le glacier de Langjökull et le lac Hvitárvatn en chemin. Cette impressionnante zone géothermale compose un tableau aux multiples couleurs : des montagnes orangées d'où s'échappe la fumée des solfatares bleu-gris et des fumerolles, traversées par des rivières chaudes et aménagées de ponts et d'escaliers.
– La boucle de 3 jours autour du massif (47 km) débute du camping, avec hébergement dans de petites cabanes construites sur le parcours (pas d'eau, mais chauffage au bois, gaz et électricité).
– Également d'autres randos bien plus faciles, à partir de 1h aller-retour.
– L'***ascension du Fannborg et du Snækollur*** est plutôt réservée aux marcheurs expérimentés. Départ du parking du mont Keis, d'où l'on profite déjà d'une belle vue sur le glacier Hofsjökull.
– ***En hiver, Kerlingarfjöll*** est accessible dans le cadre d'une excursion depuis Gullfoss en super-Jeep (infos auprès du camping). On y pratique entre autres la randonnée à raquettes. C'est aussi le moment d'admirer les aurores boréales.

LES FJORDS DU NORD-OUEST

• Carte p. 266-267

L'immense péninsule des fjords du Nord-Ouest (8 880 km²) est à la fois l'une des régions les moins habitées d'Islande (environ 7 000 habitants) et l'une des plus belles. Sauvage en diable, elle présente des paysages aux côtes tout en dentelle, creusées de dizaines de fjords profonds séparant autant de péninsules – que, bien souvent, aucune route ou même piste ne dessert. Montagnes, falaises et mer y entrent en collision à tout instant, livrant au regard, de loin en loin, de rares petits ports isolés où la pêche a longtemps été la seule réponse.

Et même si le tourisme se développe un peu, même si les pistes sont peu à peu goudronnées, les amoureux des grands espaces trouveront encore ici ces arpents de solitude qui en appellent à la grandeur du monde originel. Un peu de lyrisme n'est pas de trop. Cette région est magnifique, nous pesons nos mots, et s'explore en avalant les kilomètres. Un *road trip* panoramique, au cœur d'une immensité aussi monumentale qu'austère.

– Voir • *westfjords.is* •, site régional du tourisme islandais (en anglais). Nombreuses informations sur les lieux à visiter, actualités, hébergements, etc.

Comment circuler dans les fjords ?

En bus

Les fjords du Nord-Ouest ne sont pas une région qui se parcourt aisément en bus. Si on peut certes relier les bourgs principaux, il faudra établir son programme avec une précision d'horloger, les bus ne circulant que certains jours de la semaine (voire de l'année). Et si le stop peut dépanner, on rappelle que les distances sont importantes et les véhicules pas si fréquents...

Pour explorer la ***partie nord*** de la péninsule, on peut prendre à Borgarnes (facilement accessible depuis Reykjavík) la ligne 59 de *Strætó* (• *straeto.is* •) jusqu'à ***Hólmavík,*** dans le Strandir. Elle circule les mer, ven et dim tte l'année. Une fois à Hólmavík, en principe (vérifier avant !), juin-août seulement et sur résa, liaison les mer, ven et dim pour la « capitale », ***Ísafjörður,*** à l'ouest, assurée par *Eagle Tours* (☎ 862-45-30). De là, bus quotidiens tte l'année (sauf le w-e) pour les bourgades les plus proches : Bolungarvík, Suðureyri, Flateyri et Þingeyri.

Pour la ***partie sud*** en revanche, moins peuplée, la seule option est de se tourner vers la compagnie *Westfjords Adventures,* qui y assure des liaisons entre juin et août seulement (• *westfjordsadventures.com* •).

– Le bus A de *Westfjords* permet de relier les fjords du Nord-Ouest et la péninsule de Snæfellsnes, en empruntant le ferry de/vers Stykkishólmur. En passant par l'embarcadère du ferry (Bránslækur), le bus effectue une boucle entre Patreksfjörður et Ísafjörður, via les chutes de Dynjandi et Þingeyri. Il circule lun, mer et ven

en juin-août (à partir de mi-mai sur résa).
– Le bus B circule juin-août et sur résa seulement. Il effectue une boucle Bránslækur, Patreksfjördur, Látrabjarg, Rauðisandúr. C'est la seule option en transports en commun pour rejoindre le spectaculaire secteur de Látrabjarg.

En voiture

Autrefois essentiellement constitué de pistes, le réseau routier des fjords du Nord-Ouest s'est beaucoup amélioré. Seuls quelques passages sont encore en terre, notamment plusieurs tronçons roulants entre Brú et Hólmavík, et une assez longue section entre Patreksfjörður et Ísafjörður (90 km de Bíldudalur à Þingeyri, tunnel et bitumage en projet) – tout à fait carrossable en véhicule standard à condition d'y aller doucement. Idem pour rejoindre Látrabjarg et Rauðisandur : c'est de la piste, mais facilement carrossable. Un 4x4 vous fera surtout gagner en confort et en vitesse. En tout état de cause, rappelez-vous que les routes de la région sont très sinueuses, alors gare aux fausses impressions : 100 km à vol d'oiseau font souvent le triple ou le quadruple à l'arrivée ! Veillez aussi à ne pas attendre la dernière minute avant de faire le plein d'essence : il y a certes des stations-service, mais pas à tous les coins de fjords.

En bateau

Un ferry relie Stykkishólmur, sur la côte nord de la péninsule de Snæfellsness, à Brjánslækur, au sud des fjords du Nord-Ouest. La traversée (env 2h30) est particulièrement intéressante pour coupler la visite des 2 régions. On évite ainsi beaucoup de route (300 km tout de même !) et on profite d'une belle croisière à travers l'immense Breiðafjörður *(☎ 433-22-54 ; • seatours.is • ; 2 liaisons/j. l'été, 1 seule hors saison ; env 5 800 ISK/pers – et autant pour la voiture – l'été ; 4 500 ISK/pers hors saison).* Pensez à réserver : à la belle saison, le ferry est souvent plein plusieurs jours à l'avance. ***Attention,*** à Brjánslækur il n'y pas de bureau. Résa par Internet plus que conseillée donc. Si vous n'avez pas de véhicule, vous trouverez peut-être une âme charitable pour vous prendre en stop à la descente du bateau...

En avion

Eagle Air (☎ 562-26-40 ; • eagleair.is •) dessert 2 destinations dans les Westfjords au départ de Reykjavík : Bíldudalur (près de Patreksfjörður, au sud) et Gjögur (dans le Strandir, au nord-est). Pour Ísafjörður, c'est avec *Air Iceland (☎ 570-30-30 ; • airiceland.is •).*

LE STRANDIR

Bout du monde au pays des bouts du monde, cette micro région quasi inhabitée du nord-est de la péninsule s'étire le long d'une côte qui se fait toujours plus sauvage à mesure qu'on s'enfonce au nord d'Hólmavík, dans un enchevêtrement de massifs grandioses comme un décor de saga, croqués de baies où se sont établis de rares fermes et hameaux fascinants d'isolement. Peu d'hommes, et même pas d'homme du tout dès qu'on s'éloigne de la piste côtière. Peu d'hébergements aussi, pour une expédition pleine nature qui se calcule en temps, pas en kilomètres.

HÓLMAVÍK

env 300 hab.

De Brú, carrefour des routes 1 et 68, une 1re étape serpente le long de la côte, traversant des paysages de collines de steppe et de pâturages iodés. En chemin, une paire d'églises et leurs cimetières herbeux prennent la pose, esseulées sur des promontoires grignotant sur la mer. De beaux tableaux,

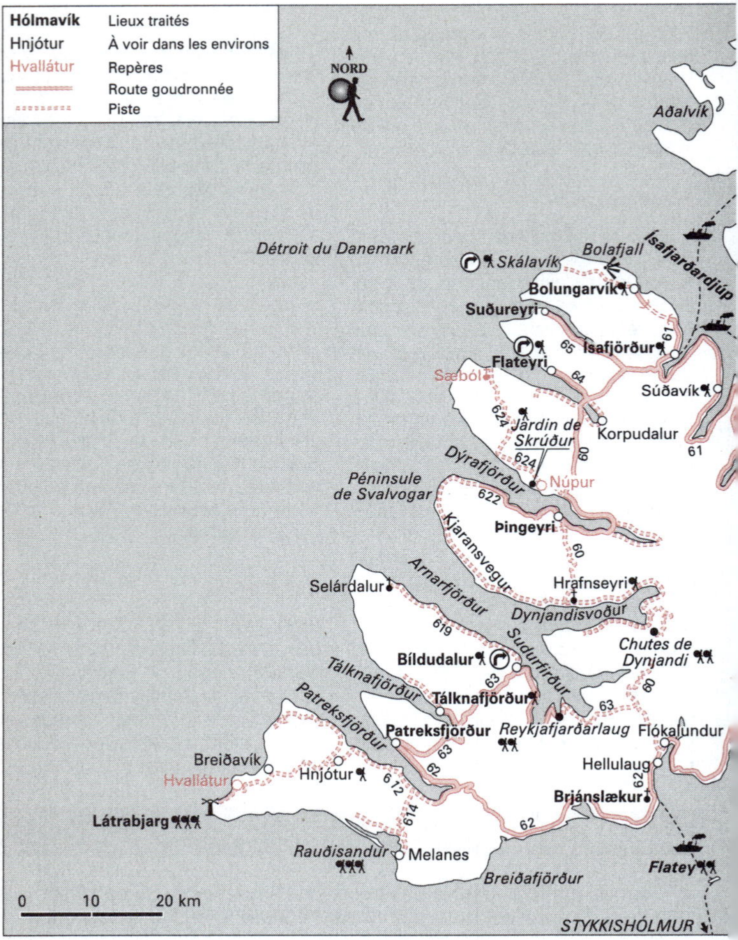

notamment à Pressbakki, peu après Brú. Puis voilà, abrité au creux d'un fjord, le modeste port de pêche à la crevette d'Hólmavík, capitale de poche de la région du Strandir. Face aux quais, les maisons, un peu tristes, exhalent la rudesse de leur isolement.

Arriver – Quitter

Arrêt de bus au supermarché.

➢ ***Borgarnes :*** ligne 59 de *Stræto* (● *straeto.is* ●), 3 bus/sem (mer, ven et dim). De Borgarnes, correspondances pour Reykjavík, Akureyri et la péninsule de Snæfellsness.

➢ ***Ísafjörður :*** en principe (vérifier), 3 bus/sem (mer, ven et dim), l'été seulement et sur résa (*rens auprès d'*Eagle Tours *au* 862-45-30).

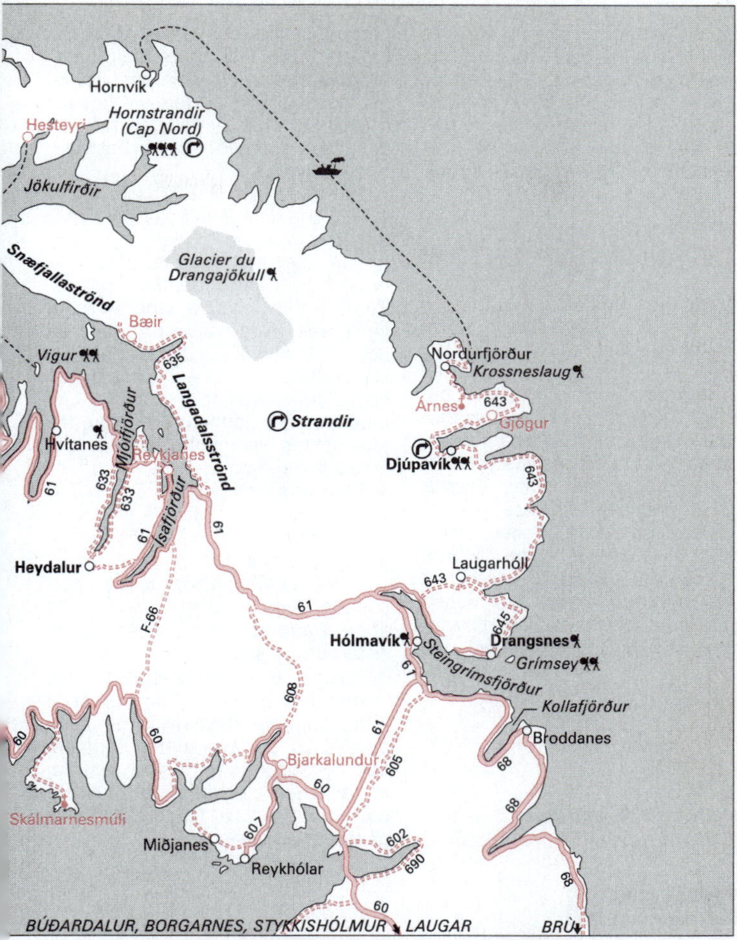

LES FJORDS DU NORD-OUEST

Adresse et info utiles

Point info : *dans le musée de la Sorcellerie (lire plus bas). 897-65-25. Tlj 9h-18h.* Infos sur les balades dans le coin, notamment une boucle sur les hauteurs du village d'où on aperçoit, parfois, des baleines.

■ À l'entrée du village, ***supermarché, station-service, poste*** et ***piscine. Pas de banque ni de distributeur*** en revanche.

Où dormir à Hólmavík et dans les environs ?

Camping : *à l'entrée du village. ☎ 451-35-60. Ouv de mai à mi-sept. Compter 1 600 ISK/pers ; gratuit moins de 14 ans.* S'adresser au *Sport Center* *(tlj en été 9h-21h),* où se trouvent douches (chères !) et sanitaires. 2 espaces différents sur les hauteurs du fjord, assez bien protégés du vent. Machine à laver et séchoir, ainsi qu'un coin cuisine avec frigo, micro-ondes et plaques. Zéro charme en revanche, mais supermarché en face et piscine à côté.

Bon marché (4 000-8 000 ISK / 27-53 €)

🏠 ***Broddanes Hostel :*** *à* ***Broddanes,*** *sur la route 68, à 36 km au sud-est de Hólmavík.* 📱 *618-18-30.* ● *broddanes.is* ● *Ouv de mi-juin à mi-août. Draps et sacs de couchage inclus. Réduc avec la carte* HI. Joliment située face à la mer, cette ancienne école à l'architecture plutôt contemporaine est postée en bordure d'un hameau isolé, aux fermes éparses. Au choix : chambres familiales (4-6 lits) au rez-de-chaussée, aussi utilisées comme dortoirs, et doubles à l'étage. Cuisines équipées (faire ses courses avant !) et grande salle commune aux baies vitrées, avec billard et longue vue pour observer les macareux sur l'îlot juste en face.

De prix moyens à chic (14 000-30 000 ISK / 93-200 €)

🏠 ***Hólmavík Guesthouse :*** *Hafnarbraut 22.* 📱 *896-05-87.* ● *leigulidinn@internet.is* ● *Petit déj inclus.* Une baraque de tôle sur 2 niveaux, posée face au port. Elle abrite des chambrettes modernes et impeccables, les moins chères partageant la salle d'eau, les plus sympa, au rez-de-chaussée, donnant sur les bateaux. Accueil sympa.

🏠 ***Finna Hotel :*** *Borgarbraut 4.* ☎ *451-31-36.* ● *finnahotel.is* ● *Prendre la rue qui monte depuis le* Café Riis *et tourner à gauche, c'est une maison en tôle jaune. Tte l'année. Petit déj inclus.* La vingtaine de chambres, avec parquet et déco en bois clair, ont été retapées dans un style moderne et offrent le confort de base (toutes avec salle de bains). Les plus grandes donnent sur l'eau, les plus petites (vraiment étriquées) font face à la rue. Bon accueil.

🏠 ***Steinhúsið :*** *Höfðagata, presque en face du musée mais la réception se fait au* Finna Hotel. 📱 *856-19-11.* ● *steinhusid.is* ● *Petit déj en sus servi au* Finna. La *Steinhúsið* fut la 1re maison en dur du village (1911). Elle abrite 2 apparts pour 2-4 personnes, avec cuisine-salon, chambre et salle de bains, pas gigantesques mais vraiment jolis, rénovés dans un style rétro, avec des tons vivifiants. Juste au-dessus, par une entrée séparée, une 2de maison avec cuisine (récente) et salon (un peu daté) abrite 5 très petites chambres à l'étage, avec salles de bains partagées.

Où manger ?

🍽 ***Café Riis :*** *Hafnarbraut 39.* ☎ *451-35-67. Au « centre » du village, dans une maison vert pâle. Cuisine tlj en été, 11h30-21h. Pizzas 1 800-4 000 ISK selon taille, plats env 3 000-4 500 ISK. Résa conseillée.* C'est quasiment le seul choix. Dans une salle boisée plutôt coquette, on y sert les classiques sandwichs, salades, burgers (bof...) et pizzas (nettement mieux). À l'ardoise, du poisson, selon la pêche du jour.

À voir. À faire

🚶 ***Le musée de la Sorcellerie :*** *100 m après le* Café Riis. 📱 *897-65-25. Tte l'année, tlj 9h-19h. Entrée : env 1 000 ISK ; réduc ; gratuit moins de 15 ans. Brochure en français.* Ce modeste musée retrace l'histoire des pratiques magiques en Islande, notamment dans la région du Strandir, théâtre au XVIIe s d'une campagne de « chasse aux sorciers », la 1re du genre sur l'île. On y apprend la technique de la nécroculotte, c'est-à-dire dépecer un corps du nombril aux pieds, puis s'enfiler la peau du mort comme un pantalon. En plaçant des pièces dans le scrotum, on s'assure la fortune à vie. Mouais... Visite pas indispensable mais qui vous occupera si vous passez dans le coin...

🍴 ☂ Petite restauration sur place *(prix moyens),* mais rien d'exceptionnel, au ***Kaffi Galdur*** qui profite d'une terrasse donnant sur le petit port.

> ***Observation des baleines :*** *avec* ***Láki Tours*** *• lakitours.com • En principe, 2 départs/j. juin-sept. Env 8 000 ISK/pers pour 2h d'excursion.* Si la zone n'est pas très connue, on a pourtant de bonnes chances d'y apercevoir des baleines à bosse, à seulement quelques minutes de navigation de la côte.

FAIRE FEU DE TOUT BOIS

Ce n'est qu'à la fin du Moyen Âge, dans la 2de moitié du XVIIe s, que l'Islande se lança à son tour dans la chasse aux sorciers. Presque tous les condamnés furent des hommes, une vingtaine périrent sur le bûcher, surtout dans le nord-ouest de l'île, en particulier dans le Strandir. La raison pourrait en être tragiquement pragmatique ; c'est la seule région où l'on ne manquait pas de combustible, grâce au bois flotté échoué sur les côtes.

DRANGSNES

70 hab.

Impossible de s'y perdre, et pour cause : le village ne compte que 2 rues, l'une s'étirant le long du fjord, l'autre vers les hauteurs. En bord de mer, entre les rochers, 3 bassins aux eaux thermales (gratuits) ont été aménagés en plein air. Il est bien agréable de s'y plonger, avec vue directe sur l'*île de Grímsey* (à ne pas confondre avec celle du cercle polaire), habitée par des foules de macareux. Mais c'est plutôt pour découvrir la côte est des fjords, jusqu'à Djúpavík, voire au-delà, qu'on passe par ici. Là, quittant la relative protection de l'immense baie de Húnaflói, la côte, bardée de falaises, retrouve l'océan. Les tempêtes, que rien n'arrête, y drossent une quantité impressionnante de bois flotté sibérien.

– ***Station-service*** et ***piscine.***

Où dormir ? Où manger ?

⛺ ***Camping :*** *sur les hauteurs du village. 📱 844-87-01. Mai-oct. Compter env 1 100 ISK/pers ; réduc.* Coupé en 2 par la (petite) route de Djúpavík, le terrain, herbeux et tranquille, est un peu malmené quand le vent souffle. Sanitaires, lave et sèche-linge, douche payante.

🏠 🍴 ***Malarhorn Guesthouse :*** *Grundargötu 17 (juste après la piscine). ☎ 419-28-01 et 461-43-45 (pour le resto). • malarhorn.is • Tte l'année pour l'hôtel, juin-sept seulement pour le resto, tlj 12h-21h. De prix moyens à un peu chic. Plats env 2 500-5 000 ISK.* D'abord, il y a le café-resto, à l'étage d'un bâtiment en tôle, face à l'île de Grímsey, où engloutir un bon poisson, tout juste débarqué des chalutiers. L'option la plus économique reste la soupe ou la pêche du jour. Pour passer la nuit, il y a l'embarras du choix. Le moins cher : 4 chambres doubles, petites mais soignées, dans une maison en tôle grise avec salon TV, cuisine, salle à manger et sanitaires partagés étincelants. Un cran au-dessus : une dizaine de chambres spacieuses avec salle de bains et vérandas privées dans un bâtiment de plain-pied, tout en bois clair. Ambiance cabane de luxe. Enfin, dans une 3e maison moderne, vaste et lumineuse, des chambres privées et un appartement pour les familles (plus chers) se partagent les espaces communs, mais chacun a sa salle de bains. Une belle adresse, qui organise aussi des sorties en mer (lire plus loin).

Où dormir ? Où manger dans les environs ?

Hótel Laugarhóll : *à 20 km au nord de Drangsnes, dans la vallée de Bjarnarfjörður, direction Djúpavík. ☎ 451-33-80. • laugarholl.is • Ouv mai-sept. Camping env 1 000 ISK/pers, accès aux douches de la piscine en sus (500 ISK). Doubles sans ou avec salle d'eau de prix moyens à un peu chic. Selon dispo, possibilité de dormir avec sac de couchage. Le soir, buffet à volonté env 5 000 ISK, sinon une formule soupe et salade à 2 500 ISK.* Dísa et Einar, un adorable couple d'anciens enseignants, ont fait classe sur place quand l'hôtel, isolé en pleine nature, entre fjord et collines, était encore une école, puis sont devenus décorateurs de cinéma ! Ils gèrent désormais une quinzaine de chambres plutôt coquettes et bien finies, avec fenêtre sur la campagne, dont 5 partagent une salle de bains. Également un chaleureux salon commun et, dans l'ancien gymnase, des tables de billard et de ping-pong que l'on pousse de temps à autres pour laisser place à des petits concerts. À l'extérieur, accès gratuit à une belle piscine d'eau chaude naturelle de 25 m et à un *hot pot* en pierre titrant 41 °C ! Le soir, les restos ne courant pas les prés, offrez-vous le buffet à base de produits locaux, concoctés avec imagination : soupe, pain maison, légumes, tartes, poisson, viande... un des repas les plus variés de notre séjour ! Bref, une adresse au top.

À faire dans les environs

Les proprios du *Malarhorn (☎ 451-33-80 ; • malarhorn.is •)* organisent des ***sorties de pêche*** à bord du *Sundhani,* ainsi que, de mi-juin à mi-août (quand le temps le permet), des ***excursions à l'île de Grímsey,*** une des plus grosses colonies de macareux au monde (75 000 individus environ !). *Compter 7 000 ISK/pers pour 3h d'excursion ; réduc ; gratuit moins de 7 ans.*

On peut aussi, même si on n'y loge pas, aller faire trempette dans ***la piscine et le* hot pot *attenants à l'*Hótel Laugarhóll** *(lire plus haut ; accès env 600 ISK/pers ; réduc ; gratuit pour les enfants et les clients de l'hôtel).* Juste à côté ont été reconstituées d'humbles masures de métayers du XVIIe s, qui pratiquaient d'anciens rites païens et furent pour beaucoup accusés de sorcellerie... De là, balade possible dans les collines, jusqu'à une chute d'eau (renseignements à l'hôtel).

DJÚPAVÍK

On atteint ce hameau du bout du monde par une piste sauvage et spectaculaire, tracée sur une étroite bande de terre coincée entre la mer et de puissants massifs griffés d'éboulis, et entaillés de vallées et de baies aux dimensions titanesques. Perdu au creux de l'une d'elles, au pied d'une cascade dégringolant d'une falaise vertigineuse, Djúpavík connut, dans la 1re moitié du XXe s, un

QUERELLE DE CLOCHERS

Au nord de Djúpavík, le village d'Árnes a beaucoup fait parler de lui : malgré sa très faible population, le hameau a la curieuse particularité d'abriter 2 églises, une ancienne et une nouvelle, qui se font face de chaque côté de la route ! C'est que les habitants du village n'ont pas réussi à trancher s'il fallait restaurer l'ancienne ou en construire une nouvelle...

LES FJORDS DU NORD-OUEST

boom grâce à l'industrie du hareng. La fièvre est retombée depuis longtemps et le lieu a aujourd'hui tout du village fantôme, son imposante usine désaffectée achevant de décrépir sous les coups de boutoirs du temps et du climat. Quoique... les propriétaires de l'*Hótel Djúpavík,* en fait les seuls résidents permanents, lui font connaître un étonnant regain d'activité...

Arriver – Quitter

Pas de bus.

➢ ***En voiture :*** env 1h30 de route depuis Drangsnes par une piste cahoteuse mais carrossable, glissante par temps de pluie. 4x4 ou tout du moins véhicule surélevé préférable.

➢ ***En avion :*** aussi improbable que cela puisse paraître, le secteur compte un petit aérodrome, à Gjögur (20 km au nord), desservi depuis Reykjavík par *Eagle Air.* 2 liaisons/sem (a priori les lun et ven). ☎ *562-42-00 ou 562-26-40 ;* ● *eagleair.is* ● Durée : 40 mn.

➢ ***En bateau :*** de mi-juin à mi-août, *Strandferðir (📱 849-40-79 ; ● strandferdir.is ●)* organise des traversées (sur demande) de Norðurfjörður vers la réserve naturelle du Hornstrandir (lire plus loin « Dans les environs d'Ísafjörður »). Du Hornstandir, d'autres compagnies peuvent ensuite vous rapatrier vers Ísafjörður.

Où dormir ? Où manger ?

🏠 🍽 ***Hótel Djúpavík :*** ☎ *451-40-37.* ● *djupavik.is* ● *Avr-nov. Prix moyens, petit déj inclus. Soupes et encas 1 600-1 900 ISK, plats 3 000-5 000 ISK.* Nous y sommes ! Dans ce bourg « abandonné », une famille a transformé l'ancien bâtiment construit pour les femmes qui travaillaient à l'usine de harengs en un petit hôtel rustique et confortable (l'odeur en moins !), garni d'un chaleureux bric-à-brac de bouquins, vieux objets, jeux de société... Logées à l'étage, les chambres partagent les salles d'eau et donnent sur la mer ou la montagne. Également une maison indépendante à louer, pouvant accueillir jusqu'à 7 personnes *(prix chic à très chic).* Cuisine basique au resto. Location de kayaks et de VTT. Un petit havre de paix, isolé du monde.

À voir. À faire

Allez jeter un œil à l'***ancienne usine de hareng.*** Pensez un peu, à l'époque, quelque 200 personnes vivaient ici, les femmes dans le bâtiment de l'hôtel actuel et les hommes dans le bateau, aujourd'hui rouillé, qu'on peut voir amarré. Construite dans les années 1930, l'usine était, en ce temps-là, la plus grosse structure en béton d'Europe, à l'équipement dernier cri. Elle a fermé en 1954 après 2 saisons où le hareng s'était fait rare, et a été en partie transformée en un lieu d'expo pour le moins insolite, où se tiennent en plus, de temps à autre, des concerts et autres manifestations culturelles. Chapeau ! La partie expo est en accès libre, tandis que l'hôtel organise en saison (en principe à 10h et 14h), des visites guidées au plus près des machines rouillées.

– ***Pour les marcheurs,*** plusieurs circuits possibles au départ du hameau, notamment une boucle d'environ 5 km (2h30) grimpant sur le plateau d'où plonge la cascade, pour un panorama forcément grandiose.

En poussant encore plus au nord, tout au bout de la piste, un peu après Norðurfjörður, une ***piscine*** (*Krossneslaug* ; payante), alimentée par une source chaude, a été construite à même la plage de galets, face à l'océan. Le site n'est pas si joli, mais tellement improbable, aux portes du grand rien ! 1 km avant, pause possible pour une pâtisserie ou un petit plat au modeste ***Kaffi Norðurfjörður,*** installé à l'étage de la capitainerie du minuscule port du même nom *(☎ 451-40-34 ; tlj 12h-21h).*

ÍSAFJARÐARDJÚP

Cet immense fjord pénètre la région sur près de 80 km à vol d'oiseau. Il est lui-même entaillé par toute une série de fjords plus petits, qu'il faut contourner les uns après les autres avant de rejoindre la ville d'Ísafjörður. Quand on fait ce trajet, l'un des plus célèbres d'Islande, on dit communément qu'on va « faire le Djúp » (prononcer « dioup »). La route longe le bord de l'eau sur près de 180 km. Vivifiant ! En face, la chaîne du Snæfjallaströnd, enneigée jusqu'au cœur de l'été, s'étale de tout son long. On peut observer des colonies de phoques en chemin (prévoir des jumelles), notamment à *Hvítanes* (environ 80 km avant Ísafjörður). Comme toujours, les animaux sont plus nombreux par beau temps et à marée basse.

Où dormir ? Où manger en route ?

On peut éventuellement loger sur la route à ***Súðavík*** (camping et *guesthouses*), à ***Reykjanes*** (pas bien beau...), ou encore un peu à l'écart de la route 61, à ***Heydalur,*** notre coup de cœur.

Heydalur : *dans la vallée de...* ***Heydalur,*** *à 130 km d'Ísafjörður et 110 km d'Hólmavík. ☎ 456-48-24. • heydalur.is • Remonter sur 12 km jusqu'au fond du fjord Mjóifjörður par la piste 633 (facile). Tte l'année. Camping 1 500 ISK/pers. Doubles à prix moyens. Également des cottages (4-10 pers) à prix chic. Lit individuel bon marché dans les maisons si dispo. Petit déj en sus. Réduc de 10 % sur le prix des chambres à partir de la 2e nuit. Plats env 1 800-4 500 ISK.* Loin de tout, oui, mais l'endroit, magique, niché au creux d'une vallée verdoyante et tranquille, plaira aux amateurs de quiétude et de grands espaces. On y loge dans l'ancienne ferme (une dizaine de chambres) ou dans une annexe plus récente abritant des chambres très lumineuses donnant sur la nature – dont 2 triples vraiment impeccables, avec chauffage au sol et kitchenette. Que ce soit à la réception ou au resto, l'accueil est adorable. Le vaste restaurant (ouvert aux non-résidents) en bois brut, façon grange, propose une bonne cuisine de terroir faisant honneur au saumon, à la truite, aux légumes frais et aux myrtilles de la vallée. Et puis il y a cette charmante piscine sous serre, planquée entre framboisiers géants et vignes (!) et, plus loin, près du torrent, un espace camping, bien agréable lui aussi, avec un *hot pot.* Nombreuses activités : randonnées à cheval, kayak, pêche. Et pour ceux qui passeraient par là en hiver, des séjours spéciaux aurores boréales. Une douce bulle, gérée en famille.

LitliBær : *à 500 m avt* ***Hvítanes.*** *De mai à mi-sept, tlj 10h-18h.* Une vieille maisonnette en bois au toit d'herbe (1894), où l'on peut faire une pause café et gaufre(tte). C'est tout mignon et on peut visiter les autres pièces, avec leurs objets d'époque. Toilettes payantes si on ne consomme pas.

À voir sur la route

50 km après Hólmavík, avant d'attaquer la litanie des fjords, crochet possible par une piste sur la droite (direction Bæir) pour rejoindre, après une trentaine de kilomètres, le pied du glacier ***Drangajökull,*** le 5e plus important du pays (145 km²), qui scintille au fond d'un fjord. Du parking, on peut s'en approcher au plus près, en marchant environ 1h.

Melrakkasetur Íslands : *à* ***Súðavík.*** *☎ 456-49-22. • melrakki.is • À 20 km à l'est d'Ísafjörður direction Hólmavík. Juin-août, tlj 9h (10h sam-dim)-18h ; mai et sept, tlj 10h-16h ; sur résa le reste de l'année. Entrée : 1 200 ISK ; gratuit moins de 14 ans.*

Fondé par un scientifique, ce petit musée est consacré au renard arctique – *melrakki* (« chien des plaines ») en islandais –, le seul mammifère natif de l'île, qui en compterait environ 7 000 individus. Il en existe 2 sortes : le « blanc » (99 %), qui devient gris en été, et le « bleu » (1 %), qui garde sa couleur toute l'année. Vous en verrez quelques spécimens empaillés, tandis que des panneaux en anglais détaillent leurs caractéristiques (des volontaires proposent aussi des visites guidées). La chasse reste autorisée (l'espèce n'est protégée que dans la réserve du Hornstrandir) et de nombreux fermiers ne s'en privent pas ; ils reprochent aux renards d'affoler leurs moutons et de s'attaquer aux nids de canards eider (dont on récolte le duvet). L'étage est d'ailleurs entièrement dédié à la chasse. Parfois, quelques orphelins sont élevés sur place, dans un enclos à l'arrière (visible sans payer l'entrée). Petit café.

PEAUX DE CHAGRIN

La fourrure du renard arctique serait la plus chaude du règne animal. Efficace jusqu'à – 60 °C, elle compte 20 000 poils par centimètre carré, un record. Résultat : le pauvre bestiau a de tout temps été chassé. La valeur de sa peau pouvait autrefois atteindre le double, voire le triple de celle d'une vache ! À une époque, la peau de renard avait même cours légal en Islande.

ÍSAFJÖRÐUR

2 700 hab.

• Plan *p. 275*

Chef-lieu du Vestfirðir (fjords du Nord-Ouest), Ísafjörður recense presque la moitié de ses habitants... Une vraie mégapole à l'échelle de la région ! Grandie sur une courte péninsule en forme de harpon dardée sur les eaux du Skutulsfjörður, cette grosse bourgade un peu triste est encadrée d'une couronne de hautes montagnes tâchées de névés jusqu'en été. Son port naturel en fit très tôt un bastion de la pêche – activité qui occupe encore environ 20 % de la population. Les services prennent peu à peu le relais, sans pour autant bouleverser entièrement le mode de vie local.
Si le tourisme y est encore balbutiant, Ísafjörður est désormais la base arrière privilégiée pour partir à la découverte de la proche péninsule du Hornstrandir, réserve naturelle et paradis de la randonnée.

Arriver – Quitter

En bus

Il existe ***3 arrêts de bus.*** Le principal se trouve sur Pollgata *(plan B1, **1**)*, à la hauteur de l'*Hótel Ísafjörður.* De là partent les bus pour Flateyri, Þingeyri et Suðureyri. Pour Bolungarvík, il faut aller au 2[d] arrêt *(plan B1, **2**)*, situé devant le magasin *Hamraborg,* à l'angle d'Austurvegur et de Hafnarstræti (face au supermarché *Nettó*). Enfin, les bus de *Westfjords Adventures* et ceux pour Hólmavík partent du parking de l'office de tourisme *(plan B1)*.

➢ ***Flateyri*** *(20 mn)* et ***Þingeyri*** *(1h)* **:** 3-4 bus/j. en sem, pas de bus le w-e.

➢ ***Suðureyri :*** 3-4 bus/j. en sem, pas de bus le w-e.

➢ ***Bolungarvík :*** 3 bus/j. en sem (seulement 2 dans l'autre sens), pas de bus le w-e.

➢ ***Þingeyri, Dynjandi, Brjánslækur*** *(ferry pour Stykkishólmur)* et

Patreksfjörður : desservis l'été par le bus A de *Westfords Adventures* ; lun, mer et ven.

➢ ***Hólmavík :*** en principe, 3 bus/sem l'été et sur résa (mer, ven et dim), assurés par *Eagle Tours* (*862-45-30*). De là, connexion pour Borgarnes, puis Reykjavík et Akureyri.

En avion

➢ ***Reykjavík :*** 1-2 liaisons/j. avec *Air Iceland*. Durée de vol : 40 mn. *☎ 570-30-30 ; • airicelandconnect.is •* L'aéroport se trouve à 6 km du centre ; bus-navette à l'arrivée des vols pour Ísafjörður et Bolungarvík. *Rens et résas au 893-83-55.*

En voiture

Au moins 2h30 de route en lacet depuis Hólmavík. Compter 2h15 jusqu'à Brjánslækur (ferry vers Stykkisholmur).

Adresses utiles

Office de tourisme *(plan B1) : Aðalstræti 7. ☎ 450-80-60. • isafjordur.is • westfjords.is • En été, lun-ven 8h-17h, le w-e 9h-13h ; en hiver, horaires réduits.* Plein de doc : cartes de la ville, des randos alentour, etc. Accueil très compétent et sympathique.

■ ***West Tours*** *(plan B1) : Aðalstræti 7, dans l'office de tourisme. ☎ 456-51-11. • westtours.is • Mêmes horaires que ci-dessus.* Cette agence d'excursions travaille main dans la main avec l'office de tourisme. Son aide vous sera indispensable pour organiser une virée dans la péninsule du Hornstrandir (voir plus loin « Dans les environs d'Ísafjörður »). Location de vélos, balades en kayak, à VTT ou à cheval, excursions dans la région, etc.

■ ***Borea Adventures*** *(plan B1, **4**) : Aðalstræti 17. ☎ 456-33-22. • borea.is • Tlj 9h-17h.* L'autre agence locale organise aussi des traversées régulières vers le Hornstrandir (et l'île de Vigur) et s'est spécialisée dans les randonnées, les sorties accompagnées en kayak et le ski en hiver.

■ Plusieurs ***banques*** avec distributeurs sur Hafnarstræti et un ***hôpital*** dans le centre-ville *(plan A1).*

■ ***Supermarchés :*** ***Nettó*** *sur Hafnarstræti, dans une galerie commerçante (plan B1, **5**). Tlj 10h-19h. Également un* ***Bónus*** *(hors plan par A2, **6**), à 2,5 km du centre (pas loin du camping). Ouv tlj 11h-18h min.*

■ ***Piscine couverte*** *(plan B1) : Austurvegur 9, en plein centre. Juin-août, lun-ven 10h-21h, le w-e 10h-17h ; le reste de l'année, horaires restreints.*

Où dormir ?

Camping

Camping de Tungudalur *(hors plan par A2, **12**) : à 4 km d'Ísafjörður. 864-85-92. Avt d'arriver en ville, juste après le supermarché* Bónus*, prendre à gauche la petite route de Tungudalur. Compter 1 800 ISK/pers.* Pas pratique sans véhicule, sinon on vous le conseille vivement : le coin est bien joli, au pied de la haute cascade de Bunárfoss et au bord d'un torrent, avec des haies pour se protéger du vent et même 2 emplacements entièrement encadrés de végétation, avec leur table de pique-nique perso ! Installations modernes avec cuisine, douches (chaudes et gratuites), lave-linge et séchoir. Même des jeux pour les gosses.

De bon marché à prix moyens (4 000-20 000 ISK / 27-133 €)

Gamla Guesthouse *(plan B1, **15**) : Mánagata 5. ☎ 456-41-11. • isafjordurhotels.is • Réception 7h-14h, 16h-20h, sinon à l'*Hótel Ísafjörður*. Lit en dortoir bon marché. Doubles à prix moyens (haut de la fourchette) avec*

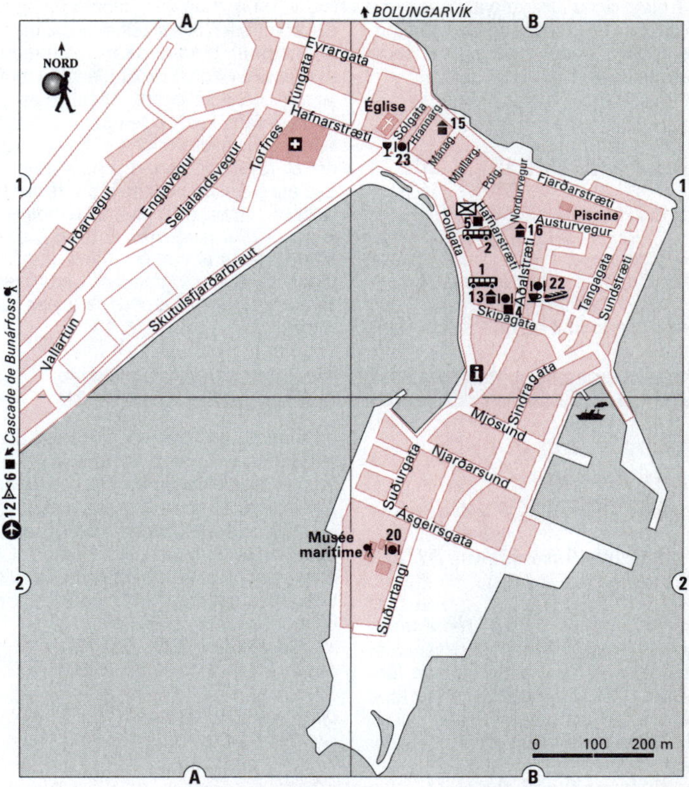

ÍSAFJÖRÐUR

Adresses utiles

- Office de tourisme (B1)
- 1 Arrêt de bus principal (B1)
- 2 Arrêt de bus pour Bolungarvík (B1)
- 4 Borea Adventures (B1)
- 5 Supermarché Nettó (B1)
- 6 Supermarché Bónus (hors plan par A2)

Où dormir ?

- 12 Camping de Tungudalur (hors plan par A2)
- 13 Hótel Ísafjörður (B1)
- 15 Gamla Guesthouse (B1)
- 16 Hótel Horn (B1)

Où manger ? Où goûter ?
Où boire un verre ?

- 13 Við Pollinn (B1)
- 20 Tjöruhúsið (B2)
- 22 Gamla Bakaríið et Heimabyggð (B1)
- 23 Húsið (B1)

sdb partagée et petit déj. Des couloirs feutrés à la salle de petit déj en passant par la réception, tout est cosy et soigné dans cette vieille bâtisse de pêcheurs joliment retapée. On y trouve une dizaine de chambres simples mais agréables et plutôt lumineuses, avec sanitaires sur le palier. Jardinet avec terrasse et cuisine équipée. Également des dortoirs pour les budgets serrés

(2-7 lits), dans une maison voisine, avec salles de bains et cuisine communes. Moins coquet mais c'est la seule auberge de la ville.

Très chic (plus de 30 000 ISK / 200 €)

Hótel Horn *(plan B1, **16**) : Austurvegur 2. ☎ 456-41-11. • isafjordurhotels.is • Réception 8h-20h, sinon à l'*Hótel Ísafjörður*. Fourchette basse, petit déj inclus.* Le *Horn* occupe un grand édifice blanc aux airs Art déco, dans lequel on grimpe en... monte-charge ! Les chambres, assez épurées, ne manquent pour autant pas d'élégance, avec vieille photo noir et blanc au mur, large douche italienne... Un style et un confort dans l'air du temps. Les familiales, avec micro-ondes et frigo, nous ont en revanche paru un peu « vides ». Si c'est plein, on peut se rabattre sur le vaisseau amiral du mini-empire hôtelier local, l'***Hótel Ísafjörður*** *(plan B1, **13**)*. Mêmes tarifs et confort, dans un gros bâtiment assez disgracieux. Chambres style épuré, donnant pour certaines sur le port.

Où manger ? Où goûter ? Où boire un verre ?

De bon marché à prix moyens (max 4 000 ISK / 27 €)

Gamla Bakaríið *(plan B1, **22**) : Aðalstræti, face à l'*Hótel Ísafjörður*. ☎ 456-32-26. Lun-sam 7h-17h (16h sam). Fermé dim.* Pour démarrer la journée, vous trouverez pâtisseries et viennoiseries dans cette maison fondée en 1871. On peut aussi se faire préparer un sandwich. Grand choix, prix abordables et un coin café pour s'installer.

Heimabyggð *(plan B1, **22**) : Aðalstræti 22B. 📱 697-48-33. Tlj 8h-23h (la cuisine ferme à 21h). Plat du jour env 2 000 ISK.* Dans une vieille maison en bois, un petit café convivial meublé de récup, avec aussi quelques tables de bric et de broc sur le trottoir. Choix de gâteaux maison et, pour un repas, une paire de plats du jour façon soupe et sandwich, parfois servis avec du popcorn.

Húsið *(plan B1, **23**) : Hrannargata 2. ☎ 456-55-55. Tlj 11h-23h (la cuisine ferme à 21h). Plats env 2 000-4 500 ISK.* Installé dans une maison de grand-mère en tôle, ce charmant petit café-resto-bar aux tables et chaises dépareillées est noir d'habitués. Vous y trouverez peut-être un coin sur le canapé, au comptoir, ou en terrasse, pour manger sans vous ruiner sandwichs, soupe maison (servie en soupière !), burger, quiche, un poisson du jour très abordable ou des côtelettes d'agneau, le tout joliment tourné, frais et parfumé. Bon choix de bières, vins au verre et gâteaux du jour. Le service est efficace, mais l'attente est parfois longue vu l'affluence. Le soir, c'est le point de ralliement de la ville, avec des concerts fréquents. En un mot : vivant !

Við Pollinn *(plan B1, **13**) : Silfurtorgi 2 (dans l'*Hótel Ísafjörður*). ☎ 456-33-60. En été, tlj (sauf le midi sam-dim) ; horaires restreints le reste de l'année. Le midi, buffet env 3 000 ISK ; le soir, plats env 3 000-4 000 ISK. Réduc pour ceux qui logent aux hôtels *Horn, Ísafjörður* et à la *Gamla Guesthouse*.* C'est le resto de l'*Hótel Ísafjörður*, le plus « chic » en ville. La petite salle, moderne, s'ouvre sur la rade (de l'autre côté de la route...) par de grandes baies vitrées. Courte carte, travaillant uniquement des produits frais et locaux.

Chic (4 000-6 000 ISK / 27-40 €)

Tjöruhúsið *(resto du Musée maritime ; plan B2, **20**) : à côté du musée. ☎ 456-44-19. En été, tlj sauf le midi lun (et lun soir en mi-saison). Fermé en hiver. Buffet 4 000 ISK le midi, 7 000 ISK le soir (gratuit moins de 14 ans). Résa conseillée.* Si vous ne comptez vous offrir que 2 ou 3 restos durant votre séjour, on vous conseille vivement celui-ci, logé dans une vénérable bicoque de bois, rustique et trapue. Un resto de poisson exclusivement, où l'on vous servira en buffet, selon l'arrivage, de l'églefin, du carrelet, de la morue, du loup, de la lotte ou du flétan, crépitant dans leur poêle ou mijotant dans une sauce succulente. Le patron (et chef) est pêcheur, c'est dire s'il connaît son affaire ! Le buffet, plus généreux (et plus cher) le soir promet un mémorable gueuleton, et la soupe de la mer nous a laissé un grand souvenir. Accueil très sympathique, pour ne rien gâcher. Terrasse.

À voir

Le Musée maritime *(plan B2)* **:** *Neðstikaupstaður. ☎ 456-32-91. • nedsti.is • Au bout du port. De mi-mai à fin sept, tlj 9h-17h. Entrée : 1 300 ISK.* Planté au bout du port, au milieu des hangars et des chalutiers au carénage, le musée est installé dans un entrepôt en bois de 1784, entouré de 3 autres maisons du XVIIIe s (dont celle où se trouve le resto conseillé plus haut). C'est là son principal intérêt. Pour le reste, l'expo, sur 2 niveaux, retrace l'histoire assez générale de la pêche en Islande : documents et photos sur les fjords de l'Ouest, maquettes de bateaux, film sur le métier de pêcheur, attirail vestimentaire, reconstitution d'un petit atelier. On peut grimper dans une petite tour d'observation.

La cascade de Bunárfoss *(hors plan par A2)* **:** *à 4 km d'Ísafjörður. Juste avt le supermarché* Bónus, *prendre la petite route de Tungudalur et du camping.* Mignonne cascade qui dégringole de quelques dizaines de mètres dans un environnement verdoyant. On peut grimper quasi jusqu'à son sommet en environ 15 mn. Également un circuit dans le bois attenant (enfin des arbres !) d'environ 40 mn.

DANS LES ENVIRONS D'ÍSAFJÖRÐUR

Excursion sur l'île de Vigur : *de fin mai à fin août env, départ tlj à 14h. Durée : env 3h (dont 1h de navigation A/R). Compter env 12 000 ISK/pers. Rens chez* ***West Tours*** *ou* ***Borea Adventures*** *(voir plus haut « Adresses utiles ») qui propose aussi une excursion en kayak (env 39 000 ISK/pers).* On est accueilli par le propriétaire de cette petite île qui abrite le seul moulin à vent d'Islande, le plus petit bureau de poste du pays et une importante colonie d'oiseaux de mer (macareux, guillemots et sternes arctiques). Les proprios récoltent aussi le duvet des eiders.

Le Hornstrandir : le cercle polaire passe à moins de 10 km. Voici les terres les plus septentrionales d'Islande, île de Grímsey exceptée. Depuis 1950, plus personne n'habite ce gigantesque espace (580 km²) entaillé de petits fjords, devenu réserve naturelle. D'ailleurs, aucune route n'y mène. En revanche, de mi-juin à fin août, des bateaux desservent tous les jours le Hornstrandir. Les traversées au départ d'Ísafjörður sont assurées par les 2 tour-opérateurs de la ville : *West Tours* et *Borea Adventures* (voir « Adresses utiles »). La compagnie *Strandferðir* part elle de Norðurfjörður, dans le Strandir. Ces liaisons, qui desservent une demi-douzaine de destinations différentes selon le jour de la semaine, permettent aux marcheurs expérimentés d'arriver à un endroit et de repartir d'un autre. Destinations et horaires des bateaux sont consultables sur les sites *• westtours.is • boreaadventures.com • strandferdir.is •* On peut passer une ou plusieurs nuits sur place. La péninsule compte 2 refuges et plusieurs campings, basiques (seulement des w-c) et gratuits. Le camping sauvage y est interdit.

Cette excursion pleine nature (1 millier de randonneurs seulement arpentent la réserve chaque année) nécessite évidemment une bonne préparation et une bonne carte (on en trouve à l'office de tourisme). Si la logistique vous semble trop compliquée, *West Tours* et *Borea Adventures* proposent différentes excursions guidées, à la journée ou sur plusieurs jours. Parmi les musts : la baie d'Aðalvík (à l'ouest) et les falaises (500 m) de la baie de Hornvík (au nord), piquetées de... 5 à 6 millions d'oiseaux marins. Les renards arctiques, nombreux, ne sont jamais très loin...

BOLUNGARVÍK

900 hab.

Isolé à 13 km au nord d'Ísafjörður, au débouché d'un tunnel de 5 km (attention aux radars !) creusé dans la montagne, Bolungarvík est l'un des plus anciens centres de l'industrie poissonnière du pays. Occupant une baie austère, au pied de massifs abrupts, le site est assez sauvage, avec des milliers de sternes arctiques nicheuses, mais le village n'est pas bien beau. On y fait un crochet pour une escapade vers la baie de Skálavík et le sommet du Bolajfall, et éventuellement pour une courte visite de ses 2 musées.

➢ Liaisons en bus 3 fois/j. en sem avec ***Ísafjörður.*** Pas de bus le w-e.
Plus d'infos sur ● *bolungarvik.is* ●

Adresse et info utiles

■ On trouve au village ***supermarché, station-service*** et ***piscine*** (avec toboggan !).

Camping : *contre la piscine.* ☎ *456-73-81.* ● *sundlaug@bolungarvik.is* ● *Juin-sept. Emplacement 3 100 ISK. Toilettes et évier seulement, douches à la piscine.* Le terrain est réduit, en partie protégé par de petites haies. Machine à laver. Également un terrain de camping gratuit dans la ***baie de Skálavík*** (lire plus bas).

À voir. À faire

Osvör Sjóminjasafn *(Musée maritime) :* *1 km avt le village (prendre à droite peu après la sortie du tunnel).* 📱 *892-57-44. De juin à mi-août, tlj 13h-17h ; sur résa le reste de l'année. Entrée : 1 200 ISK ; gratuit moins de 16 ans. Billet groupé avec le musée d'Histoire naturelle.* Constitué de 2 maisonnettes en bois aux toits recouverts d'herbe, de leurs appentis où sèche le poisson et d'une vieille embarcation, le musée restitue le décor d'une station de pêche des années 1890 et retrace la vie des hommes qui y travaillaient. Pour vous plonger dans l'ambiance, un barbu qui s'habille en marin du XIXᵉ s, avec combinaison intégrale en peau de mouton, vous présentera leur quotidien à travers les divers objets accumulés. Dans le poisson, rien ne se perd : il suffit de voir les chaussons en peau de poiscaille ou de phoque, ainsi que les sacs en estomac...

Náttúrugripasafn *(musée d'Histoire naturelle) :* *Vitastígur 3 (2ᵉ étage), en plein centre, derrière le supermarché* Kjörbuðin. ☎ *456-70-05. En principe, ouv de juin à mi-août, tlj 9h (10h le w-e)-17h ; sur résa le reste de l'année. Entrée : 1 200 ISK ; réduc ; gratuit moins de 16 ans. Billet groupé avec le Musée maritime.* Si vous passez par là, vous pourrez jeter un coup d'œil à cette jolie collection d'oiseaux (environ 230), pour peu que vous les aimiez empaillés. Autres attractions : un jeune ours polaire (260 kg quand même), la plus grande mâchoire de baleine bleue d'Islande et une expo sur le corbeau et sa place dans la culture islandaise. Prix d'entrée un peu exagéré.

Du village, une piste carrossable mène en 12 km jusqu'à la ***baie de Skálavík,*** étroite plage de sable noir dessinée au débouché d'une vallée riante et sauvage, parcourue par un torrent. Ici et là, quelques mignonnes maisonnettes et, presque sur la plage, un terrain de camping gratuit, sur une pelouse (toilettes et évier). En chemin pour la baie, crochet à droite de 3,5 km vers le sommet du plateau du ***Bolajfall*** et sa station radar, pour un panorama vertigineux sur le Hornstrandir et l'océan.

SUÐUREYRI

300 hab.

Un carrefour dans un tunnel ? Les Islandais l'ont fait, sur la route 60. En prenant la branche qui va vers le nord, on débouche dans le Súgandafjörður, un fjord étiré en longueur et griffé de cascades, à l'entrée duquel s'est installé ce paisible petit port. Une odeur caractéristique de poisson flotte dans l'air !
C'est également ici qu'est née, en 1926, la marque de vêtements *66° North,* en vente un peu partout en Islande.
➢ Liaisons en bus 3-4 fois/j. en sem avec ***Ísafjörður.*** Pas de bus le w-e.

Où dormir ? Où manger ?

Fisherman Hotel et Fisherman Cafe : *Aðalgata 15. ☎ 450-90-00. • fisherman.is • Mai-sept. Doubles à prix chic, petit déj compris.* L'hôtel se compose de 2 bâtiments se faisant face, de part et d'autre de la rue principale. Les chambres, sans ou avec sanitaires privés, sont assez inégales, quoique plutôt spacieuses. Sobrement meublées et pas décorées, on les trouve chères pour la prestation. Valable en dépannage si tout est plein à Ísafjörður. Également un ***café,*** qui fait aussi resto le soir *(tlj sauf dim 12h-21h ; plat env 3 000 ISK),* où objets anciens et meubles vintage plantent un décor digne d'un troquet new-yorkais. Plutôt improbable dans ce bout du monde ! À la carte : soupe, sandwichs, gâteaux maison et poisson du jour. L'établissement organise aussi une ***visite guidée*** de 1h30 du village et de ses pêcheries, qui se termine par une dégustation du traditionnel *plokkfiskur,* une sorte de ragoût de poisson.

FLATEYRI

200 hab.

À 7 km à l'ouest de la route 60, ce minuscule village perdu occupe une langue de terre fermant l'Önundarfjörður, large fjord encadré d'un régiment de falaises en à-pic et taché de bancs de sable dessinant un camaïeu de bleus. S'il prospéra, jusqu'au début du XXe s, grâce à la pêche au requin du Groenland, le port semble aujourd'hui oublié mais abrite pourtant de bonnes adresses, tandis que ses environs se prêtent à la randonnée. En 1995, 2 éboulements ont détruit la partie est du village, tuant 20 personnes ; un imposant paravalanche a depuis été construit.
➢ Liaisons en bus 3 fois/j. en sem avec ***Ísafjörður*** (30 mn) et ***Þingeyri.*** Pas de bus le w-e.

Où dormir ?

Camping

⛺ **Camping :** *derrière la station-service (qui fait snack). 📱 848-09-20. Ouv de mai à mi-sept. Compter 1 300 ISK/pers.* Le cadre n'est pas folichon (on voisine avec la station-essence), mais l'herbe est épaisse et on peut planter la tente derrière des haies. Toilettes, tables et jeux pour enfants. Pour prendre une douche, la piscine n'est pas loin.

De bon marché à prix moyens (4 000-20 000 ISK / 27-133 €)

Síma Hostel : *Hafnarstræti (à l'entrée du village). 📱 897-87-00. • icelandwestfjords.com • Ouv de mi-mai à mi-oct. Lit en dortoir et doubles bon marché.* Inattendue, cette AJ privée s'est installée dans l'ancienne banque du village. Bizarrement agencée donc, les dortoirs de 6-8 lits et certaines chambres sont séparées de la pièce à vivre par des portes vitrées. Pour plus d'intimité, choisissez l'étage. Salles de bains partagées pour tous et cuisine commune très bien équipée. On peut aussi louer un étage en entier, façon appartement.

Bryggjukaffi Hostel : *Hafnarstræti 4 (tt au bout de la rue principale). 📱 863-76-62. Bon marché.* À l'étage d'une bicoque banale, 3 chambres lumineuses pour 2 à 5 personnes partagent une salle d'eau, une grande cuisine et un salon. Au rez-de-chaussée, café un peu triste où avaler une soupe ou un gâteau.

Litlabyli Guesthouse : *Ránargata 2 (à l'entrée du village). 📱 848-09-20. • litlabyli.com • Doubles avec ou sans sdb à prix moyens, petit déj compris.* Atmosphère lumineuse et cosy dans cette coquette maison ocre, encadrée d'un jardinet et dotée d'un grand salon commun. Chambres agréables, claires et parquetées, les moins chères partageant la salle d'eau.

Où manger ? Où boire un verre ?
Où écouter de la musique ?

Vagninn : *Hafnarstræti 19. ☎ 456-77-51. En principe, ouv l'été tlj 16h-23h (ferme plus tard le w-e). Petit plat env 2 000 ISK.* Le bar-resto du village, point de ralliement des gens du coin pour ses concerts du week-end (programme sur Facebook). On peut aussi y manger, de petits plats frais, pas chers et bien tournés.

Où dormir dans les environs ?

⛺ **Korpudalur Hostel :** *à 12 km à l'est de Flateyri. ☎ 456-78-08. • korpudalur.is • Sur la route 60, prendre le chemin qui démarre face à la route menant à Flateyri, c'est 5 km plus loin, au fond de l'Önundarfjörður. Ouv de fin mai à mi-sept. Camping et lit en dortoir bon marché (draps inclus). Doubles à prix moyens (fourchette basse). Cottage (8 pers) à prix très chic. Petit déj 2 300 ISK.* On aime beaucoup cette AJ perdue tout au bout du fjord, petite maison blanche dans sa verte vallée, entourée de montagnes enneigées. La proche lagune séduira les ornithologues (avocettes, barges, cygnes, oies...). Pour loger, des chambres plaisantes de 2 à 5 lits, tout en bois, certaines avec un lavabo. Tout ici est très bien tenu : les sanitaires, la petite cuisine, la salle à manger (café à dispo) et le petit salon. Machine à laver. On peut aussi camper ou louer un joli cottage en bois tout équipé. Les sympathiques proprios peuvent vous réserver des excursions de pêche et de kayak dans le fjord, et fournissent une carte détaillée des randos dans le coin.

Guesthouse Kirkjuból í Bjarnardal : *presque au bord de la route 60, à* *env 12 km au sud de Flateyri. ☎ 456-76-79. • kirkjubol.is • Ouv juin-fin août. Doubles sans ou avec sdb à prix moyens, petit déj inclus.* Isolée au pied des montagnes, cette discrète maison abrite 6 belles chambres, spacieuses et lumineuses, conciliant mobilier rétro et confort moderne (très bonne literie). Salle du petit déj et accueil charmants. Et quel calme, quelle quiétude. Randos et pêche (à partir de fin juillet ou août) possibles dans les environs.

À voir

Old Bookstore : *Hafnarstræti 3 (dans la rue principale). • flateyribookstore.com • Fin mai-fin août seulement, tlj 10h-17h. Donation suggérée 500 ISK.* Ouverte en 1914, la vénérable librairie du village est aujourd'hui tenue par l'arrière-petit-fils de ses fondateurs. D'un côté s'entassent les bouquins, neufs ou d'occase, dont quelques-uns en français, traitant des légendes et traditions islandaises. De l'autre, l'appartement des aïeuls, figé dans le passé, avec ses vieux tapis, son mobilier, ses photos jaunies... Une tranche d'intimité.

ENTRE FLATEYRI ET ÞINGEYRI

Le jardin de Skrúður : *à mi-chemin des 2 villages (env 25 km). En arrivant sur le fjord depuis Flateyri, tourner à droite sur la route 624 direction Núpur. Ouv en permanence. Entrée : 300 ISK (à glisser dans une boîte).* Posé sur le flanc d'une montagne austère, à l'orée d'une belle vallée oubliée ouvrant sur l'océan, ce minuscule jardin botanique fut fondé en 1909 par le pasteur de l'école voisine qui y expérimenta diverses cultures de légumes adaptées aux rigueurs du climat local. Aujourd'hui s'y épanouissent surtout un bosquet d'arbres et des buissons colorés de fleurs, bien agréables pour une pause pique-nique (table).

ÞINGEYRI

260 hab.

Il n'y a rien à faire à Þingeyri. Rien, sauf y passer la nuit en chemin, s'arrêter manger une gaufre à la confiture de rhubarbe ou, pour les plus aventuriers, se lancer dans l'exploration de la péninsule inhabitée de Svalvogar. Et repartir.

➢ Liaisons en bus avec ***Flateyri*** (30 mn) et ***Ísafjörður*** (1h) 3 fois/j. en sem. Pas de bus le w-e. L'été, également des liaisons avec Dynjandi, Patreksfjöróur et Bránjslækur, assurées par *Westfjords Adventures* (*• westfjordsadventures.com •* ; voir en début de chapitre « Comment circuler dans les fjords ? »).

Adresse et info utiles

Point info : *Hafnarstræti 5, dans la galerie Koltra (maison en bois sombre dans la rue principale). ☎ 456-83-04. Seulement l'été, tlj 11h-17h.* Pas franchement un office de tourisme, plutôt une boutique où se renseigner. On y trouve une carte des randos à faire dans le coin.

■ ***Station-service, banque*** et ***piscine.***

Où dormir ? Où manger ?

Camping : *derrière la piscine. ☎ 450-84-70. De mi-mai à mi-sept. Compter 1 800 ISK/pers.* Terrain herbeux bien protégé par des haies.

Grande cuisine équipée et douches chaudes (gratuites) dans une baraque attenante.

Simbahöllin : *Fjarðagata 5. 899-66-59. En arrivant dans le centre. De mi-mai à mi-sept, tlj 12h-18h. Gâteau, gaufre et soupe env 1 000 ISK.* Cette ancienne épicerie, repeinte en vert absinthe, a été retapée pour abriter un chaleureux café. Cadre cosy à souhait, avec coin canapé, mobilier de récup et vaisselle de grand-mère. Les gaufres, légères, excellentes, sont servies avec la « fameuse » confiture de rhubarbe maison (également déclinée en jus). Il y a aussi des soupes, des gâteaux, des scones. Bref, une escale de choix. Location de *fatbikes* pour explorer la péninsule.

À voir. À faire

Le ***Musée maritime*** d'Ísafjörður gère ici une petite annexe : un vieil atelier de forgeron *(Smiðjan)* de 1913, exposant force machines et outils luisants de graisse. *Juin-août, tlj 9h (10h le w-e)-17h. Entrée libre.*

Ascension du Sandafell *(367 m)* **:** c'est la montagne qui borde le village par l'ouest. Compter 2h de marche aller-retour. Sinon, une piste, pour 4x4 seulement, au départ de la route 60, permet aussi d'accéder au sommet... De là-haut, superbe panorama.

La péninsule de Svalvogar : les possesseurs d'un 4x4 qui ont du temps à revendre et ***une bonne dose d'expérience*** s'offriront le luxe de rejoindre Hrafnseyri en faisant le tour de cette péninsule inhabitée par la côte, via la piste primitive de ***Kjaransvegur*** (ou *Kjaransbraut,* aussi appelée *Svalvogavegur*). Cahots, gros cailloux, passages étroits entre mer et falaises et paysages enlevés des « Alpes des Westfjords » garantis, mais comptez bien 3-4h de trajet (pour 45 km). ***Attention, ne s'y aventurer que si on est excellent conducteur.***
On peut aussi se lancer dans l'expédition en ***fatbike*** (locations au resto *Simbahöllin*). Compter alors une journée complète (partir tôt), ou une ½ journée en allant seulement jusqu'au phare, à la pointe nord de la péninsule.

AU SUD DE ÞINGEYRI

Au sud de Þingeyri, la route se fait – bonne – piste (goudron et tunnel en projet), tracée à travers des paysages grandioses et inhabités de lagunes et de rocailles, où le Nord-ouest déploie toute sa brutalité, toute sa puissance.

Le musée Jón-Sigurðsson : *à* ***Hrafnseyri,*** *à 17 km au sud de Þingeyri. ☎ 456-82-60. • sagatrail.is • Juin-août, tlj 11h-18h. Entrée : 800 ISK ; réduc ; gratuit moins de 16 ans.* Héros national, président du Parlement de 1845 à 1879, Jón Sigurðsson se battit pour l'indépendance de son pays. En remerciement, la fête nationale a été fixée le 17 juin, jour de son anniversaire ! Le monsieur sur les billets de 500 couronnes, c'est lui. Il a grandi dans cette ferme, devenue mémorial, avec son musée mettant en lumière son ascension politique mais aussi – et c'est là le plus intéressant – le cadre islandais de l'époque. Mieux vaut être prévenu, les infos sont denses et exclusivement en anglais, à réserver aux passionnés d'histoire, sinon la visite est un peu indigeste.
On peut aussi juste faire halte pour jeter un œil à la jolie église en bois et aux étroites chaumières voisines, répliques de la maison de Jón, le mobilier en moins. On s'y réchauffe aujourd'hui autour d'un thé et d'une part de gâteau.

Une vingtaine de kilomètres plus loin, toujours sur la route 60, dégringolent avec fracas les larges et splendides ***chutes de Dynjandi*** *(Fjallfoss).* Mesurant 100 m de haut, elles s'émiettent ensuite en une cascade de chutes secondaires. Waouh ! Un petit sentier mène en 5-10 mn à leur pied, d'où l'on découvre une vue panoramique sur le fjord.

⛺ Randonneurs et cyclistes peuvent ***camper*** gratuitement sur le site (interdit aux campeurs en véhicule). Toilettes, éviers et tables de pique-nique. Très bel endroit, au fond du fjord, mais vous ne serez pas seul.

Environ 35 km plus loin, sur la route 63 en direction de Patreksfjörður (dans la vallée précédant le Fossfjörður), pause bien méritée aux ***sources chaudes de Reykjafjarðarlaug.*** Là, à 2 pas du fjord, une piscine a été aménagée en plein air (environ 35 °C) et, juste au-dessus, un adorable petit bassin naturel serti dans l'herbe, vraiment chaud. *Accès libre et gratuit mais donation bienvenue.*

LA PÉNINSULE DU SUD-OUEST

Voilà le bout du bout de l'Islande – une terre vide de population ou presque, à l'exception des 3 petits ports de Bíldudalur, Tálknafjörður et Patreksfjörður. La route, sinuant entre mer et falaises, le long des fjords, franchit de magnifiques cols embrumés, intercalés de descentes vers de belles vallées verdoyantes piquetées de fermes isolées. Des points de vue tout à fait grandioses se dessinent. Et puis arrive le point d'orgue : les falaises de Látrabjarg, où nichent par milliers macareux et guillemots peu farouches, environnées de plages immenses et désertes. Un vrai coin sauvage, à découvrir absolument si vous êtes motorisé. Autre petite merveille, moins fréquentée, même en été : la plage de Rauðisandur, au sable tirant sur l'orange, avec un petit camping du bout du monde. On adore. On en redemande.

Arriver – Quitter

➢ ***En bus :*** l'été seulement, des liaisons avec Ísafjörður, le ferry pour Stykkishólmur et Látrabjarg (sur résa) sont assurées par la compagnie *Westfjords Adventures* (● westfjordsadventures.com ● ; voir en début de chapitre « Comment circuler dans les fjords ? »). Par ailleurs, 2 bus quotidiens (le mat et en fin d'ap-m) relient les 3 bourgs du secteur entre eux (Patreksfjörður Tálknafjörður et Bíldudalur).

➢ ***En avion :*** en principe, 1 vol/j. avec *Eagle Air* (☎ 562-26-40 ; ● eagleair.is ●), tlj sauf sam, depuis Reykjavík pour Bíldudalur (40 mn). À l'arrivée, le *Fly Bus* (📱 893-26-36) dessert Tálknafjörður et Patreksfjörður.

BÍLDUDALUR

200 hab.

Ce microvillage, qui ne vécut longtemps que de la pêche, se serre au pied des falaises d'une haute montagne tabulaire, sur le bord du profond (et joli) Arnarfjörður. Pas grand-chose à y faire, mais l'escale n'est pas mauvaise. Ceux qui n'ont pas eu leur comptant de paysages pourront s'engager, à la sortie du village, sur l'étroite et panoramique piste 619, tracée sur une vingtaine de kilomètres au pied des montagnes, au plus près de la mer, pour desservir un chapelet de vallées oubliées bordées de baies de carte postale ourlées de sable blond. Tout au bout, à Selárdalur, un modeste musée en plein air présente les sculptures en béton de phoques et de lions réalisées par un autodidacte local dans les années 1960, Samúel Jónsson *(donation : 500 ISK).* Rien qui ne bouleverse l'histoire de l'art, mais de quoi se fixer un objectif.

– Au village, ***épicerie*** et ***station-service.***

Où dormir ?

⛺ ***Camping :*** *au bord du fjord, dans le village. ☎ 450-23-54. Juin-août. Compter 1 900 ISK/pers (à payer au gymnase voisin) ; gratuit moins de 15 ans.* Une petite étendue herbeuse bord de l'eau, à un jet de filet du port. Toilettes sur place, douche au gymnase (où l'on peut aussi se tremper dans un jacuzzi).

🏠 ***Harbour Inn Guesthouse :*** *Dalbraut 1. Dans la rue principale. ☎ 456-50-05. • info@harbourinn.is • harbourinn.is • Ouv tte l'année. Doubles sans ou avec sdb de prix moyens à un peu chic, petit déj inclus.* Si l'extérieur n'est pas des plus engageant, on s'avoue plutôt surpris par la chaleur de la maisonnée. Joli parquet et tons sobres habillent des chambres simples mais lumineuses, s'ouvrant pour les plus agréables sur le port. C'est impeccable, les matelas sont fermes et les lavabos bien utiles dans les chambres sans salle d'eau. Kitchenette et salon ouverts à tous, excellent petit déj et accueil aux petits soins.

|●| ***Vegamót :*** *Dalbraut (à côté de la station-service). ☎ 456-22-32. Tlj 11h-22h (20h hors saison). Plat env 2 500 ISK.* Épicerie-resto, avec quelques tables en terrasse. Au menu, burgers et *fish & chips*. Utile en dépannage. Parfois des concerts.

À voir. À faire

Skrímslasetrið *(The Icelandic Sea Monster Museum)* ***:*** *Strandgata 7. ☎ 456-66-66. • skrimsli.is • De mi-mai à mi-sept, tlj 10h-18h. Entrée : env 1 250 ISK ; gratuit moins de 10 ans.* Si l'on en croit le boss, l'Arnarfjörður hébergerait pas moins de 4 sortes de monstres marins... À commencer par la très redoutée *shore lady*, une sorte de gros ragondin (terrifiant !). Le musée travaille sur les atmosphères et les mises en scène : vidéos avec « témoignages », écran tactile avec les monstres marins à travers le monde, caméra installée sous l'eau dans le fjord au cas où... la carte de l'interactivité est jouée à fond et ça fonctionne plutôt bien. Petite cafétéria.

Observation des baleines : de mi-juin à mi-août, sortie en mer de 1h30-2h presque tous les soirs avec *Beffa Tours* *(• beffatours.is • ; rens à la Harbour Inn Guesthouse)*, sur un petit bateau de 7 passagers maximum. Le spot où espérer apercevoir des cétacés n'est qu'à 20 mn de navigation. Propose aussi des sorties pêche dans le fjord.

TÁLKNAFJÖRÐUR

240 hab.

Ce petit port de pêche n'a pas un charme fou, mais sa situation est jolie, sur le flanc oriental de l'étroit fjord éponyme. On y trouve une colonie d'eiders et... un *hot pot* (presque !) secret bien agréable.

– ***Station-service, épicerie, poste*** et ***piscine*** avec toboggan alimentée par des eaux chaudes thermales (9h-21h en été).

Où dormir ? Où manger ?

⛺ ***Camping :*** *derrière la piscine, à la sortie nord du village en longeant le fjord. ☎ 456-26-39. Juin-août, compter 1 600 ISK/pers, à payer à la piscine ; gratuit moins de 10 ans.* Un carré d'herbe, protégé des coups de vent par des haies et regardant au loin les montagnes. Cuisine, machine à laver, jeux pour enfants. Douche à la piscine (payante).

Bjarmaland : *Bugatún 8. 891-80-38. • guesthousebjarmaland.is • Tte l'année. Doubles à prix moyens, petit déj en sus.* La maison, tenue par 5 sœurs, abrite une dizaine de chambres accueillantes, avec sanitaires privés ou partagés (lavabo dans ce cas). Très propres, elles seraient presque cosy avec leur mobilier en bois clair et leurs jolis dessus-de-lit. Salle commune à l'avenant, avec salon et (bon) petit déj. Cuisine et machine à laver.

Cafe Dunhagí : *à côté de la piscine. 662-04-63. En principe, lun-ven 14h-22h, le w-e 12h-23h. Plats env 3 600-4 500 ISK.* La patronne, sympa et volontiers prête à renseigner, a vécu 26 ans aux États-Unis avant de revenir au pays ouvrir ce chaleureux resto, logé dans une vénérable baraque de bois décorée de photos sépia. Sa carte, courte, met en valeur les produits locaux : truite et saumon, morue fraîche selon arrivage, agneau et bœuf des *westfjords,* pain maison, sans oublier le *fjörukál* (roquette de mer) et de riches gâteaux, nourris à la rhubarbe ou aux myrtilles qu'elle va elle-même cueillir dans les collines. Plus de 36 sortes d'oiseaux nichent ou se nourrissent près de son resto. À vos jumelles !

À faire

Hot pot (Pollurinn) **:** *prendre la piste qui longe le fjord à la sortie nord du village, sur 4 km. Attention, panneau discret ! Accès libre.* Cachés sur un terre-plein dominant le fjord, en pleine nature, une douche et des petits bassins à différentes températures, du trèèèès chaud au trèèèès froid. Magique !

PATREKSFJÖRÐUR

700 hab.

Principale bourgade de la région, le port s'amarre sur le flanc nord du grand fjord du même nom, presque face au soleil couchant. Il y a bien longtemps, Patreksfjörður fut une base de pêcheurs français, comme le rappelle une stèle. Même si la pêche n'a plus l'importance de jadis, il y flotte encore une odeur tenace de poisson près des entrepôts et des quais.

Pour le reste, le bourg constitue une base arrière pas désagréable pour explorer le secteur de Látrabjarg.

– Station-service, banque, distributeur, petit supermarché.

Adresses utiles

Westfjords Adventures : *Þórsgata 8a (au port). ☎ 456-50-06 ou 840-60-48. • westfjordsadventures.com • De mi-mai à mi-sept env, lun-ven 8h-11h, le w-e 9h-10h ; le reste de l'année, lun-ven 9h-11h.* Si vous êtes arrivé jusqu'ici sans véhicule, c'est peut-être bien grâce à cette agence sérieuse, la seule à assurer un service des bus dans la sous-région en été (lire en début de chapitre). Alors autant continuer à profiter de ses services : sorties à Látrabjarg et à Rauðisandur, randos guidées, pêche, observation des baleines s'il y en a (ça dépend des années), etc. Location de vélos.

Piscine : *Aðalstræti 55, au centre du village, à côté de l'église. De mi-mai à mi-sept, lun-ven 8h-21h30, le w-e 10h-18h ; le reste de l'année, horaires restreints. Entrée : 1 000 ISK ; réduc.* Chouette bassin en terrasse, dominant le fjord.

Où dormir ?

Camping

⛺ ***Camping :*** *à l'entrée du village, au-dessus de la station-service. ☎ 456-15-15. Ouv de mi-mai à fin sept. Env 1 900 ISK/pers.* L'emplacement n'est pas le plus bucolique de l'île, mais avec les montagnes dans le dos et le fjord en face, on n'est somme toute pas si mal. Grande salle commune avec cuisine bien équipée et lave-linge. Pour la douche en revanche, il faudra marcher jusqu'à la piscine.

De prix moyens à chic (14 000-30 000 ISK / 93-200 €)

Stekkaból : *Stekkar 14 et 19, dans la rue au-dessus d'Aðalstræti. 📱 864-96-75. • stekkabol.net • De prix moyens à un peu chic, petit déj inclus.* Située au calme sur les hauteurs du village, une maison où l'on se sent vite chez soi (2 maisons en vis-à-vis, en fait). On y vit en communauté avec les autres voyageurs avec qui on partage les salles de bains, cuisine, petit salon TV et la vaste et agréable salle à manger avec une baie vitrée dominant de loin le fjord.

Hótel West : *Aðalstræti 62. ☎ 456-50-20 ou 📱 892-34-14. • hotelwest.is • Chic, petit déj inclus.* Posté au bord de la route, ce petit hôtel aligne sur 2 étages des chambres claires et modernes avec salle d'eau, les moins chères un peu étroites, logées sous les toits. Une moitié profite de la vue sur le fjord, demandez-les (mêmes prix, dans chaque catégorie). Également une familiale, avec balcon.

Très chic (plus de 30 000 ISK / 200 €)

Foss Hótel : *Aðalstræti 100 (à l'entrée du village). ☎ 456-20-04. • islandshotel.is •* Face au fjord, l'hôtel abrite des chambres d'un très bon confort, assez épurées, au mobilier en bois noir contrastant avec les murs bien blancs et le parquet bien blond. Les plus agréables profitent de la vue. Resto (cher) ouvert le soir seulement.

Où manger ? Où boire un verre ? Où sortir ?

Stúkuhúsið : *Aðalstræti 50. ☎ 456-14-04. En été, tlj 11h-23h ; le reste de l'année, mieux vaut appeler avt. Plats 2 600-5 000 ISK.* Le cadre est séduisant : une maisonnette joliment perchée face à la mer, tout près de l'église, avec une jolie petite terrasse en bois. Côté cuisine, poissons frais, quiches pour les petits budgets, gâteaux pour le goûter... En revanche, les salades ne valent pas le coup de fourchette. On peut aussi jouer aux cartes en attendant son plat !

Flak : *Eyrargata (sur le port). ☎ 456-01-45. Facebook. Ouv tlj 11h-23h juin-août ; le w-e seulement hors saison. Soupe env 2 000 ISK.* Un improbable café-concert, logé au milieu des hangars, dans un ancien entrepôt du port, décor brut, tables dépareillées. Large sélection de bières, des vins au verre et, pour casser la croûte, des pâtisseries et des crackers maison, une soupe au poisson pêché juste là, une autre aux nouilles, parfumées et relevées ce qu'il faut. Programmation assez dense de concerts (souvent gratuits), expos, soirées fléchettes... Sympa !

LES FALAISES DE LÁTRABJARG

Marquant l'extrémité ouest de l'Europe (Açores exceptées), les falaises de Látrabjarg font dans le grandiose : 14 km d'une véritable palissade de

roche, haute de 50 à... 441 m, se dressent ici au-dessus des eaux de l'Atlantique nord. Des milliers d'oiseaux marins y défient les lois de l'apesanteur. Leur ballet entre mer et poussins, poissons au bec, a quelque chose de fascinant. C'est l'endroit rêvé pour rapporter de merveilleux clichés : on peut approcher les macareux, pas farouches pour un sou, à moins de 1 m ! Soyez quand même vigilant, ceux-ci installant leur nid dans des terriers, le sol peut être friable. Le vent aussi est dangereux : il souffle généralement vers la mer, attention donc de ne pas vous approcher trop près du bord.

Pour s'enivrer toujours plus de la vue, on peut cheminer assez longuement sur la crête des falaises, jusqu'à leur point le plus haut. Si le temps est calme et dégagé, on peut même apercevoir des phoques jouant dans les vagues ! Une excursion spectaculaire, qui ne sera pas complète sans un crochet jusqu'à la sublime plage de Rauðisandur.

– ***Bon à savoir :*** le macareux est présent sur l'île pendant sa période de reproduction, entre mi-avril et mi-août. Ensuite, si le site reste vertigineusement spectaculaire, il y a beaucoup moins d'oiseaux.

CLIFFHANGER

Jusqu'au milieu des années 1920, des hommes descendaient en rappel le long des falaises durant la période de nidification, pour « récolter » les macareux – alors un mets de choix – à même les nids, engrangeant des milliers de prises par an. Plusieurs chutes mortelles mirent un terme à cette vorace et périlleuse activité.

Arriver – Quitter

➢ ***En voiture,*** de Patreksfjörður, suivre la route 62 vers l'est sur 12 km puis, de l'autre côté du fjord, la piste 612 vers l'ouest (très correcte, accessible à tout véhicule), jusqu'au bout. Compter 60 km en tout et 1h15 de route. On longe d'abord longuement le Patreksfjörður, découvrant un point de vue exceptionnel sur la plage sauvage d'Örlygshöfn, avant de traverser la péninsule et de rejoindre Breiðavík (hébergement). Enfin, on traverse le hameau de Hvallátur, bordé de plages désertes un peu irréelles aux couleurs d'aquarelle.

➢ ***En bus :*** 1 bus/j. (ligne B) de juin à août et sur résa seulement, avec *Westfjords Adventures (● westfjordsadventures.com ●).*

Où dormir ? Où manger ?

Voir aussi plus bas le ***camping de la plage de Rauðisandur.***

⛺ 🏠 🍽 ***Hotel & Camping Breiðavík :*** *sur la route 612, 12 km avt la falaise aux macareux. ☎ 456-15-75. 📱 867-15-75. ● breidavik.is ● Mai-sept. Camping env 2 200 ISK/pers. Doubles avec sac de couchage bon marché (sans petit déj), ou à prix chic avec lits faits et petit déj (fourchette haute ou basse selon qu'il y a ou non une sdb). Resto tlj en été 12h-21h. Plats 2 500-3 000 ISK.* Parlons d'abord du site : extraordinaire. Une ferme au pied d'une adorable église en bois et au-dessus d'une immense plage déserte. Pour le reste, ça se gâte. L'été, le lieu devient une véritable usine à touristes. À tel point qu'aux (toutes petites) chambres avec sac de couchage (lits superposés) de la bâtisse principale s'est adjointe toute une série de préfabriqués en rang d'oignons dessinant comme un mur. Pas très engageant, mais suffisamment confortable, chaque chambre disposant d'une douche, et certaines d'une vue directe sur la plage et la mer. Le bâtiment principal, assez vieillissant, abrite aussi 3 familiales, le resto et une cuisine. Également un camping, sur une pelouse nue juste à côté... où l'eau chaude fait parfois défaut, mais les campeurs ont accès à la cuisine et aux salles de bains communes. Précisons enfin que pour la tenue générale on a connu plus maniaque, et pour l'accueil plus chaleureux. Bref, le seul vrai avantage du lieu est d'être l'adresse la plus proche des falaises.

Hótel Látrabjarg : *à 42 km de Patreksfjörður et 23 km avt les falaises ; prendre l'embranchement à droite direction Kollsvík peu après avoir dépassé le musée de Hnjótur (puis 3 km). ☎ 419-28-10. • hotellatrabjarg.com • Ouv de mi-mai à mi-sept. Très chic, petit déj inclus. Dîner sur résa env 7 000 ISK.* C'est cher, vraiment très cher, mais les options sont réduites dans le coin... L'hôtel occupe une ancienne école rurale. Les chambres sont de bon confort, spacieuses et lumineuses mais un peu désuètes (surtout pour leur prix). On peut aussi dîner sur place, vu le désert alentour, c'est presque inévitable. Bon accueil.

DANS LES ENVIRONS DE LÁTRABJARG

Le musée Egils-Olafsson : *à* ***Hnjótur,*** *à 37 km au sud-ouest de Patreksfjörður, sur la route 612, env 20 km avt d'atteindre Látrabjarg. ☎ 456-15-11. Mai-sept seulement, tlj 10h-18h. Entrée : 1 000 ISK ; gratuit moins de 18 ans ; réduc.* Créé par un fermier du coin, Egils Olafsson, qui collectionnait tout type d'objets depuis ses 14 ans, voici un musée sur la vie de jadis, bien rude dans ce coin de campagne. Des sections sont consacrées à la pêche (bateaux et instruments), à l'agriculture (outillage), à la vie quotidienne (costumes d'époque)... Notez ces os de baleine employés comme matériau de construction en remplacement du bois, cette carabine bricolée en lance bouée de sauvetage, et ces chaussures en peau de poisson, dont on emportait plusieurs paires pour les longues marches tant elles étaient fragiles... des jetables, en somme ! Également un film en noir et blanc pris sur le vif, du périlleux sauvetage par des villageois d'un chalutier anglais échoué sur les falaises de Látrabjarg en 1947. Sur le parking, une carcasse d'avion de l'US Navy. Café.

Rauðisandur : *de la route 612 (menant à Látrabjarg), à 21 km de Patreksfjörður, prendre la piste 614 (difficile en camping-car, mais passable en voiture normale).*
Serait-ce l'une des plus belles plages du monde ? Formant un long cordon littoral (10 km) enserrant presque entièrement une lagune d'eau salée, Rauðisandur étale son large tapis de sable roux au creux d'une vallée sauvage encadrée de montagnes lacérées de cascades. Seule une ferme occupe l'espace, dont les moutons traversent à marée basse l'estran immense. Par temps clair, scintille sur l'autre rive du Breiðafjörður le dôme du glacier Snæfellsjökull.
À marée basse, on peut marcher jusqu'au banc de sable à environ 1 km de la plage. L'eau grimpe jusqu'aux genoux, prévoyez de quoi vous réchauffer ! À déconseiller donc avec de jeunes enfants. Pour rester au sec, on peut sinon emprunter un chemin d'herbe qui rejoint aussi ce banc (départ en face de l'église ; à droite au croisement direction Lambavatn en arrivant sur la baie). Venez le soir, lorsque le soleil de minuit brille encore : la couleur de l'arène n'en est que plus intense. Un instant d'éternité.

Camping : *à la ferme de Melanes, à côté du parking de la plage. 📱 783-66-00. • melanes451@gmail.com • melanes.com • Compter 1 500 ISK/pers ; gratuit moins de 16 ans. Huttes 2 pers bon marché.* Quel cadre ! Un camping panoramique aux airs de bout du monde, planté sur un terre-plein herbeux venant mourir sur la plage. Douches chaudes dans une cabane en bois (ou en plein air !), barbecue, café à la réception. Également de minuscules huttes en bois pour 2 personnes, équipées de 2 lits et c'est tout.

LES FJORDS DU NORD-OUEST

Franska Kaffihúsið : *au pied des épingles à cheveux de la piste 614, prendre à droite en direction de Lambavatn, c'est à 3 km. 770-21-61. En principe, juin-août, tlj 12h-18h.* Une halte aussi inattendue que bienvenue dans ce coin un peu perdu ! Tables en bois tournées vers la plage et petite restauration : soupe, gaufres, gâteaux... Cher, mais c'est la seule option.

BRJÁNSLÆKUR

C'est de là que part le ferry reliant les fjords du Nord-Ouest à la péninsule de Snæfellsnes (Stykkishólmur), avec un court arrêt sur l'île de Flatey. Brjánslækur se résume à son embarcadère, point. Café-resto et pompe à essence à Flókalundur, à 6 km à l'est de l'embarcadère, au niveau de l'embranchement pour Ísafjörður. Si vous avez du temps à tuer en attendant le ferry, petit *hot pot* sauvage de Hellulaug creusé au bord de l'eau, 200 m après Flókalundur.

Arriver – Quitter

En bateau

➢ ***Stykkishólmur (péninsule de Snæfellsnes) :*** 2 départs/j. juin-fin août, habituellement à 12h et à 18h30, avec *Seatours (☎ 433-22-54 ; ● seatours.is ●).* En basse saison, 1 ferry/j. sauf sam, à 18h. Compter env 2h30 de traversée. *Compter 5 800 ISK/pers et par voiture l'été et 4 500 ISK en basse saison ; réduc. Attention :* **réservation par Internet très conseillée,** d'autant qu'il n'y pas de guichet à l'embarcadère de Brjánslækur. Ceux qui sont véhiculés et qui voudraient faire escale à Flatey peuvent laisser leur voiture (et leurs clés !) à bord : elle sera débarquée pour eux à destination, et ils n'auront plus qu'à la récupérer plus tard.

En bus

➢ Ligne A de la compagnie *Westfjords Adventures (● westfjordsadventures.com ●)* pour Patreksfjörður et Ísafjörður, via Dynjandi et Þingeyri. Circule seulement juin-août lun, mar et ven, et sur résa de mi-mai à fin mai.

Où dormir ? Où manger dans le coin ?

Hótel Flókalundur : *à 6 km à l'est de l'embarcadère du ferry, à l'intersection de la route 60. ☎ 456-20-11. ● flokalundur.is ● ♿ Ouv de début mai à fin sept env (camping ouv de la dernière sem de mai à la 1re sem de sept). Resto tlj midi et soir. Camping env 1 500 ISK/pers. À l'hôtel, doubles avec sdb à prix chic, petit déj inclus. Plats 1 500-5 000 ISK.* On vous l'indique plus qu'on vous le conseille car on ne voit pas bien l'intérêt de dormir dans le coin. Dans un long bâtiment en bois sans grand charme, façon motel d'autrefois, les chambres se révèlent toutefois confortables : bonne literie, parquet, et vue mer pour la moitié. Le camping, situé à 300 m sur la colline, profite d'une belle situation, avec une vue imprenable sur la baie. Au resto, rien de renversant (burgers, sandwichs, pizzas... le trio infernal !) mais, vu les autres options dans le coin (aucune !), pas la peine de jouer la fine bouche... Également une pompe à essence. En gros, tous les passagers du ferry échouent ici pour manger un bout et laver leur voiture, histoire de passer le temps en attendant le bateau.

Guesthouse Rauðsdalur : *à 7 km à l'ouest de l'embarcadère. ☎ 456-20-41. 866-50-45. • raudsdalur.is • Bon marché, petit déj en sus.* Voilà une jolie situation, sur la colline, avec vue fantastique sur la baie et sa belle plage. Les chambres sont situées dans un bâtiment en bois tranquille, un peu à l'écart de la ferme des proprios. La moitié donne sur la mer. Simple mais adéquat, surtout pour le prix ! Grand salon, cuisine, salle à manger et sanitaires communs très bien tenus. Une bonne option, en pleine nature.

SUR LA ROUTE POUR LA PÉNINSULE DE SNÆFELLSNES

Pour qui ne prendrait pas le ferry pour relier les fjords du Nord-Ouest à la péninsule de Snæfellsnes, la seule autre option reste la longue route côtière 60. Au menu, 260 km à avaler de Brjánslækur à Stykkishólmur, et même 330 depuis Patreksfjörður... Petite portion de piste peu avant Reykhólar. Chemin faisant, pause possible au *hot pot* de ***Laugar*** (lire plus bas « Où dormir ? ») et au site historique d'***Eiríksstaðir.*** Quelques options pour loger aussi, pour qui voudrait scinder le trajet.

Où dormir (et se baigner) sur le trajet ?

Camping et guesthouse de Miðjanes : *à env 150 km de Brjánslækur et autant de Stykkishólmur. En venant du nord, peu après Bjarkalundur, quitter la route 60 pour la 607 direction Reykhólar, puis poursuivre la piste sur 5 km après avoir laissé le village sur votre gauche. 894-58-83 ou 690-38-25. Camping 2 500 ISK/pers (gratuit moins de 18 ans). Doubles à prix moyens (fourchette basse).* Une adresse pleine nature, attenante à une ferme perdue au milieu de nulle part, à la pointe d'une péninsule tournée vers le Snæfellsjökull, qui brille sur l'autre rive d'une large baie parsemée de récifs. Panoramique ! Côté hébergement, 4 chambres simples et propres partageant une salle d'eau, une cuisine et un salon vitré tourné vers la vue, ou quelques emplacements de camping rangés contre un bosquet, avec douche et w-c dans une minuscule cabane. Station-service au village de Reykhólar, où loge également un ***hostel*** propret et lumineux, profitant lui aussi d'une jolie vue *(Reykhólar Hostel ; 892-75-58 ; • hostel.is • ; bon marché pour un lit en dortoir de 5 pers ; doubles avec salle d'eau partagée à prix moyens, fourchette basse).*

Camping et hot pot de Laugar : *à 95 km de Stykkishólmur. À 19 km au nord de Búðardalur, quitter la route 60 pour la 589 et faire 3 km. ☎ 434-14-65. Camping env 1 500 ISK/pers. Accès au hot pot gratuit.* Joli camping abrité par des haies, posé en contrebas d'un délicieux *hot pot* (environ 40 °C) en pierre, cité dans une saga du XIe s (une histoire de trio amoureux avec, au centre Guðrún Ósvífursdóttir, dont la tombe se trouve au mont Helgafell, près de Stykkishólmur). On se change dans une adorable masure au toit herbu. Dommage que le paysage soit un peu gâché par un gros complexe abritant une piscine mais, au moins, on pourra y prendre une douche (payante). Au départ du site, plusieurs ***sentiers*** en boucle, de 40 mn à 3h.

À voir

Eiríksstaðir : *à 16 km au sud-est de Búðardalur et 85 km à l'est de Stykkishólmur. 899-71-11. • eiriksstadir.is • Mai-sept, tlj 10h-16h. Visite guidée en anglais (obligatoire ; env 30 mn) : 1 700 ISK ; réduc ; gratuit moins de 12 ans.*

En 1997-1999, des archéologues islandais ont fait ici une découverte de taille : les ruines d'une *long house* viking du Xᵉ s qui pourraient bien être celles de la ferme d'Erik le Rouge. Décrit dans les sagas comme « un homme du Breiðafjörður », celui à qui on attribue la fondation de la 1re colonie européenne au Groenland (vers 982) aurait vécu ici avant d'être banni d'Islande pour meurtre. Son fils Leifur, futur « découvreur » de l'Amérique, serait même né en ce lieu. À 2 pas des ruines (dont il ne reste presque rien), la maison a été reconstituée, en bois flotté sibérien avec son toit herbeux. À l'intérieur, explications autour du feu par une jeune Viking.

FLATEY

Cette petite « île plate », très peu peuplée (5 habitants l'hiver !) et balayée par le vent, se trouve au cœur de l'immense Breiðafjörður. Rien ne le laisse supposer aujourd'hui : Flatey fut pourtant un lieu d'importance, avec un monastère fondé dès le XIe s. Sa richesse devait beaucoup à l'abondance en poisson du fjord. Plus tard, la Ligue hanséatique y fonda même un comptoir ! À la fin du XVIIIe s, 200 à 300 personnes vivaient sur l'île. Aujourd'hui, on y trouve encore 2 fermes en activité et les petites maisons en bois sont occupées l'été par des vacanciers. Le ferry qui relie Brjánslækur et Stykkishólmur y fait une halte de 10 mn pour déposer et prendre des passagers. Pas le temps de débarquer, mais on peut, l'été, arriver par le 1er ferry de la journée et repartir par le suivant si on a envie de se balader dans le vieux village aux maisons en bois colorées, datant des années 1900, le petit port et le long des côtes sauvages. Le temps semble s'y être arrêté, à tel point que Flatey est souvent utilisé comme lieu de tournage pour des films évoquant l'Islande d'autrefois. Les ornithologues amateurs ne manqueront pas de s'y rendre. Eiders à duvets, colverts, sternes arctiques, chevaliers gambettes, bécassines des marais, macareux... Leurs piaillements permanents vous accompagneront tout au long de votre promenade. N'oubliez surtout pas vos jumelles.

➢ Voir plus loin « Arriver – Quitter » à Stykkishólmur. Compter 1h30 de traversée de Stykkishólmur à Flatey et 1h de Flatey à Brjánslækur.

Adresse et info utiles

À l'arrivée au port, dans un hangar, on trouve un ***office de tourisme*** doté d'un café (et de w-c). Il est ouvert selon les arrivées des bateaux 30 mn avant et 30 mn après. Non seulement utile, mais sympa pour s'abriter quand le mauvais temps s'en mêle.

Sachez aussi que jusqu'à mi-juillet, une moitié de l'île est fermée car les eiders nichent et il est interdit de les déranger.

Où dormir ?

Camping Krákuvör : *à 300 m du quai. ☎ 438-14-51. Ouv seulement en été. Compter 1 200 ISK/pers.* Dans une belle prairie ouverte au vent. Pas de douche mais lavabos et toilettes.

Hótel Flatey : *☎ 555-77-88 ou 422-76-10. • hotelflatey.is • Ouv juin-août. Resto tlj, midi et soir. Prix chic pour les chambres, petit déj compris. Le midi, plats 2 200-3 000 ISK ; le soir, 4 300-6 100 ISK et menus 9 500-9 800 ISK.* L'hôtel occupe 2 maisons du XIXe s rénovées et abrite une dizaine de petites chambres avec salles de bains partagées (l'eau est restreinte sur l'île) à la décoration soignée.

L'ensemble dans les tons gris ne manque pas de charme et a su conserver son cachet ancien. La grande salle à manger est particulièrement accueillante avec ses bibelots, ses tables bien espacées, et on y mange bien.

À voir

L'église : construite en 1926, reconstruite en 1933 après s'être envolée (c'est dire la force du vent ici), elle abrite de belles fresques de Kristjana et Baltasar Samper qui évoquent la vie quotidienne des pêcheurs sur l'île et le poids de la religion.
Juste derrière, une petite maison abrite la bibliothèque de l'île reconstruite en 1988 sur les lieux mêmes de la ***1re bibliothèque d'Islande*** édifiée ici en 1864. Tout en bois, avec quelques photos, et bien sûr des livres à disposition, elle abrite une reproduction du livre de Flatey, *Flateyjarbók,* l'une des sagas islandaises les plus célèbres.

LA PÉNINSULE DE SNÆFELLSNES

• Carte p. 295

Dardée vers l'océan, cette longue (80 km) et corpulente péninsule délimite par le sud l'immense Breiðafjörður. La côte nord, sauvage et déchiquetée, abrite plusieurs ports : Stykkishólmur (la principale bourgade du coin), Grundarfjörður, Ólafsvík et Hellissandur. Au sud, une Islande plus rurale se dessine : venant mourir sur des falaises basaltiques, les pâturages, embruinés d'air iodé, s'y appuient sur une chaîne volcanique centrale hérissée de pics inquiétants. Tout au bout, telle une excroissance posée sur un très long nez, le majestueux Snæfellsjökull émerge rarement des nuages. Culminant à 1 446 m, ce stratovolcan endormi (depuis 1 700 ans au moins) est chapeauté d'un épais glacier que l'on peut approcher. C'est un peu le Fuji-Yama islandais, que l'on voit de très loin, notamment quand on vient de Reykjavík. Cet environnement mystérieux a généré de nombreux mythes : ici se tient le royaume des personnages légendaires qui peuplent les sagas islandaises. C'est aussi du Snæfellsjökull que Jules Verne a choisi de faire partir son fameux *Voyage au centre de la Terre* !

– Sur • *west.is* •, site régional du tourisme islandais (en anglais), nombreuses informations sur les lieux à visiter, actualités, hébergements, etc.

Comment circuler dans la péninsule ?

La péninsule est partiellement desservie par les ***bus*** de la compagnie *Stræto* : • *straeto.is* • De Borgarnes (correspondances pour Reykjavík, Hólmavík et Akureyri), ***la ligne 58*** rejoint Stykkishólmur (en été, 2 bus/j. en sem et le dim ; le reste de l'année, 2 bus/j. les lun, mer, ven et dim). De là, ***la ligne 82*** longe la côte nord jusqu'à Hellissandur, desservant au passage Grundafjördur, Ólafsvík et Rif (mêmes fréquences). L'été, cette ligne 82 pousse jusqu'à Arnarstapi. Rien, en revanche, pour parcourir le reste de la côte sud. Dans chaque village, les bus s'arrêtent devant la station-service.

Si on ne veut pas passer (ou repasser) par Stykkishólmur, correspondance immédiate (et dans les 2 directions) entre les lignes 58 et 82 à l'arrêt ***Vatnaleið*** *(plan La péninsule de Snæfellsnes),* au croisement des routes 54 et 56.

En voiture, la route 1 de Reykyavík à Borgarnes emprunte un long tunnel qui permet d'éviter de faire le tour du fjord Hvalfjörður, et donc de gagner du temps. Si en revanche vous préférez faire le tour du fjord par la route 47, compter 60 km supplémentaires et environ 1h en serpentant entre la mer et les flancs de la montagne. La route 54 opère ensuite le tour complet de la péninsule. Elle se transforme en piste à l'est de Stykkishólmur, circulant dans un paysage désertique hostile et grandiose.

LA CÔTE NORD DE LA PÉNINSULE

STYKKISHÓLMUR

1 200 hab.

• Plan p. 297

Isolé au bout de nulle part, agrippé à l'extrémité d'une presqu'île austère de la côte nord, le modeste et néanmoins principal port du coin fourmille d'activité tout au long de l'été. Avant d'embarquer sur le ferry cinglant vers les fjords du Nord-Ouest, on se promène agréablement sur les quais et entre la poignée de vieilles maisons en bois colorées, dominées par une belle église blanche dont l'architecture contemporaine évoque un navire.
– Grandes fêtes danoises à la mi-août *(Danskir dagar).*

Arriver – Quitter

En bus

Arrêt de bus *(plan A2)* à la station-service *OB,* à l'entrée de la ville (arrêt supplémentaire au port pour la ligne 58). Pour les fréquences et destinations lire en début de chapitre « Comment circuler dans la péninsule ? ».

En bateau

➢ ***Brjánslækur*** *(fjords du Nord-Ouest)* **:** la compagnie ***Seatours*** *(bureau au port, Smidjustigur 3 ; plan B1,* ***3*** *; ☎ 433-22-54, • seatours.is • ; tlj 8h-20h en été ; hors saison horaires restreints)* assure 2 liaisons/j. (à 8h45 et 15h15) début juin-fin août. Hors saison : 1-2 liaisons quotidiennes ; départs tlj sauf sam à 15h, et autre liaison à 9h certains jours. Durée : env 2h30. Ce n'est pas beaucoup moins long que par la route (4h), mais c'est bien plus agréable et moins fatigant ! Si vous avez une voiture, n'oubliez pas de réserver. Le ferry fait une courte halte sur l'île de ***Flatey.*** Si vous souhaitez y débarquer et poursuivre avec le ferry suivant, vous pouvez demander que votre voiture soit débarquée pour vous à Brjánslækur. Pas de voiture autorisée à Flatey. *Compter env 5 800 ISK/pers et autant pour la voiture en été, 4 500 ISK le reste de l'année ; réduc.* À l'agence, café et boutique de souvenirs.

Adresses utiles

■ ***Piscine*** *(plan B2,* ***1****)* **:** *Borgarbraut 4. Lun-ven 7h-22h (19h ven), le w-e 10h-18h (17h en hiver). Entrée : 1 000 ISK ; réduc.* Un bassin avec toboggan et 3 *hot pots.*

■ ***Supermarché Bónus*** *(plan B2,* ***2****)* **:** *Borgarbraut 1, à côté de la piscine. Lun-jeu 11h-18h30, ven 10h-19h, sam 10h-18h, dim 11h-18h.*

✚ ***Hôpital*** *(plan B1)* **:** *Austurgata 7. ☎ 432-12-00.*

■ ***Banques*** et ***pharmacie*** **:** *sur Aðalgata.*

Où dormir ?

Camping

Camping *(plan A2,* ***10****)* **:** *Aðalgata 29. ☎ 438-10-75. À l'entrée de la ville, à droite à hauteur de la poste. Tte l'année. Env 1 500 ISK/pers ; gratuit moins de 16 ans.* Pas ce qu'on pourrait appeler un coup de cœur... Entre le golf

LA PÉNINSULE DE SNÆFELLSNES

et la station-service, plusieurs grands espaces herbeux, pas vraiment protégés du vent. Dans un grand bâtiment, des éviers et, sur ses flancs, seulement 2 douches chaudes (souvent de l'attente du coup), sans toit qui plus est... Lave-linge et sèche-linge. Réception au *club-house*.

De bon marché à prix moyens (4 000-20 000 ISK / 27-133 €)

☗ ***Harbour Hostel*** *(plan B1,* ***11****) : Hafnargata 4. ☎ 517-53-53. • harbourhostel.is • Lit en dortoir (12 pers) bon marché ; doubles à prix moyens (fourchette basse).* C'est l'AJ moderne de la ville, parfaitement située sur le port. Tout y est impeccable, bien chauffé et bien équipé. Déco sympa dans un style un peu vintage. Au choix, chambres doubles (dont une avec lits superposés), dortoir de 12 ou chambre quadruple. Cuisine commune, salles de bains partagées, machine à laver (payante). Boss accueillant et prêt à aider.

☗ ***Höfðagata B & B*** *(plan B2,* ***12****) : Höfðagaðta 11. 831-18-06. • hofdagata.is • Sur les hauteurs de la ville. On y accède par un escalier depuis la rue principale. Doubles de bon marché à prix moyens.* Une maison tout en longueur qui propose une chambre avec sanitaires privés et 4 autres se partageant 2 salles de bains. Jolie déco personnalisée et salle à manger très agréable, avec sa grande table en bois et sa baie vitrée donnant sur le paysage. Cuisine à dispo pour se préparer le petit déj. Également un appartement indépendant avec cuisine et salle de bains. Pas d'accueil (tout se fait par Internet), dommage.

Chic (20 000-30 000 ISK / 133-200 €)

☗ ***Akkeri Guesthouse*** *(plan B1,* ***13****) : Frúargata. 844-10-50. • akkeri@sinnet.is • Fourchette basse. Petit déj inclus.* Juste en retrait du port, cette coquette maison de bois jaune accueille une *guesthouse* aux standards islandais : une poignée de chambres modernes (salle d'eau privée) et lumineuses, à des tarifs élevés... Agréable salle de petit déj d'où l'on devine, au loin, la rade et le fjord.

☗ ***Sysló Guesthouse*** *(plan B1,* ***16****) : Aðalgata 7. 831-18-06. • syslo.is •*

*Réception à l'*Hótel Egilsen. *Doubles sans ou avec sdb, fourchette haute. Petit déj en sus.* De grands volumes et beaucoup de lumière dans cette belle et vaste maison en bois de la fin du XIXe s, modernisée dans un style contemporain cosy et soigné. Chambres sobres et impeccables, sans ou avec salle d'eau, et immense salle à manger (avec grande cuisine équipée) esprit cocooning.

Hótel Breiðafjörður *(plan B1,* ***14****) : Aðalgata 8. ☎ 433-22-00. • hotelbreidafjordur.is • Dans la rue principale. Ouv mai-oct. Fourchette haute, petit déj inclus.* Dans un gros cube blanc sur 2 niveaux, une douzaine de chambres fonctionnelles et très bien tenues à défaut d'avoir du charme, toutes avec salle de bains (minuscules pour certaines) et sans TV. Évitez celles du rez-de-jardin. Salle de petit déj lumineuse.

Très chic (plus de 30 000 ISK / 200 €)

Hótel Egilsen *(plan B1,* ***15****) : Aðalgata 2. ☎ 554-77-00. • egilsen.is • Petit déj en sus.* Une fois encore, les prix ne sont pas tendres... Cela dit, cet hôtel tout rouge, installé dans un ancien magasin en bois de 1876, abrite une poignée de mignonnes petites chambres qui ont (enfin !) du caractère. Cosy, elles déclinent jolie déco, tonalités de bleu et parquet vieilli. Reste qu'elles sont tout de même étroites pour un tel prix (en particulier les salles d'eau). Thé et café à disposition toute la journée.

Où manger ? Où boire un verre ?

Bon marché (max 2 500 ISK / 17 €)

Bakeri Nesbraud *(plan A2,* ***23****) : Nesvegur 1. En face du camping et de la station-service. Tlj 7h30 (8h le w-e)-21h (16h en hiver). Compter moins de 1 500 ISK pour un casse-croûte.* Une boulangerie qui vend surtout du pain mais aussi des sandwichs et des gâteaux (parfois de la soupe et des pizzas). Grande véranda pour se restaurer assis bien au chaud. Pratique pour le petit déj.

Pour les petites faims et les petits budgets, une ***roulotte à fish & chips*** s'installe de mai à septembre sur le port *(plan B1,* ***22****). Compter env 1 500 ISK.* Tables sur parking et, pour le dessert, glacier dans la cabane voisine.

De prix moyens à chic (2 500-6 000 ISK / 17-40 €)

Narfeyrarstofa *(plan B1,* ***20****) : Aðalgata 3. ☎ 533-11-19. Avt d'arriver sur le port, à droite. Tlj 11h30-22h. Plats env 2 500-5 000 ISK.* Une belle maison de 1906 au décor ravissant, tout en bois, avec photos en noir et blanc et de confortables banquettes recouvertes de peaux de moutons. On y concocte une bonne cuisine locale, servie par un personnel souriant : truite, soupe de poisson, pêche du jour... Également des options végétariennes et, pour les carnassiers, des burgers « maison » qui sortent un peu de l'ordinaire. Présentation soignée et bel assortiment de pains pour accompagner le repas. Terrasse plaisante pour déguster une glace (maison elle aussi) aux beaux jours.

Sjávarpakkhúsið *(plan B1,* ***21****) : Hafnargata 2a. ☎ 438-18-00. En été, tlj midi et soir ; ouv seulement le soir en hiver. Plats env 1 500-3 700 ISK.* La vieille maison en bois noir s'amarre face au port. Mi-resto mi-bar marin, le lieu attire la foule à l'heure où le soleil tente de disparaître derrière l'horizon (pour mieux rebondir). Agréable terrasse sur laquelle un bateau fait mine de s'être échoué. Une bonne adresse pour déguster du poisson très frais et bien cuisiné avec des garnitures croquantes et colorées. Les plats sont servis en 2 formats, pour les petites ou les grosses faims (ou les petits ou gros budgets, question de point de vue !). Un excellent rapport qualité-prix.

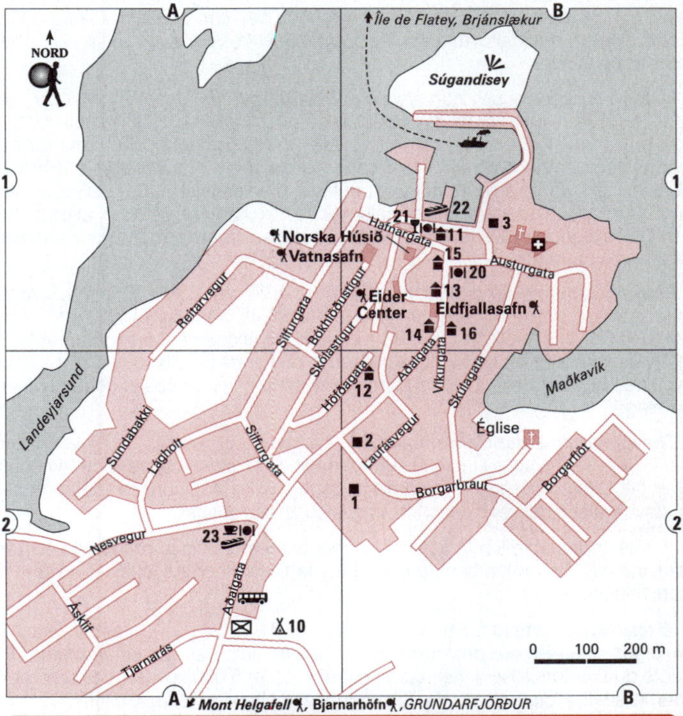

STYKKISHÓLMUR

Adresses utiles

1 Piscine (B2)
2 Supermarché Bónus (B2)
3 Seatours (B1)

Où dormir ?

10 Camping (A2)
11 Harbour Hostel (B1)
12 Höfðagata B & B (B2)
13 Akkeri Guesthouse (B1)
14 Hótel Breiðafjörður (B1)
15 Hótel Egilsen (B1)
16 Sysló Guesthouse (B1)

Où manger ?
Où boire un verre ?

20 Narfeyrarstofa (B1)
21 Sjávarpakkhúsið (B1)
22 Roulotte à *fish & chips* (B1)
23 Bakeri Nesbraud (A2)

LA PÉNINSULE DE SNÆFELLSNES

À voir. À faire

Si vous avez du temps à tuer, les 3 modestes musées du bourg font l'objet d'un billet groupé *(museum pass)* à 2 800 ISK ; réduc.

Vatnasafn (bibliothèque de l'Eau ; plan B1) **:** *Bókhlöðustígur 19. De mi-mai à fin août, tlj 11h-17h ; le reste de l'année tlj sauf dim 11h-16h. Entrée : 750 ISK ; réduc. Payer dans l'un des 2 autres musées de la ville pour obtenir le code d'accès car il n'y a pas d'accueil.* Cette ancienne bibliothèque, joliment posée sur un promontoire qui surplombe le port, accueille une installation permanente de l'artiste américaine Roni Horn : le lieu, dépouillé et très lumineux grâce à ses nombreuses baies, est uniquement occupé par 24 colonnes de verre contenant l'eau de différents glaciers islandais. Atmosphère apaisante et très belle vue sur la ville... mais pas indispensable.

Norska Húsið *(maison norvégienne ; plan B1)* **:** *Hafnargata 5, tt près du port. ☎ 433-81-14. • norskahusid.is • Mai-août, tlj 12h-17h ; hors saison horaires réduits. Entrée : 1 400 ISK ; gratuit moins de 18 ans.* Bâtie en 1832 avec du bois importé de Norvège (d'où son nom), cette maison fut le 1er bâtiment sur 2 niveaux d'Islande. Elle abrite aujourd'hui une boutique d'artisanat et, au 1er, la reconstitution d'une maison bourgeoise islandaise du XIXe s (chambre, salon...), avec photos et meubles d'époque. Dans le grenier, bric-à-brac d'objets anciens (fer à repasser, machines à coudre...).

Eldfjallasafn *(musée du Volcan ; plan B1)* **:** *Aðalgata 6. ☎ 433-81-54. • eldfjallasafn.is • Au bord de la route principale. Mai-sept, tlj 11h-17h ; le reste de l'année, mar-sam 11h-17h. Prix : 1 400 ISK ; réduc.* Pas franchement incontournable, ce petit musée rassemble surtout une collection disparate de tableaux d'éruptions et de pierres volcaniques... Le plus intéressant, ce sont les vidéos et documentaires de l'étage.

The Icelandic Eider Center *(plan B1)* **:** *Frúarstígur 6. • eider.is • Tlj en été 13h-17h. GRATUIT.* On vous l'indique surtout pour le film qui explique le traitement du duvet des canards depuis le ramassage jusqu'à votre lit. Sinon, c'est d'abord une boutique-galerie qui vend des pulls et quelques jolis objets.

➢ Vue imprenable sur le fjord et les montagnes depuis le ***rocher de Súgandisey*** *(plan B1).* Surplombant le port, il est tapissé d'herbes folles et coiffé d'un phare miniature.

➢ ***Excursions dans le fjord : Seatours*** *(plan B1, **3** ; ☎ 433-22-54 ; • seatours.is •)* organise en été des ***promenades en bateau*** au milieu des innombrables îles et îlots du Breiðafjörður. Il y en aurait entre 1 000 et 5 000, sachant qu'une touffe d'herbe suffit à distinguer une île proprement dite d'un simple récif ! *Compter 5 000 ISK/pers pour 2h30 d'excursion.*
Les plus sportifs opteront pour une excursion guidée ***en kayak de mer*** avec ***Kontiki,*** à la recherche des phoques et des oiseaux marins, avec passage par une épave de navire. S'équiper chaudement ! *Juin-sept seulement. Compter 10 000 ISK pour 2h (quand même cher pour pagayer !). 691-56-63. • kontiki.is • Bureau au début de la rue de l'hôpital, derrière le resto* Narfeyrarstofa *(plan B1, **20**).*

DANS LES ENVIRONS DE STYKKISHÓLMUR

Le mont Helgafell *(hors plan par A2)* **:** *à env 5 km par la route 58, puis embranchement à gauche. Accès : 400 ISK.* Cette grosse colline aux colonnes basaltiques accueillait déjà un sanctuaire païen avant l'avènement du christianisme. Un monastère augustinien s'y dressa de 1184 à 1550. Il n'en reste qu'un tout petit pan de mur, mais le formidable panorama à 360° sur la région mérite bien d'y monter pour admirer la multitude des îlots en mer et les sommets

PARADOXE AMOUREUX

C'est à Helgafell que vécut en recluse à la fin de sa vie, il y a 1 000 ans, la belle Guðrun Ósvífursdóttir. Sa force de caractère en a fait un modèle qui a traversé les siècles pour les femmes islandaises. Un jour, son fils vint lui demander, de tous les hommes qu'elle avait connus, lequel avait eu sa préférence. Sa réponse est restée célèbre : « J'ai été la plus mauvaise pour celui que j'ai le plus aimé. »

dentelés des montagnes. En contrebas se trouve une église datant de 1903, mais il y a toujours eu une église à Helgafell depuis l'an 1000. La preuve, la pierre tombale datant de 1008, qu'on dit être celle d'un personnage de saga, Guðrún Ósvífursdóttir. Elle se trouve au pied du « mont », près du parking, dans un minuscule enclos derrière la petite église.

Bjarnarhöfn *(hors plan par A2)* **:** *à 22 km à l'ouest de Stykkishólmur, à travers un impressionnant champ de lave. ☎ 438-15-81. • bjarnarhofn.is • Tlj en été 10h-17h. Entrée : 1 200 ISK.* Au « port de l'ours », petit musée du *hákarl,* le requin (du Groenland) fermenté... On vous y expliquera (peut-être) comment est préparée la chair afin qu'elle perde sa toxicité : 6 à 12 semaines de fermentation dans une cavité creusée dans le sable, suivies de 4 ou 5 mois de séchage. Les plus courageux pourront s'essayer à une dégustation en faisant abstraction de l'odeur d'ammoniaque ! Cela dit, l'entrée est chère et les nombreux vieux objets empilés pas inoubliables.

GRUNDARFJÖRÐUR

850 hab.

Abrité au fond d'une superbe baie, au pied du mont Kirkjufell, ce petit bourg est en vérité l'un des plus gros ports d'Islande, et le 2e en ce qui concerne les exportations de poisson vers l'étranger. La pêche y est d'ailleurs depuis longtemps à l'ordre du jour, puisque Grundarfjörður fut le 1er village du pays à voir la construction d'une église catholique, bâtie vers 1800 par des marins bretons – qui firent aussi construire un hôpital. Aujourd'hui, la municipalité islandaise est jumelée avec celle de Paimpol. 1 km après le village direction Ólafsvík, mignonne cascade de Kirkjufellsfoss, qui dégringole tout près de la route.

Adresses et info utiles

Office de tourisme : *Grundargata 35. ☎ 438-18-81. En plein centre, en face de la station-service. De mi-mai à fin oct, tlj 9h-17h ; horaires restreints le reste de l'année.* Fait aussi boutique de souvenirs et bibliothèque. Également un comptoir et une paire de tables, pour un café ou un en-cas.

■ ***Distributeurs*** et ***supermarché :*** *à côté de la station-service* N1, *dans la rue principale. Lun-ven 9h-18h, w-e 10h (12h dim)-17h.* Petite cafétéria.

■ ***Piscine :*** *au bout de Borgarbraut. Ouv en sem 7h-21h, le w-e 10h-18h. Entrée 1 000 ISK.* Bains extérieurs à 28-33 °C.

Pour la desserte en ***bus,*** lire « Comment circuler dans la péninsule ? » en début de chapitre.

Où dormir à Grundafjörður et dans les environs ?

Camping

Camping : *à Grundafjörður, au bout de Borgarbraut, après l'AJ. 831-72-42. • camping@grundarfjordur.is • Juin-fin août. Env 1 100 ISK/pers.* 2 terrains proches l'un de l'autre. Celui du bas, ouvert aux 4 vents, est souvent détrempé ; celui du haut est beaucoup mieux protégé, dans un cirque de talus donnant sur les montagnes. W-c et eau potable, mais pas de cuisine. La piscine, pour prendre votre douche (payante), est juste à côté.

De prix moyens à chic (14 000-30 000 ISK / 93-200 €)

Grundarfjordur Hostel : *Hliðarvegur 15 (à Grundafjörður, à côté de* *la piscine). ▯ 895-65-33. • grundarfjordurhostel.com • Fléchée depuis le centre. Doubles avec sdb partagée à prix moyens, draps en sus.* Tenue par Johnny, un Sud-Africain tombé amoureux de l'Islande, l'AJ occupe 2 maisons, l'une rouge et l'autre verte, de part et d'autre de la rue, mais aussi un bâtiment près du port. Pas de dortoir, mais des chambres privées avec salle d'eau commune. Aménagement sympa tout en couleurs et jardin pour les 2 maisons. Cuisine. Une adresse confortable et propre.

Suður-Bár : *à 8 km à l'est de Grundarfjörður. ▯ 847-87-59. • sudur-bar.is • Prendre la route de Stykkishólmur sur 4 km, puis tourner à gauche et continuer sur 4 km. Doubles sans ou avec sdb de prix moyens à un peu chic, petit déj compris.* On loge ici chez l'habitant, dans une ferme près de la mer. Chambres (3 doubles et 2 triples) claires et bien nettes, et belle véranda donnant sur la baie pour le petit déj. Pas de cuisine. Également un cottage, composé de 2 chambres, cuisine et salle de bains, au même prix. Accueil très gentil et, pour les amateurs, golf rural à côté.

Kirkjufell et Grund Guesthouses : *à 3 km du village sur la route de Stykkishólmur. ▯ 840-61-00 ou 840-61-10. • guesthousekirkjufell.is • Doubles sans ou avec salle d'eau à prix moyens (fourchette haute). Studios à prix chic. Apparts (4-6 pers) à prix très chic.* Posé sur un terre-plein regardant au loin le village, ce petit complexe hôtelier clean et fonctionnel propose une gamme d'hébergements à presque tous les prix, répartis dans 3 bâtiments distincts. On commence par la petite bicoque *Grund*, abritant des chambrettes avec salle d'eau et cuisine communes. Un cran au-dessus, la grande *Kirkjufell* distribue autour d'une vaste cuisine intérieure des chambres plus modernes, avec salle d'eau privée (et 2 studios à l'étage). Enfin, une rangée d'apparts lumineux (4-6 personnes, avec 2 chambres, salon et cuisine) occupe une bâtisse tout en longueur. Un point de chute pratique, à défaut d'avoir du charme.

Où manger ?

Láki Hafnarkaffi : *Nesvegur 5 (près du port). ☎ 546-68-08. Ouv 10h-21h. Paninis et pizzas 1 300-2 500 ISK.* Pas de vue, certes, mais l'endroit, fréquenté aussi bien par les touristes que par les locaux, est plutôt sympa pour boire un verre en avalant un sandwich au homard ou une pizza. On y trouve aussi des livres et quelques souvenirs. C'est également le siège de *Láki Tours* (voir plus loin dans « À voir. À faire »).

Bjargarsteinn Mathus : *Sólvellir (au bout du port). ☎ 438-67-70. Tlj, seulement le soir 17h-22h. Plats 3 000-5 000 ISK.* Cette maisonnette a beaucoup voyagé avant de se poser face à la mer. Bâtie à Akranes en 1908, elle a été déplacée à Borgarnes un siècle plus tard avant d'être transportée ici en 2014. *The House of Food*, la bien nommée, est idéale pour un dîner romantique. L'intérieur parqueté est très cosy, avec ses tables élégamment dressées et ses lustres diffusant une lumière tamisée. Dans l'assiette, une cuisine raffinée, de l'entrée jusqu'aux délicieux desserts. Service classe. Bref, un ensemble d'une belle harmonie, mais qui a son prix.

À faire

➢ **Observation des macareux et des baleines :** *avec* **Láki Tours** *(☎ 546-68-08 ; • lakitours.com •).* Pour les macareux, sorties de juin à mi-août, autour de la petite île de Melrakkaey (on ne met pas pied à terre). *Compter 6 000 ISK/pers, réduc, pour 1h-1h30 d'excursion.* Pour les baleines, les sorties se font depuis Ólafsvík *(mars-oct ; durée env 3h ; env 10 000 ISK/pers, réduc).* Et si vous êtes là en hiver *(de mi-déc à fin fév)*, essayez d'aller voir les orques, qui viennent alors rôder dans les parages en quête de harengs.

ÓLAFSVÍK

1 000 hab.

Campé au bout du fjord, dans un environnement désolé au pied de rudes montagnes, le port, dominé par une surprenante église contemporaine aux lignes géométriques, a l'avantage de regrouper tous les services de la région. On y trouve en revanche peu d'hébergements.

Adresses et infos utiles

Office de tourisme : *Kirjutun 2. ☎ 433-69-29. Horaires assez variables : juin-août, tlj en principe 9h-17h.*

■ Tous les services s'alignent **(banque, pharmacie...)** dans la rue principale. La ***station-service*** **Orkan** fait aussi fast-food, avec quelques tables pour s'installer. Pratique en dépannage.

■ ***Kassinn :*** *lun-ven 9h-18h (20h ven) ; sam 11h-17h ; dim 13h-17h.* Un grand supermarché pour faire le plein de provisions, notamment de fruits et légumes frais.

Pour la desserte en bus, lire « Comment circuler dans la péninsule ? » en début de chapitre.

Où dormir ?

Camping : *à l'entrée du village. ☎ 433-69-29 (office de tourisme). Compter env 1 500 ISK/pers.* Un site paisible, lové au creux des montagnes. Cuisine et douche dans une cabane en bois. Aire de jeux.

Vid Hafid Guesthouse : *Olafsbraut 55. ☎ 436-11-66. 859-81-66. À côté du port et de la station-service. Entrée au 1er étage à l'arrière. Lit en dortoir bon marché ; doubles sans ou avec sdb de prix moyens à chic. Pour les clients de l'hôtel, réduc au* Hraun Restaurant *(lire plus loin).* Ne vous laissez pas décourager par l'aspect quelconque du bâtiment, car l'intérieur tout blanc est nickel et bien aménagé. On y trouve une quinzaine de chambres (dont quelques familiales) avec salles d'eau privées au rez-de-chaussée, partagées au 1er étage, mais toutes avec lavabos. Celles situées dans les angles sont un peu étroites, mais bénéficient, côté port, d'une jolie vue. Également un dortoir pour 10 personnes. Dans les vastes parties communes, jeux pour enfants, petit coin salon et une belle cuisine lumineuse et bien équipée pour préparer son petit déj (non inclus). Lave-linge (payant) à dispo.

Où manger ?

Hraun Restaurant : *Grundarbraut 2 (dans la rue principale). ☎ 431-10-30. Tlj 11h30-22h (la cuisine ferme à 21h). Plats 2 000-5 000 ISK.* Dans un chaleureux chalet de bois prolongé d'une terrasse donnant sur la rade (par-delà la route), un resto à tout faire : pêche du jour, moules de la baie, mais aussi des pizzas (également vendues à emporter), des tacos pour les petits budgets, et une large sélection de burgers, le tout plutôt bien ficelé et généreusement servi. Une halte roborative !

À voir à Ólafvsík et dans les environs

Pakkhusid Museum : *Olafsbraut 12 (sur la rue principale). ☎ 433-69-30. Tlj en été, 11h-18h. GRATUIT.* La plus vieille maison de la ville abrite au 1er étage un bric-à-brac d'objets de la vie quotidienne dans les années 1950. Surtout un prétexte pour vous faire passer par la boutique au rez-de-chaussée qui vend des pulls et autres babioles. Fait aussi café.

Les chutes de Svödufoss : *à env 3 km de Ólafsvík en allant vers Hellissandur (fléché).* On contemple de loin ces belles et larges chutes d'eau cascadant d'un promontoire entaillant la verte prairie. Au loin pointe le dôme immaculé du glacier.

HELLISSANDUR

Porte d'entrée nord du parc national de Snæfellsjökull, le village, presque un hameau, s'est établi sur une pointe désolée, dominée par le volcan. Rude ! Assez incongru dans cet environnement à l'état brut, quelques immenses graffs maculent une série d'entrepôts.
Un sentier relie la bourgade au hameau de Rif en traversant des étendues où nichent des milliers de sternes arctiques. Faites attention à ne pas les déranger.

Où dormir ? Où manger à Hellissandur et dans les environs ?

Bon marché (max 2 500 ISK / 17 €)

Camping : *à la sortie ouest d'Hellissandur. 854-65-09. De juin à mi-sept. 1 500 ISK/pers.* Un petit camping rustique situé dans un joli site : un terrain plat un peu protégé au milieu d'un champ de lave, offrant une belle vue lointaine sur la mer. Douches et, dans un autre bâtiment, cuisine avec éviers. On paie le soir ou le lendemain matin, quand passe le responsable.

The Freezer Hostel : *Hafnargata 16, dans le village de **Rif,** 3 km avt Hellisssandur en venant d'Ólafsvík. 833-82-00. • thefreezerhostel.com • Au niveau du port, dans un bâtiment rouge graphité. Lit en dortoir bon marché (sans petit déj).* Le jeune proprio est un enthousiaste : auteur et acteur formé en Angleterre, il est revenu au pays pour installer une AJ-centre culturel dans l'ancienne usine de poisson où il travailla durant son adolescence ! Les dortoirs sont presque un prétexte pour faire vivre les concerts, soirées ciné et spectacles (généralement en anglais) qu'il organise tout au long de l'été, avec la collaboration d'artistes islandais et étrangers venus passer quelques semaines sur place en résidence. Pour dormir : 4 dortoirs colorés (4-8 personnes) partageant 2 salles de bains. C'est assez sommaire, mais convivial. Cuisine et machine à laver (payante). Grande salle commune agréable avec des matériaux de récupération (bobines de chantier...), des canapés et un bar. Chouette ambiance.

Café Gilbakki : *à l'entrée d'Hellissandur. ☎ 436-10-01. Ouv l'été seulement, tlj 11h-17h. Encas 900-2 000 ISK.* Une coquette maisonnette de bois, comme un refuge face à la rudesse des éléments. Un accueil chaleureux, des coussins, des canapés, de réconfortants gâteaux maison et une soupe de poisson pour lutter contre le froid. On s'y sent bien.

Chic (20 000-30 000 ISK / 133-200 €)

Hótel Hellissandur : *Klettsbúð 9, à l'entrée d'Hellissandur. ☎ 487-12-12. • hellissandur.welcome.is • Tte l'année. Petit déj compris.* Certes, le bâtiment n'est pas bien beau et les prix comme souvent bien trop élevés, mais les chambres, banales et fonctionnelles, ont le mérite d'exister dans un secteur où le choix est très limité. Difficile de parler de l'accueil puisqu'ici tout est automatisé, vous voilà prévenu.

À voir

Sjóminjasafnið *(Musée maritime)* **:** *Sandahraun, à Hellissandur. 844-59-69. Sur la route principale. Juin-sept, tlj 10h-17h. Entrée : 1 300 ISK ; gratuit moins de 16 ans.* Un intéressant musée consacré aux gens de mer et à leur travail : Hellissandur, dans le passé, était un port de pêche actif. En témoignent 2 embarcations typiques de la région (à 8 rameurs), dont le *Bliki,* le plus ancien bateau de pêche conservé en Islande (1826). Une 2de salle présente une collection de crustacés, de roches et de beaux oiseaux empaillés. À l'extérieur, pénétrez dans la hutte de Thorvald, une hutte de pêcheurs reconstituée avec son toit d'herbe. Café.

LE PARC NATIONAL DE SNÆFELLSJÖKULL

L'extrémité ouest de la péninsule, inhabitée, est devenue parc national en 2001. Amarré autour de la masse colossale du volcan (1 446 m) et de son chapeau glacé, le secteur est lardé de coulées de lave, un chaos de rocs anthracite figés depuis 2 millénaires. Certaines dévalent jusqu'à la côte occidentale pour venir mourir dans l'océan, formant de courtes falaises déchiquetées. « Un amoncellement immense de déjections volcaniques », un « pays comme écrasé sous une pluie de pierres énormes », écrivait Jules Verne dans *Voyage au centre de la Terre.* Voilà donc un paysage totalement sauvage, battu par les vents et les vagues furieuses de l'Atlantique nord, recouvert de neige en hiver et de lichen vert en été.

Adresse utile

Snæfellsjökull National Park Visitor Centre* :** *à* ***Malariff *(sud de la péninsule). ☎ 436-68-60. • snaefellsjokull.is • Tlj 10h-17h.* Un arrêt judicieux avant de partir explorer la péninsule. Une expo (gratuite) y présente le parc, son environnement et son histoire. C'est ici que vous demanderez conseil et les prévisions météo avant de vous approcher du glacier. Infos également sur les balades et randos accompagnées.

À voir. À faire

➢ Étendu sur 170 km², le parc se prête à de multiples ***randonnées*** pour tous les niveaux. Les offices de tourisme du coin et le *Visitor Centre* vendent une petite carte avec un rapide descriptif de la bonne trentaine de sentiers existants (de 300 m à 11 km). Si l'on relie entre eux secteurs balisés ou non, on peut ainsi longer l'intégralité de la côte entre Hellissandur et Arnarstapi en 40 km. Ceux qui envisageraient de partir plusieurs jours devront en informer les gardes du parc et leur communiquer leur itinéraire.
En outre, des ***balades et randos accompagnées*** sont en principe organisées tous les week-ends de juillet à mi-août (et à dates variables en juin et août) à Djúpalónssandur et à Lóndrangar, à la découverte des renards arctiques, de la flore, etc.
Sinon, la route goudronnée qui fait le ***tour de la péninsule*** est un incontournable. De celle-ci, une multitude d'embranchements mène à différents sites et points de vue, présentés ici du nord au sud, dans le sens contraire des aiguilles d'une montre.

Par la route 574

De la route goudronnée (574), peu après Hellissandur, 1er crochet par la route 579 vers l'étroite ***plage de Skarðsvík,*** creusée entre de courtes falaises et battue par de gros rouleaux. De là, une piste, un peu cassante mais carrossable, continue en direction de 2 phares. Par la branche de gauche (plus difficile), en 2 km, on rejoint le plus grand, le ***phare de Skálasnagi,*** perché au-dessus de falaises formant une arche naturelle constellées d'oiseaux de mer. Plus au nord, le sémaphore orange signalant la ***péninsule d'Öndverðanes*** se trouve près d'un très ancien puits viking, creusé au fond d'une tranchée (à 200 m du parking).

De retour sur la route principale, on découvre bientôt le petit cône parfait du ***cratère de Saxhóll,*** dont une piste permet de s'approcher. Vous atteindrez le haut en 10 mn à peine.

Plus au sud, la route 572 mène à ***Djúpalónssandur*** (w-c au niveau du parking), une belle et grande plage entremêlée de sable et de galets noirs, jonchée de vestiges rouillés d'un chalutier anglais échoué en 1948. L'hiver, neige et galets forment un fascinant paysage d'estampe en noir et blanc, balayé par le ressac. À l'entrée de la plage, sont disposées de grosses pierres rondes que les matelots devaient soulever à hauteur de poitrine et poser sur un rebord rocheux pour démontrer leur force avant d'être engagés... La plus lourde pèse tout de même 154 kilos ! De la plage, un sentier mène en 1 km (au nord) à la délicieuse ***baie de Dritvík,*** qui fut du XVIe au XIXe s une des principales bases de pêche saisonnière d'Islande, les marins profitant d'une étroite rade naturelle enserrée entre de hauts rochers. La balade sur les falaises de lave est magnifique, avec la mer d'un côté et un très beau point de vue sur le glacier de l'autre.

Un peu plus loin, près de Purkhólahraun, on peut visiter les ***grottes de lave de Vatnshellir.*** *Visite guidée seulement, tte l'année. ☎ 787-00-01. • summitguides.is • Prix : env 3 750 ISK ; réduc. Durée : 45 mn.* La partie basse (accès par un escalier en colimaçon) aurait été formée il y a 6 000 à 8 000 ans. Avis aux claustrophobes : le guide éteint toutes ses lumières un petit instant... Couvrez-vous bien, il fait tout juste 6 °C !

À ***Lóndrangar,*** la mer a sculpté les falaises de lave en 2 impressionnants piliers ruiniformes de 75 m et 61 m de haut. On s'en approche en quelques minutes à pied par l'un ou l'autre des points de vue de Maláriff ou Svalþúfa.

Par la piste F570

Reliant directement les abords d'Ólafsvík à Arnarstapi, cette piste de 19 km est réservée aux 4x4. Certains s'y essaient en véhicule normal, à leurs risques et périls – enfin, surtout aux risques et périls de leur carrosserie et bas de caisse... En tout état de cause, la F570 est rarement ouverte avant juillet et ferme généralement dès fin septembre ou début octobre – tout dépend de la neige. Traversant des paysages lunaires, elle permet d'approcher le ***glacier Snæfellsjökull*** par le versant est et offre de très beaux points de vue si le temps est dégagé. Cela dit, n'essayez pas de vous approcher par vous-même du glacier : les conditions météo peuvent changer drastiquement en 2 mn et les risques de se perdre dans le brouillard sont très sérieux. Qui plus est, le glacier est miné par le réchauffement climatique et entaillé d'une multitude de crevasses qui accentuent sa dangerosité. D'ailleurs, les spécialistes prévoient qu'au rythme actuel de fonte il aura disparu dans 30 ans... Il couvre déjà moins de 10 km^2 contre 15 km^2 à l'époque de Jules Verne.

Ascension du volcan

Il reste néanmoins possible, surtout en début de saison, de faire l'***ascension du volcan*** avec un guide ; en fin d'été, c'est parfois trop dangereux. Des tour-opérateurs proposent aussi des balades en motoneige ou *snowcat* (sortes de grosses dameuses). On n'est pas franchement fans de ce dernier concept.

➢ ***À pied :*** avec ***Go West,*** installé dans une cahute en bois à ***Arnarstapi.*** *• gowest.is • Compter min 16 000 ISK/pers pour une balade de 4-6h sur le glacier selon saison (avec crampons et piolet) depuis le sommet de la piste F570, et 22 000 ISK pour une journée complète avec ascension jusqu'au sommet. Également, de mi-juin à mi-juil env, une rando au sommet baignée du soleil de minuit (25 000 ISK).*
Autre option avec ***Summit Adventures Guides*** *(• summitguides.is •),* de la courte balade de 3h *(juil-sept env 14 000 ISK/pers)* au *Midnight Sun Summit tour* *(de mi-juin à mi-juil env 23 000 ISK/pers).* Âge minimum 12 ans.

LA CÔTE SUD DE LA PÉNINSULE

Adossée à l'épine dorsale volcanique soulignant la péninsule, la région, sauvage, alterne pâturages, cascade, falaises et plages désertes. Une ferme par-ci, une autre par-là, parfois même une ferme-auberge... et voilà !
– Faites quelques provisions d'argent liquide et, éventuellement, de nourriture.

HELLNAR

Isolé dans la lande, au sommet des falaises, le hameau se résume à quelques fermes, une petite église et un cimetière. Tout au bout, la route plonge vers un minuscule port abandonné, coincé dans une étroite crique découpée dans la lave, percée de grottes et d'une arche ; une colonie de goélands y piaille à qui mieux mieux. De là, un très joli sentier côtier permet de rejoindre Arnarstapi en 2,5 km.

Où dormir ? Où manger ?

Foss Hótel Hellnar : *à gauche en arrivant dans le village. ☎ 435-68-20. • hellnar@fosshotel.is • islandshotel.is • Ouv mai-sept. Doubles à prix très chic, petit déj inclus. Au resto (ouv le soir seulement), plats env 3 500-5 000 ISK.* Dans un bâtiment gris aux toits bleus, superbement situé entre mer et pied du volcan, l'établissement dispose d'environ 40 chambres d'un très bon standing, dont les prix, stratosphériques quelle que soit l'option, varient tout de même selon la vue – on en conclura que la montagne est moins appréciée que les flots... Au (très) bon resto, la carte fait honneur aux poissons islandais. Bon petit déj-buffet du même acabit.

Fjöruhúsið : *juste au-dessus du petit port. ☎ 435-68-44. Tlj 10h-20h. Plats env 2 800-3 000 ISK.* Installée dans une maison de poupée surplombant le port abandonné, au cœur de la petite crique creusé dans les falaises, l'endroit est connu pour sa soupe de poisson accompagnée d'un très bon pain – dommage qu'elle ne soit pas plus copieuse pour le prix. Sinon, quelques quiches et des gâteaux maison, comme l'excellente tarte au *skyr.* Terrasse adorable si le soleil veut bien sortir ses rayons.

ARNARSTAPI

« Stapi est une bourgade formée d'une trentaine de huttes, et bâtie en pleine lave sous les rayons du soleil réfléchis par le volcan », écrit Jules Verne dans *Voyage au*

centre de la Terre. 1 siècle et demi plus tard, le hameau, devenu la principale base pour la visite du parc national, s'est largement modernisé, d'autant plus que de nombreux Islandais y ont leur résidence secondaire. On y trouve un adorable port miniature, niché au fond d'une crique encadrée de pitons de basalte tachetés du blanc des goélands. Plus pragmatique, le bled compte aussi une ***pompe à essence.***
– Arnarstapi est desservi l'été seulement par la ligne 82 des bus *Strætó (● straeto.is ●).* 2 bus/j., sauf sam. Lire aussi en début de chapitre « Comment circuler dans la péninsule ? ».

Où dormir ? Où manger ?

Arnarstapi Center : *☎ 435-67-83. ● arnarstapicenter.is ● Chalets (4 pers max) et doubles avec petit déj à prix très chic ; doubles dans la guesthouse (sdb partagée et sans petit déj) à prix moyens. Camping 2 000 ISK/pers. Au resto, plats 2 500-5 000 ISK.* Colonisant l'entrée du village avec ses baraquements modernes, ce complexe propose différents types d'hébergements. Sur la gauche, en descendant vers la mer, 10 petits chalets composés chacun d'une chambre, d'une pièce avec canapé-lit et d'une salle de bains. De l'autre côté, une trentaine de chambres (dont une dizaine de triples), avec frigo et micro-ondes, et 3 appartements tout équipés, répartis dans de petits modules façon cabane de chantier de luxe. Tous donnent directement dehors, autant dire qu'on ne va pas déjeuner en peignoir... L'intérieur, design, est éclairé par de grandes baies vitrées avec vue sur la mer, la montagne, ou le parking. L'ancienne *guesthouse* abrite quant à elle des chambres pour 2 à 4 personnes, mais ici on partage sa salle de bains et on doit faire son petit déj. Enfin, un ***camping*** *(ouv avr-sept),* posé sur un grand terrain nu (douche payante). Également ***un resto*** *(tlj 10h-22h),* dans le bâtiment principal, où l'on sert une cuisine de saison à base de produits locaux, joliment présentée mais pas donnée. Pour faire baisser l'addition, on pourra préférer les pizzas et *fish & chips* du 2d resto maison, *Arnarbær,* logé dans une bicoque en bois au toit herbu.

Samkomuhúsið : *bâtiment blanc sur une petite butte. Sur la façade, est inscrit « Snaefell 1950 ». ☎ 435-66-11. Tlj 12h-21h (horaires restreints en hiver). Formule soupe, pancake et boisson env 3 200 ISK.* L'inverse de l'adresse précédente, tant celle-ci est restée dans son jus et semble un bastion de résistance à la standardisation ambiante. Logé dans une baraque blanche rongée par le temps, ce café fait aussi bibliothèque, dans un intérieur style brocante bondé de bibelots et de tableaux. Grandes tables collectives pour boire un bon chocolat chaud, tout aussi réconfortant que l'accueil. Terrasse.

BÚÐIR

Un lieu où seuls subsistent aujourd'hui un hôtel de luxe, une petite église en bois noir (1847), avec son cimetière herbeux battu par les vents, et, au pied de l'hôtel, dans une minuscule cahute de bois, une échoppe, *Krambúðin,* où l'on vend des remèdes de sorcières, issus du savoir traditionnel et concoctés avec des herbes du coin.
Si vous avez 1h de libre, garez-vous sur le parking de l'hôtel et entamez une balade parmi les moutons, les sternes et les petites fleurs, le long de la mer. Au niveau de la route 54, jetez aussi un coup d'œil à la puissante ***chute de Bjarnafoss,*** dévalant en 2 paliers par-dessus des orgues basaltiques.

Où dormir ? Où manger à Búðir et dans les environs ?

Böðvarsholt Hostel : *à 3,5 km à l'est de Búðir par la route 54 direction Lýsuhóll. ☎ 435-66-99. ● hostel.is ● Ouv de mi-mai à mi-sept. Doubles bon* *marché.* Adossée à une ferme, une maison sur 2 niveaux, toute tapissée de bois, au cœur d'un formidable panorama partagé entre montagne et océan, avec le glacier qui pointe, à l'horizon, le bout de son nez blanc. 5 chambres simples et mignonnes décorées de photos du coin s'y partagent une salle d'eau (avec 2 douches, les couples gagneront du temps !), une cuisine et une grande salle à manger vitrée prolongée d'une terrasse pour ne rien perdre de la vue. Bon accueil.

Hótel Búðir : *inratable, c'est la seule construction de Búðir... ☎ 435-67-00. • hotelbudir.is • Chambres à prix très très chic. Au resto (midi et soir), plat env 5 000 ISK.* Pour qui peut se l'offrir, c'est LE bel hôtel du coin. La grosse bâtisse aux allures de manoir, avec ses boiseries vernies, ses salons cossus, son grand escalier, abrite une trentaine de chambres élégantes et soigneusement aménagées, avec gravures et meubles anciens. Les moins chères (si l'on peut dire !) sont sous les toits et les plus onéreuses aux angles de la maison. En plus d'être très lumineuses, ces dernières bénéficient de 2 vues différentes sur la mer et les collines, certaines profitant même d'un superbe panorama sur le glacier. Au rez-de-chaussée, bar et beau salon véranda équipé d'une longue-vue pour observer les oiseaux. Bref, pas mal de caractère et, surtout, une situation superbe, au milieu de nulle part. On peut dîner sur place (réserver).

LÝSUHÓLL

À une bonne dizaine de kilomètres à l'est de Búðir, Lýsuhóll abrite la seule source d'*eau minérale chaude* de la péninsule. Elle alimente une piscine réputée pour guérir les affections cutanées. C'est aussi ici que se trouve l'école qui accueille tous les enfants de la côte sud du Snæfellsnes. Un endroit empreint d'une certaine grandeur isolée, au pied de montagnes noires et pointues.

Où dormir ? Où manger dans le coin ?

Kast Guesthouse : *à Lýsuhóll, 200 m après la piscine. ☎ 421-52-52 ou 📱 693-47-39. • kastguesthouse.is • Ouv tte l'année. Doubles à prix moyens, petit déj inclus.* Isolé dans un site rude et sauvage, au pied des montagnes noires couvertes de scories volcaniques, 2 bâtiments tout en longueur, façon motel, où s'alignent des chambres simples et modernes de taille variable, toutes avec salle d'eau et un niveau de confort bien suffisant. Les plus sympa regardent vers l'océan qui s'agite au loin. Modeste resto sur place (le soir seulement).

Guesthouse Hof : *à env 7 km à l'est de Lýsuhóll. 📱 846-38-97. • gistihof.is • Tte l'année sauf Noël. Chalets et doubles avec sdb partagée à prix moyens (bon marché en chambre double avec sac de couchage). Petit déj 2 300 ISK.* Tenu par une famille qui vous accueille tout sourire, le lieu est joliment situé, entre mer et montagnes. Une longue baraque jaune au toit couvert d'herbe y regroupe des appartements de 3 chambres (on peut n'en louer qu'une) qui se partagent salon, cuisine, salle de bains et terrasse côté océan, avec *hot tub* et barbecue. Il y a aussi des petits chalets au fond du terrain, chacun avec 2 chambres séparées et lambrissées, salle de bains et vue mer directe. Dans un chalet à part, cuisine à partager et grande salle commune.

À faire

➢ ***Piscine thermale :*** *fléchée depuis la route. Très discrète, accolée à l'école ; entrée sur la droite. De juin à mi-août, tlj 11h-20h30. Entrée : env 1 200 ISK ; réduc enfants.* Surprenante eau verte, riche en algues et en minéraux ! Bassins et *hot tubs* oscillent entre 30 et 43 °C, ça dépend du temps.

➢ ***Balades à cheval :*** *à la ferme* Lýsuhóll, *un peu avt la piscine.* ☎ *435-67-16.* • *lysuholl.is* • Randonnées à la carte, sur la plage de préférence, ou dans les champs de lave. *Compter env 10 000 ISK pour 1h de chevauchée, puis 8 000 ISK par heure supplémentaire.*

➢ ***Ytritunga :*** *à 9 km à l'est de Lýsuhóll, prendre à droite peu après un monticule surmonté d'un petit phare blanc (pas de panneau).* En été, vous aurez de bonnes chances de voir des phoques se dorer la pilule sur les rochers de cette petite anse. N'oubliez pas vos jumelles.

SUR LA ROUTE DE BORGARNES

Sur la route 54, 19 km à l'est de la jonction avec la route 56, prendre à gauche la piste en direction d'Ytri-Rauðamelur. Environ 1 km plus loin, de beaux ***murs d'orgues basaltiques (Gerðuberg)*** s'étirent sur plusieurs centaines de mètres.
En reprenant la route 54, apparaît quelques kilomètres plus loin le cratère parfaitement symétrique d'***Eldborgarhraun.*** Haut de plus de 100 m, il révèle un fond tapi de verdure. On y accède à pied par un chemin démarrant à la ferme-hôtel de *Snorrastaðir* (fléchée depuis la route). Compter 3 km et environ 1h30 aller-retour.

SUR LA ROUTE DE REYKJAVÍK

BORGARNES

2 100 hab.

À 66 km au nord de Reykjavík, ce petit port sans charme particulier, posé au bout d'une péninsule, est un passage obligé pour ceux qui voudraient gagner la péninsule de Snæfellsness et les abords des fjords du Nord-Ouest en bus. C'est aussi la porte d'accès à la *vallée de la Hvíta,* d'où l'on peut éventuellement rejoindre Þingvellir (préférable en 4x4). Sinon, l'intéressant *Settlement Center* peut éventuellement justifier un arrêt.
C'est dans les environs de Borgarnes, sur les récifs d'Álftanes exactement, qu'en 1936 le *Pourquoi-Pas ?* du commandant Charcot s'abîma en mer. De retour d'une mission polaire au Groenland, le bateau fut pris dans une très violente tempête. Sur un équipage de 41 personnes, seul le maître timonier survécut.

Arriver – Quitter

Arrêt des bus : à la sempiternelle station-service *N1*, desservi par *Strætó* (• *straeto.is* •).
➢ ***Reykjavík** (Mjódd) :* 7 bus/j. en sem (ligne 57) ; 3-5 bus le w-e.
➢ ***Akureyri :*** 2 bus/j. (1 seul le sam) tte l'année (ligne 57). Arrêt possible à ***Blönduós, Sauðarkrókur*** et ***Varmahlíð.***
➢ ***Stykkishólmur et la péninsule de Snæfellsness :*** en été, 2 bus/j. avec la ligne 58 (circule seulement les lun, mer, ven et dim hors saison). Trajet : env 1h30. En descendant à Vatnaleið, on peut attraper la correspondance (immédiate, ligne 82) pour Grundarfjörður, Ólafsvík, Rif, Hellissandur et Arnarstapi (l'été seulement pour cette dernière).
➢ ***Hólmavík :*** avec la ligne 59, bus vers 17h, les mer et ven, et vers 12h le dim. Trajet : env 2h10.

Adresses et info utiles

Office de tourisme : à côté du supermarché Nettó, *au carrefour quand on arrive en ville. ☎ 437-22-14. Juin-août, lun-ven 9h-17h, sam 10h-16h, dim 10h-14h ; en hiver, seulement en sem.* Vente de cartes détaillées. Fait aussi boutique de souvenirs.

La plupart des services sont regroupés autour de la **station-service N1** : supermarché *Nettó (tlj 10h-19h ; distributeur de billets à l'intérieur),* cafétéria, banque, poste, etc. Également un *Bónus,* à 300 m.

Piscine : *au bord du fjord, au bout de Skallagrimsgata. Tte l'année, lun-ven 6h-22h, le w-e 9h-18h. Entrée : 940 ISK ; réduc.* Un bassin intérieur et un extérieur, avec toboggan.

Où dormir ?

Camping

Camping : *à l'entrée nord de la ville (env 1,5 km du centre). 📱 775-10-12. • borgarnes.camping@gmail.com • Compter 1 200 ISK/pers.* Une bande d'herbe coincée entre un bout de fjord et la route, donc un peu bruyant et pas très séduisant. Pas mieux côté équipement : seulement des w-c et 2 éviers, pas de douche.

Bon marché (4 000-8 000 ISK / 27-53 €)

Borgarnes Hostel : *Borgarbraut 9-13. ☎ 437-11-26. • hostel.is • Dans le centre, juste avt le* Settlement Center. *Tte l'année. Bon marché. Réduc avec la carte* HI. *Petit déj servi seulement en été.* Le long de la rue principale, cette AJ au basique style *Ikea* manque un peu d'âme. Options pour tous les budgets : du dortoir (dont 1 réservé aux femmes) à la chambre double (avec ou sans salle de bains) en passant par la familiale. Grande cuisine ouverte. Peu de douches en revanche. Café et thé en libre-service.

De prix moyens à chic (14 000-30 000 ISK / 93-200 €)

Guesthouse Bjarg : *à l'entrée nord de la ville, à env 1,5 km du centre. ☎ 437-19-25. • bjarg@simnet.is • Ouv tte l'année sauf Noël. Doubles sans ou avec sdb à prix moyens. Cottage (4 pers) à prix chic (fourchette haute).* Posée en surplomb du fjord, une ancienne ferme de 1930 au toit rouge, pimpante et totalement relookée. Elle abrite un petit appart (4 lits, kitchenette et salle de bains), un studio et 3 chambres (2-4 personnes) partageant cuisine et salle de bains. L'intérieur, tout en bois, est chaleureux et décoré avec goût. À côté, une maison en bois avec son toit en herbe, très joliment agencée, peut loger 4 à 6 personnes (2 chambres et un canapé convertible). Vue magnifique depuis le salon aux grandes baies vitrées et la terrasse.

Où manger ?

De bon marché à prix moyens (max 4 000 ISK / 27 €)

Geirabakarí Kaffihús : *à l'entrée de la ville sur la gauche, juste après le pont, en venant du sud, à côté du* Bónus. *☎ 437-19-20. Horaires variables mais en principe lun-ven 7h-18h (19h ven), le w-e 8h-17h.* Idéal pour casser la croûte en passant, cette vaste boulangerie-café, aux grandes baies vitrées et terrasse donnant sur le pont franchissant la baie, regorge de pains, pâtisseries et sandwichs de qualité à petits prix.

Le ***resto du Settlement Center*** propose tous les midis (12h-15h) un buffet végétarien bon et frais avec café inclus (2 400 ISK/pers) d'un honnête rapport qualité-prix. Aussi des plats plus chers à la carte (2 400-4 700 ISK), servis le soir également. Petit choix de salades, légumes, poisson et soupe du jour aux notes parfois exotiques. Cadre propret et quelconque.

Englendingavík : Skúlagata 17 (sur la rive ouest du centre-ville). ☎ 555-14-00. En principe, tlj 11h30-21h. Plats 3 200-4 200 ISK. Lové au creux d'un délicieuse crique tournée vers le coucher de soleil, un gros baraquement façon ancien entrepôt, décor rétro et chaleureux, prolongé d'une belle terrasse au bord de l'eau. Un bien joli cadre pour un poisson du jour, un plat de spaghettis, d'agneau ou un confit de canard. Pour tuer le temps, petit musée du jouet dans une dépendance. Loue également des chambres (de prix moyens à chic ; ● englendingavik.is ●).

À voir

***The Settlement Center* :** Brákarbraut 13-15. ☎ 437-16-00. ● landnam.is ● Dans le prolongement de la rue principale, juste avt le pont qui mène à une petite île. Tte l'année, tlj 10h-21h. Entrée : 2 500 ISK ; réduc. Audioguide en français compris. Cet ancien entrepôt accueille 2 expos très bien faites : l'une sur le peuplement de l'Islande, l'autre sur la *saga d'Egill.* 2 visites que l'on suit au rythme de l'audioguide (30 mn par section). La 1re partie détaille la colonisation de l'île et déroule une sorte de *Who's Who* des 1ers colons, dont les fermes qu'ils avaient fondées au Xe s portent encore aujourd'hui leur nom...
On termine par une évocation du fonctionnement de l'Alþing, le parlement local, un des 1ers au monde. L'autre expo narre les sanglantes aventures d'*Egill, fils de Grimur le Chauve,* qui a inspiré l'une des grandes sagas islandaises et illustre les conflits avec la Norvège. Une histoire dans laquelle peu de personnages meurent dans leur lit ; Egill et ses comparses avaient le trucidage facile... On suit le récit au long d'une sorte de labyrinthe souterrain, dans un décor animé par des personnages taillés dans du bois. L'auteur de la saga, Snorri Sturluson (1179-1241), homme politique, poète et historien, est considéré comme LE grand écrivain du Moyen Âge islandais.

***Borganes Museum* (Safnahús) :** Bjarnarbraut 4-6 ; dans la bibliothèque de la ville, au bord du fjord. ☎ 433-72-00. ● safnahus.is ● Tlj mai-août 13h-17h, sinon seulement en sem 13h-16h. Entrée : env 1 200 ISK ; réduc. Là aussi 2 expos mais d'un tout autre style. La 1re remonte le temps avec des photos d'enfants, un astucieux système de présentation d'objets anciens, et la reconstitution d'une chambre d'enfant au siècle dernier et maintenant (merci *Ikea* !). La 2de expo présente des oiseaux empaillés dans une belle mise en scène avec jeu de miroirs.

DANS LES ENVIRONS DE BORGARNES

LA VALLÉE DE LA HVÍTÁ

Au nord-est de Borgarnes, la Hvítá prend ses aises en sinuant paisiblement à travers de larges prairies piquetées de fermes et de chevaux. Si une paire de sites peuvent mériter un arrêt – notamment les spectaculaires chutes de Hraunfossar et Barnafoss – l'escapade s'adresse surtout à qui cherche à rejoindre Þingvellir par les chemins de traverse.

Où dormir ? Où manger dans le coin ?

Fossatún Country Hotel* :** à l'entrée de la vallée, à 23 km de Borgarnes et 18 km de Reykholt. ☎ 433-58-00. ● fossatun.is ● Camping *pod bon marché. Doubles sans ou avec sdb privée de prix moyens à un peu chic. Au resto, plats env 2 000 ISK le midi, 3 500-4 000 ISK le soir.* Sympathique et familial, l'établissement s'est installé en surplomb de la rivière, là où elle décrit un large coude en dévalant sur les rochers. On y devine 2 rocs en forme de visages de troll, de quoi donner au lieu son identité : des dessins de trolls couvrent les murs des parties communes, tandis qu'un sentier circulant sur la colline voisine enchaîne les *trolls games* (jeux de force ou d'adresse), rigolo avec les gosses. Le patron a même écrit un recueil de contes, traduit en français ! Côté hébergement, on choisit entre les *campings pods,* de simples cabanes de bois pour 2-3 personnes posées à l'abri de jeunes peupliers (sanitaires et kitchenette communs ; prévoir son sac de couchage ; draps en supplément) ; la *guesthouse,* avec 4 chambres partageant cuisine et salle d'eau ; et des chambres type hôtel, logées dans des bâtisses de plain-pied à flanc de colline offrant une jolie vue. Également un agréable ***resto, le *Rock'n Troll Café,* avec terrasse et véranda dominant la rivière, et une collection de vinyles digne d'un disquaire. Troll la classe !

À voir. À faire

★ ***Deildartunguhver*** *(source chaude de Deildartunga)* ***:*** *à 35 km au nord-est de Borgarnes, sur la route 50, juste au nord de la bifurcation de la 518 menant à Reykholt.* De loin, on aperçoit des nuages de vapeur. Il s'agit de la source qui alimente le chauffage des maisons de la région d'Akranes et du Borgafjörður, ainsi que les serres à tomates des alentours (dont on peut même acheter la production sur place). Son débit moyen, de 180 litres/seconde (à 100 °C), est le plus important des sources d'eau chaude d'Europe. On peut s'approcher (pas trop !) des résurgences bouillonnantes, enveloppées d'un nuage de vapeur soufrée.
En surplomb du site a été aménagé un spa luxueux, ***Krauma,*** avec 5 bassins design en plein air titrant de 37 à 43 °C. Resto (cher). *☎ 555-60-66. ● krauma.is ● Tlj 11h-21h. Entrée : 4 300 ISK.*

★ ***Reykholt :*** haut lieu du tourisme national, ce hameau est attaché au souvenir de Snorri Sturluson (1179-1241), auteur d'une *Histoire des rois du Nord* et de la saga *Egill, fils de Grimur le Chauve,* auquel le *Settlement Center* de Borgarnes est en partie consacré. Pour ceux qui veulent approfondir le sujet, un ***musée*** dédié au poète et politicien médiéval est installé sous l'église moderne, à côté de l'office de tourisme *(● sagatrail.is ●, mai-sept, tlj 10h-18h ; hors saison, lun-ven 10h-17h ; entrée : 1 500 ISK, réduc).* Un peu plus loin est creusé un petit *hot pot (Snorralaug)* où, pense-t-on, le grand homme venait se délasser, en empruntant un tunnel aménagé depuis sa forteresse...

★★ ***Les chutes de Hraunfossar et Barnafoss :*** *sur la route 518, à 20 km de la route 50 et 6 km avt Húsafell.* À Hraunfossar, affleurant sous la lave pétrifiée, l'eau, d'un bleu laiteux, s'écoule sur 150 m le long de larges parois bordant l'impétueuse Hvítá. Étonnant ! En remontant quelques centaines de mètres par une promenade aménagée, on atteint ensuite le méandre chaotique de Barnafoss, où les remous, très puissants, tourbillonnent sous un pont de pierre. Waouh !

★ ***Húsafell :*** perdu dans le vert d'un petit bois, en amont de la vallée, ce centre de villégiature (ce n'est pas un village) est très apprécié des Islandais pour sa sérénité, son golf, ses chemins de randonnée et sa piscine d'eau naturelle en plein air (plusieurs bassins, *hot tubs* et un toboggan ; *entrée : 1 300 ISK*). À l'entrée, petite épicerie avec produits de base, pompe à essence et café-restaurant avec terrasse sympathique par beau temps. Le complexe propose aussi plusieurs excursions, notamment dans la grande grotte de Víðgelmir *(tour de 1h30 ; 6 500 ISK ; infos et résas : ● thecave.is ●),* réputée pour ses étonnantes stalagmites de glace. On peut aussi explorer l'intérieur du glacier Langjökull, en pénétrant dans un tunnel creusé tout exprès *(tour de 3-4h ; env 20 000 ISK ; infos et résas : • intotheglacier.com •).* Le site compte également un hôtel (hors de prix), et un camping.

⛺ ***Camping :*** *☎ 435-15-56. • husafell.is • Ouv de mai à mi-sept. Env 1 500 ISK/pers en tente, douche comprise.* En bordure du complexe, un grand site paisible et agréable, suffisamment aménagé tout en restant assez sauvage, les emplacements étant dispersés dans des clairières trouant le maquis d'arbustes. Sanitaires bien tenus et cuisine équipée dans une cabane chauffée.

➢ En continuant au-delà de Húsafell, ceux qui ont un 4x4 peuvent rejoindre la ***piste 550,*** qui, après 63 km, aboutit à Þingvellir. Ouverte uniquement en été, elle longe la courte gorge d'un torrent coulant en plein désert de lave, puis passe entre 2 glaciers – situés chacun à 1,5 km de la piste.

➢ Ceux qui sont en véhicule de tourisme redescendront sagement vers le sud par la ***route 1.*** Un peu avant d'arriver au Hvalfjörður, 2 possibilités : longer le fjord par l'est ou prendre, à l'ouest, le tunnel (long d'environ 6 km) qui passe dessous et permet de gagner 1h. À moins d'être pressé, on conseille la 1re solution, car la route est superbe. De plus, c'est l'itinéraire à suivre pour randonner jusqu'à la ***cascade de Glymur,*** la 2e plus haute d'Islande avec ses 196 m. Elle ne se découvre qu'à pied.

➢ ***Randonnée vers Glymur :*** au fond du Hvalfjörður, suivre Botsndalur sur 1 km, tourner à gauche sur la piste et, 2 km plus loin, laisser sa voiture au parking. Un sentier balisé permet de s'approcher de la chute : assez ardu, il exige de traverser un torrent sur un rondin de bois et de s'agripper à des cordes. Prévoir 3-4h de marche (boucle d'environ 7,5 km). Les chutes, dissimulées dans une gorge, se révèlent peu à peu au fur et à mesure de la montée. L'endroit, magnifique, est peu fréquenté, sauf par des fulmars qui nichent à flanc de falaise.

HOMMES, CULTURE, ENVIRONNEMENT

AURORES BOREALES

Ce fascinant phénomène lumineux est provoqué par l'entrée de particules solaires ionisées dans les hautes couches de l'atmosphère terrestre aux abords des pôles. Plus l'activité solaire est intense, plus le phénomène est beau.

Où et quand observer une aurore boréale ? Si seulement nous avions une réponse précise à vous donner... mais c'est là toute la beauté de Mère Nature, indomptable et imprévisible. La meilleure saison pour observer les aurores boréales en Islande s'étend de septembre à mars, lorsque les nuits sont longues (jusqu'à 19h d'obscurité au solstice d'hiver !). Mais elles apparaissent parfois ***dès la fin août et jusqu'à début avril.*** Une règle d'or pour avoir une chance de les voir : recherchez le noir absolu en fuyant toute pollution lumineuse. Le ciel doit aussi être dégagé (on doit voir les étoiles), en cas de couverture nuageuse, les aurores boréales ne seront pas visibles. Enfin, vos 2 principaux critères seront la chance et la patience ! Allez, on vous donne quand même un petit coup de pouce avec le ***site de la météo islandaise*** qui actualise heure par heure une carte du pays avec la couverture nuageuse et les probabilités (graduées de 0 à 9) de voir apparaître des aurores boréales : • *en.vedur.is* • rubriques « Weather », puis « Aurora forecasts ».

BOISSONS

– ***L'âge minimum légal*** pour l'achat d'alcool est de 20 ans, et on ne plaisante pas avec la loi. Autre règle stricte : pas d'alcool au volant (taux d'alcoolémie autorisé : 0,5 g/l). Un projet de loi propose même de le descendre à 0,2 g/l.

– En Islande, comme dans d'autres pays scandinaves, ***la vente d'alcool est un monopole d'État.*** Seule la bière légère est vendue en supermarché ; au-delà de 2,25° et pour le vin ou les autres alcools, vous devrez vous rendre dans un des ***magasins d'État Vínbúðin.*** Tous sont fermés le dimanche. Dans les plus petites villes, ils n'ouvrent souvent que l'après-midi, voire seulement 1h ou 2h en fin de journée. En tout cas, évitez d'attendre la fin de semaine pour faire vos emplettes, car les Islandais se ravitaillent alors pour leurs week-ends très copieusement arrosés. Longue file d'attente en perspective !

– Les ***bières islandaises*** sont surtout des blondes légères. Dans cette catégorie, vous trouverez principalement les grandes marques locales comme la *Viking* ou la *Gull.* Mais les brasseries artisanales se multiplient avec, souvent, de vraies réussites. Pour les amateurs, le *Microbar* à Reykjavík (voir la rubrique « Où boire un verre ? Où sortir ? ») offre sûrement le plus grand choix de bières artisanales de l'île. Dans les

UNE PINTE DE BIÈRE EST UN METS DE ROI (SHAKESPEARE)...

Difficile à croire, mais la vente de bière titrant plus de 2,25° n'est autorisée en Islande que depuis... 1989 ! Depuis, chaque année, le Jour de la bière (1er mars) vient commémorer cette date historique. Autant dire que l'événement est fêté dignement !

bars, la pinte (50 cl) est la règle ; ***elle coûte environ 1 200 ISK.*** Le vin se consomme peu, car il est encore plus cher que la bière, compter 1 200-1 500 ISK le verre !

– Ne manquez pas de goûter à la spécialité locale : le ***brennivín,*** une eau-de-vie de pomme de terre parfumée au carvi (de la même famille que l'anis), qui se boit glacée. Il titre 37,5° d'alcool. En Islande, on le surnomme la « mort noire »... Dans le même registre, la ***Reyka,*** une vodka islandaise, pas trop forte, qui réveille juste ce qu'il faut, fabriquée avec de l'eau filtrée par un champ de lave.

– Dans un registre non alcoolisé, bonne nouvelle pour les allergiques au jus de chaussette : les ***cafés,*** bars ou les cafétérias des musées sont généralement équipés de vraies machines à expresso, même dans les endroits assez reculés.

– Enfin, ***l'eau est potable*** dans tout le pays, mais elle peut avoir une mauvaise odeur, et donc un goût désagréable, à cause du soufre. Ces effluves (parlons franchement d'œuf pourri !) vous titilleront parfois aussi les narines sous la douche. L'eau chaude étant issue de la géothermie et donc légèrement chargée en soufre. Là encore, aucun danger pour la santé ou la peau.

L'EAU DU ROBINET, C'EST LE PIED !

Pour inciter les touristes à boire l'eau du robinet dans une bouteille réutilisable, le gouvernement fait une belle promotion de son eau courante (wskranavatn). *Faut dire que cette eau est issue des glaciers et filtrée naturellement par la lave. Dur de faire mieux.*

CINÉMA

● *filminiceland.com* ● Pour visionner les bandes-annonces de films ou séries ayant été tournés en Islande. On peut aussi regarder quelques scènes de tournage. Les cinéphiles apprécieront !

Films islandais

Comme pour la littérature (policière surtout), l'Islande fait preuve d'une très grande créativité dans le domaine du cinéma. ***Baltasar Kormákur*** est le plus connu des cinéastes islandais. Comédien, metteur en scène de théâtre, producteur et réalisateur, il s'est fait connaître avec son film *101 Reykjavík* (2000), comédie burlesque avec Victoria Abril dans le rôle d'une exubérante lesbienne tombée amoureuse de la mère d'un jeune chômeur. On lui doit notamment *Jar City* (2006), *État de choc* (2010), *Everest* (2015) et *Trapped* (2016), la plus ambitieuse série policière produite en Islande, adaptation d'un roman d'Arnaldur Indriðason. Il tourne aussi pour les majors d'Hollywood.

Voici une petite sélection d'autres films de réalisateurs islandais :

– ***Un jour si blanc*** (2020) de Hlynur Palmason. Après la mort accidentelle de sa femme, Ingimundur, commissaire de police mis en congé, restaure une maison isolée et s'occupe de sa petite-fille pour tenter de surmonter son chagrin. Des soupçons d'adultère s'immiscent dans les souvenirs du veuf, la jalousie se transforme bientôt en obsession meurtrière. Un palpitant drame psychologique.
Du même réalisateur ***Winter Brothers*** (2017).

– ***The Deposit*** (2019) d'Ásthildur Kjartansdottir. Une journaliste enquêtant sur la situation des migrants en Islande croise 2 femmes à qui elle propose de s'installer chez elle. Mais la cohabitation tourne au cauchemar.

– ***Under the Tree*** (2017) de Haffsteinn Gunna Sigurðsson. Dans un lotissement islandais, des voisins se déclarent la guerre à cause d'un arbre qui fait de l'ombre. Humour glaçant sur la haine absurde. De formidables comédiens !

– ***Woman at War*** (2017) de Benedikt Erlingsson. Son précédent film, *Des Chevaux et des Hommes* (2013) racontait les tribulations d'une communauté d'éleveurs

à travers le regard des chevaux (querelle de voisinage, tempête de neige...). Saynètes drôles et cocasses. Dans *Woman at War*, pour lutter contre la pollution, une femme professeur de chant coupe l'alimentation d'une usine d'aluminium... Calamity Jane en Islande ! H. Geirhardsdottir est une formidable actrice et le film une comédie excentrique au charme fou.
– ***Let me Fall*** (2017) de Baldvin Zophoníasson. La rencontre, l'attirance et la chute de 2 jeunes femmes issues de milieux différents à 2 époques de leur vie.
– ***Béliers*** (2015) de Grimur Hákonarson. Une comédie aigre-douce dans une vallée isolée d'Islande. 2 frères ne se parlent plus depuis 40 ans. Ils doivent néanmoins oublier leur mésentente pour sauver ce qu'ils ont de plus précieux : leurs béliers.

Séries et films étrangers tournés en Islande

Le gouvernement islandais propose aux cinéastes des conditions financières et matérielles avantageuses, ce qui incite les producteurs d'Hollywood à venir tourner sur l'île. À noter que l'Islande n'est qu'un prétexte pour des histoires censées se dérouler dans des contrées lointaines : Sibérie, Himalaya, Afghanistan...
– ***Game of Thrones :*** impossible de ne pas citer la série culte en tête de liste. La diffusion de ses 8 saisons a largement participé au développement du tourisme en Islande. Des bloggeurs de voyages, fans de la série, ont recensé les différents sites où ont été tournées certaines scènes (merci à eux !) : • findingtheuniverse.com • ou • etpourtantelletourne.fr • Certaines agences proposent même des tours à la journée et jusqu'à 10 jours sur les traces de la série. Le bon filon !

UN VIKING EN FER

L'Islandais Hafþór Júlíus Björnsson a été élu « Viking le plus fort du monde » en battant un record vieux de 1 000 ans : il est parvenu à faire 5 pas en portant sur ses épaules un tronc de 10 m de long pesant 650 kilos. Il est surtout connu dans le monde entier comme Ser Gregor Clegane, dit la Montagne, dans la série Game of Thrones. *Un surnom qu'il porte bien, le beau bébé mesurant 2,06 m pour 195 kg de muscles !*

– ***La vie rêvée de Walter Mitty*** (2013) du réalisateur américain Ben Stiller (il est aussi l'acteur principal du film). Walter Mitty s'imagine être le héros d'aventures imaginaires pour échapper à son quotidien ennuyeux, au sein de *Life,* grand magazine américain. À l'annonce de la fin de *Life,* Walter décide de partir au bout du monde et entre pour de bon dans sa vie d'aventurier. Ben Stiller a tourné de très belles scènes dans le fjord Seydisfjördur, à l'est du pays. On voit bien aussi les paysages de la péninsule de Snæfellsnes, la montagne Kirkjufell, les glaces du cratère du Snæfellsjökul.
– ***Voyage au centre de la Terre*** (2008), d'Eric Brevig. La 1re adaptation à l'écran du roman de Jules Verne remonte à 1959. Il s'agit d'un film d'Henry Levin, avec James Mason dans le rôle principal du savant visionnaire. Celui-ci organise une expédition vers le centre de la terre en descendant dans le cratère d'un volcan. Dans le roman de Jules Verne, c'est le cratère du volcan Snæfellsjökul, dans la péninsule de Snæfellsnes. Avec Eric Brevig, on s'éloigne beaucoup plus du roman d'origine, le film étant saturé d'effets visuels, mais il a été tourné dans les superbes paysages islandais.
– L'Islande et les icebergs flottants du lagon Jökulsárlón apparaissent dans des scènes spectaculaires de 2 James Bond : ***Dangereusement vôtre*** (1985) et ***Meurs un autre jour*** (2002). Les mêmes icebergs servent de décor aux péripéties sibériennes de Lara Croft dans ***Tomb Raider*** (2001).
Citons aussi Clint Eastwood, qui a choisi une plage de sable noir de la péninsule de Reykjanes pour le tournage de son film ***Mémoires de nos pères*** *(Flags of our fathers),* relatant la sanglante bataille d'Iwo Jima au Japon en 1945. Les séries et films ***Star Wars*** *(épisode VII),* ***Rogue One, Interstellar, Black Mirror*** et bien

d'autres ont été en grande partie tournés dans les paysages lunaires, les volcans et les glaciers de l'Islande. Sans oublier les films de super-héros, comme ***Batman Begins, Thor, Transformers : Age of Extinction, Justice League...*** La plupart de ces *blockbusters* nous propulsent dans d'autres galaxies, sur des terres ou des royaumes imaginaires, incarnés par les paysages sauvages d'Islande. La saison 5 de ***Vikings*** relate, quant à elle, un pan de l'histoire islandaise lorsque Floki, un Norvégien, débarque sur l'île au IXᵉ s (voir plus loin la rubrique « Histoire »).

CUISINE

Hot dogs, burgers-frites, *wraps, fish & chips,* pizzas et autres *fast food* s'imposent dans la « gastronomie » islandaise, car ils permettent de caler une grosse faim en épargnant le porte-monnaie. Pour rester dans un budget raisonnable, il faudra donc souvent préférer la ***restauration rapide*** ou faire vos ***courses au supermarché.*** Attention cependant, dans certaines zones, le choix reste assez limité pour se concocter un repas ou même un pique-nique qui change un peu du pain-fromage-chips-sucreries.

Pour les budgets plus larges, il est possible de très bien manger dans certains restos islandais, à condition d'y mettre le prix. Il y a même, dans les villes principales, de très bonnes tables surfant sur la mode épurée de la ***cuisine nordique.*** Et dans les fermes, on mange souvent les bons produits locaux : poisson et agneau principalement. Les gros appétits resteront sur leur faim, avec des portions parfois chiches ! ***Quant au pain, il n'est jamais inclus.*** On peut éventuellement en commander à part.

– Le ***petit déjeuner*** servi dans les auberges, les *guesthouses* et les hôtels est invariablement un ***buffet,*** presque toujours composé des mêmes ingrédients : pains variés, confitures et beurre, tranches de jambon (pas toujours génial), fromages type gouda, céréales (muesli), crudités et œufs. Il arrive qu'on ajoute à ce buffet type du poisson, fumé ou mariné, du porridge, des gâteaux maison, fruits et yaourts, dans les adresses les plus chics. Les plus courageux avaleront un petit verre d'huile de foie de morue, comme le font les Islandais au réveil. Gloups !

Bon nombre de voyageurs profitent de ces buffets pour faire leurs provisions du déjeuner. Sachez que les hôteliers connaissent la combine et peuvent vous facturer les produits emportés.

– Pour les ***plats rapides,*** on conseille les boulangeries, dénommées *bakarí,* qui proposent un choix plutôt varié de sandwichs et souvent une formule avec soupe de poisson et pain. Si les viennoiseries font pâle figure face à nos croustillants croissants, elles ont le mérite d'apporter une touche sucrée au repas. Dans les coins isolés, certaines ***stations-service*** proposent des plats chauds et l'on peut manger sur place. Une bonne alternative au sandwich avalé dans la voiture.

– On le dit dans la rubrique « Budget », certains restos proposent le ***midi en semaine*** un menu comprenant une entrée, un plat et un café ou une soupe avec buffet de crudités et pain. Ce ***lunch special*** offre souvent un bon rapport qualité-prix et permet de goûter aux différents ***poissons locaux*** et au célèbre ***agneau islandais,*** délicieux mais pas donné du tout. Pour info, repérez en façade les plaques métalliques estampillées « Icelandic lamb », un label gage de qualité, pour une viande d'agneau locale. ***À la carte, l'addition grimpe vite, surtout le soir.***

Quelques spécialités

– Goûtez au ***skyr,*** sorte de fromage blanc très épais, riche en protéines, à déguster nature, avec du sucre, du miel ou aromatisé aux fruits. Des rayons entiers en sont remplis dans les supermarchés. Ça cale les faims les plus tenaces. La tarte au *skyr* est un régal. Dans certains restaurants vous verrez même un « skyramisu » !

– ***Súrmjólk :*** c'est un type de lait fermenté. Très bon.

– Il existe de nombreux ***fromages à tartiner*** *(smjörostur)*, genre « Philadelphia », aux herbes, aux champignons, aux poivrons, à l'ail... Pas mauvais du tout dans les sandwichs et à prix très corrects.

– ***Hangikjöt :*** jambon fumé d'agneau à l'arrière-goût de cendre froide. Il peut être fumé au bois de bouleau ou... aux crottes de mouton séchées utilisées comme combustible. Souvent servi avec des pommes de terre en béchamel et des galettes de seigle cuites sous la cendre (appelées *flatbrauð*).

– ***Blóðmör :*** boudin de mouton.

– ***Livrapylsa :*** saucisse de foie de mouton. Réunie au précédent, elle peut être cuite dans un estomac, faisant penser au *haggis* écossais (panse de brebis farcie).

– ***Hákarl :*** aileron de requin du Groenland faisandé pendant plusieurs mois dans le sol afin que l'urée contenue dans les chairs perde sa toxicité. On l'accompagne d'un shot de *brennivín,* eau-de-vie de pomme de terre.

– Nombreux **poissons** : *lax* (saumon – qui peut être fumé ou mariné à l'aneth en *graflax*, excellent), *þorskur* (cabillaud), *síld* (hareng), *ýsa* (églefin), *lúða* (flétan), etc. La truite *(silungur)* et l'omble chevalier *(artic char)* sont communs au lac Mývatn.

– ***Harðfiskur*** (poisson séché), à manger avec du beurre. Une odeur forte, mais son goût n'est pas désagréable. Les Islandais en sont très friands. Le poisson (morue, haddock) est séché en hiver sur de grands portiques en bois ou en métal. On l'achète dans toutes les épiceries et les supermarchés.

– ***Kaviar :*** non pas du caviar, mais des œufs de poisson (morue ou lieu noir) en tube (si !). À étaler sur du pain.

– ***Lundi :*** macareux, généralement fumé. Se rapproche du goût du magret de canard, se trouve surtout dans les restos chers. On ne vous encourage pas franchement à en consommer puisque leur population est en baisse.

– ***Langvía :*** dans le même genre, on peut aussi goûter au guillemot, ou se faire une omelette à partir de ses œufs (presque bleus), récoltés sur les falaises en mai-juin.

– ***Hvalur : la baleine*** (petit rorqual plus précisément), servie en steak ou en brochette, parfois même en sushis. Vous aimez les baleines ? ***Boycottez-les.*** Que les Islandais en mangent par tradition (de moins en moins toutefois), c'est une chose, mais que les touristes s'y mettent, voilà qui leur donne une bonne raison de poursuivre la chasse.

– ***Rúgbrauð :*** un pain noir au vague goût de réglisse et un peu sucré. Une autre version de ce pain de seigle complet est le ***hverabrauð.*** La pâte à pain est conditionnée dans une brique de lait ou une boîte et enterrée dans les zones géothermiques pendant 24h, pour la faire cuire. Vous trouverez ces pains à Mývatn notamment. Avec une tranche d'omble chevalier (sorte de truite) fumé, un petit bonheur gustatif nourrissant.

– ***Hjónabandssæla :*** gâteau à la rhubarbe. Un dessert à ne pas rater.

BON APPÉTIT !

Les hivers sont longs et rudes. Naguère, la nourriture devenait rare, et on n'hésitait pas à consommer de bas morceaux ou des viandes faisandées. Cette tradition est restée dans certaines familles, avec la préparation de testicules de mouton (hrútspungar) *ou encore de requin faisandé* (hákarl)*... Avis aux apprentis vikings !*

MORUE BIENFAITRICE

L'Islande se place aujourd'hui au 1er rang mondial pour la pêche à la morue (þorskur). *Le foie de la morue donne une huile très riche en omega 3 et en vitamines A et D. On lui prête donc de nombreuses vertus pour lutter contre les troubles cardiaques, neurologiques et respiratoires. Beaucoup d'Islandais en boivent tous les jours au petit déjeuner ! Elle serait parfaite pour prévenir la dépression saisonnière due au manque de lumière. Santé !*

CURIEUX, NON ?

– Humidité et pluie obligent, on enlève ses ***chaussures*** en entrant dans les maisons. Souvent un petit panneau vous le rappelle, mais dans le doute, demandez toujours à votre hôte.

– Dans les ***piscines,*** vous remarquerez que les Islandais ont un rapport au corps très naturel. Dit autrement : les âmes pudiques risquent d'être surprises et de souffrir quelque peu. En effet, les vestiaires sont souvent communs (mais pas mixtes) et avant d'aller plonger un orteil dans l'eau, il est obligatoire de ***se doucher entièrement nu(e)*** (oui !). Si vous voulez passer inaperçu, le mieux est de vous plier à cette règle ; garder le maillot sous la douche est la meilleure façon de s'attirer les regards. Les plus timorés seront rassurés de savoir qu'il existe toutefois quelques douches fermées dans les piscines et thermes les plus fréquentés par les étrangers.

– Ici, on prône l'***égalité des sexes.*** Aussi, mesdames, ne vous vexez pas si on vous passe devant au restaurant ou si le réceptionniste ne propose pas de porter votre valise. Le sexe faible, c'est FINI !

– Les Islandais(es) sont de ***gros lecteurs*** et affectionnent tout particulièrement les polars. Étonnant dans un pays où les crimes sont rarissimes. Ce sont aussi des écrivains prolixes : 1 Islandais sur 10 a déjà publié un livre !

– Dans la vie quotidienne, ***les Islandais s'appellent par leur prénom,*** que l'on s'adresse à son voisin, à ses amis ou au président de la République. Il existe un registre officiel des prénoms : 1 853 pour les filles et 712 pour les garçons. C'est dans cette liste que les parents doivent choisir le prénom de leur enfant.

– Malgré le crachin constant, les ***parapluies*** sont pratiquement inexistants. En effet, leur armature ne résisterait pas face à la force des vents.

– Comme aux Pays-Bas ou dans la plupart des pays nordiques, les maisons n'ont ***pas de volets.*** Chez les luthériens, on n'a rien à cacher. Voilà pourquoi les voisins peuvent observer l'intérieur des maisons. Apportez votre masque !

– Il existe 50 mots islandais rien que pour décrire la neige.

– Le fumeur n'est pas le bienvenu en Islande. Accros à la nicotine, ne cherchez pas de bureaux de ***tabac,*** les cigarettes s'achètent à la caisse des supermarchés (et le choix de marques est souvent restreint). Quoi qu'il en soit, dans la rue ou en pleine nature, conservez précieusement votre mégot jusqu'à la prochaine poubelle !

COUSINS, COUSINES, MATCH NUL !

Rencontrer l'âme sœur quand on est Islandais(e), c'est s'exposer à un risque : finir dans les bras de son cousin ou de sa cousine éloigné(e) ! Eh oui, avec à peine 360 000 habitants sur l'île, les branches généalogiques se rejoignent vite. En 2013, une start-up a donc lancé l'application Íslendigabók, *créée à partir d'une base informatique regroupant les données généalogiques des Islandais. Le téléphone peut ainsi lancer une « alerte inceste » si votre rancard du soir est un parent un peu trop proche !*

ÉCONOMIE

La crise financière de 2008

Avec la crise financière internationale et l'effondrement de son système bancaire en octobre 2008, le 5e pays le plus riche du monde, classé en 2007 au 1er rang mondial de l'indice de développement humain, est passé en 1 semaine du statut de riche nation prospère à celui du pays le plus endetté de la planète. La dette publique totale qui s'élevait à 1,76 milliard d'euros en 2007 correspondait, fin 2009, à 78 % du PIB national ! Après une décennie d'euphorie et une croissance annuelle entre 4 et 7 %, le pays fait banqueroute, avec crédits bloqués, comptes gelés, épargne volatilisée...

Pour comprendre l'origine de cette crise sans précédent, il faut remonter au début des années 2000, quand les modestes banques islandaises sont privatisées et « confiées » à ceux que l'on appelle « ***les Vikings de la finance*** ». Les 3 principaux établissements (*Glitnir, Landsbanki* et *Kaupþing*) proposent alors aux Islandais des crédits libellés en devises, aux taux variables indexés sur l'inflation – taux inférieurs à ceux des prêts en couronnes, mais susceptibles d'évoluer si la monnaie nationale est attaquée... Les Islandais se mettent à emprunter et à consommer à tout va : achat de résidences secondaires, de 4x4 flambant neufs, voyages à l'étranger, etc.

QUAND L'ISLANDE VA MAL, RONALD SE FAIT LA MALLE !

Fait marquant de la crise financière en Islande, les 3 McDo *de Reykjavík ont fermé leurs portes en 2009. Depuis leur ouverture en 1993 toute la matière première était importée d'Allemagne, et la dégringolade de la couronne islandaise en 2008 a multiplié par 2 les coûts d'exploitation de la chaîne. Le dernier burger islandais, religieusement conservé par un passionné, est aujourd'hui exposé sous cloche dans le* Bus Hostel *de Reykjavík !*

Basée sur des emprunts massifs à l'étranger, cette croissance fulgurante reste illusoire et artificielle. Conséquence, la couronne islandaise est surévaluée. Quand, avec la crise économique mondiale, en 2008, la couronne perd la moitié de sa valeur, la plupart des Islandais doivent faire face à des remboursements indexés sur l'inflation, qui doublent !

Fin 2008, face à un secteur financier subitement coupé des capitaux étrangers, le gouvernement nationalise *Glitnir, Landsbanki* et *Kaupþing*. Le pays s'enfonce dans la crise : l'inflation s'envole, les salaires sont gelés, le niveau de vie chute de manière spectaculaire et le chômage explose. Pour aider le pays à redémarrer, le Fonds monétaire international et d'autres pays accordent à l'Islande des prêts totalisant près de 10 milliards de dollars. Des emprunts totalement remboursés par anticipation en 2016.

La réaction populaire

Dans le même temps, la population islandaise pousse le gouvernement de Geir Haarde à la démission. En février 2009, c'est au tour de Davið Oddsson, le gouverneur de la Banque centrale et ex-1er ministre (1991-2004), d'être éjecté.

En 2010 et 2011, par référendum, la population islandaise rejette massivement le projet de loi *Icesave* prévoyant le remboursement de 3,9 milliards d'euros à la Grande-Bretagne et aux Pays-Bas. Le contribuable islandais estime que ce n'est pas à lui de payer les erreurs commises par les banques privées et un gouvernement irresponsable.

ÇA N'A FAIT RIRE PERSONNE !

Davið Oddsson, 1er ministre, puis gouverneur à la Banque centrale, a été accusé d'être le grand responsable de la faillite du pays en 2009. Il faut dire qu'il avait commencé sa carrière à la télévision, en écrivant des... gags.

Les Islandais veulent comprendre qui les a mis dans une telle situation : une enquête ouverte fin 2008 (à l'initiative d'Eva Joly) met en cause la ***croissance incontrôlée des banques islandaises ainsi que « l'extrême négligence » de l'ensemble de la classe dirigeante*** du pays. Le 1er ministre d'alors, Geir Haarde, l'ex-gouverneur de la Banque centrale Davið Oddsson et l'ancien ministre des

Finances Arni Mathiesen sont accusés d'avoir laissé flamber puis s'écrouler les 3 principales banques du pays et ce malgré de nombreux rapports alarmants depuis 2006. Finalement, c'est l'ancien 1er ministre qui passe seul en jugement, devant la Haute Cour de Justice. En avril 2012, elle rend un jugement mi-figue mi-raisin, Haarde n'étant reconnu coupable que de l'une des 4 charges retenues contre lui. En parallèle, la justice ordinaire poursuit son travail. Ainsi, en octobre 2016, ***9 dirigeants*** de la banque *Kaupþing* ont été ***reconnus coupables*** par la Cour suprême de Reykjavík. Les condamnations cumulées atteignent 46 ans de prison (tout de même !).

UNE CAGE DORÉE

En 2008, avec l'effondrement financier du pays, une quarantaine de banquiers islandais sont passés par la case prison. Kviabryggja est une prison spéciale, sans murs ni barreaux, au pied du volcan Snæfellsjökul. Ces « criminels en col blanc » y vivent en semi-liberté, logent dans des chambres individuelles équipées d'ordinateur et de Playstation, peuvent jouer au golf, fumer des cigares. Ils découvrent les travaux de la ferme pour 2 € de l'heure, et les familles sont autorisées à passer des journées avec eux. Une prison dorée pour ex-stars de la finance !

Après la crise...

Malgré le poids des dettes et le stress engendrés (entre 2007 et 2011, le recours aux antidépresseurs a augmenté de 50 % en Islande et, en 2015, le pays était encore ***le plus gros consommateur d'antidépresseurs au monde***), pour la majorité, la recette islandaise face à la crise a finalement été une réussite. Le pays est parvenu à stabiliser la couronne en réorganisant son secteur bancaire : un contrôle des changes a été mis en place, le déficit a été réduit et l'économie diversifiée.
L'inflation se stabilise désormais autour de 3 %, le pays a pu revenir emprunter sur les marchés internationaux dès 2011 et le chômage a largement chuté (environ 3,6 % en 2019 contre 9,5 % en 2009). Si l'Islande n'est plus classée 1re à l'indice de développement humain (santé, niveau de vie, éducation), elle est toujours dans le peloton de tête (à la 6e place en 2020), loin devant la France (26e).
On entend dire que le traitement de la crise serait un exemple de « purge » qu'il faudrait suivre dans d'autres pays. C'est sans doute vrai, mais le coût pour les finances publiques islandaises a été très élevé. Ainsi, la ***dette publique,*** après avoir atteint des sommets (84 % du PIB en 2013), est revenue à 40 % en 2019. Des chiffres prometteurs, portés par une croissance toujours plus élevée que la moyenne européenne, mais en léger repli depuis quelques années : 1,9 % en 2019 ; 3,8 % en 2018 ; 4,6 % en 2017... Et ce n'est pas 2021 qui relèvera la barre, avec une baisse du tourisme d'environ 75 % annoncée en 2020...

Piliers de l'économie islandaise

L'Islande dispose de solides ressources dans 3 domaines : la pêche, le tourisme et l'industrie aluminium. Son pilier historique : la ***pêche,*** qui représente encore aujourd'hui 20 % des exportations pour près de 6 % du PIB, le secteur de la transformation compte, lui, pour 11 % du PIB. Un temps en déclin, le secteur bénéficie de la remontée vers le nord de certaines espèces en raison du réchauffement climatique – et particulièrement du maquereau. Les poissons les plus péchés sont la morue, le merlan bleu, le capelan, le maquereau et le hareng.
Depuis 2005 environ, c'est bien le ***tourisme*** qui a fait s'envoler la croissance islandaise. L'industrie touristique est la 1re source de revenus du pays : elle représente environ 40 % des exportations de biens et de services, ce qui équivaut à plus de 8,5 % du PIB. En 2006, l'île accueillait 400 000 visiteurs par an. Puis, en 2010, les fumées de poussière volcanique du ***volcan Eyjafjoll*** ont paralysé l'espace aérien

européen. Inconvénient : les avions ne pouvaient plus voler. Avantage : les Européens ont découvert que ce volcan islandais était au cœur d'un paysage sauvage et somptueux. L'éruption fut la meilleure des publicités pour l'Islande.

En 2016, l'Islande participe pour la 1re fois de son histoire à l'***Euro de football.*** Les supporters islandais attirent la sympathie par leur comportement joyeux et fair-play. Le ***clapping*** (cette façon d'applaudir les mains au-dessus de la tête sur un rythme lent, puis de plus en plus rapide) a fait le tour du globe !

Le nombre de touristes a, de fait, augmenté de 500 % entre 2010 et 2018 avec un record de 2,4 millions de visiteurs en 2018. En été, 1 personne sur 5 dans le pays est un touriste ! L'industrie doit donc faire appel à une forte main-d'œuvre étrangère, principalement d'Europe de l'Est, pour pallier la carence de travailleurs en haute saison.

S'il profite bien entendu à l'économie islandaise, ce boom touristique n'a pas que des avantages puisqu'il entraîne la demande de couronnes et en fait monter le cours. Il impacte aussi l'environnement (dégradation de la végétation, érosion des sols...), sans compter qu'il faut construire suffisamment pour loger les touristes, sachant que ces investissements ne sont rentables que durant l'été. Victimes du surtourisme, certains sites l'été sont bondés, c'est pourquoi nous vous proposons des escapades à l'écart des lieux les plus courus. Suivez nos recommandations ***« Osons le pas de côté »,*** en repérant le picto sur nos cartes et dans les textes. Du coup, la baisse du tourisme enregistrée en 2019, notamment suite à la faillite de la compagnie aérienne à bas coût *Wow Air,* a certes contribué à la diminution de la croissance économique, mais a offert dans le même temps une pause dans ce tourbillon d'arrivées auquel les Islandais ont dû faire face très rapidement, sans être tout à fait préparés. Elle donne le temps aux autorités de tenter de résoudre l'équation entre accueil touristique et préservation des sites naturels. Reste à savoir quelles seront les conséquences économiques de l'épidémie de Covid-19 pour ce petit pays qui vit principalement du tourisme.

Le 3e pilier de l'économie islandaise est l'industrie ***aluminium,*** renforcée par l'hydroélectricité et la géothermie. En 2007, la plus grosse installation industrielle d'Islande a été construite dans les fjords de l'Est : une gigantesque fonderie d'aluminium gérée par le groupe américain *Alcoa.* Le minerai ne vient pas d'Islande, mais il est transformé ici à des coûts très concurrentiels (lire plus bas dans « Environnement », « Une énergie bon marché qui attire les convoitises »).

L'année suivante, le gouvernement islandais a donné son feu vert au groupe d'énergies vertes canadien *Alterra Power* pour le rachat de *HS Orka,* 1er producteur d'électricité privé du pays. En 2013, un nouveau projet a été lancé : l'exploration des fonds marins islandais en vue d'une exploitation pétrolière offshore, confiée à des intérêts nationaux, mais aussi norvégiens et... chinois.

Autres secteurs économiques porteurs : la production de logiciels, les centres d'appels et les biotechnologies.

ENVIRONNEMENT

Selon l'*Environmental Performance Index,* développé par les universités de Yale et Columbia, l'Islande se classe au fil des ans dans le top 15 des ***pays les plus propres du monde.*** Elle devrait ce résultat flatteur à son eau propre et abondante, à son système de soins performant, sa grande quantité d'énergie géothermique très peu polluante (quoique...) et à de nombreuses réserves

UNE EAU MIRACULEUSE

On dit qu'Icelandic Glacial est l'eau en bouteille la plus pure du monde. Elle est naturellement protégée de la pollution par l'un des environnements les plus propres de la planète. Le gouvernement islandais a fixé une zone d'exclusion de 12 800 ha autour de la source : constructions, agriculture et animaux y sont interdits !

naturelles. L'Islande bénéficie, c'est vrai, d'une nature très généreuse. Si on exclut les transports, encore dépendants du pétrole, ***100 % de son énergie est basée sur des ressources renouvelables*** : 75 % pour l'hydroélectricité, le reste pour la géothermie. 90 % des maisons islandaises sont d'ailleurs chauffées grâce à la géothermie. Présentée comme extrêmement peu polluante, cette dernière a toutefois un inconvénient majeur : les forages libèrent d'importantes émanations de soufre et de CO_2. Un procédé pas si vert que ça donc, d'autant que le haut niveau de vie, la nécessité de se chauffer beaucoup et la présence croissante d'industries lourdes sur l'île font de l'Islande l'un des plus gros consommateurs d'énergie au monde par habitant.

Une énergie bon marché qui attire les convoitises

Depuis le choc pétrolier des années 1970, l'Islande a compris qu'elle avait une carte à jouer avec l'***hydroélectricité*** et la ***géothermie,*** que ce soit pour réduire drastiquement sa consommation domestique de pétrole, mais aussi pour l'export. Sauf que, contrairement aux hydrocarbures, ces énergies s'exportent difficilement : il faut donc faire venir les industries jusqu'à elle. Ainsi, l'Islande a ouvert ses portes à la ***production d'aluminium et de silice,*** qui comptent parmi les plus polluantes et les plus grosses consommatrices d'électricité. En 1969, c'est près de Hafnarfjörður que le groupe canadien *Tio Tinto Alcan* plante sa 1re usine. En 1998, *Norðurál,* une filiale de l'entreprise américaine *Century Aluminium Company,* installe un autre site près d'Akranes (à Grundartangi). En 2005, ces 2 usines consomment déjà pratiquement la moitié de l'électricité produite en Islande... Peu importe : le gouvernement conservateur, soucieux d'attirer les investissements étrangers, promet au géant américain *Alcoa* la construction d'un gigantesque réseau de barrages à Karahnjúkar, aux portes du parc national du Vatnajökull, pour alimenter un projet de fonderie d'aluminium géante à Reyðarfjörður, sur la côte est. Malgré les protestations des défenseurs de l'environnement, c'est chose faite. Entré en fonction en 2007, le barrage a, à lui seul, doublé la production d'énergie islandaise et produit assez pour alimenter une ville de 1 million d'habitants !

Certains rêvent déjà d'un nouvel eldorado industriel alimenté par les énergies dites « vertes ». Car, si l'Islande est devenue le seul pays au monde doté d'une électricité 100 % renouvelable, ***80 % de l'énergie produite alimente ces industries lourdes.*** De quoi faire littéralement exploser les émissions de CO_2 du pays. En l'état, l'Islande n'atteindra pas les objectifs fixés par l'accord de Paris sur le climat (COP 21), et devrait voir en 2030 ses émissions de CO_2 augmenter de 99 % par rapport à 1990, plutôt que baisser... Une augmentation à laquelle l'expansion du tourisme ces dernières années, et des transports qui vont avec, apporte aussi sa part. Tentant de limiter un peu les dégâts, le gouvernement a doublé les taxes sur les émissions de CO_2.

Lire aussi plus loin notre rubrique « Géologie et géothermie ».

Chasse à la baleine

Longtemps pratiquée de manière artisanale, la chasse à la baleine ne s'est vraiment développée en Islande qu'aux XVIIe et XVIIIe s, avec les Basques, puis au XIXe s, avec l'installation par les Norvégiens et les Danois de stations baleinières.

En 1915, pour protéger l'espèce victime d'une surexploitation depuis les années 1880 et lui permettre de se reconstituer, le Parlement islandais (l'*Alþing*) interdit la chasse aux cétacés. Quand cette activité reprend en 1935, ce sont les Islandais eux-mêmes qui la pratiquent, et ce jusqu'en 1986, année de l'entrée en vigueur d'un moratoire international interdisant la chasse commerciale. Elle se poursuit néanmoins en catimini, sous couvert de recherches scientifiques, mais l'essentiel de la viande est exporté au Japon... En 1992, le pays se retire

finalement de la Commission baleinière internationale.
En 2006, l'Islande décide de ***reprendre la chasse commerciale à la baleine de Minke*** (ou petit rorqual). Des quotas sont également fixés pour le rorqual commun qui, lui, est pourtant classé comme espèce en danger... L'Islande devient donc le 2e pays, avec la Norvège, à défier ouvertement le moratoire en pratiquant la chasse aux cétacés. Le tollé international n'y fait rien, et c'est finalement l'effondrement de la demande japonaise, dans le sillage du tsunami, qui met un terme transitoire à la chasse au rorqual commun. ***Aujourd'hui, l'Islande, la Norvège et le Japon sont les 3 derniers pays au monde à chasser la baleine.***
Avec l'explosion du tourisme ces dernières années (dont l'observation des baleines reste une des activités majeures), la chasse aux cétacés est de plus en plus remise en question, et les compagnies baleinières mettent progressivement un terme à leur activité. Certains restaurants se sont déjà engagés à bannir la viande de baleine de leurs menus. Encore un petit effort...

COUP DE BALEINE !

Imaginez l'Islande au Moyen Âge. Une baleine s'échoue... Un petit miracle sur ces terres désolées où manger chaque jour à sa faim relève de l'exploit. Résultat ? Pour parler d'un coup de bol, les Islandais disent aujourd'hui hvalreki *(baleine échouée) ! Quant au partage de l'animal, il relevait jadis d'une science exacte : 100 % pour le propriétaire du terrain littoral, 30 % seulement s'il y avait été poussé par des chasseurs, ou 70 % s'il était mort en mer avant d'accoster !*

L'arbre qui ne cache pas de forêt

Un autre angle mort de l'environnement islandais est la question de la ***forêt.*** Il n'y en a tout simplement pas, ou presque, les zones boisées couvrant à peine 0,5 % du territoire. Croiser un arbre (hormis ceux plantés dans les parcs ou aux abords des villes) relève presque de l'exploit (mais derrière quoi va-t-on pouvoir faire pipi ?). La faute aux Vikings, qui décimèrent en quelques siècles les bouleaux nains qui s'étendaient à leur arrivée sur 25 % de l'île. En un millénaire, 97 % de la forêt a ainsi disparu pour céder la place aux pâturages. Si, depuis quelques années, les campagnes de reboisement se multiplient (3 à 4 millions d'arbres ont été plantés entre 2015 et 2019), le processus est très lent, à cause, aussi, des rigueurs du climat.

FAUNE

L'Islande est un de ces rares pays où l'on peut faire une sieste dans l'herbe sans craindre d'être piqué ou mordu par de vilaines bébêtes : ***aucun reptile*** ne rampe sur le sol islandais et peu d'insectes, les quelques abeilles, mouches et moucherons qui sillonnent les airs ne vous empêcheront pas de dormir. Soyons justes, il y a des nuées de moucherons dans les régions d'eau douce, comme autour du lac Mývatn. Particulièrement agaçants, ils sont inoffensifs.
Le ***renard polaire*** est toujours présent, même s'il fait l'objet d'une chasse assez féroce de la part des bergers. Cette grosse boule de poils était le seul mammifère terrestre présent à l'arrivée

OURS MAL LÉCHÉS

Si l'on s'en réfère aux annales, depuis l'an 890, quelque 600 ours polaires ont débarqué en Islande, au hasard des glaces dérivant depuis le Groenland. La plupart, poussés par les courants dominants, atterrissent vers l'île de Grímsey et dans la région. À peine repérés, leur sort est scellé : trop dangereux, ils sont abattus...

des colons norvégiens au IXᵉ s. C'est dans les fjords du Nord-Ouest, et plus particulièrement dans le parc du Hornstrandir (seule zone où l'espèce est protégée), qu'on a le plus de chances de le croiser. Vous aurez peut-être aussi la surprise de voir des ***rennes,*** introduits de Norvège au XIXᵉ s. L'Islande en compte 3 000 à 7 000 selon les estimations, retournés à l'état sauvage, principalement regroupés ***dans l'est du pays.***

Les côtes islandaises accueillent aussi des colonies de ***phoques.*** Parmi les 7 espèces observables, 2 d'entre elles sont bien représentées et visibles toute l'année : le phoque gris et le phoque commun ou veau marin. On peut les observer dans le Nord (sur la péninsule de Vatnsnes), dans les fjords de l'Est (dans la baie de Heraðsflói) et sur la côte sud (autour de Höfn et près de Jökulsárlón). Pour les espèces plus rares (phoque barbu, phoque à capuchon...), dérivant du Groenland sur les glaces, c'est plutôt dans les fjords de l'Ouest qu'on peut les croiser.

Les eaux islandaises, particulièrement riches en plancton et en krill, attirent aussi les ***cétacés.*** Une quinzaine d'espèces peuvent être observées ; parmi celles-ci, la baleine de Minke (ou petit rorqual) et la baleine à bosse sont les plus courantes. Plus au large, on peut espérer voir aussi ***rorquals communs,*** rorquals boréals et, avec beaucoup de chance, la mythique baleine bleue. ***Húsavík,*** sur la côte nord, est d'ailleurs considérée comme la ***capitale européenne pour l'observation des baleines.*** Malheureusement, la chasse à la baleine est encore autorisée dans le pays (bien que de moins en moins pratiquée) et il n'est pas rare d'en trouver à la carte des restaurants. Bien sûr, on ne vous encourage pas à y goûter.

Les ***orques*** (ou épaulards) sont aussi présents. Jamais chassés pour leur viande, ils l'ont toutefois été dans les années 1970-1980 pour approvisionner des parcs marins dans le monde entier – certains se souviendront peut-être de l'épopée de Keiko (l'orque de *Sauvez Willy*), rendu à l'Atlantique nord en 2001. C'est plutôt en hiver qu'on vient les observer. À la belle saison, il est aussi possible de croiser des ***dauphins.***

Enfin, les amateurs d'***oiseaux*** seront servis dans ce pays, surtout s'ils viennent entre mai et juin. On s'extasie particulièrement sur le sympathique ***macareux moine*** (*lundi* en islandais, *puffin* en anglais), avec son gros bec triangulaire et multicolore, son œil cerclé de rouge et de noir et ses pattes palmées jaune ou rouge selon l'époque (il perd de ses couleurs vives une fois la saison des amours terminée). On l'observe sur l'île pendant sa période de reproduction : de mi-avril à mi-août. C'est en Islande que l'on trouve ***la plus grande population de macareux moines au monde*** (environ 4 millions). Ces oiseaux vivent en haute mer et ne reviennent à terre que pour se reproduire, de mai à mi- ou fin août ; ils nichent sur les pentes herbeuses des rebords de falaises. Excellents nageurs, ils volent en revanche très mal : les voir décoller sur l'eau est en soi un spectacle assez réjouissant... Ils partagent avec les pingouins une démarche pataude, plutôt comique !

MACAREUX PAS HEUREUX...

Dans le passé, le ramassage des œufs de macareux était un véritable sport national en Islande et, aujourd'hui encore, le macareux adulte finit parfois dans l'assiette au restaurant. En France, il est l'emblème de la Ligue pour la protection des oiseaux, créée en 1912, justement, pour dénoncer le massacre des macareux moines par les chasseurs bretons.

Petite note triste : même s'ils sont encore nombreux sur les îlots inhabités, la population des macareux a drastiquement diminué dans les îles Vestmann (Vestmannaeyjar), leur bastion historique, à cause du réchauffement climatique. Les fjords du Nord-Ouest (falaises de Látrabjarg) vous offriront heureusement de superbes occasions de vous en approcher, de même que des ***guillemots.***

Le lac Mývatn, lui, est connu pour sa quinzaine d'espèces de ***canards,*** dont 3 sont d'origine américaine (un cas unique en Europe) : plongeon huart, arlequin plongeur et garrot d'Islande.

Les ***sternes arctiques*** toujours promptes à défendre leur œuf d'un coup de bec, sont visibles un peu partout, en grandes colonies. Le cri d'attaque, strident et agressif, de la sterne ressemble à « kría, kría », d'où vient leur nom islandais. Dans les mêmes zones littorales, on voit aussi les élégants ***huîtriers pies*** (noir et blanc sur de grandes pattes et bec orangés) et des troupes d'***eiders,*** de gros canards noir et blanc (mâle), dont le duvet est récolté par les Islandais depuis la nuit des temps. Les zones humides abritent ***pluviers, avocettes*** et rares ***phalaropes.*** Nous ne les citerons pas tous : environ 370 espèces d'oiseaux sont répertoriées, dont 75 nicheuses !

COQUE EN STOCK

En 2013, des scientifiques gallois ont involontairement tué, en voulant mesurer son âge, une palourde islandaise vieille de... 507 ans. Nouveau record de longévité !

GÉOGRAPHIE

Quelques chiffres : l'Islande mesure 300 km du nord au sud et 500 km d'est en ouest. Elle est située à moins de 300 km du Groenland, 800 km de l'Écosse et à près de 1 000 km de la Norvège ; l'île de Grímsey, à 40 km au nord des côtes est même située sur le cercle polaire arctique. L'île égrène 4 970 km de côtes.

La superficie de l'Islande est de 103 000 km^2, composée pour environ 11 % de glaciers, 40 % de sable, 25 % de champs de lave, 20 % de pâturages, 3 % de lacs et rivières et 1 % seulement de terres cultivées. Les arbres sont rares sur cette île et n'occupent guère que les fonds de vallée mieux protégés (exception qui confirme la règle : la « forêt d'Islande » sur une des rives du lac Lagarfljót).

L'altitude moyenne de l'île est de 557 m et son point culminant est le Hvannadalshnjúkur (2 110 m), situé sur le plus grand glacier d'Islande, qui est aussi le plus vaste d'Europe (il a la même superficie que la Corse) : le Vatnajökull (8 100 km^2).

Phénomènes des latitudes nordiques

L'été et l'hiver, le jour et la nuit

À cause de la latitude de l'Islande, il ne fait jamais, ou presque jamais, nuit sur l'île de juin à juillet. C'est perturbant, mais aussi grisant, de perdre ce repère, d'autant plus que les paysages sont alors nimbés d'une lumière dorée très particulière (du moins quand le soleil brille). Au mois d'août, la nuit daigne de nouveau s'imposer pour quelques heures sur le pays, puis, peu à peu, devient dominante en hiver, laissant très peu de place au jour de novembre à février.

Détail pratique : si vous ne pouvez dormir que dans le noir, ***munissez-vous absolument d'un masque pour les yeux,*** car non seulement il ne fait jamais nuit en été, mais en plus il n'y a pas de volets, et les rideaux occultants laissent souvent passer des rais de lumière.

Le soleil de minuit

Le soleil de minuit, c'est lorsque, à son point le plus bas, le soleil ne disparaît pas complètement sous l'horizon. Ce phénomène éphémère propre à l'été austral ne s'observe qu'au-dessus du cercle polaire, or l'Islande est juste au-dessous. Seule la petite île de Grímsey, au nord, est traversée par le cercle polaire. En été, des excursions sont spécialement organisées pour y admirer ce soleil qui ne se couche pas (mais pour jouir de ce magnifique spectacle, encore faut-il que le ciel soit dégagé !).

Les aurores boréales

Sublimes, elles méritent bien leur propre paragraphe, à lire au début de ce chapitre.

GÉOLOGIE ET GÉOTHERMIE

Située sur la dorsale médio-atlantique, l'Islande est un point chaud de l'activité volcanique et géothermique : 30 volcans sont entrés en éruption au cours des 2 derniers siècles.
L'activité volcanique attire de nombreux curieux avides de spectacles inoubliables. On se rend en Islande en espérant voir des geysers, une éruption (une tous les 5 ans en moyenne...), ou plus sûrement des coulées de lave sortie depuis peu des entrailles de la terre. Ce serait dommage de quitter l'île sans avoir senti l'odeur sulfureuse des fumerolles, sans s'être baigné dans des sources chaudes et sans s'être émerveillé à la vue de régions dénudées où la terre est jaune et rouge et la boue des mares bouillonnantes couleur plomb... On apprécie encore mieux ces lieux exceptionnels en comprenant pourquoi ils existent.

L'Islande : un cas géologique

L'Islande est unique : c'est ***la plus grande île volcanique au monde.*** Partie émergée d'un gigantesque plateau basaltique sous-marin de 750 km de diamètre, elle est née d'éruptions survenues sur le rift médio-atlantique et d'un point chaud secondaire. Les plus anciennes roches de surface n'ont que 15 à 20 millions d'années, ce qui est très jeune : en France, par exemple, on trouve en Bretagne Nord des roches de 2 milliards d'années ! La partie de l'île la plus ancienne, figée, est constituée par la péninsule de Snæfellsnes et les fjords du Nord-Ouest.
Toute cette terre qui constitue les plaines et les montagnes d'Islande a donc pris naissance en un temps très court, grâce à un volcanisme particulièrement actif.
En 1963, à la suite d'une éruption sous-marine, l'Islande s'agrandit d'une nouvelle île, Surtsey, inscrite au Patrimoine mondial de l'Unesco depuis 2008. Fascinés, les scientifiques peuvent y observer la végétation prendre vie pas à pas, nourrie des graines apportées par les vents, avec les déjections des mouettes en guise d'engrais.

Pourquoi ce volcanisme ?

Quelques rappels : si l'on parcourait, du centre vers la périphérie, les 6 370 km du rayon terrestre, on rencontrerait :
– un noyau constitué de matériaux ferreux ;
– un manteau inférieur ;
– l'asthénosphère, épaisse de 700 km, constituée de roches ductiles se comportant comme une pâte molle ;
– la lithosphère, épaisse de 70 km sous les océans et de 150 km sous les continents. Son niveau le plus superficiel est appelé croûte terrestre : c'est ce qu'on voit autour de nous et sous nos pieds. Cette lithosphère est divisée en plaques rigides, ne pouvant pas se déformer mollement comme l'asthénosphère : les contraintes qui s'exercent dessus entraînent des mouvements le long de failles, ce qui provoque les séismes.
L'Islande occupe une position particulière sur la Terre. Elle se situe ***entre 2 plaques (la nord-américaine et l'eurasienne)*** qui s'écartent à la vitesse (vertigineuse !) de 2 cm par an. On appelle ce phénomène ***la dérive des continents.*** La ligne de contact forme une dorsale, ou ride médio-océanique, soit, dans ce

cas, une immense fracture de l'écorce terrestre reliant l'océan glacial Arctique et l'Antarctique. Au niveau des dorsales, du matériel chaud remonte des profondeurs de l'asthénosphère avant de fondre près de la surface : c'est le fameux ***magma, qui alimente des volcans sous-marins.*** Cette gigantesque cicatrice se trouve à environ 2 500 m de profondeur sous l'océan Atlantique.
L'Islande s'est ainsi constituée et continue de s'agrandir par l'accumulation d'importantes quantités de magma. Il y a donc à faible profondeur des roches très chaudes que les eaux de pluie et de fonte atteignent facilement en descendant par les fissures du sous-sol. Ces eaux se chargent en minéraux, comme le soufre ou la silice, puis remontent naturellement à la surface lorsqu'elles s'évaporent, en formant des geysers ou des sources chaudes. Parfois, il faut un forage pour avoir accès à la précieuse vapeur exploitée pour les besoins de l'industrie.

Les différents types de lave

La lave est de la roche en fusion qui trouve son origine à quelques kilomètres sous nos pieds. Il en existe une infinie variété de compositions selon la nature de la roche fondue et la longueur du trajet depuis sa source. La roche que vous rencontrerez partout est le ***basalte.*** Il peut être grisâtre ou bleuâtre. Vous trouverez également de la ***rhyolite*** (une roche plus rose), de l'***obsidienne*** (une sorte de verre noir et brillant) ou de la pierre ponce au pied du volcan Hekla : c'est une roche claire, poreuse, si légère qu'elle flotte sur l'eau (faites l'expérience !).
Ensuite, il existe 2 types de coulées : la lave peut posséder une surface rugueuse et scoriacée (on parle alors de *a'a*), plus claire, lorsqu'elle s'écoule en présence d'une grande quantité de gaz, ou apparaître au contraire lisse et ridée, en « cordages », lorsqu'il y en a moins ; on parle alors de *pahoehoe*. Par endroits, vous remarquerez la présence insolite de grandes colonnes basaltiques, formées lors de la contraction thermique rapide de la lave. Elles peuvent être verticales et parallèles comme des tuyaux d'orgues *(stuðlaberg),* ou au contraire être disposées en gerbes (les Islandais appellent ça *kubbaberg*).
Cependant, il n'y a pas que les coulées : quand la lave à 1 000 °C sort de sous la mer ou sous un glacier, le choc thermique la fait exploser en petits grains qui s'agglomèrent et durcissent ensuite. En allant à Heimaey, on peut voir ces roches rougeâtres appelées hyaloclastites.

Pourquoi voit-on...

Des geysers

Ce sont des jets d'eau chaude qui jaillissent du sous-sol à intervalle plus ou moins régulier. À l'origine, ce sont des sources chaudes particulières, formant un puits étroit. Les eaux de ruissellement qui s'y accumulent, chauffées par les roches du sous-sol, se dilatent, voudraient bouillir, mais en sont empêchées par la pression de la colonne d'eau moins chaude les surmontant. Finalement, la température augmentant encore, une partie de l'eau du réservoir du geyser est vaporisée, créant une décompression : l'eau, entrant brutalement en ébullition, est alors projetée très haut par la poussée.
Le grand Geysir (voir le chapitre « Le Sud »), à une centaine de kilomètres à l'est de Reykjavík, est le plus connu d'Islande et du monde ; c'est lui qui a donné le nom commun geyser.

Des solfatares et des marmites de boue

L'eau des sources chaudes est souvent chargée en sulfures qui se déposent au niveau du sol (comme à Hverir, à l'est du lac Mývatn). Le soufre forme également de l'acide sulfurique au contact de l'eau. Cet acide ronge la roche au fil du temps, c'est pourquoi elle devient friable, jaune, bleue ou rouge, comme rouillée. Le basalte est en quelque sorte digéré par les fumerolles !

Glaciers et jökulhlaups

4 glaciers principaux persistent sur l'île, tout en reculant. Car, s'ils recouvrent encore 11 % de la surface de l'île, ***avec le réchauffement climatique, les glaciers islandais fondent littéralement à vue d'œil.*** Depuis 1995, ils ont perdu 7 % de leur volume et un 1er glacier, le Okjökull, a déjà officiellement disparu. Quant à l'emblématique Snæfellsjökull, théâtre du *Voyage au centre de la Terre* de Jules Verne, il devrait avoir totalement fondu d'ici la moitié de ce siècle.
Le plus grand des glaciers islandais, le ***Vatnajökull,*** ne devrait pas disparaître avant au moins 2 siècles. Il faut dire qu'***il a quasiment la superficie de la Corse !*** Petite particularité : il recouvre plusieurs volcans très actifs, dont les éruptions sont à l'origine d'un phénomène dévastateur, les *jökulhlaups*. Le mot, islandais, qu'on pourrait traduire par « débâcle glaciaire », a été adopté par la communauté internationale pour décrire les ***inondations cataclysmiques*** provoquées par la fonte subite d'un pan entier de glacier lors d'une éruption. La route 1 en a fait plusieurs fois les frais, disparaissant sous des flots de boue et de roche, ponts métalliques inclus. Au nord du Vatnajökull, le canyon de Jökulsárgljúfur, long de 25 km, où se jettent les chutes de Dettifoss, a ainsi été formé.

Des chutes d'eau

Les immenses coulées de basalte superposées forment des marches d'escalier sur le cours des fleuves. Et ces marches forment... des cascades. Il en existe des milliers de petites sur les côtes d'Islande, en particulier au sud de la péninsule de Snæfellsnes. D'autres sont gigantesques et grondantes : Gullfoss, Goðafoss, Dettifoss... Inoubliable !

La géothermie

Son principe est d'utiliser l'eau chaude du sous-sol, eau qui a l'énorme avantage d'être totalement gratuite. Les installations demandent un impressionnant réseau de tuyaux que vous verrez partout. Les forages sont très onéreux, mais l'investissement est rentable dans la durée et participe à l'***autonomie énergétique*** du pays. Aujourd'hui, la géothermie représente environ 25 % de la production d'énergie islandaise (contre 75 % pour les barrages hydroélectriques).
Les applications sont très diverses : l'eau chaude sert d'abord au ***chauffage domestique*** de la quasi-totalité de la population (90 %). Elle alimente également de nombreux lieux de baignade dont le plus réputé est le Blue Lagoon. La vapeur permet de ***chauffer aussi des serres*** (30 °C !) qui fournissent aux Islandais leurs tomates *(tomatur)*, poivrons *(paprika)*, concombres *(agurka)* et même une petite production de bananes ! Nouveau défi : dans la péninsule de Reykjanes, les chercheurs islandais s'attaquent désormais aux *forages à très grande profondeur* avec l'idée d'utiliser la chaleur du magma souterrain pour porter la température de l'eau à un niveau supercritique (près de 500 °C), débouchant sur une gazéification immédiate. L'intérêt ? Un rendement énergétique beaucoup plus intéressant. Pour Reykjavík par exemple, 3 à 5 de ces puits pourraient produire la même énergie que 30 à 35 puits conventionnels. Un 1er « puits test » a été inauguré en 2017.
Mais ***forer l'écorce terrestre n'est pas sans risque*** puisqu'on peut atteindre accidentellement une poche de magma, voire générer de petites secousses sismiques. Autre souci : ***le forage libère des substances toxiques,*** comme le CO_2 et le soufre, entre autres. À terme, l'objectif est de réduire le nombre de forages, et de fait leur impact sur l'environnement. Il existe donc un énorme décalage entre un mix énergétique 100 % renouvelable et l'augmentation des rejets de CO_2. Restent que ceux-ci sont plus dus aux industries lourdes profitant de l'énergie islandaise bon marché qu'à la géothermie elle-même. Lire aussi plus haut « Environnement ».

HISTOIRE

Ultima Thulé et le pays des Hyperboréens

L'Islande est l'une des terres les plus récentes du monde et pourtant son histoire commence dès l'Antiquité où elle est mentionnée (sous un autre nom) dans la mythologie grecque. Les auteurs grecs parlent de la fameuse et mythique « ***Ultima Thulé*** » et du ***pays des Hyperboréens.*** Hérodote ne sait pas où se trouve exactement ce pays des Hyperboréens, sans doute quelque part dans l'extrême Nord, plus loin que le pays où souffle Borée (« au-delà du vent du nord »). Des auteurs affirment que Thulé est une île de l'Atlantique à 6 jours de voile des Orcades et qu'elle couvre 10 fois la superficie de la Grande Bretagne. Chaque année au moment du solstice d'été, le soleil ne se couche pas et disparaît l'hiver pendant 40 jours et 40 nuits : c'est vrai que ça ressemble déjà à l'Islande. Thulé aurait été découverte par le navigateur grec Pythéas, dans la région de l'Islande ou des îles Shetland, mais comme l'Atlantide, ce continent aurait fini par être englouti. Dans tous les cas, Thulé devint pour les Grecs la ***limite provisoire du monde connu,*** et prit l'aspect d'une contrée fabuleuse, d'un ***continent imaginaire.***
Plus qu'un pays réel et identifiable, Thulé (ou l'Hyperborée) est devenu une sorte de pays d'Utopie, auréolé de rêves, un quasi ***paradis lointain*** où règne l'âge d'or. Apollon y aurait séjourné dans sa jeunesse. C'est de là qu'est parti la flèche prodigieuse qui a formé le ciel et la constellation du Sagittaire. Pythagore passait pour être la réincarnation d'un Hyperboréen ! Bref pour les Grecs, un Hyperboréen était une sorte de surhomme, un sage bienheureux habitant sur cette terre lointaine, idéale mais que personne n'a jamais vue.
Sous l'empire romain, Pline l'ancien confirma les précisions géographiques de ces prédécesseurs grecs. Thulé est bel et bien la ***limite extrême au nord*** de ce monde-ci, au-delà de laquelle commence un Autre Monde auquel les humains n'ont pas accès.

Découverte et colonisation de l'Islande

Les 1ers colons se firent attendre jusqu'au tout ***début du VIIIe s.*** Ce sont des ***moines irlandais*** qui s'installèrent pour quelques mois sur cette terre sans habitant, avant de laisser place aux ***Vikings norvégiens*** lorsque ceux-ci colonisèrent l'île au IXe s. 2 ou 3 navigateurs nordiques vinrent tout d'abord voir de quoi il s'agissait, et l'on doit à un dénommé *Flóki Vilgerðarson* (ou Raven Floki), le 1er à avoir navigué de manière délibérée vers l'île, le nom d'*Island,* « terre de glace ». Vers 874 apr. J.-C., les 1ers vrais colons nordiques commencent à affluer, avec notamment ***Ingólfur Arnarson,*** qui établit son camp à l'emplacement actuel de Reykjavík. D'autres vagues d'émigrants viennent établir leurs fermes en Islande, emmenant famille et esclaves (qui furent rapidement affranchis). Contrairement aux idées reçues, ces émigrants n'étaient pas des pirates, mais des fermiers norvégiens fuyant le manque de terres et les impôts.

VIKINGS OU COLOMB ?

Les Vikings furent les vrais découvreurs de l'Amérique, mais ils n'avaient pas un très grand sens de la communication. La femme du frère de Leifur le Chanceux y donna même naissance à un fils, Snorri, 1er Européen né dans le Nouveau Monde. Un conflit avec les Indiens força les Vikings à repartir. Personne n'y retourna, mais la légende du Vínland, pays au doux climat, perdura. En 1477, un jeune marin vénitien visita l'Islande, s'enticha de cette aventure et retourna chez lui plein de projets. Son nom... Christophe Colomb !

L'*Alþing* et l'âge des sagas

Les colons n'ayant aucune envie de reproduire les injustices du système monarchique qu'ils avaient fui, leur société clanique s'organise en une sorte d'État dirigé par une assemblée, l'*Alþing*, qui siège pour la 1re fois en 930, en plein air, sur le site de Þingvellir. ***L'Alþing*** est donc ***le plus vieux Parlement national du monde*** qui soit encore en activité.

En l'an ***1000,*** ce Parlement décide de délaisser la religion scandinave des origines pour ***adopter le christianisme*** comme religion officielle. C'est durant cette période qu'Erik le Rouge, hors-la-loi banni par la nouvelle justice islandaise, découvre le Groenland – « le pays vert » – et que son fils, Leifur Heppni (Leifur le Chanceux), accoste une quinzaine d'années plus tard au *Helluland* (Terre de Baffin ?), puis au *Markland* (Terre-Neuve ?) et enfin dans un mystérieux pays baptisé *Vínland,* qui pourrait être la côte est canadienne, voire celle des États-Unis.

CERTAINS L'AIMENT CHAUD !

Quand le Parlement islandais décida que l'Islande tournerait le dos au paganisme et deviendrait chrétienne, les chefs de clans furent baptisés dans le lac de Þingvellir. Mais certains, plus frileux sans doute, refusèrent et s'en allèrent faire baptême à part dans les eaux chaudes du lac de Laugarvatn, à 25 km de là.

Entre ***1120 et 1230*** les 1res ***sagas*** islandaises apparaissent, ainsi que le poème *Edda* de Snorri Sturluson, qui constitue une excellente (sinon la meilleure) présentation de la mythologie nordique.

Guerres civiles, union de Kalmar et réforme protestante

À partir de ***1230,*** l'Islande traverse une ***période de troubles*** (luttes de pouvoirs, raids sanglants). Elle se termine en 1262 par la soumission de l'île au roi de Norvège, qui n'eut qu'à profiter du chaos ambiant pour prendre possession du pays. ***L'Alþing perd alors tout son pouvoir*** et des impôts élevés sont perçus au bénéfice des rois Norvégiens. À la ***fin du XIVe s,*** la lignée du roi de Norvège s'étant éteinte, l'union de Kalmar, réalisée à l'initiative du Danemark, scelle le fait qu'un seul monarque dirige le Danemark, la Suède et la Norvège. ***La Norvège et l'Islande deviennent ainsi provinces danoises.*** Suit alors une longue période très sombre pour l'île, soumise au monopole du commerce danois, et ravagée par les épidémies (peste noire en 1402 qui cause la mort des 2/3 de la population).

Le roi Christian III de Danemark impose de plus, en ***1550, la foi luthérienne.*** Pendant quelques années, certains catholiques résistent dans une sorte de guerre de religion à l'islandaise : l'évêque Árnason ainsi que ses 2 fils sont décapités. L'Islande, affaiblie et réduite à une sorte de « colonie » danoise, est négligée par le roi et subit plusieurs ***attaques barbares*** venues de Méditerranée.

LUTHER ET LE MARIAGE

Il détestait le célibat imposé aux religieux catholiques « qui nous livre à des idées impures ». D'ailleurs, l'ancien moine épousa une religieuse, et le pape faillit en avaler sa tiare. Comble de la provocation, il eut 6 enfants !

Vers un statut autonome

Il faut attendre le XIXe s pour assister à la ***naissance d'un mouvement national pour l'indépendance,*** dont le héros est l'avocat Jón Sigurðsson (1811-1879). En ***1874,*** à l'occasion de l'anniversaire des 1 000 ans de la colonisation, l'île se voit octroyer le ***statut d'État autonome,*** du moins dans le domaine commercial. C'est une 1re étape. 30 ans plus tard, nouveau progrès dans la marche vers l'indépendance : le pouvoir exécutif est transféré en Islande et un poste de 1er ministre est créé : il remplace le gouverneur royal danois.

Du royaume d'Islande à l'indépendance

En ***1918,*** la ***souveraineté islandaise*** est enfin reconnue, mais pas encore pleinement : dans le cadre d'une union à la couronne danoise, cette dernière conserve l'autorité en matière de défense et d'affaires étrangères. Le roi du Danemark est également roi d'Islande. La ***proclamation de la république*** d'Islande à Þingvellir, le ***17 juin 1944,*** met fin à 7 siècles de colonisation étrangère. La ***Seconde Guerre mondiale*** a bien aidé : les contacts ont été rompus avec le Danemark, une fois ce dernier passé sous la coupe nazie, et comme l'acte d'Union de 1918 ne valait que pour 25 ans, il fallait bien passer à autre chose. L'emblème de l'île change : la morue surmontée d'une couronne dorée cède la place à l'actuel drapeau bleu avec la croix scandinave rouge sur fond blanc.

Après l'occupation par les Britanniques (voir l'encadré), en 1941, les ***troupes américaines*** prennent le relais, mais sont supposées partir la guerre finie. Il y aura ainsi jusqu'à 40 000 soldats américains, quand la population islandaise atteignait tout juste les 120 000 habitants ! En 1951, la base militaire de l'aéroport de Keflavík revient aux États-Unis, qui y stationneront jusqu'en septembre 2006.

OPÉRATION *FORK* : LE DÉBARQUEMENT OUBLIÉ

Dans le cadre de la bataille de l'Atlantique, les Anglais investirent l'Islande le 10 mai 1940. L'île leur permettait de contrôler la navigation des convois alliés en Atlantique nord. Neutre et sans armée, le pays protesta pour la forme, mais collabora sans résistance. D'autant que les Britanniques s'étaient engagés à quitter l'île dès la fin de la guerre et qu'ils évitaient à l'Islande de subir le sort du Danemark, envahi, lui, par les troupes nazies.

Aujourd'hui...

L'effondrement du secteur bancaire islandais à l'***automne 2008*** et la violente ***crise financière*** qui s'ensuit (voir la rubrique « Économie ») frappe durement les Islandais, qui, en janvier 2009, manifestent devant le Parlement. Le peuple exige que les responsables de ce désastre économique soient désignés et démis de leurs fonctions. Ce qu'on appelle alors la « ***révolution des Casseroles*** » (car les manifestants se servaient d'ustensiles de cuisine comme percussions) pousse le gouvernement de centre-droit à démissionner. C'est le début d'une longue période d'instabilité, avec 7 gouvernements en 10 ans ! En 2015, le 1er ministre Sigmundur Davíð Gunnlaugsson, à la tête d'une coalition qui réunit son Parti du progrès (centre-droit) et le Parti

LES GUERRES DE LA MORUE

Islande et Grande-Bretagne ne furent pas loin de se déclarer la guerre à 3 reprises, entre 1952 et 1976, en raison de conflits sur les zones de pêche à la morue. Pays sans armée, l'Islande devait en principe être défendue par l'armée américaine : pour éviter une situation inimaginable en ces temps de guerre froide, on força les 2 pays à négocier...

LÂCHE-MOI LES BASQUES !

En 1615, des Basques, chasseurs de baleines, échouèrent à Hólmavík. Un massacre s'ensuivit pour des raisons qui restent inconnues. Un décret autorisa alors les Islandais à tuer les Basques. Cette autorisation fut (enfin) abrogée... en 2015 !

de l'indépendance (droite), doit faire face à la montée du ***Parti pirate.*** Son credo : la démocratie et la liberté, notamment sur Internet, avant tout. Ainsi, à la suite des attentats contre *Charlie Hebdo* survenus en France en janvier 2015, les Pirates font passer une loi autorisant le blasphème, pourtant interdit depuis 1940 dans le pays. Mais c'est finalement le scandale financier mondial des *Panama papers,* dans lequel il est impliqué, qui contraint le 1er ministre à la démission, en 2016. La même année, ***Guðni Th. Jóhannesson*** devient le nouveau président islandais : l'élection de cet universitaire de 48 ans, néophyte en politique, marque sans doute une certaine ***désillusion des électeurs par rapport au corpus politique.*** Il sera réélu triomphalement – 92 % des voix ! – en 2020.
Reste qu'en Islande, si le président a un droit de veto sur les lois et peut convoquer un référendum, son rôle est pour le reste essentiellement protocolaire, et ***c'est le 1er ministre qui tient les rênes de l'État.*** Depuis novembre 2017, cette fonction est assumée par ***Katrín Jakobsdóttir.*** Présidente du Mouvement des verts et de gauche, elle est ***la seule écologiste à la tête d'un gouvernement*** dans le monde. Les prochaines élections législatives sont prévues pour l'automne 2021.

La femme est l'avenir de l'homme

En 1980, ***Vigdís Finnbogadóttir*** devient la 1re femme au monde à être élue chef d'État. Mère célibataire d'une petite fille adoptée, elle fut l'une des organisatrices de la fameuse révolte des « chaussettes rouges » : énorme grève et manifestation le 24 octobre 1975, pour dénoncer les inégalités salariales entre hommes et femmes. L'Islande avait déjà été parmi les 1ers pays au monde à accorder le ***droit de vote aux femmes (en 1915).*** Elles ont même eu un parti politique (autodissous en 1999 car les Islandaises pensaient avoir atteint leurs objectifs) : l'***Alliance des femmes.*** La chef de file de ce parti, Ingibjörg Sólrún Gísladóttir, fut maire de Reykjavík de 1994 à 2003, avant de devenir ministre des Affaires étrangères entre 2007 et 2009.

FEMMES MAL TRAITÉES ?

Depuis 40 ans les Islandaises dénoncent les inégalités salariales dont elles sont victimes. Le 24 octobre 1975, elles ont décrété un jour de grève, suivi par 90 % d'entre elles ! En 2005, rebelote, avec un appel à cesser le travail à 14h08 à cette même date, heure à partir de laquelle les femmes ne seraient plus payées alors que les hommes continueraient à l'être jusqu'à 17h. En 2016, elles ont quitté leur poste à 14h38 pour dénoncer l'écart de 14 % entre le salaire d'un homme et celui d'une femme. Le mouvement s'est étendu jusqu'en France où les femmes étaient invitées à quitter leur poste à 16h34 le 6 novembre. À partir de cet instant, elles travailleraient alors gratuitement jusqu'à la fin de l'année, comparé aux salaires des hommes.

De février 2009 à mai 2013, ***Jóhanna Sigurðardóttir*** a non seulement été la ***1re femme 1er ministre de ce pays,*** mais elle a aussi été la ***1re chef de gouvernement occidentale à être ouvertement homosexuelle.*** Elle a épousé sa compagne le jour de l'entrée en vigueur d'une ***loi légalisant le mariage pour les homosexuels*** en Islande, en ***juin 2010.*** Depuis 1996 déjà, les couples homosexuels bénéficiaient des mêmes droits que les couples mariés, mais n'étaient pas encore considérés officiellement comme « époux ». Il est aussi possible pour 2 personnes de même sexe de se marier à l'église, même si les pasteurs restent libres de célébrer ou non ces unions. Et, depuis 2006, l'adoption par les couples homosexuels et le recours aux techniques de procréation médicalement assistée (PMA) sont autorisés par la loi.
En ***juillet 2012,*** pour la 1re fois de son histoire, l'Église d'Islande a élu une femme, ***Agnes Sigurðardóttir,*** comme ***archevêque.*** Plus qu'un symbole lorsque plus de 80 % de la population se dit chrétienne...

En 2017, ***Katrín Jakobsdóttir*** est élue au poste de 1re ministre. À l'automne 2019, dans la continuité du mouvement #MeToo, cette féministe organise le congrès #MeToo Moving Forward. Cette série de conférences a réuni plus de 80 spécialistes des violences sexistes et autres discriminations pendant 3 jours à Reykjavík. Les pays nordiques se sont ainsi affirmés comme acteurs majeurs dans l'éradication des violences sexuelles et sexistes. Cette lutte contre le harcèlement s'inscrit dans un programme plus vaste (étalé entre 2019 et 2022) sur l'***égalité des genres dans les pays nordiques.***

L'Islande dans l'Union européenne ?

Jusqu'en 2008, quand l'Islande était encore un pays prospère à l'extraordinaire niveau de vie, elle tenait jalousement à son indépendance. Mais, après le ***cataclysme économique de la crise financière,*** l'hypothèse d'une adhésion à la zone euro est devenue plus tentante.
En juillet 2009, l'Islande dépose donc une demande d'adhésion auprès de l'Union européenne et, à peine 1 an plus tard, Bruxelles décide d'ouvrir les discussions avec Reykjavík. L'intégration de l'Islande dans l'Union aurait normalement dû se faire juste après celle de la Croatie, au 1er juillet 2013. Mais la victoire de la droite aux élections législatives de cette même année 2013 en a décidé autrement : le nouveau gouvernement ayant, quasiment d'emblée, décidé de suspendre jusqu'aux prochaines élections législatives (soit jusqu'en 2017) toute négociation avec l'Union européenne et ***retiré la candidature*** de l'Islande en mars 2015.
Il semblerait que beaucoup d'Islandais soient défavorables à cette adhésion. Beaucoup font observer que, sans sa monnaie, qui, une fois dévaluée, a permis de relancer les exportations, l'Islande aurait subi une crise encore plus dure. L'Islande fait pourtant ***partie de l'Espace économique européen*** depuis 1994 et de ***l'espace Schengen*** depuis 2001, elle applique donc déjà un grand nombre de directives européennes. Malgré tous ces accords, elle a cependant toujours réussi à protéger un secteur crucial pour son économie (et encore plus aujourd'hui !) : la pêche. Or, en cas d'adhésion, elle devrait théoriquement permettre l'accès des pêcheurs européens à ses zones de pêche et ouvrir ce secteur encore fermé aux investisseurs étrangers. Par ailleurs, la question de la chasse à la baleine est un autre sujet de frictions au sein de l'Europe...
Aujourd'hui, le sujet de l'adhésion à l'Union Européenne n'est plus d'actualité.

Quelques dates

- ***870-930 :*** période de la colonisation ; en 874, Ingólfur Arnarson s'installe dans une baie abritée qu'il baptise Reykjavík. Il est connu comme le 1er Scandinave à résider de manière permanente en Islande.
- ***930 :*** création à Þingvellir de l'*Alþing,* le 1er Parlement de l'Histoire.
- ***Vers 1000 :*** adoption du christianisme.
- ***Vers 1000 :*** Leif Eiríksson (fils d'Erik le Rouge) découvre le Vínland, soit le continent nord-américain.
- ***1262-1264 :*** l'Islande perd son indépendance et passe sous domination norvégienne.
- ***1380-1397 :*** c'est l'union de Kalmar, soumission de l'Islande à la couronne danoise après l'union des monarchies danoise et norvégienne.
- ***1550 :*** la Réforme ; Christian III, roi de Danemark, impose la religion luthérienne à l'Islande.
- ***1707-1709 :*** une épidémie de variole, suivie de plusieurs catastrophes naturelles, s'abat sur l'Islande ; un quart de la population est décimée.
- ***1783-1785 :*** une éruption du Laki, suivie d'une famine, engendre la mort d'environ 10 000 personnes (1/5e de la population d'alors).
- ***Vers 1840 :*** apparition sur la scène politique de Jón Sigurðsson, qui va mener la lutte pour l'indépendance de l'Islande.

– ***1874 :*** l'Islande obtient sa 1re Constitution et le statut d'État autonome.
– ***1880-1890 :*** forte émigration islandaise vers le Nouveau Monde.
– ***1911 :*** création de l'Université d'Islande à Reykjavík.
– ***1915 :*** institution du suffrage universel et du droit de vote des femmes.
– ***1918 :*** la souveraineté islandaise est reconnue, mais le roi du Danemark reste le souverain de l'Islande.
– ***17 juin 1944 :*** proclamation de l'indépendance à Þingvellir et création de la république d'Islande.
– ***1946 :*** entrée de l'Islande aux Nations unies.
– ***1949 :*** adhésion de l'Islande à l'OTAN.
– ***1994 :*** adhésion de l'Islande à l'Espace économique européen (EEE).
– ***2006 :*** l'Islande reprend la chasse commerciale à la baleine.
– ***Octobre 2008 :*** le secteur bancaire s'effondre, entraînant un véritable marasme économique. L'Islande est un pays en faillite.
– ***2009 :*** le gouvernement de centre-droit est poussé à la démission par des manifestations. Davíð Oddsson, gouverneur de la Banque centrale, considéré comme l'un des responsables de la crise, est poussé à démissionner. Jóhanna Sigurðardóttir (social-démocrate) est nommée 1er ministre. L'Islande dépose une demande d'adhésion à l'Union européenne.
– ***2010 :*** légalisation du mariage homosexuel.
– ***2011 :*** le pays connaît un redressement économique spectaculaire qui lui permet de sortir de la récession.
– ***2015 :*** la coalition au pouvoir retire la candidature de l'Islande à l'adhésion à l'Union européenne.
– ***2016 :*** le 1er ministre islandais, impliqué dans le scandale financier des *Panama papers*, est forcé à démissionner.
Guðni Thorlacius Jóhannesson est élu président de la République.
– ***2017 :*** Katrín Jakobsdóttir est élue 1re ministre et devient ainsi la seule écologiste à la tête d'un gouvernement dans le monde.
– ***2018 :*** 2,4 millions de touristes ont foulé le sol islandais cette année-là (contre 500 000 en 2010).
– ***2019 :*** dans la continuité du mouvement #MeToo, Katrín Jakobsdóttir et son gouvernement lancent, en collaboration avec les autres pays nordiques, un programme sur 3 ans pour lutter contre le harcèlement sexiste et sexuel et inscrire l'égalité des genres comme un droit.
– ***2020 :*** Guðni Thorlacius Jóhannesson est réélu président de la République.

MÉDIAS

Votre TV en français : TV5MONDE, la 1re chaîne culturelle francophone mondiale

Avec ses 11 chaînes et ses 14 langues de sous-titrage TV5MONDE s'adresse à 370 millions de foyers dans plus de 198 pays du monde par câble, satellite et sur IPTV et est présent dans plus de 3 millions de chambres d'hôtels. Vous y retrouverez de l'information, du cinéma, du divertissement, du sport, des documentaires...
Grâce aux services pratiques de son site voyage • *voyage.tv5monde.com* • vous pouvez préparer votre séjour et une fois sur place, rester connecté avec les applications et le site • *tv5monde.com* • Demandez à votre hôtel le canal de diffusion de TV5MONDE et contactez • *tv5monde.com/contact* • pour toutes remarques.

Programmes en anglais

Pour des news islandaises en anglais sur Internet, consultez • *icelandmonitor.mbl.is* • ou • *icelandreview.com* •

PERSONNAGES

– ***Björk*** (née en 1965) **:** sans doute la personnalité islandaise la plus connue à l'étranger, tout à la fois chanteuse, compositrice et actrice, Björk Guðmundsdóttir, née au sein d'une famille mélomane de Reykjavík, enregistre son 1er album à 11 ans. Dans le milieu des années 1980, elle permet à la musique islandaise d'émerger avec son groupe de rock ésotérique, les *Sugarcubes*. Le nom de Björk ne devient cependant célèbre qu'avec l'essor de sa carrière en solo, avec *Debut* en 1993. Elle élargit son champ d'action à la composition et à l'art dramatique en incarnant le rôle principal de *Dancer in the Dark* (de Lars von Trier), Palme d'or en 2000, pour lequel elle reçoit le prix d'Interprétation féminine et dont elle a également composé la bande originale. Elle s'est aussi illustrée (et s'illustre encore) par son engagement pour la défense de l'environnement en Islande. Son dernier album, *Utopia*, est sorti en 2017.

– La scène musicale islandaise est extrêmement dynamique et plusieurs de ses acteurs ont désormais acquis une renommée internationale : citons, dans le genre expérimental, le groupe de rock ***Sigur Rós*** (dont le chanteur Jónsi mène aussi une carrière solo) et le groupe ***Múm*** qui mélange sons électroniques et instruments traditionnels, mais aussi, dans un autre registre, la chanteuse pop italo-islandaise ***Emilíana Torrini,*** les groupes électro comme ***GusGus*** et ***Bang Gang*** et le folk-électro paisible d'***Ásgeir,*** dont le 1er album (*Splendeur dans un silence de mort* !) a été acheté par 1 Islandais sur 10. Sans oublier le groupe pop-folk ***Of Monsters and Men*** et ***Kaleo,*** groupe rock-blues, qui s'est fait connaître avec *All the Pretty Girls, No Good* et surtout *Way Down We Go*.

– ***Olafur Eliasson*** (né en 1967) **:** cet artiste est certes danois, mais d'origine islandaise, et c'est sûrement de son enfance passée en Islande que lui vient son goût pour la nature. Inspiré par le courant du Land Art, son travail explore les phénomènes naturels et le rapport entre la nature et la technologie. En 2003, avec *Project Weather,* il a par exemple reconstitué un véritable soleil dans une ambiance brumeuse à la Tate Modern de Londres ; en 2008, c'est dans le port de New York qu'il « construit » des cascades – *The New York City Warterfalls*. Vous pourrez admirer l'une de ses œuvres à Reykjavík, puisque c'est à lui que l'on doit les miroitements de l'Harpa, l'époustouflante salle de concert et centre de congrès. Sans aller aussi loin, son œuvre *Inside the Horizon* a été spécialement conçue pour la fondation Louis-Vuitton, inaugurée à Paris en 2014. Il s'agit d'un panorama de colonnes à 3 faces : 2 sont des miroirs qui reflètent la superbe architecture de la structure, la 3e diffuse un halo de lumière jaune.

– ***Erró*** (né Guðmundur Guðmundsson en 1932) **:** au début des années 1950, ce peintre devenu maître du collage étudie l'art à Reykjavík, Oslo, puis Florence, avant de s'initier aux mosaïques byzantines à l'École de mosaïque de Ravenne (en Italie, toujours). En 1958, il s'installe à Paris, où il fréquente le milieu surréaliste, et fonde le mouvement pictural de la figuration narrative. Grand voyageur, il collecte lors de ses périples toutes sortes d'images de la culture populaire (B.D., publicité, livres, photos de presse, affiches, etc.), à la source de son œuvre, où se mêlent surréalisme et pop art. Artiste engagé, Erró n'hésite pas à dénoncer dans ses œuvres les absurdités et la cruauté de ce monde.

– ***Vigdís Finnbogadóttir*** (née en 1930) **:** après des études de littérature française à Grenoble et à la Sorbonne, cette professeure de français, qui donne des cours de langue sur la chaîne nationale, s'intéresse au théâtre expérimental. Elle est projetée sur le devant de la scène par l'Association féministe islandaise, qui cherche une représentante pour l'élection de 1980. C'est ainsi que cette mère divorcée devient (de justesse) la 1re femme au monde élue démocratiquement présidente – poste qu'elle occupera jusqu'en 1996. Ardent défenseur du droit des femmes et de l'environnement, Vigdís Finnbogadóttir est aujourd'hui ambassadrice de bonne volonté de l'Unesco.

– ***Halldór Laxness*** (1902-1998) **:** Prix Nobel de littérature en 1955. La vie de ce grand écrivain emblématique de l'Islande est un roman à part entière. Il a voyagé hors de son île, a rejeté sa religion luthérienne pour embrasser la religion catholique, puis fréquenté les dadaïstes, croisé le communisme en Russie, pour finir taoïste... Auteur de plus de 60 ouvrages, il a aussi traduit en islandais les œuvres de Voltaire, Lao Tseu et Hemigway...

– Citons encore les auteurs de polars ***Yrsa Sigurðardóttir, Arnaldur Indriðason*** et ***Árni Þórarinsson*** (voir la rubrique « Livres de route » dans « Islande utile ») qui participent largement à faire rayonner la culture islandaise.

POPULATION

L'Islande battue par les vents n'a jamais connu de population autochtone et l'occupation, jusqu'au IXe s, n'y fut qu'occasionnelle. Si les Vikings norvégiens la colonisèrent ensuite, différentes hypothèses se côtoient pour expliquer les 2 principaux types de population encore présents aujourd'hui : scandinave (traditionnellement des blonds aux yeux clairs) et celte (châtains aux yeux marron). Pour certains, les Celtes (Irlandais) étaient déjà présents, pour les autres, ils furent emmenés comme esclaves par les Vikings. De 5 000 personnes en l'an 1000, l'Islande compte aujourd'hui 364 000 habitants et représente ***un cas rare de communauté qui n'a pas connu de brassage ni de métissage*** pendant plus de 10 siècles.

NOMS (TRÈS) COMMUNS

Les Islandais n'ont pas de nom de famille à proprement parler, mais utilisent un patronyme composé du prénom du père, suivi de l'attribut son *pour un fils et* dóttir *pour une fille. La liste des prénoms n'étant pas interminable, les personnes s'appelant pareil sont nombreuses...*

Isolée du continent par plusieurs centaines de kilomètres, l'Islande n'a jamais été très concernée par les flux migratoires. Jusqu'au milieu des années 1990, on ne comptait que 1 % d'étrangers sur l'île, principalement les conjoints d'Islandais et quelques immigrés arrivés au compte-gouttes (dont une majorité d'autres citoyens nordiques ; venaient ensuite des Européens de l'Ouest, des Américains et quelques Philippins et Thaïlandais venus participer aux campagnes de pêche). La réussite économique du pays dans les années 2000 a attiré davantage d'immigrants, dont de nombreux Polonais venus travailler dans le bâtiment et l'aluminium. Aujourd'hui, l'île accueille environ 50 000 étrangers, soit environ 14 % de la population. Cela étant dit, le brassage interethnique est quasi nul, et on observe une stagnation, un vieillissement et un isolement de la population d'origine.

COUSINAGE

La population islandaise est tellement peu nombreuse que tous les habitants sont susceptibles d'être cousins au 9e degré. Il est donc fréquent et accepté que les mariages soient possibles entre cousins du 3e degré.

RELIGION ET CROYANCES

Convertis au christianisme en l'an 1000, les Islandais ont adopté le ***luthéranisme en 1550*** (aujourd'hui 70 % de la population) sous l'influence danoise. La Bible a été traduite en 1584, vous pourrez admirer l'exemplaire original au Musée national d'Islande, à Reykjavík. Grâce au financement public (qui suscite bien des débats), des églises ont été construites un peu partout, parfois en des lieux très isolés. Leur architecture est parfois surprenante : on remarquera, par exemple, les églises en forme de tipi, de montagnes (à Blönduós), d'orgues basaltiques comme à Reykjavík et Akureyri, ou encore celle d'Ólafsvík, qui évoque un pliage d'origami. Outre les nombreuses églises de l'Église évangélique luthérienne, il y a une cathédrale catholique active à Landakot, sur un site fondé par des prêtres français au début du XIXe s.

ZUISME IS BACK !

Pratiquants ou pas, tous les Islandais doivent payer une taxe religieuse. Le zuisme, culte sumérien datant de plus de 4 000 ans, n'est pas considéré comme religion puisqu'il n'y avait aucun adepte. Voilà pourquoi des milliers d'Islandais (1 % de la population) se déclarent zuistes pour ne pas payer l'impôt religieux.

Elfes, lutins et trolls

L'Islande a beau être un pays moderne, la ***croyance en des forces surnaturelles*** y est toujours bien ancrée. Selon des statistiques très sérieuses, près des 2/3 de la population n'excluent pas l'existence des revenants et du ***Huldufólk (« le peuple caché », à savoir les elfes, lutins...).*** Il arrive ainsi que l'on détourne le parcours d'une route en construction si l'on pense qu'elle risque de passer sur leur territoire... À ***Hafnarfjördur*** (à 10 km au sud de Reykjavík), l'office du tourisme vend une carte référençant les lieux où vivent les elfes ! À ***Grindavík*** (côte sud de la péninsule de Reykjanes), il y a une petite butte herbeuse qu'aucun entrepreneur n'oserait araser pour y construire un entrepôt de pêche ou une maison. Ce petit monticule de terre est la demeure des elfes !

À ***Siglufjörður*** (nord du pays), une entreprise de travaux publics a dû déterrer une pierre aux pouvoirs supposés elfiques. L'appartenance de ce bloc au monde caché était connue mais fut pourtant ignorée lors de travaux de terrassement réalisés en août 2015, qui l'ensevelirent sous des déblais. Ceux-ci à peine achevés, une avalanche de catastrophe affecta curieusement les lieux (inondations inhabituelles, glissements de terrain, pannes successives des engins de travaux, ouvriers blessés...). Faisant valoir une loi de 2012 qui protège les sites liés aux croyances, aux coutumes et à la magie, le conseil municipal obtint que la pierre elfique fût exhumée. Sans blague. Invisibles les elfes ? Dieu aussi est invisible, répondent les Islandais, qui gardent la foi.

L'ÁSATRÚ

Cette très ancienne religion païenne (viking) connaît une véritable recrudescence. En islandais, le mot Ásatrú signifie « foi, croyance en les Ases », une des 2 familles de divinités du paganisme nordique. Elle dispose de plusieurs avantages. Ainsi, quand on n'est pas satisfait d'un dieu, on peut le mettre à l'écart pendant un certain temps. Il n'y a pas vraiment de comportements interdits. Et on y respecte une stricte égalité entre hommes et femmes.

SITES INSCRITS AU PATRIMOINE MONDIAL DE L'UNESCO

UNESCO
Organisation des Nations Unies pour l'éducation, la science et la culture
En coopération avec le Centre du patrimoine mondial

Pour figurer sur la liste du Patrimoine mondial, les sites doivent avoir une valeur universelle exceptionnelle et satisfaire à au moins 1 des 10 critères de sélection. La protection, la gestion, l'authenticité et l'intégrité des biens sont également des considérations importantes.

Le patrimoine est l'héritage du passé dont nous profitons aujourd'hui et que nous transmettons aux générations à venir. Nos patrimoines culturel et naturel sont 2 sources irremplaçables de vie et d'inspiration. Ces sites appartiennent à tous les peuples du monde, sans tenir compte du territoire sur lequel ils sont situés. Pour plus d'informations : ● *whc.unesco.org* ●
En Islande, les sites classés sont le ***parc national de Þingvellir*** (2004), l'***île volcanique de Surtsey*** (2008) sur les îles Vestmann et le ***parc national du Vatnajökull*** (2019).

Les géoparcs

L'Unesco a accordé le statut de géoparc mondial à 2 régions d'Islande : la ***péninsule de Reykjanes*** et ***Katla,*** un vaste secteur de la côte sud qui va de Hvolsvöllur à l'ouest, jusqu'à Kirkjubaejarklaustur à l'est, englobant la partie sud-ouest du parc national du Vatnajökull. Les géoparcs mondiaux sont des espaces géographiques où les sites et paysages de portée géologique internationale sont gérés selon un concept de protection, d'éducation et de développement durable.
– Informations détaillées sur : ● *reykjanesgeopark.is* ● et ● *katlageopark.is* ●

SPORTS ET LOISIRS

L'équitation et le cheval islandais

Lors de votre périple, vous verrez de ***nombreuses fermes équestres,*** réparties dans tout le pays. On y dénombre quelque 75 000 chevaux, soit 1 pour 4 habitants ! Un grand nombre d'Islandais en possèdent un, et 10 % de la population monte régulièrement. Ce cheval de petite taille extrêmement robuste fut longtemps « l'homme à tout faire » du pays : d'abord seul moyen de locomotion, il fut aussi ouvrier agricole et gardien de moutons, et reste bête à concours selon les ambitions de son propriétaire ! Il a la particularité d'avoir 5 allures (contre 3 habituellement), dont le *tölt,* un pas confortable entre le trot et le galop, qu'il est le seul à posséder.

> **JE SUIS PETIT, ROBUSTE, QUI SUIS-JE ?**
>
> *Un cheval islandais. Et, malgré ma petite taille, ne me traitez pas de poney ! Respect, s'il vous plaît, car je n'ai subi aucun croisement depuis le Xe s et serais donc un descendant direct des chevaux amenés par les Vikings lors de la colonisation.*

On pratique l'équitation un peu partout, dans les fermes, bien sûr, mais on peut aussi s'offrir de belles balades sur des plages sauvages ou de grandes randonnées de plusieurs jours dans des zones reculées (pas mal d'opérateurs et même d'hébergements le proposent).

Piscine, *hot tubs* et bains chauds...

La piscine et les bains chauds font partie intégrante de la culture islandaise ! Quasiment chaque village en est pourvu, le plus souvent alimenté par de l'eau naturellement chaude. Les locaux y vont à la sortie du boulot, le week-end, davantage pour se détendre et papoter que pour enchaîner les longueurs !
Par ailleurs, certains ne manqueront pas d'être surpris la 1re fois en entendant parler des *hot tubs* (ou *hot pots*), dont sont équipés ces mêmes piscines ou certains hébergements. Le *hot pot* est la traduction littérale du *heitur pottur* (pot chaud), un petit bassin dans lequel on s'assoit ou s'allonge et dont la température

oscille entre 38 et 45 °C (façon jacuzzi, quoi !). Les plus merveilleux sont naturels, disséminés dans des recoins plus ou moins secrets. Bien sûr, on vous indique nos préférés...
Pensez à apporter votre serviette, en général louée autour de 500-700 ISK à la piscine et dans les sources d'eau chaude. Cela évite une dépense en plus.
Enfin (et mieux vaut être prévenu !), avant de sauter dans le grand ou le petit bain, c'est douche NU(E) obligatoire. Pas pudiques pour un sou ces Islandais, ils risqueraient plutôt de vous regarder de travers si vous gardez votre maillot sous la douche. Question d'hygiène.
On trouve généralement dans les vestiaires des sèche-cheveux, shampooing et soin capillaire, crème pour le corps et sacs plastique pour mettre son maillot mouillé.
Compter environ 5 000-9 000 ISK l'entrée aux bains les plus célèbres (*Blue Lagoon* et *Mývatn Nature Baths*). C'est (très !) cher mais on reste aussi longtemps que l'on veut. Dans les plages horaires moins fréquentées, les tarifs sont parfois revus à la baisse (c'est alors indiqué sur le site internet). Cela peut aussi être le cas si la géothermie fait mal son boulot et que les bains ne sont plus si chauds, alors des réductions seront accordées à l'accueil. Enfin, les entrées sont toujours bien moins chères en hiver.
Et quitte à se répéter : la réservation pour le *Blue Lagoon* est obligatoire !

Ça glisse !

Le ***kayak de mer*** se pratique davantage dans les fjords de l'Est ou du Nord-Ouest, en particulier sur l'Ísafjarðardjúp, ainsi que dans la baie de Breiðafjörður. Des sorties sont également proposées depuis Reykjavík sur le Hvalfjörður et sur certains lacs de l'intérieur (Langisjór). Si vous débutez, privilégiez les belles journées, sinon le vent pourrait vous causer quelques frayeurs.
Vous n'avez peur de rien – et surtout pas de l'eau glacée ? Offrez-vous une descente en ***rafting*** de la Héraðsvötn, depuis Varmahlíð (côte nord) : branche ouest plus calme, bien pour les familles, ou branche est, qui remue autrement plus. Au sud de l'île, c'est sur la Hvítá que ça se passe. Envie de vous dépasser ? Cap sur la Vestari-Jökulsá, dans l'est de l'île.
L'hiver, on ***skie*** en Islande – et de plus en plus. Bien sûr, il y a des stations, comme celle de Bláfjöll, la plus importante de toutes (une quinzaine de remontées), à 1h de piste de Reykjavík, ou celle de Hlidarfjall, juste au nord d'Akureyri (7 remontées). Les 2 sont éclairées au cœur de l'hiver, mais il est bien plus agréable d'y venir en mars ou avril, quand le soleil est déjà bien revenu. La dizaine d'autres sites ne comportent souvent que quelques pistes, mais, du coup, les forfaits ne sont pas très chers (ça peut être rigolo d'essayer, surtout quand, comme au-dessus des fjords de l'Est, on skie avec vue sur l'océan).

Côté canapé

Enfin, le sport le plus apprécié est certainement le ***football.*** La moitié des équipes nationales viennent de l'agglomération de Reykjavík. Le problème du championnat islandais, c'est qu'il est court et décalé par rapport aux autres : en effet, pas de matchs l'hiver ! En 2016, l'Islande participe pour la 1re fois de son histoire à l'Euro contribuant à faire connaître l'île et ses merveilles au grand public. Les supporters islandais attirent la sympathie par leur comportement joyeux et fair-play.
Depuis, le ***clapping*** (cette façon d'applaudir les mains au-dessus de la tête sur un rythme lent, puis de plus en plus rapide) a fait le tour du globe ! L'Islande est finalement éliminée en quart de finale contre... la France. En 2017, l'Islande décroche son billet pour la Coupe du monde 2018 et devient le plus petit pays à se qualifier pour cette compétition, dont elle sera éliminée en phase de poules.

Autre passion : le ***handball,*** depuis que l'équipe nationale masculine s'est hissée en finale olympique à Pékin en 2008, remportant la médaille d'argent face à... la France.

TREKKING – RANDONNÉES

Une balade en Islande prend toujours un caractère particulier. Si différente de ce que nous connaissons, sa nature s'en donne à cœur joie pour nous surprendre : champs de lave, déserts de cendres, glaciers incontournables, sable balayé par les vents... Et le climat, loin d'être un allié, déroute par son instabilité : il n'est pas rare de voir défiler les 4 saisons dans la même journée ! En d'autres termes, ***vous pourrez rarement vous permettre des marches au hasard à travers le pays.*** D'abord, parce que cela peut être dangereux et, ensuite, parce que la nature est tellement fragile que vous pourriez en perturber l'équilibre (sans exagération). Mais rassurez-vous, il y en a pour tous les types de mollets, des petites balades aux grandes randonnées (Skaftafell, Hveravellir, Landmannalaugar...), souvent tracées et balisées, d'une heure ou de plusieurs jours. C'est tout l'intérêt du développement actuel du tourisme à l'islandaise, c'est-à-dire d'un tourisme « naturel », soucieux à la fois de préserver les sites et de développer les structures d'accueil.

Quelques recommandations ultimes : ne pas faire de cairns (petites montagnes de cailloux) n'importe où. Ils sont là traditionnellement pour indiquer un chemin.

Ne pas hésiter à prévenir les gardiens des refuges, ou vos rencontres de passage, de votre itinéraire.

La ***meilleure période*** pour faire de la randonnée se situe entre fin août et début septembre (moins de neige, refuges moins bondés, couleurs somptueuses et 1res aurores boréales).

Les ***plus belles régions*** pour ce loisir : Landmannalaugar, de Þórsmörk à Skógar, le parc de Skaftafell ou encore le parc de Lónsöræfi (Stafafell) pour randonneurs avertis. Pour les amateurs de grande solitude : le Hornstrandir.

Et, surtout, et on ne le répétera jamais assez, ***prévoir toujours le pire en matière de météo.***

Équipement

On va même vous aider à faire votre sac ! Non pas pour être directif, mais parce qu'un mauvais équipement peut nuire à votre séjour. Dans tous les cas, prévoyez tout le nécessaire pour combattre froid, pluie et vent. Voici les indispensables :

- chaussures de randonnée avec des semelles costaudes, à cause de la lave très abrasive (semelles style *Vibram*) ;
- sandales en plastique pour le franchissement des gués (indispensables aux Landmannalaugar et Þórsmörk) ;
- *Thermolactyl, Gore-Tex* et polaire, surtout si vous campez ;
- bonnet et gants ;
- pantalon imperméable ;
- pour les campeurs, tente de type alpinisme si vous ne voulez pas vous envoler, avec le plus d'amarres possible ! Une bonne imperméabilité est essentielle et une capacité à sécher rapidement idéale... prévoir aussi un matelas isolant et un sac de couchage supportant des températures négatives ;
- lunettes de soleil (forte luminosité) ;
- maillot et serviette pour les sources d'eau chaude et les nombreuses piscines ;
- lampe frontale avec piles ;
- jumelles très utiles pour observer aussi bien les oiseaux que les phoques et les baleines ;

– boussole. Attention, à cette latitude, le nord magnétique se situe à environ 20° à l'ouest du nord géographique ;
– masque de sommeil, quand il fait jour même en pleine nuit ! ;
– si vous avez l'âme d'un pêcheur, n'oubliez pas que le matériel de pêche doit être certifié « désinfecté » par un vétérinaire pour pouvoir passer la frontière !
– Détail important : ***il n'y a quasiment pas de laveries automatiques en Islande.*** Cependant, vous trouverez des machines à laver et des sèche-linge dans la plupart des campings et des auberges de jeunesse. Vous pouvez demander à les utiliser même si vous n'y logez pas. Le prix, selon l'endroit, varie beaucoup : de 800 à 2 000 ISK la machine, et autant pour le sèche-linge. Certaines *guesthouses* mettent les leurs à disposition de leurs clients gracieusement.
– Pour ne pas tout charrier depuis la France et économiser sur les bagages en soute, vous pouvez décider de louer votre matériel sur place, par exemple auprès d'***Iceland Camping Equipment*** : *Barónsstígur 5, à Reykjavík.* ● *iceland-camping-equipment.com* ● Équipe en partie francophone de bon conseil (pas donné toutefois).

les ROUTARDS sur la FRANCE 2021-2022

(dates de parution sur • *routard.com* •)

Découpage de la FRANCE par le ROUTARD

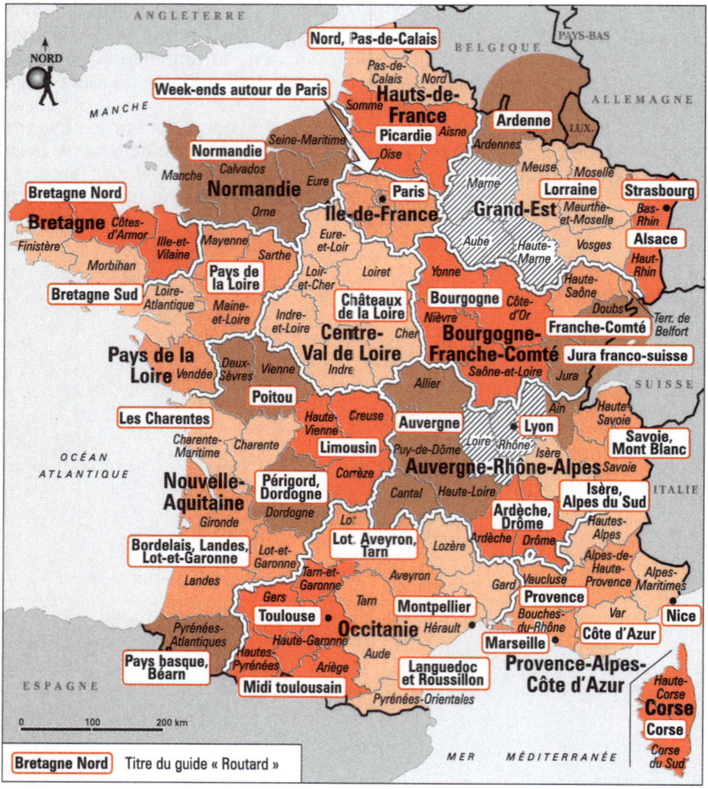

Autres guides sur la France

- Nos meilleurs campings en France
- Nos meilleures chambres d'hôtes en France

Autres guides sur Paris

- Paris
- Paris balades
- Restos et bistrots de Paris
- Le Routard des amoureux à Paris
- Week-ends autour de Paris

Le Routard à vélo

- EuroVelo6
- La Bourgogne du Sud à vélo
- La Flow Vélo
- La Loire à Vélo
- La Vélodyssée (Roscoff-Hendaye)
- Le Canal des 2 mers à vélo
- Paris Île-de-France à vélo
- ViaRhôna
- Les plus belles escapades à Vélo en France

les ROUTARDS sur l'ÉTRANGER 2021-2022

(dates de parution sur • *routard.com* •)

Découpage de l'ESPAGNE par le ROUTARD

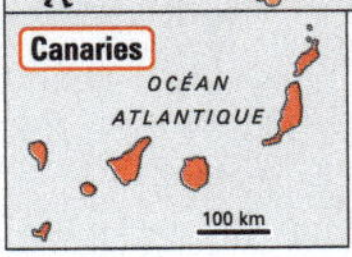

Découpage de l'ITALIE par le ROUTARD

Autres pays européens

- Allemagne
- Angleterre, Pays de Galles
- Autriche
- Belgique
- Bulgarie
- Crète
- Croatie
- Danemark, Suède
- Écosse
- Finlande
- Grèce continentale
- Hongrie
- Îles grecques et Athènes
- Irlande
- Islande
- Madère
- Malte
- Norvège
- Pays baltes : Tallinn, Riga, Vilnius
- Pologne
- Portugal
- République tchèque, Slovaquie
- Roumanie
- Suisse

Villes européennes

- Amsterdam
- Berlin
- Bruxelles
- Budapest
- Copenhague
- Dublin
- Lisbonne
- Londres
- Moscou
- Naples
- Porto
- Prague
- Saint-Pétersbourg
- Stockholm
- Vienne

les ROUTARDS sur l'ÉTRANGER 2021-2022

(dates de parution sur • routard.com •)

Découpage des ÉTATS-UNIS par le ROUTARD

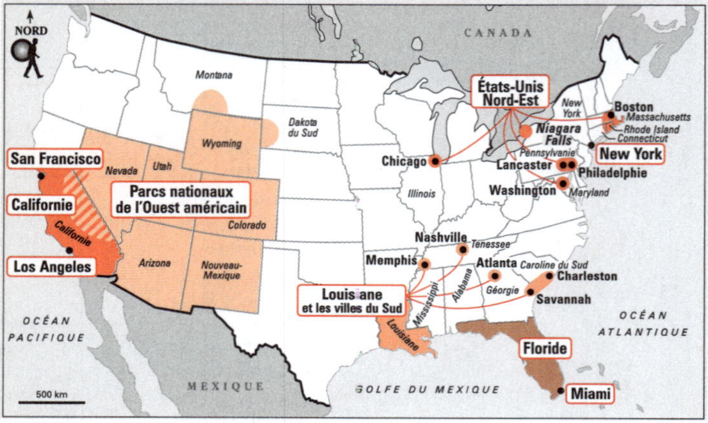

Autres pays d'Amérique

- Argentine
- Brésil
- Canada Ouest
- Chili et île de Pâques
- Colombie
- Costa Rica
- Équateur et les îles Galápagos
- Guatemala, Belize
- Mexique
- Montréal
- Pérou, Bolivie
- Québec et Ontario

Asie et Océanie

- Australie côtes est et nord + Red Centre
- Bali, Lombok
- Bangkok
- Birmanie (Myanmar)
- Cambodge, Laos
- Chine
- Hong Kong, Macao, Canton
- Inde du Nord
- Inde du Sud
- Israël et Palestine
- Istanbul
- Jordanie
- Malaisie, Singapour
- Népal
- Shanghai
- Sri Lanka (Ceylan)
- Thaïlande
- Tokyo, Kyoto et environs
- Turquie
- Vietnam

Afrique

- Afrique du Sud
- Égypte
- Kenya, Tanzanie et Zanzibar
- Maroc
- Marrakech
- Sénégal
- Tunisie

Îles Caraïbes et océan Indien

- Cuba
- Guadeloupe, Saint-Martin, Saint-Barth
- Île Maurice, Rodrigues
- Madagascar
- Martinique
- République dominicaine (Saint-Domingue)
- Réunion

Guides de conversation

- Allemand
- Anglais
- Arabe du Maghreb
- Arabe du Proche-Orient
- Chinois
- Croate
- Espagnol
- Grec
- Italien
- Japonais
- Portugais
- Russe
- G'palémo (conversation par l'image)

Livres-photos/Livres-cadeaux

- La France de Stéphane Bern (**nouveauté**)
- Voyages
- Voyages : États-Unis
- Voyages : France
- Voyages : Italie
- Road Trips Monde
- Road Trips en France (**nouveauté**)
- 120 coins secrets en Europe
- 50 voyages à faire dans sa vie
- 1 200 coups de cœur dans le monde
- 1 200 coups de cœur en France
- 52 week-ends dans les plus belles villes d'Europe
- 52 week-ends coups de cœur en France
- 52 escapades nature en France (**nouveauté**)
- Cahier de vacances du Routard

Nous tenons à remercier tout particulièrement Loup-Maëlle Besançon, Thierry Bessou, Gérard Bouchu, François Chauvin, Grégory Dalex, Fabrice Doumergue, Cédric Fischer, Carole Fouque, Nicolas George, Michelle Georget, David Giason, Claude Hervé-Bazin, Emmanuel Juste, Dimitri Lefèvre, Fabrice de Lestang, Romain Meynier, Éric Milet, Pierre Mitrano, Jean-Sébastien Petitdemange, Thomas Rivallain et Jean Tiffon pour leur collaboration régulière.

Brice Andlauer
Jean-Jacques Bordier-Chêne
Agnès Debiage
Coralie Delvigne
Jérôme Denoix
Tovi et Ahmet Diler
Clélie Dudon
Sophie Duval
Alain Fisch
Bérénice Glanger
Adrien et Clément Gloaguen
Sébastien Jauffret
Alexia Kaffès
Augustin Langlade
Jacques Lemoine
Aline Morand
Louis Nagot
Caroline Ollion
Martine Partrat
Odile Paugam et Didier Jehanno
Céline Ruaux
Prakit Saiporn
Nejma Tahri Hassani
Alice Tonasso
Caroline Vallano

Direction : Sidonie Chollet
Direction éditoriale : Élise Ernest
Édition : Matthieu Devaux, Olga Krokhina, Gia-Quy Tran, Julie Dupré, Emmanuelle Michon, Pauline Janssens, Amélie Ramond, Margaux Lefebvre, Julie Wood, et Ionah Vasseur
Ont également collaboré : Brigitte de Vaulx, Hélène Meurice et Élisabeth Thebaud
Cartographie : Frédéric Clémençon et Aurélie Huot
Contrôle de gestion : Jérôme Boulingre et Yannis Villeneuve
Secrétariat : Catherine Maîtrepierre
Fabrication : Nathalie Lautout et Audrey Detournay
Relations presse : COM'PROD, Fred Papet. ☎ 01-70-69-04-69.
• *info@comprod.fr* •, Martine Levens (Belgique) et Maureen Browne (Suisse)
Direction marketing : Stéphanie Parisot, Élodie Darty et Charlotte Brou
Couverture : le-bureau-des-affaires-graphiques.com
Silhouette du Routard : Clément Gloaguen (d'après Solé)
Maquette intérieure : le-bureau-des-affaires-graphiques.com, Thibault Reumaux et npeg.fr
Contact Partenariats : Jérôme Denoix • *jeromedenoix@gmail.com* •
Contact Partenariats et régie publicitaire : Florence Brunel-Jars
• *fbrunel@hachette-livre.fr* •

INDEX GÉNÉRAL

ABC de l'Islande 46
Achats 51
AKUREYRI 223
Álftafjörður (lagune) 181
Almannagjá (faille d') 119
Argent, banques, change 49
ARNARNES 235
ARNARSTAPI 305
ÁRSKÓGSSANDI 236
ÁSBYRGI 205, 206, 207
ASKJA (piste d') 255
Askja (volcan) 257
Aurores boréales 313
Avant le départ 46

BAKKAGERÐI 198
Barnafoss (chute de) 311
BERUNES 184
BÍLDUDALUR 283
Bjarnafoss (chute de) 306
Bjarnarhöfn 299
BLÁSKOGABYGGD 121
Blöndulón (lac) 259
BLÖNDUÓS 249
BLUE LAGOON (BLÁA LÓNIÐ) 108
Boissons 313
Bolajfall (plateau du) 279
BOLUNGARVÍK 278
BORGARFJÖRÐUR 198
BORGARNES 308
Borgarvirki 254
BREIÐDALSVÍK 185
BRJÁNSLÆKUR 289
BRODDANES 268
Brú milli heimsálfa (pont entre les deux continents) 110
Budget 51
BÚÐIR 306

CERCLE D'OR (GOLDEN CIRCLE ; le) 115
Cinéma 314
Climat 54
CÔTE SUD (la) 128
Coups de cœur (nos) 12
Cuisine 316
Curieux, non ? 318

DALVÍK 236
Dangers et enquiquinements 54
Deildartunguhver (source chaude de Deildartunga) 311
Dettifoss (chute de) 206
Dimmuborgir (châteaux noirs) 219, 221
DJÚPAVÍK 270
DJÚPIVOGUR 182
Drangajökull (glacier) 272
Drangey (île de) 247
DRANGSNES 269
DREKI 257, 258
Dverghamrar 169
Dynjandi (chutes de) 282
Dyrhólaey (presqu'île de) 165

Économie 318
EFRI-VÍK 168
EGILSSTAÐIR 195
Eiríksstaðir 290
ELDBORGARHRAUN 308
Eldey (île) 110
Eldgjá 170
Électricité 55
Environnement 321
Esja (mont) 104
ESKIFJÖRÐUR 189
EST (fjords de l') 182
Eyjafjallajökull (glacier) 154
Eyjafjöll (volcan) 154
EYRARBAKKI 134

Fagrifoss (chutes de) 170
Fannborg (ascension du) 263
FÁSKRÚÐSFJÖRÐUR 186
Faune 323
FELLABÆR 196
Féroé (îles) 195
Fêtes et jours fériés 55
Fjallsárlón (lac de) 174
Fjaðrárgljúfur (canyon de) 169
FJORDS DE L'EST (les) 182
FJORDS DU NORD-OUEST (les) 264
FLATEY (île de) 291
FLATEYRI 279
FLÚÐIR 125

GARÐUR 113
Géographie 325
Géologie et géothermie 326
GEYSIR 122
Glaumbær (ferme de) 249
Glymur (cascade de) 312
GOÐAFOSS (chute de) 223
GOLDEN CIRCLE (CERCLE D'OR) 115
Grænvatn (lac) 107
Grímsey (île de) 238, 270
GRÍMSSTAÐIR 206
GRINDAVÍK 107
Grjótagjá (grottes de) 220
Grotta (île) 98
GRUNDARFJÖRÐUR 299
GULLFOSS 124

HAFNARFJÖRÐUR 105
Hafragilsfoss (chute de) 207
HALI 175
HALLORMSSTAÐUR 200
HAUGANES 235
HAUTES TERRES (les) 255
Hébergement 56
HEIMAEY (îles Vestmann) 147
HEKLA (volcan) 138
Helgafell (mont) 298
HELLA 136
Hellisheiði (centrale géothermique) 131
HELLISSANDUR 302
HELLNAR 305
Hengifoss (chute de) 201
HERÐUBREIÐARLINDIR 256
HEYDALUR 272
Histoire 329
HJALTEYRI 234
HNJÓTUR (musée Egils-Olafsson) 288
HOF 173
HÖFÐABREKKUAFRÉTTI 166
Höfði 221
HÖFN 176
HOFSÓS 242
HÓLAR 243
HÓLMAVÍK 265
HÓLMUR 179
Holuhraun 258
Hornstrandir (le) 277
HRAFNSEYRI (musée Jón-Sigurðsson) 282
Hraunfossar (chute de) 311
Hrísey (île de) 239
HÚSADALUR 156
HÚSAFELL 311
HÚSAVÍK 208
HÚSEY 199
Hvaldasà (rivière) 181
HVAMMSTANGI 251
Hveradalir (vallée de) 263
HVERAGERÐI 129
HVERAVELLIR 259
Hverfell (Hverfjall ; cratère de) 220
Hverir (Hveraröndou Námafjall) 222
Hvítá (vallée de la) 310
HVÍTÁNES 272
HVÍTÁRNES 261, 262
Hvítárvatn (lac) 262
Hvítserkur 254
HVOLSVÖLLUR 143

Illugastaðir 253
Ingólfshöfði (cap) 173
Inside the Volcano 132
Interview #experienceroutard 33
ÍSAFJARÐARDJÚP (fjord) 272
ÍSAFJÖRÐUR 273
Itinéraires conseillés 26

Jarðböðin við Mývatn (bains naturels) 221
JÖKULSÁRGLJÚFUR (secteur de ; parc national du Vatnajökull) 203
JÖKULSÁRLÓN 174

Kálfatjarnarkirkja (église) 113
KARAHNJÚKAR 202
Katla (volcan) 154
KEFLAVÍK 78, 110
Keldur 138
Kerið (cratère de) 120
KERLINGARFJÖLL 262
KETILSSTAÐASKÓLI 164
KIRKJUBÆJARKLAUSTUR (KLAUSTUR) 166
Kirkjugólf 168
KJÖLUR (piste de) 258
KLAUSTUR (KIRKJUBÆJARKLAUSTUR) 166
Kleifarvatn (lac) 107
Krafla Landsvirkjun (centrale géothermique) 222

Kristinatindar (sommet du) 172
Krýsuvikurberg (falaises de) 107

LAGARFLJÓT
(embouchure de la rivière) 198
Lakagígar (le ; volcan) 169
LANDMANNALAUGAR (le) 140
Langjökull (glacier de) 262
Langue 60
LÁTRABJARG 286
Laufás (Gamli Bærinn) 234
Laugafell 234
LAUGAR 290
LAUGARVATN 120
LEIRAR 118
Leirhnjúkur 222
Lítlanesfoss (chute de) 201
Livres de route 62
Ljósafoss Power Station
(centrale hydroélectrique) 120
Lofthellir (grotte de glace) 223
LÖGURINN (lac) 199
Lónsöræfi (réserve naturelle
de) 181
LÝSUHÓLL 307

MALARIFF 303
Mánárbakki Folk Museum 208
Médias 334
MJÓIFJÖRÐUR 190
MÖÐRUDALUR 257
MOLDNÚPUR 157
Mýrdalsjökull (glacier) 159
Mýrdalssandur 166
MÝRUM 179
MÝVATN (région du lac) 215

Námafjall (Hverir ou
Hveraröndl) 222
Njarðvík (Víkingaheimar) 112
NORD (le) 203
NORD-OUEST (fjords du) 264
NYÐRIHNAUKUR 172

Ófærufoss (cascade d') 170
OLAFSFJÖRÐUR 239
ÓLAFSVÍK 301
Ósar 254
Öskjuvatn (lac d') 258
Öxarárfoss (cascade) 119

Papey (île de) 184
PATREKSFJÖRÐUR 285
Personnages 335
Population 336
Poste 65

Questions qu'on se pose
avant le départ (les) 34

Rauðisandur (plage) 288
Religion et croyances 336
Réttarfoss (chute de) 207
REYÐARFJÖRÐUR 188
REYKHOLT 311
REYKIR (Byggðasafn) 254
Reykjafjarðarlaug
(sources chaudes de) 283
REYKJAHLÍÐ 216
REYKJANES 272
REYKJANES (péninsule de) 104
Reykjanesviti (falaises de) 110
REYKJAVÍK 77

REYKJAVÍK
Árbærjarsafn (musée en plein air
d'Arts et Traditions populaires
d'Árbær) 103
Ásmundursafn (musée
Ásmundur-Sveinsson) 102
Aurora Reykjavík 97
Centre (le ; quartier) 94
Grotta (île) 98
Hafnarhús – Listasafn Reykjavíkur
(musée d'Art de Reykjavík) 95
Hallgrímskirkja (église) 100
Harpa 98
Hið Íslenzka Reðasafn –
Phallological Museum (musée
national du Phallus) 96
Kjarvalsstaðir – Listasafn
Reykjavíkur (musée d'Art de
Reykjavík) 101
Listasafn Einars Jónssonar
(musée Einar-Jónsson) 101
Listasafn Íslands (Galerie
nationale d'Islande) 100
Perlan 101
Port (quartier du) 96
Reykjavík 871+/-2 – The Sett-
lement Exhibition (exposition
de la Colonisation) 95
Safnahúsið 94
Sögulóðir á Islandi
(Saga Museum) 97
Sólfar (le Voyageur du Soleil) 101
Þjóðminjasafn Íslands (Musée
national d'Islande) 98
Tjörnin (lac et cimetière) 100
Vieille ville (balade dans la) 94
Víkin Sjóminjasafn (Musée
maritime) 96
Whales of Iceland (musée de la
Baleine) 98

REYNI ... 163
Reynisfjara (plage de) ... 165
RIF ... 302
RJÚPNAVELLIR ... 139

SANDGERÐI (Þekkingarstetur Suðurnesja – attraction des pôles) ... 114
Santé ... 65
SAUÐÁRKRÓKUR ... 244
SELFOSS ... 132
Selfoss (chute de) ... 207
Seljalandsfoss (chute de) ... 146
Seljavallalaug (piscine naturelle) ... 159
Seltún (champ géothermique de) ... 107
SEYÐISFJÖRÐUR ... 191
SIGLUFJÖRÐUR ... 239
Sites inscrits au Patrimoine mondial de l'Unesco ... 337
Sjónarnípa ... 172
SKAFTAFELL ... 170
Skaftafellsjökull (glacier) ... 172
SKAFTÁRHREPPUR ... 167
Skálanes ... 194
Skálavík (baie de) ... 279
SKÁLHOLT ... 127
Skeiðarársandur (le) ... 169
Skógafoss (chute de) ... 158
SKÓGAR ... 156
SKRIÐUKLAUSTUR ... 201
Skrúctur (jardin de) ... 281
SKÚTUSTAÐIR ... 219, 221
SNÆFELLSJÖKULL (parc national de) ... 303
SNÆFELLSNES (péninsule de) ... 293
Snæköllur (ascension du) ... 263
Sólheimajökull (glacier de) ... 159
SÓLHEIMAR ÉCOVILLAGE ... 128
Sólheimasandur ... 159
Sports et loisirs ... 338
STAFAFELL ... 180
Stapavík (rocher de) ... 181
STEIG ... 163
STÖÐVARFJÖRÐUR ... 185
STOKKSEYRI ... 135
Stokksness (plage de) ... 180
STRANDIR ... 265
STYKKISHÓLMUR ... 294
SUD (le) ... 115
SUD-OUEST (péninsule du) ... 283
SÚÐAVÍK ... 272
SUÐUREYRI ... 279
SURTSEY (île de) ... 154
Svarta Fjara (falaise basaltiques) ... 165
Svartifoss (cascade de) ... 172
SVÍNAFELL ... 171
Svínafellsjökull (glacier) ... 172
Svödufoss (chutes de) ... 302
SYÐRA LANGHOLT ... 125

ÞAKGIL ... 166
Þekkingarstetur Suðurnesja (attraction des pôles) ... 114
ÞINGEYRI ... 281
Þingvallavatn (lac) ... 120
ÞINGVELLIR ... 117
ÞÓRSMÖRK ... 154
Þvottá (rivière) ... 181

TÁLKNAFJÖRÐUR ... 284
Téléphone et Internet ... 66
Transports ... 67
Trekking – Randonnées ... 340

ÚLFJÓTSVATN ... 119
Urgences ... 76

VALLANES ... 199
VARMAHLÍÐ ... 247
VATNAJÖKULL (parc national du) ... 170
VATNAJÖKULL (parc national du ; secteur de Jökulsárgljúfur) ... 203
VATNSKOT ... 119
VATNSNES (péninsule de) ... 250
VELLIR ... 130
VESTMANN (VESTMANNAEYJAR ; îles) ... 147
VESTRAHORN ... 180
Viðey (île de) ... 104
Viðimýrarkirkja (église de tourbe) ... 249
Vigur (île de) ... 277
VÍK ... 160
Vindbelgjarfjall (volcan de) ... 221
Víti (cratère ; Askja) ... 258
Víti (cratère ; lac Mývatn) ... 222
VOGAR ... 218, 219

YTRI-NESLÖND (Musée ornithologique de Sigurgeir) ... 221

LISTE DES CARTES ET DES PLANS

- Akureyri............................... 225
- Coups de cœur (nos)............. 12
- Distances par la route.............. 2
- Fjords de l'Est (les) 183
- Fjords du Nord-Ouest (les) 266-267
- Hautes Terres (les) 260-261
- Heimaey (îles Vestmann)...... 149
- Húsavík................................ 209
- Ísafjörður............................. 275
- Islande 6-7
- Itinéraires conseillés ...26, 28-29
- Mývatn (la région du lac) 217
- Nord (le) 204-205
- Reykjanes (Reykjavík et la péninsule de) 79
- Reykjavík 82-83
- Seyðisfjörður....................... 193
- Snæfellsnes (la péninsule de).................. 295
- Stykkishólmur 297
- Sud (le)......................... 116-117

UNE PANDÉMIE INOUÏE !

Depuis toujours, ***Le Routard*** **se plaît à dénicher hôteliers et restaurateurs** qui accueillent nos lecteurs avec sourire et professionnalisme. Malgré toute notre vigilance, certains d'entre eux auront malheureusement fermé quand ce livre sortira. De même, les horaires et modalités d'accueil de certains sites et musées auront été momentanément modifiés. Cette terrible **pandémie de Coronavirus** a, on le sait, des conséquences importantes pour tous les professionnels du tourisme. **Nous sommes de tout cœur avec eux !**

« OSONS LE PAS DE CÔTÉ »

Le surtourisme ? Tous concernés. Et pourtant, à l'écart des grands flux touristiques, il existe plein de pépites méconnues, souvent oubliées des circuits trop encombrés. Ici un site ignoré ; là un quartier secret ; plus loin un village caché au charme discret, avec un troquet d'une autre époque… Il existe une infinité de lieux peinards que l'on a envie de mettre en avant avec ce pictogramme. Un vagabondage enfin calme favorisé aussi par les **visites aux heures creuses.** Vive le *slow trip* !

#osonslepasdecote

Remarque importante aux hôteliers et restaurateurs

Les enquêteurs du *Routard* travaillent dans le plus strict anonymat. Aucune réduction, aucun avantage quelconque, aucune rétribution n'est jamais demandé en contrepartie. Face aux aigrefins, la loi autorise les hôteliers et restaurateurs à porter plainte.

Avis aux lecteurs

Le *Routard,* ce n'est pas comme le bon vin, il vieillit mal. On ne veut pas pousser à la consommation, mais évitez de partir avec une édition ancienne. Les modifications sont souvent importantes.

Les réductions accordées à nos lecteurs ne sont jamais demandées par nos rédacteurs afin de préserver leur indépendance. Les hôteliers et restaurateurs sont sollicités par une société de mailing, totalement indépendante de la rédaction, qui reste donc libre de ses choix. De même pour les autocollants et plaques émaillées.

Avec routard.com, choisissez, organisez, réservez et partagez vos voyages !

✓ Rejoignez la plus grande communauté francophone de voyageurs : **plusieurs millions d'internautes.**

✓ Échangez avec les routarnautes : forums, photos, avis d'hôtels.

✓ Retrouvez aussi toutes les informations actualisées pour choisir et préparer vos voyages : près de 300 guides destinations, une centaine de dossiers pratiques et un magazine en ligne pour découvrir tous les secrets de votre destination.

✓ Enfin, comparez les offres pour organiser et réserver votre voyage au meilleur prix.

Les **Routards** *parlent aux* **Routards**

Faites-nous part de vos expériences, de vos découvertes, de vos tuyaux et de vos coups de cœur. Aidez-nous à remettre l'ouvrage à jour. Indiquez-nous les renseignements périmés. Faites profiter les autres de vos adresses nouvelles, combines géniales... On adresse un exemplaire gratuit de la prochaine édition à ceux qui nous envoient les meilleurs courriers, pour la qualité et la pertinence des informations.
Quelques conseils cependant :

– Envoyez-nous votre courrier le plus tôt possible afin que l'on puisse insérer vos tuyaux sur la prochaine édition.
– N'oubliez pas de préciser l'ouvrage que vous désirez recevoir, ainsi que votre adresse postale.
– Vérifiez que vos remarques concernent l'édition en cours et notez les pages du guide concernées par vos observations.
– Quand vous indiquez des hôtels ou des restaurants, pensez à signaler leur adresse précise et, pour les grandes villes, les moyens de transport pour y aller. Si vous le pouvez, joignez la carte de visite de l'hôtel ou du resto décrit.

En tout état de cause, merci pour vos nombreux mails.

122, rue du Moulin-des-Prés, 75013 Paris

● *guide@routard.com* ● *routard.com* ●

Routard Assurance *2021*

Édité par Hachette Livre (58, rue Jean-Bleuzen, CS 70007, 92178 Vanves Cedex, France)
Photocomposé par Jouve (1, rue du Docteur-Sauvé, 53100 Mayenne, France)
Imprimé par Jouve Print (Quai n° 2, 733, rue Saint-Léonard, BP 3, 53101 Mayenne Cedex, France)
Achevé d'imprimer : juin 2021
Collection n° 13 - Édition n° 01
55/2211/3
I.S.B.N. 978-2-01-712950-9
Dépôt légal : juin 2021

PAPIER À BASE DE FIBRES CERTIFIÉES